Positionen der Negativität

POETIK UND HERMENEUTIK

Arbeitsergebnisse einer Forschungsgruppe VI

POSITIONEN
DER
NEGATIVITÄT

Herausgegeben von
Harald Weinrich

1975

WILHELM FINK VERLAG MÜNCHEN

© 1975 Wilhelm Fink Verlag, München
Satz und Druck: MZ-Verlagsdruckerei GmbH, Memmingen
Buchbindearbeiten: Buchbinderei Monheim, Monheim
Gedruckt mit Unterstützung der Stiftung Volkswagenwerk

IN DER ERINNERUNG AN PETER SZONDI (GEST. 1971),
DER AN DIESEM KOLLOQUIUM TEILNEHMEN SOLLTE

INHALTSVERZEICHNIS

Vorwort 11

I. Vorlagen 15
Gerhard Stickel: Einige syntaktische und pragmatische Aspekte der Negation 17
Harald Weinrich: Über Negation in der Syntax und Semantik . . 39
Reinhart Koselleck: Zur historisch-politischen Semantik asymmetrischer Gegenbegriffe 65
Wolfgang Hübener: Die Logik der Negation als ontologisches Erkenntnismittel 105
Jacob Taubes: Vom Adverb »nichts« zum Substantiv »das Nichts«. Überlegungen zu Heideggers Frage nach dem Nichts 141
Günther Buck: »Die Freudigkeit jenes Sprungs...«. Negativität, Diskontinuität und die Stetigkeit des Bios 155
Odo Marquard: Über positive und negative Philosophien, Analytiken und Dialektiken, Beamte und Ironiker und einige damit zusammenhängende Gegenstände 177
Niklas Luhmann: Über die Funktion der Negation in sinnkonstituierenden Systemen 201
Dieter Wellershoff: Die Verneinung als Kategorie des Werdens . . 219
Karlheinz Stierle: Der Gebrauch der Negation in fiktionalen Texten 235
Hans Robert Jauss: Negativität und Identifikation. Versuch zur Theorie der ästhetischen Erfahrung 263
Rainer Warning: Komik und Komödie als Positivierung von Negativität (am Beispiel Molière und Marivaux) 341
Marianne Kesting: Negation und Konstruktion. Aspekte der Phantasiearchitektur in der modernen Dichtung 367
Siegfried J. Schmidt: »Negation« und »Konstitution« als Kategorien konkreter Dichtung 393

II. Beiträge 437
1. Pragmatik der Negation 437
Dieter Wellershoff: Zur Frage der linguistischen Beispielsätze . . 437
Manfred Fuhrmann: Die linguistische Pragmatik und die rhetorische Status-Lehre 437
Harald Weinrich: Präsuppositionen in Sätzen und Beispielsätzen . 439

Hans Robert Jauss: Gebot und Verbot im Dekalog 440
Karlheinz Stierle: Negation und Befehl 444
Wolfgang Iser: Syntaxmorpheme in der Sprechhandlung . . . 445
Wolf-Dieter Stempel: Negation in performativer Rede . . . 447

2. Orientierung an Negationen 451
Karlheinz Stierle: Partielle und asymmetrische Negationen . . . 451
Siegfried J. Schmidt: Negation und Metasprache 452
Gerhard Stickel: Negation versus Affirmation 455
Christian Meier: Verneinung oder Vernichtung 457
Niklas Luhmann: Negierbarkeit 460
Hans Robert Jauss: Zur Metaphorik der Steuerung 463
Richard E. Palmer: Über Kommunikationssteuerung beim Schauspieler 466
Dieter Wellershoff: Negation als Kommunikationsantrieb . . . 467
Dmitrij Tschižewskij: Replik durch Negation 468

3. Methodische Negationen 469
Niklas Luhmann: Negation und Perfektion 469
Wolfgang Hübener: Perfektion und Negation 470
Dmitrij Tschižewskij: Typen der Hegelschen Negation 475
Wolfgang Hübener: Hegels Idee der Negativität und die metaphysische Tradition 476
Dieter Henrich: Substantivierte und doppelte Negation 481
Manfred Fuhrmann: »Sprung« und »Bekehrung« 486
Wolfgang Hübener: »Sprung« bei Leibniz und Hegel 487
Günther Buck: Hegel als Denker der Kontinuität 491
Siegfried J. Schmidt: Veränderung und Innovation 493
Dieter Wellershoff: Diskontinuität ertragen lernen 495
Harald Weinrich: Die Teichoskopie des lachenden Dritten . . . 496

4. Sinnkonstituierende Negationen 499
Wolfgang Hübener: Zu Spinozas Satz »Omnis determinatio est negatio« 499
Rainer Warning: Vorsprachliche Negationen 503
Hans Robert Jauss: Vorselektion der Welt, im Blick auf Rousseau . 506
Wolfgang Iser: Konträre Leistungen der Negation 509
Dieter Wellershoff: Systemrelativierung und Wahnsystem . . . 511
Dieter Henrich: Glück und Not 512

5. Fiktion und Nichtfiktion 519
Manfred Fuhrmann: Die aristotelische Lehre vom Wirklichkeitsbezug der Dichtung 519
Wolfgang Preisendanz: Sachverhalte in Fiktionen 520
Karlheinz Stierle: Fiktion, Negation und Wirklichkeit 522
Harald Weinrich: Fiktionssignale 525
Siegfried J. Schmidt: Fiktionalität als texttheoretische Kategorie . . 526
Dieter Wellershoff: Fiktivität in fiktionalen und nichtfiktionalen Texten 529
Wolfgang Iser: Negativität als tertium quid von Darstellung und Rezeption 530
Rainer Warning: Semiotik biblischer Texte als Modellangebot für das Fiktionsproblem 533
Wolfgang Iser: Die Phantasiearchitektur als literatursoziologischer Indexwert 537
Dmitrij Tschižewskij: Zur Topik des Labyrinths 539

6. Ästhetische Identifikation, Prägnanz und Distanz . . . 541
Marianne Kesting: Ästhetische Totalität und gesellschaftliche Nutzanwendung der Literatur 541
Dieter Henrich: Ästhetische Perzeption und Personalität 543
Siegfried J. Schmidt: Ästhetische Identifikation als bewußter Umweg 546
Dieter Wellershoff: Identifikation und Distanz 549
Wolfgang Preisendanz: Reflexive Komik 551
Hans Robert Jauss: Reflexives Lachen 552
Harald Weinrich: »Konkrete« Negativität 554

7. »Massnahmen gegen die Gewalt« (Bertolt Brecht) 557
Wolfgang Preisendanz / Harald Weinrich / Rainer Warning / Marianne Kesting / Richard E. Palmer / Wolfgang Hübener / Harald Weinrich / Wolfgang Preisendanz / Dieter Wellershoff

Bibliographie 569
Sachregister 573
Personenregister 577

VORWORT

Bei der Forschungsgruppe ›Poetik und Hermeneutik‹ war seit ihren Anfängen (1963) immer ein nescio quid an Negativität im Spiel. Schon das erste Kolloquium »Nachahmung und Illusion« fragte danach, wie sich die neuere Literatur und Kunst vom klassischen Kunstprinzip der Naturnachahmung abwendet und sich dem Prinzip Illusion unterwirft, das immer dann, wenn man es am Begriff der Wirklichkeit mißt, seine negative Seite hervorkehrt. Das zweite Kolloquium stellte sich unter dem Thema »Immanente Ästhetik — Ästhetische Reflexion« und am Paradigma der Lyrik unter anderem ausdrücklich die Frage, warum die moderne Literatur vorwiegend mit negativen Kategorien beschrieben wird. Daraus wurde dann in erweiterter Fragestellung das nun bereits im Ansatz negativ formulierte Thema des dritten Kolloquiums »Die nicht mehr schönen Künste«, wo die Grenzphänomene des Ästhetischen, von den verstreuten Häßlichkeiten in der älteren Literatur über das theoriefähig werdende Groteske bis hin zu den Provokationen einer modernen Anti-Literatur, als Ausformungen einer negativen Ästhetik besprochen wurden. Auch hinter dem Thema des vierten Kolloquiums »Terror und Spiel — Probleme der Mythenrezeption« stand ein negatives Problem, die Frage nämlich nach der Funktion und Realität des Mythos in einer nicht-mehr-mythischen Zeit. Das Thema des fünften Kolloquiums schließlich war zwar als »Geschichte — Ereignis und Erzählung« positiv formuliert, hatte aber mit der zentralen Frage nach den Bedingungen, unter denen die vielen erzählten Geschichten der Geschichtsschreiber den Platz räumen zugunsten einer nicht-narrativen *historia ipsa* der analytischen und synthetischen Historiker, ebenfalls einen starken negativen Einschlag.

So war es also an der Zeit, auf dem nächsten Kolloquium die Negativität ausdrücklich zu thematisieren. Das geschah zunächst unter dem Arbeitstitel »Negation und Negativität«. Unter diesem Thema fand vom 11. bis 16. September 1972 in den Räumen der Werner-Reimers-Stiftung in Bad Homburg das sechste Kolloquium der Forschungsgruppe ›Poetik und Hermeneutik‹ statt. Immer schon waren die Kolloquien dieser Gruppe interdisziplinär ausgerichtet gewesen. Dieses Thema gebot aber, die Interdisziplinarität noch stärker auszuweiten. Es waren dementsprechend die Disziplinen Philosophie, Theologie, Literaturwissenschaft, Kunstgeschichte, Linguistik, Geschichtswissenschaft und Soziologie vertreten — so jedoch, daß die poetisch-hermeneutischen Kerndisziplinen, in denen die Kontinuität der Forschungsgruppe ihren Bestand hat, wiederum besonders stark repräsentiert waren. Das Kolloquium sollte also weniger erbringen, was *man* überhaupt zur Negation und zur Negativität sagen kann, sondern vornehmlich was von denjenigen dazu gesagt werden kann, die ihre Begriffe des

Verstehens im Umgang mit Zeichen und Texten gebildet haben. Das weite Feld der Negativität wurde hier also nicht vollständig ausgemessen, sondern es wurden nur einige Positionen dieses Feldes markiert: durch die Sprachwissenschaft, die historische Begriffsforschung, die philosophische Ideengeschichte, die Systemtheorie, die Ästhetik und Poetik. Da werden nun sicher die Theologen fragen: Wo bleibt die negative Theologie? Die Psychiater: Was ist mit dem Unbewußten? Die Hegelianer werden sagen: Wir kennen nur die Negativität nach Hegel. Und die Marxisten werden im voraus wissen, daß mit dem dialektischen Materialismus alle Probleme der Negativität gelöst sind. So sei ihnen allen gleich zugestanden, daß dieser Band, wie auch der Titel zu erkennen geben soll, zwar einige »Positionen der Negativität«, zwischen ihnen jedoch auch eine ganze Anzahl Leerstellen enthält, was — nach dem heimlich positiven Glauben aller Negativitätsforscher — vielleicht die Chancen positiver Ergänzungen verbessert.

Es gehört bei der Forschungsgruppe ›Poetik und Hermeneutik‹ zum Stil der Kolloquien, daß keine Referate gehalten werden. Die Arbeitsgrundlage wird vielmehr — außer durch ein ausführliches Lesebuch mit vervielfältigten Texten der Klassiker des Themas — durch schriftliche *Vorlagen* gebildet, die den Teilnehmern rechtzeitig vor Beginn des Kolloquiums zugehen. An diesen Vorlagen entzünden sich die Diskussionen, die sich bald in der Nähe der Vorlagen, bald auch auf eigenen Bahnen bewegen. Aus diesen Diskussionen haben die Teilnehmer für diesen Band die *Beiträge* formuliert, die man als thematisch eingegrenzte Diskussions-Passagen auffassen kann, in lockerer Verbindung mit den Vorlagen. Sofern sich der eine oder andere Beitrag kritisch mit einer Vorlage auseinandersetzt, haben einige Autoren der Vorlagen in diesem Band (nicht jedoch im Kolloquium) auf Repliken verzichtet: das letzte Wort soll der Leser haben. Zwei Beiträge (Koselleck, Taubes) sind für die Druckfassung erheblich erweitert worden, so daß sie in diesem Band unter die Vorlagen aufgenommen worden sind; ihnen korrespondieren daher weniger Diskussionsbeiträge als den originalen Vorlagen.

Das Kolloquium und diese Publikation hätten nicht zustande kommen können ohne die Hilfe und Unterstützung vieler Personen und Institutionen. Ich danke insbesondere der Werner-Reimers-Stiftung, Bad Homburg, und ihrem Direktor, Herrn Staatssekretär a. D. Prof. Dr. Konrad Müller, für die erlesene Gastfreundschaft, die die Forschungsgruppe im Hause der Stiftung in Bad Homburg gefunden hat. Zu danken ist ferner der Stiftung Volkswagenwerk für eine großzügige Subvention dieser Publikation. Unter den Personen gilt mein besonderer Dank Herrn Prof. Dr. Jurij Striedter / Konstanz, der eigentlich mit mir zusammen dieses Kolloquium leiten wollte und der sich dann doch, nachdem er an der Planung ideenreich mitgewirkt hatte, die Teilnahme am Kolloquium versagen mußte. Ferner danke ich Herrn Dr. Klaus Netzer / Bielefeld, der mich bei der Redaktion dieses Bandes tatkräftig unterstützt hat, sowie den Redaktionshelferinnen Gudrun Anhut, Hannelore Gottschalk, Mihaela Mosoia, Christine Rath, Susanne Tschierschke und Frieda Tuschke.

Dieser Band ist dem Andenken Peter Szondis gewidmet. So haben es die Teilnehmer des Kolloquiums, unter denen Peter Szondi als Lebender gewesen wäre, gewollt. Wir werden nicht mehr erfahren, was er zu diesem Thema gesagt und geschrieben hätte. Wir können es uns jedoch andeutungsweise vorstellen, wenn wir seinen Aufsatz *Brechts Jasager und Neinsager* lesen. Dieser Aufsatz endet mit einer Erinnerung an das Jahr 1933 der deutschen Geschichte; denn von diesem Jahr an »durfte es Neinsager nicht mehr geben«[1].

---

[1] Peter SZONDI, *Brechts Jasager und Neinsager*, in id., *Lektüren und Lektionen*. Versuche über Literatur, Literaturtheorie und Literatursoziologie, ed. J. BOLLACK, Frankfurt 1973, p. 125 bis 133.

I. VORLAGEN

GERHARD STICKEL

EINIGE SYNTAKTISCHE UND PRAGMATISCHE ASPEKTE DER NEGATION

>»*Nein* ist, wenn man — also wenn zum Beispiel einer was fragt, und das stimmt nicht, dann sagt man *nein*, oder? — Also ganz einfach! Du weißt doch, was *ja* ist, ja? Also, wenn du nicht *ja* sagen kannst oder willst, dann sagtst du eben *nein*. Aber was fragst du mich? Wie erklärt ihr Sprachwissenschaftler das denn?«
>
> *(anonymer Informant)*

I. *Negationselement und Negationsträger*

Nein gehört neben *nicht, kein, nichts, niemand, nie(mals), nirgendwo* und einigen anderen Formen zu den Ausdrücken, die in der Sprachwissenschaft unter dem Begriff »Negation« behandelt werden. Eine linguistische Theorie der Negation im Deutschen behauptet, daß bei den Verwendungen dieser Ausdrücke in beobachteten und möglichen kommunikativen Situationen stets eine invariante Bedeutungseinheit mitgeteilt wird. Diese semantische Einheit wollen wir »Negationselement« oder abkürzend ›Neg‹ nennen. Die Ausdrücke, von denen angenommen wird, daß sie als Zeichenformen für das Negationselement fungieren, mögen »Negationsträger« heißen[1].

Eine Theorie der Negation im Englischen stellt die Verwendungsbedingungen für *no, not, never, nobody* usw. unter der Annahme eines invarianten Negationselementes dar. Entsprechend wird etwa auch bei der Beschreibung der Verwendungsbedingungen für *iie, nai, na, n* im Japanischen eine solche semantische Einheit angenommen. Daß bei allen drei Sprachen von Negation gesprochen werden kann, ist ebenfalls eine theoretische Annahme, die sich vor allem auf die Übersetzbarkeit bestimmter Klassen von Ausdrücken stützt. Japanische Ausdrücke, die *nai* enthalten und die in bestimmten Situationen oder Kontexten gebraucht werden, lassen sich (meist) in deutsche Ausdrücke mit *nicht* oder einem anderen deutschen Negationsträger übersetzen, für die vergleichbare Verwendungsmöglichkeiten bestehen. Entsprechende Übersetzungsmöglichkeiten gibt es in umgekehrter Richtung wie auch zwischen den Sprachenpaaren Japanisch-Englisch und Englisch-Deutsch. Wo die Grenzen solcher Übersetzungs-

---

[1] Diese Bezeichnung ist von W. WEISS, *Die Negation in der Rede und im Bannkreis des satzkonstituierenden Verbs. Die Negation in der deutschen Sprache I*, in *Wirkendes Wort* 11 (1961), p. 65—74. übernommen.

möglichkeiten liegen, kann hier nicht erörtert werden. Mit der Annahme derartiger Übersetzungsmöglichkeiten zwischen allen Sprachen würde die Negation als ein sprachliches Universale behauptet. Damit würde gesagt, daß jede Sprache über Zeichen mit der Bedeutung des Negationselementes verfügt. Die Negation würde dabei als eine Art semantischer Naturkonstante angesehen. Das vermute ich zwar, ich könnte es jedoch nicht ausreichend begründen.

Zur semantischen Kernfrage »Was bedeutet das Negationselement?«, anders gesagt »Was ist sprachliche Negation?« werde ich Teilantworten zu geben versuchen, indem ich zunächst eine Reihe von Ausdrücken unter syntaktischen Gesichtspunkten behandle. Eine Kritik an dem derzeit üblichen syntaktischen Beschreibungsansatz unter dem Gesichtspunkt der semantischen Angemessenheit soll dann Material für eine Semantik der Negation bieten, ohne selbst eine solche Semantik zu sein. An einer Theorie über die Stellung der Negation im semantischen System einer natürlichen Sprache werde ich mich schon deswegen nicht versuchen, weil diese Frage in einem anderen Beitrag[2] behandelt wird. Im letzten Teil werde ich dann einige informelle Überlegungen über die Verwendung einiger Ausdrücke in Sprechsituationen anstellen. Auch diese Erörterung der kommunikativen Funktion von Ausdrücken mit Negationsträgern soll, da sie auf semantischen Annahmen beruht, auf eine Semantik der Negation verweisen.

II. *Ein syntaktischer Beschreibungsansatz*

Da Sätze die bisher am gründlichsten untersuchten Organisationsformen für die Anordnung sprachlicher Einheiten sind, ist die Feststellung der Anordnungsbeziehungen zwischen den Negationsträgern und den übrigen Teilen der Sätze, in denen sie vorkommen, naheliegend. Hauptgrund für einen solchen Ansatz ist, daß die Negationsträger zu den sprachlichen Zeichen gehören, deren Bedeutung sich nicht apodeiktisch (»Das da ist *nicht / nie / nirgendwo / niemand* usw.«) oder durch eine Charakterisierung ihrer Referenz (»Mit *nein* bezeichnet man einen Gegenstand/ einen Zustand/ eine Eigenschaft/ eine Tätigkeit, wenn die und die Merkmale gegeben sind«) bestimmen läßt, deren Bedeutung vielmehr nur in ihrer Beziehung zu anderen bedeutungstragenden Einheiten faßbar wird[3].

---

[2] S. den Beitrag von H. WEINRICH, p. 39 sqq.
[3] Von der metaphorischen Verwendung einiger Negationsträger in Sätzen wie *Er ist ein Niemand; Sie standen vor dem Nichts*, die zweifellos in irgendeiner Beziehung zu der ›eigentlichen‹ Verwendung steht, wird hier abgesehen, ebenso auch von der eigenartigen Verwendung von *nichts* in einigen philosophischen Dialekten (cf. p. 141 sqq).

Untersuchungen dieser Art sind in den letzten Jahren unter anderem zum Englischen, Niederländischen und Deutschen angestellt worden[4]. Diese Arbeiten, die eine lange Tradition sprachwissenschaftlicher Bemühungen um die Negation fortsetzen, befaßten sich in erster Linie mit den Wohlgeformtheitsbedingungen für Sätze mit Negationsträgern. Obgleich sie sich in den benutzten formalen Beschreibungssprachen, im Umfang der behandelten sprachlichen Erscheinungen und in der Interpretation einiger problematischer Fälle unterscheiden, stimmen sie in den theoretischen Ansätzen im wesentlichen überein und bieten für viele vergleichbare Ausdrücke der drei Sprachen ähnliche oder gar übereinstimmende Erklärungen an. Natürlich kannte der Niederländer Kraak die Arbeit des Amerikaners Klima, und ich konnte mich mit den Ergebnissen von Klima und Kraak auseinandersetzen. Daß sich der Ansatz von Klima bis zu einer gewissen Grenze, die nicht einzelsprachlich bedingt ist, im Prinzip auf drei Sprachen anwenden ließ, scheint mir ein Argument für die Annahme zu sein, daß Negation kein einzelsprachliches Phänomen ist, daß vielmehr viele Sprachen über ein vergleichbares Negationselement verfügen. An den Erklärungsgrenzen dieses Ansatzes, den ich kurz am Beispiel des Deutschen erläutern möchte, zeigen sich die Grenzen einer syntaktisch orientierten Darstellung der Negation.

Die folgenden Sätze enthalten je einen Negationsträger, und zwar jeder Satz einen anderen:

(1) Kuno hat *keinen* Bagger gesehen
(2) Kuno hat *nichts* gesehen
(3) *Niemand* hat den Bagger gesehen
(4) Kuno hat den Bagger nie(*mals*) gesehen
(5) Kuno hat den Bagger *nirgendwo* gesehen
(6) Kuno hat den Bagger *nicht* gesehen

Die Negationsträger scheinen in diesen Sätzen keine gemeinsamen grammatischen Eigenschaften zu haben. Nach herkömmlicher grammatischer Terminologie sind sie hierbei: Attribut des Objekts (1), pronominales Objekt (2), pronominales Subjekt (3), Temporaladverb (4), Lokaladverb (5) und in (6) irgendein Adverb, das sich keiner der verschiedenen adverbialen Unterklassen zuweisen läßt.

Ein Zusammenhang zwischen diesen Sätzen und den in ihnen enthaltenen

---

[4] E. S. Klima, *Negation in English*, in J. A. Fodor u. J. J. Katz (eds.), *The Structure of Language — Readings in the Philosophy of Language*, Englewood Cliffs, New Jersey, 1964, p. 246-323. A. Kraak, *Negatieve zinnen. Een methodologische en grammatische analyse*, Hilversum, 1966. G. Stickel, *Untersuchungen zur Negation im heutigen Deutsch*, Braunschweig 1970.

Negationsträgern wird erkennbar, wenn man jedem Satz einen entsprechenden Satz der folgenden Gruppe gegenüberstellt:
(1p) Kuno hat *einen* Bagger gesehen
(2p) Kuno hat *etwas* gesehen
(3p) *Jemand* hat den Bagger gesehen
(4p) Kuno hat den Bagger *irgendwann* gesehen[5]
(5p) Kuno hat den Bagger *irgendwo* gesehen
(6p) Kuno hat den Bagger gesehen

Die Gegenüberstellung ist natürlich durch Annahmen über das Verhältnis zwischen den Bedeutungen der sich entsprechenden Sätze motiviert. Dem Verständnis der Satzbedeutungen wird bei den genannten syntaktischen Untersuchungen dadurch entsprochen, daß man für die Sätze (1) bis (6) je eine syntaktische Einheit mehr annimmt als für die Sätze (1p) bis (6p). Innerhalb des verwendeten Satzmodells wird ein Erklärungszusammenhang dadurch hergestellt, daß man die Sätze auf abstrakte Strukturen (›Tiefenstrukturen‹) zurückführt. Die Strukturen der Sätze (1) bis (6) unterscheiden sich auf dieser abstrakten Darstellungsebene von denen der Sätze (1p) bis (6p) durch die zusätzliche Einheit ›Neg‹ (d. h. das Negationselement als syntaktische Kategorie), die jeweils der Gesamtheit der übrigen Satzteile (›Konstituenten‹) gegenübersteht. Um nicht auf einen der syntaktischen Formalismen eingehen zu müssen, deute ich die für die Sätze (1) bis (6) angenommenen abstrakten Strukturen durch folgende Ausdrücke an:

(1′) (Neg (Kuno hat *einen* Bagger gesehen))
(2′) (Neg (Kuno hat *etwas* gesehen))
(3′) (Neg (*jemand* hat den Bagger gesehen))
(4′) (Neg (Kuno hat den Bagger *jemals* gesehen))
(5′) (Neg (Kuno hat den Bagger *irgendwo* gesehen))
(6′) (Neg (Kuno hat den Bagger gesehen))

Die syntaktischen Beziehungen zwischen den Satzteilen werden nach diesem Modell als hierarchische Struktur aus Konstituenten höherer und niedrigerer Ordnung (d. h. Konstituenten von Konstituenten) erfaßt, wobei die syntaktische Funktion jedes Morphems (= minimale bedeutungstragende Satzeinheit) als seine Unterordnung unter eine Konstituente, deren Unterordnung unter höhere Konstituenten bis zum Gesamtsatz hin, bestimmt wird. Die Verbindung zwischen den abstrakten Strukturen, den Tiefenstrukturen, wird durch Abbil-

---

[5] Es ist morphologisch und syntaktisch einleuchtender, für *niemals* eine Verbindung von ›Neg‹ mit *jemals* anzunehmen; *jemals* kann jedoch in ›positiven‹ Aussagesätzen nicht vorkommen. Vgl. G. STICKEL, op. cit. 1970, p. 138 sq.

dungsoperationen, Transformationen, hergestellt[6]. Die Sätze (1) bis (6) werden aus den angenommenen Tiefenstrukturen durch Transformationen abgeleitet, von denen einige die Einheit ›Neg‹ so in den übrigen Satz inkorporieren, daß sie sich bei (1) bis (5) jeweils mit einer anderen Einheit verbindet, die das syntaktische Merkmal ›indefinit‹ hat[7]. Satz (6) enthält keine indefinite Konstituente, mit der sich ›Neg‹ verbinden könnte. In diesem Fall wird ›Neg‹ durch den ›reinen‹ Negationsträger *nicht* repräsentiert.

Nach dieser Theorie gilt also: Die in Sätzen wie (1) bis (6) enthaltenen Negationsträger sind kontextbedingte Ausdrücke ein und derselben syntaktischen Kategorie. Ob ein Satz *nicht*, *kein* oder einen anderen Negationsträger enthält, hängt jeweils von den anderen Konstituenten ab. Die Negationsträger außer *nicht* sind morphosyntaktische Verbindungen des (syntaktisch verstandenen) Negationselementes. *Nicht* ist ausschließlich Träger des Negationselementes[8].

Unabhängig von Form und Stellung des jeweiligen Negationsträgers bezieht sich das in ihm enthaltene Negationselement auf den ganzen übrigen Satz. Es ist keiner anderen Konstituente untergeordnet außer einer ebenfalls abstrakten Einheit, die den jeweiligen Typ des Satzes (Aussage, Frage, Nebensatztyp usw.) determiniert. Seiner Funktion im Satz nach ist das Negationselement eine Art Satzadverb[9].

Die Sätze, die einen Negationsträger enthalten, werden durch eine solche Strukturbeschreibung formal als syntaktische Klasse der negativen Sätze bestimmt. Sätze ohne Negationselement mögen entsprechend positive Sätze heißen.

Bei syntaktisch komplexen Sätzen, also Satzgefügen, ist zu unterscheiden zwischen positiven Sätzen ohne Negationsträger in ihren Teilsätzen, positiven Sätzen, die einen untergeordneten negativen Teilsatz enthalten, negativen Sätzen, denen ein positiver Satz untergeordnet ist, und negativen Sätzen, denen negative Sätze untergeordnet sind. Ein Satzgefüge ist dann ein negativer Satz, wenn

---

[6] Das hier angedeutete Satzmodell ist eine generative Transformationsgrammatik, welche die syntaktische Struktur von Sätzen durch einen invertierten Abstraktionsprozeß anzugeben sucht. Die genannten syntaktischen Behandlungen der Negation orientierten sich vor allem an der Syntaxtheorie von N. CHOMSKY (s. etwa N. CHOMSKY, *Aspects of the Theory of Syntax*, Cambridge, Mass., 1965).

[7] Ich vereinfache hier stark. Wegen bestimmter morphologischer Erscheinungen (u. a. das Verhältnis von *irgendwann*, *jemals* und *niemals*) müssen zwei Arten von ›Indefinitheit‹ unterschieden werden. Hierzu G. STICKEL, op. cit. 1970, p. 133 sq.

[8] Diese Annahme stützt sich vor allem auf kontextuelle Reduktionsmöglichkeiten bestimmter Sätze; z. B. *Kuno hat niemand gesehen, und Hans hat niemand gesehen / — und Hans auch nicht*.

[9] Auch hier vereinfache ich. Die Satzadverbien bei Sätzen wie *Wahrscheinlich / Hoffentlich / Glücklicherweise hat niemand den Bagger gesehen* sind ›höher‹ anzusetzen als das Negationselement; sie beziehen sich auf den übrigen Satz einschließlich ›Neg‹.

der Matrixsatz (›Hauptsatz‹) einen Negationsträger enthält. So ist zum Beispiel *Ich habe gewußt, daß Kuno den Bagger nicht gesehen hat* ein positiver Satz mit einem untergeordneten negativen Teilsatz, während *Ich habe nicht gewußt, daß Kuno den Bagger gesehen hat* ein negativer Satz ist, dem ein positiver Teilsatz untergeordnet ist. Von syntaktisch komplexen Sätzen soll aber im folgenden abgesehen werden.

Die verschiedenen Stellungsmöglichkeiten der Negationsträger in den einzelnen Satztypen und ihren Varianten werden im Zusammenhang mit den Stellungsbedingungen für die übrigen Konstituenten durch Transformationen erfaßt, von denen einige auch für positive Sätze gelten (u. a. die verschiedenen Stellungen des finiten Verbs und die emphatisch und thematisch bedingten Stellungsmöglichkeiten für die nichtverbalen Konstituenten). In anderen Fällen wird die relative Stellung der Negationsträger in Abhängigkeit von der Struktur parallel konstruierter positiver Sätze bei Satzkoordinationen bestimmt (u. a. die verschiedenen Stellungen von *nicht* bei *nicht-sondern*-Konstruktionen, worauf ich noch eingehen werde).

Für die syntaktische Beschreibung von *nein* sind isolierte Sätze nicht geeignet. Hierzu ist ein Frage-Antwort-Kontext erforderlich wie bei den folgenden Beispielen. F bezeichnet jeweils die Frage, unter A sind einige der bedeutungsgleichen und syntaktisch zulässigen Antworten aufgeführt.

(7) F: Hat Kuno den Bagger gesehen?
    A: a) Nein, er hat ihn nicht gesehen
        b) Nein
(8) F: Hat jemand den Bagger gesehen?
    A: a) Nein, niemand hat ihn gesehen
        b) Nein, niemand
        c) Nein

Unter der kontextuellen Bedingung einer voraufgehenden Entscheidungsfrage kann *nein* als einer von zwei Trägern desselben Negationselementes aufgefaßt werden. Der Antwortsatz kann auf *nein* und den anderen satzinternen Negationsträger reduziert werden, der schließlich auch wegfallen kann. *Nein* als ausschließliche Antwort ist eine kontextspezifische Ellipse, die hier deshalb möglich ist, weil sich die Form der tilgbaren Teile der Antwort aus der Form des jeweiligen Fragesatzes eindeutig bestimmen läßt[10]. Ohne einen solchen Kontext bzw. eindeutige situative Bedingungen ist *nein* freilich immer vieldeutig. Zu beachten ist, daß *nein* kein beliebig verwendbarer Ersatzausdruck für einen negativen

---

[10] Der Antwortsatz entspricht natürlich nicht der Form des Fragesatzes. Seine mögliche Form ist jedoch von der Frage und dem Assertionsausdruck (*ja, nein, doch*) her bestimmbar.

Satz ist. Im Frage-Antwort-Rahmen gehört es zu einem Paradigma von Ausdrücken (mit *ja* bei positiven Fragen und *doch* bei negativen Fragen), das syntaktisch durch einen speziellen Fragetyp determiniert ist und an einen Sprecherwechsel gebunden ist[11].

III. *Grenzen des syntaktischen Beschreibungsansatzes*

Eine syntaktische Darstellung negativer Sätze, wie sie gerade skizziert wurde, bleibt in wichtigen Punkten unbefriedigend. Sie macht vor allem die Bedeutungen, die mit solchen Sätzen verbunden sind, nicht explizit[12]. Sie stellt zwar formal dar, daß Negationsträger auf andere sprachliche Einheiten bezogen sein müssen, um als Bestandteile eines bedeutungtragenden Ausdrucks fungieren zu können; aber sie bestimmt die Beziehung zwischen dem Negationselement und den anderen Bedeutungseinheiten ausschließlich als syntaktische Relation, wobei das Relat des Negationselementes stets die Gesamtheit der übrigen Konstituenten ist.

Bei den genannten Untersuchungen sollte nur eine schwache Form semantischer Angemessenheit erfüllt werden: Für die Strukturbeschreibungen der behandelten Sätze gilt, daß sie mit der semantischen Interpretation (d. h. der Art, in der diese Sätze verstanden werden) verträglich sein müssen. Außerdem gilt, daß Sätze unterschiedlicher Bedeutung und erst recht sich widersprechender Bedeutung[13] nicht auf die gleiche Struktur zurückgeführt werden können, wobei die lexikalischen Einheiten mit zur Struktur gerechnet werden.

Zu den Annahmen des syntaktischen Beschreibungsansatzes, die für eine semantische Darstellung der Negation unbefriedigend sind, gehören:

a) Zumindest für die Klasse der einfachen Aussagesätze gilt, daß sie sich in zwei gleich große Unterklassen aus negativen und positiven Sätzen teilen läßt.

b) Jeder positive Satz läßt sich durch Hinzufügung eines Negationselements in einen entsprechenden negativen Satz umwandeln.

---

[11] Zu einigen anderen Verwendungsarten von *nein* s. G. STICKEL, *Ja und Nein als Kontroll- und Korrektursignale*, in *Linguistische Berichte* 17 (1972), p. 12-17.

[12] Die Begrenztheit der syntaktischen Beschreibbarkeit der Negation ist nicht ausschließlich durch das Beschreibungsmodell bedingt. Ein dependenztheoretischer Ansatz würde auch nicht viel weiter führen, es sei denn, er faßt Syntax so weit, daß er mit einer semantischen Strukturbeschreibung zusammenfällt.

[13] Eine linguistische Entsprechung des logischen Widerspruchssatzes wäre etwa: Die Bedeutungen zweier Sätze widersprechen sich, wenn ein Sprecher unter konstanten situativen und kontextuellen Bedingungen nur einen von ihnen äußern kann. Falls er beide äußert, ohne sie als Redeerwähnungen zu markieren oder sie durch *oder* zu verbinden, teilt er dem Hörer allenfalls seine momentane Verwirrung oder seine Unentschlossenheit mit.

c) Das Negationselement bezieht sich immer auf einen Satz.

Zunächst ein Beispiel zum Problem der ›einfachen‹ Sätze. Der folgende positive Satz scheint syntaktisch einfach zu sein:

(9) Kuno hat viele Bücher gelesen

Die folgenden Sätze lassen sich jedoch nicht als (stilistisch oder emphatisch bedingte) Varianten einer Struktur erklären. Die unterschiedlichen Stellungen von *nicht* sind semantisch signifikant.

(10) Kuno hat *nicht* viele Bücher gelesen
(11) Kuno hat viele Bücher *nicht* gelesen

Die Unterscheidung der herkömmlichen Grammatik zwischen Satznegation (oder Prädikatsnegation) und Satzgliednegation (oder Wortnegation) gibt für die Erklärung solcher Sätze nichts her. Nach dieser Unterscheidung läge bei (10) Satzgliednegation vor (*nicht* bezieht sich nur auf *viele*). Aber nur die Bedeutung dieses Satzes steht in einem direkten Widerspruchsverhältnis zur Bedeutung des positiven Satzes (9). Die beiden Sätze könnten etwa Äußerungen zweier sich streitender Gesprächspartner sein. Sie lassen sich nicht zu einer semantisch akzeptablen Satzkoordination verbinden.

(9,10) * Kuno hat viele Bücher gelesen, und er hat nicht viele Bücher gelesen

Zu Satz (11) dagegen läßt sich gar kein widersprechender positiver Satz finden, der sich von (11) nur durch das Fehlen von *nicht* unterscheidet. Satz (9) und Satz (11) lassen sich sogar zu einer akzeptablen Satzkoordination verbinden.

(9,11) Kuno hat viele Bücher gelesen, und (er hat) viele Bücher nicht gelesen

Mit einer semantischen ›Bewertung‹ der Konstituenten oder Satzpositionen wird das Problem weder syntaktisch noch semantisch gelöst, wie sich an folgender ›Stellungsvariante‹ zeigt:

(12) Víele Bücher hat Kuno nícht gelesen

Dieser Satz kann sowohl in der Bedeutung von (10) als auch in der von (11) gebraucht werden; er läßt sich meines Erachtens auch nicht durch Betonungsunterschiede desambiguieren.

Eine syntaktische Beschreibung der Sätze (10) und (11), welche die Realisierung des Negationselementes durch irgendwelche fakultativen Stellungsregeln für *nicht* zu beschreiben sucht, wäre semantisch ebenfalls unangemessen. Wenn man den Bedeutungsunterschied mit syntaktischen Beschreibungsmitteln explizieren will, muß man davon ausgehen, daß Sätze wie diese nur ›oberflächlich‹ einfach sind und daß sie auf syntaktisch komplexe Strukturen zurückzuführen sind, wie sie durch folgende Ausdrücke angedeutet werden:

(9') ? Die Bücher, die Kuno gelesen hat, sind viel(e)
(10') ? Die Bücher, die Kuno gelesen hat, sind *nicht* viel(e)
(11') ? Die Bücher, die Kuno *nicht* gelesen hat, sind viel(e)

Damit würden diese Sätze auf syntaktisch komplexe Strukturen zurückgeführt, bei denen entweder der ›Hauptsatz‹ mit *viel(e)* als Prädikat ein Negationselement enthält oder der diesem Quantifikationssatz untergeordnete Teilsatz.

Ausdrücke wie (9′) bis (11′) kommen in der ›Natur‹ nicht vor. Es lassen sich natürlich schönere Paraphrasen bilden wie *Die Menge der Bücher, die Kuno (nicht) gelesen hat, ist (nicht) groß*. Damit würde das Problem jedoch nur verschoben; denn von einem auch ›oberflächlich‹ komplexen Satz mit zum Teil anderen lexikalischen Einheiten muß dann wieder nachgewiesen werden, daß er auf die gleiche Struktur zurückgeht wie der Satz, den er eigentlich erklären soll.

›Generative‹ Semantiker, die sich mit der Erklärung solcher Sätze befassen, arbeiten neuerdings stets mit derartigen komplexen Tiefenstrukturen, die aus Schachtelungen oder linearen Abfolgen elementarer abstrakter ›Sätze‹ bestehen[14]. Dies scheint auch der einzige Weg zu sein, um etwa das Verhältnis von Negation und Quantifikation[15] explizit zu machen. Man darf dabei aber nicht übersehen, daß mit der Annahme solcher ›Tiefenstrukturen‹ noch keine Erklärung für die Form der erklärten Sätze gegeben ist. Die zugrundegelegten Strukturen entsprechen der Struktur zusammengesetzter Sätze. Sie sind aber keine solchen Sätze, sondern nur Analoga zu Satzgefügen. Die Syntax der abstrakten satzartigen Strukturen ist nicht identisch mit der Syntax der beschriebenen Sätze, sie ist die Syntax einer semantischen Beschreibungssprache. Prozeduren, die erforderlich sind, um die semantische Strukturbeschreibung auf die syntaktische Strukturbeschreibung abzubilden, können hier nicht diskutiert werden, zumal es bislang nur Ansätze zu ihrer Formulierung gibt.

Festhalten können wir, daß der syntaktisch orientierte Ansatz, die Funktion des Negationselementes innerhalb eines Satzes als syntaktische Relation zwischen einem Satzadverb ›Neg‹ und den übrigen Konstituenten darzustellen, nur begrenzt brauchbar ist, da die syntaktische Komplexität eines Satzes nicht seiner semantischen Komplexität entspricht. Man kann seine semantische Komplexität zwar mit Hilfe der Negation überprüfen; die semantische Funktion des Negationselementes läßt sich jedoch nicht eindeutig aus der syntaktischen Funktion

---

[14] Vgl. hierzu G. P. LAKOFF, *Pronominalization, negation, and the analysis of adverbs*, in R. JACOBS und P. ROSENBAUM (eds.), *Readings in English Transformational Grammar*, Waltham, Mass., 1970, p. 145-165; und R. S. JACKENDOFF, *On some questionable arguments about quantifiers and negation*, in Language 47 (1971), p. 282-297.

[15] Durch Ausdrücke einer formalen Kalkülsprache, deren Semantik und Syntax streng definiert sind, lassen sich die Beziehungen zwischen Quantifikation und Negation in Sätzen einer natürlichen Sprache verdeutlichen. Zwischen solchen Ausdrücken und Sätzen besteht jedoch nur ein Übersetzungsverhältnis, das so weit reicht, wie sich die semantischen Systeme der Kalkülsprache und der natürlichen Sprache decken.

des jeweiligen Negationsträgers ermitteln. Die Annahme, daß sich das Negationselement jeweils auf einen Satz bezieht, ist zu ungenau. Wir können allenfalls sagen, daß es sich auf eine satzartige Proposition bezieht, die in der semantischen Struktur des Satzes enthalten ist. Bei einem Satz wie (11) bezieht es sich auf eine Proposition, die einer Mengenproposition untergeordnet ist, bei (10) auf diese Mengenproposition.

Daß der Bezugsbereich, die ›Domäne‹ des Negationselementes nicht immer ein ganzer Satz ist, soll an einigen weiteren Beispielen erläutert werden, die keine Quantifikatoren enthalten. Satz (13) läßt sich durch die Einfügung von *nicht* in einen entsprechenden negativen Satz (14) umformen.

(13) Kuno hat den Bagger gesehen
(14) Kuno hat den Bagger *nicht* gesehen

Satz (14) ist jedoch nicht der einzige Satz, dessen Bedeutung der von (13) unmittelbar widerspricht. Hinzu kommen noch Sätze wie die folgenden:

(15) Nicht Kúno hat den Bagger gesehen (sondern Karl-August)
(16) Kuno hat nicht den Bágger gesehen (sondern den Raupenschlepper)
(17) Kuno hat den Bagger nicht geséhen (sondern gehört)

Bei der Erörterung ähnlicher Sätze habe ich in einer früheren Arbeit[16] entschieden dafür plädiert, für Sätze wie (15) bis (17) im Prinzip die gleichen Ausgangsstrukturen wie für (14) anzunehmen und die Bedingungen für die unterschiedlichen Stellungen von *nicht* wie auch für den Kontrastakzent in der Struktur von parallel konstruierten *sondern*-Sätzen zu sehen, die sich von dem negativen Satz durch entsprechende lexikalische Einheiten unterscheiden. Als Begründung für die Form dieser Sätze ist eine solche Darstellung ausreichend; semantisch bleibt sie jedoch unbefriedigend. Die Sätze (14) bis (17) sind auch ohne die nachfolgenden Kontexte nicht bedeutungsgleich, sie widersprechen dem positiven Satz (13) auf verschiedene Weisen.

Die jeweilige Widerspruchsweise ist keine formale Folge des nachfolgenden *sondern*-Kontextes, sie wird in diesem Folgetext lediglich näher erläutert[17]. Selbst wenn ein erklärender Kontext fehlt, veranlassen die verschiedenen negativen Sätze den Hörer zu unterschiedlichen Schlußfolgerungen[18]. Die Begründung der Widerspruchsverhältnisse durch die gleiche Art von (syntaktischer) Satznegation ist semantisch unangemessen. Wir müssen bei Sätzen dieser Art vielmehr annehmen, daß ein Satz mit einem Negationsträger einem entsprechen-

---

[16] Vgl. G. Stickel, op. cit. 1970, p. 148 sq.
[17] Dies wird von K. E. Heidolph in seiner Studie *Zur Bedeutung negativer Sätze*, in M. Bierwisch u. K. E. Heidolph (eds.), *Progress in Linguistics*, Den Haag / Paris 1970, p. 86-101, besonders p. 92, Anm. 21, überzeugend dargelegt.
[18] Auf die Frage der Bedeutung negativer Sätze und der Konklusionen aus dieser Bedeutung wird im folgenden Abschnitt noch eingegangen.

den positiven Satz dann widerspricht, wenn sich das Negationselement auf wenigstens eine semantische Elementarproposition bezieht, die für die Gesamtbedeutung des positiven Satzes konstitutiv ist.

Ich möchte mich auf eine informelle Nennung einiger semantischer Propositionen beschränken, die zur Bedeutungsstruktur von Satz (13) gehören. Auf die Tempus / Zeitfrage (*hat . . . gesehen*) gehe ich nicht ein. Satz (13) bedeutet u. a.:

a) eine Wahrnehmungsbeziehung zwischen zwei Vorgangsbeteiligten (»Jemand hat etwas gesehen«);

b) die Wahrnehmungsbeziehung wird als ›sehen‹ charakterisiert (»mit den Augen wahrnehmen«);

c) der Sehende wird als ›Kuno‹ identifiziert, was voraussetzt, daß die Referenz von *Kuno* schon vorher bekannt ist;

d) das Gesehene wird als ›der Bagger‹ identifiziert, was ebenfalls eine vorausgegangene referentielle Festlegung für *Bagger* erfordert.

Bei den negativen Sätzen ist das Negationselement entweder auf den ganzen Komplex bezogen oder auf je eine der semantischen Elementarpropositionen. Unberührt bleiben in allen Fällen die Referenzbeziehungen von *Kuno* und *den Bagger*, da diese schon zu den Voraussetzungen des positiven Satzes gehören. Satz (17) schließt nicht aus, daß die durch (13) behauptete Wahrnehmungsbeziehung zwischen den Referenten von *Kuno* und *den Bagger* besteht; er schließt nur die durch eines der semantischen Merkmale von *sehen* behauptete Qualität der Wahrnehmung aus. In den Sätzen (15) und (16) bezieht sich ›Neg‹ jeweils nur auf eine der durch Satz (13) bedeuteten Identifikationen der am Sehvorgang Beteiligten durch die Referenten von *Kuno* und *Bagger*. Daß »jemand den Bagger gesehen hat« bzw. daß »Kuno etwas gesehen hat«, wird durch die Bedeutung dieser Sätze nicht ausgeschlossen.

Semantische Annahmen dieser Art sind erforderlich für eine Reihe weiterer Erscheinungen. Nehmen wir an, daß Satz (13) in einer Dialogsituation geäußert wird. Ein Hörer kann daraufhin mit einem der Sätze unter (18) antworten:

(13) A: Kuno hat den Bagger gesehen
(18) B: a) Nein, das war nicht Kúno
       b) Nein, das war nicht der Bágger
       c) Nein, geséhen hat er ihn nícht

Die Ausdrücke a) und b) zeigen, daß einzelne der Elementarpropositionen als Sätze formulierbar sind, denen dann ein Negationselement zugeordnet wird[19]. Bei den semantischen Merkmalen des Verbs *sehen* ist eine solche ›Ausformulierung‹ nicht sprachüblich (Das waren nicht die Augen, mit denen Kuno

---

[19] Im Französischen ist Kontrastnegation, soweit sie nicht Verbmerkmale betrifft, durch eine besondere Konstruktion realisiert: *Ce n'est pas Jean qui a vu la voiture, mais Jacques.*

den Bagger wahrgenommen hat). Anzunehmen, daß Sätze wie (18) a) und b) in den Sätzen (15) bzw. (16) als verkappte Teilsätze **syntaktisch** enthalten sind, wäre jedoch unangemessen, zumal sich, wie (18) c) zeigt, nicht alle semantischen Elementarpropositionen als Sätze im Sinne von sprachlichen Ausdrücken formulieren lassen[20]. Wir können nur annehmen, daß in einer kontextuellen Umgebung, wie oben angegeben, die mit (18) b) und c) verbundene semantische Struktur verschiedenen semantischen Teilstrukturen von Sätzen wie (15) und (16) entspricht.

Um die Annahme zu retten, daß es eine Eins-zu-Eins-Entsprechung zwischen positiven und negativen Sätzen gibt, kann man immer noch behaupten, daß die negativen Sätze mit Kontrastakzent dem positiven Satz nur per Implikation widersprechen, daß sie aber eigentlich die negativen Entsprechungen von positiven Kontrastsätzen sind, wie folgende Gegenüberstellung angibt:

(19) Kúno hat den Bagger gesehen (nicht Karl-August)
(15) Nicht Kúno hat den Bagger gesehen (sondern Karl-August)
(20) Kuno hat den Bágger gesehen (nicht den Raupenschlepper)
(16) Kuno hat nicht den Bágger gesehen (sondern den Raupenschlepper)
(21) Kuno hat den Bagger geséhen (nicht gehört)
(17) Kuno hat den Bagger nicht geséhen (sondern gehört)

Zweifellos sind die gegenübergestellten Sätze (bis in die Akzentverhältnisse) ähnlich strukturiert. Zu beachten ist jedoch, daß die positiven Kontrastsätze im Dialog keine kontextuellen Voraussetzungen für die negativen Kontrastsätze sind. Während alle genannten negativen Sätze Widerspruchsantworten auf denselben positiven Satz (13) sein können, setzen die positiven Kontrastsätze verschiedene Vorgängersätze voraus; z. B.:

(22) Karl-August hat den Bagger gesehen   [zu (19)]
(23) Kuno hat den Raupenschlepper gesehen [zu (20)]
(24) Kuno hat den Bagger gehört   [zu (21)]

Die positiven Kontrastsätze haben also innerhalb eines Dialogs einen ganz anderen Ort. Sie setzen Sätze voraus, deren Bedeutungen selbst wieder zur Klasse der Konklusionen gehören, die aus der Bedeutung eines negativen Kontrastsatzes gezogen werden können.

Hieraus folgt, daß sich die Annahme einer Eins-zu-Eins-Entsprechung von negativen und positiven Sätzen semantisch nicht halten läßt. Einem positiven Satz wie (13) stehen jeweils mehrere negative Sätze gegenüber, die sich durch die Bezugsbereiche des Negationselementes unterscheiden und die sich semantisch

---

[20] Völlig ausgeschlossen wäre das bei Sätzen, in denen *Neg* deiktische Merkmale oder gerichtete Relationen betrifft: *Er hat nicht dén Bagger gesehen, sondern dén da; Kuno hat nicht Kárl gesehen, sondern Kárl Kúno.*

nicht befriedigend als formale Varianten einer Ausgangsstruktur erklären lassen.

Gleichzeitig wird auch die Annahme fragwürdig, daß die Menge der Aussagesätze in zwei gleich umfangreiche Teilmengen aus positiven und negativen Sätzen zerfällt. Ich möchte diese Frage nicht entscheiden, sondern nur auf die Schwierigkeiten bei einer solchen Rechnung hinweisen. Wenn man nur die Ausdrucksstrukturen zählt, läßt sich vielleicht eine schwächere Annahme halten, nämlich daß für positive und negative Sätze die gleiche Menge syntaktischer Strukturen verfügbar ist. Problematisch wird es, wenn man die mit den Ausdrücken verbindbaren Bedeutungsstrukturen zu berücksichtigen sucht, weil dabei unter anderem zu entscheiden ist, wie die mit Kontrastsätzen verbundenen Bedeutungen zu zählen sind. Man könnte etwa argumentieren, daß die Bedeutungen der positiven Kontrastsätze alle in der Bedeutung eines nicht-kontrastiven Satzes enthalten sind. Es wird jeweils nur eine andere Bedeutungsrelation besonders hervorgehoben. Die Bedeutungen der verschiedenen negativen Sätze sind jedoch nicht miteinander verträglich, da ihre ›negierten Bereiche‹ sich nicht decken. Auf der anderen Seite läßt sich argumentieren, daß sich auch die positiven Sätze semantisch unterscheiden, weil die jeweilige Hervorhebung ihren Mitteilungscharakter mitbestimmt. Wie immer man auch rechnen mag, mehr als den etwa gleichen Umfang der für positive und negative Sätze verfügbaren syntaktischen Strukturen wird man kaum behaupten können.

Als Hauptpunkte der vorausgegangenen Erörterung lassen sich herausstellen:

a) Die Negationsträger sind Ausdrucksformen einer sprachlichen Einheit, die zu den übrigen Einheiten des Satzes hinzutritt; d. h. das Negationselement ist kein obligatorischer Bestandteil von Sätzen wie z. B. die Personalendung des finitiven Verbs bei deutschen Sätzen. Das Negationselement wird im Deutschen durch *nicht* ausgedrückt; die übrigen Negationsträger sind morphosyntaktische Verbindungen des Negationselements mit anderen Morphemen.

b) Die Negationsträger stehen in unterschiedlichen syntaktischen Beziehungen zu den übrigen Konstituenten eines Satzes. Die morphologische Realisierung des Negationselementes wird durch die Struktur der übrigen Konstituenten eingeschränkt.

c) Die Beziehung zwischen der mit einem Negationsträger verbundenen semantischen Einheit, dem Negationselement, und den durch die übrigen Einheiten des Satzes konstituierten semantischen Relationen entspricht im allgemeinen nicht der syntaktischen Funktion des Negationsträgers.

d) Je nach der semantischen Komplexität eines Satzes (die sich nicht mit seiner syntaktischen Komplexität deckt) kann sich das Negationselement auf verschieden große Teilkomplexe der semantischen Gesamtstruktur beziehen, wobei entsprechend große Teilkomplexe außerhalb seines Bereichs bleiben.

e) Der Bezugsbereich des Negationselements kann unscharf sein; er ist aus der

Stellung eines Negationsträgers und der Akzentverteilung im Satz (für den Hörer) nicht immer eindeutig erkennbar; oft kann er nur auf Grund des Folgetextes bestimmt werden. Die Vieldeutigkeit des Negationselementes ist besonders groß bei *nein*, das die Bedeutung eines ganzen negativen Satzes tragen kann, jedoch ohne Kontext beliebig vieldeutig bleibt.

f) Für die Theorie gilt: Der Bezugsbereich des Negationselementes ist syntaktisch interpretierbar. Die Struktur der Interpretation entspricht jedoch nicht der syntaktischen Struktur des interpretierten Satzes (oft nicht einmal der syntaktischen Struktur irgendeines Ausdrucks einer natürlichen Sprache), sondern beruht auf der Syntax einer semantischen Beschreibungssprache.

Bei der Kritik an dem syntaktischen Beschreibungsansatz wurden stets Annahmen über die semantische Funktion des Negationselementes gemacht. Auf die ›Bedeutung der Negation‹ soll nun unter dem Aspekt ihrer kommunikativen Funktion verwiesen werden.

IV. *Negation in Sprechsituationen*

Wer Aussagen über Form und Bedeutung sprachlicher Ausdrücke macht, impliziert dabei bewußt oder unbewußt Annahmen über deren Verwendung in kontextuellen Umgebungen und Sprechsituationen. Die bisher behandelten Beispielsätze wurden stillschweigend auf Klassen von Sprechsituationen bezogen, in denen sich jeweils zwei oder mehr Gesprächspartner über bestimmte Sachverhalte oder Ereignisse zu verständigen suchen. Im folgenden beschränke ich mich auf Dialogsituationen[21], in denen zwei Partner auf Hör- und Sichtweite Mitteilungen austauschen. Die nichtverbalen Ausdrucksmittel werden dabei nicht berücksichtigt. Eine Zusammenstellung und Klassifikation der verschiedenen kommunikativen Funktionen sprachlicher Äußerungen in solchen Situationen wird nicht versucht. An einigen Ausdrücken, deren Funktionen man herkömmlicherweise als deklarativ, interrogativ und imperativ bezeichnet, soll exemplarisch gezeigt werden, in welcher Weise sich die Voraussetzungen (des Sprechers), die Ziele (Intentionen des Sprechers) und die Auswirkungen (auf den Hörer) bei der Verwendung von negativen Sätzen und kürzeren Ausdrücken mit Negationsträgern von denen unterscheiden, die mit der Verwendung vergleichbarer

---

[21] Wegen einer detaillierten Zusammenstellung der Bedingungen, die eine Sprechsituation konstituieren, s. D. WUNDERLICH, *Die Rolle der Pragmatik in der Linguistik*, in *Der Deutschunterricht* 22/4, (1970), besonders p. 18 sq., und D. WUNDERLICH, *Pragmatik, Sprechsituation, Deixis*, in LiLi (= *Zeitschrift für Literaturwissenschaft und Linguistik*), 1971, p. 177 sq.

positiver Sätze verbunden sind. Die Überlegungen bleiben dabei stets auf der Ebene vortheoretischer Plausibilitätsbetrachtungen.

Zu den Voraussetzungen, von denen ein Sprecher des Satzes
(1) Kuno hat den Bagger gesehen
ausgeht, gehören Annahmen über den Kenntnisstand, die kommunikative Disposition usw. des Hörers, die auf unmittelbar vorausgegangenen Äußerungen, auf Erfahrungen bei anderen Begegnungen, zum Teil auch auf Mitteilungen Dritter über den Hörer beruhen können. Zu diesen Annahmen gehören unter anderem:

vpa) Der Hörer bezieht *Kuno* und *Bagger* auf die gleichen Referenten wie der Sprecher, entweder weil die Referenzen dieser Ausdrücke schon in vorausgegangenen Äußerungen bestimmt worden sind oder weil in der gegebenen Situation nur ein ›Kuno‹ und ein ›Bagger‹ gemeint sein können.

vpb) Der Hörer ist über den durch Satz (1) bedeuteten Sachverhalt noch nicht informiert.

Zu den Zielen gehören:

zpa) Dem Hörer soll die Kenntnis eines bestimmten Sachverhaltes[22] vermittelt werden, und zwar des Sachverhaltes, der der Bedeutung von Satz (1) einschließlich der referentiellen Bezüge entspricht.

zpb) Weitergehende Ziele können sein, daß der Hörer aus dieser Kenntnis zusammen mit anderen vorhandenen oder als vorhanden vermuteten Kenntnissen bestimmte Folgerungen oder Tätigkeiten ableitet.

Zu den Auswirkungen gehören:

wpa) Der Hörer ist, falls die Annahmen vpa) und vpb) zutreffen, über einen Sachverhalt informiert. Er kann eventuell Fragen zur näheren Spezifikation des Sachverhaltes (*Wann war das? Wo war das?*) stellen.

wpb) Er kann aus dieser Kenntnis bestimmte Folgerungen ableiten, die jedoch den vom Sprecher intendierten nicht zu entsprechen brauchen.

Die pragmatische ›Einbettung‹ für einen negativen Satz wie (2) ist anders.
(2) Kuno hat den Bagger nicht gesehen [ohne Emphase oder Kontrast]

vna) Wie bei vpa) wird Übereinstimmung bei den referentiellen Zuordnungen von *Kuno* und *Bagger* vorausgesetzt.

vnb) Der Sprecher weiß oder vermutet, daß der Hörer eine Annahme macht, die der Bedeutung des positiven Satzes (1) entspricht. Im einfachsten Fall könnte der Hörer im vorausgehenden Gespräch einen Satz wie (1) geäußert haben.

---

[22] Es spielt in diesem Zusammenhang keine Rolle, ob es sich um einen wirklichen, vermuteten oder nur vorgegebenen Sachverhalt handelt.

Die Gesamtbedeutung des negativen Satzes (2) referiert nicht auf einen Sachverhalt, sondern auf die Annahme eines Sachverhaltes. Mit Satz (2) wird diese Annahme als nichtzutreffend bewertet.

Entsprechend unterscheiden sich auch die Ziele, die der Sprecher mit (2) verbindet, von denen, die mit (1) verknüpft sind.

zna) Der Hörer soll die Annahme, die der Bedeutung des positiven Satzes (1) entspricht, zurücknehmen (streichen), da dieser Annahme nach Meinung des Sprechers kein Sachverhalt entspricht.

znb) Der Hörer soll an Konklusionen aus dieser nach Meinung des Sprechers falschen Annahme gehindert werden.

Zu den möglichen Auswirkungen gehören:

wna) Falls die Voraussetzungen des Sprechers zutreffen[23], revidiert der Hörer seinen Kenntnisbestand; er ›streicht‹ die Annahme, daß »Kuno den Bagger gesehen hat« einschließlich der Folgerungen, die er schon daraus gezogen hat.

wnb) Der Hörer kann darüber hinaus möglicherweise zu Annahmen kommen, die das Nichtzutreffen einer Annahme wie (1) voraussetzen.

Mit der Voraussetzung vnb) ist natürlich nur eine von verschiedenen möglichen Bedingungen für die Äußerung eines negativen Satzes wie (2) erfaßt. Es gibt Varianten, bei denen der Sprecher keine positive Annahme beim Hörer voraussetzt, sondern sich auf eine Annahme bezieht, die ein Dritter geäußert hat oder die er selbst zu einem früheren Zeitpunkt gemacht hat. In diesen Fällen projiziert er die positive Annahme zusammen mit der Bewertung, daß sie nicht zutrifft, auf den Sprecher, der sich bezeichnenderweise gegen eine solche ›Unterstellung‹ zur Wehr setzen kann mit Äußerungen wie *Das habe ich auch nicht angenommen / behauptet*. Auf die Funktion derartiger negativer Sätze gehe ich unten noch ein.

Bei einem negativen Satz wie (2) fungiert das Negationselement also als Bestandteil einer Aufforderung[24] an den Hörer, eine bestimmte Annahme zurückzunehmen oder erst gar nicht zu machen. Mit dem negativen Satz kann das weitergehende Ziel verbunden sein, den Hörer auf dem Wege einer ›Komplementbildung‹ zu einer Schlußfolgerung auf eine nach Meinung des Sprechers zutreffende Annahme zu veranlassen. Diese zutreffende Annahme ist jedoch in der Bedeutung des negativen Satzes nicht enthalten. Die Klasse der komplemen-

---

[23] Zu den Voraussetzungen, die für positive und negative Sätze gelten, gehören die angenommene ›Glaubwürdigkeit‹ des Sprechers und die ›Gläubigkeit‹ des Hörers, worauf hier nicht eingegangen wird.

[24] Den Aufforderungscharakter, der mit der Verwendung negativer Sätze verbunden ist, kennzeichnet B. F. SKINNER, *Verbal Behavior*, New York, 1957, p. 322 sq., durch das Kunstwort *mand* (aus engl. *demand* und *command*).

tären Annahmen, auf die aus der Bedeutung eines negativen Satzes geschlossen werden kann, variiert in ihrem Umfang mit den semantischen und referentiellen Merkmalen der übrigen Einheiten des Satzes, dem Bezugsbereich des Negationselementes und der kontextuellen und situativen Einbettung des Satzes. Aus der Bedeutung von Satz (2) *Kuno hat den Bagger nicht gesehen* kann der Hörer ohne weiteren Kontext kaum auf irgendeinen Sachverhalt schließen, weil die Klasse der Sachverhalte, auf die der positive Satz (1) *Kuno hat den Bagger gesehen* n i c h t referiert, beliebig groß ist.

Eine Äußerung wie *Gesehen hat Kuno den Bagger nicht* engt dagegen auch ohne einen weiteren Kontext die Anzahl der möglichen Konklusionen stark ein, da es zwischen den Referenten von *Kuno* und *Bagger* neben ›sehen‹ nur wenige andere Wahrnehmungsmöglichkeiten gibt.

Eine Äußerung wie *Kuno ist nicht tot* gestattet eine eindeutige Konklusion, falls Sprecher und Hörer sich über die Referenz von *Kuno* einig sind.

Als wichtig erscheint mir aber, daß zwischen der Bedeutung eines negativen Satzes und den Konklusionen, die aus dieser Bedeutung abgeleitet werden, streng unterschieden wird. Negative Kontrastsätze engen die Zahl der möglichen Konklusionen ein, sie enthalten sie aber nicht. Ihre primäre Funktion in der Sprechsituation ist die Zurückweisung einer Annahme. Soweit der Bezugsbereich des Negationselementes eindeutig erkennbar ist (was zu den Bedingungen für die Erreichung des Kommunikationsziels gehört, die sich nicht immer erfüllen lassen), weiß der Hörer, in welcher Richtung die Korrektur liegt, die der Sprecher von ihm erwartet. Die nach Meinung des Sprechers zutreffende Annahme wird jedoch durch den negativen Satz selbst nicht bedeutet. So ist die Bedeutung *Kuno lebt* in der Bedeutung von *Kuno ist nicht tot* nicht enthalten. Kommunikative Funktion des negativen Satzes ist die Zurückweisung der Annahme, daß »Kuno tot ist«. Die Annahme, daß »Kuno lebt«, ist bei der aktuellen Sprachverwendung eine Konklusion aus dem negativen Satz, die deswegen so leicht und eindeutig ist, weil *tot* (*sein*) und *leben* komplementäre semantische Merkmale haben.

Festhalten können wir, daß die Verwendung von Sätzen wie (1) und (2) auf unterschiedlichen Voraussetzungen beruhen, daß die unmittelbaren kommunikativen Ziele entgegengesetzt sind (der positive Satz soll eine Annahme vermitteln, der negative soll eine Annahme verhindern). Der Hauptunterschied bei den mittelbaren Zielen und Auswirkungen von positiven und negativen Äußerungen liegt wohl darin, daß an positive Äußerungen direkte Folgerungen angeschlossen werden, während die Folgerungen aus entsprechenden negativen Sätzen einen Schritt mehr erfordern.

Eine vom Sprachsystem geregelte Verwendung des Negationselementes zur Zurückweisung bzw. Korrektur von Annahmen ist die Frage-Antwort-Situa-

tion [25]. Mit einer Entscheidungsfrage (Ja-Nein-Frage) wird einem Gesprächspartner eine tentative Annahme zur Bewertung vorgelegt.
(3) A: Hat Kuno den Bagger gesehen?
(4) B: Ja (er hat ihn gesehen)
(5) B: Nein (er hat ihn nicht gesehen)

Wir nehmen der Einfachheit halber wieder ›gutwillige‹ Gesprächspartner an, schließen also aus, daß der Fragende lediglich das Wissen oder die Glaubwürdigkeit des Partners prüfen möchte. Auf Grund der positiven Antwort *ja* kann der Fragende über die zu Anfang tentative Annahme fest verfügen und kann nun aus ihr bestimmte Folgerungen oder Handlungen ableiten. Die positive Antwort bestätigt den ganzen Komplex von Teilannahmen, die in der gefragten Annahme enthalten sind. Wie im letzten Abschnitt gezeigt wurde, ist die Antwort *nein* aber schon möglich, wenn nur eine der Teilannahmen von (3) nach Meinung des Antwortenden nicht zutrifft. Die Antwort *nein* teilt dem Fragenden nur mit, daß (nach Meinung des Neinsagers) irgend etwas an der Annahme ›falsch‹ ist. Erst ein nachfolgender Kontext kann erkennen lassen, ob die gefragte Annahme insgesamt zurückgewiesen wird oder nur deshalb, weil eine in ihr enthaltene Teilannahme nicht zutrifft.

Die komplementäre Verteilung der Mitglieder des Antwortparadigmas, auf das eine positive Entscheidungsfrage abzielt, hat zu der Auffassung geführt, daß jeder Satz ein Assertionsmorphem enthält, das entweder den Wert ›Affirmation‹ oder den Wert ›Negation‹ hat [26]. Ich halte diese Auffassung schon deswegen für problematisch, weil positive Sätze außerhalb spezieller Fragebedingungen stets unmarkiert sind. Negative Sätze enthalten eine zusätzliche Information und setzen positive Sätze oder Annahmen in der Bedeutung von positiven Sätzen voraus. Es gibt einen Typ positiver Sätze mit markierter Assertion, nämlich Sätze mit betontem *doch* (= *nicht (nicht)*), die u. a. als Antworten auf negative Fragen verwendet werden. Mit solchen Sätzen wird die Annahme zurückgewiesen, daß eine bestimmte Annahme nicht zutrifft. Im Gegensatz zu den normalen positiven Sätzen verlangen *doch*-Sätze eine zweifach gestaffelte Voraussetzung.

Gegen die angenommene Symmetrie von Affirmation und Negation spricht auch bei den Antwortmöglichkeiten auf unseren Beispielsatz (3), daß mit einer negativen Antwort nicht die gleiche informatorische Sicherheit verbunden ist wie mit einer positiven. Eine *ja*-Antwort kann ohne nachfolgenden Kontext

---
[25] Eine ungeregelte Verwendung ist u. a. die ›interruptive‹ Verwendung von *nein*, bei der ein Gesprächspartner die Äußerungen eines anderen unaufgefordert unterbricht, um diesem mitzuteilen, daß seine geäußerten Annahmen nicht zutreffen.
[26] So u. a. H. WEINRICH, p. 57 sq.

gegeben werden. Eine *nein*-Antwort kann, wenn sich das Negationselement nicht auf die gesamte gefragte Annahme bezieht und wenn sie dem Fragenden ›nützen‹ soll, nur selten ohne einen nachfolgenden Kontext auskommen, in dem der Bezugsbereich des Negationselementes spezifiziert wird und möglicherweise auch gleich die (nach Meinung des Antwortenden) zutreffende Annahme mitgeteilt wird.

In diesem Zusammenhang ist noch auf die Verwendung von Negationsträgern bei Antworten auf Ergänzungsfragen hinzuweisen. Mit einer Ergänzungsfrage (Identifikationsfrage) wie (6) zielt der Fragende auf eine nähere Spezifikation zu der in der Frage enthaltenen Annahme ab.

(6) Was hat Kuno gesehen?

Die der Frage zugrundeliegende Annahme entspricht der Bedeutung von:

(7) Kuno hat etwas gesehen

Ziel der Frage ist, daß der Gefragte die Variable *etwas* / *was* bindet, also den für den Hörer nichtidentifizierbaren Vorgangsbeteiligten durch einen Ausdruck mit fester Referenz (z. B. *den Bagger*) oder durch eine Gattungsbezeichnung (*einen Bagger*) bestimmt. Eine durchaus übliche Antwort auf eine solche Frage ist jedoch auch:

(8) Nichts (hat er gesehen)

Mit dieser Antwort bezieht sich der Sprecher strenggenommen nicht auf die Frage, sondern auf die Annahme (7), die für die Frage schon vorausgesetzt ist. Der Antwortende teilt damit dem Fragenden mit, daß die kognitive Voraussetzung der Frage nicht zutrifft. Eine Antwort wie (8) kann auf alle Entscheidungsfragen gegeben werden, die auf der Annahme (7) basieren, u. a. auch zusammen mit *nein* auf eine Frage wie (3) *Hat Kuno den Bagger gesehen?* Auch hierbei wird dem Fragenden mitgeteilt, daß er mit seiner Frage ›zu weit gegangen‹ ist, weil schon die hinter der Frage stehende Annahme, daß »Kuno irgendwas gesehen hat«, nicht zutrifft.

Die Verwendung von Negationsträgern in Sätzen, mit denen der Sprecher das nichtverbale Verhalten seines Partners direkt zu beeinflussen sucht, läßt sich in unsere Formel ›Negation als Zurückweisung bzw. zur Korrektur von Annahmen‹ nicht ohne weiteres einordnen. Befehls- und Aufforderungssätze teilen nichts über Sachverhalte mit; man kann allenfalls sagen, daß der Sprecher mit ihnen auf die Schaffung von Sachverhalten abzielt. Der Sprecher projektiert einen für ihn selbst, den Angesprochenen oder sonst jemand wünschenswerten Sachverhalt und fordert den Gesprächspartner zu entsprechenden Handlungen auf.

Durch einen Satz wie

(9) Geh ins Badezimmer!

teilt der Sprecher dem Hörer einen Handlungsplan mit (»Du gehst ins Badezimmer«) und fordert ihn auf, die diesem Plan entsprechende Tätigkeit auszuführen. Die Bedeutung des Satzes wird referentiell gebunden durch den in derartigen Sätzen stets enthaltenen Bezug auf den Hörer (der bei einem *Sie*-Verhältnis auch morphologisch realisiert wird) und bei diesem Beispiel durch die situative Eindeutigkeit von *Badezimmer*.

Ein Verbotssatz wie
(10) Geh nicht ins Badezimmer!
soll dagegen keinen Handlungsplan mitteilen, den sich der Sprecher für den Partner ausgedacht hat. Dieser Satz beruht auf der Annahme des Sprechers, daß der Partner einen Plan (»Ich gehe ins Badezimmer«) hat. Ob diese Annahme zutrifft oder nicht (oft kommt der Hörer erst durch ein solches Verbot zu einem entsprechenden Plan), ist nicht entscheidend. Der Sprecher vermutet auf Grund von Beobachtungen oder früheren Erfahrungen, daß der Angesprochene einen solchen Plan hat oder möglicherweise später entwickelt. Ziel des Verbotssatzes ist, den Hörer dazu zu bringen, den Plan zu löschen oder erst gar nicht zu entwickeln. Der Verbotssatz kann derart erweitert sein, daß er gleichzeitig zu einer Korrektur auffordert:
(11) Geh nicht jétzt ins Badezimmer (sondern nachher)!
Falls die pragmatischen Voraussetzungen des Sprechers zutreffen (u. a. daß der Hörer den Befehl akzeptiert), unterscheiden sich auch hierbei die Auswirkungen des Verbotssatzes von denen des Befehlssatzes. Aus der Bedeutung des positiven Satzes kann unmittelbar eine Handlung abgeleitet werden. Aus dem negativen Satz (10) läßt sich keine bestimmte Handlung oder ein Verhalten ableiten, da das Ziel dieses Satzes die Verhinderung einer Handlung ist. Ob der Sprecher dieses Satzes vom Hörer überhaupt irgendeine Tätigkeit erwartet, bleibt offen. Erst negative Kontrastsätze wie (11) gestatten dem Hörer Schlußfolgerungen auf erwünschte oder zumindest geduldete Handlungen.

Ein Sonderfall eines Verbotssatzes liegt vor, wenn der Sprecher aus Zeitmangel und weil er annimmt, daß der referentielle Bezug für den Angesprochenen verständlich ist, sich auf den Ausruf *Nein!* beschränkt. Auch damit soll der Angesprochene an der Ausführung oder weiteren Durchführung eines Handlungsplans (z. B. »Ich werde jetzt mal mit dem Gasofen spielen«) gehindert werden. Der referentielle Bezug und die kommunikative Funktion eines solchen Ausrufes werden in diesem Fall ausschließlich durch die situativen Bedingungen bestimmt. Hinzu können freilich noch nichtverbale Ausdrucksmittel (Handbewegungen) kommen. Ob der Sprecher sein kommunikatives Ziel erreicht, hängt davon ab, inwieweit der Hörer den Ausdruck und die damit verbundene Intention auf sich und eine bestimmte Handlung, die er gerade plant oder begonnen hat, beziehen kann. Rückfragen wie *Ich?* oder *Was — Nein?* sind häufige Symptome für die situative Vieldeutigkeit eines solchen *nein*.

Zum Abschluß möchte ich noch auf einige metakommunikative Verwendungsmöglichkeiten für negative Sätze und kürzere Ausdrücke mit Negationsträgern hinweisen. Als ›metakommunikativ‹ bezeichne ich in Anlehnung an Dieter Wunderlich »ein sprachliches Verhalten, das über eine Kommunikation spricht, während es zugleich in dieser Kommunikation steht«[27]. Metakommunikativ sind die Äußerungen, mit denen ein Sprecher die Bedingungen der Sprechsituation verbalisiert, die Voraussetzungen und Ziele seiner eigenen Äußerungen kommentiert und zu den (vermutlichen) Voraussetzungen und Zielen der Äußerungen seines Partners Stellung nimmt.

Ein typisches Beispiel ist die Antwort *Das weiß ich nicht*, die bezeichnenderweise auf Fragen aller Typen gegeben werden kann. Die allgemeine Voraussetzung einer Frage (falls es keine Prüfungsfrage ist) ist die Annahme des Fragenden, daß der Partner eine Antwort weiß. Diese Annahme wird häufig auch verbalisiert, aus Höflichkeit oder weil sie nur tentativ ist. Bekannt ist die Zweideutigkeit von *nein* auf eine Frage, die in eine Frage nach dem Wissen des Partners eingebettet ist:

(12) A: Weißt du, ob Kuno krank ist?
    B: a) Nein (das weiß ich nicht)
        b) Nein (er ist nicht krank)

Hier noch einige weitere Beispiele für Ausdrücke, mit denen pragmatische Annahmen und Erwartungen des Gesprächspartners zurückgewiesen werden:

(13) *Das interessiert mich nicht* [die Annahme des Partners, daß der Sprecher sich für eine bestimmte Mitteilung interessiert];

(14) *Das darf ich dir nicht sagen / verraten; Das geht dich nichts an* [die Annahme, daß der Sprecher zu einer Antwort an den Fragenden befugt ist, bzw. die Annahme, daß er den Fragenden für antwortwürdig hält];

(15) *Nicht hier!; Nicht jetzt!* [die Annahme, daß Zeitpunkt bzw. Ort für das Gespräch oder das Gesprächsthema geeignet sind];

(16) *Du hast mir nichts zu befehlen / verbieten; Von Ihnen nehme ich keine Befehle an* [die Annahme des Befehlenden, daß er gegenüber dem Sprecher zu Befehlen befugt ist].

Für die Verwendung derartiger Ausdrücke ist es nicht erforderlich, daß der Partner die entsprechenden pragmatischen Annahmen vorher verbalisiert hat. Es genügt, daß der Sprecher sie beim Gesprächspartner vermutet. Mit solchen negativen Sätzen bricht der Sprecher meist eine kommunikative Beziehung ab, indem er die Voraussetzungen für eine solche Beziehung zurückweist und damit den anderen als Kommunikationspartner disqualifiziert. Es wäre jedoch falsch,

---

[27] D. WUNDERLICH, loc. cit. 1970, p. 19.

solche bösen Eigenschaften dem Negationselement aufzubürden; ›negativ‹ in einem übertragenen wertenden Sinne ist allenfalls die Intention dessen, der es in dieser Weise verwendet, und die Auswirkungen solcher Verwendungen auf den Hörer. Die Verwendung negativer Ausdrücke dieser Art darf nicht auf die gleiche Ebene mit der von negativen Antworten auf eine Frage gestellt werden. Wer eine Frage mit *nein* beantwortet, entspricht den pragmatischen Erwartungen seines Partners; wer eine Frage mit *Das geht dich nichts an* ›beantwortet‹, bezieht sich nicht auf die Frage, sondern auf die Kommunikationserwartungen, in die die Frage eingebettet ist.

Zu den pragmatischen Voraussetzungen für Befehls- und Verbotssätze gehören Annahmen des Sprechers über seine Autorität gegenüber dem Hörer und über die Bereitwilligkeit des Hörers. Von Sonderfällen abgesehen zielen solche Sätze nicht auf sprachliche Reaktionen des Hörers ab. Ein *nein* als Antwort auf einen Befehl oder ein *doch* (= ›Neg (Neg)‹) als Reaktion auf ein Verbot ist semantisch auf den im Befehl bzw. Verbot eingebetteten Handlungsplan bezogen. (*Nein, ich gehe nicht ins Badezimmer* bzw. *Ich gehe dóch ins Badezimmer*).

Damit werden jedoch gleichzeitig die imperative bzw. prohibitive Einbettung des Handlungsplans und darüber hinaus deren Voraussetzung in den pragmatischen Erwartungen des Partners zurückgewiesen.

Die Nichtausführung einer befohlenen Handlung und die Dochausführung einer verbotenen sind Verhaltensanaloga zu einigen Verwendungsarten der sprachlichen Negation. Inwieweit sich jedoch ›negatives‹ Verhalten und sprachliche Negation einem umfassenden Negationsbegriff unterordnen lassen, kann von der Linguistik allein nicht beurteilt werden.

Sprachliche Negation ist trotz der Schwierigkeiten, sie angemessen zu beschreiben, stets an Ausdrücken zu beobachten, die die Feststellung, wann Negation vorliegt, vergleichsweise leicht machen. Mit den Ausdrücken selbst ist kein spezifischer Verhaltenswert verbunden; sie erhalten erst durch ihre Verwendung zu kommunikativen Zwecken einen Wert. Ob die jeweilige Verwendung dann als ›positiv‹ oder ›negativ‹ zu bewerten ist, hängt von der Intention, die mit der betreffenden Äußerung verbunden ist, und von der Art der Erwartung ab, auf die sich die Äußerung bezieht, nicht jedoch vom sprachlichen Negationselement. *Keine Goldmedaille — schade! Kein Krebs — gottseidank!*

Harald Weinrich

ÜBER NEGATIONEN IN DER
SYNTAX UND SEMANTIK

I. *Der Wert des Zeichens (Saussure)*

Seit Ferdinand de Saussure, vielleicht aber auch seit den Sprachlogikern des Mittelalters oder schon seit Zenon, dem Stoiker, ist die Feststellung trivial, daß die Sprache, nämlich die jeweilig gemeinte Einzelsprache, als ein System phonischer Zeichen aufzufassen ist. Die Linguistik versteht sich dementsprechend als Teildisziplin einer allgemeinen Zeichenwissenschaft oder Semiotik. Im einzelnen ist ein Zeichenkörper (Signifikant) mit einem Zeicheninhalt (Signifikat) so verbunden, daß er etwas bedeutet: *aliquid stat pro aliquo*.

Es ist aber schon bei Saussure nicht alles so einfach gemeint. Die Bedeutung (*signification*) als die Relation zwischen Signifikant und Signifikat deckt sich nicht mit der Zeichenhaftigkeit (*significativité*) des Zeichens schlechthin. Es ist insbesondere in Rechnung zu stellen, daß ein Zeichen niemals für sich allein da ist. Es steht in Relation zu anderen Zeichen, sei es in der paradigmatischen Ordnung des memoriell gewußten Zeichenbestandes der Sprache (*in absentia*), sei es in der syntagmatischen Ordnung der benachbarten Zeichen im voraufgehenden oder folgenden Kontext (*in praesentia*). Jedes Zeichen hat daher in der Sprache nicht nur einen semiotischen Status, sondern auch einen relationellen »Ko-Status«. Saussure hat das formelhaft in der Weise ausgedrückt, daß in der Sprache alles mit allem zusammenhängt: *dans la langue tout se tient*. Zur Charakterisierung dieses »Ko-Status« verwendet Saussure in Konkurrenz mit dem Begriff ›Bedeutung‹ (*signification*) den Begriff ›Wert‹ (*valeur*). Jedes Sprachzeichen hat einen bestimmten Wert, insofern es sich von allen anderen Zeichen des gleichen Sprachsystems unterscheidet. Unter diesem Gesichtspunkt nennt Saussure die Zeichen »Terme« eines relationellen Gefüges. Die Relation zwischen einem Term und allen anderen Termen der Sprache ist grundsätzlich differentiell, oppositiv, *negativ*. Es kommt darauf an, daß ein Sprachzeichen *nicht* alle anderen Zeichen der gleichen Sprache ist. Bei Saussure lautet das so: *dans la langue il n'y a que des différences sans termes positifs*, oder: *tout est négatif dans la langue*.

Wenn man diese Auffassung im strengen Sinne versteht — und Saussure lädt nachdrücklich dazu ein —, dann ist ein bestimmtes Wort, etwa das Wort ›Vater‹, nicht nur durch die Zeichenrelation zwischen Signifikant und Signifikat charakterisiert, sondern auch durch den differentiellen Wert dieses Terms, so daß

›Vater‹ gleichbedeutend ist mit einer sehr langen Kette negativer Terme: ›nicht Mutter‹, ›nicht Sohn‹, ›nicht Bruder‹ ..., aber auch — warum nicht? — ›nicht Haus‹, ›nicht barock‹, ›nicht vergessen‹..., also durch das ganze Zeicheninventar der Sprache hindurch bis zu seinem unabsehbaren Ende.

Da die anderen Terme, deren Negate zur Bestimmung eines Wertes benutzt werden, selber ebenfalls nur differentiell und negativ bestimmt sind, gibt es dann in der Sprache überhaupt keine positiven Werte, es sei denn jenes »positive Etwas«, das sich von der Negation des ganzen Restsystems abhebt.

Das klingt bei Saussure zunächst recht plausibel, obwohl er selber seine Theorie vom differentiellen und negativen Wert des sprachlichen Zeichens, wenigstens in ihren Konsequenzen, für paradox gehalten hat. Suggestiv hat diese Theorie vor allem die linguistische Heuristik beeinflußt und zu einigen interessanten Fragestellungen geführt. Der theoretische Anspruch, der mit dem Wert-Begriff verbunden ist, wurde jedoch sehr viel weniger aufmerksam wahrgenommen und trat gegenüber der referentiellen Zeichentheorie in der Rezeption zurück. Was es also damit auf sich hat, daß der naheliegende Wunsch nach einer positiven Zeichendefinition nur am Ende eines langen Umweges durch die Negate aller anderen Sprachzeichen befriedigt werden soll, ist in der Saussure-Rezeption nur selten kritisch erörtert worden. Denn natürlich ist es ganz abwegig, im aktualen Sprachgebrauch bei dem Sprecher oder Hörer einer sprachlichen Äußerung ein Bewußtsein der Zeichenbedeutungen in dem Sinne anzunehmen, daß jedes Zeichen nur als verschieden von allen anderen Zeichen bewußt ist. Die hohe Komplexität des Zeicheninventars einer Sprache einerseits, die jederzeit zu beobachtende Routine im Kodieren und Dekodieren andererseits lassen sich über ein so umständliches Identifizierungsverfahren nicht zusammenbringen. Aber auch in der linguistischen Theorie, die nicht unbedingt den Bahnen des automatisierten Sprachbewußtseins beim durchschnittlichen Sprecher oder Hörer zu folgen braucht, liegt die Umständlichkeit des Wert-Begriffes, also der lange Marsch durch sämtliche Negate der Sprache, weit jenseits jeder methodischen Reichweite. Die Versuchung liegt also nahe, diese Seite der Saussureschen Sprachtheorie auf sich beruhen zu lassen und die negative Methode einfach nicht zu praktizieren. So haben es tatsächlich die meisten Linguisten gehalten.

Saussure selber hat bei seinen Erörterungen des negativen Wertbegriffes, soweit die Nachschriften seiner Schüler das erkennen lassen, nicht über dieses Problem der methodischen Umständlichkeit nachgedacht und wohl gar nicht erkannt, daß es sich hier um eine Variante des allgemeinen linguistischen Komplexitätsproblems handelt. Er hat sogar ausdrücklich zu verstehen gegeben, daß er den negativen Wertbegriff auf alle Bezirke der Sprache angewandt wissen will, auf die Lexeme des Lexikons ebenso wie auf die Morpheme der Grammatik, desgleichen auch auf die Phoneme und sogar auf die Buchstaben der schriftlichen Notation. Allenfalls läßt sich aus den erläuternden Beispielen entnehmen, daß Saussure zur Begrenzung des Negationsspiels vornehmlich den semantischen Nahbereich des in Frage stehenden Sprachzeichens gemeint hat. Hier aber zeigt sich wiederum die erwähnte Paradoxie: gerade bei den semantisch ähnlichsten, also den am wenigsten verschiedenen Wörtern soll die Verschiedenheit durch die Negation am stärksten betont werden[1].

II. *Grenzen der Bedeutungsfelder*

Im Anschluß an Saussure ist von verschiedenen Linguisten, insbesondere in Deutschland, der Versuch gemacht worden, innerhalb des gesamten Sprachsystems semantische Subsysteme zu isolieren, für die dann Saussures Theorem vom differentiellen und negativen Wert des sprachlichen Zeichens geltend gemacht werden kann. Es werden verschiedene Bezeichnungen für solche Subsysteme vorgeschlagen; am dauerhaftesten hält sich in der Diskussion der von Gunther Ipsen 1924 geprägte Begriff des semantischen Feldes oder Bedeutungsfeldes. Der stärkste theoretische Anstoß wird 1931 von Jost Trier gegeben, der den deutschen Wortschatz im Sinnbezirk des Verstandes untersucht, und zwar sowohl synchronisch als auch diachronisch. Wörter wie ›Kunst‹, ›Weisheit‹, ›Wissen‹, ›Klugheit‹, ›List‹ usw. sind nach Trier nicht oder nicht nur durch einen positiven Bedeutungsgehalt bestimmt, sondern durch Zahl und Lagerung der Terme in dem Wortfeld oder Sinnbezirk, zu dem diese Wörter gehören. Ein Bedeutungswandel im Laufe der Sprachgeschichte betrifft aus diesem Grunde nicht nur das Einzelwort, sondern ist Ausdruck einer alle Terme betreffenden Umgliederung des ganzen Feldes. Im Rückgriff auf semantische Untersuchungen, die Richard M. Meyer schon zu Ende des 19. Jahrhunderts durchgeführt hat, wird die semantische Feldstruktur auch gerne am Beispiel der Zeugnisnoten oder der militärischen Dienstränge erläutert. ›Befriedigend‹ auf der Skala der Zeugnisnoten ist eben nicht notwendig das, was befriedigt, sondern bezeichnet einen bestimmten Stellenwert auf der Leistungsskala, der durch die Zahl der zur Verfügung stehenden Noten einerseits, durch die Lagerung zwischen den Werten ›gut‹ und ›ausreichend‹ andererseits bestimmt ist. Man könnte mit Saussures Argumenten sagen, ›befriedigend‹ bedeutet in einer Skala mit sechs Noten

---

[1] F. de SAUSSURE, *Cours de Linguistique générale*, ed. BALLY / SÉCHEHAYE / RIEDLINGER, Paris 1915. F. de SAUSSURE, *Cours de linguistique générale*. Edition critique par R. ENGLER, 2 Bde., Wiesbaden 1968. R. GODEL, *Les sources manuscrites du Cours de Linguistique générale de F. de Saussure*, Genf 1969 (Publications romanes et françaises, 61).

›nicht sehr gut‹, ›nicht gut‹, ›nicht ausreichend‹, ›nicht mangelhaft‹ und ›nicht ungenügend‹. Entsprechend ist in der militärischen Hierarchie der Gefreite nicht, wie das etymologische Wörterbuch ausweist, »der vom (Wach-)Dienst Befreite« (nach lat. *exemptus*), sondern derjenige, der seinem Dienstgrad nach zwischen dem Gemeinen und dem Obergefreiten steht und sich mit diesem hierarchischen Stellenwert von allen anderen Dienstgraden der militärischen Hierarchie unterscheidet.

Die Theorie des sprachlichen Feldes dient auch zum unterscheidenden Sprachvergleich. Hier hatte Saussure schon selber den Anstoß gegeben. Das französische Wort *mouton* hat nach Saussure zwar die gleiche Bedeutung (*signification*) wie das englische Wort *sheep*, nicht aber den gleichen Wert (*valeur*). Das englische Wort wird nämlich semantisch begrenzt durch seinen Feldnachbarn *mutton* und bezeichnet daher die bekannte Tierart nur, insofern *nicht* eine Speise gemeint ist. Und: »Das Wort ›Hund‹ wird den Wolf bezeichnen, solange das Wort ›Wolf‹ nicht vorhanden ist«. Die verschiedenen Sprachen, so werden in Anknüpfung an Saussure insbesondere die »Sprachinhaltsforscher« (Porzig, Weisgerber, Glinz u. a.) sagen, gliedern (»worten«) die Welt als Insgesamt möglicher Erfahrungen in verschiedener Weise und schreiben damit der Erkenntnis ihre Bahnen vor.

Während in der »Sprachinhaltsforschung« die Negativität als Konstituens des sprachlichen Feldes in Vergessenheit gerät, richtet die Oxforder Sprachphilosophie gerade auf diesen Aspekt ihre Aufmerksamkeit. Die Oxforder entwickeln dementsprechend einen Bedeutungsbegriff ganz vom Kontrastbegriff her. Eine Bedeutung kontrastiert dadurch mit anderen Bedeutungen, daß es einige Gegenstände gibt, die unter eine bestimmte Bedeutung fallen, und andere Gegenstände, die nicht darunter fallen. Bei Wittgenstein erscheint in diesem Zusammenhang auch der Begriff des sprachlichen Feldes, und zwar in abweichender Metaphorik als sprachlicher »Maßstab«, der an die Wirklichkeit angelegt wird. Die Bedeutungen entsprechen hier den Teilstrichen auf dem Maßstab; ihr Eichwert hängt davon ab, wieviele Teilstriche sonst noch auf dem Maßstab eingetragen sind und wie sie insgesamt angeordnet sind. Es sind aber viele Maßstäbe im Gebrauch, die für jeweils verschiedene Situationen verschieden geeignet sind. In einer gegebenen Situation schließt der Gebrauch eines bestimmten Maßstabes alle anderen Maßstäbe aus.

Die Kritik hat gegen die Theorie des semantischen Feldes insbesondere geltend gemacht, daß alles daran hängt, ob es gelingt, ein präsumptives Feld aus dem komplexen Ganzen des Lexikons einer Sprache herauszulösen und abzugrenzen. Freilich hat es eine gewisse Plausibilität für sich, etwa von den Verwandtschaftsnamen, den Farbbezeichnungen oder den Bewegungsverben zu sagen, sie bildeten jeweils ein Wortfeld, aber diese Intuition läßt sich schwerlich methodisch so befestigen, daß sie ihrerseits den Kriterien des Saussureschen Wertbegriffes genügt. Wenn aber ein semantisches Feld nicht scharf umgrenzt ist, dann können auch die negativen Beziehungen zwischen den Feldgliedern nicht scharf »definiert« werden, und die Untersuchung läuft, wie bei Trier, auf eine systematische Synonymik hinaus — was auch schon ein nützliches Ergebnis ist[2].

III. *Phoneme in Opposition*

Saussure wird in den 20er und 30er Jahren auch in Prag gelesen. Hier hat sich der seither berühmte Linguistische Zirkel konstituiert, der sich unter dem dominanten Einfluß des Fürsten Trubetzkoy sowie Roman Jakobsons — russische Emigranten beide — insbesondere der Phonologie zuwandte. Der Wert-Begriff soll nämlich schon nach Saussures Vorstellungen nicht nur für das Signifikat gelten, sondern gleichermaßen auch für den Signifikanten, für das ganze Zeichen also. Diese Auffassung hat zur Folge, daß für die linguistische Wissenschaft die positiven Klangeigenschaften, die ein kontingenter Laut haben und dem phonetischen Untersuchungsapparat verraten mag, an Interesse verlieren. Es kommt auch bei der Lautgestalt des sprachlichen Zeichens darauf an, daß die Verschiedenheit dieses Zeichens von allen anderen Zeichen der Sprache gewährleistet ist. Das aber leisten die Lautelemente nur, insofern sie den Systemstatus von Phonemen haben. Das Phonem ist als Konstrukt der phonologischen Theorie ein abstraktes Gebilde, das alle Klangeigenschaften umfaßt, durch die sich ein Sprachzeichen von anderen Sprachzeichen unterscheidet. Es kommt also in dem Wort ›Vater‹ nicht auf die positiven Klangeigenschaften des Vokals *a* an (die schon bei einem männlichen und einem weiblichen Sprecher anders beschaffen sind), sondern ausschließlich auf die Differenzqualitäten, die das Phonem /a/ und (beispielsweise) das Phonem /ɛ/ unterscheiden, so daß die Bedeutungsunterscheidung der beiden Wörter ›Vater‹ und ›Vetter‹ in der deutschen Sprache möglich ist. Das Phonem /a/, so sagt Trubetzkoy mit einem ebenfalls von Saus-

---

[2] R. M. MEYER, *Bedeutungssysteme*, in Zeitschrift für vergleichende Sprachforschung 43 (1910) p. 352–368. J. TRIER, *Der deutsche Wortschatz im Sinnbezirk des Verstandes. I. Von den Anfängen bis zum Beginn des 13. Jahrhunderts*, Heidelberg, 1931. N. C. W. SPENCE, *Linguistic fields, conceptual systems and the Weltbild*, in Transaction of the Philological Society, London 1961, p. 87–106. K. BAUMGÄRTNER, *Die Struktur des Bedeutungsfeldes*, in *Satz und Wort im heutigen Deutsch*, Düsseldorf 1966, p. 165-197. B. F. McGUINNESS (ed.), *Wittgenstein und der Wiener Kreis von Friedrich Waismann*, Frankfurt 1967. G. GEBAUER, *Wortgebrauch, Sprachbedeutung. Beiträge zu einer Theorie der Bedeutung im Anschluß an die spätere Philosophie Ludwig Wittgensteins*, München 1971 (Grundfragen der Literaturwissenschaft, 3).

sure entlehnten Begriff, steht zu dem Phonem /ɛ/ sowie zu allen anderen Phonemen der deutschen Sprache in *Opposition*, und nur diese negativen Relationen konstituieren ein bestimmtes Segment des Lautstroms als Phonem. Positiv ist hier nur der unsegmentierte Lautstrom in seiner Kontingenz, jede Segmentierung setzt hingegen schon die Kette der Negationen im Phonemsystem voraus. Die seither klassisch gewordene Definition des Phonems enthält demzufolge in ihrem Kern eine negative Bestimmung: das Phonem ist die kleinste bedeutungsdifferenzierende Einheit der Sprache.

Die Prager Phonologie ist nicht nur neben der semantischen Feldforschung ein weiteres Anwendungsgebiet der Saussureschen Linguistik und ihrer Negativitätstheorie geworden. Sie hat auch — gleichsam als methodischer Exerzierplatz der Linguistik — ermöglicht, diese Theorie in wesentlichen Punkten zu präzisieren. Die Phonologie befindet sich nämlich allen anderen Teilbereichen der Linguistik gegenüber dadurch im Vorteil, daß sie sich ziemlich leicht des Komplexitätsproblems erwehren kann. Die natürlichen Sprachen haben, wenn man das Kriterium der Bedeutungsdifferenzierung zugrunde legt, im Durchschnitt etwa 20-30 Phoneme. Auf genaue Zahlen für die einzelnen Sprachen will ich mich hier nicht festlegen, da mag es gewisse Unterschiede in der Zählweise geben, je nachdem ob man etwa Diphthonge als einzelne Phoneme rechnet oder nicht. Jedoch: welche Zählweise man auch immer wählt, die Zahl der Phoneme ist allemal eine überschaubare Zahl weit diesseits einer Grenze, wo die Komplexität unangenehm wird. Unter derart günstigen Voraussetzungen ist es dann auch möglich, das Prinzip der Negativität für das ganze System durchzuhalten. Es ist weiterhin möglich, die Oppositionen, die das Phonemsystem bilden, selber nach ihren systembildenden Eigenschaften zu unterscheiden. Trubetzkoy spezifiziert also die Oppositionen je nach den phonetischen Merkmalen, auf denen sie beruhen. Das Phonem /a/ etwa steht zu den anderen Phonemen des deutschen Phonemsystems zwar grundsätzlich in Opposition, aber nicht immer in der gleichen Weise. Jedes Phonem nämlich kann als ein Bündel von Merkmalen beschrieben werden, das Phonem /a/ etwa nach den Merkmalen (*Vokalität*) / (*Stimmhaftigkeit*) / (*Oralität*) / (*großer Öffnungsgrad*) ..., und wenn nun in einer Sprache, etwa dem Französischen, ein orales /a/ zu einem nasalen /ã/ in Opposition steht, dann beruht diese Opposition auf den distinktiven Merkmalen (*Oralität*) vs. (*Nasalität*). Es zeigt sich nun bei einer vergleichenden Betrachtung der Phonemsysteme vieler Sprachen, daß die verschiedenen Phonemsysteme der einzelnen Sprachen ihre Oppositionen mit einem von Sprache zu Sprache wiederkehrenden, relativ kleinen Inventar von (etwa 9-12) Merkmalen bilden. Der Rückgang von der Ebene der Phoneme auf die Ebene der Merkmale führt also nicht nur zu einer weiteren Reduktion der Komplexität, sondern berechtigt auch zu der Hoffnung, mit diesem reduzierten Merkmal-Inventar die verschiedenen Phonemsysteme sehr vieler und vielleicht aller Sprachen beschreiben zu können.

Was die Arten der Oppositionen betrifft, die Trubetzkoy unterscheidet, so beruht deren Klassifizierung ebenfalls wesentlich auf der je verschiedenen Beteiligung der einzelnen Merkmale und Merkmal-Kombinationen. Ich will diese Klassifikationen hier nicht im einzelnen nachzeichnen; allgemein läßt sich jedoch sagen, daß Trubetzkoy auf dem begrenzten Gebiet der Phonologie die Negativitätstheorie Saussures um einige entscheidende Methodenschritte weitergeführt hat[3].

IV. *Strukturale Anthropologie*

In New York trafen während des Krieges zwei Emigranten zusammen: Roman Jakobson vom Prager Linguisten-Zirkel und der französische Ethnologe Claude Lévi-Strauss. Dieser lernte durch Jakobson die strukturale Phonologie kennen. Für Lévi-Strauss war die »phonologische Revolution« in der Linguistik ein Anlaß, über die theoretischen Grundlagen der Ethnologie und Anthropologie unter einem neuen Gesichtspunkt nachzudenken. Er fand, daß die Begriffe der modernen Linguistik, insbesondere der Phonologie, auch für die Erfassung der ethnologisch-anthropologischen Daten geeignete Kategorien abgeben könnten. Die Gesellschaften, so vermutete Lévi-Strauss, orientieren sich an Zeichensystemen, von denen die Sprache nur eines, wenn auch vielleicht das grundlegende ist. Ein solches Zeichensystem ist beispielsweise das Verwandtschaftssystem. Es ist einerseits ein System von Wörtern und entspricht daher, zumal es einigermaßen befriedigend von anderen Bereichen des Lexikons abgegrenzt werden kann, den bis dahin schon untersuchten semantischen Feldern. Im System der Verwandtschaftsnamen müssen daher auch die von Saussure beschriebenen Beziehungen der semiotischen Differenz gelten. Andererseits fand Lévi-Strauss, daß die Völkerschaften, deren Verwandtschaftssysteme er untersuchte, kein unmittelbares Bewußtsein dieses Systems hatten. Insofern schien ihm eher der Vergleich mit dem Phonemsystem passend zu sein, und tatsächlich hat er sich in seiner Methode der strukturalen Anthropologie eher an der Phonologie als an irgendeinem anderen Teilbereich der strukturalen Linguistik orientiert. So erklärt sich wohl auch, daß er die Frage der Abgrenzung dieses Subsystems innerhalb des sprachlichen Gesamtsystems nicht ausdrücklich als methodisches

---

[3] N. S. Trubetzkoy, *Grundzüge der Phonologie*, Göttingen ⁵1971. R. Jakobson, M. Halle, *Fundamentals of Language*, Den Haag 1956 (Janua Linguarum 1).

Problem thematisiert hat. Wohl hingegen thematisiert er die einem vergleichenden Ethnologen geläufige Tatsache, daß die Verwandtschaftssysteme von Völkerschaft zu Völkerschaft, von Kultur zu Kultur verschieden sind. Die ethnischen Gruppen haben eben, und auch das bestätigt die Analogie mit der Linguistik, verschiedene Sprachen oder verschiedene »Kodes«. Für jeden dieser Kodes gilt, daß ein System die Priorität gegenüber seinen Teilen, eine Opposition die Priorität gegenüber ihren Termen hat. Will man von einem Kode in den anderen überwechseln, muß man »übersetzen«, und zwar zunächst die Texte, gewöhnlich Mythen, dann aufgrund eines Abstraktionsverfahrens die Systemstrukturen selber. Auf einer sehr hohen Abstraktionsebene lassen sich die jeweiligen Systemstrukturen gewisser eingeborener Völkerschaften zusammenfassen zu einer Denkform, die Lévi-Strauss »das wilde Denken« (*la pensée sauvage*) nennt und die als in sich kohärentes und vollkommen rationales System dem »gezähmten Denken« (*la pensée domestiquée*) der europäischamerikanischen Zivilisation in Opposition gegenübersteht. So ist die Ethnologie insgesamt »eine Wissenschaft der Verschiedenheit« (*une science de la diversité*).

Das methodische Beispiel der Phonologie bewährt sich nun für den anthropologischen »Strukturalismus« vor allem darin, daß Lévi-Strauss sich nicht nur mit der bloßen Feststellung der differentiellen Negativitäten in den gesellschaftlichen Zeichensystemen begnügt. Er fragt im einzelnen nach der Art der jeweiligen Oppositionen und bestimmt sie, wie die Prager Phonologen, mit Hilfe der zugrunde liegenden Merkmale. Im Verwandtschaftssystem sind es beispielsweise vor allem die Merkmale (*sexe*) / (*consanguinité*) / (*filiation*) / (*alliance*) sowie einige andere, jedenfalls aber wenige Merkmale, aus denen man die vielen Verwandtschaftssysteme der verschiedenen Kulturen aufbauen kann. Lévi-Strauss ist sich bei diesem Verfahren der Analogie mit den Naturwissenschaften bewußt: die Merkmale entsprechen ungefähr den Elementen der Chemie oder den Atomen der Physik, die selber einfach strukturiert sind und erst in wechselnder Kombinatorik die Varietäten ergeben, die sich dem Beobachter als gegeben darstellen.

Lévi-Strauss will sich jedoch nicht damit begnügen, die strukturalen Methoden der Linguistik auf die Ethnologie und Anthropologie zu übertragen. Das Verwandtschaftssystem kann zwar Sprache genannt werden und ist insofern einer linguistischen Beschreibung zugänglich, aber diese Denominationen und Klassifikationen bedeuten für die soziale Gruppe gleichzeitig bestimmte Verhaltensnormen und Handlungsregeln. Das Prinzip des Frauentausches oder Inzestverbotes hängt beispielsweise an bestimmten Oppositionen des Verwandtschaftssystems. Daher drückt sich das System nicht nur in den Benennungen aus, sondern stellt sich unter den kulturellen Bedingungen des »wilden Denkens« auch immer wieder in Mythen dar, in Erzählungen also, die ein

Handeln zeigen, das nach bestimmten Regeln abläuft. Hier endet allerdings auch das Interesse von Lévi-Strauss [4].

V. *Semantische Komponenten-Analyse*

Die strukturale Sprachwissenschaft hat sich unterdes selber weiterentwickelt. Dabei hat sie sich sowohl in ihrer »taxonomischen« als auch in ihrer »generativen« Spielart (diese wenigstens in ihren Anfängen bei Chomsky), von der asketischen Anstrengung leiten lassen, bei der Beschreibung und Modellbildung ganz ohne Semantik auszukommen. Die Syntax rückte in den Mittelpunkt des Interesses, und die Semantik wurde entweder als struktural nicht beschreibbar ganz ausgeklammert oder allenfalls als sekundäre »Interpretation« einer im übrigen streng formal generierten Tiefenstruktur zugelassen. Beide Verfahren haben sich als gleichermaßen steril erwiesen und sind nach vielen vergeblichen Mühen heute von den meisten Linguisten aufgegeben worden. Die Semantik steht wieder gleichrangig mit der Syntax und ohne scharfe Grenzziehung zu ihr im Zentrum der linguistischen Diskussion. Dabei spielt auch wiederum der Merkmal-Begriff eine wichtige Rolle. Es wird also versucht, das einzelne Wort (Lexem oder Morphem) wie auch die Wortsequenzen nach ihren semantischen Komponenten oder Semen zu untersuchen, die den phonologischen oder anthropologischen Merkmalen entsprechen.

Ich stelle die Methode am Beispiel der Semantik des französischen Linguisten Bernard Pottier dar, die mit gewissen Abweichungen für die moderne Merkmal-Semantik charakteristisch ist. Pottier nimmt sich, wie die Linguisten der 20er und 30er Jahre, ein Wortfeld vor. Er wählt das Wortfeld der Sitzmöbel in der französischen Sprache. Dieses Wortfeld besteht aus einer überschaubaren Menge von Wörtern, solchen nämlich wie *chaise, fauteuil, tabouret, canapé, pouf* usw. Wenn man die einzelnen Sitzmöbel nun zu definieren versucht, benutzt man Merkmale (Seme), nach denen sie sich unterscheiden. Das Wort *chaise* repräsentiert etwa eine Menge von Semen wie: (*zum Sitzen*) / (*mit Füßen*) / (*für 1 Person*) / (*mit Lehne*) / (...). Weitere Seme sind grundsätzlich denkbar; es kommt nicht darauf an, alle denkbaren Seme möglichst erschöpfend aufzuzählen, sondern man wählt diejenigen aus, die in der jeweilig untersuchten Sprache dazu

---

[4] C. LEVI-STRAUSS, *Anthropologie structurale*. Paris 1958. Dt.: *Strukturale Anthropologie*, Frankfurt 1967. C. LEVI-STRAUSS, *La Pensée sauvage*, Paris 1962. Dt: *Das wilde Denken*, Frankfurt 1968 (Wittgenstein, Schriften 3). W. LEPENIES, / H. H. RITTER (eds.), *Orte des wilden Denkens. Zur Anthropologie von Claude Lévi-Strauss.* Frankfurt 1970 (Theorie-Diskussion).

dienen, diese Wortbedeutung (das »Semem«) von den anderen Wortbedeutungen des Subsystems der Sitzmöbel zu unterscheiden. Das Sem (*für 1 Person*) wird also deshalb als relevant gesetzt, weil es in dem in Frage stehenden Subsystem der französischen Sprache auch Sitzmöbel gibt, deren Bezeichnungen das Sem (*für mehrere Personen*) haben, so daß die eine Bedeutung *nicht* die andere ist.

Es ist in der neueren Semantik viel darüber diskutiert worden, welchen Status die einzelnen semantischen Merkmale als die Komponenten der Wörter in der Beschreibung haben sollen. Kann man etwa zwischen mehr oder weniger universalen Merkmalen, die sich durch das ganze Lexikon ziehen, und mehr oder weniger partikulären Merkmalen unterscheiden, die nur in einem besonderen Bereich des Lexikons relevant sind (Katz/Fodor)? Stehen alle Merkmale gleichrangig in einer Merkmalmenge, oder bilden sie hierarchisch eine Konfiguration (U. Weinreich)? Kann man eine reduzierte Merkmalmenge zu einem »Archi-Semem« zusammenfassen, das dann auf einer höheren Abstraktionsebene zu lokalisieren ist (B. Pottier)? Kann man ein Bedeutungsfeld von seiner Sem-Struktur her konstituieren (K. Baumgärtner)? Weitere Fragen dieser Art, die ich hier nicht detaillieren will, beschäftigen zur Zeit die Semantiker aller Studierstuben.

Die Semantiker haben nun recht bald die Entdeckung gemacht, daß viele dieser Seme (einige meinen sogar: alle Seme) binär angeordnet sind. Die Merkmale: (*belebt*) vs. (*unbelebt*), (*konkret*) vs. (*abstrakt*), (*zählbar*) vs. (*nicht zählbar*), (*menschlich*) vs. (*nicht menschlich*), (*zeitlich*) vs. (*nicht zeitlich*) usw. scheinen also Merkmalpaare zu sein, die Ja-Nein-Entscheidungen ermöglichen. In formalisierter Schreibweise findet man daher auch in vielen Darstellungen die Zeichen für Plus und Minus verwendet: ($\pm$ *belebt*), ($\pm$ *konkret*), ($\pm$ *zählbar*), ($\pm$ *menschlich*), ($\pm$ *zeitlich*) usw. Soweit es möglich ist, werden in vielen Analysen die Sem-Komplexe bevorzugt aus solchen Semen gebildet, die sich entweder als positiv oder als negativ charakterisiert ansehen lassen. Es ist nun sicher kein Zufall, daß Katz/Fodor dieses Verfahren, als sie es zur semantischen Ergänzung der generativen Grammatik einführten, insbesondere zu Desambiguierungsprozessen verwenden wollten. Mehrdeutige Wörter sollten eindeutig gemacht werden, indem für die jeweiligen Unterbedeutungen unterschiedliche Sem-Komplexe bestimmt wurden. Schulbeispiel ist (bei der in der neueren Semantik herrschenden Beispieldiät) das Wort *bachelor* der englischen Sprache geworden. Es bedeutet, je nach dem Kontext: Junggeselle, Knappe, Bakkalaureus oder junger Seehund[5], und man kann nun diesen Teilbedeutungen je teilverschiedene Sem-Mengen zuordnen. Gemeinsame Seme wie (*lebendig*) und

---

[5] *Fur seal when without a mate during breeding time.*

(*jung*)⁶ konstituieren die Gesamtbedeutung, während nicht-gemeinsame Seme bewirken, daß innerhalb der Gesamtbedeutung ein junger Seehund *nicht* Junggeselle, Knappe oder Baccalaureus bedeutet. So verstanden, lassen sich die Komponenten einer Bedeutung hierarchisch in Form eines Baumgraphen notieren⁷.

VI. *Das linguistische Komplexitätsproblem*

Es mag nun wohl ein Leser, der mit der Geschichte der Philosophie vertraut ist, den bisherigen Bericht mit einiger Verständnislosigkeit verfolgt haben. Haben denn diese Linguisten nie Philosophie studiert? Wie steht es mit dem Collegium Logicum? Sind ihnen Erkenntnistheorie und Psychologie fremde Wissenschaften geblieben? Tatsache ist, daß die Diskussion der Negativität, die in der Linguistik im Anschluß an Saussure geführt worden ist, auf interdisziplinären Zuspruch von seiten der Philosophie (im weitesten Sinne des Wortes) wenig Hoffnungen gesetzt hat. Das ist gewiß ein Mangel, der zu beklagen ist. Denn natürlich gibt es in der Logik seit Aristoteles eine ausgearbeitete Lehre von der Identität, vom Widerspruch, von der Einheit, Verschiedenheit und Andersheit. Es gibt eine schulmäßige Lehre von den Definitionen nach *genus proximum* und *differentia specifica*. Es gibt den grandiosen Baumgraphen der *Arbor Porphyriana*. Die Philosophen haben weiterhin unermüdlich die Frage diskutiert, ob die Negation den Begriffen oder den Urteilen oder beiden zuzuordnen ist und ob es negative Sachverhalte gibt. Unter den Urteilen hat sich die Logik insbesondere für solche der Wahrheit oder Nicht-Wahrheit interessiert, aus denen dann eine Wahrheitstafel konstruiert werden kann. Wissenschaftstheoretisch schließt sich hier das Problem der Verifikation und Falsifikation an, wobei einigen Positivisten die Falsifikation greifbarer scheint als die Verifikation. Auch der Wert-Begriff wird von Logikern und Ethikern erörtert. Die Strategie des Neinsagens im Gespräch und Streitgespräch finden die Aufmerksamkeit der Dialogiker und Dialektiker.

---

⁶ Zu der Bedeutung »Bakkalaureus« gehört das Sem (*jung*) nur im eingeschränkten Sinne, insofern dieser akademische Grad in der Regel jung erworben wird.

⁷ B. POTTIER, *Recherches sur l'analyse sémantique en linguistique et en traduction mécanique.* Publications linguistiques de la Faculté des Lettres et Sciences Humaines de l'Université de Nancy, Série A, II. Nancy 1963. J. J. KATZ, J. A. FODOR, *The Structure of Semantic Theory*, in *Language* 39 (1963) p. 170—210. J. J. KATZ, *Analyticity and Contradiction in Natural Language*, in J. A. FODOR / J. J. KATZ (eds.), *The Structure of Language. Readings in the Philosophy of Language.* Englewood Cliffs, New Jersey, 1964, p. 519-543. U. WEINREICH, *Explorations in Semantic Theory*, in *Current Trends in Linguistics*, Den Haag 1966, Bd. III, p. 395—477. Dt: *Erkundungen zur Theorie der Semantik.* Tübingen 1970 (Konzepte der Sprachwissenschaft). G. WOTJAK, *Untersuchungen zur Struktur der Bedeutung*, München 1971.

Psychologen untersuchen die spezifischen Modifikationen, die der Erkenntnisprozeß durch Negationen erfährt — und manches weitere wäre noch zu sagen.

Von all dem hat die Linguistik bisher wenig Notiz genommen, trotz eines dieser Wissenschaft sonst innewohnenden tiefen Respektes vor allem, was sich Philosophie und Logik nennt. Es wäre nun naheliegend, den Versuch zu unternehmen, die offensichtlichen Versäumnisse mit einiger Verspätung gutzumachen und den Diskussionsverlauf seit Saussure durch die Eingabe von mehr Logik sowie vielleicht durch größere Strenge in der Formalisierung zu verändern. Das soll hier jedoch nicht geschehen. Ich befürchte nämlich, daß ein solches Verfahren noch stärker, als es sowieso schon geschehen ist, ein Problem aus den Augen verschwinden ließe, das überhaupt erst das Negativitätsproblem zu einem dringlichen Problem der Linguistik werden läßt. Ich meine das Problem der Komplexität, das jeden wissenschaftlichen Umgang mit natürlichen Sprachen erheblich erschwert. Denn die Logik pflegt die Geltung ihrer Aussagen von vornherein auf die jeweils gewählte und durch Konvention gesetzte Kunstsprache zu begrenzen. Eine Kunstsprache jedoch, welche Eigenschaften sie sonst auch immer haben mag, ist notwendig wesentlich reduzierter als die natürlichen Sprachen, sowohl im Inventar der Zeichen als auch im Repertoire der Verwendungsregeln. Das Problem der Komplexität soll auf diese Weise eliminiert werden. Es kann jedoch so lange noch nicht als gelöst gelten, wie das Reduktionsverfahren nicht vollständig beschrieben ist, durch das man aus einer natürlichen Sprache (ohne deren Vorleistungen es nicht geht) die eine oder andere Kunstsprache und sekundär dann die eine oder andere Kunstschrift gewinnt. Die Kunstsprachen müssen als reduzierte Teilsysteme natürlicher Sprachen angesehen werden. Wir müssen aber zugeben, daß ihre Differenz-Eigenschaften gegenüber den vorgegebenen Gesamtsystemen der natürlichen Sprachen völlig unzureichend bekannt sind. Es ist daher kaum zu erwarten, daß die Negativitätsprobleme der Linguistik ohne weiteres von einer Logik her gelöst werden können, die mit ihren konstruierten, nicht-komplexen Kunstsprachen das Komplexitätsproblem der Linguistik zu unterlaufen versucht.

Andererseits läßt sich vielleicht von der Linguistik sagen, daß sie ihrerseits ein noch allgemeineres Komplexitätsproblem unterläuft. Wenn man sich nämlich die (Um-)Welt als äußerste Komplexität denkt (was immer hier »Denken« heißen mag), so stellt eine natürliche Sprache gegenüber dieser Komplexität immer schon eine eingreifende Vereinfachung dar. Nach der Luhmannschen Systemtheorie erfüllt jede natürliche Sprache die Bedingungen eines Systems und muß demnach als negativ konstruiertes Sinngebilde und Reduktion der Weltkomplexität aufzufassen sein. Die natürlichen Sprachen verhalten sich dann in ihren Reduktionsleistungen etwa so zur Welt wie die künstlichen Sprachen zu den natürlichen.

Es ist fraglich, ob es in der Linguistik methodisch zweckmäßig ist, diese Überlegungen weiter zu verfolgen. Für den Linguisten ist die Komplexität der natürlichen Sprachen nämlich schon groß genug. Er hat ja, wenn er eine der großen Kultursprachen untersucht, bereits einen Kode vor sich, der aus einigen Hunderttausend Sprachzeichen besteht. Diese sehr hohe Zahl von Zeichen läßt sich nach bestimmten Regeln miteinander zu Superzeichen verbinden, so daß mindestens dann in den extrem vielfältigen Zeichenkombinationen »alles mögliche«, also die ganze denkbare Welt, Gegenstand der sprachlichen Kommunikation werden kann. Für den Linguisten stellt sich damit das Komplexitätsproblem vordringlich nicht jenseits der natürlichen Sprachen, sondern innerhalb dieser Sprachen. Seine Analysen des natürlichen Sprachsystems sind notwendig selber Reduktionsleistungen und müssen, wenn sie erfolgreich sein sollen, zu überschaubaren Subsystemen führen. Dieses methodische Verfahren hat zweifellos eine negative Komponente, so daß wir dem allgemeinen Negativitätsproblem vielleicht auch dadurch einige interessante Seiten abgewinnen können, daß wir eine Aufgabe des Linguisten nach der folgenden Fragestellung definieren: »Wie ist die Abgrenzung von Subsystemen in der Sprache möglich?«[8]

VII. *Instruktions-Syntax*

Die Frage der Reduktion des komplexen Sprachsystems zu mehr oder weniger einfachen Subsystemen ist für den Linguisten vor allem deshalb dringlich, weil diese Reduktion vom Sprachbewußtsein des Sprechers und Hörers, die in einem Kommunikationsprozeß Sprachzeichen austauschen, offenbar virtuos geleistet wird. Die Tatsache beispielsweise, daß die Kommunikationspartner nicht ständig alle Nomina verwenden, die in einer Situation möglich sind, sondern sie häufig, ja meistens durch Pronomina ersetzen, sofern nur der Bezug klar ist, stellt eine solche Reduktionsleistung dar. Die Komplexität der Semantik (das dicke Lexikon!) wird hier durch Syntax reduziert.

Ich verweile noch einen Augenblick bei dem Beispiel der Personalpronomina. Wir unterscheiden in der deutschen Sprache die Personalpronomina der 1., 2. und 3. Person, die ihrerseits dann wieder nach Numerus, Genus und Kasus unterschieden werden können. Hinter dieser trockenen Aufzählung verbirgt sich eine Orientierungsleistung der Sprache, die für die Funktion der Syntax überhaupt exemplarischen Wert hat. In dem Paradigma der Personalpronomina lassen sich nämlich zunächst die 1. und 2. Person gemeinsam als die Kommuni-

---

[8] J. HABERMAS / N. LUHMANN, *Theorie der Gesellschaft oder Sozialtechnologie — Was leistet die Systemforschung?* Frankfurt 1971 (Theorie-Diskussion).

kationspersonen herauslösen. Denn das Morphem ›ich‹ bezeichnet offensichtlich den Sender, das Personalpronomen ›du‹ den Empfänger im Kommunikationsprozeß. Die 3. Person ist demgegenüber eine Restkategorie, die freilich sehr groß ist, so daß sie weiter untergliedert werden muß, etwa nach dem Genus: ›er‹, ›sie‹ und ›es‹. Das sind offenbar sehr wichtige Orientierungsleistungen, da die Sprache in ihren Gebrauchsregeln darauf besteht, daß diese Morpheme mit hochgradiger Rekurrenz (»Obstination«) verwendet werden, nämlich ungefähr bei jedem neuen Verb wieder, selbst wenn sich dabei eine der drei Kommunikations-Positionen (so würde ich lieber statt Personalpronomina sagen) oftmals wiederholt.

Ich will nun in einem abgekürzten Argumentationsverfahren generell feststellen, daß die hier an den Personalpronomina gemachten Beobachtungen für die Syntax überhaupt charakteristisch sind. Die Morpheme der Syntax haben innerhalb des hochkomplexen Zeichenvorrats die besondere Aufgabe, sich auf die Kommunikation selber zu beziehen, um die rasche Orientierung innerhalb der komplexen Zeichensequenzen des Textes zu ermöglichen oder zumindest zu erleichtern. Sie sind metakommunikativ. Wir können uns das am einfachsten so denken, daß diese Morpheme Orientierungssignale (»Verkehrsschilder«) sind, die der Sprecher für den Hörer (der Schreiber für den Leser) in mehr oder weniger regelmäßigen, allemal jedoch kurzen Abständen an der Zeichenstrecke setzt, auf daß der Rezipient sich in den vielen Zeichen und ihren komplexen Beziehungen nicht verirrt und seine Dekodierungsleistungen mit Routine, d. h. psychologisch weitgehend automatisiert erbringen kann. Jedes dieser Signale kann folglich als *Instruktion* gelesen und in der Beschreibung als imperative Regel geschrieben werden. Es handelt sich dabei aber um einen hypothetischen Imperativ, der unter der Voraussetzung steht, daß der Hörer den Sprecher tatsächlich richtig verstehen will. Die Instruktion des Personalpronomens ›ich‹ in der deutschen Sprache ist dann explizit folgendermaßen zu lesen (der Sprecher redet den Hörer an): ›Wenn du meine Nachricht richtig verstehen willst, dann beziehe das folgende Sprachzeichen (das Verb) auf die Sender-Position‹. Eine Syntax, die konsequent nach diesem methodischen Prinzip verfährt (und die natürlich nur als Textlinguistik denkbar ist), werde ich Instruktions-Syntax nennen.

VIII. *Negative Instruktionen*

Nach den allgemeinen Vorüberlegungen zur Instruktions-Syntax wende ich mich der Negation im besonderen zu. So wie die Personalpronomina in der deutschen Sprache ein kleines, überschaubares Paradigma bilden, so können wir auch das Affirmationsmorphem und das Negationsmorphem zu einem Paradigma zusammenfügen. Es gibt, genauer gesagt, mehrere Morpheme für die Affirmation und die Negation, für die Negation speziell beispielsweise solche Morpheme wie ›nicht‹, ›nein‹, ›kein‹, ›nirgend‹, ›nie‹ usw. Deren Unterscheidungen beziehen sich auf unterschiedliche Funktionen je nach der Kombinatorik mit anderen Zeichen im Text. Davon soll hier nicht näher die Rede sein[9]. Ich konzentriere mich im folgenden auf das häufigste dieser Negationsmorpheme, das Morphem ›nicht‹, das gewöhnlich in enger Verbindung mit dem Verb-Lexem auftritt. Man darf aber, so wollen wir uns an Saussure erinnern, ein Sprachzeichen nicht isoliert betrachten. Zum Negationsmorphem gehört also als seine Opposition ein Affirmationsmorphem. Das Affirmationsmorphem, das dem Negationsmorphem ›nicht‹ entspricht, ist in der deutschen Sprache (und in allen mir bekannten anderen natürlichen Sprachen) ein Null-Morphem (›Ø‹). Beide Morpheme zusammen, ›Ø‹ und ›nicht‹ bilden ein Paradigma, das wir — in Ermangelung eines besseren Ausdrucks — das Assertions-Paradigma nennen wollen.

Das Null-Morphem, das die Affirmation bezeichnet, ist in der deutschen Sprache sehr viel häufiger als das Morphem ›nicht‹, das die Negation bedeutet. Die Frequenz beträgt im Durchschnitt (bei möglicherweise erheblichen Unterschieden je nach den einzelnen Texten) das Fünf- bis Zehnfache der Negation. Aus diesem Grunde leistet sich die Sprache offenbar das zeichenökonomisch günstige Null-Morphem bei der Affirmation und nicht, was grundsätzlich ebensogut denkbar wäre, bei der Negation. So verfahren die natürlichen Sprachen häufig bei eindeutigen Frequenz-Verhältnissen. So drücken etwa das Englische und das Spanische den häufigeren Singular in der Opposition mit dem Plural durch ein Null-Zeichen aus (*boy* vs. *boys*, *muchacho* vs. *muchachos*), während andere Sprachen wie das Lateinische und Italienische dieselbe Opposition durch positive Zeichen auf beiden Seiten der Opposition ausdrücken (*iuvenis* vs. *iuvenes*, *ragazzo* vs. *ragazzi*)[10].

Wenn nun die Frage besprochen werden soll, was die Signale der Affirmation und der Negation im Text bedeuten, so muß die Antwort den Bedingungen genügen, die oben als Rahmen für syntaktische Funktionen überhaupt festgestellt worden sind:
— Es muß sich um eine Orientierungsleistung der Kommunikation handeln.

---

[9] G. STICKEL, *Untersuchungen zur Negation im heutigen Deutsch*, Braunschweig 1970 (Schriften zur Linguistik 1). Cf. in diesem Band, p. 18 sqq.
[10] F. de SAUSSURE, 1955, loc. cit., p. 254. R. JAKOBSON, *Das Nullzeichen*, in *Bulletin du Cercle linguistique de Copenhague* 5 (1940), p. 12-14. W. HAAS, *Zero in linguistic description*, in *Studies in Linguistic Analysis*, Special Volume of the Philological Society, Oxford 1957, p. 33—53.

— Es muß sich um eine Instruktion des Sprechers für den Hörer handeln (»hypothetischer Imperativ«).

Ich erkläre mich mit einem Beispiel und wähle einen Aphorismus aus dem Band *Jaworte, Neinworte* von Hans Kudszus (Frankfurt 1970). Der Aphorismus lautet:

> Er freute sich so sehr darüber, einen Entschluß gefaßt zu haben, daß er über das beglückende Genießen des Entschlusses gar nicht zu seiner Ausführung kam.

Der kurze Text enthält drei Verben, die ersten beiden (›freute‹, ›gefaßt zu haben‹) sind, da sie jeweils ein Null-Morphem bei sich haben, wo auch ein Negations-Morphem stehen könnte, bejaht, das dritte hat ein Negations-Morphem (verstärkt: ›gar nicht‹) bei sich und ist somit verneint. Was signalisiert nun der Sprecher (hier: der Schriftsteller Hans Kudszus) mit dem Negationsmorphem dem Hörer (hier: dem Leser des Aphorismus-Bändchens)? Offenbar ist bei der Signalwirkung des Negations-Morphems in Rechnung zu stellen, daß der Leser an dieser Stelle des Textes bereits durch die ersten Sprachzeichen eine bestimmte Vorinformation erhalten hat und damit eine bestimmte positive Erwartung bezüglich der wahrscheinlich folgenden Nachinformation hegt. Insbesondere das Wort »Entschluß«, aber auch seine Nachbarwörter einschließlich des Nachinformation ankündigenden unbestimmten Artikels, haben beim Leser die Erwartung erzeugt, daß sich an den Entschluß, wie normalerweise üblich, die Ausführung anschließen wird. Eben diese Erwartung wird mit dem Negations-Morphem verworfen. Die Instruktion lautet explizit: ›Wenn du (der Hörer) meine (des Senders) Nachricht richtig verstehen willst, dann verwirf hier deine Erwartung‹.

Ein Signal der Affirmation bedeutet demgegenüber, daß die Erwartung des Hörers oder Lesers, die den Kommunikationsfluß umspielt, nach dem Willen des Sprechers hier weitergelten soll und wahrscheinlich erfüllt werden wird. Diese Auffassung, daß die Negation eine Erwartung verwirft, ist kein absolut neuer Gedanke in der Geschichte der Negativitätstheorie. So hat Husserl bereits die Auffassung vertreten, durch die Negation werde eine vorgegebene positive Erwartung »durchgestrichen«. Wir wollen diese richtige Beobachtung hier in eine allgemeine kommunikationslinguistische Beschreibung integrieren, die das Informationsgefälle im Auge hat, wie es in einer Kommunikation zwischen dem Sprecher und dem Hörer besteht und das zunächst provisorisch durch eine bestimmte Erwartung, dann definitiv durch den tatsächlichen Text ausgeglichen wird. Und diese Beschreibung gilt nicht nur isoliert für die Negation, sondern sie stimmt auch zu der Beschreibung, die wir sonst von der Funktion der syntaktischen Morpheme überhaupt geben können. Denn offenbar ist für den Hörer ein Signal sehr wichtig, das ihn instruiert, ob er seiner Erwartung (die für die

Routine der Dekodierung eine wichtige Vorleistung erbringt) weiterhin freies Spiel lassen soll oder nicht.

IX. *Typen der Vorinformation*

Wir haben gesagt, daß die Verneinung immer eine positive Erwartung voraussetzt, die dann verworfen wird. Ebensogut kann man sagen, die Verneinung setze immer eine positive Vorinformation voraus, aus der heraus sich überhaupt erst eine Erwartung bilden kann. Dies ist die umfassendere und daher wohl zweckmäßigere Beschreibung des Phänomens. Sie wird auch dem oft zu beobachtenden Gebrauch des Negations-Morphems ›nein‹ (als der freien, d. h. kontextunabhängigen Form gegenüber der gebundenen Form ›nicht‹) gerecht, wenn in einem Kommunikationsprozeß die Rede des Partners, sein Informationsbeitrag zum Dialog also, mit einem ›nein‹ gestoppt und verworfen wird. Der Kommunikationsprozeß wird damit ganz oder teilweise umorientiert und läuft dann häufig auch mit einem Tausch der Sprecher- und Hörerrolle weiter, wenn er überhaupt weiterläuft. Ein ›ja‹ bedeutet demgegenüber nicht einfach »das ist wahr«, sondern dieses Signal steuert gleichfalls die Kommunikation, indem es den Sprecher einlädt, in seiner Rede entweder fortzufahren oder das Kommunikationsziel als erreicht anzusehen.

Es ist aber, wenn Vorinformation als allgemeine Voraussetzung für eine Negation gelten soll, zu bemerken, daß diese Vorinformation von verschiedener Art sein kann. Im Regelfall eines Gespräches oder längeren Textes kann man davon ausgehen, daß immer ein Stück Rede oder Text vorausgegangen ist. Dieses stellt für den Hörer oder Leser beim Vernehmen des Negationssignals eine Vorinformation dar, die eine gewisse Erwartung bezüglich der weiteren Textfolge erzeugt. Aber man kann natürlich auch ein Gespräch mit ›nein‹ beginnen, und schon das erste Verb eines Textes kann negiert sein. Welche Vorinformation liegt dann vor? Angenommen also, es geht keine textuelle Vorinformation vorauf, so besteht zunächst die Möglichkeit, daß eine Situation vorgegeben oder zugleich gegeben ist, die am Anfang des Gesprächs oder des Textes von beiden Gesprächsteilnehmern als Vorinformation genommen und entsprechend der allgemeinen Regel durch die Negation verworfen werden kann. Kontext und Situation (»Situationskontext«) sind in diesem Sinne äquivalent. Weiterhin kann jedoch, zumal bei öffentlicher Kommunikation (Literatur, Massenmedien, Sprichwörter usw.), angenommen werden, daß nicht einmal ein Situationskontext vorausgeht, wenigstens kein solcher, der bei Kommunikationsbeginn für alle Hörer als präsent vorausgesetzt werden könnte. Wenn dennoch der mündliche oder schriftliche Text mit einer Negation beginnt, so kann sich die Zurückweisung immer noch gegen eine Art von Vorinformation richten, die freilich jeder Kommunikation notwendig voraufgehen muß, wenn sie überhaupt zustande kommen soll. Ich meine den Kode der Sprache, soweit er gemeinsamer Kulturbesitz einer Gruppe ist. Jene Vorinformation also, die in den Sprachzeichen selber enthalten ist, bezeichnet den allgemeinsten Erwartungshorizont, von dem sich jede aktuelle Kommunikation abhebt. Wenn jedoch überhaupt keine der drei genannten Arten an Vorinformation vorliegt, also weder eine Vorinformation des Textes noch der Situation noch des einzelsprachlich-kulturellen Kodes, dann ist Negation sinnlos (ungrammatisch).

Wenn die Funktion der Affirmation und der Negation in dem skizzierten Sinne verstanden wird, dann sind die Morpheme ›Ø‹ und ›nicht‹, ebenso wie die anderen Morpheme der Syntax, Signale der Kommunikationssteuerung. Sie teilen also beispielsweise mit den kurz erwähnten Personalpronomina die Eigenschaft, sich als Glieder des Kommunikationsprozesses auf eben diesen Kommunikationsprozeß zu beziehen. Das ist nun eine Funktion, die man mit einer gewissen Berechtigung als metakommunikativ oder metasprachlich bezeichnen kann. Mit dem Ausdruck Metasprache belegt man bekanntlich ein Zeichensystem, mit dem man nicht über Sachen, sondern über Sprache redet. Das scheint eine sehr einleuchtende Definition zu sein, die etwa dem Unterscheidungsbedürfnis zwischen dem objektsprachlichen ›Vater‹ und dem metasprachlichen *V-a-t-e-r* (dem Sprachzeichen mit seinen Phonemen) Rechnung trägt. Indes: die Grenze zwischen der Objektsprache und der Metasprache läßt sich leider nicht scharf ziehen, und es ist vielleicht kein Zufall, daß es bis heute keine befriedigende Linguistik der Metasprache gibt. Eine scharfe Trennung zwischen Objektsprache und Metasprache gelingt nämlich wiederum nur in Kunstsprachen. Für natürliche Sprachen gilt die Beobachtung von Uriel Weinreich: »Im Gegensatz zu künstlichen Sprachsystemen, mit denen die Logiker operieren, fungiert eine natürliche Sprache als ihre eigene Metasprache«[11]. Das ist bei Weinreich eine flüchtige Bemerkung. Sie könnte aber zur Grundlage einer umfassenden Syntaxtheorie gemacht werden. Denn die Syntax kann insgesamt als metasprachlicher Bereich der Semantik angesehen werden. Der Sprecher spricht mit dem Hörer kontinuierlich (daher die »Obstination« der syntaktischen Zeichen) über den anstehenden Kommunikationsprozeß und gibt ihm damit Orientierungsmittel in die Hand, durch welche die Routine des Dekodierungsprozesses ermöglicht wird. Metasprachliche Elemente jenseits der Syntax im engeren Sinne des Wortes, also beispielsweise die Termini der Linguistik und Logik, können dann als Hypostasierungen der syntaktischen Morpheme und

---

[11] Cf. U. WEINREICH, loc. cit., p. 75.

Extrapolationen des syntaktischen Systems angesehen werden. Das gilt auch für die Negation.

X. *Das zweigliedrige Paradigma*

Die Morpheme ›Ø‹ und ›nicht‹, so haben wir gesagt, bilden in der deutschen Sprache ein überschaubares Subsystem, ein Paradigma. Der Begriff des Paradigmas ist von Hansjakob Seiler eingehend besprochen worden[12]. Seiler stellt zunächst klar, daß ein grammatisches Paradigma, etwa das der Tempora, der Kasus, der Pronomina usw. nicht nur durch den didaktischen Zweck der besseren Lehrbarkeit und Merkbarkeit zu legitimieren ist. Man stellt vielmehr in der Sprachbeschreibung dann bestimmte Formen der Sprache zu einem Paradigma zusammen, wenn deren Signifikate strukturale Ähnlichkeiten aufweisen. Häufig lassen auch die Signifikanten lautliche Ähnlichkeiten erkennen (*amo, amas, amat, amamus, amatis, amant*), aber das ist nicht unerläßlich. Ähnlichkeiten werden in der Linguistik gewöhnlich durch Kommutationsproben nachgewiesen. Man beobachtet ein Sprachzeichen in einem Kontext und probiert, gegen welche anderen Sprachzeichen es eingetauscht werden kann, ohne daß die Verträglichkeit im Kontext zerstört würde. Man kann auf diese Weise ganze Textstücke »konjugieren«: ›Ich weiß nicht, was soll es bedeuten‹ — ›du weißt nicht, was soll es bedeuten‹ — ›er weiß nicht, . . .‹. Diejenigen Elemente, die bei gleichbleibend verträglichem Kontext veränderbar sind, bilden das Paradigma der Personalpronomina (in der deutschen Sprache redundant charakterisiert durch das Pronomen und die Verb-Endungen). Charakteristisch für die Paradigmen der Grammatik ist, daß sie aus wenigen Elementen bestehen. Sie bilden eine geschlossene Klasse. Ich will mich nun nicht auf genaue Zahlen festlegen. Bei den Personalpronomen rechnet das schulmäßige Paradigma mit acht Formen: ›ich, du, er, sie, es, wir, ihr, sie‹. Man kann aber auch eine Zählung rechtfertigen, nach der die Pluralformen oder die Genusformen oder schließlich die Formen der Kommunikationspersonen ›ich‹ und ›du‹ von allen anderen Formen abgesondert werden. Das hängt von der grammatischen Theorie ab, die der Beschreibung zugrunde gelegt wird. Dabei mag die genaue Zahl im einzelnen durchaus strittig sein. Die Strittigkeit erstreckt sich jedoch nicht auf den allgemeinen Befund, daß die Glieder eines Paradigmas der Zahl nach wie auch in ihren Interdependenzen leicht überschaubar sind.

Unter allen Subsystemen der Sprache hat nun das Assertions-Paradigma mit

---

[12] H. SEILER, *Das Paradigma in alter und neuer Sicht*, in *Kratylos* 11 (1966) p. 190-205.

dem Affirmations-Morphem ›Ø‹ und dem Negations-Morphem ›nicht‹ eine ausgezeichnete Stellung, weil es ein zweigliedriges (zweielementiges) Paradigma bildet. Ein zweigliedriges Paradigma ist das kleinste aller möglichen Subsysteme der Sprache. Während nach oben hin nicht genau angegeben werden kann, bis zu welcher Zahl Sprachzeichen noch die geschlossene und überschaubare Klasse eines Paradigmas bilden können (vielleicht 20? 30? 40? ...), ist die untere Grenze durch minimal zwei Sprachzeichen genau festgelegt. Diejenigen Paradigmen nun, die nur aus zwei Gliedern bestehen, erfüllen daher unter allen Subsystemen die Bedingung der leichten Überschaubarkeit optimal. In ihnen realisiert sich die Opposition, die grundsätzlich zwischen allen Sprachzeichen der Sprache besteht, in der verschärften Weise, daß die Wahl des einen Zeichens die Abwahl des anderen Zeichens impliziert. Logisch gesprochen: der kontradiktorische und der konträre Gegensatz fallen zusammen. Ich möchte jedoch auch an dieser Stelle lieber fortfahren, linguistisch zu argumentieren. Ein zweigliedriges Paradigma hat offenbar beim Sprecher und Hörer deshalb eine starke kommunikative Präsenz, weil es im Kontext eine Einengung der Erwartung bewirkt, wie sie deskriptiv in der Kommutationsprobe abgebildet werden kann. Der Kontext steuert die textuelle Erwartung in der besonderen Weise, daß an der in Frage stehenden Stelle des Textverlaufs genau eines von diesen beiden Sprachzeichen erwartet wird. Wird dann eines tatsächlich gewählt, so ist damit das andere aus der akuten Erwartung getilgt. Andere Möglichkeiten aus dem gewaltigen Zeichen-Reservoir der Sprache sind durch den Erwartungszwang des zweigliedrigen Paradigmas von vornherein nicht in das Bewußtsein des Kommunikationsteilnehmers vorgelassen worden.

Diese Überlegungen gelten für jedes zweigliedrige Paradigma in der Sprache. Die Frage ist nun, welche Subsysteme der Sprache in diesem Sinne als zweigliedrig angesehen werden können. Ich will hier insbesondere für das Assertions-Paradigma die Frage erörtern, ob es tatsächlich als zweigliedriges oder nicht vielmehr als mehrgliedriges Paradigma anzusehen ist, das als eine Skala von der schärfsten Ablehnung über viele Nuancen mit ›kaum‹, ‹vielleicht‹ und ›möglicherweise‹ bis zur lebhaftesten Zustimmung reicht. Es ist ja leicht einzusehen, daß alle diese Morpheme im Text ähnliche Signalaufgaben wahrnehmen wie die Morpheme ›Ø‹ und ›nicht‹. Wir können sagen, daß sie die Erwartungen des Kommunikationspartners in je spezifischer Weise dämpfen und nuancieren, wobei auch die Höflichkeit ihr Teil findet. Dennoch gehören diese Morpheme nicht in das gleiche Subsystem mit ›Ø‹ und ›nicht‹. Solche Morpheme wie ›vielleicht‹ und ›möglicherweise‹ treten zu ›nicht‹, folglich auch zu ›Ø‹ hinzu, und Morpheme wie ›kein‹ und ›kaum‹ können als Amalgame aufgefaßt werden. Die Analyse der Morpheme ›Ø‹ und ›nicht‹ (gebundene Formen) bzw. ›ja‹ und ›nein‹ (freie Formen) als zweigliedriges Paradigma bleibt davon unberührt.

XI. *Normen und Gegennormen*

Es kommt bestätigend ein anderer Gesichtspunkt hinzu, den ich die »Produktivität« des zweigliedrigen Paradigmas nennen möchte. Die Wortbildungsgesetze (oder, wenn man den schlecht definierbaren Wortbegriff vermeiden will: die Gesetze der Lexem-Kombinatorik) erlauben in der deutschen Sprache, die Negation ›nicht‹ aus dem Determinationszusammenhang des Textes herauszunehmen und sie in den Nominalbereich des Kodes zu überführen.

Neben den Substantiven ›Achtung‹, ›Raucher‹, ›Christ‹ etwa gibt es die kodifizierten Gegenwörter ›Nichtachtung‹, ›Nichtraucher‹, ›Nichtchrist‹. Wenn man auch die historische Perspektive der Sprache berücksichtigt, kann man neben die Substantive ›Wahrheit‹, ›Recht‹, ›Interesse‹, ›Diskretion‹ die — älteren — Gegenwörter ›Unwahrheit‹, ›Unrecht‹, ›Desinteresse‹, ›Indiskretion‹ stellen, wobei freilich zu beachten ist, daß im Laufe der Sprachgeschichte sich bisweilen die Paarungen gelockert und die Bedeutungen sich verändert haben. Ähnliches gilt für gewisse Adjektive, etwa die Gegensatzpaare ›öffentlich‹ vs. ›nichtöffentlich‹, ›human‹ vs. ›inhuman‹, ›historisch‹ vs. ›ahistorisch‹, sowie für gewisse Verben, etwa: ›sichern‹ vs. ›entsichern‹, ›qualifizieren‹ vs. ›disqualifizieren‹.

Deskriptiv ist zunächst bei den mit dem Morphem ›nicht-‹ gebildeten und für die Gegenwartssprache besonders charakteristischen Negationen anzumerken, daß sie hauptsächlich der Verwaltungssprache angehören. Die Verwaltung hat ein unstillbares Bedürfnis zu klassifizieren, am liebsten in zwei Rubriken. Es ist sicher statthaft, diese Beobachtung auch historisch anzuwenden auf solche Weltklassifikationen, in denen die Wahrheit oder das Recht oder irgendein anderer Wert zu verwalten ist. Es ist nun dabei nicht zu übersehen, daß Affirmation und Negation hier keineswegs die gleichen Chancen haben: Norm und Erwartung liegen immer auf der Seite der Affirmation. Die Verlagerung der Negation aus dem Text in den Kode, mit allen daran anknüpfenden Verwendungsmöglichkeiten auch bei textueller Isolierung, setzt eine besonders starke Erwartung voraus, wie sie nur bei gewissen Wörtern angenommen werden kann. Erwartungen sind insbesondere immer dann verstärkt, wenn sie von einer gesellschaftlichen Norm gestützt werden. Unter einer Norm sollte man in diesem Zusammenhang mit Niklas Luhmann eine gesellschaftlich verbreitete Erwartung verstehen, die prinzipiell auch gegen voraussichtliche Enttäuschungen durchgehalten wird. So sind auch die Gegenwörter des beschriebenen Typus, wie schon Gerhard Frey beobachtet hat[13], Gegenwörter zu Normwörtern, und

---

[13] G. FREY, *Sprache — Ausdruck des Bewußtseins*, Stuttgart 1965.

das von Luhmann verzeichnete Prinzip des Durchhaltens gegen voraussichtliche Enttäuschungen manifestiert sich eben in der Hinübernahme der Negation, d. h. des Signals für die enttäuschte Erwartung, aus dem Irgendwann eines Textes in die potentielle Allgegenwart des sprachlichen Kode.

Es versteht sich, daß diese Beobachtung nicht für die Gegenwörter als einzelne Zeichen gilt, sondern jeweils für die betreffenden Wortpaare, die als »Gegensatzpaare« zusammengehören. Bei dem Gegensatzpaar ›Anerkennung‹ und ›Nichtanerkennung‹ *können* also beide Wörter als »Komposita« interpretiert werden, wobei das Lexem ›Anerkennung‹ entweder von dem Morphem ›Ø‹ oder von dem Morphem ›nicht‹ begleitet wird. Diese Beschreibung ist auch für die affirmative Seite des Wortpaares keine müßige Spitzfindigkeit; denn eben durch die Verwendung des affirmativen Morphems ›Ø‹ an einer Stelle des Kode, wo auch das Morphem ›nicht‹ oder eine seiner Varianten stehen könnte, wird dieses Wort aus der beliebigen Reihe des Vokabulars herausgenommen und zum Normwort erhoben. Das begleitende Morphem ›Ø‹ bedeutet nämlich nun, kommunikationslinguistisch analysiert: ›Diese Nachricht soll durchgehen!‹ — Das eben ist mit Norm gemeint.

XII. *Das ausgeschlossene Dritte*

Der Gesichtspunkt der Produktivität eines Paradigmas soll uns noch eine Weile beschäftigen. Gemeint ist also das Strukturphänomen, daß ein bestimmtes Subsystem, hier das syntaktische Paradigma ›Ø‹ vs. ›nicht‹, im Kode produktiv ist und andere Bereiche der Sprache nach seinem Muster (παράδειγμα) formt. Dabei ist zu beachten, daß diese paradigmatische Produktivität sich zwar auf ganze Wortklassen erstreckt, etwa auf die Klasse der Substantive und der Adjektive, daß aber nicht alle Wörter dieser Klassen auch tatsächlich so behandelt werden müssen. Nicht alle Substantive und Adjektive der deutschen Sprache haben also negative Gegenwörter bei sich. Niemand spricht umgangssprachlich von einem Nicht-Tisch und nennt ihn nicht-rund. Wenn die Erwartung eines Tisches oder einer runden Form verworfen werden soll, genügen die normalen Negationsprozeduren im Text. Andererseits: wenn erst einmal ein bestimmtes Bildungs- oder Kompositionsverfahren für eine Wortklasse erworben ist, dann kann es grundsätzlich von den Sprechern der Sprache auf alle Wörter der betreffenden Klasse ausgedehnt werden. Diese Lizenz spielt nun in allen Bereichen des öffentlichen Lebens, die durch sprachliche Instruktionen geregelt werden, eine große Rolle. Ich komme damit auf ein Beispiel zurück, das ich oben schon unter einem mehr historisch-referierenden Aspekt erwähnt habe, nämlich die Skala der Zeugnisnoten. Diese Benotungen sind Ausdruck einer Intention, den

Bereich des öffentlichen Unterrichtswesens durch genauen, nämlich amtlich festgelegten Wortgebrauch möglichst streng zu ordnen. Die Skala der Zeugnisnoten wird daher durch Erlaß fixiert. Jeder weiß, daß die Nuancen der Begabungen und Leistungen bei den Schülern sehr verschieden sind. Hinter dieser Komplexität bleibt der Wortschatz der Sprache um ein beträchtliches zurück, aber immerhin stellt die natürliche Sprache noch insgesamt ziemlich viele Adjektive zur Verfügung, mit denen einzeln oder mit deren Kombination die vielfältigen Begabungen und Leistungen nuanciert beschrieben werden können. Die sehr hohe Komplexität vorfindbarer Begabungs- und Leistungsdifferenzierungen und die immer noch hohe Komplexität aller geeigneten Adjektive der deutschen Sprache werden nun durch den Erlaß der Schulbehörde noch weiter reduziert zu der bekannten Nomenklatur von sechs Zeugnisnoten. Diese Skala aber stellt, genau besehen, wiederum nur die immer noch etwas komplexe Einkleidung einer Grenze dar, wo es um die Entscheidung ›bestanden‹ vs. ›nicht bestanden‹ (›versetzt‹ vs. ›nicht versetzt‹) geht. Man kann also sagen, daß die sechsgliedrige Skala der Zeugnisnoten das zweigliedrige Paradigma Affirmation vs. Negation als ihr Skelett enthält. Man kann weiterhin wahrscheinlich sagen, daß überhaupt die Ausgliederung von sechs Adjektiven aus der komplexen Menge insgesamt geeigneter Adjektive ohne das originäre Bedürfnis nach einer eindeutigen Ja-Nein-Entscheidung kaum vorstellbar ist. Dem weiten »Feld« der qualifizierenden Adjektive mit ihren vielen semantischen Nuancen wird hier ein paradigmatisches Gitter übergeworfen, das in seiner extrem einfachen Struktur aus der Syntax stammt. Mit anderen Worten: die Lexeme werden behandelt, als ob sie Morpheme wären, und zwar durch einen sprachregulierenden Eingriff der staatlichen Autorität. Dabei dient das zweigliedrige Paradigma Affirmation vs. Negation als Regulierungsmuster.

Ich will mich mit weiteren Beispielen kurz fassen. Wir kennen noch alle den Ehrenkodex mit der Grenze zwischen dem Ehrenmann und dem Ehrlosen, die nationalen Ideologien mit der Grenze zwischen deutschen und undeutschen Naturen, die traditionellen Berufe mit der Grenze zwischen dem Akademiker und dem Nicht-Akademiker, die militärischen Dienstränge mit der Grenze zwischen Offizier und Nicht-Offizier. Das sind allemal, wenn ich so sagen darf, Grammatikalisierungen der Semantik und insofern radikale Vereinfachungen mit der scharfen Ja-Nein-Grenze als der schärfsten Reduktionsleistung der Syntax. George Orwells »Neusprache« erhebt dieses Verfahren zum grammatisch-politischen Prinzip [14].

---

[14] G. ORWELL, *Nineteen Eighty-Four*, London 1949, deutsch: *1984*, Zürich 1950, Kap.: *Kleine Grammatik*. Vgl. H. WEINRICH, *Warnung vor der Neusprache*, in Merkur 28 (1974), p. 997-1000.

XIII. *Negative Begriffe*

Die Produktivität des Assertions-Paradigmas ist auch für die Wissenschaften wichtig geworden, und zwar seit ältester Zeit. Insbesondere die Philosophie hat sich dieses Subsystems bedient, um die beschriebene Grammatikalisierung der Semantik bis an die Grenzen des sprachlich Möglichen weiterzutreiben. So finden wir weit jenseits des alltäglichen Sprachgebrauchs (nicht jedoch außerhalb der umgangssprachlichen Struktur-Toleranzen) neben dem Ich das Nicht-Ich, neben dem Sein das Nicht-Sein, und kaum sagt irgendwo ein Logiker ›a‹, darf man schon auf ein ›nicht-a‹ gefaßt sein. Man muß bei diesen Paaren immer hinzudenken: *tertium non datur*. So sind nämlich diese Sprachformen gebildet. Jedoch: »gegeben« ist, wenn wir es genau nehmen, natürlich immer noch ein Drittes und ein Viertes und ein n...tes. Es gibt in den natürlichen Sprachen neben der 1. Person (›ich‹) immer auch die 2. und die 3. Person, neben dem (Hilfs-)Verb ›sein‹ andere Hilfsverben, und neben dem Zeichen *a* all die anderen Buchstaben des Alphabets. Alles dies ist zwar *gegeben*, aber es wird *verworfen*, denn die extrem reduzierte Kunstsprache, der diese Sätze angehören, gehorcht (neben anderen Reduktionsprinzipien) dem Reduktionsprinzip des ausgeschlossenen Dritten. Tatsächlich ist hier durch eine primäre Reduktionsentscheidung für das Subsystem alles Dritte und n...te ausgeschlossen, d. h. es wird nur ein zweigliedriges Paradigma zugelassen. Das ist ein sehr scharfer Reduktionsschnitt, der die komplexe Vielfalt des Lexikons einer natürlichen Sprache durch rücksichtslose Grammatikalisierung so behandelt, als seien von der ganzen semantischen Vielfalt nur gerade zwei Morpheme übriggeblieben, die sich nun die ganze Welt aufteilen müssen. Ich sage: Morpheme, denn man kann, wenn die Vielfalt genommen ist, von Lexemen eigentlich nicht mehr sprechen; *wenige* Lexeme sind eo ipso (grammatische) Morpheme und entsprechend inhaltsleer, d. h. zu bloßen Orientierungssignalen reduziert, ganz gleich, ob diese Morpheme dann ›Sein‹, ›Ich‹ oder ›a‹ heißen. Diese zwei Rest-Morpheme als die Reduktionskonstrukte und grauen Statthalter des ganzen bunten Lexikons nehmen damit Struktureigenschaften an, die denen der Morpheme ›Ø‹ und ›nicht‹ im zweigliedrigen Assertions-Paradigma der natürlichen Sprachen ähnlich sind. Daß sich unter diesen Bedingungen dann das ganze Negativitätsproblem der Linguistik in blendender Klarheit darzustellen scheint und leichte Lösbarkeit nach den bloßen Spielregeln der Syllogistik verheißt, ist rasch einsehbar.

Man darf aber ein methodisches Reduktionsverfahren, das von den Fachsprachen der Verwaltung und der Wissenschaften für bestimmte Klassifizierungszwecke praktiziert wird, nicht ohne weiteres zu einem Grundprinzip der Sprachtheorie erklären. Saussures Problem einer allgemein negativ konstituierten *valeur* ist nach dem Muster der Opposition ›a‹ vs. ›nicht-a‹ nicht lösbar. Es entspricht keiner konkret textuellen oder pragmatischen Erwartung, einem beliebigen Sprachzeichen wie ›Vater‹ ein global-negatives Sprachzeichen wie ›*Nicht-Vater‹ oppositiv entgegenzusetzen, das dann die gesamte Andersheit des semantischen Restvokabulars universal zudecken würde. Das hieße für jedes kontingente Zeichen eine verstärkte und normativ befestigte Erwartung annehmen, die dann jeweils gegen den gesamten Restbestand der übrigen Sprachzeichen durchzuhalten wäre. Wenn aber *immer* eine verstärkte Erwartung anzunehmen ist, wird der Begriff der Verstärkung hinfällig, und wir können die empirischen Beobachtungen am Sprachgebrauch geläufiger Gegenwortpaare nicht mehr in eine Sprachtheorie einbringen. Wer also in der Sprachbeschreibung einen *spezifischen*, nämlich primär syntaktischen und nur sekundär und partiell semantischen Negativitätsbegriff nicht entbehren will, muß auf einen *allgemeinen*, global-semantischen Negativitätsbegriff verzichten.

Reinhart Koselleck

ZUR HISTORISCH-POLITISCHEN SEMANTIK ASYMMETRISCHER GEGENBEGRIFFE

> Pugnant ergo inter se mali et mali; item pugnant inter se mali et boni; boni vero et boni, si perfecti sunt, inter se pugnare non possunt.
> Augustin, *De Civ. Dei* XV, 5

1. *Methodische Vorbemerkungen*

Selbst- und Fremdbezeichnungen gehören zum täglichen Umgang der Menschen. In ihnen artikuliert sich die Identität einer Person und ihre Beziehung zu anderen Personen. Dabei kann im Gebrauch der Ausdrücke Übereinstimmung herrschen, oder jeder verwendet für sein Gegenüber einen anderen Ausdruck, als dieser für sich selbst benutzt. So ist es ein Unterschied, ob gegenseitig anerkannte Namen — Hans und Liese — ausgesprochen werden oder ob sie durch Schimpfnamen verdrängt werden. So ist es ein Unterschied, ob Verwandtschaftsgrade, etwa Mutter und Sohn, verwendet werden oder ob die Mutter durch ›Alte‹, der Sohn durch ›Lümmel‹ ersetzt wird. Ebenso ist es ein Unterschied, ob bei Funktionsbestimmungen etwa ›Arbeitgeber‹ und ›Arbeitnehmer‹ gesagt wird oder ob aus dem einen ›Ausbeuter‹, aus dem anderen ›Menschenmaterial‹ wird.

Im einen Fall stimmen die Selbst- bzw. Fremdbezeichnungen der jeweiligen Personen überein, im anderen Fall treten Selbst- und Fremdbezeichnung derselben Person auseinander. Im einen Fall ist die gegenseitige Anerkennung sprachlich impliziert, im anderen fließt eine abschätzige Bedeutung in die Bezeichnungen ein, so daß die Gegenseite sich wohl angesprochen, aber nicht anerkannt finden kann. Solche, nur einseitig verwendbare, auf ungleiche Weise konträre Zuordnungen sollen hier ›asymmetrisch‹ genannt werden.

Die Wirksamkeit gegenseitiger Zuordnungen steigert sich geschichtlich, sobald sie auf Gruppen bezogen werden. Der schlichte Gebrauch des ›wir‹ und des ›ihr‹ kennzeichnet zwar Aus- und Eingrenzungen und ist insofern Bedingung möglicher Handlungsfähigkeit. Aber zu einer politisch wirksamen Handlungseinheit kann eine ›Wir-Gruppe‹ erst durch Begriffe werden, die mehr in sich enthalten als eine bloße Bezeichnung oder Benennung. Eine politische oder soziale Handlungseinheit konstituiert sich erst durch Begriffe, kraft derer sie sich eingrenzt und damit andere ausgrenzt, und d. h. kraft derer sie sich selbst bestimmt. Empirisch mag eine Gruppe durch Befehl oder Konsens, durch Vertrag oder Propaganda, durch Not oder Verwandtschaft, durch alles zugleich oder sonstwie entstanden sein: immer sind Begriffe erforderlich, in denen sich eine Gruppe wiedererkennen und selbst bestimmen muß, wenn sie als Handlungseinheit will auftreten können. Ein Begriff in diesem hier verwendeten Sinne indiziert nicht nur Handlungseinheiten, er prägt und schafft sie auch. Er ist nicht nur Indikator, sondern auch Faktor politischer oder sozialer Gruppen.

Nun gibt es zahlreiche solcher Begriffe, die zwar konkret bezogen, aber doch allgemein verwendbar sind. So mag sich eine Handlungseinheit als Polis, als Volk, als Partei, als Stand, als Gesellschaft, als Kirche, als Staat usw. begreifen, ohne die somit Ausgegrenzten zu hindern, sich ebenfalls als Polis, als Volk usw. zu begreifen. Derartige Begriffe von konkreter Allgemeinheit können also paritätisch verwendet werden und auf Gegenseitigkeit beruhen. Sie sind übertragbar.

Nun pflegen freilich geschichtliche Handlungseinheiten mögliche Allgemeinbegriffe zur Singularität hochzustilisieren, um nur sich selbst zu bestimmen und zu begreifen. ›Kirche‹ mag für einen Katholiken nur die seine sein, ›Partei‹ für einen Kommunisten nur die seine, ›Nation‹ mag für die französischen Revolutionäre nur die ihre gewesen sein.

In solchen Fällen erhebt eine konkrete Gruppe einen exklusiven Anspruch auf Allgemeinheit, indem sie einen sprachlichen Universalbegriff nur auf sich selbst bezieht und jede Vergleichbarkeit ablehnt. Derartige Selbstbestimmungen treiben Gegenbegriffe hervor, die den Ausgegrenzten diskriminieren. Der Nichtkatholik wird zum Heiden oder Häretiker; aus der kommunistischen Partei austreten heißt dann nicht die Partei wechseln, sondern »wie aus dem Leben, wie aus der Menschheit aus... treten« (J. Kuczynski); ganz zu schweigen von den negativen Prädikaten, mit denen sich die europäischen Nationen in Konfliktzeiten bedacht haben und die je nach wechselnder Machtlage von einer auf die andere Nation übertragbar waren.

So kennt die Geschichte zahlreiche Gegenbegriffe, die darauf angelegt sind, eine wechselseitige Anerkennung auszuschließen. Aus dem Begriff seiner selbst folgt eine Fremdbestimmung, die für den Fremdbestimmten sprachlich einer Privation, faktisch einem Raub gleichkommen kann. Dann handelt es sich um asymmetrische Gegenbegriffe. Ihr Gegensatz ist auf ungleiche Weise konträr. Wie im Alltag, fußt der Sprachgebrauch der Politik immer wieder auf dieser Grundfigur asymmetrischer Gegenbegriffe. Davon soll hier die Rede sein.

Nun gilt eine Einschränkung: Es soll von solchen Begriffspaaren gehandelt werden, die sich dadurch auszeichnen, daß sie die Gesamtheit aller Menschen zu umfassen beanspruchen. Es handelt sich also um binäre Begriffe von universalem Anspruch. Freilich läßt sich die Gesamtheit der Menschen auch durch Klassifikationspaare restlos erfassen, die eine gegenseitige Anerkennung der jeweils Bezeichneten implizieren: etwa wenn von Männern und Frauen die Rede ist, von Eltern und Kindern, von Jugendlichen und Erwachsenen, von Kranken und Gesunden. Solche Bezeichnungen erfassen die Menschheit zur Gänze, indem sie auf ihre naturgemäße Gliederung rekurrieren. Unbeschadet ihrer politischen Akzentuierbarkeit und ihrer möglichen politischen Brisanz können solche Ausdrücke nicht unvermittelt in die politische Sprache übertragen werden.

In der geschichtlichen Welt wird dagegen meist mit asymmetrischen, auf ungleiche Weise konträren Begriffen gearbeitet, von denen drei Begriffspaare im folgenden untersucht werden sollen: der Gegensatz zwischen Hellenen und Barbaren, zwischen Christen und Heiden und schließlich der Gegensatz, der in dem Begriffsfeld der Menschheit selber auftaucht, zwischen Mensch und Unmensch, zwischen Übermensch und Untermensch.

Bevor wir auf diese Gegenbegriffe und die unterschiedlichen Weisen der in ihnen enthaltenen Negationen eingehen, seien noch drei methodische Bemerkungen erlaubt, die die Fragestellung genauer eingrenzen. Die erste Bemerkung zielt auf das Verhältnis von Begriff und Geschichte, die zweite auf den historischen und die dritte auf den strukturalen Aspekt der Gegenbegriffe.

1. Geschichtliche Bewegung vollzieht sich immer in Zonen gegenseitiger Abgrenzung von Handlungseinheiten, die sich zugleich begrifflich artikulieren. Aber weder die soziale noch die politische Geschichte ist jemals identisch mit ihrer begrifflichen Selbstartikulation. Geschichte kann zwar nur geschrieben werden, wenn der ehemals begrifflich erfaßte Befund mit dem — methodisch daraus abzuleitenden — realen Befund auf seine Korrespondenz hin befragt wird. Diese Korrespondenz ist aber unendlich mannigfaltig und darf nicht als Identität mißverstanden werden, sonst wäre jede begriffsklare Quelle schon die Geschichte, um deren Erkenntnis es geht. Überhaupt kommen Sprache und politisch-sozialer Sachverhalt geschichtlich auf andere Weise zur Deckung, als die Sprechenden selber wahrnehmen können.

Es gehört zur Eigentümlichkeit der politischen Sprache, daß ihre Begriffe zwar auf Handlungseinheiten, auf Institutionen, Gruppen usw. und deren Bewegungen bezogen werden, daß sie aber nicht darin aufgehen. Ebensowenig ist Geschichte die Summe aller in ihr vollzogenen Benennungen und Bezeichnungen, ihrer Dialoge oder Diskussionen. Sie geht auch nicht in den Begriffen auf, von denen sie jeweils erfaßt wurde. Es kommt also darauf an, den Kurzschluß von der Begriffssprache auf die politische Geschichte zu vermeiden. Diese Differenz zwischen der Geschichte und ihrem ›Begriffenwerden‹ wird mit der Methodik der historisch-politischen Semantologie ausgemessen.

2. Besondere Vorsicht ist geboten, wenn nicht nur einzelne Begriffe, sondern Begriffspaare untersucht werden, deren weltgeschichtliche Wirksamkeit außer jedem Zweifel steht. Sicher darf man davon ausgehen, daß rigorose Dualismen, vor allem solche, die die gesamte Menschheit in zwei auf ungleiche Weise kon-

träre Gruppen teilen, politisch effektiv waren und immer wieder sein werden. Aber ebenso zeigt der bisherige historische Befund, daß alle bislang verwendeten globalen Dualismen von der folgenden geschichtlichen Erfahrung überholt und insoweit widerlegt wurden. Die suggestive Eigenkraft politischer Gegenbegriffe darf nicht dazu verführen, die damit gemeinten und oft auch hervorgerufenen gegenseitigen Verhältnisse historisch ebenfalls im Dual weiterzulesen und festzunageln. Als historische Erkenntniskategorien pflegen vergangene Antithesen zu grob zu sein. Vor allem kann keine geschichtliche Bewegung mit denselben Gegenbegriffen hinreichend erkannt werden, mit denen sie einst von den Beteiligten erfahren oder begriffen wurde. Das hieße letztlich die Geschichte der Sieger fortschreiben, deren vorübergehend überhöhte Rolle kraft Negation der Unterlegenen stilisiert zu werden pflegt.

Besonders antithetisch gehandhabte Begriffe sind geeignet, die Vielfalt tatsächlicher Beziehungen und Abschichtungen zwischen verschiedenen Gruppen so zu überformen, daß die Betroffenen teils vergewaltigt werden, teils — proportional dazu — überhaupt erst politische Aktionsfähigkeit gewinnen. Eine derartige Dynamik zu erkennen, fordert den vergangenen Wortgebrauch selber in Frage zu stellen. Deshalb wird hier zwischen dem geschichtlich vergangenen Wortgebrauch antithetischer Begriffe und den darin angelegten und enthaltenen semantischen Strukturen unterschieden.

3. Die folgenden Überlegungen zielen nicht auf den geschichtlichen Ablauf, auf das Auftauchen und die Artikulation dualistischer Gegenbegriffe, auf deren Veränderung und möglicher Wirkungsgeschichte. Freilich kann keine historische Untersuchung umhin, solche Fragen mitzustellen und zu berücksichtigen. Aber die methodische Absicht umreißt eine andere Ebene: Es sollen geschichtlich einmal aufgetretene dualistische Sprachfiguren auf ihre Argumentationsstruktur hin befragt werden, auf die Art, wie die Gegenpositionen jeweils negiert wurden.

Freilich verweist der strukturale Aspekt auf den historischen und umgekehrt. Die Quellen können demnach doppelgleisig gelesen werden: als geschichtliche Selbstartikulation der in den Quellen zur Sprache kommenden Handlungsträger und als sprachliche Artikulation bestimmter Bedeutungsstrukturen.

Es kennzeichnet die auf ungleiche Weise konträren Gegenbegriffe, daß die eigene Position gerne nach solchen Kriterien bestimmt wird, daß die daraus sich ergebende Gegenposition nur negiert werden kann. Darin liegt ihre politische Effektivität, aber zugleich ihre mangelhafte Verwendbarkeit im wissenschaftlichen Erkenntnisgang. In Kants Worten: *... das Halbieren in einer Zusammenstellung heterogener Dinge führt auf gar keinen bestimmten Begriff* (Met. d. Sitt., 2. Teil, § 36, Anm.). Um die geschichtsmächtigen Halbierungen in ihren sprachlichen Asymmetrien zu erkennen, sollen sie auf ihre gemeinsamen — und unterscheidbaren — Strukturen hin befragt werden.

Geschichtlich einmal entstanden, indizieren die Begriffspaare Hellene-Barbar, Christ-Heide, Mensch-Unmensch bestimmte Erfahrungsweisen und Erwartungsmöglichkeiten, deren jeweilige Zuordnung unter anderen Bezeichnungen auch in anderen geschichtlichen Situationen auftauchen kann. Die zu untersuchenden Antithesen haben je eigene, aber auch gemeinsame Strukturen, die immer wieder durch den politischen Sprachgebrauch hindurchscheinen, auch wenn die Worte oder Namen im Laufe der Geschichte wechseln. Die Struktur der Gegenbegriffe hängt nicht allein von den Worten ab, mit denen die Begriffspaare gebildet werden. Die Worte sind austauschbar, während sich eine asymmetrische Argumentationsstruktur durchhalten kann.

Auf ihre Struktur hin befragt, sind also die Begriffspaare von ihrer einmaligen Entstehung und ihrem ehemals konkreten Kontext ablösbar: sie sind geschichtlich übertragbar. Das erst ermöglicht eine Wirkungsgeschichte von Begriffen, darin gründet der strukturale Befund, daß gewisse Erfahrungsraster immer wieder anwendbar sind und den Blick auf Analogien freigeben.

Selbstverständlich ändern konkrete Begriffspaare im Laufe der Zeit ihre Qualität und Wirkung. Erfahrungsräume verschieben sich, und neue Erwartungshorizonte werden erschlossen. Sprachliche Möglichkeiten wachsen oder fallen aus, alte Bedeutungen verblassen oder werden angereichert, so daß die zeitliche Abfolge auch im Gebrauch der Gegenbegriffe unumkehrbar ist, deren unverwechselbare Einmaligkeit sie hervortreibt.

Diese methodische Antinomie, die zwischen geschichtlicher Einmaligkeit und struktularer Wiederholbarkeit der Sprachfiguren herrscht, ist nur eine Folgerung aus dem oben genannten Befund: daß die Geschichte nie identisch ist mit ihrer sprachlichen Erfassung und ausformulierten Erfahrung, wie sie sich mündlich oder schriftlich niederschlägt, daß sie aber auch nicht unabhängig ist von diesen sprachlichen Artikulationen. Unsere Gegenbegriffe bezeugen also sowohl Wiederholbarkeit wie Neuartigkeit der Situationen, auf die sie verweisen. Aber diese Situationen sind zugleich immer auch etwas anderes, als ihre sprachliche Selbsterfassung zu erkennen geben kann.

Die folgenden drei Abschnitte unterliegen deshalb einer methodischen Begrenzung. Es kann nicht die Menge des fast unübersehbaren Materials ausgebreitet werden, das jeweils von Gegenbegriffen gegliedert und stilisiert wurde. Es soll nur die semantische Struktur einiger politisch verwendeter, asymmetrisch gehandhabter Gegenbegriffe aufgezeigt werden, und zwar entlang der Abfolge ihres Auftretens. Dabei wird sich zeigen, daß die Struktur des ersten Begriffspaares, der Hellenen und Barbaren, unter anderen Bezeichnungen immer wieder auftaucht, daß bestimmte Momente des zweiten Begriffspaares, der Christen und Heiden, im ersten enthalten waren, daß aber neue hinzutreten, während schließlich die Gegenbegriffe, die im Begriffsfeld der allgemeinen Menschheit auftauchten, sowohl griechische wie christliche Momente in sich enthalten, ohne auf diese zurückführbar zu sein.

Mit der Zunahme der Zeiten können endlich die Strukturen aller genannten Gegenbegriffe zugleich auftreten. Daher kann es sich heute sowohl um ein Nebeneinander antithetischer Sprachfiguren handeln wie um die Gleichzeitigkeit des Ungleichzeitigen, die in einem einzigen Begriffspaar enthalten sein mag, weil geschichtlich verschiedene Erfahrungszonen in es eingegangen sind.

Grob gesprochen lassen sich die drei Begriffspaare nach folgenden Kriterien gliedern: Bei den Hellenen und Barbaren handelt es sich — erstens — um einander ausschließende Begriffe, deren Bezugsgruppen auch im Bereich der Wirklichkeit räumlich trennbar sind. Die Fremden werden zwar negativ eingekreist, aber, was eine geschichtliche Leistung darstellte, als solche auch anerkannt. Die Begriffe unterstellen den damit erfaßten Gruppen naturale Konstanten, die sich der Verfügbarkeit zu entziehen scheinen. Das änderte sich schnell. Nach der Territorialisierung der Begriffe folgte ihre Spiritualisierung, was sich in der folgenden Geschichte wechselweise immer wiederholen sollte.

Zweitens werden die Gegenbegriffe zeitlich aufeinander zugeordnet. Was sich bei den Griechen nur andeutete, wird im Begriffspaar der Christen und Heiden zentral. Eine zeitliche Spannung bestimmt die gegenseitige Beziehung, so daß eine zukünftige Verschiebung — bis hin zur Aufhebung des Gegenparts — herausgefordert wird. Mit der Temporalisierung der Gegenbegriffe verschiebt sich das Verhältnis von Erfahrungsraum und Erwartungshorizont. Daraus entsteht eine Dynamik der Negation des jeweils anderen, wie sie die nichtchristliche Antike kaum gekannt hat.

Drittens enthält die Berufung auf die Menschheit einen Allgemeinheitsanspruch, der so total ist, daß kein Mensch ausschließbar zu sein scheint. Wenn gleichwohl Gegenbegriffe entstehen, die auf die Annihilation des anderen zielen, so sind sie durch eine ideologische Fungibilität zu kennzeichnen, die den früheren Begriffen schon per definitionem abgehen mußte. Die Unterscheidbarkeit von Innen und Außen, die den beiden ersten Begriffspaaren von selber innewohnte, entfällt — scheinbar — im Horizont der einen Menschheit. Wenn sie sich gleichwohl einschleicht, so entstehen Folgelasten, an denen alle zu tragen haben, die heute diesen Globus bewohnen.

2. *Hellenen und Barbaren*

Der ›Barbar‹ ist in der wissenschaftlich-neutralen oder in der politisch-affektiven Sprache bis heute allgemein verwendbar, während der ihn ursprünglich negativ bestimmende Ausdruck des ›Hellenen‹ nur mehr historisch oder als konkreter Volksname weiterlebt[1]. Das klassische Begriffspaar gehört insofern der Geschichte an, aber es zeigt modellhafte Züge, die im Laufe der Geschichte immer wieder auftauchen.

Die Wörter existierten vor ihrer polaren Zuordnung. Dabei wurden alle Nichtgriechen schon als ›Barbaren‹ zusammengefaßt, bevor sich die Griechen selbst unter dem Sammelnamen ›Hellenen‹ begriffen[2]. Vom 6. bis zum 4. Jahrhundert bildete nun das Begriffspaar ›Hellenen und Barbaren‹ eine universalistische Sprachfigur, die alle Menschen erfaßte, indem sie zwei räumlich getrennten Gruppen zugeordnet wurden. Diese Sprachfigur war asymmetrisch. Die Verachtung gegenüber den Fremden, den Stammelnden, nicht zu Verstehenden schlug sich in einer Serie von negativen Epitheta nieder, die die gesamte Menschheit außerhalb Hellas deklassierte. Die Barbaren waren nicht nur im formalen Sinne Nichtgriechen, Fremde, sondern wurden als Fremde negativ bestimmt. Sie seien feige, kunstlos, gefräßig, grausam usw. Nun war für jede Definition ein empirischer Beleg beizubringen: der Umgang mit überseeischen Händlern, die Masse der fremdländischen Sklaven, die Verwüstung der Heimat durch die einfallenden Perser und ähnliche Erfahrungen ließen sich mühelos verallgemeinern, ohne einer Korrektur bedürftig zu scheinen.

Freilich war die griechische Intelligenz so aufgeweckt, gerade Abweichendes zu beobachten, etwa Herodot, der deshalb die Relativität des Barbarenbegriffs durchschaute[3], oder Platon, der die Ungleichgewichtigkeit des Begriffspaares kritisierte, weil Artbestimmung und Teilungskriterium auseinanderklafften[4]. Ein Volksname — Hellenen — wurde zum Gegenbegriff für alle anderen, unter sich verschiedenen Völker, die unter einer lautmalerischen Sammelbezeichnung subsumiert wurden. Eine semantische Wurzel der Asymmetrie liegt also in der selbstbewußten Gegenüberstellung von Eigennamen und Gattungsbestimmung beschlossen.

Gewiß konnten die Griechen auf Eigentümlichkeiten ihrer Gemeinsamkeit verweisen, die den Fremden fehlten: die Stiftung der *polis* als einer Bürgerverfassung, die der orientalischen Monarchie entgegen sei, ihre körperliche und geistige Bildung, ihre Sprache und Kunst, ihre Orakel und kultischen Feste, auf denen sich die Hellenen in aller Vielfalt, aber unter Ausschluß der Barbaren, zusammenfanden. So gab es Bereiche, die die positive Bedeutung der Hellenen als milder und gebildeter, freier Bürger zu erhärten schienen. Wie ›barbarisch‹

---

[1] R. J. SATTLER, Art. *›Barbaren‹* in *Grundbegriffe der Geschichte*, Gütersloh 1964, p. 33–35 Literaturangaben.
[2] J. JÜTHNER, *Hellenen und Barbaren, Aus der Geschichte des Nationalbewußtseins*, Leipzig 1923, p. 1-13.
[3] Her. 2.158, dazu J. JÜTHNER, ib. p. 14.
[4] Plat., *polit.* 262 A.

sich die Hellenen tatsächlich selber behandelt haben, wo ihr Selbsturteil zutraf, wo es unzutreffend war oder Wunschbild, das hat Jacob Burckhardt mit enthaltsamer Sympathie beschrieben[5].

Jenseits der Stimmigkeit oder Unstimmigkeit der dualistischen Urteile enthielt nun das Begriffspaar eine semantische Struktur, die politische Erfahrungen und Erwartungen so sehr freisetzte wie begrenzte. Das zeigen die Argumente, mit denen das Gefälle der beiden Begriffe begründet wurde. Platon hat mit dem ihm eigenen Ernst, aber sicher auch provokativ gemeint, den Gegensatz auf die Natur reduziert. *Physei* seien die Hellenen ein eigenes Geschlecht, das entarte, je mehr es sich mit Barbaren vermische[6]. Aus dieser naturgebundenen Bestimmung folgerte er politisch, daß jeder Streit zwischen Griechen ein Streit unter Brüdern sei, ein Bürgerkrieg — *stasis* — und deshalb krankhaft. Ein Krieg mit Barbaren — *polemos* — sei dagegen von Natur aus gerecht. Kämpfe unter Griechen sollten milde und mit minimalem Einsatz geführt werden, der Krieg gegen Barbaren auf deren Vernichtung zielen[7]. So sollte kraft des asymmetrischen Dualismus ein politischer Binnenraum gestiftet und gegen die Gesamtheit der Außenwelt abgeschirmt werden.

Aristoteles verschärfte die Maxime, wenn er die Barbaren als naturgegebene Sklaven ansprach, während ihm die Griechen eine optimale Mischung von Kraft und Klugheit zeigten, die sie, schüfen sie eine einzige *politeia*, zur Oberherrschaft über alle Barbaren befähige[8]. Zustimmend zitiert er des Euripides Vers, daß die Griechen über die Barbaren zu herrschen bestimmt seien, nicht aber umgekehrt, da die Barbaren von Natur aus Knechte sind.

Die Wendung war expansiv lesbar, Alexander zur Unterwerfung der Perser auffordernd, aber ebenso intern zu nutzen. So hat Aristoteles die Trennung von Innen und Außen, die den Gegensatz zwischen Hellenen und Barbaren zunächst räumlich kennzeichnete, zur Begründung des inneren Herrschaftsgefüges unterlaufen. Die Gegenbegriffe indizierten auch ein politisches Herrschaftsgefälle von oben nach unten. Die auf ihre tierähnlichen Natureigenschaften reduzierten Barbaren[9] machten sie innerhalb einer *polis* geeignet, die Arbeiten der Periöken oder der Sklaven wahrzunehmen. Dieselben barbarischen Eigentümlichkeiten, die im Osten, wo sie vorwalten, zur Tyrannis führen, dienten im Binnenraum der Bürgergemeinde, die Herrschaft der freien Hellenen

---

[5] J. Burckhardt, *Griechische Kulturgeschichte*, ed. R. Marx, Stuttgart 1939, Bd. 1, p. 284 sq. Platon, *rep.* 471 B—E.
[6] Plat. *Menex* 245 C.
[7] Plat. *Menex* 242 G, *rep.* 269 B.
[8] Arist., *pol.* 1252 B, 1327 B.
[9] Arist. *NE*. 1145 A.

über sich selbst zu ermöglichen[10]. Die Natur hat also Hellenen und Barbaren so sehr getrennt, daß ihre Unterscheidung die innere Verfassung und die Politik nach außen begründen hilft. Wollte Platon den Bürgerkrieg aus Hellas nach Osten ableiten, so verschränkte Aristoteles den Legitimationstitel: die Asymmetrie der Gegenbegriffe sicherte den Vorrang der hellenischen Bürger ebenso nach unten wie nach außen.

Nun konnte freilich die Reduktion des Gegensatzes auf die *physis*, die die Menschheit in zwei ungleiche und ungleichwertige Hälften dividierte, auch als hellenisches Argument nicht überzogen werden. Man darf solche Ableitungen, wenn man will, auch als Selbstschutzbehauptung interpretieren. Diese ideologiekritische Sicht findet in den Texten von Platon[11] und Aristoteles[12] insofern ihre Bestätigung, als beide Autoren die Barbaren auch differenzierter gesehen haben. Nicht alle Barbaren konnten dem dualistisch gewonnenen Gegenbegriff unterworfen werden. Es fiel Aristoteles nicht leicht, das sophistische Argument[13] zu widerlegen, daß alle, Hellenen, Barbaren und Sklaven, von Natur aus gleich, nur nach Gesetz und Tätigkeit verschieden seien. Die jeweiligen körperlichen oder seelischen Eigenschaften, die einen Freien oder einen Sklaven kennzeichnen sollten, stimmten keineswegs immer überein mit ihren wirklichen Eigenschaften oder mit der Stellung, die Freie oder Sklaven innehatten[14], — womit die Redeweise vom ›edlen Heiden‹ oder von der ›nordischen Seele im ostischen Leib‹ argumentativ angelegt war.

Der natural radizierte Gegensatz von Hellenen und Barbaren enthielt vermutlich urtümlich ethnozentrische, von weit her und überall angelegte Dispositionen, die dann von einem seiner selbst bewußt werdenden Griechentum auf ihre Einmaligkeit hin stilisiert und so verallgemeinert worden waren. Eine gehörige Portion Wünschbarkeit floß in die Sicht ein. Jedenfalls liegt in der Reduktion der Menschheit auf zwei sich gegenseitig ausschließende, aber von der Natur her angelegte Arten eine politisch wirksame, semantische Funktion beschlossen. Die Fremden blieben, wenn auch abschätzig, als andersartige Fremde anerkannt, was sich nicht von selbst verstehen mochte. Im Innern der *polis* wurden Herr und Sklave aufeinander bezogen und waren — als Menschen — der Freundschaft fähig[15]. Auswärts blieben die Barbaren einer von Natur und Klima her bedingten Verfassung verhaftet, die andere Menschen prägt. Diese Form substanzieller Rückbindung der politischen Begriffe an natur-

---

[10] Arist. *pol.* 1252 B, 1285 A, 1329 A, 1330 A.
[11] Platon, *polit.* 262 A.
[12] Arist. *pol.* 1254 B, 1327 B.
[13] J. Jüthner, ib. p. 16.
[14] Arist. *pol.* 1255 A B.
[15] Arist. *NE.* 1161 B.

hafte Vorgegebenheiten ließ das Begriffspaar nicht beliebig verschieben oder aufheben. In der Stetigkeit der Begriffe und der damit erfaßten Menschenwelt lagen Halt und Grenze politischer Erfahrbarkeit beschlossen.

In diesem Sinne kennt die gesamte folgende Geschichte immer wieder simple duale Verschlüsselungen ethnischer, ständischer, völkischer oder staatlicher Handlungseinheiten, die unter Anerkennung ihrer — quasi — naturhaften Andersartigkeit den Fremden oder Untertan zwar verachten mochten, aber als Fremden hinnahmen oder als Untertan für sich reklamierten. Es sei für die Neuzeit auf Boulainvilliers oder Gobineau verwiesen, deren Überlagerungslehren an statische Naturgrößen anknüpften[16], während die Folgen der scheinbar biologischen Rassenlehre der Nationalsozialisten weit darüber hinausführten. Oder es sei an die Wendung Harold Nicolsons erinnert[17], der einem französischen Staatssekretär ironisch bescheinigt, *trotz seiner ausgesprochen frankophilen Tendenz ... in seinem Innern Internationalist* zu sein. *Er anerkannte, daß andere Länder, ungeachtet ihrer Barbarei, dennoch existierten.*

Neben der naturalen Reduktion kannten nun die Griechen ein quer dazu verlaufendes Argument, das den naturgebundenen Dual historisch relativierte. Es diente ebenfalls der Begründung griechischer Überlegenheit, blieb aber subsidiär, denn es wurde nicht theoretisch begründet. Thukydides, Platon und Aristoteles vergleichen mehrfach das Kulturgefälle, das heute zwischen Hellenen und Barbaren herrsche, mit der früheren Zeit, als es auch den Gegensatz der Namen noch nicht gegeben habe[18]. Damals hätten die Hellenen die Rohheit und Schlichtheit der barbarischen Sitten geteilt: etwa im Wettkampf bekleidet aufzutreten, im ›Frieden‹ Waffen zu tragen und Seeräuberei zu treiben, Frauen zu kaufen, einen schlechten Stil zu schreiben, im Prozeß den Kläger zu bevorrechten, freiwillig unumschränkte Herrscher zu wählen, Tauschhandel ohne Geld zu treiben — alles Verhaltensweisen, die mit zunehmender Zivilisierung und Arbeitsteilung überholt seien. *So ließe sich noch an vielen anderen Beispielen zeigen, wie das alte Hellenentum nach gleicher Sitte lebte wie die heutigen Barbaren*[19].

Der Dualismus gerät somit, wie wir heute sagen, in eine geschichtliche Perspektive. Die gegenwärtige Gleichzeitigkeit von Hellenen und Barbaren ist ebenso als Ungleichzeitigkeit ihrer Kulturstufen zu sehen. Die Zeit gewinnt für die sich mit ihr ändernden Gewohnheiten eine argumentative Kraft. Der poli-

---

[16] Vgl. die Belegsammlung bei A. RÜSTOW, *Ortsbestimmung der Gegenwart*, Erlenbach-Zürich 1950, Bd. 1, p. 84 sq.
[17] H. NICOLSON, *Die Herren der Welt privat*, Frankfurt 1933 (deutsche Übersetzung), p. 174.
[18] Thuk. 1,3. Plat. *rep.* 452 D, Arist. *pol.* 1257 A, 1268 B, 1269 A, 1295 A.
[19] Thuk. 1,6 deutsche Übertragung von G. P. LANDMANN, Zürich und Stuttgart 1960, p. 26.

tisch-kulturelle Vergleich wurde also nicht nur antithetisch festgeschrieben, er wurde auch historisch vermittelt. Wenn der einmal aus seiner Herkunft begriffene Unterschied dann wieder an die *physis* zurückgebunden und gleichsam eingefroren wurde, so bedienten sich die Griechen einer starken Argumentationsfigur, die später, etwa von Cicero[20], gerne aufgegriffen wurde. Das wirkte weiter.

Für Jacob Burckhardt lag *das wirkliche Distinguens, welches Barbarei und Kultur wesentlich scheidet,* in der Frage enthalten: *Wo beginnt das Leben in Vergangenheit und Gegenwart, d. h. das unterscheidende Vergleichen? Wann hört die bloße geschichtslose Gegenwart auf*[21]? Nicht daß Burckhardt die griechischen Kriterien inhaltlich übernommen und etwa auf die ›barbarischen‹ Ägypter angewendet hätte — die er vielmehr als geschichtsbewußtes Volk *an die Spitze rückt* —, sondern Burckhardt übernahm das griechische Argumentationspotential. Er sah in der griechischen Verfahrensweise, überhaupt historische Vergleiche anzustellen, ein dauerhaftes Unterscheidungskriterium gegen Barbarei. Ähnlich konnte Ernst Troeltsch die Kehre aus der Kultur zur Barbarei als Rückfall in die Geschichtslosigkeit definieren[22]. Beide Autoren bedienten sich auf der Ebene höherer Allgemeinheit — sie sprachen von Kultur und Barbarei, nicht von Hellenen und Barbaren — einer Überlegung, die den anschauenden Griechen bereits geschichtliche Perspektiven freigegeben hatte. Die Alternative zur Barbarei wurde nicht nur physisch und räumlich, sondern ebenso aus der Vergangenheit abgeleitet, ohne aufzuhören, als universale Alternative asymmetrisch zu sein.

Die auf die *physis* zurückgeführten extremen Pole des Begriffspaares sollten sich freilich im Zuge der schnell verlaufenden griechischen Geschichte bald entspannen. Diogenes negierte die hellenischen Antithesen, wenn er sich privativ als *apolis, aoikos, patridos hesterämenos* bezeichnete, ohne deshalb zum nichthellenischen Barbaren zu werden. Er prägte den universalen Begriff des Kosmopoliten, der die herkömmliche Zweiteilung überholen sollte[23]. Die Antithese verlor zusehends an Evidenz, nachdem Alexander die Fusion der Griechen und Barbaren herbeigezwungen hatte. Die erfahrbare Menschheit und ihre politische

---

[20] Cic. *rep.* 1, 58.
[21] J. BURCKHARDT, *Historische Fragmente*, ed. W. KAEGI, Stuttgart und Berlin 1942, p. 4 - mit Vorbehalt gegen den Wortgebrauch, weil *die Begriffe viel zu schwankend* seien. *Zuletzt wird der Gebrauch oder Nichtgebrauch des Wortes (Barbarei) Nervensache.*
[22] E. TROELTSCHT, *Der Historismus und seine Probleme*, Neudruck Aalen 1961, p. 4.
[23] Diog. Laert. 6,38 63. Dazu kritisch W. W. TARN, *Alexander the Great and the Unity of Mankind, Proceedings of the British Academy*, 1933, Bd. 19, p. 125. Die Negation ziele bei Diogenes - entgegen üblicher Interpretation - noch nicht auf eine umfassende Gemeinschaft. Kosmopolit sei »a horrible word, which he (Diogenes) coined and which was not used again for centuries«.

Organisation schienen ungefähr zur Deckung zu kommen, zunächst unter Alexander wie später im Imperium Romanum.

Im Horizont der neuen Einheit und ihrer geistigen Fassung als *homonoia* oder später als *concordia* aller Menschen wurde gleichwohl der alte Dual beibehalten: er wurde nur umbesetzt, ohne daß darauf verzichtet wurde, unter Verwendung der gleichen Worte die ganze Menschheit weiterhin in Hellenen und Barbaren zu gliedern[24]. Die ehedem räumlich lesbare Unterscheidung wurde nunmehr rein horizontal als universales Abschichtungskriterium verwendet: ›Hellene‹ war jeder Gebildete, gleich ob Grieche oder Nichtgrieche, wenn er nur das rechte Griechisch zu sprechen verstand, der Rest war Barbar. Die neue Bildungsantithese wurde nicht mehr aus der Natur abgeleitet, insofern wurden die Gegenbegriffe denaturalisiert, ihr Inhalt jeder räumlichen Bindung entblößt. Der Wortgebrauch wurde funktional beweglich. Das Bildungskriterium war übertragbar, dem folgend auch der Ausdruck ›Hellene‹ immer neue Menschengruppen erfaßte. Die direkt politische, d. h. herrschaftsstiftende Funktion des Dualismus ging verloren, und der Dual diente seitdem eher einer indirekten Absicherung der sozialen Führungsrolle der hellenistischen Bildungsschicht, quer zu allen politischen Wirrnissen der Diadochenzeit und römischen Überlagerung.

Die griffige Antithese des gebildeten Hellenen zum rohen Barbaren konnte in einer unterschwelligen, immer wieder auftauchenden, besonders von den Kynikern gepflegten Tradition auch gegenläufig verwendet werden[25]. Der ›Barbar‹ diente dann als positive Gegenfigur zur kultivierten Bildung und ihren Folgen. Utopisch verklärte Züge rankten sich um den naturnahen, zivilisationsfern einfachen, wahren Menschen: Die Antithese wurde seitenverkehrt, mit ausgetauschten Vorzeichen weiterverwendet. Die Asymmetrie blieb also im Horizont desselben Erfahrungsraumes erhalten, nur wurde der Gegenbegriff funktional zur Kritik und Selbstkritik aufgewertet.

In diesem Sinne war die Sprachfigur, unter Austausch der Benennungen, geschichtlich ebenfalls abrufbar. Die Analogien können hier nicht untersucht werden, aber es sei an den ›edlen Heiden‹ erinnert[26], der in der Kreuzzugszeit den nicht nur christlichen Ritter ehrt, oder an der *bon sauvage*[27], mit dem Jesuiten und Aufklärer ihre einheimische Ständegesellschaft in Frage stellten. Solange es politische Handlungseinheiten gab, die von innen nach außen oder über die Grenze hinweg von außen nach innen ihr Selbstbewußtsein stilisierten,

---

[24] JÜTHNER, ib. p. 34 sq.
[25] J. BURCKHARDT, *Griechische Kulturgeschichte*, Stuttgart 1939, Bd. 1, p. 296. JÜTHNER, ib. p. 55.
[26] H. NAUMANN, *Der edle und der wilde Heide*, in *Festgabe Gustav Ehrismann*, Berlin-Leipzig 1925, p. 80-101.
[27] R. GONNARD, *La légende du bon sauvage*, Paris 1946.

lebte die asymmetrische Sprachfigur weiter und mit ihr der ständig neu besetzbare, auch positive, Begriff des Barbaren.

Selbst die Stoa, die nicht müde wurde, die aristotelische Entgegensetzung von Hellenen und Barbaren als widernatürlich zu kritisieren, und die die Einheit der Menschen in einer bürgerlichen Gemeinschaft unter einem Herrscher mit der kosmischen Ordnung parallelisierte, selbst die Stoa verzichtete nicht auf die Antithese, kraft derer sie sich ihrer eigenen Position im Unterschied zur restlichen Menschheit versicherte. So lehnte Plutarch sogar Sitte und Sprache als zufällige Unterscheidungskriterien ab, um gleichwohl die Tugend als hellenisch, die Schlechtigkeit als barbarisch zu definieren [28]. Freilich ist ein solcher zur Morallehre funktionaler Wortgebrauch nicht mehr von eigener systematisierender Kraft.

Indes tauchen in der Stoa andere, für ihre Lehre aufschlußreiche Zweierformeln auf, die wegen der künftigen Nähe zum Christentum wie auch zu den universalen Menschheitsdoktrinen erwähnt werden müssen. Unerachtet ihres rigorosen moralischen Dualismus [29], der zu asymmetrischen Begriffen führte, die dem hellenistischen Wortgebrauch vom Gebildeten = Griechen und Ungebildeten = Barbaren [30] nahekamen, etwa wenn Chrysipp die *spoudaioi* mit den *phauloi* konfrontierte [31], kennt die Stoa eine Art Zwei-Reiche-Lehre: nur daß die beiden Reiche nicht per negationem aufeinander bezogen wurden.

Die Stoiker betrachteten den vom *logos* durchwalteten Kosmos als ihre Heimat, an der alle Menschen: Freie und Sklaven, Hellenen und Orientalen so gut wie die Götter und Gestirne, teilhatten. In diese Kosmopolis eingefügt waren die politischen Einheiten, ohne daß die Stoiker je die übergreifende mit der empirischen Ordnung identifiziert hätten [32]. Die Zuordnung der irdischen Reiche zur Megalopolis, zur Kosmopolis wurde gerne mit Vorbehalt, unter Betonung der Als-ob-Gleichheit oder als *mimesis* beschrieben [33], um die Differenz zwischen Vernunft und Erfahrung zu verringern, ohne sie aufheben zu wollen. Das kosmische Gesetz, das im Innern des Stoikers herrscht und dem nachzuleben eine Aufgabe der Vernunft war, leitet — wohlverstanden — auch die äußeren Gesetze der menschlichen Gesellschaft. Selbst die faktisch aufbrechenden Unruhen, Bür-

---

[28] Plut. *mor.* 329 D — gegen Arist. *pol.* 1254 B gerichtet.
[29] M. POHLENZ, *Die Stoa*, Göttingen 1948, Bd. 1, p. 153 sq.
[30] Diod. 2, 6-8.
[31] TARN, ib. p. 135 sq.
[32] J. BIDEZ, *La cité du monde et la cité du soleil chez les Stoiciens*, Paris 1932. M. HAMMOND, *City-state and world-state in Greek and Roman political philosophy until Augustus*, Harvard 1951.
[33] Stobaios, *floril.* 4,7,61. zit. nach TARN, ib. p. 128 M. MANILII, *Astronomicon*, ed. A. E. HOUSMAN, London 1903-1930, 5 Bde., Bd. 5, p. 733 sq. Diodor Sic. 1,1,3. Epikt. *Diatribai* 2,5, 4 (zur *mimesis*).

gerkriege und ihr Elend blieben eingebunden in jene höhere Ordnung, die sich für die Dauer immer wieder einspiele. Die Spannung zwischen kosmischer Vernunft und politischen Konfliktlagen zu vermitteln, war für die Stoa eine ständige Herausforderung, unter der sie philosophierte. Im Gegensatz zur späteren Zwei-Reiche-Lehre des Augustin [34] lag ein Universalreich bruchlos in der Denkmöglichkeit — wie in der Erfahrungsperspektive — der kosmologisch denkenden Hellenen und hellenistischen Römer beschlossen. Die Reihe von der *familia* über die *urbs* zum *orbis* war von ihrem Logos her kontinuierlich aufzustufen [35].

In diesem Erfahrungsraum hatten nun die drastischen Zweierformeln der Stoa, sosehr sie auch die ganze Menschenwelt abdeckten, eine andere Funktion als der Gegensatz zwischen ›Hellene‹ und ›Barbar‹ oder ›Christ‹ und ›Heide‹. Ein Mensch konnte zugleich Bürger, ein Christ nie zugleich Heide oder ein Hellene zugleich Barbar sein.

> Duas res publicas animo complectamur, alteram magnam et vere publicam, qua dii atque homines continentur ... alteram cui nos adscripsit conditio nascendi.

Das erste Vaterland, sagt Seneca [36], sei der Kosmos, das zweite jenes, in dem man zufällig geboren sei.

> Quidam eodem tempore utrique rei publicae dant operam, majori minorique, quidam tantum minori quidam tantum majori. Huic majori rei publicae et in otio deservire possumus, immo vero nescio an in otio melius ...

Hier handelt es sich nicht um gegenseitig sich ausschließende Begriffe, sondern um Ergänzungsbegriffe verschiedener Größenordnung, die politische Aufgaben im Konkreten mit der allgemeinen philosophischen Welterfahrung vermitteln sollen. Der stilistische Dual zehrt nicht von der Negation.

Das gilt auch für Marc Aurel [37], der als Antoninus Rom zum Vaterland hatte, als Mensch den Kosmos, ohne daß er beide Ordnungen zur Deckung zu bringen versucht hätte, — etwa durch Verleihung der Bürgerrechte an alle Untertanen. Auch Epiktet weiß sich als Bürger zweier *poleis*, als Glied des Kosmos, dem Götter und Menschen angehören, und als Mitglied der politischen Gemeinde, die er als Abbild der kosmischen Polis begreift [38]. Das eine verweist metaphorisch auf das andere, auch wenn die umgreifende Polis jene Vernunftgesetze enthält,

---

[34] Den Gegensatz verkürzend E. Gilson, *Les métamorphoses de la cité de Dieu*, Louvain und Paris 1952.
[35] Cicero, off. 1, 53 sq. Vgl. J. Vogt, *Orbis Romanus, Zur Terminologie des römischen Imperialismus*, Tübingen 1929.
[36] Seneca, *ad Serenum de otio* c. 31.
[37] Marc Aurel, *Comm.* 6 44 vgl auch 3,11.
[38] Epikt. *Diatr.* 2,5,4.

nach denen zu leben wichtiger sei, als sich um die unwesentlichen Dinge der Bürgerstadt zu kümmern. Der Kaiser möge den äußeren Frieden schützen, der eigene Friede wird im Innern gefunden[39].

Diese und ähnliche, aus der späten, schon politikferneren Stoa stammenden Dualismen haben Anklänge, die auch in die Antithese von Christ und Heide hineingewirkt haben[40]. Aber keine epochale Erfahrung, keine gemeinsame Signatur der stoischen und der christlichen Sprache kann darüber hinwegtäuschen, daß es sich um verschiedene Begriffspaare handelt. Von der Stoa wurde die kosmisch vorgegebene Ordnung nicht polar zur politischen Welt gesehen, dualistisch formulierte Begriffe dienten lediglich dazu, deren Spannung einsichtig und tragbar zu machen und damit letztlich als irrelevant zu enthüllen. Sosehr das sich innerweltlich adaptierende Christentum solche Argumente aufgriff, um auch seinen Gott zu rechtfertigen, die paulinisch-augustinische Welterfassung führte zu Negationsreihen, die alles bisher von der Stoa Vermittelte in Frage zu stellen geeignet waren.

Längst zuvor war der Gegensatz ›Hellene-Barbar‹ verblaßt, er wurde relativiert, als mit dem Eintritt erst der Römer, dann der Christen ein *tertium genus*[41] in den Aktionsraum des Mittelmeers einbrach. Schon Cicero betont, daß die Unterscheidung *graeci* und *barbari* entweder rein nominell und dann nichtssagend sei, oder sie ziele auf die Sitten, dann aber seien sich auch Römer und Griechen gleich[42]. Die Triade: Römer, Hellenen und Barbaren wurde geläufig[43]. Barbaren rückten wieder hinter die Grenze des Imperiums, das mit der bekannten *oikumene* zusammenfallen mochte. Von dort aus tauchten dann die Germanen und fremden Soldaten, als *barbari* bezeichnet und stolz auf diesen Namen, wieder auf.

Die Kette läßt sich seitdem verlängern, ins Mittelalter mit seinen ›barbarischen‹ Sarazenen, Awaren, Ungarn, Slawen, Türken, und in die Neuzeit mit ihren imperialen oder imperialistischen Ideologien. Die Sprachfigur blieb erhalten, sofern der negativ besetzbare Pol des Barbaren oder der Barbarei immer zur Verfügung stand, um die jeweils eigene Stellung per negationem abzuschirmen oder expansiv auszubreiten.

---

[39] ib. 3,13.
[40] U. DUCHROW, *Christenheit und Weltverantwortung, Traditionsgeschichte und systematische Struktur der Zweireichelehre*, Stuttgart 1970, p. 59 sq. Vgl. auch die Wendung Tertullians: *Die Römer, das heißt die Nicht-Christen*, (apol. 35,9) und die Interpretation von H. VON CAMPENHAUSEN, *Lateinische Kirchenväter*, Stuttgart 1960, 21 f.
[41] Tertullian, ad. nat. 1,8 Zit. nach JÜTHNER, ib. 145,93.
[42] Cic. rep. 1,58.
[43] JÜTHNER, ib. p. 60 sq.

3. Christen und Heiden

Mit dem Eintritt der Christen in die mittelmeerische Weltgeschichte verloren die bisherigen Bezeichnungen ihre Stimmigkeit. Sosehr ihre Sekte als ›barbarisch‹ betrachtet wurde, die Christen ließen sich nicht unter dem Dual ›Hellene-Barbare‹ einordnen. Sie rekrutierten sich aus beiden Lagern. Aber der Sinn dieser überkommenen Antithese wurde nicht nur durch die neue Religion überholt, die semantische Struktur der von den Christen geprägten Gegenbegriffe war ebenfalls neu.

Im Naherwartungshorizont der apostolischen Gemeinden gab es zunächst keinen Begriff für ›Christen‹, die sich neben Römern, Hellenen oder Juden als unvergleichbar betrachteten, — die Benennung wurde von außen an sie herangetragen (Apg. 11,26) —, noch gab es zunächst den ›Heiden‹ als Sammelbegriff für die Nichtchristen. Vorerst wurden die vorhandenen Zweierformeln oder Gegenbegriffe weiterverwendet, nur anders aufeinander bezogen. Es handelt sich im Sprachgebrauch der paulinischen Mission nicht mehr um Teilungsbegriffe, sondern um Sammelbezeichnungen für ›alle Menschen‹ (1. Tim. 2,4; Röm. 5,18), an die sich die Botschaft richtet.

So gruppiert Paulus in jüdischer Sicht die Menschen in Beschnittene und Unbeschnittene, an die er sich gleicherweise wendet (Gal. 2,7). Oder er teilt in hellenischer Perspektive die Menschen in Griechen und Barbaren — von Luther als *Ungriechen* neutralisiert —, in Gebildete und Ungebildete, denen er sich allen verpflichtet weiß (Röm. 1,14). Oder er benutzt eine weitere Formel, wenn er die Menschen als Hellenen und Juden zusammenfaßt, wobei statt der Hellenen gerne von *ethnai*, den Völkern neben dem jüdischen Volk — *laos* — die Rede war. Immer werden alle Menschen insgesamt angesprochen, deren Unterschiede eingeebnet, um den Weg von den ›Judenchristen‹ zu den ›Heidenchristen‹ zu bahnen[44]. Juden und Hellenen sind verschiedene Adressaten der Mission, nicht aber unterscheiden sie sich vor der Alternative, die ihnen das Christentum bietet.

Die eigentlichen Antithesen entspringen dem wahren Glauben, etwa wenn Paulus — zunächst intern — eine ›häretische‹ Gemeinde in Gläubige und Ungläubige aufspaltet (1. Kor. 14,22) und wenn er noch einen Schritt weitergeht und die Trennung als wahres Glaubenskriterium einführt: *Nam oportet et haereses esse, ut et qui probati sunt, manifesti fiant in vobis* (1. Kor. 11,19). Von der rechten Empfangsbereitschaft für die Botschaft Christi her ließ sich jene Negationsreihe bilden, die schließlich alle Ungläubigen negativ kennzeichnet: sie sind der *asebeia*, der *adikia* verhaftet (Röm. 1,18), Hellenen und Juden gleicher-

---

[44] H. Conzelmann, Art.: ›*Heidenchristentum*‹ in *RGG* 3. Aufl. Tübingen 1959, Bd. 3, 128-141.

weise der Sünde verfallen (Röm. 3,9). In Karl Barths Worten: »Wer Menschheit sagt, der sagt unerlöste Menschheit«[45].

Nun ließ sich diese aus dem Glauben gewonnene Gegenfigur mit den überkommenen Bezeichnungen immer noch vermitteln. Aber Paulus geht weiter im Gebrauch der Gegenbegriffe, die zur Erfassung aller Menschen seine Mission begründen halfen. Er entwickelt daraus — apokalyptisch angereichert — sprachliche Paradoxe, um jenen Ausschließlichkeitsanspruch zu umschreiben, der dann später in die empirisch einlösbare Antithese von Christ und Heide eingewirkt hat.

Paulus konfrontiert bewußt Unvergleichbares, um durch die Negation der erfahrbaren Welt das unglaubwürdig Scheinende zum Ereignis werden zu lassen. In Kol. 3,11 und Gal. 3,28 werden die herkömmlichen Zweierreihen, alle Gegenbegriffe, die die Vollzahl der Menschen indizieren, überhaupt verneint: im Glauben an Christus ist man weder Hellene noch Barbar, Beschnittener oder Unbeschnittener, Barbare oder Skythe, Freier oder Knecht, noch Mann oder Frau[46]. Alle Positionen und Negationen der Menschen, der Völker, Stände, Geschlechter und Religionen werden insgesamt überholt von den in Christo Erlösten. Die paulinische Negation ist radikaler, als bisher sagbar schien. Die sprachliche Antithese von Christen und allen Menschen ist nicht mehr asymmetrisch, die Leugnung der Asymmetrie wird gleichsam mitgeliefert, um die Heilsgewißheit zu erhärten. Der Gegensatz zwischen allen Menschen einerseits und den Getauften andererseits ist auch nicht mehr quantifizierbar wie die bisherigen Bezeichnungen, vielmehr handelt es sich um eine Verdoppelung derselben Bezugsgruppe. Jeder Mensch soll Christ werden, wenn er nicht der ewigen Verdammnis anheimfallen will.

Der paulinische Dual: hie alle Menschen — dort die durch Christus Befreiten, ließ nur eine Lösung zu, wenn das Paradox nicht bestehen bleiben sollte. Die Antithese mußte zeitlich gestreckt, temporalisiert werden. Der Christ, genauer der in Christus Lebende ist der neue Mensch, der den alten abgestreift hat (Kol. 3,9. Eph. 4,24). Dann läßt sich die Totalität aller — bisherigen — Menschen mit der — potentiellen — Allgemeinheit der christlichen Menschen per negationem konfrontieren.

Charitas enim Christi urget nos aestimantes hoc, quoniam si unus pro omnibus mortuus est, ergo omnes mortui sunt ... Si qua ergo in Christo nova creatura, vetera transierunt: ecce facta sunt omnia nova (2 Kor. 5. 14 sq.).

---

[45] KARL BARTH, *Der Römerbrief*, Zürich 1954, 5. Aufl., p. 59.
[46] Vgl. die sprachlich nicht paradoxe Wendung für den gleichen Sachverhalt in 1. Kor. 12,13. Bei dem hier vorgetragenen Gedanken weiß ich mich einem Diskussionsbeitrag von Herrn Taubes verpflichtet.

Die paulinische Negation ist nicht mehr räumlich, sondern in erster Linie zeitlich aufzuschlüsseln[47]. Anders als die griechische Vergangenheitsperspektive, die den herrschenden Gegensatz von Hellene und Barbar nur historisch ableitete, strukturiert die zeitliche Spannung die paulinische Antithese selber. Alle vorfindlichen Völker, die Hellenen, *ethnai*, *gentes*, die durch die christliche Ansprache zu ›Heiden‹, *gentiles*, *pagani* werden, gehören als solche der Vergangenheit an. Durch Christi Tod gehört die Zukunft den Christen. Sie bringt die neue Welt.

Diese zeitliche Implikation unterscheidet den paulinischen Dual von allen bisher genannten. Die Gegenfiguren waren von ihrem Ansatz her nicht territorialisierbar, wie es das Begriffspaar Hellene-Barbar anfangs war. Ebensowenig war der Gegensatz komparativ lesbar, was die Antithese der gebildeten zu den ungebildeten Menschen nahelegte und wie später die Hellenen und Barbaren begriffen wurden. Noch ist der paulinische Dual auszufalten in eine umgreifende und eine konkrete, spezielle Bedeutung, was die stoische Gegenüberstellung von Mensch und Bürger leistete.

Die kommende Geschichte zeigt nun, daß eben diese vorgeprägten Erfahrungsraster sprachlicher Antithesen immer wieder durchschlagen. Auch die vom Begriff des (paulinischen) Christen her geprägten Antithesen werden davon imprägniert. Im Maß, als die Kirche sich institutionalisiert, als ihre Lehren moralisiert, ihre Instanzen hierarchisiert, die Gläubigen diszipliniert werden, im gleichen Ausmaß wird es schwieriger, das paulinische Paradox einzulösen. Es werden Ausweichpositionen bezogen, von denen her neue Negationen entwickelt werden konnten.

So konnte der Gegensatz Christ-Heide territorialisiert werden, sobald der geistige Begriff des Christen an die sichtbare Kirche zurückgebunden wurde. Das gilt für die konstantinische Reichskirchen-Theologie so gut wie für die Kreuzzugszeit. Oder das Verhältnis des Christen zur — weiterbestehenden — Welt wurde so weit spiritualisiert, daß auch das stoische Muster von Innen und Außen — etwa in den Fürstenspiegeln — wieder anwendbar wurde[48]. Man konnte Christ bleiben, ohne aufzuhören, auch Hellene oder Barbar, Franke oder Römer, König oder Bauer, Freier oder Sklave, Mann oder Frau zu sein. In der territorialen oder spirituellen Überformung des paulinischen Paradoxes lag dessen Überlebenschance.

Für diese aufkommende, immer wieder neu durchdachte und neu aufeinander zugeordnete Doppelseitigkeit ist bezeichnend die Ambivalenz des Begriffs

---

[47] R. BULTMANN, *Das Urchristentum im Rahmen der antiken Religionen*, Zürich 1949, 200 ff.
[48] H. KANTOROWICZ, *The King's two bodies, A study in mediaeval political theory*, Princeton, 1957. W. BERGES, *Der Fürstenspiegel des hohen und späten Mittelalters*, Leipzig 1938.

christianitas selber. Er meinte sowohl die Handlungseinheit der Gläubigen (›Christenheit‹) wie auch Umfang und Wesen des Glaubensinhaltes (›Christentum‹), die nicht territorial oder institutionell festzumachen waren[49].

Immer aber, und das ist für die seitherige Geschichte entscheidend geworden, blieb die zeitliche Implikation aller vom Christentum her entfalteten Begriffspaare erhalten. Im Aspekt auf die Zukunft des Jüngsten Gerichts, das die letzte Scheidung an den Tag bringen wird, liegt ein dauerhaftes Gliederungsprinzip für alle vom ›Christen‹ her entworfenen Gegenbegriffe beschlossen.

Darüber hinaus war es die ihr innenwohnende zeitliche Spannung, die die Antithese Menschenwelt-Christentum befähigte, sich dauernd zu wandeln. Die zeitliche Erstreckung ›alte Welt — neue Welt‹ machte trotz und wegen ihrer irdischen Uneinlösbarkeit die paulinische Redeweise besonders griffig, transformierbar. Sie konnte allen Lagen angepaßt werden, ohne je ihre Wirksamkeit verlieren zu müssen.

Das soll nun an einigen Sprachwendungen im Ablauf der Geschichte gezeigt werden.

Das Volk der Christen — *gens totius orbis* in Tertullians Worten — bezog sich in seiner Heilserwartung und -gewißheit auf eben dieselbe, wenn auch zu verwandelnde Welt, die von den Ungläubigen beherrscht wurde. So mußte die Bewohnerschaft dieser Erde zwangsläufig in Kategorien gegenseitiger Ausschließlichkeit gefaßt werden. Es ist nun ein Gradmesser für die sich langsam durchsetzende Sicht der Christen, daß die bisherigen Gegenbegriffe insgesamt umgepolt wurden. So wird der ›Hellene‹ als Polytheist, der er immer auch sein konnte, zum Heiden schlechthin. Der Volksname und Bildungsbegriff wird — trotz Weiterverwendung dieser Bedeutungsstreifen — schließlich, wie es bei Paulus angelegt war, theologisiert zum Gegenbegriff des ›Christen‹. ›Hellene‹ wird sinngleich mit *apistos*, *paganus*, *gentilis*; *hellenismos* heißt dann ›Heidentum‹, *hellenizein* ›heidnisch gesinnt sein‹[50]. Infolge dieser Umbesetzung des Wortes mußten sich auch die Hellenen Konstantinopels, einmal christianisiert, umbenennen: sie wurden, wogegen sie sich jahrhundertelang gewehrt hatten, zu *rhomaioi*. Nur so vermochten sie als christliche Bürger den Legitimitätstitel des römischen Reiches mit dem Heilsanspruch der allgemeinen Kirche in sich zu verbinden. Der Sieg der neuen Antithese erweist sich auch daran, daß im 4. Jahrhundert selbst ›Hellene‹ und ›Barbar‹ konvergieren konnten. Als Anhänger der Vielgötterei rückten sie inner- und außerhalb der Grenzen in dieselbe Fluchtlinie ein.

---

[49] J. RUPP, *L'idée de Chrétienté dans la pensée pontificale des origines à Innocent III*, Paris 1939. D. HAY, *Europe, The emergence of an idea*, Edinburgh 1957.
[50] JÜTHNER, ib. p. 87-121 mit zahlreichen differenzierenden Belegen.

Freilich mußte in Anbetracht der tatsächlich weiterbestehenden, nur theologisch definierten Menschengruppen ihr räumlicher Gegensatz zeitlich so eingestuft werden, daß der Sieg des Christentums auch vor seinem Eintreten gesichert bleibt. Das zeigt die weiterhin übliche Dreierreihe, mit der die gesamte Menschheit seitdem bis ins späte Mittelalter erfaßt wurde[51]: Christen-Juden-Heiden. Es handelt sich letztlich um einen Dual, der sich nur zeitlich verschieden ausfächert. Im Glauben an den Schöpfergott mit dem gemeinsamen Alten Testament rücken Juden und Christen zusammen: aber theologisch nur bis zu Christi Erscheinen. Davor waren allein die Juden den Heiden überlegen, dann wurden sie herausgefordert, und seit ihrer Verweigerung der Botschaft rücken sie in eine Linie mit den ungläubigen Heiden. Je nach geschichtlichem Ort haben die Begriffe einen anderen Stellenwert: *sub specie Dei* stehen Juden und Heiden vor derselben Alternative, sich zu bekehren oder unterzugehen.

Wie sehr gerade die eschatologische Dimension geeignet war, die hypostasierte, aber ausbleibende Friedenseinheit dieser Welt in neues Licht zu tauchen, zeigt die Polemik des Origines gegen Celsus[52]. Celsus erklärte es für wünschbar, wenn alle Völker: Hellenen und Barbaren, Europa, Asien und Libyen unter einem Gesetz vereint leben könnten. Aber er resigniert vor der politischen Unerfüllbarkeit dieser Hoffnung. Origines erklärt nun diesen, etwa von Zephania 3,7 sq. verheißenen Friedenszustand für alle der Vernunft teilhaftigen Menschen als erreichbar: aber erst nach der großen Wende des künftigen Gerichts, so vorläufig er diese Wende auch sehen mochte. Damit rückt Origines in seiner Diagnose der zerstrittenen Wirklichkeit dem Celsus sehr nahe: eine Welteinheit ist nicht möglich, aber er fügt hinzu: noch nicht. Die Prophetie führt darüber hinaus. Im kommenden Zustand werden alle friedlich geeint.

Augustin hat nun die auftauchenden Schwierigkeiten, die sich zwischen einer spirituellen, territorialen und eschatologischen Deutung des Gegensatzes von Christ und Welt auftaten, durch seine Lehre von den beiden *civitates* einer überraschenden, relativ geschlossenen und insofern dauerhaften Lösung zugeführt. Er antwortete zunächst auf eine konkrete Situation.

Die Einmaligkeit der Situation — des Einbruchs der Goten in die Hauptstadt der Welt — beschwor eine ebenso einmalige Frage an die Christen herauf, die seit einem Jahrhundert dabei waren, sich innerweltlich im römischen Imperium einzurichten. Die Sturzflut der geschichtlichen Ereignisse schien den Christen die Verantwortung an der Katastrophe zuzuschieben: mit dem Heidentum war

---

[51] S. Stein, *Die Ungläubigen in der mittelhochdeutschen Literatur von 1050 bis 1250*, Diss. Heidelberg 1932, Neudruck Darmstadt o. J., 17 f. 22. Hay, ib. passim.
[52] Origines, c. Cels. 2, 14. 8, 72. Dazu Anna Miura-Stange, *Celsus und Origines*, Giessen 1926, p. 43 ff.

Rom mächtig geworden, mit dem Christentum ging es zugrunde. So klar diese *post hoc ergo propter hoc*-Erklärung schien, so schwierig war eine entlastende Antwort zu finden. Hatte die Kirche, heidnische Mythen sich anverwandelnd und im Gefolge handfester Vorstellungen etwa des Eusebius oder Prudentius die Herrschaft Christi mit der Dauer Roms verknüpft, so war sie einer Antwort nicht nur nicht mächtig, sondern die Einnahme Roms durch die Barbaren schien den Vorwurf nur zu bestätigen — so sehr wie sich die Christen innerkirchlich in Frage gestellt sahen durch jene Endzeit-Spekulationen, die ebenfalls an das Ende Roms anknüpften, ohne daß das Jüngste Gericht hereinbrach.

Gegen beide Fronten entwickelte Augustin seine Geschichtstheologie, kraft derer er alle bisher angebotenen Lösungen überstieg. Um das Christentum vom Vorwurf zu befreien, am Untergang Roms schuld zu sein, stand er unter dem situationsbedingten Vorgebot, daß die Herrschaft Christi und eine irdische Herrschaft wie das Imperium Romanum gar nicht identisch sein darf. Und die Antwort Augustins zielte darauf zu zeigen, daß der irdische Friede und der Friede Gottes gar nicht identisch sein kann.

So entfaltete Augustin seine Lehre von den zwei *civitates*, die beides: kirchliche und weltliche Organisation umgreifen, ohne auf sie zurückführbar zu sein oder gar in ihnen aufzugehen. Das Gottesreich wirkt — sie umfassend — in diese Welt hinein, ist auch in der Kirche präsent, aber die innere Gemeinschaft der Gläubigen befindet sich immer auf Pilgerschaft, ihr Reich ist nur auf Hoffnung gebaut[53]. Das irdische Reich gründet sich dagegen auf Besitz:

Cain, quod interpretabitur possessio, terrenae conditor civitatis, ... indicat istam civitatem et initium et finem habere terrenum, ubi nihil speratur amplius, quam in hoc saeculo cerni potest[54].

Beide Reiche verhalten sich nun asymmetrisch zueinander. Sie sind keine manichäischen Gegenreiche, sondern bilden, beide noch in die hierarchischen Gesetze einer geschaffenen kosmischen Ordnung verflochten[55], ein prozessuales Geschehen, dessen sicherer aber zeitlich ungewisser Ausgang zum Sieg der *civitas Dei* führen wird. So bleibt alles irdische Geschehen relativ geordnet, ohne im letzten Gericht seine Einmaligkeit zu verlieren. Im Raum der irdischen Welt der Sünde ausgesetzt, gewinnt jedes Ereignis im Hinblick auf die letzte Entscheidung den Rang einer Vorentscheidung. Die Asymmetrie wird dabei temporalisiert. Nicht jeder Böse wird gut, aber niemand kann gut werden, der nicht zuvor böse war[55a].

---

[53] Augustinus, *De civ. Dei* 15,18. 19,17.
[54] *De civ. Dei* 15,17.
[55] *De civ. Dei* 19,13.
[55a] *De civ. Dei* 15,1.

In der konkreten Situation hieß das also: das römische Imperium wurde einerseits transzendiert auf die mystische Einheit der *civitas terrena*, es ist nur eine, wenn auch besonders großartige und glänzende Artikulation der Sünde, die in dieser Welt herrscht. Deshalb verweist der Sturz dieses Reiches auf einen unüberholbaren Sinn, nämlich auf die Rettung, die man in der *civitas Dei* finden kann und auf die zu hoffen der Gläubige gerade in der Katastrophe allen Anlaß hat.

Die eigentliche Antwort Augustins auf den Untergang des römischen Universalreiches lag nicht in dem Herunterspielen irdischen Unglücks oder in einer Ausflucht in das ewige Reich, sondern in der eschatologischen Konzeption zweier — sich auf ungleiche Weise konträrer — Reiche. Die Entterritorialisierung, die Entortung der beiden *civitates* und deren Spiritualisierung wurden also nie so weit vorangetrieben, daß nicht der historisch registrierbare Ablauf seine unumkehrbare Richtung auf das Jüngste Gericht beibehalten hätte. Die zeitliche Richtung, ihre Unumkehrbarkeit war konstitutiv, um die irdischen Geschehnisse vor die zukünftige Richtinstanz bringen zu können, ohne daß Augustin deshalb eine genuine Weltgeschichte hätte bemühen müssen, die völlig außerhalb seines Horizontes lag. Die Eschatologie Augustins erhebt sich damit zu einer Dauerantwort auf alle irdischen, geschichtlichen Situationen, die nur im Hinblick auf die letzte Scheidung zwischen den beiden Reichen einmalig bleiben.

In dieser zeitlichen Perspektive gewinnen nun auch die empirisch deutlichen Gegensätze ihren Stellenwert. Augustin entwirft eine Hierarchie der Gegenbegriffe. Böse und Böse liegen im Kampf, ebenso die Bösen und die Guten, nur die Guten, sofern sie vollendet sind, kennen keinen Streit. Die — immer noch antike — Seinsordnung von Gut und Böse wird auch zwischen den *civitates* in dieser Stufenfolge gewahrt. Auf eine sekurierte Menschheit innerhalb dieser Welt zu setzen, bleibt deshalb ein Produkt der Sünde, die sich selbst reproduziert. Alle Herrschaftseinheiten, deren Stufung Augustin aus der Stoa übernommen hat: *domus*, *urbs* und *orbis* zeichnen sich dadurch aus, daß in ihnen Mißtrauen und Verrat, auf der nächsthöheren Stufe Krieg und auf der universalen Ebene Bürgerkrieg nicht dauerhaft beendet werden können. Selbst in der höchsten Sphäre, wo der Gläubige mit den Engeln seinen Frieden zu finden hoffen darf, ist er nicht davor gefeit, den getarnten Versuchungen des Teufels ausgeliefert zu sein[56]. So zieht sich trotz der hierarchischen Stufenordnung durch den ganzen Kosmos ein Riß. Jeglicher Universalismus zerschmilzt in der Prozeßführung der beiden Reiche, in die die Menschen auf ungewisse Weise verstrickt sind. Denn sie leben in einer *civitas permixta*, deren Entflechtung in Gottes Ratschluß aufgehoben, somit hic et nunc nicht einlösbar ist. Auch der Nichtchrist

---

[56] *De civ. Dei* 19, 7-9.

ist in die göttliche Ordnung eingebunden, wie umgekehrt der Christ keine völlige Gewißheit der Errettung hat. Zwar ist die Verfolgung der Christen durch Heiden ungerecht, die Verfolgung der Heiden durch Christen dagegen gerecht[57]. Aber Gottes Richtsprüche bleiben letztlich unbekannt: sie sind im geheimen gerecht und gerechterweise geheim[58]. Vordergründig sind alle Leiden auf der Erde für alle Menschen dieselben: aber die Leidenden sind verschieden[59]. Insofern konnte Augustin auch sagen, daß wer nicht der *civitas Dei* angehöre, *e contrario* der ewigen Verdammnis anheimfalle. Aber dieser Gegensatz blieb bis zum letzten Tag verhüllt.

Damit hatte Augustin ein elastisches Argumentationspotential, alles Elend zugleich verurteilen und als vor Gott gerechtfertigt erklären zu können. Die Asymmetrie der Gegensätze erlaubte, je nach Lage, den Erfolg der Bösen oder das Leid der Guten, wie selbstredend den Lohn für Gute und die Strafe für Böse als gerecht erscheinen zu lassen[60]. Möglich war dies nur, weil Zeit und Richtspruch des letzten Tages unbekannt blieben, der die wirklich Erwählten von den Verstoßenen trennt. Die Zwei-Reiche-Lehre war also formal genug, um jeder konkreten Erfahrung vordergründig eine dualistische Deutung angedeihen lassen zu können: ohne auf die Gespanntheit in die Zukunft des Heils zu verzichten, die die wahre Scheidung an den Tag bringt.

In die Sprache der Politik überführt, ließen sich nun die augustinischen Argumente vielseitig nutzen[61]. Seine Zwei-Reiche-Lehre wurde im Zuge der Verkirchlichung Europas umgedeutet und angewendet auf die geistliche und weltliche Gewalt im Innern, sowie — nach außen — auf den Gegensatz zwischen Christen und Heiden in einem räumlich greifbaren Sinn. Immer freilich blieb die Asymmetrie der Gegenbegriffe temporal strukturiert: der Weg im Kampf beider Größen war nicht umkehrbar[62]. »Das Christentum ist nicht zum Glauben an das Judentum gelangt, sondern das Judentum zum Glauben an das Christentum«, wie es schon Ignatius von Antiochien, der Präger des Ausdrucks *christianismos*, formuliert hatte[63]. Auch das Verhältnis der Christen zu den Heiden war zeitlich irreversibel.

---

[57] Augustinus, *epist.* 185, 11. Dazu U. Duchrow, ib. (Anm. 40), p. 297 ff.
[58] *De civ. Dei* 20,19.
[59] *De civ. Dei* 1,8.
[60] *De civ. Dei* 1,8 ff.
[61] J. N. Figgis, *The political aspects of St. Augustine's City of God*, London 1921.
[62] Dawson, ›*St. Augustine and his age*‹ in *A Monument to St. Augustine*, London 1930, 70 ff.
[63] R. Schäfer, Art. ›*Wesen des Christentums*‹ in *Hist. Wb. Philos.* 1, 1008 ff. Die gleiche Prämisse der Unumkehrbarkeit des geschichtlichen Verlaufs teilt noch B. Bauer, wenn er den Juden bestreitet, sich als Juden emanzipieren zu können. Siehe *Die Judenfrage* in *Deutsche Jahrbücher für Wissenschaft und Kunst*, 1842, p. 1093 sq.

Et praedicabitur hoc Evangelium regni in universo orbe, in testimonium omnibus gentibus: et tunc veniet consummatio (Matth. 24,14).

Wie Guibert von Nogent nach 1100 den Kreuzzug motiverte: *Ubi nunc paganismus est, christianitas fiat*[64], wobei der räumliche Ausgriff zeitlich als unumkehrbar gedacht war. Nun war es gerade die Ambivalenz des zugleich räumlich und spirituell erfahrenen Christenheitsbegriffes, der ihm in den Ablauf der Zeit eingespannt seine Brisanz verlieh. So referiert William von Malmesbury den Aufruf Urbans II. zum Kreuzzug gegen die *inimicos Dei*. Dabei verwandelte er eine stoische Doppelformel in christlichem Sinne, als er die Kreuzfahrer anspornte, keinen Heiden zu schonen:

Nullum natalis soli caritas tricet, quia diversis respectibus Christiano totus est mundus exilium et totus mundus patria; ita exilium patria, et patria exilium[65].

Man solle nicht am Leben hängen, es vielmehr einsetzen, Jerusalem zu befreien. Von der aktuellen Spitze abgesehen, zeigt das Begriffspaar, das Jenseits und Diesseits aufeinander bezieht, wie die ganze Welt beansprucht wird, im Maß als man sich als Christ — im Exil — über sie zu erheben weiß. Die Gegenbegriffe werden alternativ so verschränkt, daß für die Heiden kein legitimer Platz mehr übrigbleibt. Entgegen der stoischen Pointe, alle äußerlichen Bindungen zu lösen, um innerlich frei in der ganzen Welt zu Hause zu sein, gewinnt hier die universale Doppelformel einen aktivistischen, expansiven und in die Zukunft gespannten Sinn der Ausschließlichkeit.

Jeder war potentiell Christ — als Adressat der Mission —, aber einmal Christ geworden, konnte er nicht mehr zum Heidentum zurückkehren: er wurde Häretiker, Ketzer. Deshalb auch mußte — nach Thomas von Aquin — gegen Ketzer schärfer vorgegangen werden als gegen Juden und Heiden, die sich noch im Vorraum des Weges zu Gott befanden[66]. Temporal gesprochen, war der Heide Noch-nicht-Christ, der Häretiker Nicht-mehr-Christ: als solche hatten sie verschiedene Qualitäten. So war im eschatologischen Horizont ein prozessuales Moment in der Zuordnung der Gegenbegriffe enthalten, das eine größere Dynamik entfesseln konnte, als sie in den antiken Gegenbegriffen angelegt war. Als Extremfall dieser Prozessualisierung kann die spanische Inquisition betrachtet werden, die es den Juden selbst als *conversos* nicht mehr erlaubte, weiterzuleben. Freilich kam hier bereits wieder ein physisch-rassisches Argument in das Ketzergericht, das den Umkreis der bisherigen, die Geschichte transzendierenden Eschatologie verläßt[67].

---

[64] *PL* 151, col. 578, zit. nach HAY, ib. 30.
[65] William of Malmesbury, ed. W. STUBBS, R. S. II, 394 f. zit. nach HAY, ib. 32.
[66] Thomas von Aquin, *Summ. Theol.* II, sect. 2 qu. 10 Art. 8.
[67] HENRY KAMEN, *Die spanische Inquisition*, dtv 1969, 41. Die Bulle *Humani generis inimicus*

Unbeschadet seines temporalen Deutungsmusters, das dem Gegensatz von Christ und Heide seine Kraft und Richtung verlieh, unterlagen die Begriffe gleichzeitig einer zunehmenden Territorialisierung — mit der scheinbar überraschenden Folge, daß der Begriff des Heiden aufgewertet werden konnte. Zu Beginn der Kreuzzugszeit, im 11. Jahrhundert, tauchte im Rolandslied noch die Formel einseitig bestimmter Ausschließlichkeit auf: *Paien unt tort e chretiens unt dreit* [68]. Die Heiden sind im Unrecht, die Christen im Recht. Dieser vereinfachte, jedenfalls noch eschatologisch lesbare Gegensatz war zugleich räumlich radizierbar. Erst durch den Druck der Araber, dann seit den Gegenschlägen, die die abendländischen Christen in den Kreuzzügen versuchten, festigte sich die territoriale Verankerung des Christenbegriffs. So konnte Gregor VII. konkret von den *fines christianitatis*, Innozenz III. von den *terrae christianorum* sprechen [69], was nach Augustin deren Zuordnung zum Reiche Kains, das auf *possessio* aus war, bedeutet hätte.

Im gleichen Maß schlagen nun vorchristliche, antike Sprachmuster durch, die den Gegensatz regional qualifizierten, wie seinerzeit Aristoteles den Unterschied zwischen Hellenen und Barbaren. Die Bewohnerschaft Europas wird als edel und tapfer beschrieben, die, in einem milden Klima wohnend, dazu berufen sei — nach der Verteilung der Erde an die Kinder Noahs —, den Söhnen Hams in Afrika und Sems in Asien überlegen zu sein [70]. Auch die Barbaren tauchen wieder auf, die als Nichtchristen außerhalb der *christianitas* hausen.

Die Gegner werden zwar in der theologischen Streitschriftenliteratur durch eine lange Serie negativer Urteile diskriminiert: sie sind *infideles, impii, increduli, perfidi, inimici Dei*, angereichert durch magische Teufelsbestimmungen, auch von schwarzer Farbe zu sein, so daß diese Heiden als Hunde zu töten Gott wohl tun heiße [71]. Mit wachsender, jedenfalls sich ändernder Erfahrung verschiebt sich aber der Stellenwert dieser Heiden. Zunächst werden sie nicht nur mit theologischen, sondern auch mit den antiken Barbaren-topoi bedacht: sie sind, so in der frühen Ritterepik, feige, verräterisch, häßlich und dergleichen. Aber schon die konkrete Feindansprache bedient sich weniger des theologischen Allgemeinbegriffs des Heiden schlechthin: es stehen sich Franken und Sarazenen gegenüber, man kämpft gegen Perser und Türken, vor allem aber mit Personen, mit Helden, wozu die führenden Feinde schließlich werden.

---

des Papstes Nicolaus V. vom 24. 9. 1449 wendet sich — vergeblich — gegen die Aufspaltung der katholischen Kirchenglieder nach rassischen Kriterien.

[68] Vers 1015, dank frdl. Hinweis von Herrn H. U. Gumbrecht.
[69] HAY, ib. 29,35 und RUPP, ib. 99 ff.
[70] HAY, ib. 14,41 ff.
[71] STEIN (Anm. 51) ib. 24,39 M. VILLEY, *La Croisade, Essai sur la formation d'une théorie juridique*, Paris 1942. A. NOYER-WEIDNER, *Farbrealität und Farbsymbolik in der ›Heidengeographie‹ des Rolandsliedes*, in Rom. Forsch. (1969) 22-59.

War anfangs der Gegner schlecht, weil er Heide ist, so konnte er später gut sein, obwohl er Heide ist, um zu guter Letzt edel zu sein, weil er Heide ist[72]. Sei es, daß seinen Ruhm steigert, wer mit einem ebenbürtigen Feind kämpft; sei es, daß sich tatsächlich eine gewisse Gemeinsamkeit der Ehre über die Fronten hinweg abzeichnete; sei es die Nötigung zu Verträgen mit den überlegenen Mohammedanern — jedenfalls wuchs mit der Kreuzzugszeit die Anerkennung. Sie zeigte sich in zwischenkonfessionellen Heiraten oder zwischenkonfessionellen Lehensvergaben, die zu den aufregenden Themen höfischer Epik gehörten. Hatte Gott im Rolandslied die Leichen der Feinde noch getrennt, so begruben bei Wolfram die Feinde ihre Toten gemeinsam[73]. Schließlich wurde das Lob der edlen Heiden Mode.

Nicht nur durch ihre Territorialisierung, auch durch ihre Spiritualisierung gewannen die vom ›Christen‹ her konzipierten Gegenbegriffe andere Valenzen. Das sei im Vergleich mit dem stoischen Begriffspaar von ›Mensch und Bürger‹ verdeutlicht. Der paradoxe Ausschließlichkeitsanspruch, der anfangs zwischen dem christlichen und dem weltlichen Bereich waltete, ging grundsätzlich nicht verloren. Er war jederzeit aktualisierbar.

So war es augustinischer Sprachgebrauch, das Nebeneinander von ›geistlich‹ und ›weltlich‹ zu verwenden, um einen christlichen Maßstab an ständische Aufgaben und Pflichten heranzutragen. Man konnte dann die weltlichen Tätigkeiten eines Bauern, Bürgers, Ritters, Geistlichen oder Fürsten mit ihrem christlichen Auftrag konfrontieren. Schon Ambrosius belehrte 384 Valentinian, nicht nur als Privatperson gehöre der Herrscher zur Kirche, sondern kraft Amtes sei er Soldat Gottes, *advocatus ecclesiae*, wie es später hieß. Seine Politik müsse er nach den göttlichen, durch die Kirche zu vermittelnden, Weisungen ausrichten[74]. Insoweit handelt es sich um eine ähnlich asymmetrische Verwendung des Begriffspaares von Christ und Herrscher, wie die Zwei-Personen-Lehre von Mensch und Bürger in der Stoa gehandhabt werden konnte: die auf denselben Menschen bezogenen Begriffe verschränken sich so weit, daß ein äußerer Befund vom inneren Urteil her (der Philosophen oder der Kleriker) bestimmt wurde.

Gregor VII. ging nun in seiner Bestimmung weltlicher Gegner weiter, wenn er den Ausschließlichkeitsanspruch, der dem Begriffspaar vom christlichen oder weltlichen Menschen stillschweigend innewohnt, polemisch entfachte. Gregor benutzte 1081 gegen Heinrich IV. gerichtet die Zwei-Personen-Lehre nicht nur zur beiderseitigen Erläuterung, sondern antithetisch. Mehr noch: er trieb die Anti-

---

[72] H. Naumann, (Anm. 26) ib. p. 80.
[73] Stein, ib. 15.
[74] Ambrosius, *Epist.* 17, Migne PL. Bd. 16, Paris 1880, p. 1002 sq. Dazu H. Lietzmann, *Geschichte der Alten Kirche*, Bd. 4, Berlin 1950, 2. Aufl., p. 68. Augustin, *De civ. Dei* 5,24.

these weiter bis zur Aufhebung der Gegenposition. Es sei in der Tat angebrachter, meinte er[75], von guten Christen als Königen zu sprechen, statt schlechte Herrscher so zu nennen. Erstere, also die königlichen Christen, beherrschen sich selbst, indem sie Gottes Ruhm suchen. Letztere seien dagegen, auf der Jagd nach eigener Lust, Feinde ihrer selbst und Tyrannen den anderen. Erstere gehören Christus an, letztere dem Teufel. *Hi veri regis Christi, illi vero diaboli corpus sunt.*

Statt äußere Funktionen — des Herrschers — einem christlichen Urteil zu unterwerfen, um so den König als christlich zu qualifizieren oder zu disqualifizieren, vindiziert Gregor den Königstitel dem wahren Christen, um seinem Gegner die weltliche Funktion streitig machen zu können. Nun mag diese Usurpation des Gegenbegriffs seiner situativen, politischen Rhetorik zugeschrieben werden: möglich war sie nur, weil die Christen die ganze Welt sich anzuverwandeln, sie zu erneuern berufen waren. Der einmal institutionalisierte Gegensatz von geistlicher und weltlicher Gewalt wird hier in der dualen Sprachfigur so weit verzerrt, daß dem Weltlichen kein Eigenbereich mehr zukommen dürfte. Damit war, wenn auch noch festgebunden an eine definierbare Bedeutung des ›Christen‹, der künftige Gegensatz von Mensch und König vorweggenommen, der die Aufklärungspolemik gegen die Monarchie überhaupt kennzeichnen wird.

Als letztes Beispiel für den christlichen Sprachgebrauch eines Duals, der die Gegenposition nicht nur negiert, sondern ausschließt und aufzuheben sucht, seien die Puritaner genannt. Richard Hooker untersuchte die aufspaltenden Sprachtechniken, mit denen sich die Puritaner in Position zu setzen trachteten.

This hath bred high terms of separation between such and the rest of the world; whereby the one sort are named The brethren, The godly, and so forth; the other, wordlings, time-servers, pleasers of men not of God, with such like ... But be they women or be they men, if once they have tasted of that cup, let any man of contrary opinion open his mouth to persuade them, they close up their ears, his reasons they weigh not, all is answered with rehearsal of the words of John, »›We are of God; he that knoweth God heareth us:‹ as for the rest, ye are of the world ...«[76].

Aus einer biblischen Textexegese wird bei Hooker eine Verhaltensanalyse derer, die sich des biblischen Textes bedienen, um daraus eine über- oder außerweltliche Gerechtigkeit abzuleiten, die sie auf dieser Welt zu handeln besonders verpflichtete und befähigte.

Das von Hooker bereits ideologiekritisch aufgeschlüsselte Sprachmuster lebt

---

[75] Gregor VII., *Reg.* VIII, 21. *Biblioth. Rer. Germ.* ed. P. JAFFE, Berlin 1865, Bd. 2, p. 460. Dazu FIGGIS, *The political aspects of St. Augustine's City of God*, p. 89.
[76] 1. Joh. 4,6 Richard Hooker, *Of the Laws of Ecclesiastical Polity*, ed. CHR. MORRIS, London 1954, Bd. 1, p. 104 sq.

— mit veränderter Besetzung der Antithesen — bis heute ungebrochen fort. Es zeugt von einem christlich imprägnierten Erfahrungsraster, das diese Welt zugleich negiert und beansprucht. So entstanden Dualismen, deren Paradoxien sich *sub specie futuri* auflösen sollten. Wie im einzelnen, das änderte sich früher nach Machtlage der Kirche, je nach Einfluß der Sekten, Orden oder Häresien, von denen neue Anstöße ausgingen. Immer aber gewannen, und das gilt weiter, die Antithesen ihre überwältigende Kraft durch einen Vorgriff in die Zukunft, der durch keine gegenteilige Erfahrung widerlegbar, deshalb stets wiederholbar war. Was heute per negationem ausgeschlossen wird, wird für die Zukunft als überholt betrachtet. Ein derart verzeitlichter Dualismus sortiert mögliche Erfahrungen und erschließt einen stets elastischen Erwartungshorizont. Von ihm kommen Impulse in die geschichtliche Bewegung, wie sie von den antiken Gegenbegriffen nicht ausgegangen waren. Ohne daß eine Säkularisierungsthese ins Spiel gebracht werden müßte: es handelt sich bei den temporal zugeordneten Gegenbegriffen um eine sprachlich einmal artikulierte Erfahrungsform, die ihren Anlaß und Ausgangspunkt weit überdauert hat.

4. *Mensch und Unmensch, Übermensch und Untermensch*

Im folgenden kann nicht die Geschichte des Menschheitsbegriffs und seiner Äquivalente verfolgt werden. Es sollen nur einige dualistische Sprachfiguren aufgewiesen werden, die sich aus der Setzung bzw. aus der Erfahrung der Menschheit als einer politisch intendierten Einheit ergeben haben. ›Mensch und Unmensch‹, ›Übermensch und Untermensch‹ sind solche Begriffspaare, die mit ihrem sprachlichen Argumentationspotential neue politische Möglichkeiten erschlossen und artikuliert haben. Die Asymmetrie dieser — zutiefst polemischen — Gegenbegriffe hat eine andere semantische Struktur als die bisher geschilderten, auch wenn Elemente der Begriffsfigur ›Hellene und Barbar‹ oder ›Christ und Heide‹ in ihr aufgingen oder auf sie eingewirkt haben.

Die dualen Teilungskriterien zwischen Griechen und Barbaren, zwischen Christen und Heiden bezogen sich — stillschweigend oder offen — immer schon auf die Gesamtheit aller Menschen. Insofern war die Menschheit, das *genus humanum*, eine Voraussetzung für alle Dualismen, die die Menschheit physisch, räumlich, geistig, theologisch oder temporal gegliedert hatten. Es wird sich nun zeigen, daß die ›Menschheit‹, bisher eine immanente Bedingung aller Dualismen, eine andere Qualität gewinnt, sobald sie selber als politische Bezugsgröße in die Argumentation eingeht. Die semantische Funktion der Teilungsbegriffe ändert sich, sobald ein Totalbegriff — denn um einen solchen handelt es sich bei der ›Menschheit‹ — in die politische Sprache eingebracht wird und seinem totalen Anspruch zum Trotz polare Zuordnungen gleichsam aus sich hervortreibt.

Dort, wo das *genus humanum* am ehesten als eine politische Größe angesprochen wurde, im Umkreis der Stoa, taucht auch schon das Adjektiv *inhumanum* auf, um die Grenze zu bestimmen, bis wohin ein Mensch Glied der universalen Menschengesellschaft sei und ab wann nicht mehr. Cicero hat alle Übergänge von der Familie bis zur universalen Gesellschaft so weit abgeschliffen und unter die eine *lex naturae* gestellt, daß ihm jeder Unterschied zwischen einer Binnenmoral und einer Außenmoral entfiel. *Qui autem civium rationem dicunt habendam, externorum negant, ii dirimunt communem humani generis societatem.* Auftauchende Spannungen zwischen Ansprüchen verschiedener Handlungseinheiten seien leicht lösbar. Schon wer seinen Eigennutz über den anderer stelle, handle inhuman, gegen das Naturgesetz. Wer freilich sein Handeln in die Waagschale des Gemeinnutzes wirft, der darf auch töten: nämlich den Tyrannen, mit dem es keine Gemeinschaft gibt.

... hoc omne genus pestiferum atque impium ex hominum communitate exterminandum est ... sic ista in figura hominis feritas et immanitas beluae a communi tamquam humanitate corporis seganda est.

Ein Tyrann, Tier in Menschengestalt, ist nicht nur Feind des Gemeinwesens, sondern des Menschengeschlechts [77].

Dieses Beispiel zeugt bereits von einer Eigentümlichkeit, die zutage tritt, sobald unter Berufung auf die ›Menschheit‹ oder den ›Menschen‹ andere Menschen ausgeschlossen werden sollen. Sie fallen aus der universalen Bezugsgruppe, der sie als Menschen angehören, heraus — ohne aufhören zu können, ›Menschen‹ zu sein. *Auch der Bösewicht ist noch Mensch*, wie Lessing gegen anmaßende Zeitgenossen feststellte [78]. Oder ähnlich Kant: *Alle Laster ... sind inhuman, objektiv betrachtet, aber doch menschlich* [79]. Als Realbestimmung aller gegenwärtig lebenden Menschen — oder gar die Toten und die kommenden Geschlechter mit umgreifend — ist der Begriff der Menschheit zunächst neutral und politisch blind. Quantitativ gesehen, besagt ›Menschheit‹ nichts anderes als ›alle Menschen‹, worin per definitionem kein inneres Unterscheidungskriterium enthalten ist.

---

[77] Cicero, *De off.* 1.3, c. 29—32.
[78] Lessing, zit. nach W. STAMMLER, *Kleine Schriften zur Sprachgeschichte*, Berlin 1954, p. 82, dort weitere Belege. Vgl. auch Lessing, *Minna von Barnhelm: Nein, es gibt keine völlige Unmenschen! Just, wir bleiben zusammen!* (1. Akt, Sz. 8).
[79] Kant, *Met. d. Sitten*, Teil 2, Tugendlehre, § 36, Anm. Die stoisch-christliche Zwei-Personen-Lehre findet — hinsichtlich der dualen Sprachformeln — ihre Fortsetzung in Kants philosophischer Anthropologie, wo der Menschenbegriff verdoppelt wird: es gibt den empirischen Menschen, der einer ihm innewohnenden idealen Menschheit unterworfen ist, der nachzueifern Postulat geschichtsphilosophischer Erfüllung ist.

Sowie freilich die ›Menschheit‹ als politische Bezugsgröße sprachlich eingebracht wird, bedarf es einer zusätzlichen Qualifikation, z. B. des Menschen als Bürgers, die aus der Wortverwendung des ›Menschen‹ selber noch nicht ableitbar ist. Wer Christ oder Heide, wer Hellene oder Barbar war, das ließ sich jeweils aus dem positiv gesetzten Begriff folgern, und selbst die negativen Gegenbegriffe hatten ihren nachvollziehbaren immanenten Sinn. Wer sich auf die Menschheit beruft, der steht sprachlich unter einem Besetzungszwang, denn auf die Menschheit kann sich berufen, wer will. Es muß also bestimmt werden, wer und was die Menschheit sei, um den Begriff politisch qualifizieren zu können. Wer das nicht tut, rückt unter Ideologieverdacht. Der Wortgebrauch gerät infolge der seinem Universalanspruch entspringenden ambivalenten Möglichkeiten schnell ins Ungewisse: er kann auf alle Menschen zielen, so daß niemand ausschließbar ist — oder er gewinnt eine bestimmte Qualität — etwa der *humanitas* —, so daß Ausgrenzungen möglich werden, die im Wort selber noch nicht enthalten sind.

Die Ambivalenz des Christentum-Begriffes, zugleich qualitativ und quantitativ lesbar zu sein, verschärft sich also in der Verwendung des Menschheitsbegriffs. Dabei können numerische und inhaltliche Bestimmungen konvergieren, etwa wenn Bentham das größtmögliche Glück der größtmöglichen Zahl fordert, — wodurch per definitionem schon eine bestimmbare Minderheit aus der menschlichen Zielbestimmung ausfällt.

Bevor die dem Menschheitsbegriff zuzuordnenden oder aus ihm selber abgeleiteten Dualismen analysiert werden, seien drei weltgeschichtlich langfristige Faktoren genannt, die den Begriff der einen Menschheit in eine zentrale Position aufrücken ließen. Auch die Wiederaufnahme der stoischen Lehren von der *societas humana* in der frühen Neuzeit steht in diesem Wirkungszusammenhang, der die ›Menschheit‹ als einen politischen Begriff aktualisierte.

Erstens schien mit der Entdeckung Amerikas und das heißt mit der Entdeckung der Globalität dieser Erde die christliche Botschaft endgültig *usque ad terminos terrae* zu gelangen[80]. Raumnahme und zeitliche Erfüllung konnten nunmehr konvergieren, so wie Kolumbus durch seine Überfahrt das verheißene Weltende zu beschleunigen glaubte. Indes lautete die überraschende Herausforderung anders, nämlich die Menge fremder, im Schöpfungsbericht nicht vorgesehener Völker in die Erfahrung zu integrieren. Es war die wachsende Erkenntnis ihrer planetarischen Endlichkeit, die in den folgenden Jahrhunderten die Menschheit als Bezugsgröße, ja zunehmend als vermeintliches Handlungssubjekt ihrer Geschichte in den Blick rückte. In den Worten Kants ist es die *Kugelform* der Erde, auf der sich die Menschen *nicht ins Unendliche zerstreuen* kön-

---

[80] Augustin, *Enarr. in Psalmos*, 68, 6.

nen, sondern sich endlich doch nebeneinander dulden müssen. So entstand ein intersubjektiver und geschlossener Aktionsraum, der zu eng ist, als daß nicht *die Rechtsverletzung an einem Platz der Erde an allen gefühlt wird*[81]. Wie auch immer die ›Menschheit‹ gedeutet wurde, als empirisches Substrat war sie seitdem sprachlich einlösbar.

Parallel zu diesem Vorgang wurde es — zweitens — immer schwieriger, die Gesamtheit der Menschen in Christen und Heiden zu gliedern: denn der Begriff des Christen wurde selber strittig. Die Landnahme in Übersee, die die ›Menschheit‹ empirisch einholte, vollzog sich als Kampf zwischen christlichen Seefahrern. Man war Katholik, Calvinist, Lutheraner oder anderes, ohne daß Häresieverdikt, Bürgerkrieg und Krieg eine neue Einheit der Christen zu schaffen imstande gewesen wären. Im gleichen Maß rückte der Begriff der Menschheit auf zu einem negativen Gegenbegriff, der die unter sich zerstrittenen Christen mit einem Minimum an Definition umfaßte. Kraft seiner naturrechtlichen Verallgemeinerung zielte er ebenso auf die überseeischen Völker.

Schließlich rückte — drittens — der Schöpfergott, der bisher theologisch eine Art Gegenfigur zur sündhaften Menschheit war, langsam aus dem Argumentationsfeld der politischen Theorie heraus. Seitdem konnten die ›Erdengötter‹ zum präsumtiven Handlungssubjekt einer Geschichte werden, die nicht mehr die Geschichte Gottes mit seiner Menschheit, sondern die Geschichte der ›Menschheit selber‹ war. Bezeichnend für diesen schleichenden Bedeutungswandel der Menschheit ist das Zurücktreten der ehedem theologischen Bedeutung des Begriffs. Bis zur Aufklärung hatte der Ausdruck in erster Linie eine religiöse Qualität — so im deutschen Sprachgebrauch[82] —, die die Menschheit Christi meinte, des Gottessohnes, dessen Menschgewordensein Unterpfand der Erlösung war. Das Verblassen dieser Bedeutung zugunsten der quantitativen und zugunsten einer neuhumanistisch oder revolutionär aufgeladenen qualitativen Bedeutung indiziert den Anspruch auf Autonomie, der seit dem 18. Jahrhundert dem Begriff der Menschheit innewohnt. Adressat und Subjekt ihrer selbst, wird ›Menschheit‹ zu einem politischen Begriff, dessen neue Gegenfiguren nunmehr gezeigt werden sollen.

Im Zeitalter der Aufklärung hatte die Berufung auf den Menschen oder die Menschheit eine kritische, mehr noch: eine die Gegenpositionen negierende Funktion. Sie zielte in drei Richtungen, gegen die verschiedenen Kirchen und Religionen, gegen ständische Rechtsabstufungen und gegen die persönliche Herrschaft der Fürsten. In diesem sozialen und politischen Kontext veränderte sich der Stellenwert des Ausdrucks ›Mensch‹ oder ›Menschheit‹. Was wörtlich genom-

---

[81] Kant, *Zum Ewigen Frieden*, 3. Def. Art.
[82] Grimm, *Dt. Wb.* Bd. 6, Leipzig 1885, Sp. 2077 sq.

men nur ein Oberbegriff zur Erfassung aller Menschen sein möchte — die Menschheit —, wurde im politischen Sprachgebrauch zu einem negierenden Gegenbegriff. In der Negation lag der Legitimationstitel enthalten, der die herrschenden Institutionen, Religionen oder Personen grundsätzlich in Frage zu stellen geeignet war. Dabei konnte sich, wer die ›Menschheit‹ bemühte, den Anspruch auf die größtmögliche Allgemeinheit erborgen, der im Begriff der Menschheit eo ipso enthalten war. Wer den Menschen mit dem König konfrontierte, oder die Religionen mit der Menschheit, bediente sich zweier heterogener Größen, um das eine gegen das andere auszuspielen, ohne daß die Begriffe zunächst auf dieselbe Ebene beziehbar gewesen wären. Darin lag die Wirksamkeit, aber auch die Ideologiehaftigkeit der aufklärerischen Negationstechniken beschlossen. In der Berufung auf den Menschen lag ein Anspruch, dem sich niemand entziehen konnte: denn wer wollte leugnen, auch ein Mensch zu sein. Gerade die zunächst unpolitische Bedeutung des Wortes ›Menschheit‹ erleichterte den Anspruch auf jene größtmögliche Universalität, die als Rechtfertigung politischer Kritik und politischer Aktion nicht mehr überboten werden konnte. Die numerische Summe aller Menschen — die Menschheit — schlug ohne Wechsel des Wortes um in eine politische Selbstlegitimation, die als solche nicht benannt werden mußte. Insofern liefert die politische Verwendung des Ausdrucks ›Mensch‹ oder ›Menschheit‹, solange er nicht durch verfassungsrechtliche Kriterien qualifiziert wird, einen ideologischen Überschuß, der in den konkreteren Begriffen wie Grieche und Barbare oder Christ und Heide nicht enthalten war.

So schreibt die moralische Wochenschrift ›Der Mensch‹ 1755 noch christlich verbrämt:

Alle Menschen bleiben Menschen, sie mögen glauben oder denken, was sie wollen ... ich betrachte im Juden, Türken und Heiden den Menschen: er ist mein Nächster ... ich will ihn lieben und durch meine Liebe beschämen[83].

Herder formuliert 1769 schon Negationsreihen von umfassendem Anspruch:

Welch ein großes Thema, zu zeigen, daß man, um zu sein, was man sein soll, weder Jude, noch Araber, noch Grieche, noch Wilder, noch Märtyrer, noch Wallfahrer sein müsse[84].

Oder wie Kotzebue 1787 auf der Bühne ausrufen läßt:

Der Christ vergaß den Türken, der Türke vergaß den Christen, und beide liebten den Menschen[85].

Vordergründig drängt sich bei solchen Gegenbegriffen die Analogie zum pau-

---

[83] Bd. 9, 356, zit. nach STAMMLER, ib.
[84] Werke, ed. SUPHAN, Bd. 4, 365, zit. nach STAMMLER, ib.
[85] Kotzebue, Theater, Leipzig 1840, Bd. 1, p. 31.

linischen Paradox auf, das die Gesamtheit aller Menschen in ihren Unterschieden negiert zugunsten der in Christus Erlösten. Aber die Analogie, die wirkungshistorisch sinnvoll sein mag, sofern hier eine Transformation des christlichen Allgemeinheitsanspruches vorliegt, ist von der Sprachfigur her nicht zwingend: Der Oberbegriff ›Menschheit‹ wird nämlich zum Gegenbegriff der ihm eigentlich innewohnenden Sonderbegriffe, was bei der Gegenüberstellung von Christ und Heide nicht der Fall war. Die Polarisierung lebt jetzt von rhetorischer Polemik. Die unlogische Asymmetrie zwischen Mensch und speziellen Religionsmitgliedern wird provokativ hergestellt, sie ist auch nicht mehr theologisch ableitbar wie das Begriffspaar von Christ und Heide. Wenn nicht die polemische, negierende Pointe mitgehört wird, wird ein Anspruch wie der des Freimaurers Blumauer zur blassen Tautologie: *daß die höchste Würde eines Menschen sei — ein Mensch zu sein* [86]. In der Negation der bisher vorherrschenden Religionen lag als Negation selber die sinnstiftende Bedeutung des Menschen. Erst durch die Qualifikation des Menschen als eines vernünftigen oder tugendhaften Wesens mochte — wie unzulänglich auch immer — eine Position bestimmt werden.

Das gilt auch für die stände- und sozialkritischen Wendungen der Aufklärer, etwa wenn Salzmann die *Fabriken* kritisiert (1787), wo die Menschen gezwungen werden, *als Nichtmenschen, als Maschinen zu handeln* [87]. Hier wird der Begriff des Menschen selber negiert, um die Schuld an einer ökonomischen Institution festzumachen, die den Menschen daran hindert — wenigstens ›Mensch‹ sein zu können. So spricht Moritz 1786 von der *durch die bürgerlichen Verhältnisse unterdrückten Menschheit*, weil die Standesunterschiede zur Ungleichheit zwischen *Arbeitenden* und *Bezahlenden* führen [88]. Die ›Menschheit‹ ist auf der Seite der Unterdrückten, nicht auf seiten der Unterdrücker. Immer ist es die Negationskraft des allgemeinen Menschheitsbegriffes, in der die kritische Funktion zur Sprache kommt.

Das zeigt sich ebenso im engeren politischen Bereich. *Der Fürst sei Mensch, der Sklave frei, dann eilt die goldne Zeit herbei*, lautet ein Studentenvers [89], der zwei auf verschiedene Weise konträre Begriffe zusammenbindet. So wie Freiheit per definitionem das Gegenteil der Sklaverei ist, — rückt der Fürst suggestiv in die Gegenposition zum Menschen. Rousseau war deutlicher, wenn er den König mit dem Menschen konfrontierte: verzichtet ein König auf die Krone, so rückt er auf in den Stand eines Menschen: *il monte à l'état d'homme* [90]. Die von

---

[86] Alois Blumauer, *Gedichte*, 1782, Bd. 1, p. 228.
[87] Salzmann, *Carl von Carlsberg*, V, 316.
[88] Moritz, *Anton Reiser*, 3, 220, zit. nach STAMMLER, ib.
[89] zit. nach STAMMLER, ib.
[90] Rousseau, *Emile*, 1,3; Œuvres complètes, Paris 1823 ff, 3.348. Dazu mit weiteren Belegen R. KOSELLECK, *Kritik und Krise*, Freiburg-München, 2. Aufl. 1969, p. 204 sq. 116 sq. passim.

den Aufklärern immer wieder variierte Antithese von Mensch und König macht besonders deutlich, daß es sich hier um eine asymmetrische Sprachfigur handelt, deren Bezugsgrößen heterogen sind. Es wird mehr oder minder bewußt Unvergleichbares konfrontiert, um den Herrscher, gemessen am Menschen, zum Unmenschen deklarieren zu können. Das ist freilich ein Extremfall der Aufklärungspolemik, aber er zeigt die semantische Struktur eines Begriffspaares, wie sie zuvor so nicht verwendbar war.

Während die stoische Aufschlüsselung von Mensch und Bürger der gegenseitigen Erhellung diente, werden Mensch und Fürst hier als gegenseitig sich ausschließende Größen eingebracht, wobei die Berufung auf den Menschen den Fürsten bereits erübrigt. Und während der standeskritische Sprachgebrauch von Christ und Fürst auf einer Zwei-Personen-Lehre fußte, die in der Weltordnung vorgegeben ist und nur recht befolgt werden muß, um eine Herrscherfunktion inhaltlich qualifizieren zu können, löst das Begriffspaar der Aufklärer diese Rückbindung. Die kritische Funktion ihres Begriffspaares ist nicht mehr — wie bei Christ und Herrscher — standesimmanent, sondern richtet sich gegen ständische Herrschaft überhaupt.

Im Sinn der Umgangssprache und für den vorauszusetzenden Wortgebrauch blieb ein König Mensch allemal, so schlecht er auch als König sein mochte. Wie Friedrich der Große Ludwig XV. ironisierte: *Er war ein guter, aber schwacher Mensch gewesen; sein einziger Fehler war der, König zu sein* [91]. Die Aufklärer dagegen bedienten sich des undifferenzierbaren Allgemeinbegriffs Mensch, um damit ein politisches Amt zu diskriminieren. Die Asymmetrie der Antithese, die von Begriff zu Begriff die Bezugsebene wechselt, war sprachlich darauf angelegt, funktional zu den eigenen politischen Intentionen gehandhabt werden zu können.

Nun läßt sich freilich diese Art Polemik historisch erklären. Die vom Absolutismus überzogene Gott-König-Analogie rückte bereits die ›Menschheit‹ in die potentielle Position eines Gegenbegriffs. So nimmt es nicht wunder, wenn Harrington nach dem Tode von *Charles Stuart* eine Gegenübertragung vollzieht und den neuen Souverän als *King People* apostrophiert [92]. Noch im folgenden Jahrhundert stellte Adam Smith fest [93], daß Monarchen in jeder Hinsicht als Menschen zu behandeln, etwa mit ihnen zu diskutieren, eine solche Entschlossenheit fordere, daß nur wenige Menschen dazu fähig seien. Höfisch bewußt ver-

---

[91] Friedrich der Große, *Denkwürdigkeiten*, in *Die Werke Friedrichs des Großen*, ed. G. B. Volz, Berlin 1913, 5.51.
[92] James Harrington, *The Commonwealth of Oceana*, ed. S. V. Liljegren, Heidelberg 1924, p. 83.
[93] Adam Smith, *The theory of moral sentiments*, London 1790, 6. ed., 1. Teil, 3. Abschn. 2. Kap.

zichtete sein Zeitgenosse Johnson darauf[94], und Blackstone stellte in seinen *Commentaries* die Gegenrechnung auf:

The mass of mankind will be apt to grow insolent and refractory, if thought to consider their princes as a man of no greater perfection then themselves[95].

Eine polemische Umkehr dieser Position ist erreicht, wenn Jefferson — an Cicero anknüpfend — eine *Klasse von Löwen, Tigern und Mammuts in Menschengestalt* definiert: man nenne sie Könige[96]. Genug der Beispiele aus dem englischen Sprachraum: solange für den Monarchen die göttlichen Attribute beansprucht wurden, lag es nahe, die Menschheit als Gegenbegriff zum König zu konstituieren. Wie es Schubart 1776 drastisch formulierte:

Der Despotismus hat solang an der Menschheit gewürgt, daß sie bald die Zunge rausstrecke und brüllen möcht: ich will Vieh sein[97].

Die Einordnung der Menschen in das Spannungsfeld zwischen Tier und Gott gehört nun zu den topologischen Befunden seit der Antike. Was die Gegenüberstellung von Mensch und König im 18. Jahrhundert auszeichnet, ist die Ausweichlosigkeit, in die der Fürst gebracht werden sollte. Er kann weder — wie bisher — ›oberhalb‹ angesiedelt werden, noch, vom Standpunkt des Menschen aus, darunter. Er wird vielmehr, im Namen moralischer Ausschließlichkeit des Menschen schlechthin, zum Feind, den es zu vernichten gilt. Das mußte Ludwig XVI. erfahren, als sich seine Verteidigung darauf berief, daß auch er nur ein Mensch sei: *Je dis l'homme quel qu'il soit; car Louis XVI. n'est plus en effet qu'un homme, et un homme accusé*[98]. Ich aber, entgegnete Saint-Just: *et moi, je dis que le roi doit être jugé en ennemi, que nous avons moins à le juger qu'à le combattre*[99].

Damit war auch der Schein der asymmetrischen Begriffsfigur von Mensch und König zerrissen. Die konkrete Feindbestimmung, die bisher von der aufklärerischen Sprachtechnik verschleiert blieb, trat offen zutage. Der König, menschlich gesehen ein Unmensch, muß beseitigt werden. Gewiß gab es aufgeklärte und republikanische Rechtslehren, die das Amt des Königs auf eine politisch definierbare Bestimmung des Menschen als Bürger zurückführten: in unserem Zusam-

---

[94] James Boswell, *The life of Dr. Samuel Johnson*, London und Glasgow o. D. (Libr. of Classics), p. 198.
[95] William Blackstone, *Commentaries on the laws of England*, 9. ed., Chicago 1871, 1, 241.
[96] zit. nach O. Vossler, *Der Nationalgedanke von Rousseau bis Ranke*, München / Berlin 1937, p. 81.
[97] Ch. F. D. Schubart, *Teutsche Chronik*, 65.
[98] R. Desèze, *Défense de Louis XVI*, Leipzig 1900, p. 1.
[99] St. Just, *Œuvres*, éd. J. Gratin, Paris 1946, p. 120.

menhang geht es darum, zu zeigen, daß mit der Sprachfigur von Mensch und König ein neues Strukturelement in die politischen Gegenbegriffe eintrat, das sich von den bisherigen unterscheidet: es war als Sprachmittel von vornherein funktional zu verschieden bestimmbaren Interessen, es stand von vornherein unter dem Zwang, politisch konkretisiert werden zu müssen, wenn es sich nicht als ideologisch entlarven lassen wollte. Es war so gut ideologisches Kampfmittel wie selber ideologisierbar. Der Grund liegt darin beschlossen, daß heteronome Kategorien so konfrontiert wurden, daß es möglich wurde, mit der Negation des — scheinbaren — Gegenbegriffs die Annihilation des jeweils gemeinten Gegners zu betreiben. Der Totalbegriff der Menschheit zeitigte, einmal politisch gehandhabt, totalitäre Folgen.

Freilich verzehrte sich die negierende Kraft im Wortgebrauch von ›Menschheit‹, als mit den Erfolgen der französischen Revolution die Zielansprache — jedenfalls teilweise — verlorenging. Sobald die konfessionellen Streitigkeiten der Christen aus dem Zentrum der Politik rückten, sobald ständische Rechtsunterschiede ausgeglichen wurden, verschob die ›Menschheit‹ ihren polemischen Stellenwert: Die politische Weiterverwendung des Ausdrucks heißt seitdem eine Leerformel nutzen, die zu immer neuer konkreter Besetzung nötigt. Deshalb verwundert es nicht, wenn im Bannkreis der einmal als absolut und autonom gesetzten Menschheit der Übermensch und Untermensch mit politischen Qualitäten versehen werden konnten.

Die Ausdrücke selber sind vorrevolutionär[100]. Sprachlich sind sie eingebettet in die Stufenfolge der Lebewesen, die vom Tier bis zum Engel oder Dämonen reicht und zwischen denen der Mensch als spannungsgeladenes Wesen angesiedelt ist[101]. In dieser Hierarchie konnte der ›über-Mensch‹ eine religiöse Bedeutung gewinnen, wenn etwa die Anhänger Luthers spiritualistisch so bezeichnet wurden. *Sie wandeln allein im Geist und sind Übermenschen*[102]. Oder noch deutlicher: *Im neuen Menschen bist Du ein wahrer Mensch, ein Übermensch, ein Gottes- und Christenmensch*[103]. Hier wurde das häufig verwendete Adjektiv ›übermenschlich‹ substantiviert, in theologischer Sicht: die paulinische Sprachfigur spiritualisiert. Demgemäß konnte auch die ältere negative Gegenfigur

---

[100] Im Gegensatz zum ›Übermenschen‹ ist der ›Untermensch‹ erst Ende des 18. Jahrhunderts entstanden. Dazu die einschlägigen Artikel von Grimms *Dt. Wörterbuch* s. v. ›*Übermensch*‹ Bd. 11, 2. Abt. S. 417 sq. und s. v. ›*Untermensch*‹ Bd. 11, 3. Abt. (Leipzig 1936) Sp. 1686 sq.

[101] Siehe dazu F. Tricaud, ›*Homo homini Deus*‹, ›*Homo homini lupus*‹: *Recherche des sources des deux formules de Hobbes*, in *Hobbes Forschungen*, hg. R. Koselleck und R. Schnur, Berlin 1969, p. 61 sq.

[102] H. Rab, 1527, zit. nach Grimm, 11. Bd. 2. Abt. p. 417.

[103] H. Müller, *Geistliche Erquickstunden*, Frankfurt/Main 1673, p. 562, in dem Abschnitt: *Vom Ohnmenschen, Kein Mensch / kein Christ.*

des Unmenschen theologisch verwendet werden: *Ich lebe ... nicht natürlich, wie Türken und andere Unmenschen, sondern geistlich* [104].

In der Aufklärungszeit gewann der Ausdruck Übermensch zunächst eine negative Bedeutung. Mit Übermensch wurden jene herrschaftlichen Standespersonen umschrieben, die in der Alltagssprache ihre Untertanen eben mit ›Mensch‹ titulierten.

Es kam eine Zeit, da das Wort Mensch ... einen ganz anderen Sinn bekam, es hieß ein Pflichtträger, ein Untertan, ein Vasall, ein Diener... und die, denen jene dienende Menschen zugehörten, waren Übermenschen [105].

Indem ein Ausdruck der Umgangssprache beim Wort genommen wurde, gewann er einen republikanischen Effekt: Der Herr wird als Übermensch definiert, um ihn auf den Boden der von ihm so angesprochenen ›Menschen‹ herunterzuholen.

Parallel und gleichzeitig mit dieser negativen Besetzung des ›Übermenschen‹ entstehen nun kompensatorische Bezeichnungen, die aus der jetzt autonom gesetzten Position des Menschen einen neuen Typ hervorrufen sollten. Der rundum gelungene Mensch wird zum Genie, zum Erdengott, zum Kraftmensch, zum ›Mehr als Mensch‹, zum Kerl, zum Hochmenschen und wie die Ausdrücke alle lauteten, die aus dem Boden der republikanisierenden Sturm-und-Drang-Bewegung hochschossen [106]. In der gleichen Situation, da die Fürsten als Über- oder Untermenschen negiert wurden, tritt der neue Übermensch auf, der keiner Klasse und keiner Hierarchie mehr zuzuordnen sei, weil er in vollkommener Weise den Menschen verwirklicht. In diese neue Sprachfigur rückt dann der Napoleonkult ein, der den Herrscher nicht mehr royalistisch stilisiert, sondern als Führer und Inkorporation der von ihm geführten Menschen zum Übermenschen aufbaut [107].

Im ganzen verhielten sich die deutschen Neuhumanisten speziell diesem Wortgebrauch gegenüber kritisch. Etwa wenn Herder sagte: *Alle ihre Fragen über den Fortgang unseres Geschlechts ... beantwortet ... ein einziges Wort: Humanität, Menschheit. Wäre die Frage: ob der Mensch mehr als Mensch, ein Über-, ein Außermensch werden könne und solle? So wäre jede Zeile zu viel ...* [108]. Auch Goethe, dem Zacharias Werner bescheinigte, *Feind der sich mit dem Über- oder*

---

[104] Chr. Hoburg, *Theologia mystica*, 1730, p. 368, zit. bei GRIMM, ib. Sp. 1174.
[105] Herder, *Briefe zur Beförderung der Humanität*, SW. hg. SUPHAN, Nachdr. Hildesheim 1967, Bd. 17, p. 142.
[106] R. M. MEYER, *Vierhundert Schlagworte*, Leipzig 1901, p. 6-24 zur Wortgeschichte des ›Übermenschen‹.
[107] Dazu D. GROH, Art. ›Cäsarismus‹ in *Geschichtliche Grundbegriffe*, hg. O. BRUNNER, W. CONZE, R. KOSELLECK, Stuttgart 1972, Bd. 1, p. 726 sq.
[108] Herder, ib. 17,115 zit. nach GRIMM s. v. ›Übermensch‹.

Untermenschlichen nichtigerweise brüstenden Halbheit zu sein[109], verwendete die Ausdrücke mit Vorbehalt. *Kaum bist Du Herr vom ersten Kinderwillen, / so glaubst Du Dich schon Übermensch genug, / versäumst die Pflicht des Mannes zu erfüllen*[110]! Und er rückte den Ausdruck des Übermenschlichen in die nur scheinbar polare Sinnzone der Unmenschen, die beide *gott- und weltlos* seien.

Ideologiekritisch benutzt Marx die Kategorien des Über- und Unmenschen, um die Zwei-Welten-Lehre zu destruieren, die den religiösen Widerschein des Menschen im himmlischen Übermenschen aufrechterhalte, wodurch sich der Mensch selber zum Unmenschen degradiere[111]. An seine Stelle trete in Zukunft *der totale Mensch*, der nicht nur ein persönlich gelungener Entwurf, sondern ein gesellschaftlich ermöglichter Typus der herrschaftsfreien Welt sei. Ihm zur Seite mag Dostojewskis *Allmensch* genannt sein, — soziale Erfüllung der *allmenschlichsten Vereinigung*, in der die christlichen Russen alle Widersprüche aufzuheben fähig sein würden[112].

Politisch virulent wurde freilich der Ausdruck erst durch die Wirkungsgeschichte von Nietzsche. Der Übermensch ist ihm der Mensch der Zukunft, der den gegenwärtigen demokratischen Herdenmenschen überhole, *ein höherer Typus, eine stärkere Art*, entgegen dem *Durchschnittsmenschen. Mein Begriff, mein Gleichnis für diesen Typus ist, wie man weiß, das Wort ›Übermensch‹. Der Mensch soll überwunden werden, ein Gelächter dem kommenden Übermenschen. Nicht ›Menschheit‹, sondern Übermensch ist das Ziel*[113]!

Im Augenblick, da dieser Ausdruck politisch verwirklicht werden sollte, war der Gegenpol freilich nicht mehr der Mensch als zurückbleibendes Wesen, sondern der Untermensch, den es zu vertilgen gelte. In dieses Begriffspaar der deutschen nationalsozialistischen Sprache gingen — wirkungsgeschichtlich gesehen — mehrere Komponenten ein: scheinbar wissenschaftlich handelte es sich um eine physisch radizierte Substanzialisierung, die den Rassen- und Artbegriff politisierte. Zudem ging auch die zeitliche Spannung des ehedem christlichen Erwartungshorizontes in das Begriffspaar ein, um die Zukunft der eigenen Herrschaft sicherzustellen. Freilich reichen diese Ableitungen nicht aus, um die totalitäre Sprachfigur aufzuschlüsseln.

---

[109] zit. GRIMM *Dt. Wb.*, s. v. ›übermenschlich‹.
[110] Zueignung, Goethe, dtv. 1961, Gesamtausgabe Bd. 1, p. 8.
[111] *Der Mensch, der in der phantastischen Wirklichkeit des Himmels, wo er einen Übermenschen suchte, nur den Widerschein seiner selbst gefunden hat, wird nicht mehr geneigt sein, nur den Schein seiner selbst, nur den Unmenschen zu finden, wo er seine wahre Wirklichkeit sucht und suchen muß* (Zur Kritik der Hegelschen Rechtsphilosophie, in Die Frühschriften, hg. S. LANDSHUT, Stuttgart 1953, p. 207).
[112] Dostojewski, *Tagebuch eines Schriftstellers*, München 1923 Bd. 4, p. 366.
[113] Friedrich Nietzsche, *Werke*, hg. K. SCHLECHTA, München (1955), Bd. 3, 628; Bd. 2, 279, 1166; Bd. 3, 440 passim.

Um welche sprachliche Manipulation es sich wirklich handelt, wird deutlicher, wenn das Gegensatzpaar analysiert wird, das nicht nur propagandistisch verwendet wurde, wie der Übermensch und der Untermensch, sondern das auch in die Gesetzgebung einging: der Gegensatz vom Arier und Nichtarier. Der Arier, zunächst ein sprachwissenschaftlicher Terminus mit der Vorbedeutung des Edlen, war ein politisch nicht definierter, politisch auch kaum definierbarer Begriff. *Beamte, die nicht arischer Abstammung sind, sind in den Ruhestand zu versetzen.* Oder in doppelter Negation: *Schriftleiter kann nur sein, wer ... arischer Abstammung ist und nicht mit einer Person von nichtarischer Abstammung verheiratet ist*[114].

Was den ›Arier‹ zu einem politischen Terminus machte, war das von ihm negierte Begriffsfeld, in das jeder Gegner nach Belieben versetzt werden konnte[115]. Der Nichtarier ist nur die Negation der eigenen Position und sonst nichts. Wer Nichtarier sei, ließ sich aus dem Begriff weder des Ariers noch gar des Nichtariers ableiten. Damit war eine elastische Negativfigur umschrieben, deren Zuordnung allein in der Verfügungsgewalt dessen lag, der die Macht hatte, den sprachlichen Leerposten oder Blindbegriff zu besetzen. Daß die Juden speziell gemeint waren, ging aus dem Begriff nicht hervor, sie wurden, indem sie unter die Kategorie des Nichtariers fielen, zu einer potentiellen Nichtexistenz. Die Konsequenz wurde gezogen, sobald der Arier als Übermensch den Nichtarier als Untermenschen zu beseitigen legitimiert schien. Im Sinne der ideologischen Besetzbarkeit von Negationen, denen keine politisch definierbare Position gegenübersteht, liegt hier ein struktureller Anwendungsfall des Begriffspaares von ›Mensch und Unmensch‹ vor. Denn der Ausdruck ›nichtarisch‹ war weder vom Arischen her noch vom Nichtarischen her so zu bestimmen, daß sich daraus eine klare Position ergeben hätte. Das Wortpaar diente von vornherein dazu, funktional zur Machtposition derer, die die Sprachregelung treffen konnten, ideologisch verwendet zu werden.

Der Mensch, aus dem der Unmensch, der Über- und Untermensch abgeleitet werden, bestätigt nur eine ideologische Beliebigkeit, die das verfehlt, was historisch aus dem Begriff des Menschen folgt: daß er ein ambivalentes Wesen ist, das festzulegen ein politisches Risiko bleibt.

Allein im Erwartungshorizont der auf sich selbst angewiesenen Menschheit ist die heute immer noch ideologisch strapazierte Formel von ›Freund und Feind‹

---

[114] Gesetz zur Wiederherstellung des deutschen Berufsbeamtentums vom 7. 4. 1933, § 3 und Schriftleitergesetz vom 4. 10. 1933, § 5,3 zit. in *Gesetze des NS-Staates*, hg. von U. BRODERSON und I. v. MÜNCH, Bad Homburg, 1968, p. 30,165. Später wich der Ausdruck ›Arier‹ dem des ›deutschen und artverwandten Blutes‹ und — negativ — des Juden.

[115] Vgl. dazu P. v. POLENZ, *Geschichte der deutschen Sprache*, Berlin 1970, p. 169.

zu verstehen. Nach der inhaltlichen Entleerung der universalen und zugleich dualistischen Begriffspaare im 20. Jahrhundert war es die wissenschaftliche Leistung von Carl Schmitt[116], die funktionalen und ideologisch gehandhabten Gegensätze der Klassen und Völker, die sich jeweils substanziell artikulierten, so weit zu formalisieren, daß nur die Grundstruktur möglicher Gegensätze sichtbar wurde. Das Begriffspaar Freund und Feind zeichnet sich durch seine politische Formalität aus, es liefert ein Raster möglicher Antithesen, ohne diese selbst zu benennen. Wegen ihrer formalen Negation handelt es sich erstmals um rein symmetrische Gegenbegriffe, da für Freund und Feind eine Selbst- bzw. Feindbestimmung vorliegt, die von beiden Seiten gegenläufig verwendbar ist. Es sind Erkenntniskategorien, deren inhaltliche Besetzung gemäß der geschichtlichen Erfahrung einer asymmetrischen Auffüllung der beiden Wortfelder dienen kann. Wie auch immer Carl Schmitt mit seiner eigenen Parteinahme diesen Gegensatz konkretisiert hat, er hat zunächst eine Formel geprägt, die als Bedingung möglicher Politik nicht überholbar ist. Denn es handelt sich um einen Begriff des Politischen, nicht der Politik.

Wer den Frieden als Oberbegriff zu ›Freund und Feind‹ stilisiert, der muß ebenfalls davon ausgehen, daß zum Frieden zwei gehören, mindestens zwei, die ihn zu schließen fähig und willens sind. *Non ergo ut sit pax nolunt sed ut ea sit quam volunt*[117]. Nicht daß man den Frieden scheue, sondern daß man seinen je eigenen Frieden suche. Solange sich die menschlichen Handlungseinheiten aus- und eingrenzen, wird es asymmetrische Gegenbegriffe und Negationstechniken geben, die in die Konflikte so lange einwirken, bis wieder neue Konflikte entstehen.

---

[116] Carl Schmitt, *Der Begriff des Politischen,* Text von 1932 mit einem Vorwort und drei Corrolarien, Berlin 1963.
[117] Augustin, *De civ. Dei* 19, 12.

Wolfgang Hübener

DIE LOGIK DER NEGATION
ALS ONTOLOGISCHES ERKENNTNISMITTEL

Wer heute den Versuch unternimmt, sich auf diejenige Phase der ontologischen Begriffsbildung zurückzubesinnen, in der die unvermittelte Gegenüberstellung von Sein und Denken, wie sie für die eleatische Einheitslehre charakteristisch ist, um der angemessenen Erfassung des Andersseins und Anderswerdens willen mittels dessen, was wir heute Negation nennen, durchbrochen wurde, muß zuvor eine breite Zone hartnäckiger Begriffsverdinglichungen durchmessen. Von Adepten wird er eifrig belehrt, Negation und Widerspruch seien mit eherner Notwendigkeit wirkende Naturgesetze; insbesondere jene werde mit der Notwendigkeit eines Naturprozesses aus den realen Widersprüchen des Bestehenden erzeugt, und sei dieses selbst schon Negation eines Früheren, so sei sein notwendiger Untergang Negation der Negation[1]. Wie sich dieser Hang zur Hypostasierung logischer Hilfsbegriffe, zur willentlichen, sich Gegenvorstellungen verschließenden Umdeutung von Gedankendingen zu Realgegebenheiten psychologisch auch immer erklären lassen mag — die Identifikation der Negationen mit den ihnen zugrunde liegenden Sachverhalten ist nicht nur innerhalb der platonischen Tradition eine gern geübte Praxis gewesen, sondern der Möglichkeit nach auch im aristotelischen System angelegt. Es ist jedoch methodisch nicht ratsam, in eine aporetische Erörterung der traditionellen Äquivokationen im Negationsbegriff einzutreten, bevor die Themastellung genügend Bestimmtheit erlangt hat.

Die folgenden Überlegungen dienen dem Versuch einer Bestimmung der instrumentalen Funktion negativer Begriffe und Aussagen im Umkreis des überlieferten Bestandes ontologischer Theoreme. Hierbei sollen die mannigfaltigen Versuche, einem dem Seienden gegenübergestellten Nichts ein Eigen-

---

[1] Diese Bemerkung zielt auf buchstabengläubige Marxianer, die im Anschluß an einige Stellen der *Grundrisse* und des *Kapital* auch die materialistisch umgestülpte Dialektik weiterhin mit Hegelscher Terminologie charakterisieren zu können glauben. Diesen Autoren wird nicht bewußt, daß durch die Hypostasierung von Negation, Widerspruch und dialektischer Bewegung das alte gnoseologische Problem der Realitätsgeltung logischer Operationen in ultrarealistischem Sinne gelöst wird. Solange und soweit eine kritische Reflexion auf diesen Sachverhalt ausbleibt, ist letztlich etwas Ideelles der Demiurg des Wirklichen und der dialektische Materialismus Begriffsmaterialismus.

wesen zu verleihen — kosmogonisch gewendet in *der Platonischen Christen vermischung nichts und etwas, schatten und Liechts, so sie durch ineinanderstrahlung zweyer einander entgegengesetzten Triangel erclärt*[2] — ebenso außer Betracht bleiben wie Heideggers unerweisliche Behauptung, die Verneinung bringe *das Nicht keineswegs aus sich als Mittel der Unterscheidung und Entgegensetzung zum Gegebenen hinzu*, sondern sei eine Weise des vorgängig *auf das Nichten des Nichts* als den Ursprung des Nicht gegründeten Verhaltens[3]. Auch die Bedeutungsgeschichte des Nichts als der *verselbständigte(n) Verneinung des Seins von Etwas*[4], die zumindest als Urteilssubjekt nach alter Auffassung nur synkategorematische Funktion und damit keinen eigenen Bezeichnungssinn hat, soll nicht behandelt werden, da der logische Gebrauch des Nichts in der aristotelischen Logik noch nicht thematisiert worden ist und die ältere Tradition nur an dem Distributionstraktat der *Summulae logicales* des Petrus Hispanus[5] einen gewissen Anhalt für die begriffliche Bestimmung des Nichts gehabt hat.

Aristoteles hatte die Behandlung des Seienden im Sinne des Wahrseins sowie seines Gegenbildes, des Nichtseienden im Sinne des Falschseins (μὴ ὂν ὡς ψεῦδος) und damit auch der Zusprechung (κατάφασις, *affirmatio*) und Absprechung (ἀπόφασις, *negatio*) aus der Metaphysik ausgeschlossen, da es die diese Weisen der Seiendheit und Nichtseiendheit konstituierende Verknüpfung (συμπλοκή) und Trennung (διαίρεσις) nur im Denken (ἐν διανοίᾳ), aber nicht in der Wirklichkeit (ἐν τοῖς πράγμασι) gebe[6]. Hiervon ausgehend hat die aristotelische Tradition die Negationen vielfältig abgewertet. *Nec privationes, nec negationes* sagt Mastrius de Meldula, der wohl bedeutendste Skotist des 17. Jahrhunderts, in seiner Metaphysik, *dignae sunt, ut in aliqua scientia directe et per se considerentur*[7]; und obwohl sich Suarez sehr wohl bewußt ist, daß ihre Er-

---

[2] So Leibniz in einem deutschen Entwurf zu seiner Theodizee; vgl. L. STEIN, *Leibniz und Spinoza*, Berlin 1890, p. 346.

[3] Vgl. *Was ist Metaphysik?* Bonn 1929, p. 21 sqq. — Heideggers aus der horizontalen Transcendenz gedachter Begriff des nichtenden Nichts als der *Ermöglichung der Offenbarkeit des Seienden als eines solchen für das menschliche Dasein* (ib., 20) ist nicht vermittelt mit der prädikativen Verneinung. Seine These, das Nichts selbst sei der Ursprung aller Verneinung, denn ein Verneinbares sei nur erblickbar im vorgängigen Vorblick auf das dem Nichten des Nichts entspringende Nicht, muß solange als unerwiesen gelten, als sie nicht abgegrenzt ist gegen die schon bei Platon angelegte Gegenthese, die Verneinung entspringe der Erfassung eines Andersseins in der distinktiven Weltorientierung.

[4] Vgl. H. RICKERT, *Die Logik des Prädikats und das Problem der Ontologie*, Heidelberg 1930, p. 199.

[5] Vgl. C. PRANTL, *Geschichte der Logik im Abendlande*, Bd. 3, Leipzig 1867 / Berlin 1955, p. 64, Anm. 247.

[6] Cf. *Met.* 6, 4, 1027 b 18 sqq.

[7] Cf. Bartholomaei Mastrii de Meldula et Bonaventurae Belluti ... *Philosophiae ad mentem Scoti cursus integer*, t.4, Venedig 1708, p. 7 b (Mastrius de Meldula, *Disputationes ... in duodecim Aristotelis Stagiritae libros Metaphysicorum, Pars prior*, d. 1, n. 23).

kenntnis für die Wissenschaft notwendig ist, da wir, ohne von ihnen Gebrauch zu machen, kaum philosophische oder theologische Aussagen formulieren könnten (*vix enim sine illis loquimur, vel in Metaphysica ipsa, vel etiam in Philosophia, nedum in Logica et (quod magis est) etiam in Theologia*[8]), ist auch er der Auffassung, daß es keine Wissenschaft gebe, die primär die Erkenntnis derartiger Gedankendinge zum Gegenstand hat (*nec etiam sunt per se scibilia, nec datur scientia, quae per se primo propter illa solum cognoscenda sit instituta*[9]). Mag auch das Schuldiktum, welches die Destruktion des sprachlich auf die Negation Folgenden durch sie auf ihre bösartige Natur zurückführt (*negatio destruit, quicquid post se invenit, cum sit cuiusdam pessimae et malignae naturae*[10]), scherzhaft gemeint gewesen sein, so ist sie doch nicht als etwas angesehen worden, für das auch das Axiom *omne ens est bonum* gilt (*bonum convenire nequit entibus rationis*, sagt Mastrius[11] im Hinblick auf die Negationen). Da sie einem Ding immer nur auf Grund eines Positiven zukommt (*negatio semper convenit ratione alicuius positivi*[12]) und selbst nichts setzt (*negatio neque ponit aliquid, neque determinat sibi aliquod subiectum*[13]), ist sie ohne eigenen Seinswert (*pura negatio ... non dicit nobilitatem, nam omnis nobilitas ponit aliquid per modum positionis*[14]). Darum ist Duns Scotus die Unterscheidung zwischen positiver und negativer Theologie als eine *distinctio inutilis* erschienen, denn wir erkennen — wie auch Thomas annimmt[14a] — von Gott keine Negationen, es sei denn durch Affirmationen, und benutzen sie — eine Auffassung, die Meister Eckhart teilt[14b] — nur, um mit diesen Affirmationen

---

[8] Cf. *Dispp. met.*, d.54, *Prooem.*
[9] Cf. ib.
[10] Cf. Vincentius Iustinianus O. P., *Commentaria in universam Logicam*, Köln 1617, p. 305. — Johannes Dorp führt den Satz in seinem wohl kurz vor 1400 entstandenen Buridan-Kommentar ein als *illud commune dictum: negatio negans est malignantis naturae, quia quicquid post se invenit, totum destruit et ejus oppositum ponit* (cf. *Perutile compendium totius logicae Joannis Buridani*, Venedig 1499 / Frankfurt/M. 1965, f. i4ra). Tartaretus leitet ihn bereits mit einem *dicebant antiqui ...* ein. (Cf. Petrus Tartaretus, *In Summulas Petri Hispani ... expositio ...*, tract. 13, in *In universam philosophiam opera omnia*, p. I, Venedig 1621, f. 192 F.) Die Logiker des 17. Jahrhunderts bedienen sich seiner häufig. (Man vgl. nur Johannes a Sancto Thoma, *Cursus philosophicus thomisticus*, ed. B. REISER, t. I, Turin 1930, p. 27b1, 46a30, 184a9.) Daniel Stahl hat dem Problem eine eigene Quaestio gewidmet (cf. *Quaestiones logicae CV*, Jena 1662, q. 47, p. 368-73).
[11] L. c.
[12] Cf. Cavellus, *Conciliationes locorum ex quodlibetis Scoti*, n. 65, in *Ioannis Duns Scoti Opera omnia*, Lyon 1639 / Hildesheim 1969, t. 12, p. 572b, in marg.
[13] Cf. Thomas de Aquino, *Summa theologiae* I,17,4,co.
[14] Cf. Bonaventura, *I Sent.*, d. 28, a.un., p. 1,co.
[14a] Cf. *De pot.* 7,5,co.: ... *intellectus negationis semper fundatur in aliqua affirmatione; quod ex hoc patet quia omnis negativa per affirmativam probatur; unde nisi intellectus humanus aliquid de Deo affirmative cognosceret, nihil de Deo posset negare.*
[14b] Cf. LW II, 154, 8 sqq.

Unverträgliches von ihm auszuschließen. Überdies könnten Negationen nicht wie Gott selbst der Gegenstand unserer höchsten Zuneigung sein. (*Negationes etiam non summe amamus* [15].)

Die aus der lateinischen Tradition geläufigen Ausdrücke *affirmatio* und *negatio*, die in strenger Entgegensetzung die Glieder eines logischen Widerspruchs (ἀντίφασις, *contradictio*) ausmachen, gehen letztlich auf die sophistischen Logoi »φάσις« und »ἀπόφασις [16]«, Rede und Abrede, zurück. Schon Aristoteles hatte allerdings die »φάσις« (*dictio*) nur noch als Redebestandteil verstanden und ihr nicht den Character einer komplexen, der Wahrheit oder Falschheit fähigen Rede zuerkannt [17]. Zwar ist jede sprachliche Kundgabe (λόγος) ›semantisch‹ (etwas anzeigend oder bezeichnend), nicht aber zugleich auch ›apophantisch‹ (aussagend im Sinne der Verifikation oder Falsifikation [18]). Er setzt der apophantischen »ἀπόφασις« daher den Ausdruck »κατάφασις« entgegen und umschreibt beide unter Ausschöpfung ihrer Nennkraft als ein Aussprechen von etwas auf etwas hin oder aber von etwas weg (»ἀπόφανσις τινὸς κατὰ τινός« oder »ἀπόφανσις τινὸς ἀπὸ τινός [19]«). Ihrem Vollbegriff nach sind Affirmation und Negation, Zusprechung und Absprechung, mithin nicht gesonderte Redeteile, sondern die Grundformen der Beziehung von Redeteilen in der gegliederten, eine Aussage enthaltenden Rede. Sie verschränken sich mit den Begriffen der Wahrheit und Falschheit in der Weise, daß der Wahrheit die Affirmation in Hinsicht des in Wirklichkeit Vereinigten und die Negation in Hinsicht des in Wirklichkeit Getrennten zugeordnet wird, während in falschen Aussagen das in Wirklichkeit Verbundene voneinander negiert und das in Wirklichkeit Getrennte voneinander affirmiert wird [20].

Mit der Ausbildung dieser Urteilstheorie ist historisch eine Entwicklung zum Abschluß gekommen, die von der Leugnung einer Denk- und Sagbarkeit des Nichtseienden bei Parmenides über die sophistische Antithese der Unerfaßbarkeit und Nichtmitteilbarkeit auch des Seienden bei Gorgias zur modifizierten Ausgangsbehauptung zurückführt. Wahre wie falsche Negationen oder Absprechungen setzen nach Aristoteles in den zugrunde liegenden Sachverhalten selbst die Möglichkeit einer Zusammensetzung oder Abtrennung voraus, die sich ontologisch mit den undifferenzierten Begriffen des schlechthin Seienden und des schlechthin Nichtseienden nicht mehr erfassen läßt. Der Eleatismus hätte

---

[15] Cf. *Rep. Par.* I, d. 3, q. 1, in *Opera omnia*, ed. L. WADDING, t. XI, 1, p. 42a; *Ord.* I, d. 3, p. 1, q. 1-2, n. 10, ed. Vatic., t. 3 (1954), p. 5, l. 1.
[16] Vgl. DIELS / KRANZ, *Die Fragmente der Vorsokratiker*, Berlin ⁹1959, Bd. II, 254, 16.
[17] Cf. *De interpr.* 4, 16 b 26 sqq.; 5, 17 a 17 sqq.; *Met.* 9, 10, 1051 b 17 sqq. — Aristoteles hat
[18] Cf. *De interpr.* 4, 16 b 33 sqq.
[19] Cf. ib., 6, 17 a 25 sq.
[20] Cf. *Met.* 6, 4, 1027 b 18 sqq.

nicht ohne Preisgabe seiner Grundannahmen ein begriffliches Instrumentarium ausbilden können, das es erlaubt hätte, die negativen Aussagen *homo non est asinus* und *homo non est animal* als wahr oder seiend und nicht-wahr oder nicht-seiend voneinander zu unterscheiden. Damit sich ein Schulsystem der Ontologie ausbilden konnte, mußte die starre Zuordnung von Seiendheit und Denkbarkeit grundsätzlich durchbrochen werden. Diesen Bruch mit der Lehre des »Vaters Parmenides« vollzieht schweren Herzens der eleatische Fremdling des platonischen *Sophistes* in der Schlußphase der Jagd auf den Sophisten, der — was die Platon-Forschung zumeist nicht gesehen oder ausdrücklich bestritten hat [21] — niemand anders sein dürfte als der Gorgias der Schrift *Über das Nichtseiende*.

Nach Gorgias führt die Zuordnung des Gedachtwerdens zum Seienden und des Nichtgedachtwerdens zum Nichtseienden zu absurden Konsequenzen. Da das Nichtseiende das Gegenteil (ἐναντίον) des Seienden sei, müßte, wenn das Gedachte Seiendes wäre, nicht nur das Nichtseiende nicht gedacht werden können, sondern auch alles, was gedacht wird, eben deshalb auch sein. Beides treffe jedoch nicht zu, denn man könne sich Skylla und Charybdis, einen fliegenden Menschen und vieles andere Nichtseiende denken, ohne daß dies alles deswegen schon sein müßte. Das Nichtseiende andererseits sei nicht, denn wenn es wäre, würde es, sofern es als Nichtseiendes gedacht werde, nicht sein, sofern es aber ein Nichtseiendes sei, hinwiederum sein. Es sei aber gänzlich unsinnig, daß etwas zugleich sein und nicht sein solle. Es existiere nichts, wenn aber etwas existiere, sei es für den Menschen nicht geistig erfaßbar (ἀκατάληπτον), und selbst wenn es erfaßbar wäre, würde es doch »nicht herausbringbar« (ἀνέξοιστον) und einem anderen Menschen darum nicht mitteilbar (ἀνερμήνευτον) sein [22].

Platon hingegen bestreitet im *Sophistes* nachdrücklich, daß das Nichtseiende das Gegenteil des Seienden sei [23], und bemüht sich, den Nachweis zu führen, daß etwas sehr wohl zugleich sein und nicht sein könne. Er setzt zu diesem Zweck das Nichtseiende mit dem Anderen oder Verschiedenen (τὸ ἕτερον) gleich, dessen Natur auf alles Seiende in seiner Beziehung aufeinander verteilt sei und jedes, wenn auch nur beziehungsweise, zu einem Nichtseienden mache, das insofern wahrhaft (ὄντως) s e i, als es unter dasjenige Seiende falle, das stets und nur in Beziehung auf anderes ausgesagt werde [24], aber zugleich als das Andere niemals das Seiende sein könne, an dem es teilhabe, und daher mit Notwendigkeit

---

[21] So heißt es bei ÜBERWEG-PRAECHTER, *Die Philosophie des Altertums*, Tübingen [13]1953, p. 120, daß wir von der Schrift über das Nichtseiende »bei Platon keine Spur entdecken«.
[22] Vgl. DIELS / KRANZ, Bd. II, 279, 33-283, 2.
[23] Cf. 258 b 2, e 6.
[24] Cf. 255 c 12 sqq.

ein Nichtseiendes sei[25]. Da auch die Rede (λόγος), die in der Verflechtung (συμπλοκή) von Nomina und Verba bestehe — eine Auffassung, die Aristoteles übernommen hat[26] —, eine der seienden Gattungen sei, vermische sich das durch alles Seiende verstreute Nichtseiende oder Andere auch mit ihr[27]; und wie das Andere nicht das Gegenteil des Seienden sei, so werde beim Aussprechen einer Verneinung (ἀπόφασις) auch nicht das Gegenteil bezeichnet, sondern nur ausgedrückt, daß das vorangestellte »Nicht« (τὸ μὴ καὶ τὸ οὒ προτιθέμενα) etwas anderes meint als die nachfolgenden Worte oder vielmehr die Dinge, für die diese festgesetzt sind[28]. Nun ist es unmöglich, daß eine Rede nicht Rede von etwas, sondern von nichts ist[29]. Daher sagt auch eine falsche Rede nicht etwa nichts aus, sondern lediglich anderes als das, was in Hinsicht eines Bestimmten wirklich zutrifft. So sagt der vermutlich auf ein von Gorgias gebrauchtes Beispiel[30] anspielende Satz »Theaitetos fliegt« Seiendes, das anders ist als das Seiende hinsichtlich des Theaitetos (ὄντων δέ γε ὄντα ἕτερα περὶ σοῦ[31]), und nur insofern Nichtseiendes als Seiendes aus.

Von den Hauptstücken dieser Gorgias-Widerlegung hat nur die Ableitung der Möglichkeit einer falschen logischen Verknüpfung aus der Subsumtion des Logos selbst unter die ontologische Grundvoraussetzung einer Durchmischung von Seiendheit und Nichtseiendheit in allem Wirklichen, die offenbar Gorgias' These entkräften soll, es könne keine Hermeneutik des Seienden geben, da der Logos außerhalb des Seienden und daher selbst nicht seiend sei, historisch nicht weiter gewirkt. Dagegen ist die Zuordnung der wahren Apophasis und der falschen Rede zu einem beziehungsweise Nichtseienden oder Anderen, das sich in anderer Verknüpfung als Seiendes erweist, die Grundlage der aristotelischen Wahrheitslehre geworden. Dieser Gedanke kann somit als die Geburtsstunde der logischen Negation als eines Mittels zur Formulierung von Aussagen über Seiendes gelten.

Auch Aristoteles vollzieht die Annahme mannigfaltiger Weisen des beziehungsweise Nichtseienden in dem deutlichen Bewußtsein, damit von der parmenideischen Lehre abzuweichen. Parmenides habe den Fehler begangen, das Seiende nur in einfachem und nicht in vielfältigem Sinne zu nehmen[32]. Das Seiende sei jedoch vielfältig, und ebenso vielfältig sei auch das Nichtseiende[33].

---

[25] Cf. 259 a 6 sqq.
[26] Cf. *Cat.* 2, 1 a 16 sqq.; 10, 13 b 10 sq.; al.
[27] Cf. 260 a-c.
[28] Cf. 257 b 9 sqq.
[29] Cf. 262 e 5 sq.
[30] Vgl. Diels / Kranz, Bd. II, 281, 43-6.
[31] Cf. 263 b 11.
[32] Cf. *Phys.* 1, 3, 186 a 24 sq.
[33] Cf. *Met.* 14, 2, 1089 a 16.

Nichts hindere, daß es das Nichtseiende zwar nicht einfachhin gebe, aber doch in Gestalt eines Nicht-etwas-Bestimmtes-Seienden (μὴ ὄν τι)[34]. Das Nichtsein und Nichtseiende vermannigfaltigt sich für ihn einmal nach den zehn Schemata der Prädikation, so daß Nicht-Mensch »nicht dieses sein« (μὴ εἶναι τοδί), Nichtgerade dagegen »nicht derartig sein« (μὴ εἶναι τοιονδί) besagt, und so fort[35]. Daneben gibt es das Nichtseiende im Sinne des Irrtums und sodann der Potentialität (τὸ κατὰ δύναμιν μὴ ὄν)[36]. Das Nichtsein und Nichtseiende des Parmenides, das ein Werden und Vergehen ausschloß, läßt sich nun nur noch mittels des spezifizierenden Zusatzes »einfachhin« (ἁπλῶς), nämlich Nichtseiendes, unmißverständlich aussagen[37]. Ebenso erfordert die angemessene Bestimmung der verschiedenen Weisen des beziehungsweise Nichtseienden die Zuhilfenahme von Exponibilien, wie *sensus reduplicativus* oder *determinatio diminuens*. Etwas wird nämlich nur insofern aus einem Nichtseienden, als dieses in dieser Rücksicht als ein Nichtseiendes gelten kann (ἐκ μὴ ὄντος ᾗ μὴ ὄν)[38], d. h. insofern ein δυνάμει ὄν (*ens in potentia*) zugleich ein ἐντελεχείᾳ μὴ ὄν (*non ens actu*) ist[39].

Da auf alle Modi beziehungsweiser Nichtseiendheit die wahre Negation im Sinne der das wirklich Geschiedene einander absprechenden Rede anwendbar ist, hat die Aufhebung der Bedeutungseinfalt des Seienden und Nichtseienden dem apophatischen Logos einen weiten Anwendungsbereich eröffnet, der ihm im Eleatismus verschlossen war. Dies will nicht besagen, daß nicht auch bei Aristoteles Aussagen möglich wären, die — ut sonant verba — parmenideisch anmuten. Nur haben sie jetzt einen gänzlich anderen Sinn. Das aus einer Stelle der *Zweiten Analytiken*[40] entwickelte Schulaxiom *non entis nulla est scientia* (»es ist unmöglich, vom Nichtseienden ein apodiktisches Wissen zu haben«) etwa zielt nicht auf ein schlechterdings Nichtseiendes, sondern auf eine falsche logische Verknüpfung. »Nicht seiend« heißt hier nichts anderes als »nicht wahr seiend«. Aristoteles nämlich sagt ausdrücklich, wahr müsse der apodiktische Schluß sein, weil man, was nicht ist, nicht wissen könne, wie beispielsweise, daß die Diagonale des Quadrats seiner Seite kommensurabel ist (ἀληθῆ μὲν οὖν δεῖ

---

[34] Cf. *Phys.* 1, 3, 187 a 5 sq.; *De gen. et corr.* 1, 3, 317 b 4.
[35] Cf. *Met.* 14, 2, 1089 a 17 sqq.
[36] Cf. ib., 1089 a 27 sqq.
[37] Vgl. das *De gen. et corr.* 1, 3, 317 b 5 aporetisch eingeführte ἁπλῶς μὴ ὄν. Das einfachhinnige Werden aus dem Nichtseienden ist bei Aristoteles allerdings doppeldeutig, denn es kann bei ihm auch die substantielle Veränderung bezeichnen (vgl. *Phys.* 1, 8, 191 b 13 sq. mit *De gen. et corr.* 1, 3, 317 b 15 sq.). Sehr viel deutlicher sind Plotins Formeln von einem παντελῶς, ὄντως oder ἀληθινῶς μὴ ὄν (cf. HENRY / SCHWYZER I, 8, 3, 6, sq., II, 5, 5, 24, III, 6, 7, 12 sq.).
[38] Cf. Aristoteles, *Phys.* 1, 8, 191 b 10, 26.
[39] Cf. id., *De gen. et corr.* 1, 3, 317 b 16 sq.
[40] Cf. *Anal. post.* 1, 2, 71 b 25 sq.

εἶναι, ὅτι οὐκ ἔστι τὸ μὴ ὂν ἐπίστασθαι, οἷον ὅτι ἡ διάμετρος σύμμετρος)[41]. Kant hat ein derartiges Nichtseiendes unter Verwendung des Wolffischen Beispiels eines »*bilineum rectilineum*«[42] ein »Unding« oder »*nihil negativum*« genannt[43].

Obwohl Aristoteles Zusprechung und Absprechung mit aller nur wünschenswerten Deutlichkeit dem Seienden im Sinne des Wahren und damit der ihrem Begriff nach komplexen, verknüpfenden und trennenden Rede zugeordnet hat, ist der apophatische Logos nicht zum fortan maßgebenden Begriff der Negation geworden. Vielmehr ist der Negation im Laufe der Zeit eine ähnliche Vermannigfaltigung ihrer Bedeutung widerfahren, wie einst dem Seienden des Parmenides. Noch innerhalb der griechischen Tradition sind die Neuplatoniker vertikal nach beiden Richtungen über das mittlere Strukturationsniveau der Meontologie des platonischen *Sophistes* hinausgegangen: *Platonici sicut per negationes ascendunt ad ipsum simpliciter unum, ita negando descendunt ad materiam simplicissimam*[44]. Das beziehungsweise Nichtseiende des *Sophistes* gilt Proklos als dem Seienden gleichwertig zugeordnet (ὡς τῷ ὄντι συντσττόμενον)[45]. Im Felde des Seienden sind folglich die Absprechungen mit den Zusprechungen in gleichrangiger Zuordnung (σύστοιχος τάξις)[46] verknüpft (σύζυγοι)[47]. Geringwertiger als die Zusprechungen sind die den nichtseienden Beraubungen (στερήσεις) des Seienden entsprechenden, im Bereich der materiellen Veränderung angesiedelten Absprechungen[48], höherwertiger die dem nichtseienden, weil vor- und überseienden Einen entsprechenden[49]. Dieses Lehrstück von den drei Arten von Nichtseiendheit und Absprechung ist dazu bestimmt, die gängige Auffassung von dem durchgängigen Vorrang der Zusprechung vor der Absprechung zu durchbrechen[50]. Die drei möglichen Zuordnungen von Zu- und Absprechung verweisen dadurch, daß sie einen ontologischen Aufschluß über die wechselnde

---

[41] Ib.
[42] Cf. Chr. Wolff, *Philosophia prima sive Ontologia*, Frankfurt-Leipzig 1736 / Hildesheim 1962, p. 116 (§ 137).
[43] Vgl. *Kr. d. r. V.* B 348.
[44] Cf. Marsilius Ficinus, *Commentarium in Parmenidem*, cap. 43, in O*pera*, t. II, Basel 1561, p. 1159.
[45] Cf. *Commentarium in Platonis Parmenidem*, 1. 6, in *Procli philosophi Platonici opera inedita*, ed. V. Cousin, p. III, Paris ²1864 / Hildesheim 1961, col. 1073, l. 3 sq.
[46] Cf. *Procli successoris Platonici in Platonis Theologiam libri sex*, 1. 2, cap. 4, Hamburg 1618 / Frankfurt/M. 1960, p. 94, l. 17.
[47] Cf. *Comm. in Plat. Parm.*, ed. cit., col. 1076, l. 7 sq.
[48] Cf. ib., l. 4 sqq.
[49] Cf. ib., l. 10 sqq.
[50] Freilich interpretiert Proklos das einschränkende εἰ θέμις εἰπεῖν von *Soph.* 258 b 2 in seiner platonischen Theologie im Sinne der völligen Gleichrangigkeit von Seiendem und Nichtseiendem (cf. ed. cit., p. 94, l. 26 sqq.), während Platon nach dem Parmenides-Kommentar damit gerade den Vorrang des Seienden vor dem Nichtseienden hat ausdrücken wollen (cf. ed. cit., col. 1072, l. 35 sqq.).

Beziehung von Seiendem und Nichtseiendem geben, auf eine dreifältige Eigenheit der realen Sachverhalte selbst[51]. Die Logik der Negation wird freilich mit der Konstruktion dieser Zuordnungshierarchie nicht über Aristoteles hinaus weiterentwickelt.

Im lateinischen Mittelalter ist schon im Umkreis der Aristoteles-Erklärung neben das aristotelische »τὸ ὂν λέγεται πολλαχῶς« (*ens dicitur multipliciter*)[52] bald ein *multipliciter dicitur negatio* getreten[53]. Die Gründe hierfür sind vielfältiger Art. Einmal drückt »*negatio*« weder das Redemoment noch die »τὶ-ἀπό-τινός«-Struktur des griechischen »ἀπόφασις« aus und konnte daher leichter seiner Kernbedeutung entfremdet werden als das ihm sachlich und sprachlich aufs engste verwandte, aber nennkräftiger latinisierte »ἀντίφασις« (*contradictio*). »Negativ« ist überdies heute vorrangig der Gegensatz zu »positiv« — eine, wie sich zeigte, schon an der Schwelle der Scholastik eingeleitete Bedeutungsverschiebung, die bei Aristoteles ohne Vorgang ist. Es wäre müßig, dort nach einem Gegensatz des »Thetischen« und »Apophatischen« suchen zu wollen. Zu den semantischen Differenzen kommen noetische. Als komplexe Rede scheint die Negation nicht in unmittelbarer Verbindung mit der einfachen Erfassung eines Inkomplexen zu stehen. Thomas aber läßt in der Transzendentalien-Spekulation die das Eine konstituierende Negation der Teilung absolut aus dem Seienden folgen. (*Negatio autem quae est consequens omne ens absolute, est indivisio; et hanc exprimit hoc nomen unum* ...[54]) Die Erfassung der in ihr negierten »*divisio*« folgt ihrerseits mittels der »*negatio entis*« aus der anfänglichen Erfassung des Seienden als des Ersterkannten aller Erkenntnis:

Primum enim quod in intellectum cadit, est ens; secundum vero est negatio entis; ex his autem duobus sequitur tertio intellectus divisionis (ex hoc enim quod aliquid intelligitur ens, et intelligitur non esse hoc ens, sequitur in intellectu quod sit divisum ab eo) ...[55]

Die erste Negation des Seienden sowie die den Begriff des Einen ergebende Negation dieser Negation werden eingeführt nach Art vorprädikativer Reflexionsinstrumente, die in allen distinktiven und präzisiven Operationen des Intellekts wirksam sind, ohne ausdrücklich über das negative Urteil vermittelt zu sein.

Aristoteles selbst ist jedoch keineswegs schuldlos daran, daß der Negationsbegriff seinen enunziativen Sinn weitgehend verloren hat, denn er hat die Eigen-

---

[51] Cf. *In Plat. Theol.*, l. c., p. 94, l. 11 sqq.
[52] Cf. *Met.* 7, 1, 1028 a 10; al.
[53] Cf. Joannes Buridanus, *In Metaphysicen Aristotelis Quaestiones argutissimae*, Paris 1518 / Frankfurt/M. 1964, l. 4, q. 10, f. 20 ra.
[54] *De ver.* 1, 1, co.
[55] *De pot.* 9, 7, ad 15.

art der Beraubung (στέρησις, *privatio*) in einer Spezifikation der Absprechung im allgemeinen gesehen und die Typologie möglicher Beraubungen aus inkomplexen Redeteilen entwickelt, genauer aus Nomina, denen ein alpha privativum präfigiert ist, die er aber gleichwohl »Absprechungen« nennt (ἀπὸ τοῦ ᾱ ἀποφάσεις, *ab eo quod A privativa particula negationes*[56]). Absprechung und Beraubung sind nach ihm Gegenstand einer einzigen theoretischen Zuwendung (ἐπιστήμη), da durch beide ausgedrückt wird, daß etwas nicht vorhanden ist, sei es nun im Sinne schlechthinniger Abwesenheit oder der Abwesenheit innerhalb der Grenzen einer bestimmten Gattung und in Rücksicht auf ein bestimmtes Substrat[57].

Die Tradition hat der von Aristoteles getroffenen Unterscheidung terminologisch durch die Abgrenzung der *privatio* als *negatio in genere* oder *in subiecto* gegen die *negatio simplex (pura, extra genus)* Rechnung zu tragen gesucht. Damit wird in den Begriff der Negation eine Äquivokation hineingetragen, die der führende italienische Renaissance-Skotist Antonius Trombeta zur Grundlage seiner Negationstheorie gemacht hat. *Negatio dicitur aequivoce de privatione et contradictione*[58], heißt es bei ihm. Das aber besagt: ... *negatio non est quid commune ad privationem et negationem extra genus nisi secundum vocem* ...[59]. Wird unter dieser Voraussetzung die privative Negation in einer Überakzentuierung ihrer Realitätsnähe als *ens reale* und *negatio ut in aliquo positivo* definiert[60], bleibt für die propositionale Absprechung nur eine der Realität entfremdete Mentalexistenz übrig: *negatio extra genus habet esse per opus intellectus tantum*[61]. Aristoteles selbst hat den Begriff der Beraubung, obwohl er sich seines abstrakten, eine unmittelbare Prädikation ausschließenden Charakters durchaus bewußt war[62], häufiger auf Realgegebenheiten angewandt als den der Absprechung. Das Kalte »ist« für ihn die Beraubung des Warmen[63], und ebenso »ist« die Veränderung in das Gegenteil eine solche in Zustände der Beraubung (στερητικαὶ διαθέσεις)[64]. Von der durchgängigen Übertragung des Begriffs der Negation auf derartige Beraubungen her gesehen erscheint es gar nicht so abwegig, wenn außer Trombeta auch Autoren wie Aegidius Romanus, der Frühskotist Johannes Canonicus, die Conimbricenses oder Antonius

---

[56] Cf. *Met.* 5, 22, 1022 b 32.
[57] Cf. *Met.* 4, 2, 1004 a 10 sqq.
[58] Cf. Antonius Trombeta, *Opus in Metaphysicam Aristotelis Paduae in Thomistas discussum*, Venedig 1502, l. 12, q. 6, f. 91 vb.
[59] Ib., f. 92 rb.
[60] Cf. ib., f. 92 va.
[61] Ib., f. 91 vb.
[62] Cf. *Cat.* 10, 12 a 39 sqq.
[63] Cf. *De gen. an.* 2, 6, 743 a 36.
[64] Cf. *De an.* 2, 5, 417 b 14 sq.

Ruvius geglaubt haben, die privativen Negationen nicht, wie die Thomisten, als Gedankendinge, oder aber, wie die Mehrzahl der Skotisten, als Realnegation, sondern geradezu als *entia realia negativa* verstehen zu müssen[65]. Wird hierbei gegen Trombeta an einem den Privationen und den sonstigen Negationen gemeinsamen Negationsbegriff festgehalten, kann die Zuordnung der Negation zum Urteil sogar als ihrem Sinn und Wesen zuwiderlaufend angesehen werden. Antonius Ruvius hat dementsprechend in der Tat behauptet, ihrem eigentlichen Begriff nach (*secundum se aut secundum suas essentias*) seien die Negationen und Privationen *negationes alicuius formae realis* und damit *entia realia secundum quid ..., hoc est, non positiva, sed negativa*, während sie, sofern sie den Dingen im Urteil beigelegt würden, gerade nicht *secundum rationem negationis et privationis* verstanden würden[66]. Auch Daniel Stahl bekennt sich indirekt zu einem anderen Sprachgebrauch, wenn er meint, wiewohl die Ausdrücke *affirmatio* und *negatio*, wie sich bei Aristoteles zeige, von vollständigen Aussagen usurpiert würden, sei es doch niemals jemandem in den Sinn gekommen, das gängige Dictum *duae negationes affirmant* dahin zu verstehen, daß zwei verneinende Aussagen eine bejahende ergäben[67]. Er faßt die beiden Negationen jedoch nicht als *entia realia* auf, sondern als adverbiale oder nominale Verlautungen (*geminatae voculae negativae*) ohne natürlichen Bezeichnungssinn[68]. Wenn aus ihrer Verknüpfung eine affirmative Aussage hervorgehe, so folge dies nicht aus ihrer Natur, sondern beruhe auf willkürlicher Übereinkunft (*totum hoc pendet ab instituto hominum et consensu loquentium*[69]).

Neben die inkomplexen Realnegationen der Skotisten und die *voculae negativae* Stahls tritt als weitere Möglichkeit einer Ausdehnung des Negationsbegriffs über die Urteilsebene hinaus die Annahme inkomplexer Mentalnegationen. Boethius hatte als strenger Aristoteliker die von ihm unterschiedenen Negationstypen noch als Urteilsarten begriffen. Eine *negatio simplex* war ihm ein Urteil, in dem die verneinende Partikel bei der Kopula steht, während sie in der *negatio infinita* dem Urteilsprädikat zugeordnet wird; in der *negatio privatoria* schließlich wird der sprachliche Ausdruck der Verneinung durch das privative *in-* mit dem Prädikat zusammengesetzt[70]. Abweichend hiervon hat Petrus Aureoli das *non homo* der *negatio infinita* als eine *negatio infinitans conceptum hominis* und damit als eine Form der inkomplexen begrifflichen

---

[65] Vgl. die Nachweise in der Anm. 7 zit. *Metaphysik* von Mastrius de Meldula, d. 2, n. 232, p. 87 a.
[66] Cf. *Commentarii in universam Aristotelis dialecticam*, Köln 1634, p. 57 b sq.
[67] Cf. *Quaestiones logicae* CV, q. 50, § 3, ed. cit., p. 382.
[68] Cf. ib., § 16, p. 388.
[69] Cf. § 18, p. 389.
[70] Vgl. C. PRANTL, op. cit., Bd. 1, Leipzig 1855 / Berlin 1955, p. 693, Anm. 116.

Erfassung verstanden[71]. Aristoteles hatte erklärt, wenn infinite Nomina wie »nicht Mensch« (μὴ ἄνθρωπος) auch der für Urteile charakteristischen Verflechtung von Nomen und Verbum zu ermangeln schienen, so sei es doch in Wahrheit nicht so. Da zu einer Absprechung oder Negation notwendig ein Verifizieren oder Falsifizieren gehöre, bedürften derartige Ausdrücke, um Absprechungen zu werden, einer Hinzufügung. Wer lediglich »nicht Mensch« sage, habe noch weniger eine wahre oder falsche Aussage gemacht, als wer lediglich »Mensch« sage, solange er nicht etwas anderes hinzusetze[72]. Aureoli dagegen versteht infinite Prädikate nicht als Urteilsäquivalente, sondern als gegenständliche Korrelate einer besonderen Form negatorischer Erfassungsakte. Das Verneinen in Hinsicht des Komplexen ist nach ihm anderen Wesens als dasjenige in Hinsicht des Inkomplexen:

... respectu complexorum affirmare est componere, negare vero dividere; respectu vero incomplexorum negare est infinitare, ut cum dicitur ›non homo‹, aut privare a subiecto apto nato, ut cum dicitur ›tenebrae‹...[73]

Dieses Lehrstück einer spezifischen Negationsweise der *negatio infinitans* hat noch im 17. Jahrhundert der Ockhamist Obadiah Walker in seine *ad mentem Nominalium* konzipierte Logik aufgenommen. Er sagt: *Negatio infinitans proprie negat; infinitat autem, cum sit pars vocis cui adjungitur*[74]. Dannhauer hat dem Problem sogar eine eigene, viel diskutierte Abhandlung gewidmet[75].

Sowohl der Negationsrealismus der Skotisten als auch Aureolis Annahme zweier verschiedener intentionaler Akte des Negierens mit unterschiedlicher gegenständlicher Termination sind im 17. Jahrhundert jedoch auch im Namen des Urteilscharakters der Negation energisch betritten worden. Der Pariser Spätnominalist Jean Salabert hält eine verneinende begriffliche Erfassung, wie sie Aureoli angenommen hatte, für eine sich selbst widersprechende Vorstellung. Man dürfe die Rede von einem *terminus negativus* nicht auf den *terminus mentalis* oder Begriff, sondern nur auf den *terminus vocalis* beziehen. Nur in dem äußerlichen Sinne einer Rückbeziehung auf ein bereits konzipiertes negatives Urteil könne auch ein einfacher geistiger Erfassungsakt eine Negation einschließen. *Negare enim ex ipso Philosopho et ex sensu communi ad solum iudicium mentisque reflexionem perfectam pertinet*[76].

Nicht weniger nachdrücklich hat Franciscus Le Rées geleugnet, daß es außer-

---

[71] Cf. *Commentariorum in primum librum Sententiarum pars secunda*, Rom 1596, d. 36, p. 2, q. un., a. 2, p. 848 aF.
[72] Cf. *De interpr.* 10, 20 a 31 sqq.
[73] Cf. l. c., p. 848 bA.
[74] *Artis rationis, maxima ex parte ad mentem Nominalium, libri tres*, Oxford 1683, p. 68.
[75] Erschienen unter dem Titel: *Tractatus de syllogismo ut vulgo dicitur infinito*, Straßburg

halb des Urteils oder der *negatio complexa* noch eine *negatio simplex a parte rei* geben könne: ... *non datur simplex negatio, quae non sit iudicium* ...; ... *quod non opponitur affirmationi, nullatenus est negatio* ...[77]. Aristoteles widerspreche sich selbst, wenn er in dem *capitulum de oppositis* — einem Teil des traditionell als Postprädikamente bezeichneten Schlußabschnitts der Kategorienschrift — von den Gliedern eines logischen Widerspruchs her eine Art *oppositio simplex contradictoria* auf ihre Gegenstände redundieren lasse, denn die einen Widerspruch ausmachende Bejahung und Verneinung verlangten einen identischen Bezugspunkt; es sei jedoch absurd anzunehmen, dieses ihr identisches Substrat sei sich selbst kontradiktorisch entgegengesetzt[78].

Le Rées hätte freilich hinzufügen müssen, daß es den von ihm in der Annahme von *contradictoria incomplexa* vermißten Bezugspunkt gerade wegen der Unmöglichkeit des logischen Widerspruchs gar nicht geben könne. Der Hauptgrund für die Schwierigkeiten, die er mit dem aristotelischen Text hat, liegt darin, daß er unter »Entgegensetzung« eine wirkliche Beziehung des Entgegengesetzten versteht (*oppositio vera est relatio vera*[79]). Eine solche hatten jedoch die Verfechter der damals üblich gewordenen Unterscheidung zwischen dialektischem und physischem Widerspruch nicht behauptet. Auch in den Postprädikamenten hatte es lediglich geheißen, auch die einer Zusprechung und Absprechung zugrunde liegenden Sachverhalte (τὸ ὑπὸ τὴν κατάφασιν καὶ ἀπόφασιν[80]) seien einander wie Zusprechung und Absprechung (ὡς κατάφασις καὶ ἀπόφασις[81]) entgegengesetzt; die Entgegensetzung von Sitzen und Nichtsitzen entspreche der von »er sitzt« und »er sitzt nicht«. Das hieraus entwickelte Lehrstück der *oppositio contradictoria in rebus* oder *physica*[82] will denn auch — und das macht es für unser gängiges Widerspruchsverständnis so mißverständlich — keineswegs besagen, daß kontradiktorische Realbestimmungen einem und demselben Substrat kopulativ zugleich zukommen oder in eine ausschließende Beziehung zueinander treten können. Man hat demgemäß je nach der gnoseologischen Position unterschiedliche Einschränkungen hinzugefügt. Suarez hat dem physischen oder realen Widerspruch nur den Charakter eines Gedankendinges geben wollen (*illa contradictoria oppositio magis pertinet ad entia rationis quam rei*[83]), während man im Skotismus zwar reale Negationen angenommen, sie

---

[76] *Philosophia Nominalium vindicata*, Paris 1651, p. 35. 1630, ²1665.
[77] Cf. *Cursus philosophicus*, Paris 1648, t. 1, p. 483, 472.
[78] Cf. ib., p. 484 sq.
[79] Cf. p. 484.
[80] Cf. Aristoteles, *Cat.* 10, 12 b 5 sq.
[81] Cf. ib., 12 b 10 sq.
[82] Cf. Johannes a Sancto Thoma, *Cursus philosophicus thomisticus*, ed. cit., t. I, p. 183 a.
[83] Cf. *Dispp. met.*, d. 45, s. 1, n. 5.

aber zugleich auf reale Substrate bezogen hat, die von denen der zugehörigen, mit ihnen schlechterdings unverträglichen Affirmationen verschieden sind. So heißt es in der Logik von Mastrius und Bellutus über die als *termini contradicentes* verstandenen *contradictoria incomplexa*: *requirunt subjecta multiplicata* oder: *requirunt fundamenta actu diversa*[84]. Diese Präzisierung entspricht der Lösung, die schon der Frühskotist Franciscus de Mayronis in seinem Traktat über das Widerspruchsprinzip vorgeschlagen hatte. Danach wird das eine Glied jedes Widerspruchs *sub disiunctione* ganz allgemein von jeglichem verifiziert, während zugleich die *copulatio* beider Glieder ebenso allgemein geleugnet wird[85]. Die angemessene Formulierung des Prinzips lautet folglich: *de quolibet dicitur affirmatio vel negatio, et de nullo ambo simul*[86].

Diese eigentümliche Beziehungslosigkeit der auf verschiedene Subjekte verteilten realen Korrelate eines logischen Widerspruchs ist, wie Kant betont hat, »keine wirkliche Entgegensetzung«. Für ihn kann ein realer Widerstreit nur stattfinden, wenn eine der opponierten Bestimmungen »nicht das kontradiktorische Gegenteil der andern« ist. Realrepugnanz ist Entgegensetzung »ohne Widerspruch«[87]. Diese Präzisierung des Begriffs der *oppositio realis*, die zugleich dem Begriff negativer Dinge den Garaus macht[88], verdient den Vorzug vor den mannigfaltigen älteren Versuchen, dem logischen Widerspruch eine reale Entsprechung zu vindizieren, hat aber sicherlich keine Chance, dem gedankenlosen Gerede von realen Widersprüchen Einhalt zu gebieten.

Als weitere Paradigmen für die unterschiedliche Deutbarkeit aristotelischer Aussagen über Absprechung und Nichtsein nennen wir die Sätze: ἀπόφασις δὲ τὸ μὴ εἶναι (*negatio autem est non esse*)[89] und: καὶ τὸ μὴ ὂν εἶναι μὴ ὂν φαμεν (*et non ens esse non ens dicimus*)[90]. Der erste dieser Sätze darf uns trotz der Synonymie von Negation und Abwesenheit (ἀπουσία) bei Aristoteles[91] nicht dazu verleiten, aus ihm eine Identifizierbarkeit von realen Tatbeständen mit Aussageweisen herauszulesen. Im Kontext besagt er nur: wenn jemand auf die Frage, ob etwas so beschaffen sei, mit ›Nein‹ antworte, dann habe er damit dem, wonach er gefragt worden sei, ein So-beschaffen-Sein abgesprochen. Das apophatische

---

[84] Cf. *Philosophiae ... cursus integer*, ed. cit., t. 1, p. 293 a.
[85] Cf. *Tractatus primi principii complexi secundum doctrinam Magistri Francisci de Mayronis*, in Franciscus de Mayronis, *Praeclarissima ac multum subtilia egregiaque scripta ... in quatuor libros sententiarum ...*, Venedig 1520 / Frankfurt/M. 1966, f. 268 Q / 269 A.
[86] Cf. ib., f. 268 N.
[87] Vgl. *Versuch den Begriff der negativen Größen in die Weltweisheit einzuführen*, in I. Kant, *Werke in zehn Bänden*, hgg. v. W. Weischedel, Darmstadt 1968, Bd. 2, p. 783, 788.
[88] Vgl. ebd., p. 787.
[89] Cf. *Met.* 4, 6, 1012 a 16 sq.
[90] Cf. *Met.* 4, 2, 1003 b 10.
[91] Cf. ib., 1004 a 14 sq.

Nichtsein vermannigfaltigt sich folglich entsprechend der Bedeutungsvielfalt des Seienden. Dennoch hat das mißverständliche *negatio est non esse* sicherlich dazu beigetragen, daß man aus dem zweiten Satz hat schließen können, es gebe unabhängig von unserem Denken (*a parte rei nullo intellectu cogitante*) in der Wirklichkeit selbst — so die Skotisten — *negationes reales*[92]. Freilich versteht Duns Scotus in diesen Zusammenhängen *realiter* im Sinne von *vere*[93]. Insofern zielt die Rede von einer Realität der Negation nicht auf eine ihr beilegbare positive Eigenexistenz, sondern auf eine Realgegebenheit, die von sich her darauf angelegt ist, Aussagen zu bewahrheiten, so daß diese als wahr betrachtet werden können, *quia vere a parte rei res ita se habet, et non quia ita fingit intellectus*[94]. Die Subsumtion der Negation überhaupt unter das *ens rationis*, wie sie von einer klassischen Thomas-Stelle her[95] die thomistische Tradition bestimmt, läßt sich jedoch mit dieser gemäßigt realistischen Umdeutung des *esse non ens* zur realen Bewahrheitungsgrundlage negativer Aussagen nicht in Einklang bringen.

Für die Deutung einer dritten, den Realitätsbezug der Negation berührenden Aristoteles-Stelle[96] konnten die späteren Autoren sich nicht zu Unrecht auf eine anscheinend einhellige Auslegungstradition berufen. Das εἰ ἡ ἀπόφασις αἰτία τοῦ μὴ ὑπάρχειν, ἡ κατάφασις τοῦ ὑπάρχειν (*si negatio est causa negationis, affirmatio est causa affirmationis*)[97] ist schon von den griechischen Kommentatoren im Sinne einer Seinsursächlichkeit der Absprechungen verstanden worden. Aristoteles weist an dieser Stelle darauf hin, daß ein negativer Beweis des Warum — beispielsweise des Nichtatmens einer Mauer — nur dann vorliegt, wenn eine Absprechung — in diesem Falle die der Belebtheit — auch wirklich die unmittelbare Ursache für das Nichtvorhandensein ist. Philiponos hat diese αἰτία τοῦ μὴ ὑπάρχειν nicht illativ, als logisches Grund-Folge-Verhältnis, sondern als Realursache (αἰτία τοῦ πράγματος[98]) verstanden, ohne sich zu fragen, wie denn eine Absprechung als solche etwas in der Realität soll verursachen können. Auch den gemäßigten Realisten der Hochscholastik ist an dieser Stelle eine konsequente Trennung von Absprechung und Verursachung, logischer und physischer Sphäre nicht erforderlich erschienen. Thomas ist sich offenbar der Äquivokationen in

---

[92] Zum Verständnis des skotistischen Begriffs der *negatio realis* vgl. Mastrius / Bellutus, *Cursus philosophiae integer*, ed. cit., t. 1, (*Logica*), d. 3, q. 7, n. 99, p. 136 b; t. 2 (*Physica*), d. 4, q. 1, a. 1, n. 2 sqq., p. 101 a-103 a; t. 4 (*Metaphysica*, p. 1), d. 2, q. 9, a. 3, n. 275 sqq., p. 97 b bis 99 b.
[93] Hierauf weist Mastrius in seiner Metaphysik (*Cursus*, t. 4), d. 2, q. 9, a. 3, n. 281, p. 98 b hin.
[94] Cf. Mastrius / Bellutus, *Cursus*, t. 2 (*Physica*), d. 4, q. 1, a. 1, n. 2, p. 101 b.
[95] *De ver.* 21, 1, co.
[96] *An. post.* 1, 13, 78 b 14 sqq.
[97] Cf. ib., 78 b 17 sq.
[98] Cf. CAG 13, 3, 174; ähnlich Themistios.

den Begriffen *causa* und *negatio* nicht bewußt, wenn er aus der Aristoteles-Stelle das Dictum *ipsius causae negatio est causa negationis secundum seipsam* entwickelt[99] und damit die logische Ursachenabsprechung zur realen Absprechungsursache macht. Ockham hat auf die Äquivozität des hier gebrauchten Ursache-Begriffs hingewiesen. Mit *causa* sei nicht irgendeine *res* gemeint, sondern lediglich eine *negatio alicujus, ex qua sequitur negatio alterius*. Da ein Beweis aus Begriffen oder sprachlichen Verlautungen (*voces*) bestehe, könne keine äußere Ursache als solche in ihn eingehen:

pro modo loquendi oportet scire, quod nullus demonstrat causam per effectum vel e converso, ita quod causa extra vel effectus intrant demonstrationem, cum demonstratio non componatur nisi ex conceptibus seu intentionibus animae vel vocibus vel scriptis ...[100].

Diese Warnungen haben nichts gefruchtet. Noch Daniel Stahl gibt dem *negatio est causa negationis* einen ontologischen Sinn: *Aristoteles in hac regula loquitur de causa essendi; et de ea valet, non autem de causa inferendi*[101].

Die Gleichsetzbarkeit der Negation im Sinne des apophatischen Logos mit ihrem realen Substrat konnte durch die lapidare Feststellung in den *Postprädikamenten*, zwischen den der absprechenden Rede zugrunde liegenden Sachverhalten selbst finde keine gegliederte Rede statt (τῶν δὲ ὑπὸ τὴν κατάφασιν ἢ ἀπόφασιν οὐδέν ἐστι λόγος[102]), als ausgeschlossen gelten. Zur Abwehr einer derartigen Verwechslung heißt es ganz ähnlich in den *Sophistischen Widerlegungen*[103]:

Da es nun nicht möglich ist, die Dinge selbst sich miteinander bereden zu lassen (αὐτὰ τὰ πράγματα διαλέγεσθαι), sondern wir uns der Namen anstelle der Dinge als Zeichen (σύμβολα) bedienen, glauben wir, das für die Worte Zutreffende treffe auch für die Dinge zu ...

Diese fundamentale Unterscheidung hat Gregor von Rimini dadurch zu unterlaufen versucht, daß er einen extramentalen komplexen Totalgegenstand des Urteils (*significatum propositionis adaequatum et totale*) angenommen hat, der zwar keine *entitas existens* sei, aber doch in einem abgeleiteten Sinne als *res*, *ens* oder *aliquid* betrachtet werden könne[104]. Obwohl dieses *complexe significabile* nicht Redecharakter besitzt, ist es doch anders, als das aristotelische »Sitzen« und »Nichtsitzen«, ein in sich gegliederter, wahrer oder falscher Sachverhalt von einer dem τὶ κατὰ τινός oder τὶ ἀπὸ τινός verwandten Struktur. Die Diskussionen

---

[99] Cf. *S. th.* I-II, 75, 1, co.
[100] *Summa totius Logicae*, Oxford 1675, p. III, 2, cap. 20, p. 352.
[101] *Tituli XX. regularum philosophicarum*, Rinteln 1635, tit. 3, reg. 8, p. 76.
[102] Cf. *Cat.* 10, 12 b 9 sq.
[103] *Soph. el.* 1, 165 a 6 sqq.
[104] Cf. *Super primum et secundum Sententiarum*, Venedig 1522 / St. Bonaventure (N. Y.) 1955, *Prol. I Sent.*, q. 1, a. 1, f. 2 vb.

um eine derartige Abtrennbarkeit der Urteilsgeltung vom Urteil selbst, wie sie wohl am nachdrücklichsten Crathorn vertreten hat [105], haben die logischen Kontroversen des späteren 14. Jahrhunderts beherrscht. Schon vor Gregor hatte Franciscus de Mayronis in offenkundigem Gegensatz zu dem von ihm als *pessimus Metaphysicus* verachteten [106] Aristoteles der mentalen Rede eine reale vorgeordnet:

> ... oratio et propositio possunt sumi dupliciter, quia aut pro illa complexione quae est extra animam in rationibus formalibus terminorum, aut pro illa quae est in mente intra conceptus eorum [107].

So gewinnt die gesamte Logik (*totus ordo demonstrationis et connexionis terminorum et propositionum* [108]) eine extramentale Existenz. Logische Zusammensetzungen sind nur wahr, weil und sofern ihnen eine *compositio in re* entspricht [109]. Entsprechend können *affirmatio* und *negatio* einmal für den bejahenden oder verneinenden Erkenntnis- oder Sprechakt, dann aber auch *pro obiecto affirmationis talis et negationis* genommen werden, *et sic est in re affirmatio et suo modo essendi negatio* [110]. Von dieser zumeist nur auf Burleigh [111] bezogenen Theorie einer *propositio in re* her gewinnt Cajetans Kommentierung der Aristoteles-Stelle erst ihr volles Gewicht, in der es heißt:

> ... res extra quae per affirmationem aut negationem significatur complexa esse non potest, eo quod actus intellectus nihil ponit in re cognita ... [111a]

Es war ebenso nicht Gregors vergleichsweise harmlose Theorie des *complexe significabile*, die Jean Gerson am Ausgang der mittelalterlichen Philosophie veranlaßt hätte, so nachdrücklich auf die aristotelische Unterscheidung zurückzugreifen. Zwar nennt er unter den Operationen, die er nicht als solche der Dinge selbst verstanden wissen will, auch das Schlußfolgern:

> Res enim non ratiocinantur in seipsis, nec praescindunt, nec universalizantur, nec signantur, nec

---

[105] Cf. Robert Holcot, *In quatuor libros Sententiarum quaestiones*, Lyon 1518 / Frankfurt/M. 1967, f. q 5 va. — Vgl. hierzu auch J. PINBORG, *Logik und Semantik im Mittelalter*, Stuttgart / Bad Cannstatt 1972, p. 157, und Abschnitt 5 und 6 von H. SCHEPERS, *Holcot contra dicta Crathorn, II. Das »significatum per propositionem«. Aufbau und Kritik einer nominalistischen Theorie über den Gegenstand des Wissens*, in Philosophisches Jahrbuch 79 (1972), p. 122 sqq.
[106] Cf. ed. cit., *I Sent.*, d. 47, q. 3, a. 2, f. 134 F.
[107] Cf. *Tract. primi princ. compl.*, ed. cit., f. 269 F. Ähnlich sind nach *Quodl.*, q. 7, ed. cit., f. 239 C die *complexiones, quae fiunt per actum componendi et dividendi*, gegenständlich verstanden in re extra.
[108] Cf. ed. cit., f. 269 G.
[109] *Quodl.*, l. c., f. 239 D.
[110] Ib., f. 239 G. Cf. f. 269 G.
[111] Vgl. C. PRANTL, op. cit., Bd. 3, S. 303, Anm. 598 sqq.
[111a] Cf. *Commentaria in praedicamenta Aristotelis*, ed. M.-H. LAURENT, Rom 1939, p. 214.

abstrahunt, nec abstrahuntur, quoniam istae sunt operationes intellectus, non rerum ipsarum ... [112].

Das abstrahierende Verallgemeinern, das präzisive Aussondern und Abgrenzen metaphysischer Aufbauelemente eines Dinges — sogenannter *formalitates*, wie *rationalitas* und *animalitas* im Menschen als *animal rationale* — sowie das »signierende« Gliedern eines Sachverhalts in logische Momente (*signa* oder *instantiae rationis*) fallen jedoch in den Umkreis der *Logica praedicamentalis*, die traditionell der *prima mentis operatio* oder Begriffsbildung zugeordnet ist. Die Stoßrichtung von Gersons Kritik zielt auf die *volentes formalizare vel metaphysicare de rebus in suo esse reali*[113], kurz die skotistischen *Formalizantes*, die im Gefolge der Lehre des Duns Scotus von einer *non identitas formalis a parte rei* die distinktive Herauslösung abstrakt gefaßter reiner Begriffsinhalte (*rationes formales*) bis ins 17. Jahrhundert in zahlreichen *Tractatus formalitatum* systematisch ausgebaut haben.

Die erste Regel für die Auffindung der *distinctio formalis* ist für die Formalisten die *via exclusionis*[114], die noch für Schelling das Verfahren der negativen Vernunftwissenschaft darstellt[115]. Alles das ist formal voneinander unterschieden, was sich so verhält, *quod unum non est de conceptu quidditativo alterius*[115a]. Zwar hat der strengere Skotismus, der mit Scotus zwischen *non-identitas (fundamentalis)* und *distinctio (actualis)* unterschieden hat, nicht, wie etwa Suarez[115b], die *distinctio* selbst in nichts anderem als einer Negation bestehen lassen. Doch ist das präzisive *formalizare* für ihn zumindest ein alle positiven Unterscheidungen als Beziehungen zwischen positiven Gliedern fundierendes, vorprädikatives Negieren. Folgen wir Mastrius, der die skotistische Unterscheidungslehre gründlich aufgearbeitet hat, so ist die *ratio fundandi ipsam distinctionem* die *negatio unius ab alio*[116]. Da eine Dingwesenheit, für sich begriffen, ihren Unterschied zu allem anderen nicht ausdrückt, es sei denn, es werde in ihr eine *negatio identitatis* in Hinsicht dieses anderen mitgedacht, ist die Erkenntnis dieser Nichtidentität in sich auch wesensmäßig und nicht nur fundamentaliter eine negative Unterschiedserkenntnis: ... *eo ipso, quod intelliguntur aliqua non esse idem, intelliguntur quidem distincta et fundamentaliter*

---

[112] Cf. *Opera*, ed. DU PIN, Antwerpen 1706, t. 4, col. 822 B.
[113] Cf. ib.
[114] So Mastrius in seiner Metaphysik, ed. cit., t. 4, d. 6, q. 11, a. 1, n. 220, p. 298 a mit dem ›Magister formalitatum‹ Antonius Sirectus.
[115] Vgl. *Philosophie der Offenbarung*, in *Schellings Werke*, ed. M. SCHRÖTER, 6. Erg.-Bd., p. 70 sq.
[115a] Cf. Mastrius. l. c.
[115b] Cf. *Dispp. met.*, d. 7, s. 1, n. 2: ... *distinctio ... ipsa formaliter semper in negatione consistit* ...
[116] Cf. Mastrius, op. cit., d. 6, q. 7, a. 1, n. 148 sq., p. 271 b.

et formaliter negative ... [117] Eine derartige *negatio identitatis* haftet jedem Seienden als Seiendem an, weil auch das Seiende der *communis conditio oppositorum* unterliegt, nach der alle positiven Gegensatzglieder kraft ihres eigenen Seins (*ex vi proprii esse*) das Gegenglied, sei dieses nun positiv oder negativ, von sich ausschließen und insofern seine Negation an sich tragen[118]. Die Seiendheit des Seienden selbst negiert daher als positive Form wesensmäßig die Negation ihrer selbst. (... *cum non ens sit negatio entis, ipsamet entitas, quae est forma positiva, per se formaliter negat hanc negationem sui* ...[119]). Das Wesen des Seienden besteht geradezu in dieser doppelten Realnegation (*negatio negationis entis a parte rei formalissime est ipsa quidditas entis*[120]) — eine Auffassung, die schon Suarez vertreten hatte (*formalissime dividi a non ente nihil aliud est quam esse ens*[121]), und aus der Schelling den Schluß zieht, die Vernunft habe, sofern sie das Ist nicht anders bestimmen könne denn als nicht nicht Seyendes, für das, »was das Seyende selbst ist«, nur einen negativen Begriff[121a].

Begründet etwa eine derartige Deutung des Seiendseins des Seienden die generelle genetische Priorität der Negation vor der Position? Nikolaus von Kues hat diese Konsequenz gezogen und behauptet, nach Platon gehe das Nichtseiende — freilich dasjenige, welches besser sei als das Seiende — dem Seienden und folglich die negative Aussage generell der Affirmation vorauf[122]. *Negatio igitur principium omnium affirmationum*[123]. Freilich ist das im *non esse* als der ersten aller Negationen vorausgesetzte *esse* nicht das in ihm negierte. Diese Urnegation nämlich setzt das ewige Sein *ante non esse*, das als *coincidentia oppositorum* disjunktiv wie kopulativ[124] über jedem Gegensatz von Affirmation und Negation ist[125], voraus und negiert, daß das *post non esse* initiierte Sein jenes erstere sei[126]. Daß die Negation Prinzip der Affirmation ist, sieht nur, wer im Geschaffenen das Nichtgeschaffene geschaffen oder generell im Affirmierten

---

[117] L. c., n. 150 sq., p. 272 a.
[118] Cf. op. cit., d. 5, q. 4, a. 1, n. 49, p. 135 a; n. 62, p. 139 a; q. 5, dub. 4, n. 103, p. 150 a.
[119] L. c., n. 103, p. 150 a.
[120] Cf. ib.
[121] Cf. *Dispp. met.*, d. 4, s. 1, n. 17.
[121a] Cf. l. c., p. 70.
[122] Cf. *Opera omnia, XIII. Directio speculantis seu de non aliud*, ed. L. Baur et P. Wilpert, Leipzig 1944, p. 55, l. 26 sqq.
[123] *De prinicipio*, in *Opera*, ed. Faber Stapulensis, Paris 1514 / Frankfurt/M. 1962, Vol. 2, f. 10 v.
[124] Cf. *Opera omnia, III. De coniecturis*, edd. I. Koch et C. Bormann, Hamburg 1972, p. 1, cap. 5, n. 21, 10, p. 27; cap. 6, n. 24, 5 sq., p. 31.
[125] Cf. ed. cit., I. *De docta ignorantia*. edd. E. Hoffmann et R. Klibansky, Leipzig 1932, l. 1, cap. 4, p. 11, l. 3; IV. *Opuscula I*, ed. P. Wilpert, Hamburg 1959, n. 84, 14, p. 60, n. 107, 3 sqq., p. 79; *De principio*, ed. cit., f. 9 v; al.
[126] Cf. *Dialogus de possest*, in *Opera*, ed. Faber Stapulensis, Vol. 1, f. 182 v.

das Nichtaffirmierte oder die Negation affirmiert sieht. Der super- oder transoppositionelle Gott ist selbst keine solche affirmierte Negation, sondern Affirmation der Affirmation[127].

In derartige Höhen der Spekulation hatte sich Thomas nicht gewagt. Für ihn war diejenige *negatio negationis, qua de ente negatur non ens*, nur ein Gedankending, denn jede Beziehung des Seienden zu seiner Negation sei eine bloß gedankliche (*omnis respectus, qui est entis ad negationem vel ad non ens, non est nisi rationis*[128]). Dies gilt nach ihm auch für jene Negation, in der das mit dem Seienden vertauschbare Eine seinen Begriff erfüllt (*negatio illa, in qua perficitur ratio unitatis, non est nisi negatio rationis tantum*[129]). Eine *negatio rei* oder *negatio realis*, der gemäß von einem Ding gesagt wird, daß es nicht ein anderes sei, findet sich dagegen im Begriff der Vielheit[130]. Sofern freilich das Eine beide Glieder der für die Vielheit charakteristischen Teilung in *hoc et non hoc* negiere, sei es seinem Begriff nach *negatio negationis et rei simul*[131]. In dieser recht verzwickten Lösung der Frage nach dem Negationscharakter des Einen als des *ens indivisum* zeigt sich die Differenz der thomistischen und der skotistischen Ansicht sehr deutlich. Anders als Scotus, aber auch als Meister Eckhart, der sich des *li unum est negatio negationis* souverän bedient[132], läßt Thomas keine durchlaufende Linie eines Zurückkehrens und Sichwiederherstellens aus dem Anderssein zu, sondern zerlegt die Reflexionsfigur der doppelten Negation in eine gedankliche und eine reale Komponente. Die von ihm an dieser Stelle gegen seinen sonstigen Sprachgebrauch zugelassene *negatio realis* ist allerdings nicht diejenige der Skotisten. Für Scotus lag die Realität der Negation nicht in dem Faktum der Vielheit und Geteiltheit, sondern eher in der Nichtidentität der Dingwesenheiten:

... negatio est negative ens ex natura rei. Sicut enim homo est homo ex natura rei, sic non est asinus; et sic sunt negationes entis ex natura rei et non per negotiationem intellectus[133].

Ein dritter Begriff der *negatio realis*, der dem unterschiedlichen Negationsverständnis der älteren Schulen dadurch Genüge tun möchte, daß er bei allen Anleihen macht, ist von Suarez entwickelt worden. Dieser hält konsequent an der von Thomas[134] vollzogenen Einteilung des *ens rationis* in *negatio* und *relatio*

---

[127] Cf. *Opera omnia*, XIII, p. 63, l. 25.
[128] Cf. *I Sent.*, d. 24, q. 1, a. 3, ad 1.
[129] Cf. ib.
[130] Cf. ib., ad 1, 2; *Quodl.* 10, q. 1, a. 1, ad 3.
[131] Cf. *Quodl.* 10, l. c.
[132] Vgl. R. Klibansky, *Ein Proklos-Fund und seine Bedeutung*, S.-B. d. Heidelb. Ak. d. Wiss., Philos.-hist. Kl., Jg. 1928 / 29, 5. Abh., Heidelberg 1929, p. 12, Anm. 2.
[133] Cf. *Rep. Par.* I, d. 23, q. un., n. 7, in *Opera*, ed. L. Wadding, t. XI, 1, p. 125 a.

rationis fest. Zum Erweis der Suffizienz dieser Einteilung subsumiert er auch die *entia ficta et impossibilia* unter die Negation. Sie seien nicht nur als *non entia* unter ihr begriffen, sondern auch insofern, als sie bisweilen fingiert würden, um gleichsam durch einen einfachen Begriff eine komplexe und unmögliche Negation — wie die Chimäre das »ein Pferd kann kein Löwe sein« — zur Darstellung zu bringen[135]. Aber wie schon Thomas den Negationen ein *in ratione esse* zugesprochen hatte, *quia ratio de eis negotiatur quasi de quibusdam entibus*[136], so sind sie auch nach Suarez, sofern sie *ad modum entium* konzipiert sind, *entia rationis*. Aber da sie ja an sich *non entia* seien, seien sie genau genommen weder *entia realia* noch *entia rationis*[137]. Sie seien jedoch drittens, sofern sie nicht falsche Negationen (*negationes rationis*) seien, auch wieder — und dies ist skotistisch gedacht — *negationes reales*, da der Intellekt mittels ihrer konzipiert, *quod in re est*[138].

Die zweite dieser Behauptungen über den Seinscharakter der Negationen ist offenbar von Ockham inspiriert. Dieser hatte den Negationen ausdrücklich jedwede extramentale Existenz abgesprochen. In seiner *Expositio aurea* heißt es:

... *privationes et etiam negationes non sunt a parte rei distinctae a rebus positivis, quia nihil est a parte rei extra animam nisi res. et ideo si privatio vel negatio non sit res, non est a parte rei*[139].

Zu dieser Konsequenz versteht sich auch ein Autor, dem gern ein massiver Begriffsrealismus nachgesagt wird; mit Negationen, wie »daß du etwas nicht bist« (*te non esse*), würde nach Wiclif nur dann eine *natura positiva adextra* gesetzt werden, wenn ihnen etwas Substantielles, das durch sich selbst (*per se*) dieses Du-nicht-sein wäre, oder ein Akzidens, das *formaliter positive* einer Substanz innewohnte, entspräche. Sie sind aber lediglich Gedankendinge. Keine Negation ist ihrem Wesen nach etwas Positives (*formaliter positivum*), das als Bestandteil der Gesamtheit des Geschaffenen (*pars universitatis create*) gelten könnte. Die negative Charakteristik eines Positiven — wie alles vom Menschen Verschiedenen dadurch, daß es kein Mensch sei — darf folglich nicht quasi-affirmativ verstanden werden: ... *affirmative accipiendo nihil est nullum hominem esse, quia illud non est*[140]. Auch Trombeta bricht in diesem Punkt aus dem skotistischen

---

[134] Cf. *De ver.* 21, 1, co.
[135] Cf. *Dispp. met.*, d. 50, s. 4, n. 10.
[136] Cf. in XII l. *Met. Ar. expos.*, ed. SPIAZZI, n. 540.
[137] Cf. l. c., s. 3, n. 3.
[138] Cf. s. 5, n. 2.
[139] *Expositio aurea et admodum utilis super artem veterem*, Bologna 1496 / Ridgewood (N. J.) 1964, cap. 17, f. o 3 rb.
[140] Cf. *De ente praedicamentali*, ed. R. BEER, London 1891, cap. 1, p. 10.

Negationsrealismus aus. Er deutet die *negationes extra genus* mit Johannes Canonicus[141] sogar weit weniger »realistisch« als Ruvius, der unter Berufung auf Thomas — wie denn auch ähnlich Petrus Hurtadus de Mendoza — behauptet, die Negationen seien *de essentia naturae realis, ut de essentia hominis est esse non equum*[142]. Trombeta dagegen vertritt mit Nachdruck die Auffasung, Dinge verschiedener Art schlössen einander extramental nicht durch eine ihnen wesensmäßig innewohnende Negation in Hinsicht der anderen, sondern vermöge einer mit diesen anderen unverträglichen inkomplexen Realaffirmation aus, die er an anderer Stelle[143] richtiger *positio propriae identitatis* nennt. So ist der Mensch nicht etwa Mensch, weil er kein Stein ist, sondern umgekehrt der Mensch kein Stein, weil er Mensch ist, d. h. weil ihm die mit dem Stein unverträgliche Affirmation ›Mensch‹ *extra animam* innewohnt und keineswegs irgendeine Negation. Jede *negatio extra genus* ist vielmehr bloß gedanklicher Natur, und folglich ebenso die mittels ihrer vollzogene *divisio formalis* von Mensch und Stein[144]. Mastrius und Bellutus haben diese Doktrin als *aliena a Scoto et a veritate* verworfen[145].

Als Abstraktum genommen, gehört die Negation nach Ockham zu den Namen der »zweiten Intention«, d. h. zu den Hilfsbegriffen, die zur logischen Charakterisierung und Ordnung der sich direkt auf die Realität beziehenden Erstintentionen dienen[146]. Sie läßt sich folglich nur durch eine gestaffelte Supposition mit der Wirklichkeit in Beziehung setzen. Während die negativen Prädikate als mentale oder vokale Urteilstermini *pro ipsis rebus* supponieren, stehen die Negationen *pro aliqua intentione animae vel nomine*, d. h. für einen mentalen oder vokalen Terminus (*terminus conceptus* oder *prolatus*). Durch Beachtung dieser indirekten Suppositionsweise lassen sich nach Ockham sophistische Fehlschlüsse auflösen, die davon ausgehen, daß ein Ding, wenn es mit Notwendigkeit »nicht Gott« ist, auch mit Notwendigkeit eine Negation ist, so daß die Negation zum Sein eines jeden Dinges gehörte. Insofern nämlich »Negation« nicht für etwas Wirkliches, sondern nur für »nicht Gott« steht, bedeutet es eine *fallacia aequivocationis*, wenn ich »Negation« für das signifikativ für etwas Wirkliches stehende »nicht Gott« einsetze[147].

---

[141] Cf. *Quaestiones super VIII. lib. phy. Aristo. perutiles*, Venedig 1520, l. 1, q. 10, a. 1, f. 24 vb bis 25 rb.
[142] Vgl. seine Anm. 66 zit. *Logik*, p. 57 b.
[143] Cf. Trombeta, op. cit., l. 10, q. 1, f. 77 vb.
[144] Cf. ib., l. 12, q. 6, f. 92 rb.
[145] Cf. *Cursus*, ed. cit., t. 2 (*Physica*), d. 4, q. 1, a. 1, n. 4, p. 102 a.
[146] Cf. *Summa Logicae*, Pars prima, ed. Ph. BOEHNER, F. I. P., Text Ser. No. 2, St. Bonaventure (N. Y.) 1957, cap. 11, 50 sq., p. 37: *Nomina secundae intentionis vocantur illa nomina, quae praecise imposita sunt ad significandum intentiones animae* ...
[147] Cf. *Expositio aurea*, ed. cit., cap. 17, f. o 3 rb, vb.

Das Zukommen einer Verneinung ist nach Ockham kein Zukommen *a parte rei*, sondern nur ein Ausgesagtwerden (*convenire per praedicationem*), das *a parte rei* gerade ein (seinerseits prädikatives) Nicht-zukommen ist. (*...universaliter ... praedicabilia negativa competunt illis de quibus praedicantur, non quia aliquod imaginabile a parte rei illis conveniat, sed quia aliqua sibi non competunt*[148].) Unter Absicht von jeder Erkenntnis (*circumscripto omni intellectu*) i s t jedes Ding nicht ein anderes. Nur *per praedicationem* jedoch kann es ihm auch zukommen, nicht ein anderes zu sein, weil jede Bewahrheitung eines Zukommens und damit auch die Wirklichkeitsgeltung des Widerspruchsprinzips von der Existenz von Sätzen und damit von der Existenz eines sätzebildenden Wesens abhängig ist[149].

... si nullus intellectus esset, adhuc homo non esset lapis, et tamen haec non esset vera tunc ›homo non est lapis‹, quia nulla propositio esset tunc. ... quod haec propositio ›homo non est asinus‹ sit vera, non sufficit, quod homo non sit asinus, sed requiritur, quod ista propositio ›homo non est asinus‹ s i t[150].

Es nimmt nicht wunder, wenn sich für Ockham von diesen Voraussetzungen her die der Zusprechung und Absprechung zugrunde liegenden Sachverhalte, deren kontradiktorische Entgegensetzung er ähnlich wie später Le Rées für unmöglich erklärt, in bloße logische Termini verwandeln[151].

In unseren bisherigen Überlegungen haben wir Grundsatzfragen der Rezeption des aristotelischen Negationsbegriffs und der Realitätsgeltung der Negationen berührt und damit Orientierungspunkte für die Behandlung von historischen und systematischen Detailfragen gesetzt. Die dem Gebrauch des Negationsbegriffs zugrunde liegende Axiomatik läßt sich mühelos aus der Grundüberzeugung von dem im Bereich des Seienden sogar von Proklos zugestandenen[152] Primat des Affirmativen und Positiven herleiten. Dies zeigt sich sofort, wenn wir aus der Behandlung der *unitas entis* bei Mastrius rhapsodisch einige allgemeinere Feststellungen aufgreifen, die sich in ähnlicher Form in anderen Darstellungen finden. Hier heißt es:

---

[148] *I Sent.*, d. 24, q. 1, E, in *Opera plurima*, Lyon 1494-1496 / London 1962, Vol. 3, f. aa 1 vb.
[149] Cf. ib., O, f. aa 2 rb / v.
[150] Ib., O, in fine, f. aa 2 vb.
[151] Cf. *Expositio aurea*, ed. cit., cap. 17, f. o 3 vb: ... *quando philosophus dicit quod sicut affirmatio est opposita negationi ita res quae sub utroque posita est, non intendit, quod res significata extra opponitur alteri rei contradictorie. hoc enim est impossibile. sed per rem ibi intelligit unum terminum. ideo dicit ›ut sedere ad non sedere‹, volens dicere, quod sicut affirmatio opponitur negationi contradictorie, ita unus terminus opponitur alteri contradictorie.*
[152] Vgl. Anm. 50.

nulla negatio inest per se et primo alicui, sed semper ratione alicujus positivi[153];

negatio ut sic, nullam dicit perfectionem nec magis et minus suscipit nisi ratione formae negatae[154];

negatio est realiter et formaliter nihil[155];

nulla negatio est idem realiter alicui positivo[156];

universaliter loquendo semper aliquod positivum excluditur[157];

cum ... negatio sit extra genus totius ordinis positivi atque realis, non poterit in recto et intrinsece concurrere ad constituendum conceptum per se unum[157a];

ex negationibus positivum aliquid resultare non potest[158];

solet ... negatio sequi naturam sui fundamenti, cui per se convenit[159];

pura negatio non determinat sibi subjectum, quod afficiat aut denominet[160].

Die Zahl derartiger Sätze ließe sich vermehren. Wir nennen noch:

affirmatio est iudex negationis[161];

negationes nullam habent entitatem in se aut distinctionem vel materiam, nisi ex affirmationibus[162];

negatione non constituitur aliquid formaliter in entitate perfectiori, quam sit illa entitas praesupposita negationi[163];

nulla negatio est de essentia alicuius positivi[164];

negatio nihil ponit et in ipsa affirmatione figitur et firmatur, nihil in se ipsa habens perfectionis[164a];

nulla ... negatio perfectio est, licet bene sit negatio imperfectionis, quia negatio cuiuscumque sive perfectionis sive imperfectionis non est aliquid positivum intrinsece et formaliter[165].

Schon eine oberflächliche Durchmusterung der traditionellen schulmetaphysischen Fragestellungen zeigt, daß sie zu einem nicht geringen Teil durch die Einbeziehung der Negation in die Definition ontologischer Grundbegriffe geprägt sind. Seit altersher hat man sich gefragt, ob die transzendentalen Begriffe des *unum, verum* und *bonum* zum Begriff des *ens* etwas Positives oder nur eine Negation hinzufügen[166], ob Subsistenz und Individuation ihrem Begriff nach

---

[153] *Cursus*, ed. cit., t. 4, (*Metaphysica*, p. 1), d. 5, q. 4, a. 1, n. 44, p. 133 b.
[154] Ib., n. 46, p. 134 a.
[155] L. c.
[156] Ib., n. 49, p. 135 a.
[157] Ib., n. 51, p. 136 a.
[157a] Ib., n. 59, p. 138 a.
[158] Ib., a. 3, n. 78, p. 143 a.
[159] Ib., q. 5, dub. 2, n. 94, p. 148 a.
[160] Ib., dub. 6, n. 116, p. 153 a.
[161] Petrus Aureoli, *Commentariorum (sic!) in tertium librum sententiarum*, Rom 1605, d. 1, q. 3, a. 4, p. 366 aB.
[162] Id., *Quodlibeta sexdecim*, Rom 1605, quodl. 3, p. 33 bA.
[163] Mastrius, *Cursus*, ed. cit., t. 5 (*Metaphysica*, p. 2), d. 10, q. 3, n. 34, p. 146 b / 147 a.
[164] *Subtilissima Hervei Natalis Britonis ... quolibeta undecim*, Venedig 1513 / Ridgewood (N.J.) 1966, *Quodl. 4*, q. 1, a. 1, f. 88 ra.
[164a] Meister Eckhart, LW II, 289.
[165] Johannes de Bassolis, *In tertium sententiarum opus*, Paris 1516, d. 1, q. 1, a. 1, ad 2, f. 4 rb.
[166] Die ausführliche Diskussion dieser Frage ist in den Metaphysiklehrbüchern der Barockscholastik eines der Hauptstücke in der Behandlung der *passiones simplices entis*.

etwas Positives oder Negatives sind[167], ob die Allgemeinbegriffe den Einzeldingen positiv oder negativ gemeinsam sind (wobei man unter negativer Gemeinsamkeit die Indifferenz der Begriffe gegen ihr Verwirklichtsein in einem bestimmten Einzelding verstanden hat[168]), ob im Begriff des Ansichseins (*perseitas*) eine positive oder negative Beziehung liegt (letzteres im Sinne eines Nicht-durch-anderes-Seins[169]), ob die Materie nach der Hinwegnahme aller Formen eine positive oder negative Einheit hat (Cajetans Antwort lautet: *materia ... unitatem suam negative habet*[170]), ob die sogenannten *quattuor minima*, nämlich die unteilbaren Begriffe des numerischen Eins, des Punktes, des Zeitmoments und der eingetretenen Veränderung (des aristotelischen μεταβαβληκέναι oder *mutatum esse*[171]) etwas Positives oder Negatives ausdrücken[172]), ob die mit dem Seienden vertauschbare (transzendentale) Einheit im eigentlicheren Sinn etwas Positives ist, als die aus der Menge solcher Einheiten bestehende Vielheit oder als die viele Einheiten geistig zur Einheit zusammenschließende Zahl[173], ob die Grenze etwas Negatives und damit die Un-

---

[167] Die erste dieser Fragen ist wohl vor allem wegen ihrer theologischen Implikationen so ausführlich diskutiert worden, denn die Deutung der Subsistenz oder Personalität im Sinne einer *entitas positiva* führt in der Christologie zur Annahme einer positiven Eigenpersönlichkeit der menschlichen Natur Christi und damit in die Nähe des Nestorianismus. Die zweite Frage war unabweisbar geworden, seit Heinrich von Gent und Duns Scotus konträre Ableitungen des Individuationsprinzips vorgetragen hatten; jener hatte die Individuation durch eine *duplex negatio*, dieser durch eine eigene *formalitas positiva*, die *haecceitas*, erklärt.

[168] Die Unterscheidung zwischen einer *communitas positiva* und *negativa* der *natura communis* — nach Mastrius eine *distinctio ... valde familiaris omnibus Scotistis in hac materia* (cf. *Cursus*, ed. cit., t. 5, Met., p. 2, d. 9, q. 4, a. 1, n. 72, p. 96 a) — wird von den Skotisten auf Duns Scotus, Ox. II, d. 3, q. 1 zurückgeführt, wo sie sich der Sache nach findet. (Cf. Duns Scotus, *Opera*, ed. L. WADDING, t. VI, 1, *II Sent.*, ed. cit., d. 3, q. 1, n. 9, p. 361: ... *in creaturis est aliquod commune unum unitate reali minori unitate numerali; et illud quidem commune non est ita commune, quod sit praedicabile de multis, licet sit ita commune, quod non repugnet sibi esse in alio, quam in eo, in quo est*). Sprachlich ist sie bezeugt bei Ockham, *I Sent.*, d. 2, q. 6 (*Opera theologica*, Vol. 2, St. Bonaventure (N. Y.) 1970, p. 180, l. 21 sq.).

[169] Diese Frage betrifft den Substanzbegriff, denn das *esse per se* gilt gemeinhin als *die ratio formalis constitutiva substantiae*. Die Gleichsetzung des Ansichseins der Substanz mit einer *pura negatio essendi in alio* knüpft sich an den Namen des Renaissance-Thomisten Paulus Soncinas. (Cf. Mastrius, *Cursus*, t. 5, Met., p. 2, d. 11, q. 1, n. 3 sq., p. 188 b / 189 a.

[170] Cf. *In de ente et essentia D. Thomae Aquinatis commentaria*, ed. M.-H. LAURENT, Turin 1934, p. 76.

[171] Vgl. die ausführliche Diskussion dieses Problems bei Aristoteles, *Phys.* 5 / 6, 235 b 6-237 b 9.

[172] Diese Frage hat der Frühskotist Petrus Thomae thematisiert. (Cf. *Quodlibet*, edd. M. R. HOOPER / E. M. BUYTAERT, F. I. P., Text Ser. No. 11, St. Bonaventure (N. Y.) 1957, q. 17, p. 216 sqq).

[173] Um diese Frage kreisen die Erörterungen Aureolis, *I Sent.*, d. 24, q. un, a. 3, ed. cit., ed. cit., p. 1, p. 558 sq. Für ihn liegt im Formalbegriff des numerischen Eins im Unterschied zur transzendentalen Einheit und der ihr entgegengesetzten, nicht sub *aliquo positivo* erfaßten Vielheit eine geistige *clausio positiva* (cf. p. 558 bB, E).

endlichkeit als Negation dieser Negation etwas Positives ist oder vielmehr umgekehrt[174], und dergleichen mehr. Durchweg wird hierbei gefragt, was denn im Begriff einer Sache liege. Dies zeigt, daß die durch die Logoslehre von Platon und Aristoteles ermöglichte Hermeneutik des Nichtseienden erst auf der Ebene der Begriffsbildung voll zum Tragen gekommen ist. Zwar lassen sich die so gewonnenen Präzisierungen jederzeit leicht in die Form eines vollständigen Urteils übersetzen. Ihr Ursprungsort ist jedoch nicht das Urteil, sondern das ihm genetisch vorgeordnete Vermögen, Unterschiede zu erfassen und — eines vom andern negierend — auf den Begriff zu bringen. Die Unterscheidung besteht — um noch einmal Mastrius zu zitieren — gerade deshalb wesensmäßig in einer Negation, weil sie selbst in dem Moment erkannt wird, wo wir erkennen, das etwas nicht dasselbe ist (*eo ipso, quod aliqua intelliguntur non esse idem ..., intelligitur esse distinctio inter illa; ergo distinctio formaliter consistit in negatione identitatis*[175].

Diese für die Ausbildung der Schulontologie so wichtige divisive Unterschiedserkenntnis salviert sich ihre Neutralität und Objektivität durch ihren apprehensiven Charakter. Die Einbruchsstelle eines uns vertrauteren, mit der aristotelischen Apophantik kaum vereinbaren Negationsverständnisses stellt erst der voluntaristisch gewendete Urteilsbegriff dar. Der altstoische Zustimmungsgedanke verträgt sich noch durchaus mit dem aristotelischen Apophasisbegriff, sofern Zustimmung (συγκατάθεσις) keineswegs mit dem der Aussage (ἀξίωμα) immanenten ἀξιοῦσθαι oder ἀθετεῖσθαι[176] identifiziert wird. Noch für Apulejus sind apophatische oder abdikative Aussagen solche, *quae abdicant aliquid de quopiam* mittels einer *negativa particula*[177]. Eine eigene Vokabel für eine verneinende oder ablehnende Haltung des urteilenden Erkenntnissubjekts gegenüber der Aussage selbst fehlt noch[178]. Als privativen Gegenbegriff zur συγκατάθεσις hat Arkesilaos die skeptische ἐποχή verstanden[179]; die Urteilsenthaltung (τὸ ἐπέχειν) sei nichts anderes als Nichtzustimmung (»τὸ ἀσυγκατατιθετεῖν«), sagt Sextus Empiricus in der Darstellung seiner Lehre[180]. Epiktet hat dann dem ἐπέχειν das ἀνανεύειν als konträren Gegenbegriff zum synkatathe-

---

[174] Die These *finis semper est aliquid positivum* scheint als erster Petrus Aureoli gegen die Gegenthese *finis est negatio* verteidigt zu haben. (Cf. *Comm. in primum l. Sent.*, ed. cit., p. 2, d. 43, q. un., a. 1, p. 1010bC-1011 aC).
[175] Cf. *Cursus*, ed. cit., t. 4, *Met.*, p. 1, d. 6, n. 145, p. 270 b.
[176] Cf. SVF II, n. 193.
[177] Cf. ib., n. 204 a.
[178] Die drei Urteilsarten der stoischen Logik (vgl. ÜBERWEG-PRAECHTER, op. cit., p. 417), die richtiger Urteilshaltungen heißen sollten, sind eine Konstruktion A. Bonhöffers, dessen »ἀνάνευσις« überdies in der Stoa sprachlich gar nicht belegt ist. Für Epiktet vgl. Anm. 181.
[179] Cf. Sextus Empiricus, *Pyrrh.* I 233, *Math.* 7, 153-7; Cicero, *Acad.* I, 12, 45.
[180] Cf. *Math.* 7, 157.

tischen ἐπινεύειν hinzugefügt[181], der in der prämodernen Logik seine Entsprechung in den Begriffen des *dissensus* oder *abnutus* gegenüber einer falschen Aussage hat.

Freilich läßt sich auch der *abnutus* noch aussage-immanent und damit traditionell apophatisch deuten. In diesem Sinne sagt etwa Horvath:

> Aliud igitur est judicium affirmativum, aliud negativum. Illud annutus, istud vero abnutus mentis dicitur. Mens enim affirmando annuit, negando autem abnuit praedicatum subjecto convenire[182].

Von einer Voluntarisierung der Negation selbst kann erst gesprochen werden, wenn der abnutive Urteilsakt der Aussage gegenübergestellt und zugleich als Negation verstanden wird. Die Notwendigkeit einer Unterscheidung des Urteilsaktes von der Aussagenbildung wird von allen Schulen der späteren lateinischen Tradition bejaht. Der Thomist Johannes a Sancto Thoma sagt:

> ... respondetur sine dubio distingui enuntiationem ut apprehensam seu repraesentatam ab ipso iudicio, quod est assensus seu sententia mentis aut adhaesio ad unam partem determinatam[183].

Ähnlich kennt Suarez eine nicht judikative *compositio apprehensiva*[184], und die Skotisten Mastrius und Bellutus unterscheiden eine *apprehensio integrae propositionis*, die nicht *iudicium* ist, vom *iudicium* selbst[185]. Unterschiedlich jedoch sind die Auskünfte, die wir über die Funktion der Negation innerhalb des Urteilsprozesses erhalten. Der Nominalist Walker läßt die Negation auf natürliche Weise aus dem Vergleich unserer Vorstellungen resultieren und insofern jedem ausdrücklichen Dissens voraufgehen:

> E conceptuum sive idearum ... ad invicem collatione naturaliter oriuntur affirmationes et negationes; ... Cum autem hujusmodi affirmata vel negata credimus esse vera, assentire dicimur; dissentire, cum falsa[186].

Für Suarez dagegen ist die bloß apprehensive Zusammensetzung von Aussageelementen *per modum quaestionis, an hoc ita sit vel non sit*[187] noch kein Affirmieren oder Negieren im eigentlichen Sinne. Anderseits trennt er diese Tätigkeiten nicht völlig von der logischen Verknüpfung selbst. Vielmehr ist ihm jede aktuelle Erkenntnis einer *coniunctio* von Subjekt und Prädikat, *quam in re habent vel habere existimantur*, eo ipso ein Urteilen, daß es sich wirklich so

---

[181] Cf. *Diss*. III, 3, 2.
[182] Cf. Joan. Bapt. Horvath, *Institutiones logicae et metaphysicae*, Augsburg ⁵1781, p. 27.
[183] *Cursus philosophicus thomisticus*, ed. cit., t. 3 (1937), p. 370 a.
[184] Cf. *Dispp. met.*, d. 8, s. 4, n. 4 sqq.
[185] Cf. *Cursus*, ed. cit., t. 3, d. 6, n. 291 sqq., p. 197 sqq.
[186] Op. cit., p. 97.
[187] Cf. l. c., n. 8.

verhält oder auch nicht (*ita esse vel non esse*[188]). Augenfällig ist auch das Bemühen, den voluntaristisch gefaßten Dissens auf den dissentanen Charakter der zu trennenden Vorstellungen zu beziehen, bei dem cartesianischen Scholastiker Edmonde Pourchot. Die Erkenntnis einer solchen Dissentaneität ist ihm noch Sache der *clara et distincta perceptio*[189]. Das Urteil ist *posterius ... perceptione seu cognitione* und *actus voluntatis*[190], orientiert sich jedoch an den Vorstellungsgegebenheiten:

... est enim affirmatio veri vel negatio falsi sive est assensus vel dissensus, quo voluntas aliquid approbat vel improbat, sive quo sese vel in partem affirmantem vel in partem negantem, prout ideae aut consentaneae aut dissentaneae sunt, inflectit[191].

Ein Dissens gegenüber *ideae consentaneae* müßte unter diesen Voraussetzungen um so mehr als perzeptionswidrig erscheinen, als die *propensio voluntatis* aus Evidenzerlebnissen resultiert, die auch dem Willen keine *libera determinatio* oder *electio* mehr erlauben[192].

Für Johannes a Sancto Thoma dagegen sind Verknüpfung und Assertion zwei verschiedene geistige Operationen, die, da es der Aussage akzidentell ist, wahr oder falsch zu sein, zwar bisweilen zusammenfallen, aber nicht notwendig miteinander verbunden sind:

In iudicio ... exprimitur veritas assertive, in enuntiatione vero tantum complexive, licet aliquando utrumque simul exerceat intellectus, significando copulationem extremorum et simul assertionem circa esse vel non esse, ut cum dico: ›Homo est animal‹, ly est utrumque significat, et copulari extrema et assertive assentiri intellectum[193].

Erst in dieser Assertion realisiert sich die dem Wahrheitsbegriff eigentümliche *adaequatio intellectus et rei, qua ipsum esse vel non esse rei affirmatur vel negatur*[194]. Damit treten komplexive oder kopulative Negativität und assertives oder judikatives Negieren auseinander. Letzteres ist das Resultat einer Prüfung der Aussage auf ihre *difformitas ad esse vel non esse in re*[195] und kehrt sich als Für-falsch-Erklären abnutiv gegen die Aussage selbst.

Dies findet sich bestimmter ausgedrückt bei Mastrius und Bellutus, denen Dissens die abnutive Negation einer *antecedenter ad iudicium* gebildeten affirmativen Aussage ist[196].

---

[188] Cf. n. 5.
[189] Cf. *Institutiones philosophicae*, t. 1, Venedig 1720, Log., p. 1, cap. 4, p. 72.
[190] Cf. op. cit., t. 1, Met., p. 2, s. 3, cap. 5, p. 527 sq.
[191] Ib., p. 527.
[192] Cf. ib.
[193] *Cursus philos. thom.*, ed. cit., t. 1, p. 148 b.
[194] Cf. ib., p. 146 b.
[195] Cf. op. cit., t. 3, p. 370 b.
[196] Cf. *Cursus*, ed. cit., t. 3, d. 6, n. 310, p. 201 a.

... assensus nemque est adhaesio intellectus alicui propositioni verae affirmando, dissensus e contra est abnutus intellectus ab ea per negationem ...¹⁹⁷.

Pourchot wird später den Intellekt sich perzeptiv auf das Wahre, das Urteil jedoch sich appetitiv auf das Gute richten lassen:

Affirmatio igitur veri et negatio falsi sive conjunctio idearum similium et divisio repugnantium est reipsa quaedam prosecutio boni, quod allicit ad se voluntatem, quae in bonum nititur ¹⁹⁸.

Auch Mastrius und Bellutus nähern die Negation insofern dem appetitiven Tun an, als sie die von Aristoteles festgestellte Parallelität von φυγή und ἀπόφασις ¹⁹⁹ auf den seiner Apophantik fremden *dissensus* beziehen; er habe gesagt, was im Begehren (*appetitus*) *prosecutio* und *fuga* seien, seien im Geist *affirmatio* und *negatio, ac si diceret, assensus vel dissensus*²⁰⁰. Die Negativitäts-Erkenntnis wird bei ihnen ausdrücklich von der negatorischen Erkenntnis unterschieden: *... aliud enim est cognoscere propositionem ut affirmativam vel negativam, aliud eandem cognoscere affirmando et negando ...* Diese Differenz erlaubt es, im Urteil durch ein *dissentire propositioni affirmativae* von einem seinem Aussagesinn nach zuvor bereits verstandenen Satz abzuweichen²⁰¹.

Es scheint kein Zufall zu sein, daß ein theoretisch durchaus mögliches *dissentire propositioni negativae*, wie es in dogmatischer Form in zahlreichen kirchlichen Anathematisierungen vorliegt, nicht eigens erwähnt wird. Sofern nämlich als Normalfall von Assertion die Zustimmung zu einem für wahr befundenen Satz gilt — Johannes a Sancto Thoma charakterisiert den Urteilsakt in diesem Sinne geradezu als *assertio et affirmatio iudicii*²⁰² —, wird auch der judikative Dissens zunächst als Nichtzustimmung zu einem affirmativen Satz verstanden. An dieser Stelle sind die Logiker des späteren 19. Jahrhunderts über die lateinische Tradition hinausgegangen. Die *eigentliche Bedeutung der Negation* wird nun *in der Verwerfung des entsprechenden positiven Urtheils* — so nennt Sigwart das affirmative Urteil, um es aus der Gegenüberstellung zum negativen zu lösen²⁰³ — gesehen²⁰⁴. Sie hat *nur einen Sinn gegenüber einer versuchten positiven Behauptung*²⁰⁵ und ist *die Ungiltigkeitserklärung einer Vorstellungs-*

---

¹⁹⁷ Ib., n. 309, p. 200 b.
¹⁹⁸ Op. cit., t. 1, *Met.*, p. 2, s. 3, cap. 5, p. 529.
¹⁹⁹ Cf. *De an.* 3, 7, 431 a 9 sq.; *Eth. Nic.* 6, 2, 1139 a 21 sq.
²⁰⁰ Cf. *Cursus*, ed. cit., t. 3, d. 6, n. 308, p. 200 b.
²⁰¹ Cf. n. 310, p. 201 a.
²⁰² Cf. *Cursus philos. thom.*, ed. cit., t. 1, p. 146 b.
²⁰³ *Logik*, Bd. 1, Freiburg ²1889, p. 151.
²⁰⁴ Vgl. W. WINDELBAND, *Beiträge zur Lehre vom negativen Urtheil*, Sep.-Abdr., Freiburg i. Br. (1884), p. 5.
²⁰⁵ Vgl. CHR. SIGWART, op. cit., Bd. 1, p. 151.

*verbindung*²⁰⁶ oder der *Ausdruck ... eines mißbilligenden Verhaltens des Bewußtseins zu dem Versuche einer solchen*²⁰⁷. In dieser Tradition steht noch der späte Husserl, dem das »ichliche Negieren« ein »Außergeltungsetzen« oder eine »Ungültigkeitserklärung« ist, die sich *entweder gegen eine vorangegangene Gültigkeitserklärung oder gegen eine bloße Neigung zu einer solchen wendet*²⁰⁸. Versteht man, wie Lotze und Sigwart, die Vorstellungsverbindung bereits als ein Urteil, ist die Negation »die Beurtheilung eines Urtheils²⁰⁹« — eine Vorstellung, gegen die sich Cohen²¹⁰ und Reinach²¹¹ gewandt haben.

Der nach Windelband den Autoren seiner Zeit gemeinsame *Zug ... zu einer vorwiegend subjectiven Auffassung der Negation*²¹² führt zu einer völligen Herauslösung der Verneinung — und, sofern sie als der Bejahung analog verstanden wird, auch der letzeren — aus der Prädikation. Diese ist nach Julius Bergmann *weder bejahend noch verneinend*; die Verneinung *entspringt* vielmehr *aus der Reflexion auf die Geltung, den Werth einer Prädizierung*²¹³. Ähnlich ist für Sigwart die Rede von einer verneinenden Kopula unangemessen, denn:

> ein Band, welches trennt, ist ein Unsinn. ... Die Copula ist nicht der Träger, sondern das Object der Verneinung; es gibt keine verneinende, sondern nur eine verneinte Copula²¹⁴.

Das subjektivierte Negieren wird ähnlich wie im Cartesianismus auch im 19. Jahrhundert bisweilen im Rückgriff auf den Urteils-Voluntarismus von Descartes und Spinoza als Willenskategorie verstanden. Schon für Fortlage war die Verneinung *die Suspension der Activität eines vorhandenen Begehrens oder Triebes. Ja und Nein sind Trieb-Kategorien*²¹⁵. Noch Husserls Ableitung der Verneinung aus »Hemmungen im Erfüllungsverlauf« der Wahrnehmungstendenzen in Gestalt einer Überwältigung und Nichtigmachung der Gewißheit der Vorerwartung²¹⁶ weist in diese Richtung. Während es Freud gerade darum geht, die Verneinung als intellektuelle Funktion — nämlich als *eine Art von intellektueller Annahme des Verdrängten* vom affektiven Tun zu unterscheiden²¹⁷, bestreitet Julius Bergmann ihren intellektuellen Charakter. Sie ist *gar*

---

²⁰⁶ So Windelband, l. c. p. 27 sq.
²⁰⁷ Ebd., p. 6.
²⁰⁸ Vgl. *Erfahrung und Urtheil*, Hamburg 1948, p. 352.
²⁰⁹ Vgl. Windelband, l. c. p. 6.
²¹⁰ Vgl. *Logik der reinen Erkenntnis*, Berlin 1902, p. 88.
²¹¹ Vgl. *Gesammelte Schriften*, Halle 1921, p. 116.
²¹² l. c., p. 5.
²¹³ Vgl. *Reine Logik*, Berlin 1879, p. 46 f.
²¹⁴ l. c., p. 153 sq.
²¹⁵ *System der Psychologie*, Leipzig 1855, Bd. 1, p. 92.
²¹⁶ Vgl. l. c., p. 94 sqq.
²¹⁷ Vgl. *Gesammelte Werke*, Bd. 14, London 1955, p. 12.

kein lediglich theoretisches Verhalten, keine bloße Funktion der Intelligenz, sofern diese dem Wollen entgegengesetzt wird, sondern eine Aeußerung der Seele, an welcher ihre praktische Natur, das Begehrungsvermögen, betheiligt ist [218].

Wie Sigwarts Bergmann-Kritik zeigt [219], ist dem Urteils-Subjektivismus der siebziger und achtziger Jahre des vorigen Jahrhunderts eine antipsychologistische Reaktion auf dem Fuße gefolgt. Im Umkreis der frühen Phänomenologie hat dann Adolf Reinach die Theorie des negativen Urteils durch die Annahme bewußtseinsunabhängiger negativer Sachverhalte, deren *subjektivierende Umdeutung ... weder notwendig noch möglich sei* [220], auf eine neue Basis gestellt. Zwar will auch er nicht jegliche Negativität auf der Bewußtseinsseite ausgeschlossen wissen. Er beschränkt jedoch das in der Tradition ›Dissens‹ genannte negatorische Moment des Aktes als negative Überzeugung oder Unglauben auf die Sphäre der erkennenden Überzeugung und läßt jeder urteilenden Behauptung eine positive Überzeugung zugrunde liegen [221]. Wie es für ihn keinen eigenen Akt des behauptenden Bejahens gibt, so leugnet er auch, daß das Wesen des negativen Urteils der Behauptung in einem ‹Akt› des Verneinens bestehe.

Vielmehr stellt sich das positive Urteil wie das negative als ein Behaupten dar; und nur dadurch unterscheidet sich das negative Urteil von dem positiven, daß in ihm das Behaupten auf einen in der Negierungsfunktion sich konstituierenden negativen Sachverhalt geht. Diese Negierungsfunktion macht das negative Urteil zum n e g a t i v e n Urteil, das Behauptungsmoment macht es zum negativen U r t e i l [222].

Sein Gedanke eines Sichbetätigens der Negierungsfunktion an der Kopula, durch das sich negative Sachverhalte *vermittelst der Negation im Meinen und für das Meinen* [223] konstituieren, reobjektiviert die Vollzugsleistung der Negation und erfüllt so zugleich das subjektivistisch entleerte aristotelische τὶ ἀπὸ τινός-Schema — phänomenologisch gesprochen — mit neuem neomatischen Gehalt [224].

---

[218] Vgl. l. c., p. 46.
[219] Vgl. *Logik*, Bd. 1, p. 159 sq.
[220] Vgl. *Ges. Schriften*, p. 93.
[221] Vgl. l. c., p. 97.
[222] l. c., p. 106.
[223] Vgl. p. 104.
[224] In der Anlage ist dem vorliegenden Versuch einer diachronen Aufarbeitung der Hauptprobleme der Negations-Onto-Logik wohl noch am nächsten verwandt: F. H. Heinemann, *The Meaning of Negation*, in *Proceedings of the Aristotelian Society*, New Ser., Vol 44, London 1944, p. 127-52. Eine Auseinandersetzung mit der von Aristoteles ausgehenden neueren Literatur hätte den Duktus des Beitrags jedoch eher verwischt. Wichtiger erschien es mir, durch Präsentation bisher vernachlässigter Materialien aus der Primärliteratur die Spannweite der älteren Diskussion zu verdeutlichen und damit zugleich künftigen Bearbei-

ANHANG: *Zur Geschichte der doppelten Negation*

Daniel Stahl beruft sich bei seiner Ableitung der doppelten Negation aus einer sprachlichen Konvention[225] darauf, daß es sonst eine ähnliche Erscheinung auch im Griechischen geben müsse. Dies aber sei nicht der Fall: *Apud Graecos ... duas negationes non affirmare constat*[226]. Der Scholiast des platonischen *Parmenides* geht jedoch bei der Erörterung der eine doppelte Negation enthaltenden Formel »wenn Nichteines nicht ist« (εἰ μὴ ἓν μὴ ἔστιν)[227] davon aus, daß aus zwei Absprechungen eine Zusprechung folge (τὸ δὲ μὴ ἓν μὴ ὂν δηλοῖ μὲν καὶ τὸ ἓν εἶναι ἐκ δύο ἀποφάσεων τὴν κατάφασιν[228]). Was die Proklos-Forschung unter dem Namen der Negation der Negation führt[229], ist dagegen das apophatische Jenseits zum Seienden und dem ihm zugeordneten Nichtseienden[230].

Wenn Thomas später das mit dem Seienden vertauschbare Eine im Blick auf die Glieder eines kontradiktorischen Gegensatzes als *negatio negationis et rei simul* charakterisiert[231], steht er der proklischen Ansicht, insofern hier wie dort eine komplette Opposition negiert wird, strukturell sicherlich näher als Meister Eckhart, der in der Formel von der doppelten Negation den Ausschluß aller Unvollkommenheit und so die *purissima et plenissima affirmatio* des ›ego sum qui sum‹ ausdrücken will[232]. Die *negatio negationis* soll bekräftigen, daß in Gott keinerlei Negation statthat: *... in ipso deo nullum prorsus locum habet negatio; est enim ›qui est‹ et ›unus est‹, quod est negatio negationis*[233]. Die Negation ist Gott daher fremd. (*Negatio ... non est propria, sed aliena a deo*[234].) Da sie nichts setzt und auf der Affirmation aufruht[235], verschafft sie uns im Unterschied zur Affirmation auch keinen wahrhaften Aufschluß über etwas (*negatione nihil vere docetur*[236]). So liegt in Eckharts Anwendung der doppelten Negation auf

---

tungen des Themas einen erweiterten Horizont zu geben. Eine Abgrenzung gegenüber den sprachanalytischen Arbeiten zum Negationsproblem (AYER, TUGENDHAT) und der neueren Theorie der *being negation* (E. THOMS) hätte eine neue Abhandlung ergeben. Über Hegel ist an anderen Stellen dieses Bandes einiges gesagt.

[225] Vgl. oben Anm. 69.
[226] *Quaestiones logicae*, q. 50, § 3, ed. cit., p. 383; cf. § 16, p. 388.
[227] Platon, *Parmenides*, 160 c 1.
[228] *Procli Comm. in Plat. Parm.*, ed. cit., col. 1300, 20 sqq.
[229] W. BEIERWALTES, *Proklos*, Frankfurt/M. 1965. p. 360 sqq., 395 sqq.
[230] Vgl. oben Anm. 45 sqq., 124 sqq.
[231] Ib., Anm. 131.
[232] Vgl. *LW* II, 77,11 sq.; 485,6 sq. III, 175,6; al.
[233] *LW* II, 289,5 sq.
[234] Ib., 80,10 sq.
[235] Vgl. oben, Anm. 164 a.
[236] *LW* II, 289,3; cf. 153,4 sq.

Gott eine Abwertung der apophatischen Theologie, die ihn in die Nähe von Scotus rückt [237].

Aegidius Romanus thematisiert das Problem unter der Fragestellung: *utrum negationis sit negatio*. Während sich in der physischen Realität nur einander unähnliche und entgegengesetzte Formen wechselseitig verdrängten, gelte für das diskursive Denken (*in rebus rationis*) das Widerspruchsprinzip, dem gemäß von zwei aufeinander bezogenen und zumindest sprachlich (*secundum vocem*) ähnlichen Negationen jede nur sie selbst oder ihr kontradiktorisches Gegenteil sein kann. Soll die erste Negation als Negation gesetzt sein, könne deren Negation, will sie nicht wiederum die erste Negation sein, der Sache nach (*secundum rem*) nur Affirmation sein [238]. Auch Walter Burleigh legt die Regel *duae negationes faciunt unam affirmationem* vom Widerspruchsprinzip her aus. Negiere ich ein Glied eines Widerspruchs, setze ich notwendig das andere. Beziehen sich zwei Negationen so aufeinander, daß eine die andere negiert, wird damit eine Affirmation gesetzt [239].

Ob in der Aufhebung einer Beschränkung eine doppelte Negation gesehen wird, hängt jeweils davon ab, ob die Grenze als Negation verstanden wird. Dann nämlich gälte: *finis est negatio, et propter hoc negatio finis est negatio negationis et ita positio* — eine Ansicht, die schon Petrus Aureoli im Namen der Gegenthese *finis semper est aliquid positivum* verworfen hat [240]. Anders denken vornehmlich Autoren des 17. Jahrhunderts, wie der Cartesianer Johannes Clauberg, für den das Unendliche als Negation der Endlichkeit gemäß dem *duplex-negatio*-Axiom die stärkste Bejahung ist:

Dicis, infinitum involvit negationem finis. Regero, negationem finis esse affirmationem sempiternitatis, positionem perfectionis ... adeo ut hic valeat illud: Duplex negatio est affirmatio, quatenus scilicet est negationis negatio ... [241]

Im Begriff der Grenze dagegen liege Negation. *Finis enim est, ubi non ultra* ... [242]. In diesem Sinne gelten auch Henry More die sprachlich privativen göttlichen Attribute, wie *infinitum, increatum, immutabile* und dergleichen, als *omnium maxime positiva, cum sint negationes negationis* [243].

---

[237] Vgl. *LW* II, 153,3-158,16 mit oben, Anm. 15.
[238] Cf. *In libros Priorum analyticorum Aristotelis Expositio*, Venedig 1516 / Frankfurt/M. 1968, f. 54 rb.
[239] Walter Burleigh, *De puritate artis logicae tractatus longior ...*, F. I. P., Text Series No. 9, St. Bonaventure, N. Y., 1955, p. 266, 19 sqq.
[240] *Comment. in primum librum sententiarum*, d. 43, q. un., a. 1, Rom 1596, p. 1010 b C bis 1011 a C.
[241] *Opera omnia philosophica*, Amsterdam 1691, p. 612, n. 2; cf. p. 914, n. 23.
[242] Ed. cit., p. 612, n. 3.
[243] *Opera omnia*, London 1679 / Hildesheim 1966, Vol. II, 1, p. 170.

Das Lehrstück von der *duplicata negatio* ist in der Prämoderne ungeachtet seiner jeweiligen Auslegung und seines Anwendungsbereichs gängiges Gemeingut aller philosophischen Schulen. Johannes a Sancto Thoma entwickelt es aus dem Adagium von der bösartigen Natur der Negation:

...negatio ... est malignantis naturae, quae destruit, quidquid post se invenit, consequenter duplicata negatio efficit affirmationem, quia prima negatio destruit secundam[244].

In der Regel wird jedoch der Geltungsgrund dieses Axioms darin gefunden, daß in allen Entgegensetzungen eines der Glieder der Sache nach positiv sei[245]. Nach einer von Suarez referierten Ansicht etwa ist die doppelte Negation keineswegs ihrem Wesen und Begriff nach (*formaliter et secundum rationem*) Affirmation, denn unsere Vernunft könne sich sehr wohl negierend auf eine andere Negation richten. Sie sei jedoch der Sache nach einer Affirmation gleichwertig, sofern mittels ihrer ein *positivum simplex* umschrieben werde, das sich auf andere Art nicht wiedergeben lasse[246]. Mastrius dagegen knüpft auch den rationalen Vollzug des Negierens einer Negation an ontologische Voraussetzungen. Da in unmittelbaren Entgegensetzungen grundsätzlich eine Negation durch etwas Positives ausgeschlossen werde, könnten nur disparate Negationen, wie Blindheit und Sehendheit in Hinsicht des weder blinden noch sehenden Steines, so voneinander negiert werden, daß dabei keines der Glieder als etwas Positives verstanden werde[247].

In einer an Hegel gemahnenden Form wird die doppelte Negation vornehmlich in der Einheits- und Gegensatzlehre verwandt. Für diesen war die negative Einheit des Insichseins des seienden Etwas die Negation der Negation im Sinne der einfachen *Beziehung auf sich durch Negation des Andersseyns*[248]:

Etwas ist seiend als die Negation der Negation; denn diese ist das Wiederherstellen der einfachen Beziehung auf sich ...[249].

Eine solche, für Hegel freilich noch *ganz abstrakte Vermittlung*[250] könnte in der Deutung der *quidditas entis*[251] oder überhaupt der Beziehung einer jeden Bestimmung auf ihr negatives, ihr kontradiktorisch entgegengesetztes Gegenglied als *negatio negationis* gesehen werden. So liegt im Begriff des Weißen nach

---

[244] *Cursus philos. thomist.*, ed. cit., t. I, p. 27 a 45 sqq.
[245] Vgl. Beitrag *Hegels Idee der Negativität*..., Anm. 30 sq., in diesem Band, p. 479.
[246] *Cf. Dispp. met.*, d. 4, s. 1, n. 20, Opp. omnia, t. 25, p. 121 a.
[247] *Cf. Met,.* p. 1, d. 5, n. 51, ed. cit., t. 4, p. 136 a.
[248] *Wissenschaft der Logik*, 1.Bd., 1. Buch, Nürnberg 1812 / Göttingen 1966, p. 59.
[249] *Wissenschaft der Logik*, ed. LASSON, Leipzig 1951, 1. Teil, p. 103.
[250] Ib.
[251] Vgl. oben, Anm. 120.

Suarez notwendig die Negation des Nichtweißen (*album necessario infert negationem non albi*[252]). Freilich gilt der Tradition nur diejenige *negatio identitatis cum alio* als doppelte Negation, in der ein negativer, nicht existierender Bezugspunkt negiert wird[253], nicht jedoch die negative, ausschließende Beziehung auf ein existierendes Anderes (*negatio vel relatio alietatis a termino reali et existente*[254]), die — mit der alten Etymologie von *aliquid* als *aliud quid*[255] — im transzendentalen Begriff des Etwas angesetzt wird.

Die begrifflichen Elemente des Hegelschen Raisonnements werden in der Scholastik mithin auf wesentlich andere Art zueinander in Beziehung gesetzt. Die *divisio ab alio* gehört dort nach der verbreiteteren Ansicht nur als Folgeerscheinung (*consequenter solum et secundario*) zum Begriff der Einheit, die ihrem Wesen nach (*formaliter et primario*) nur Ungeteiltheit in sich selbst (*indivisio in se*) besagt[256]. Durch diese wird das Sein eines Dinges in die Grenzen seiner eigenen Bestimmtheit eingeschlossen — Mastrius gebraucht hierfür Formeln wie *in certam quandam propriam mensuram coadunare* oder *intra propriam mensuram claudere* —, was bewirkt, daß es nicht mit dem Sein eines anderen Dinges kommuniziert[257]. Anders als bei Hegel werden also die Begriffe des Eins und Etwas nicht als Weisen des In-sich-Zurückgekehrtseins aus dem Anderssein verstanden. Vielmehr gilt die Einheit als das Frühere gegenüber der in ihr konnotierten *negatio identitatis cum alio*[258]. ... *Ideo enim hoc est divisum ab illo, quia in se tale quid unum est . . .*[259]. Die Andersheit setzt als Realbeziehung ein *duplex unum jam constitutum* voraus[260]. Die das Eine konstituierende Ungeteiltheit in sich aber ist keine *negatio negationis*, denn sie negiert die Teilung nicht im Sinne der in dieser liegenden Negation, nach der eines der Vielen nicht das andere ist, sondern als positive Vielheit, wie auch die Negation, welche die Teilung besagt, ihrerseits nicht eine andere Negation, sondern die positive Identität des einen mit dem anderen negiert[261].

Für Hegel gab es schlechterdings nichts, *was nicht ebenso die Unmittelbarkeit enthält als die Vermittlung*[262]. Die ontologische Tradition dagegen läßt zwar

---

[252] Cf. *Dispp. met.*, d. 45, s. 1, n. 4, Opp. omnia, t. 26, p. 738 b.
[253] Cf. Mastrius, *Met.*, p. 1, d. 5, n. 103; ed. cit., t. 4, p. 150 a.
[254] Cf. Suarez, *Dispp. met.*, d. 4, s. 1, n. 16, Opp. omnia, t. 25, p. 119 b.
[255] Cf. Thomas de Aquino, *Qq. disp. de veritate*, q. 1, a. 1, co.
[256] Cf. Mastrius, l. c., n. 105, p. 151 a.
[257] Cf. ib., p. 150 b.
[258] Cf. Suarez, l. c., n. 16, 22, *Opp. omnia*, t. 25 p. 119 b, 121 b; Mastrius, l. c., n. 103 sq., p. 150 a / b.
[259] Mastrius, l. c., n. 103, p. 150 a.
[260] Cf. ib., n. 102, p. 149 b.
[261] Cf. Suarez, l. c., n. 21, Opp. omnia, t. 25, p. 121 b.
[262] *Wiss. d. Log.* (LASSON), 1. Teil, p. 52.

eine Umschreibung einer einfachen, positiven Entität durch Negationen zu, nicht jedoch eine reale Vermitteltheit alles Positiven durch Negation. Sie perhorresziert den *processus in infinitum in negationibus,* der entstünde, wenn die Negation der Negation nicht einen geschlossenen Kreis darstellte, der zum Erstnegierten als einer wesensmäßig positiven Form zurückführt, sondern sich durch eine Kette von Negationen verliefe, deren eine jeweils nicht die andere ist und diese somit negiert[263]. So führt uns auch die unterschiedliche Auslegung der doppelten Negation und der seinslogisch damit zusammenhängenden Begriffe auf eine fundamentale Differenz in der Bewertung des Negativen zurück. Die Scholastik geht vom Primat des Positiven aus, das nicht das reale Resultat einer dialektischen Vermittlung ist, Hegel dagegen von der Negativität als der immanenten Bewegung des Wirklichen, in deren Prozeß das Positive nur der Durchgangspunkt ist, der in Gestalt des bestimmten Negativen[264] aus ihr resultiert und alsbald wieder negiert wird.

---

[263] Cf. Mastrius / Bellutus, Op. cit., t. 2, p. 104 a, (*Dispp. ... in Arist. Stagir. libros Physicorum,* d. 4, q. 1, a. 3, n. 10 sq.).
[264] *Phänomenologie des Geistes,* ed. J. Hoffmeister, 5. Aufl., Leipzig 1949, p. 49.

Jacob Taubes

VOM ADVERB »NICHTS« ZUM SUBSTANTIV »DAS NICHTS«

Überlegungen zu Heideggers Frage nach dem Nichts

I

Die Art und Weise, wie Heidegger in seiner Freiburger Antrittsvorlesung *Was ist Metaphysik?* (1929) den Übergang vom abverbialen »nichts« zum Substantiv »das Nichts« inszeniert, wirkt befremdend. Rudolf Carnap hat in seinem Aufsatz *Überwindung der Metaphysik durch logische Analyse der Sprache*[1] die Schaltung in der Rede vom »nichts« zum hypostasierten »Nichts« als Taschenspielertrick entlarvt und die Antrittsvorlesung als ganze, die die Frage nach dem Nichts stellt, zum Schulbeispiel für sinnlos metaphysische Rede erhoben. Das Verdikt Carnaps hat seine Wirkung nicht verfehlt. Außer im Kreise von Adepten, in dem die Worte des Meisters in Paraphrase, aber ohne weitere Interpretation wiederholt wurden, blieb der Eindruck einer peinlichen Entgleisung bestehen. Damit waren die Akten auch über die Fragestellung Heideggers geschlossen.

Erst vor kurzem hat Ernst Tugendhat in *Durchblicke* die philosophische Diskussion in einer sprachanalytischen Untersuchung und Kritik der Antrittsvorlesung Heideggers neu eröffnet[2]. Tugendhat spannt den Rahmen weit, aber auch fest genug, um die Intentionen Heideggers einzufangen. Eine Analyse der Grundworte des Parmenides und des Anfangs der Hegelschen *Logik* geht der Untersuchung des Anliegens von Heidegger voraus. Durch diese beiden vorbereitenden Schritte glaubt Tugendhat den Sinn der Formel »das Sein und das Nichts« eingekreist zu haben und für eine Analyse der Grundworte Heideggers vorbereitet zu sein. Zur Analyse Heideggers aber schlägt Tugendhat »ein entgegengesetztes Verfahren« vor. Weil sich ihm in der Interpretation von Parmenides und Hegel der Sinn der Formel »das Sein und das Nichts« eindeutig erschlossen hat, »weil wir jetzt wissen, was sie (sc. die Formel) heißt, können wir sofort (?) sehen, daß sie auf das, was Heidegger meint, nicht paßt, und können fragen, warum er sie dennoch verwendet« (p. 152). Heideggers Frage nach dem Nichts »betrifft nicht das Nichtsein überhaupt und geradezu, sondern

---

[1] R. Carnap, *Überwindung der Metaphysik durch logische Analyse der Sprache*, in Erkenntnis, II (1931) p. 219-241.
[2] E. Tugendhat, *Das Sein und das Nichts*, in *Durchblicke, Festschrift für Martin Heidegger zum 80. Geburtstag*, Frankfurt 1970, p. 132-161.

die universale *Bedingung* des Verstehens von Sein und Nichtsein« (p. 159). Heidegger will, so meint Tugendhat, »auf ein besonderes Nichtsein« (p. 158) hindeuten, ein Nichtsein, das sich in dem universalen Existenzsatz »es gibt nichts« ausspricht. Das Substantiv »das Nichts« erweist sich als »eine vergegenständlichende Bezeichnung für das, was jener universale negative Existenzsatz besagt« (p. 160).

Die eindringliche Analyse Tugendhats aber bewegt sich selbst noch zu sehr in einem vorgegebenen sprachanalytischen Diskussionsrahmen, um den Sinn der Grundworte der von ihm angerissenen Themen bei Parmenides, Hegel oder Heidegger verständlich machen zu können. Das parmenideische Argument erweist sich, nach Tugendhat, »als falsch schlechthin« (p. 141). Hegel operiert, nach Tugendhat, am Anfang der *Logik* mit einer »absurde(n) Konzeption« (p. 156) von Nichtsein. Heidegger führt den Ausdruck »das Nichts« in seiner Frage nach dem Nichts in einer Weise ein, die »folgenlos bleibt« (p. 157), was Tugendhat »erlaubt« (darin spricht sich seine eigene philosophische Intention aus), von dem Ausdruck »das Nichts« bei Heidegger »einfach abzusehen und zu versuchen, den sachlichen Sinn von Heideggers Erörterung ... frei von ihm herauszustellen« (p. 157).

Ein solches Verfahren mag in einer philosophischen Diskussion berechtigt sein. Mit Recht wehrt Tugendhat sich dagegen, »Worte in der Philosophie einfach draufloszuverwenden« (p. 151). Aber ebensowenig ist es möglich, die Grundworte eines Textes zu streichen oder sie auf ein gängiges Verständnis in der gegenwärtig geltenden philosophischen Diskussion zu reduzieren. Die Rettung der sachlichen Intention eines Textes unter Abschreibung seiner Grundworte, das geht für ein hermeneutisches Verfahren ganz und gar nicht. Denn zu sehr sind Wort und Intention aneinander gebunden, ineinander verwoben. Ein solches Verfahren hat nichts mit einer »historischen Toleranz« (p. 134) zu tun (obwohl diese als modischer Mantel des 19. Jahrhunderts heute viel zu leicht abgeworfen wird). Ein solches Verfahren will vielmehr in seiner Insistenz auf den Grundworten die Fremdheit der Texte gegenüber einem durchschnittlichen Einverständnis bewahren. Weder kann man bei Texten Heideggers im allgemeinen, noch kann man bei der Interpretation seiner Antrittsrede im besonderen, die die Frage nach dem Nichts entfaltet, das Grundwort, das den Gang der Erörterung bestimmt, »ohne jeden Verlust ebensogut weglassen« (p. 155). Das Grundwort muß, auch um den Preis seiner philosophischen Fragwürdigkeit, bewahrt werden. Von ihm her muß die Konzeption der Antrittsvorlesung exponiert werden.

II

Heideggers Antrittsvorlesung *Was ist Metaphysik?* erörtert eine bestimmte metaphysische Frage, sie bewegt sich in einigen Schritten auf die Frage nach dem Nichts zu, die Parmenides als den verbotenen Weg geächtet hat.

... Aber es ist nun entschieden, wie es Notwendigkeit ist: / daß man den einen Weg liegen lasse als undenkbar, unnennbar, denn es ist nicht der wahre / Weg ... [3].

Die Antrittsvorlesung ist gerade als Exposition der Frage nach dem Nichts eine verschwiegene, doch dauernde Auseinandersetzung mit Parmenides. Die Opposition gegen Parmenides bestimmt bereits das Hauptwerk Heideggers. Schon der Titel *Sein und Zeit* kann und soll contra Parmenides verstanden werden. Denn wie immer die Vokabel »Sein« auszulegen ist, welchen Sinn auch immer die Vokabel »Zeit« im Gang der Untersuchung erhält (welche Art von Temporalität auch immer mit dem Ausdruck »Zeit« gemeint ist), wie immer auch das Verhältnis von »Sein« und »Zeit« (und von »Zeit« zu »Sein«) expliziert wird, schon das provokante Ineins von »Sein« und »Zeit« steht gegen die grundlegende parmenideische These vom »Sein«:

Wie aber könnte dann Seiendes (gr.: *eon*) vergehen? Wie könnte es werden? / Wenn es nämlich wurde, *ist* es nicht; auch nicht, wenn es zukünftig einmal sein wird. / So ist Werden ausgelöscht und verschollen der Untergang [4].

Von Parmenides ist in *Sein und Zeit* fast nur beiläufig die Rede; es heißt, er habe das Phänomen »Welt« übersprungen (p. 100). Die Destruktion der ontologischen Tradition, die Heidegger in seinem Hauptwerk unternimmt, richtet sich vornehmlich »gegen das parmenideische Erbe in der traditionellen Ontologie« [5]. Darum spricht Heidegger im Hauptwerk, wo er die Thematik der Negation und Negativität streift, noch vorsichtig vom »Wesen des Nicht«, von »Nichtheit« und »Nichtigkeit« (p. 285). Erst in der Antrittsvorlesung, in der die Destruktion der ontologischen Tradition, wie sie sich seit Plato und Aristoteles herausgebildet und in der Geschichte der Philosophie verfestigt hat, bereits *vorausgesetzt* wird, taucht Aug' in Aug' mit Parmenides der Ausdruck »das Nichts« auf, wird die Frage nach dem Nichts in den Mittelpunkt gestellt.

Allein wie Heidegger in der Antrittsvorlesung die Frage nach dem Nichts in Szene setzt, wird erst voll verständlich, wenn die Vorlesung palimpsestisch

---

[3] B 8, 16-18. Übersetzung HÖLSCHER, in *Parmenides, Vom Wesen des Seienden*, 1969.
[4] B 8, 19-21, Übersetzung HÖLSCHER, in Parmenides, op. cit.
[5] E. TUGENDHAT, op. cit. p. 153.

(denn einen direkten Hinweis gibt es nicht) als ein Traktat contra Parmenides gelesen wird. In Szene gesetzt wird die Frage nach dem Nichts mit einer Erörterung über das Wesen der Wissenschaft — »sofern Wissenschaft unsere Leidenschaft geworden ist« (p. 24). Der Übergang in der Rede vom »nichts« zum »Nichts« lautet: »Erforscht werden soll nur das Seiende und sonst — nichts; das Seiende allein und weiter — nichts; das Seiende einzig und darüber hinaus — nichts. / Wie steht es um dieses Nichts? Ist es Zufall, daß wir ganz von selbst so sprechen? Ist es nur so eine Art zu reden — und sonst nichts?« (p. 26). Es braucht nicht den Scharfsinn eines Logistikers, um die Paradoxie dieses Übergangs vom adverbialen »nichts« zum hypostasierten Substantiv »Nichts« logisch als unhaltbar zu erweisen. Aber auch Tugendhat, der subtil den Gedankengang der Antrittsvorlesung Heideggers nachvollzieht, kann bei der Interpretation dieser entscheidenden Stelle des Übergangs vom adverbialen »nichts« zum geladenen Substantiv »Nichts« nur feststellen, daß diese Einführung des Substantivs »das Nichts« »unberechtigt« sei und von Heidegger »kaum ganz ernst gemeint gewesen sein« könne (p. 153).

Vielleicht doch. Es ist wohl anzunehmen, daß Heidegger den logischen Schnitzer, den Carnap ihm vorrechnet, zu vermeiden oder mindestens zu kaschieren gewußt hätte, aber auch, daß er das sprachanalytisch Gewaltsame im Übergang der Rede vom »nichts« zum »Nichts« bemerken konnte. Das Gewaltsame des Übergangs in diesem Denkakt springt in die Augen. Es scheint mir absichtsvoll gewählt: in der Absicht nämlich, den Übergang vom »Nichts« zum »nichts«, den Parmenides paradigmatisch für die abendländische Philosophie vollzieht, rück-gängig zu machen. Parmenides sagt:

Richtig ist, das zu sagen und zu denken, daß Seiendes ist, denn es *kann* sein; / Nichts ist nicht: das, sage ich dir, sollst du dir klarmachen [6].

Das Nichts ist nicht, *mēden d'ouk estin*, lautet die Bannformel des Parmenides.

Der »gewaltsame Charakter der parmenideischen Denkakte«, von dem Hermann Fränkel spricht [7], wird meist übersehen, weil durch Parmenides Philosophie auf einen Weg gewiesen wird — »das Geheiß, das in das abendländische Denken heißt« nennt der späte Heidegger diesen Übergang in *Was heißt Denken?*, (1954, p. 146) —, auf dem das Nichts nur als nichtig, als »nichts«, erscheinen kann. Der Gegenzug Heideggers, der den Übergang von »nichts« zu dem von Parmenides noch verbotenen (also gekannten), von der philosophischen Tradition aber bereits vergessenen Weg »des Nichts« beschreibt, geschieht nicht weniger gewaltsam.

---

[6] B 6, 1-2, Übersetzung Hölscher, in Parmenides, op. cit.
[7] H. Fränkel, *Dichtung und Philosophie des frühen Griechentums*, 1962², p. 420.

»Mit Parmenides hat das eigentliche Philosophieren angefangen«, sagte Hegel in seinen *Vorlesungen über die Geschichte der Philosophie* (W. W. XIII, p. 296 sq.). Dieser Anfang erscheint Hegel:

freilich noch trübe und unbestimmt; es ist nicht weiter zu erklären, was darin liegt, aber gerade dies Erklären ist die Ausbildung der Philosophie selbst, die hier noch nicht vorhanden ist.

Auch Heidegger setzt mit Parmenides den Anfang der Philosophie, freilich weist er als »Grundirrtum« die »Meinung« zurück:

der Anfang der Geschichte sei das Primitive und noch zurückgebliebene ... In Wahrheit ist es umgekehrt. Der Anfang ist das Unheimlichste und Gewaltigste. Was nachkommt, ist nicht Entwicklung, sondern Verflachung als bloße Verbreiterung ..., ist Verharmlosung und Übertreibung des Anfangs zur Mißgestalt des Großen im Sinne der rein zahlen- und mengenhaften Größe und Ausdehnung [8].

Die Wissenschaft und ihre Organisation — sie gilt Heidegger als die letzte Ausformung dieses parmenideischen Anfangs. Von ihr kann, ja muß, wenn ihr ursprüngliches Anliegen bedacht wird, im Rekurs auf ihren Anfang gesprochen werden. Darum ist es nicht erstaunlich, daß, wo Heidegger auf das ursprüngliche Anliegen der Wissenschaft zu sprechen kommt, dieses in parmenideischen Termini darstellt:

Worauf der (wissenschaftliche, J. T.) Weltbezug geht, ist das Seiende selbst und sonst nichts. / Wovon alle (wissenschaftliche, J. T.) Haltung ihre Führung nimmt, ist das Seiende selbst — und weiter nichts. / Womit die forschende Auseinandersetzung im Einbruch (in das Ganze des Seienden, J. T.) geschieht, ist das Seiende selbst — und darüber hinaus nichts (p. 26).

Allein in diesem Rückbezug der Organisation der Wissenschaften auf ihre parmenideische »Verwurzelung« (p. 25) ist es sinnvoll, von der Wissenschaft zu sagen: »Das Nichts wird ja gerade von der Wissenschaft abgelehnt und preisgegeben als das Nichtige« (p. 26). Gegen jeden Versuch, »das Nichts« in den Diskurs einzuführen, »muß ... die Wissenschaft ... ihren Ernst und ihre Nüchternheit behaupten, daß es ihr einzig um das Seiende geht« (p. 26 sq.). Ein Hinweis auf ein Substantiv »das Nichts« kann für den wissenschaftlichen Diskurs nichts »anderes sein als ein Greuel und eine Phantasterei« (p. 27). Allein eine Erinnerung an Parmenides, der den Weg des Nichts abschneidet, läßt sinnvoll das Resultat des wissenschaftlichen Diskurses zusammenfassen und sagen: »... die Wissenschaft will vom Nichts nichts wissen. Dies ist am Ende die wissenschaftlich strenge Erfassung des Nichts« (p. 27). Nur im Blick auf die duale, »zwiespältige« Struktur des parmenideischen Lehrgedichts als Bedingung des

---

[8] Heidegger, *Einführung in die Metaphysik*, 1953, p. 119.

abendländischen Wissensbegriffs (und davon abhängig und ableitbar: des Wissenschaftsbegriffs) läßt sich sinnvoll sagen:

> Die Wissenschaft will vom Nichts nichts wissen. Aber ebenso gewiß bleibt bestehen: dort, wo sie ihr eigenes Wesen auszusprechen versucht, ruft sie das Nichts zu Hilfe. Was sie verwirft, nimmt sie in Anspruch (p. 27).

Ihr »zwiespältiges« Wesen reflektiert ihren Ursprung in der Lehre des Parmenides vom nichtigen Nichts. Von der Lehre des Parmenides läßt sich der Satz Heideggers: »was sie verwirft, nimmt sie in Anspruch« — in eminentem Sinne sagen. Wenn Heidegger auf irgendeine Einsicht der altphilologischen Forschung über das Lehrgedicht des Parmenides rekurriert, so ist's auf die Verbindung der beiden Teile des Lehrgedichts, die Karl Reinhardt in seinem *Parmenides und die Geschichte der griechischen Philosophie*, 1916, herausgestellt hat [9].

Es ist nicht unsere Absicht, die Ausarbeitung und Beantwortung der Frage nach dem Nichts, wie Heidegger sie in der Antrittsvorlesung entfaltet, zu verfolgen. Es ging uns darum, jenes schwächste Glied in der Argumentation Heideggers, den Übergang in seiner Rede vom »nichts« zum »Nichts«, von dem Tugendhat meint, er könne »von Heidegger kaum ganz ernst gemeint sein« (p. 153), in einen historischen Kontext, der für Heidegger aber eine systematische Signatur trägt, zu setzen. Wenn der Übergang in der Rede Heideggers vom »nichts« der vorangestellten Sätze (»das Seiende und sonst — nichts« usw.), wo das Wort »nichts« in seiner gängigen synkategorematischen Funktion steht, zum Substantiv »das Nichts« in einer abstrakten sprachanalytischen Weise betrachtet wird, dann ergibt sich allerdings die Folgerung, daß die Einführung der Rede von »dem Nichts« »unberechtigt« [10] sei. Sieht man aber ein, daß Heidegger die Betrachtung über das Wesen von Wissenschaft nicht nur (obwohl auch) aus dem aktuellen Anlaß als Antrittsvorlesung der Entfaltung der Frage nach dem Nichts vorschaltet, sondern weil die Lehre des Parmenides, daß das Nichts nichts sei oder daß es mit dem Nichts nichts auf sich hat, die Bahn eröffnet, auf der die ontologische Tradition der abendländischen Philosophie abrollt, die ontologische Tradition der Philosophie die Voraussetzung der Wissenschaft als System und Organisation formt oder, wie Niklas Luhmann genauer sagt, »vorreguliert« (vgl. seinen Beitrag *Negation und Perfektion*, unten p. 469), dann ist der Übergang von dem synkategorematisch korrekt gebrauchten Adverb »nichts« zum Ausdruck »das Nichts« berechtigt, ja gefordert und ernst gemeint. Wenn der wissenschaftliche Diskurs, wo er sein »eigenes Wesen auszusprechen versucht« (p. 27), auf die Thesen des Parmenides zurückgeworfen

---

[9] Heidegger, *Sein und Zeit*, 1927, p. 223.
[10] E. TUGENDHAT, op. cit., p. 153.

wird, auf die Lehre, die im Satz gipfelt, daß das Nichts nichts sei, dann muß im Gegenzug mit der These angefangen werden, daß im gängig adverbialen Gebrauch des Wortes »nichts« das von Parmenides geächtete »Nichts« sich verbirgt. Der Übergang Heideggers in der Rede vom »nichts« zum »Nichts« ist eine Art Anamnese des parmenideischen Übergangs vom »Nichts« zum »nichts«, steht also contra Parmenides. An dieser Stelle will Heidegger nicht über das von Parmenides Gesetzte hinaus (das geschieht in der philosophischen Tradition, die eine »Logik der Negation als ontologisches Erkenntnismittel« entwickelt — vgl. Wolfgang Hübeners Studie dieser Tradition in diesem Band p. 105 sqq.), sondern zurück zu dem Punkt, wo die Lehre des Parmenides als Konstitution der philosophischen Tradition den Weg markiert. Der Wandel im Verhältnis von Heidegger zu den Thesen des Parmenides, die er seit der Vorlesung *Einführung in die Metaphysik* (1935) zum Zeugen für seine eigene (gewandelte?) Seinslehre in Anspruch nimmt, stellt ein Problem für sich dar, das hier nicht erörtert werden kann. Für die Phase von *Sein und Zeit* (1927) und *Was ist Metaphysik?* (1929) aber ist die anti-parmenideische Entfaltung der Seinsfrage die Achse, um die sich Heideggers Erörterungen im allgemeinen drehen und seine Frage nach Nichts im besonderen regieren.

III

Der Rückgang hinter die Wegkreuzung des Parmenides geschieht bei Heidegger nicht unvermittelt. Mit einer »rohe(n) historische(n) Erinnerung« (p. 39) leitet Heidegger den letzten Teil seiner Vorlesung ein, die in der »Grundfrage der Metaphysik« gipfelt, »die das Nichts selbst erzwingt: Warum ist überhaupt Seiendes und nicht vielmehr Nichts?« (p. 42). Tugendhat hat in seiner Interpretation der Antrittsvorlesung allein den Hinweis auf Hegel herausgehoben und Heideggers Anmerkungen zur ontologischen Tradition übergangen. Vielleicht läßt sich aber gerade aus den wenigen Hinweisen Heideggers zur ontologischen Tradition einiges zum Verständnis seiner Rede vom Nichts gewinnen. Heidegger markiert den Weg der Tradition durch zwei lateinische Sätze und beschreibt sein eigenes Anliegen in einer von ihm selbst geprägten lateinischen Formel. In diesen lateinischen Formeln werden Summen gezogen, Resultate lang andauernder Prozesse zusammengedrängt. Sie könnten als Orientierungspunkte dienen, um den Kontext zu bestimmen, in den Heideggers Frage nach dem Nichts gehört.

1. Die Metaphysik spricht »von alters her« über das Nichts: *ex nihilo nihil fit*, ein Satz, der in der Tradition freilich »mehrdeutig« (p. 38) bleibt. Heidegger bezieht sich hier auf die klassische Formulierung des Aristoteles: *nihil ex nihilo*

fit[11]. Heidegger bezieht diese Formel nicht nur auf die aristotelische Metaphysik, sondern auf die antike Philosophie insgesamt. Die antike Philosophie von Plato bis Plotin »faßt das Nichts in der Bedeutung des Nichtseienden, d. h. des ungestalteten Stoffes« (p. 39). Auch der platonische Demiurg im *Timaios* schafft nicht aus einem leeren Nichts. Vorgegeben ist eine unerschaffene Materie, die *hyle*, der der Demiurg Gestalt gibt und demgemäß ein Aussehen verleiht. Das Nichts der Materie meint in der antiken Philosophie ein Sein, das »noch nicht« geformt ist, einen ungestalteten Stoff, sie trägt eine privative Signatur, die am schärfsten in der aristotelischen Lehre von der *steresis* exponiert wird.

2. Dagegen stellt Heidegger die Lehre der Theologie als Offenbarungsreligion (die sich bei ihm auf »christliche Dogmatik« verengt). Die orthodoxe Theologie des Judentums, des Christentums und des Islams »leugnet« den Grundsatz der antiken Metaphysik *ex nihilo nihil fit* »und gibt dabei dem Nichts eine veränderte Bedeutung im Sinne der völligen Abwesenheit des außergöttlich Seienden« (p. 39). Die theologische Lehre von der Schöpfung aus Nichts kondensiert sich in die Formel: *ex nihilo fit ens creatum*. Heidegger bezieht sich auf die Auslegung, die Thomas von Aquin dem ersten Satz der *Genesis* gibt: *creare est aliquid ex nihilo facere*[12], eine aus den *Glossen* des Beda übernommene Formulierung, die ihrerseits sich auf die jüdische Überlieferung über den Sinn des hebräischen Verbums *bara* berief. Heidegger neigt zur Annahme, daß die Rede von der *creatio ex nihilo* als eine bewußte Kampfformel gegen die philosophische These *ex nihilo nihil fit* geprägt wurde. Die Vorgeschichte dieser theologischen Formulierung ist freilich komplexer und der Sinn der Formel keineswegs so eindeutig festlegbar. Harry A. Wolfson[13] hat gezeigt, wie sehr platonische oder aristotelische Bedeutungen des *nihil* in den Formulierungen der Kirchenväter, der islamischen und jüdischen Theologen mitschwingen und den oppositionellen Sinn der Formel verdunkeln. Dennoch bleibt bestehen, daß die Wendung *creatio ex nihilo* in die Auseinandersetzung der Theologie der Offenbarungsreligionen mit den Voraussetzungen der antiken Philosophie, insbesondere der aristotelischen Lehre von der Weltewigkeit eingeht. Das *ex* in der Wendung *ex nihilo* deutet darauf hin, daß in irgendeiner Form das *nihil* als »Ursache« der Schöpfung gelten könnte. Die Theologen aber waren bemüht, jeden Gedanken an das Nichts als eine materielle Ursache der Schöpfung abzuwehren. Ungeklärt aber blieb in der mittelalterlichen Theologie das Verhältnis von Gott als *ens increatum* zum *nihil*. An diesem Punkt setzt auch Heideggers

---

[11] Aristot., *Metaphysik*, IV, 5, 1009 a 31.
[12] Thomas von Aquin, *Summa Theologiae I*, qu. 45 a 1.
[13] H. A. Wolfson, *The Meaning of Ex Nihilo in the Churchfathers, Arabic and Hebrew Philosophy and St. Thomas, Mediaeval Studies in Honor of Jeremiah Danis Ford*, 1948, p. 355-370.

Überlegung über Recht und Grenzen der Schöpfungslehre ein. »Daher bekümmert auch gar nicht die Schwierigkeit, daß, wenn Gott aus dem Nichts schafft, gerade er sich zum Nichts muß verhalten können« (p. 39).

3. Heidegger trifft hier in der Tat eine zentrale Schwierigkeit der theologischen Argumentation, die vor kurzem der Religionshistoriker Gerschom Scholem in einer Weise formuliert hat, die sich ohne Abstrich als Kommentar zur Anmerkung Heideggers lesen läßt: »Das Paradox im Begriff einer Schöpfung aus Nichts ist auch durch die Formel gegeben, die Thomas von Aquin benutzt, wenn er die Schöpfung als ein Wirken Gottes nach außen, *operatio dei ad extra*, definiert. Gott vervollkommnet nicht etwa in der Schöpfung, was in seinem eigenen Wesen schon angelegt wäre, sondern bringt etwas hervor, was außerhalb dieses Wesens liegt. Dies aber ist eben der kritische Punkt. Denn wie soll der Gedanke vollziehbar sein, daß außerhalb der göttlichen Substanz, die in sich das vollendete Sein, *ens purissimum*, darstellt, noch ein unvollkommenes und geschöpfliches Sein existieren kann, sobald einmal der Gedanke der Vollkommenheit des göttlichen Wesens ernst genommen wird? So erweist sich hier die Rede von der Schöpfung aus Nichts sofort als eine paradoxe, radikale Losung. Gott hat die Freiheit, ein Sein hervorzurufen, das nicht er selber ist. Was könnte paradoxer sein als dies? Denn wie kann, wenn es Gott gibt, es irgendein Sein geben, das nicht in ihm selber enthalten sei? Aber die Losung von der Schöpfung aus Nichts scheint eben gerade von vornherein darauf angelegt zu sein, eine solche Allumfassung des Seins in Gott selbst, eine pantheistische Wendung des Schöpfungsbegriffes, auszuschließen. Und das ist jedenfalls, was sich die sublime Dialektik des islamischen Kalām nicht anders als die jüdischen Theologen Saadja und Maimonides sowie die scholastische Theologie zu erreichen vorgenommen haben: die Sicherung der biblischen Botschaft von der Schöpfung — gegen alle pantheistische Grenzverwischung«[14].

Dennoch läßt sich Heideggers Behauptung, daß diese Schwierigkeit im Verhältnis von Gott zum *nihil* in der mittelalterlichen Reflexion gar nicht bedacht wird, in dieser Eindeutigkeit kaum festhalten. Denn zugleich mit der allgemeinen Rezeption der Formel *creatio ex nihilo* in der orthodoxen, jüdischen und islamischen Theologie sowie in der christlichen Dogmatik, setzt der Prozeß ihrer Umdeutung ein, die genau an der von Heidegger hervorgehobenen »Schwierigkeit« einsetzt. Diese Umdeutung der Formel *creatio ex nihilo* hat Scholem genauer untersucht und gezeigt, daß in der mystischen Tradition der Wortlaut der Formel zwar bewahrt bleibt, ihr Sinn aber ins Gegenteil verkehrt wird: »Die Schöpfung aus Nichts, wie sie immer wieder in mystischen Traditio-

---

[14] G. SCHOLEM, *Schöpfung aus Nichts und Selbstverschränkung Gottes*, in *Über einige Grundbegriffe des Judentums*, 1970, p. 59 sq.

nen auftaucht, ist die Schöpfung aus Gott selbst. Es ist genau das, was die Lehre aller Orthodoxien auszuschließen schien. Das Nichts, das die Schöpfung bedingt, das ist er selbst. Die Freiheit, aus der er schafft, bezieht sich auf ihn selbst und nicht auf etwas, was außerhalb von ihm liegt. Das Nichts der Philosophen, das Nichtseiende, wird ... zum substantiellen Nichts, zum Nichts des Überseins Gottes. Manchmal werden dabei Gott und sein Nichts als zwei Aspekte seines eigenen Wesens aufgestellt, und manchmal werden beide unter *einer* tief häretischen, ganz von unten her Mythisches aufrufenden Perspektive gesehen« (p. 68).

Der Prozeß dieser Umdeutung der Formel *creatio ex nihilo*, die von der Vorstellung bestimmt ist, daß Gott das Nichts sei, läßt sich gleichermaßen in ismailitischen Texten der islamischen Gnosis, in der jüdischen Kabbala und der christlichen mystischen Tradition seit Scotus Erigena verfolgen. Obwohl seine Lehre im frühen 13. Jahrhundert als häretisch erklärt wird, wirkt seine Lehre fort in den Schriften Meister Eckharts und seiner Schüler. Von dort her läßt sich die Linie bis zu Jakob Böhme verfolgen, der die These des Scotus Eriugena wiederholt, daß »Gott alle Dinge aus dem Nichts gemacht hat und dasselbe Nichts ist er selber«[15]. Sie ist noch gegenwärtig bei dem Schelling der *Weltalter*:

Ja wohl ist es ein Nichts, aber wie die lautere Gottheit ein Nichts ist, in dem Sinn, wie ein geistlicher Sinndichter unnachahmlich es ausgedrückt: die zarte Gottheit ist ein Nichts und Übernichts, / wer Nichts in allem sieht, Mensch glaube, dieser siehts (VIII, 234).

Heidegger setzt die mystisch-theologische Tradition von Scotus Erigena bis Jakob Böhme und Schelling nicht fort, aber er setzt die in der christlichen mystischen Tradition sich durchsetzende (manchmal wieder ins Orthodoxe zurückgebogene, manchmal als kühne Metapher in der Schwebe gehaltene) Umdeutung der orthodoxen Formel *creatio ex nihilo* voraus, wenn er der antiken Lehre *ex nihilo nihil fit* einen »das Seinsproblem selbst treffenden Sinn« (p. 40) unterschiedet, den er in einer selbst konstruierten lateinischen Formel zusammenfaßt: *ex nihilo omne ens qua ens fit*. Philosophisch vollzieht sich in dieser von Heidegger kreierten Formel eine Bewahrung der antiken Seinslehre, indem ihr ursprünglicher Sinn ins Gegenteil verkehrt wird. Das Nichts wird zu dem, was die antike Seinslehre seit Parmenides, die »kein Nein befleckt« (Nietzsche), auszuschließen schien, zu einem substantiellen Nichts, daraus alles Seiende als Seiendes sich erschließt. Der Ausdruck »das Nichts«, den Heidegger einführt, meint nicht das *nihil* der mystischen Tradition: es ist ein »Nichts des Daseins« (p. 40). Es begegnet nicht in Extase oder mystischer Meditation, es »begegnet« in der Angst, »die ihrem eigensten Enthüllungssinne nach das Nichts offenbart« (p. 31).

---

[15] Böhme, *De Signatura Rerum* VI, 8.

Es bleibt zu erkunden, in welchem Zusammenhang die paradoxesten Formulierungen der mystischen Einsicht in Gott mit der von Heidegger herausgestellten Begegnung mit dem Nichts stehen. Die orthodoxe Theologie hat immer in den exponierten Aussagen der Mystiker, insbesondere in ihrer Symbolik des Nichts eine Wendung ins Anthropologische vermutet. Vielleicht mit Recht.

Was Heidegger am Ende der Vorlesung als »die Grundfrage der Metaphysik« (p. 42) vorstellt: warum ist überhaupt Seiendes und nicht vielmehr Nichts?, setzt selber die Negation der beiden sich ausschließenden Thesen — sowohl der antiken Seinslehre als auch der biblischen Schöpfungslehre — voraus, die Heidegger in seiner historischen Erinnerung absichtsvoll einführt. Erst nach der Destruktion der antiken Seinslehre sowie der Leugnung der biblischen Schöpfungslehre kann die Frage: warum ist überhaupt Seiendes und nicht vielmehr Nichts? gestellt werden. Die Frage, die Heidegger am Ende der Vorlesung als *die* Grundfrage der Metaphysik bezeichnet, taucht in dieser Form weder in der antiken Philosophie noch in der mittelalterlichen Theologie auf: sie kann in dieser Form auf dem Boden der antiken Seinslehre und des biblischen Schöpferglaubens gar nicht gestellt werden. Diese Frage-*stellung* wird erst möglich, wenn der doppelte Boden der alt-europäischen Philosophie und Theologie zu wanken beginnt. Zuerst bei Leibniz, den Heidegger in der Einleitung zur 5. Auflage der Antrittsvorlesung zitiert (p. 22), um sich von der Art und Weise, wie Leibniz die Frage stellt, abzugrenzen: *pourquoi il y a plutôt quelque chose que rien* (Opp. Gerhard, VII, p. 602). Heideggers Rekurs auf Leibniz ist aber keine nachträgliche Ergänzung, sondern schon 1929 führt Heidegger[16] die erste der »24 Thesen« von Leibniz an: *Ratio est in Natura, cur aliquid potius existat quam nihil* (Opp. Gerhard, VIII, p. 289). Dann, an entscheidender Stelle beim späten Schelling (die Heidegger erstaunlicherweise auch in der Schelling-Vorlesung 1936, veröffentlicht 1971, übergeht), die die Thematik der Antrittsvorlesung bis in die Formulierung vorwegnimmt:

... Wenn es ein Seyn gibt, so ist das Seyende *selbst* ein *nothwendiger* Gedanke. In seinem unmittelbaren Verhältnis zum Seyn aber ist es das unmittelbar Seynkönnende usw. ... aber diese ganze Folge ... beruht auf der Voraussetzung, wenn es ein Seyn oder ein Seyendes gibt. Hieraus erhellt also, daß jener Gedanke *des* Seyenden, d. h. einer letzten aller Differenz entkleideten Substanz des Seyns, nicht ein an sich nothwendiger ist, wofür die Anhänger des Parmenides oder des Spinoza ihn ausgeben, sondern doch nur ein relativ nothwendiger; denn, wenn ich bis an die Grenze alles Denkens gehen will, so muß ich ja auch als möglich anerkennen, daß überall nichts wäre. Die letzte Frage ist immer: warum ist überhaupt etwas, warum ist nicht nichts? Auf diese Frage kann ich nicht mit bloßen Abstraktionen von dem wirklichen Seyn antworten. Anstatt also, wie es den Anschein haben konnte, daß das Wirkliche durch jenes abstrakte Seyende begründet sey, ist vielmehr dieses abstrakte Seyende nur begründet

---

[16] Heidegger, *Vom Wesen des Grundes*, ³1949, p. 48.

durch das Wirkliche. Ich muß immer zuerst irgend eine Wirklichkeit zugeben, ehe ich auf jenes abstrakte Seyende kommen kann ...[17].

Die »positive« Philosophie Schellings ist bereits Philosophie »im Übergang zur Nichtphilosophie« (Odo Marquard), aber die Frage nach dem Nichts taucht hier noch in philosophischer Weise auf — »wenn ich bis an die Grenze alles Denkens gehen will«. Für Heidegger ist die Frage nach dem Nichts keine »spekulative« Frage mehr, sondern »das Nichts ist die Ermöglichung der Offenbarkeit des Seienden als eines solchen für das menschliche Dasein« (p. 35).

Es überschreitet unser Anliegen, eine philosophische Diskussion mit Heideggers Antrittsvorlesung zu führen, etwa in der Absicht, sprachanalytische Kriterien zu gewinnen, um über die Richtigkeit ihrer Thesen zu entscheiden. Eine solche »Rettung« der Problemstellung Heideggers schien Tugendhat, seinem subtilsten Interpreten, nur möglich gerade unter Opferung der Grundvokabel, die das Thema der Antrittsvorlesung bestimmt, unter Absehung des Übergangs in der Rede Heideggers vom adverbialen »nichts« zum Substantiv »das Nichts«. Wie aber soll eine Schachpartie gewonnen werden, deren Eröffnung nicht ernst gemeint ist und in der gleich zu Anfang die Königin, die das Spiel regiert, geopfert werden muß? Uns ging es allein darum, die Problemstellung Heideggers, insbesondere seinen befremdenden Übergang in der Rede vom »nichts« zum »Nichts«, in einen Kontext zu stellen, in dem Problemstellung und Argumentationsgang einsichtig gemacht werden kann, unabhängig davon, ob sie nach den Spielregeln der Logistik oder einer sprachanalytischen Theorie erlaubt oder verboten sind.

Wenn Hübener in seinem minutiösen und dichten Abriß zur *Logik der Negation als ontologisches Erkenntnismittel*, in dem die platonischen und aristotelischen Varianten einer Syntax der Negation bis in die letzten Verästelungen hin verfolgt werden, Heideggers umstürzende These zur Negation aber, die er in der Antrittsvorlesung vorträgt, als »unerweislich« beiseite läßt (vgl. dieser Band, p. 106), so bezeugt er wider Willen, daß der Bann des Parmenides in der alteuropäischen Philosophie nicht gebrochen ist.

Diesen Bann des Parmenides hat Luhmann im Auge, wenn er vorschlägt, zu »prüfen, ob die Verwendungsmöglichkeiten des Negierens in der abendländischen Tradition dadurch vorreguliert waren, daß die Realität als Perfektion gedacht war ... Die Perfektionierung der Perfektion läuft in sich selbst zurück, die Perfektion wird dadurch unnegierbar. Sie dient in dieser Selbstfestlegung als festes Maß für Kritik und für Rechtfertigung zugleich« (s. sein Beitrag *Negation und Perfektion* in diesem Band p. 469). Durch die Fragestellung Heideggers

---

[17] Schelling, *Philosophie der Offenbarung*, WW XIII, p. 242.

werden Möglichkeiten freigesetzt, Negation in einer durchlöcherten Wirklichkeit zu verstehen: »Das Nicht entsteht nicht durch die Verneinung, sondern die Verneinung gründet sich auf das Nicht, das dem Nichten des Nichts entspringt« (p. 36).

Die zeitgenössische Resonanz der Frage Heideggers nach dem Nichts ist freilich nicht zu überhören. Eine Generation, die geistig und materiell buchstäblich *vis à vis de rien* stand, verstand ohne weiteren Kommentar Heideggers Frage nach dem Nichts. Günter Grass hat den Klang der Grundworte Heideggers in der Umgangssprache des Dritten Reichs im Roman *Hundejahre* anklingen lassen. Diese Spur wäre — gerade im Blick auf die Grundvokabeln der Antrittsvorlesung — in einer Linguistik der Politik, wie sie Jean Pierre Faye in seinem großen Werk über *Langages totalitaires*, 1972, begonnen hat, weiter zu verfolgen. Der zeitgeschichtliche Index der metaphysischen Frage nach dem Nichts gibt einen Hinweis auf die geheime Verabredung, die zwischen Philosophie und Politik besteht. Er erinnert uns, daß auch eine metaphysische Frage nicht im luftleeren Raum verhandelt wird.

Günther Buck

»DIE FREUDIGKEIT JENES SPRUNGS ...«

Negativität, Diskontinuität und die Stetigkeit des Bios

I

Zu den Charakteristiken des neuzeitlichen Denkens gehört der eigentümliche Wandel in der Einschätzung von Diskontinuität verschiedenster Art. Nicolai Hartmann hat gemeint, dieser Wandel sei erst durch die Einzelforschung unseres Jahrhunderts in Gang gekommen. Erst jetzt sei klar geworden, wie deutlich bei aller »kategorialen« Priorität des Kontinuums die »Vorherrschaft der Diskretion in der Mannigfaltigkeit realer Abstufungsreihen und Formenketten« und vor allem in den physikalisch-energetischen Prozessen sei[1]. Indessen ist dieser zeitgenössischen Befreundung mit Unstetigkeiten vieler Art sowohl philosophisch als auch einzelwissenschaftlich seit dem 18. Jahrhundert kräftig vorgearbeitet worden. Den Prozeß schwindender Perhorreszierung des Diskontinuierlichen spiegelt die Geschichte der Verwendung eines Ausdrucks, der, ein rechter Parvenu, seit dem Ende des 18. Jahrhunderts den aus der Tradition ihm anhaftenden Makel verloren und Einlaß in die besseren Kreise des Bildungsvokabulars, wenn auch nur selten in die philosophischen Wörterbücher gefunden hat. Es ist der Ausdruck »Sprung«. Zwar befindet noch 1833 das philosophische Handwörterbuch von Krug über den »Sprung«, er könne (als *saltus in natura*) metaphysisch nicht angenommen werden und sei (als *saltus in concludendo*) logisch verboten. Aber das ist nur Reflex einer älteren Tradition, die sich von der Sache her seit Kant und vom Sprachgebrauch her seit Hegels frühen Schriften kontestiert findet.

Im Epilog der Hegelschen Abhandlung *Über die wissenschaftlichen Behandlungsarten des Naturrechts* (1803) findet sich ein Passus, der ebenso als eine Charakteristik der Struktur der Geschichte der Sittlichkeit eines bestimmten Volkes — der Geschichte ihrer »Bildung« — wie als Kritik am Formalismus der praktischen Philosophie Kants und Fichtes zu lesen ist. Er lautet:

Es ist zugleich nothwendig, daß die Individualität fortschreite, sich metamorphosire, und das der herrschenden Potenz Angehörige erschwache und ersterbe, damit alle Stufen der Notwendigkeit an ihr als solche erscheinen; das Unglück aber der Periode des Uebergangs, daß dieses Erstarken der neuen Bildung sich nicht von dem Vergangenen absolut gereinigt hat, ist es, worin

---

[1] N. Hartmann, *Der Aufbau der realen Welt*, ²1949, p. 304 sq.

das Positive ist. Und die Natur, ob sie zwar innerhalb einer bestimmten Gestalt mit gleichmäßiger, jedoch nicht mechanisch gleichförmiger, sondern mit gleichförmig beschleunigter Bewegung fortgeht, genießt jedoch auch einer neuen Gestalt, welche sie errungen hat; wie sie in dieselbe springt, so verweilt sie sich in ihr. Wie die Bombe zu ihrer Kulmination einen Ruck thut, und dann in ihr einen Moment ruht, oder wie das erhitzte Metall nicht wie Wachs erweicht, sondern auf einmal in den Fluß springt, und auf ihm verweilt, (denn die Erscheinung ist der Übergang ins absolut Entgegengesetzte, also unendlich, und dieses Heraustreten des Entgegengesetzten aus der Unendlichkeit oder seinem Nichts ist ein Sprung, und das Daseyn der Gestalt in ihrer neugeborenen Kraft ist zuerst für sich selbst, ehe sie sich ihres Verhältnisses zu einem Fremden bewußt wird): so hat auch die wachsende Individualität sowohl die Freudigkeit jenes Sprungs als eine Dauer des Genusses ihrer neuen Form, bis sie sich allmählich dem Negativen öffnet, und auch in ihrem Untergange auf einmal und brechend ist[2].

Die Figur der von einer geschichtlichen Gestalt zur anderen »springenden« Bildungsgeschichte des Geistes findet sich bald darauf in der Vorrede zur *Phänomenologie des Geistes*:

Es ist übrigens nicht schwer zu sehen, daß unsre Zeit eine Zeit der Geburt und des Übergangs zu einer neuen Periode ist. Der Geist hat mit der bisherigen Welt seines Daseins und Vorstellens gebrochen und steht im Begriffe, es in die Vergangenheit hinab zu versenken, und in der Arbeit seiner Umgestaltung. Zwar ist er nie in Ruhe, sondern in immer fortschreitender Bewegung begriffen. Aber wie beim Kinde nach langer stiller Ernährung der erste Atemzug jene Allmählichkeit des nur vermehrenden Fortgangs abbricht — ein qualitativer Sprung, — und jetzt das Kind geboren ist, so reift der sich bildende Geist langsam und stille der neuen Gestalt entgegen, löst ein Teilchen des Baues seiner vorhergehenden Welt nach dem andern auf, ihr Wanken wird nur durch einzelne Symptome angedeutet; der Leichtsinn wie die Langeweile, die im Bestehenden einreißen, die unbestimmte Ahnung eines Unbekannten sind Vorboten, daß etwas anderes im Anzuge ist. Dies allmähliche Zerbröckeln, das die Physiognomie des Ganzen nicht veränderte, wird durch den Aufgang unterbrochen, der, ein Blitz, in einem Male das Gebilde der neuen Welt hinstellt[3].

Die Idee der Geschichte einer von Gestalt zu Gestalt diskontinuierlich sich vollziehenden »Bildung«, der Geschichte einer *weitläufigen Umwälzung von mannigfaltigen Bildungsformen*[4] erscheint hier bestimmter gefaßt als in der früheren Schrift. Vor allem scheint, was »Sprung« meine, über die Abhebung gegen die herkömmliche Charakteristik der Kontinuität realer Vorgänge durch »Allmählichkeit« hinaus, mit der näheren Bestimmung »qualitativer Sprung« präzisiert. Im Licht der späteren, für die Theorie revolutionärer Veränderungen so folgenreichen Theorie des qualitativen Sprungs[5] scheint nun der Sinn der Stelle aus dem Naturrechts-Aufsatz, vor allem hinsichtlich der dort gebrauchten verdeutlichenden Natur-Analogien, leicht zu klären: Die Geschichte der Bildung des Geistes stellte sich dar als eine Bewegung, in der Epochen schrittweisen

---

[2] G. W. F. Hegel, *Werke* (Originalausg.) Bd. 1, p. 421 sq.
[3] Hegel, *Phänomenologie des Geistes*, ed. Hoffmeister, p. 15 sq.
[4] Op. cit., p. 16.
[5] Cf. Hegel, *Wissenschaft der Logik* (ed. Lasson, Meiner-Ausg.) I, p. 379.

Werdens und möglicherweise kumulativer Prozesse dann und wann durch ein intervenierendes Geschehen gleichsam quer zur Kontinuität des Werdens unterbrochen werden. Denn der »Sprung« darf nicht so verstanden werden, als führe er die Richtung des kontinuierlichen Geschehens bei abkürzendem Verfahren einfach weiter. Die *Qualität* des Werdens und Geschehens ändert sich vielmehr. Geschichtliche Sprünge haben deshalb den Charakter von »Umwälzungen«. Jener »Übergang«, von dem im Naturrechts-Aufsatz die Rede ist, ist in Wahrheit eine Revolution. Die mögliche Frage nach dem Agens einer so in Sprüngen sich vollziehenden Bildungsgeschichte oder nach dem in Bildung begriffenen Subjekt dieser Geschichte ließe sich durch den Hinweis auf die Transzendenz jenes Subjekts beantworten, d. h. darauf, daß das Subjekt der Bildungsgeschichte als die Macht des »Übergehens« die Macht des Springens selbst sei[6]. Die »Freudigkeit« des Sprungs wäre dann zu verstehen von der Spontaneität des Aktes her, in dem Freiheit sich ergreift.

Indessen ist diese Interpretation des Sprungs als Transzendenz, als *Hinausgehen ... über das Endliche zum Unendlichen*[7], gerade die Interpretation *Fichtes* gewesen, die Hegel im Naturrechts-Aufsatz dadurch kritisiert, daß er den Richtungssinn des Springens umkehrt. Nicht vom Sprunge *heraus* aus dem Befangensein im Endlichen hinein in das Unendliche der Freiheit, nicht von diesem Akt der Emanzipation aus den Verstrickungen der Natur wie der Geschichte ist bei Hegel die Rede, sondern von dem vergleichsweise inversen Sprung *zurück* in die Endlichkeit und Geschichtlichkeit konkreter Handlungssituation. Hegels Kritik geht aus von der Einsicht, daß das Verfahren des von Kant und Fichte auf den Begriff gebrachten Moralismus, das Gute als das Eine der unendlichen Freiheit *gegen* das schlechte Viele bedingter Situationen und Motive zu bestimmen, das Gute selbst zu einem Endlichen und Bedingten macht. Der Versuch, sich aus der konkreten Geschichtlichkeit mit ihrer generellen Handlungsnötigung herauszureflektieren — ihr im »Sprung« zu entkommen — ist in Wahrheit von dieser Geschichtlichkeit immer schon überholt; an die Stelle der freien Entscheidung zu ihr tritt die Verstrickung in undurchschaute Zwänge. Der von Hegel beschriebene (und damit auch postulierte) Sprung »zurück« aus der bloßen Abstraktheit und Idealität der unendlichen subjektiven Freiheit und »hinein« in die vielfach bedingte und bedingende geschichtliche Situation macht Gebrauch von jener kritischen Einsicht. Er *ist* diese Einsicht, und seine »Freudigkeit« liegt

---

[6] Vgl.: *Das Erheben des Denkens über das Sinnliche, das Hinausgehen desselben über das Endliche zum Unendlichen, der Sprung, der mit Abbrechung der Reihen des Sinnlichen ins Übersinnliche gemacht werde, alles dieses ist das Denken selbst, dies Übergehen ist nur Denken.* (*Encyclopädie der philosophischen Wissenschaften im Grundrisse*, ed. HOFFMEISTER, § 50).
[7] S. Anm. 8.

weniger im Pathos der einfachen Negation aller natürlichen und geschichtlichen Bedingungszusammenhänge als in der Zuversicht, diese Zusammenhänge kraft einer zweiten, absoluten Negation im Zusammenhang einer übergeordneten Geschichte zu vollenden.

II

So ist auch für Hegel, wie für seine Vorgänger, der Sprung ein Reflexionsgeschehen. Aber entgegen den Vorgängern, die — Kant zuerst — den Akt sich vollziehender Freiheit als absoluten Neuanfang, als revolutionäre Aufhebung bestehender, allmählich gewordener, verfestigter und darum suspekter Kontinuitäten interpretieren, versucht Hegel zu zeigen, daß die Bedeutung, welche die Vorgänger dem Diskontinuierlichen für die Geschichte der sittlichen »Bildung« beimessen, sich nur unter der Voraussetzung einer übergeordneten geschichtlichen Kontinuität recht verstehen läßt. Damit ist auch die herkömmliche Vorstellung über Kontinuität revidiert, die sich in der Form der *lex gradationis* auf Leibniz beruft und, indem sie das Entstehen oder Vergehen aus der Allmählichkeit der Veränderungen zu erklären versucht, *die der Tautologie eigene Langweiligkeit* hat[8], — eine Langweiligkeit und Verdrießlichkeit, angesichts deren die Rede von der »Freudigkeit« des Sprungs wohlmotiviert erscheint.

Ich versuche im folgenden den Wandel zu skizzieren, in dem die Ideen der Kontinuität und der Diskretheit geschichtlicher Verläufe ihr Verhältnis wechseln, bis jener Punkt erreicht ist, an dem Hegels Auseinandersetzung mit den Vorgängern einsetzt. Leibniz, der im Ausgang vom mathematischen Kontinuum die Kontinuität zu einem Prinzip jeder Seins- und Geschehensordnung gemacht hat, bestimmt in den *Nouveaux Essais* den, wie er sagt, auf die Veränderung bezüglichen Teil seiner *lex continui* so: *Tout va par degrés dans la nature, et rien par saut.* Sprunglos ist ebenso der genetische Zusammenhang der verschiedenen monadischen Seinsformen und Seinsstufen wie auch die Abfolge der Zustände der einzelnen Monade, deren Werden von einem Gesetz der Stetigkeit in der Reihe ihrer Operationen (*lex continuitatis seriei suarum operationum*) geregelt ist. Darin beruht, speziell für psychische Verläufe, die Verständlichkeit und Rekonstruierbarkeit der Geschichte, als die sich die »Reihe der Operationen« darstellt. Christian Wolff hat in einer geistreichen Erörterung des Verhältnisses von kontinuierlichem Geschehen und Sprung die Sache so dargestellt: Die Kontinuität bezieht sich auf den einsehbaren *Zusammenhang der Dinge, wie*

---

[8] *Wissenschaft der Logik I*, op. cit., p. 384.

eines aus dem andern kömmt. Und dies geschieht durch Grade, wo man jederzeit im vorhergehenden genugsamen Grund findet, warum das andere daraus kommet . . .[9].

Das Prinzip Kontinuität folgt aus dem Prinzip des zureichenden Grundes. Daher *hindert der zureichende Grund den Sprung, gleichwie der Mangel desselben im Traume ihn leiden kann*[10]. »Sprung« meint solches Geschehen, das, schlechthin unverständlich, in keinen »natürlichen« Zusammenhang mehr gebracht werden kann: das Wunder. Die Kategorie des Sprungs findet daher keine Anwendung auf das Geschehen im Werden, in dem die seienden Monaden begriffen sind, sondern allenfalls auf deren absolutes Entstehen und Vergehen: *. . . einfache Dinge [können] nicht anders als durch ein Wunder-Werck anfangen und aufhören . . .*[11]. Weil die Idee der Kontinuität sich nur auf die Begreiflichkeit von Geschehenszusammenhängen bezieht, ist es unzulässig, angesichts der Plötzlichkeit von Ereignissen, wie es oft geschieht, von Sprüngen zu reden: *Denn der Sprung zielet nicht eigentlich auf die Zeit, sondern auf den Zusammenhang der Dinge . . .*[12].

Leibniz hat sich übrigens durchaus nicht verhehlt, wie oft die Empirie dem uneingeschränkten Kontinuitätsprinzip zu widersprechen scheint, so sehr dieses Prinzip auch für die Einzelforschung als regulatives Prinzip dienlich sein mag. Er gibt zu, daß es in den ›Phänomenen‹ zumindest den ›Anschein von Sprüngen‹ (*des apparences de sauts*) gibt, die die fundamentale Kontinuität zu durchbrechen scheinen. Die Wirklichkeit weist ebenso erfahrbare Diskretheit wie erfahrbare Stetigkeit auf. Indessen liegt nach Leibniz Kontinuität als Bedingung der Diskretheit zugrunde. Für die phänomenale Diskretheit bietet sich eine bemerkenswerte Deutung an: Die Unstetigkeit, d. h. die in ihr wirksame Negation der Kontinuität, hat eine *ästhetische Funktion*:

. . . la beauté de la nature qui veut des perceptions distinguées, demande des apparences de sauts, et pour ainsi dire des chutes de musique dans les phénomènes . . .[13]

Kant hat das »metaphysische Gesetz der Stetigkeit« schon in der Dissertation *De mundi sensibilis . . .* aus der Anschauungsform der Zeit begründet. *Die Zeit ist eine stetige Größe und der Grund der Gesetze des Stetigen in den Veränderungen (in mutationibus) des Universums.*

Das metaphysische Gesetz der Stetigkeit aber ist dies: Alle Veränderungen sind stetig oder

---

[9] *Vernünflige Gedanken von Gott, der Welt und der Seele des Menschen.* Halle ³1725, p. 426.
[10] Op. cit,. p. 427.
[11] Op. cit., p. 426.
[12] Loc. cit.
[13] Leibniz. *Philosophische Schriften*, ed. GERHARDT, Bd. V, p. 455.

fließen, d. i. entgegengesetzte Zustände folgen nur durch eine dazwischenliegende Reihe verschiedener Zustände aufeinander. Denn weil zwei entgegengesetzte Zustände in verschiedenen Augenblicken der Zeit sind, zwischen zwei Augenblicken (die nicht *Teile* sind, sondern *Grenzen*, zwischen denen eine Zeit liegt; G. B.) aber immer irgend eine Zeitunterbrechung liegt, in deren unendlicher Reihe von Augenblicken die Substanz weder in dem einen der gegebenen Zustände, noch in dem anderen, noch aber in keinem ist: so wird sie in verschiedenen sein, und so fort ins Unendliche (§ 14).

Da nun jede Veränderung eine Ursache hat, welche in der ganzen Zeit, in welcher jene vorgeht, ihre Kausalität beweist[14], ist Kausalität untrennbar mit den Prinzip der Kontinuität verknüpft. Kausalität ist nur als »kontinuierliche Handlung« denkbar[15]. So ist aus Gründen a priori jede *Erfahrung*, d. h.: jede wissenschaftliche Erfahrung, von Diskontinuierlichem unmöglich, gleichgültig ob sich die Erfahrung auf die Natur oder auf den Menschen — als psychologische, als historische Erfahrung — bezieht. Darin scheint mir übrigens der kantische Erfahrungsbegriff durchaus mit dem von ganz anderen Voraussetzungen her sich ausbildenden historischen Bewußtsein übereinzustimmen: auch das historische Bewußtsein ist primär Kontinuitätsbewußtsein, Bewußtsein des als Einheit von Vergehen und Werden fließenden Stromes der Zeit, aus dem es die Stetigkeit eines geschichtlichen Zusammenhanges aufbaut.

Leibnizens *rien ne va par saut*, von Kant in der philosophischen Grundlegung der Naturwissenschaft in mehrfacher Hinsicht wiederholt, vom historischen Bewußtsein, sicher nicht ohne den Einfluß von Leibniz selbst, auf die Geschichte appliziert, wird nun auch zum ausgesprochenen oder unausgesprochenen Prinzip des pädagogischen Denkens des ausgehenden 18. und des beginnenden 19. Jahrhunderts. Man braucht hier nur an die besondere Artikulation zu erinnern, wie sie der Begriff »Bildung« seit der Mitte des 18. Jahrhunderts erfährt. »Bildung« ist, unter dem merklichen Einfluß von Leibniz, bis zu W. v. Humboldt ein Kontinuitätsbegriff par excellence; und noch die beiden großen Versuche des beginnenden 19. Jahrhunderts, Pädagogik als Wissenschaft zu begründen (Herbart, Schleiermacher), stehen ganz innerhalb der Voraussetzung durchgehender Kontinuität menschlicher »Bildung« und der zu ihr beitragenden Maßnahmen. Es ist hier, so verschieden Herbarts und Schleiermachers Bildungsbegriff vom älteren organologisch-evolutionistischen Bildungsbegriff auch ist, stets die ausdrückliche Grundvoraussetzung herrschend, daß das geistige Werden nicht weniger als das physische von der *lex continui* (*lex gradationis*) bestimmt sei. Unter solchen Umständen reproduziert der Titel von J. Fr. Chr. Graeffes 1801 erschienenem Buch *Versuch einer moralischen Anwendung des Gesetzes der Stetigkeit* nur einen Gemeinplatz.

---

[14] Kant, *Kritik der reinen Vernunft*, A. 208.
[15] Loc. cit.

Dieses Kontinuitätsdenken ist, das muß man zu seinem rechten Verständnis bemerken, keineswegs gänzlich blind gegenüber den aufdringlichen Indizien, die für Diskretheit sprechen. Kant z. B. macht nicht einmal mehr, wie Leibniz, den Versuch, die Diskretheit der natürlichen Gattungen als einen bloßen Anschein zu erklären. Die Spezies in der Natur sind *wirklich abgeteilt* und machen an sich ein *quantum discretum* aus (Kr.d.r.V., A 661), und das Gesetz eines *Continui specierum* ist zwar ein transzendental begründetes Gesetz, durch das *eigentlich das Systematische der Naturerkenntnis zuerst hervorgebracht wird* (A 660), aber *man sieht ... leicht, daß diese Kontinuität der Formen eine bloße Idee sei, der ein kongruierender Gegenstand in der Erfahrung gar nicht aufgewiesen werden kann ...* (A 661). Diskontinuität kann für Kant nicht Thema in der Erfahrung beliebiger Genesen sein, also auch nicht in der psychologischen bzw. anthropologischen Erfahrung dessen, was Hegel das »Werden der Sittlichkeit[16]« nennt. Alle Ausbildung von Dispositionen, Habitualitäten, »Neigungen« und »Sitten« ist nur als kontinuierliches, d. h. kausal erklärbares Geschehen Thema der Erfahrung. Nur in dieser eingeschränkten Hinsicht kann man das Werden der Sittlichkeit erklärend beschreiben, — nicht jedoch die Genesis der »Moralität«, des intelligiblen im Unterschied zum empirischen Charakter. Jene Genesis ist in der Tat theoretisch unbegreifbar und insofern, wie Chr. Wolff festgestellt hat, das Mirakel des absoluten Anfangens: ein Sprung. Als praktische mutet Vernunft sich zu, wozu sie sich als theoretische die Kompetenz streitig macht. Sieht man ab von Jacobis auf Lessing sich stützende Apologie des »Sprunges«, auf die sich Kierkegaard beruft, dann beginnt philosophiegeschichtlich mit Kant jene Tradition, derzufolge der Sprung nun nicht mehr nur etwas am Rande noch Zugestandenes, sondern sogar ein Postulat ist, wenn der Mensch seine eigenste Möglichkeit wahrnehmen will. Freiheit verwirklicht sich nur im Sprung; sie ist nichts als das Springen selbst. Kant selbst spricht zwar noch nicht vom Sprung der Freiheit; das tut erst Fichte[17]. Der kantische Ausdruck für das diskontinuierliche Moment der Genesis der Moralität — des »Charakters in seiner Denkungsart«, den sich einer »*erworben* haben« muß[18] — ist »Revolution«. Kant verwendet diesen das Wesen der »moralischen Bildung« bestimmenden Ausdruck in einer Weise, die seinem uns vertrauten politischen Gebrauch entspricht: Die Revolution der Denkungsart (Gesinnung) negiert radikal die als Gegenstand einer negativen Erfahrung gegenwärtige, weil nicht legitimierte,

---

[16] *Werke* I, p. 399.
[17] *Durch kein Naturgesetz und durch keine Folge aus dem Naturgesetze, sondern durch absolute Freiheit erheben wir uns zur Vernunft, nicht durch Übergang, sondern durch einen Sprung.* (J. G. Fichte, *Ausgewählte Werke in sechs Bänden* (ed. F. Medicus), Bd. I, p. 490.
[18] Kant, *Anthropologie in pragmatischer Hinsicht. Werke* (ed. Weischedel) XII, p. 636.

Herrschaft der zur schlechten Kontinuität bloßen Perennierens erstarrten Gewohnheit, der selbstverlorenen Fixierung des Verhaltens in der verkehrten Denkungsart des »Hanges[19]«. Sie bricht, als biographisches Ereignis betrachtet, den Status, zu dem ich mich im Kontinuum des physischen und gesellschaftlichen Kausalzusammenhangs entgegen der Erinnerung des Motivs der Vernunft habe determinieren lassen, *gleichsam durch eine Explosion, die auf den Überdruß am schwankenden Zustande des Instinkts auf einmal erfolgt...*[20].

Die traditionelle, vor allem die aristotelische Ethik war davon ausgegangen, daß das Moment der Reflexion innerhalb der Genese der Sittlichkeit zwar entscheidendes, wenn auch durch eine vielfältige und kontinuierliche Vorgeschichte vorbereitetes, für seine Wirksamkeit auf diese Vorgeschichte aus stillschweigender Partizipation an der allgemeinen Praxis, aus erzieherischer Einübung usw. angewiesenes und sie vollendendes Moment sei. Kant anerkennt zwar gelegentlich den Sinn kontinuierlicher und auf Kontinuität zielender pädagogischer Maßnahmen; aber *Erziehung, Beispiele und Belehrung können diese Festigkeit und Beharrlichkeit in Grundsätzen*, jene kraft Reflexion erzeugte Leistung der Revolution der Denkungsart, *überhaupt nicht nach und nach ... bewirken*[21]. Die moralische Bildung des Menschen muß *nicht von der Besserung der Sitten, sondern von der Umwandlung der Denkungsart und von der Gründung eines Charakters anfangen, ... ob man zwar gewöhnlicherweise anders verfährt ...*[22]. Negation der herrschenden Gesinnung als verkehrter oder »unlauterer« ist das Werk der Reflexion, und diese Umkehrung des obersten Grundes der Maximen *durch eine einzige unwandelbare Entschließung*[23] ist ineins absoluter Neuanfang. Das Neue ist auf einmal und ganz da. Das revolutionäre moralische Bewußtsein baut nicht als Moment innerhalb eines Lernprozesses auf einem *proteron* auf: Es ist selbst *proteron* schlechthin, »eine Art von Wiedergeburt«[24],

---

[19] *Die Religion ... Werke* (ed. WEISCHEDEL) VIII, p. 699.
[20] *Anthropologie, Werke* XII, p. 673.
[21] Loc. cit. — Herbart hat hier mit einer scharfsinnigen, ganz aristotelisch argumentierenden Kritik angesetzt: *Kants Handeln nach der Idee einer allgemeinen Gesetzgebung für alle Vernunftwesen, und zwar nicht bloß gemäß dieser Idee, sondern auf ihren Antrieb ganz allein, — stellt die Sittlichkeit so ganz auf die Spitze einer vollendeten, das ganze menschliche Bewußtseyn durchdringenden Reflexion, daß die niederen Zustände des noch nicht reflektierenden Menschen, der an keine allgemeine Gesetzgebung denkt, sondern für sich, und für Wenige, die er liebt, oder als die Seinigen betrachtet, lebt und sorgt, gar nicht die Sphäre erreichen können, worin nach dieser Ansicht die Sittlichkeit allein zu suchen wäre.* (J. Fr. Herbarts *Sämtliche Werke*, ed. KEHRBACH, FLÜGEL, FRITSCH, Bd. VI, p. 270.
[22] *Die Religion ..., Werke* VIII, p. 698.
[23] Loc. cit.
[24] *Religion ..., Werke* VIII, p. 698; *Anthropologie, Werke* XII, p. 636 sq.

»eine neue Schöpfung«[25]. Alles ist nun anders. Unter biographischem Aspekt setzt eine »neue Epoche«[26] ein, »ein neuer Mensch«[27] ist da.

Diese Bemerkungen über Kants moralphilosophische Neuinterpretation des Verhältnisses von Kontinuität und Diskretheit blieben unvollständig und mißverständlich ohne die abschließende Feststellung, daß die kantische Lehre vom Sprung unter dem Aspekt eines beschreibbaren Bios, eines als Geschichte der sittlichen »Bildung« »geführten« Lebens, vom Anschein der abstrusen Interpretation freigehalten werden muß, als belege sie jede Art von Kontinuität mit dem Verdacht der Uneigentlichkeit. Denn Kants Unternehmen, die Diskontinuität der moralischen Revolution zu legitimieren gegenüber der herkömmlichen Lehre von der Stetigkeit des sittlichen Werdens, diskreditiert in Wirklichkeit nicht die Idee der Stetigkeit überhaupt, sondern nur eine bestimmte Interpretation ihrer genetischen Funktion. In Wahrheit stiftet die Revolution der Denkungsart nämlich eine neue und überlegene Kontinuität, eben jene »Festigkeit und Beharrlichkeit in Grundsätzen«, eine Entschiedenheit am Grunde aller besonderen Entscheidungen: Stetigkeit also nicht mehr nur als Charakteristik eines Geschehens, sondern als das Gutsein fundierende Haltung, als elementare Tugend. Im Prinzip kann deshalb die Revolution der Gesinnung nur einmal im Leben stattfinden; denn sie findet ein für allemal statt. Kant leugnet nicht, daß auch diese Tat in der Folge der Anfechtung und dem Vergessen ausgesetzt ist. Dagegen hilft jedoch keine neue Revolution, kein wiederholter Sprung, sondern eingedenk jener grundlegenden Revolution der Denkungsart und insofern als *ein fürs Gute empfängliches Subjekt* handelt einer nun und ist so *nur in kontinuierlichem Wirken und Werden ein guter Mensch*[28].

Angesichts dieses neuen genetischen Verhältnisses von Diskontinuität und Kontinuität, demzufolge die *Revolution der Denkungsart* für die *allmähliche Reform* der Sinnesart[29] Voraussetzung ist, erweist sich jene schlechte Kontinuität der *verkehrten Denkungsart*, deren Bann der Sprung in die Freiheit bricht, als ein bloßer Schein: jene verkehrte Denkungsart ist nicht Stetigkeit, sondern Unstetigkeit, ein *schwankender Zustand des Instinkts*[30], in dem die Vernunft zum Spielball der Neigungen geworden ist. Der Status, den Kant als *Heteronomie des Willens* bestimmt, ist die Un-Tugend der Unstetigkeit, des Schwan-

---

[25] *Religion* ..., loc. cit.
[26] *Anthropologie, Werke* XII, p. 637.
[27] *Religion* ..., loc. cit.
[28] *Religion* ..., loc. cit.
[29] Vgl. loc. cit.
[30] Vgl. Anm. 20.

kens zwischen dem Anspruch der Vernunft und den einander zudem widerstreitenden unmittelbaren Antrieben der Sinnlichkeit [31].

III

Seit Kant ist der Prozeß der Befreundung mit der Idee der Diskontinuität vornehmlich die Geschichte einer Forderung, der Zumutung eines ausgezeichneten Aktes (»Sprung«), der ebenso den Bann einer nicht-authentischen Lebenspraxis bricht, wie er Grund einer neuen gelingenden — und das heißt: in Stetigkeit gelingenden — Lebenspraxis (Kierkegaard: »Selbstsein«) ist. Eine Geschichte dieser Zumutung ist der Prozeß auch noch da, wo jener diskontinuierliche Akt als Element der philosophischen »Beschreibung« einer die Bildungsgeschichte des Einzelsubjekts übergreifenden Geschichte der Freiheit figuriert [32].

Spät erst, und in bemerkenswerter Weise erst in der Gegenwart, wird Diskontinuität als wirklich oder vorgeblich erfahrbare Eigentümlichkeit *gegebener* Verläufe Gegenstand der Aufmerksamkeit. Nach Leibnizens vorsichtigem Hinweis auf das Problem der Diskretheit in den biologischen Gattungen ist es die in der zweiten Hälfte des 18. Jahrhunderts aufblühende *histoire naturelle*, die unter genetischem Aspekt auf die *mutations de matière et de forme* [33] aufmerksam macht und sie didaktisch in Beziehung setzt zu den *révolutions humaines* [34], dem Gegenstand der *histoire civile*. Biologische und paläontologische Forschung ist es dann auch, die, noch vor der Quantenmechanik, das Thema der unstetigen Vorgänge in der Natur festgehalten und so sehr akkomodiert hat, daß, auch hier nach einem Vorspiel im 18. Jahrhundert [35], endlich auch für Psychologie und Psychiatrie ein Feld einschlägiger Erfahrung erschlossen scheint. Ich erinnere hier nur an die Korrektur des herkömmlichen entwicklungspsychologischen Schemas eines kontinuierlichen Entwicklungsprozesses durch die Annahme

---

[31] Hier zeigt sich übrigens die Nähe Kierkegaards zu Kant. Kierkegaards Lehre vom ästhetischen Stadium der Existenz ist vom Standpunkt des Ethikers aus entworfen, dem die Unhaltbarkeit einer Existenz in reiner Unmittelbarkeit und Diskontinuität aufgegangen ist.

[32] W. BENJAMIN formuliert in Nr. XX der »*Geschichtsphilosophischen Thesen:* »Das Bewußtsein, das Kontinuum der Geschichte aufzusprengen, ist den revolutionären Klassen im Augenblick ihrer Aktion eigentümlich.« (*Schriften*, ed. Th. W. ADORNO, Bd. I, Frankfurt a. M. 1955, p. 503).

[33] Buffon, *Les Epoques de la Nature*, Paris 1780, p. 3.   [34] Op. cit., p. 1.

[35] Nach der Darstellung von R. MAUZI beruht in Rousseaus »*Nouvelle Héloïse*« das therapeutische Verfahren, das Wolmar Saint-Preux gegenüber anwendet, auf zwei zusammengehörenden Prinzipien *qui constituent peut-être les deux plus riches découvertes du siècle dans la connaissance des âmes: l'homme n'est jamais le même et toute vie se résout en existences successives; les objets ont le pouvoir de former ou de déformer les consciences.*

einer in z. T. krisenhaften Schüben vor sich gehenden Person-Genese und ferner daran, daß in der klassischen Domäne der Kontinuitätsthese, der Lernpsychologie, spätestens seit der gestaltpsychologischen Konzeption des *learning by insight* die mit dem Begriff des Lernens seit alters verbundene Vorstellung einer kontinuierlich-progredienten *little-by-little nature of learning*[36] nicht mehr unbestritten ist und daß vollends mit dem Entwurf stochastischer Modelle des Lernens[37] in der Lerntheorie eine Entwicklung analog derjenigen in der Physik eingesetzt hat.

Diesen von so heterogenen Motiven geleiteten Prozeß der Befreundung mit der Idee der Diskontinuität hat neuerdings O. F. Bollnow durch seinen umfangreichen Versuch über »unstetige Formen der Erziehung«[38] auf eine zugleich interessante und fragwürdige Weise zu befördern unternommen. Was seiner Herkunft nach entweder Zumutung eines besonderen Aktes (Sprung) oder wirkliche, vielleicht auch nur eingebildete, Erfahrung von Diskontinuität ist, tritt hier in der Form einer undifferenzierten Feststellung über das Vorkommen von Unstetigkeiten in Bildungsprozessen auf innerhalb einer Betrachtungsweise, die sogenannte Existenzphilosophie ebenso wie erbauliche Reden von Theologen und Psychologen ohne Federlesen auf »Anthropologie« reduziert. Bollnow geht davon aus, daß das traditionelle (»klassische«) pädagogische Denken ganz auf der uneingeschränkten Voraussetzung beruht, Stetigkeit und allmähliche Vervollkommnung sei die Grundform aller menschlichen Wissens- und Verhaltenserwerbung und -vermittlung. Das Recht dieser sogenannten Stetigkeitspädagogik wird dabei gar nicht bestritten. Die Annahme durchgängiger Stetigkeit hat nach Bollnow für den Bereich der Kenntnisse und der Fertigkeiten, also überall da, wo es auf Lehre und Übung und ihre methodische Per-

---

R. Mauzi, *L'idée du bonheur dans la littérature et la pensée françaises au XVIIIe siècle*, Paris 1967, p. 535.

[36] H. Mowrer, *Learning Theory and Symbolic Processes*, New York und London ²1960, p. 230. — Hier mag ein Hinweis darauf angebracht sein, daß schon für Aristoteles diejenige Grundform des Lernens, die *Epagogé (inductio)* heißt, durchaus nicht ohne das Moment der Diskretheit ist. Das erhellt aus dem berühmten Vergleich des Zustandekommens des Wissens des Allgemeinen mit der Wiederherstellung der Schlachtordnung in einem fliehenden Heer: alles flieht, da bleibt einer stehen, und ein anderer schließt sich ihm an, und wieder ein anderer, bis am Ende das ganze Heer zum Stehen gekommen ist und dem Oberkommando (*Arché*) wieder gehorcht. Die Pointe dieser Analogie liegt darin, daß das Geschehen der Wiederherstellung der Schlachtordnung zwar vom Resultat her verständlich und kontinuierlich erscheint, daß aber für den Betrachter des laufenden Geschehens dieses Geschehen und die Regel, nach der sich die Ordnung herstellt, undurchschaubar bleiben. Der Vorgang stellt sich so als unstetig dar; die Ordnung stellt sich in Sprüngen her, und ebenso geschieht das Lernen des Allgemeinen. Die *Epagogé* ist nicht in die Kontinuität eines methodisierten Ganges zu bringen.

[37] Vgl. R. Bush and F. Mosteller, *Stochastic Models for Learning*, London 1955.

[38] O. F. Bollnow, *Existenzphilosophie und Pädagogik. Versuch über unstetige Formen der Erziehung*, Stuttgart 1959.

fektionierung ankommt, tatsächlich Gültigkeit. Die These ist, daß es *neben* den traditionellen und vordringlichen stetigen Formen der Bildung und pädagogischer Einwirkung andere, unstetige, theoretisch noch nicht durchforschte Formen der Bildung und Einwirkung gebe.

Bollnow gewinnt die These von der Unstetigkeit des menschlichen Werdens und der darauf bezüglichen Erziehungsformen durch Rekurs auf eine angeblich erst von der Existenzphilosophie gemachte anthropologische Grunderfahrung. Vermutlich im Blick auf Jaspers, vielleicht aber auch auf *Sein und Zeit*, formuliert er »den anthropologischen Grundsatz der Existenzphilosophie« wörtlich so: »... daß es im Menschen einen innersten, von ihr [d. h. der Existenzphilosophie] mit dem für sie charakteristischen Begriff als ›Existenz‹ bezeichneten Kern gibt, der sich grundsätzlich jeder bleibenden Formung entzieht, weil er sich immer nur im Augenblick realisiert, aber auch mit dem Augenblick wieder dahinschwindet. In der existentiellen Ebene ... gibt es grundsätzlich keine Stetigkeit der Lebensvorgänge und darum auch kein Bewahren des einmal Erreichten über den Augenblick hinaus ...«[39]. Die Existenzphilosophie hat gegenüber der traditionellen, auch noch die sogenannte Lebensphilosophie beherrschenden Anschauung der durchgängigen Kontinuität des geistigen Seins die Diskretheit des »Augenblicks der Existenz« entdeckt. Es gibt tatsächlich Diskretheit, so wie in der Geschichte im großen, so auch in der Geschichte des einzelnen. Die klassische Vorstellung eines zielgerichteten »Ganges« des menschlichen Daseins, die moralische *lex continui*, erscheint durch die Existenzphilosophie in Frage gestellt. Das meint nicht, daß der menschliche Bios schlechthin unstetig sei, sondern nur, daß »es im menschlichen Leben neben stetigen Verläufen eben auch solche unstetige Stellen gibt, die es von Zeit zu Zeit in besonderer Weise unterbrechen«[40]. Selbstsein und Verfallenheit an das »Man«, Existenz (Jaspers) und Alltäglichkeit, Eigentlichkeit und Uneigentlichkeit, Diskretheit und Kontinuität sind unvermittelte Momente des menschlichen Bios. Da die These weiter lautet, daß der existentiellen Unstetigkeit besondere Formen erzieherischen Verhaltens zugeordnet seien, so ergibt sich das Modell einer diskret geschichteten Pädagogik, von dem gilt, »daß die neuen Formen einer existentiellen Pädagogik nicht ohne weiteres für den ganzen Menschen gelten, sondern zunächst nur für den besonderen existentiellen Bereich und daß darunter im sonstigen Leben«[41] — der Alltäglichkeit — alle Formen einer stetig aufbauenden Erziehung ihr gutes Recht behalten. »Es sind jeweils verschiedene ›Schichten‹ im Menschen, an denen die verschiedenen Formen der Erziehung

---

[39] Op. cit., p. 15.
[40] Op. cit., p. 22.
[41] Op. cit., p. 23.

ansetzen«[42]. Die Aufgabe soll dann sein, »die beiden Bereiche in das rechte Verhältnis zueinander zu setzen«[43]. Die paradoxe Aufgabe besteht darin, das, was abstrakte Reflexion als unvermitteltes Moment auseinandergerissen hat: Kontinuität und Diskontinuität, in eine neue Kontinuität zu vermitteln.

Bollnows sogenannte Phänomenologie der Weisen existentieller Unstetigkeit und der darauf bezüglichen Formen erzieherischen Verhaltens beschreibt eine Reihe von Phänomenen, von denen ich zunächst aufzählend nenne: die Krise, besonders die moralische Krise und das mögliche pädagogische Verhalten dazu; die Ermahnung; den Appell; die Beratung; die sogenannte Begegnung, insbesondere die im Medium geschichtlichen Verstehens sich vollziehende Begegnung. Man sieht: lauter Phänomene, die man mit einem weniger prätentiösen Titel *moralische* Phänomene nennen kann, denen gemeinsam ist, daß sie *Entscheidung* implizieren, die, anders als bei der prinzipiell methodisierbaren Vermittlung von Kenntnissen, nicht durch direkte Mitteilung erzwingbar und überhaupt durch keinerlei vorwegnehmende pädagogische Fürsorge bewirkbar ist. Dennoch sind auch hier bestimmte Formen pädagogischen Verhaltens sinnvoll und im Grunde im Repertoire pädagogischer Verhaltensweisen auch keineswegs neu. Neu ist lediglich die Deutung, welche die in diesen Phänomenen implizierte Diskontinuität absolut setzt, d. h. leugnet, daß Diskontinuität des Geschehens hier als ein, wenngleich entscheidendes, Moment innerhalb einer prinzipiellen Vermittelbarkeit und Vermitteltheit verstanden werden kann und verstanden werden muß.

Das zeigt sich insbesondere an der Interpretation so ausgezeichneter Phänomene wie der Krise und der geschichtlichen Begegnung. Nach Bollnow ist die Krise charakterisiert durch den radikalen »Abbruch« einer wie immer auch beschaffenen Sinn-Kontinuität, durch eine Negation, die den totalen Sinnzusammenhang des seitherigen Lebens trifft und durch den ebenso radikalen »plötzlichen Neuanfang« in einem Entschluß, der alles verändert. Nicht schon das Moment der Innovation als solcher, sondern die angebliche *Absolutheit* der Innovation ist das Entscheidende: Die Rede von der geistigen Neugeburt ist hier ganz wörtlich zu nehmen; es handelt sich um ein absolutes Anfangen, um die unvermittelte Stiftung eines neuen Sinnes. Ganz analog deutet Bollnow das Wesen der sogenannten geschichtlichen Begegnung. Der Ausdruck »Begegnung« ist von M. Buber schon in den 20er Jahren in die philosophische Anthropologie eingeführt, dann von der Theologie aufgegriffen worden und bald zum wichtigen Requisit des »Jargons der Eigentlichkeit« (Adorno) avanciert. Dieser Ausdruck schien zunächst besonders geeignet, gegenüber der scheinhaften Kontinui-

---

[42] Loc. cit.
[43] Loc. cit.

tät, wie sie sich dem ästhetisch die geschichtlichen Möglichkeiten genießenden Bildungsdenken darstellt, das Wesen der hermeneutischen Erfahrung wiederzugeben. Begegnung, das sollte besagen, daß man sich dem Anspruch des Anderen als einem Anderen zu stellen und von ihm zu lernen habe, ohne den Versuch, ihn einfach in den eigenen Erwartungshorizont zu integrieren, sondern so, daß sich dieser Horizont selbst ändert, d. h. daß man eine Erfahrung macht, die einen wandelt. Hier ist Diskontinuität, das Abbrechen, die Durchstreichung einer Sinnintention in der Tat impliziert, aber zugleich konstruiert sich auch die neue Kontinuität eines geschichtlichen Wirkungszusammenhanges. In diesem Sinn konnte Th. Litt im Anschluß an Hegel von »geschichtlicher Begegnung« sprechen. Für Bollnow ist jedoch dieses Verständnis selbst noch in der klassischen Kontinuitätsmetaphysik und ihren bildungstheoretischen Implikationen befangen. »Auch in der fremden Gestalt ist es [hier] derselbe menschliche Geist, der sich darin wiederfindet«. Im Anderen erkenne ich hier im Grunde nur mich selbst wieder. Die sogenannte existentielle Begegnung habe demgegenüber das »Erschütternde«, daß ein »ganz Anderes mir gegenübertritt«. Es ist nicht ein Fremdes, dessen Fremdheit gerade dadurch einen Stachel für mich hat, daß sie Fremdheit im Horizont einer wie auch immer beschaffenen Vertrautheit ist. Es ist, in der Redeweise einer gewissen Theologie, das »ganz Andere«, angesichts dessen alle Antizipation, die eine mögliche Kontinuität der Aneignung stiften könnte, versagt. In solcher Begegnung vergeht einem buchstäblich Hören und Sehen, es ist nichts als die begrifflose, unvermittelte Ohnmacht angesichts einer allen »näheren inhaltlichen Angaben entzogenen reinen Tatsächlichkeit«. »Es ist das bloße ›daß‹ dieser Begegnung, das den Menschen auf sich selbst zurückwirft und ihn zwingt, sich aus sich heraus neu zu entscheiden«. »Existenz«, auf diese Weise angeblich allem Subjektivismus herkömmlichen Bildungsdenkens entkommen, schrumpft — das ist die uneingestandene Implikation — zur Nichtigkeit geschichtsloser Subjektivität.

IV

Ich versage es mir hier, Bollnows Ansichten über »Existenzphilosophie« eingehend zu kritisieren [44]. Diese und die mit ihnen verknüpften Ansichten erfüllen im Rahmen dieses Beitrags nur die Funktion, durch die Trivialität ihrer über-

---

[44] Wahr ist: Jaspers, zumindest er, macht »Existenz« zu einer Angelegenheit diskontinuierlicher Art. Er verwendet den Ausdruck »Sprung« in emphatischer Weise, — jedoch in einer ganz kantischen Bedeutung: der Sprung ist die kontinuitätstiftende Tat der Freiheit in Abhebung von der Diskontinuität des bloßen Dahinlebens.

mäßigen Vereinfachungen die Schwächen bestimmter — bloß denkbarer oder faktisch vertretener, z. T. in ganz anderem Kontext vertretener — Positionen namhaft zu machen. Hier interessiert nun besonders die hinsichtlich der sogenannten geschichtlichen »Begegnung« vorgebrachte Behauptung, das übliche Leitschema für das Verständnis hermeneutischer Erfahrung als einer kontinuierlichen Bildungsgeschichte sei einzuschränken zugunsten der konkurrierenden Voraussetzung unvermittelter Diskontinuität im biographisch beschreibbaren Geschehen. Diskontinuität ist dieser These zufolge *Diskontinuität von Sinn*: durch Sinn in der Einheit eines jeweiligen Bios zusammengehaltene und sich als solche mehr oder weniger reflektierende, d. h. sich mehr oder weniger ausdrücklich herstellende Einheit einer jeweiligen kohärenten Geschichte wird durch Negation jenes Sinnes unterbrochen. Die Negation ist in zweifacher Weise möglich: als spontaner Sinnwandel, der alten Sinnzusammenhang auslöscht (eine Art von Sinn-Amnesie) und gänzlich neuem emergenten Sinn Platz schafft; und zweitens als Intervention einer negativen Instanz in Form von »Begegnung« mit fremdem Sinn, der die Selbstverständlichkeit der Geltung von eigenem Sinn in Frage stellt und die in der Einheit von zielorientierten Handlungsvollzügen, interpretierenden Erinnerungen, Reflexionen und Antizipationen sich durchhaltende Kontinuität des Bios — derjenigen Art des »geführten« Lebens, die man in einer Biographie darstellen kann, im Unterschied zu den funktionalen Abläufen des bloßen Existierens, der ζωή — ebenso radikal abbricht. Wie auch immer, — die Negation von Sinn (Sinn-Kontinuität) ist absolut. An die Stelle der einen Geschichte treten viele diskrete Szenen. Saulus und Paulus sind die Helden zweier ganz verschiedener Biographien, die durch die in Damaskus spielende Un-Geschichte auseinandergehalten und eben dadurch sinnlos werden.

Im folgenden soll diese These von der Möglichkeit radikaler geschichtlicher Diskontinuität geprüft werden. Als leitender Gesichtspunkt dient dabei die Frage nach der Rolle der Negativität innerhalb einer Erfahrungsweise, die nicht erst zur Biographie als einer quasi sekundären und supplementären Praxis gehört, sondern schon zu dem von der Biographie beschriebenen Bios selbst. Diese Erfahrungsweise soll als »hermeneutische Erfahrung« bestimmt werden, unter der Voraussetzung, daß diese Erfahrung Moment geschichtlicher Praxis ist. Es soll gezeigt werden, wie relativ und abhängig das Diskontinuierliche in bezug auf fundamentale Kontinuität ist, und daß diese Kontinuität ferner nicht nur

---

[45] Insbesondere: *Erfahrung und Urteil*, ed. L. LANDGREBE, Hamburg 1948, sowie die Krisis-Schrift samt den zu ihr gehörenden Texten (*Husserliana* Bd VI, ed. W. BIEMEL, Haag 1954), Dazu die Darstellung in: G. BUCK, *Lernen und Erfahrung*, Stuttgart u. a. ²1971, Teil I, Kap. 6 (Husserls Analyse der Erfahrung), p. 55 sqq.

Voraussetzung aller hermeneutischen Erfahrung und jeder Bildungsgeschichte ist: ihre Herbeiführung ist auch deren *Ziel*, — gerade dann, wenn jene Bildungsgeschichte durch Negation von Sinn und insofern durch Diskontinuität ausgezeichnet ist. Ich wünsche zu zeigen, daß Geschichte, in der Unstetigkeit wirklich Grundcharakter wäre, nicht nur unverständlich, sondern absurd wäre, weil sich Geschichte erst im verstehenden Sich-Verhalten zu ihr »erfüllt«.

Die folgende Erörterung der Struktur der hermeneutischen Erfahrung und des zu ihr gehörenden negativen Moments bedient sich des analytischen Rahmens, den Husserls Untersuchungen über die Konstitution der lebensweltlichen Erfahrung bereitgestellt haben[45]. Dieser Rahmen wird im folgenden skizziert. Husserl hat seine Theorie der Erfahrung vornehmlich am Phänomen der Wahrnehmungserfahrung entwickelt. Sofern das auf die folgende Skizze Einfluß hat, ist daran zu erinnern, daß diese Spezifikation paradigmatisch zu verstehen ist. Zu jeder aktualen Erfahrung, auch der vermeintlich ursprünglichen, die ein Ding zum erstenmal zur Kenntnis bringt, gehört ein Prius, ein »Vorwissen«, das ein Moment der Erfahrung selber ist und auf Grund dessen das Neue, das wir zur Kenntnis nehmen, überhaupt erfahrbar, und das heißt: in einem Erfahrungs-Kontext gleichsam lesbar wird. Es gibt keine Erfahrung, die nicht von dem, was sie aktual kennenlernt, immer schon mehr »weiß«, als gerade zur Kenntnis kommt. Alles Neue und Unbekannte ist immer schon vorgängig in gewisser Weise verstanden. Ohne dies wäre z. B. Wahrnehmung überhaupt nicht Wahrnehmung von einem und diesem Ding, bzw. Erfahrung wäre nicht Erfahrung von Dingzusammenhängen. Der Begriff »Erfahrung« meint also zweierlei. Einerseits das, was man aktual jeweils an Momenten einer Sache in Selbstgegebenheit zu Gesicht bekommt (die vielen einzelnen Erfahrungen) oder auch die synthetische Einheit solcher selbstgegebenen und im Gedächtnis behaltenen Momente (Husserl spricht gern von »Sedimentierung«). Andererseits das, auf Grund wovon die aktualen Kenntnisnahmen überhaupt Akte des Verstehens von etwas *als* etwas sind. Das zweite ist nichts, das zum ersten hinzukommt. Es gibt nicht zuerst atomare Sinneseindrücke, die dann irgendwie zu Verstehenseinheiten zusammengesetzt würden. Vielmehr ist Verstehen das Primäre, auf Grund wovon jede Kenntnisnahme von Momenten als Momenten einer und derselben Sache bzw. eines Sachzusammenhanges erst möglich wird und auf Grund wovon wir Künftiges, das sich aktual noch nicht zeigt, als möglicherweise sich Zeigendes erwarten. Jede Kenntnisnahme — und das heißt: jede aktuale Einzel-Erfahrung — geschieht von einem Vorverständnis her. Nur weil die Erfahrung an jedem Punkt ihres Ganges prinzipiell über jede einzelne Kenntnisnahme bzw. über den Gesamtbestand aktualer Kenntnisnahmen hinausgreift, diese transzendiert, kann sie überhaupt Einzelnes kennenlernen und von da aus weiter zu umfassenderen Erfahrungen fortschreiten, d. h. einen

Gang haben. Husserl spricht von der »Sinnestranszendenz«, die jeder Einzelapperzeption und jedem jeweiligen Gesamtbestand an Einzelapperzeptionen anhafte.

Die Transzendenz der Erfahrung wird von Husserl beschrieben als Horizontstruktur der Erfahrung. Jede aktuale Erfahrung hat einen offenen Horizont von Vor- und Mehrwissen, der über alles bestimmte Gegebene hinausreicht und es gerade dadurch als das Bestimmte an etwas verstehen läßt bzw. noch ausstehende Bestimmungen entdeckbar macht. Es gibt eine Vielfalt von der Erfahrung zugehörigen Transzendenzen, die als Vielfalt des Sinnes der Horizontalität deskriptiv erfaßbar sind. Husserl veranschaulicht die Horizontstruktur mit Vorliebe an der Wahrnehmung eines ruhenden und qualitativ unverändert gegebenen Dinges, und da wiederum an der Art, wie es visuell gegeben ist. Ich sehe z. B. aktual eine Seite des Dings, und da wiederum eine bestimmte Farbqualität, z. B. rot. Aber ich »meine« dabei mehr, als was gerade zur Kenntnis kommt. Die gesehene Seite ist nur Seite, sofern zu ihr andere Seiten desselben Dinges gehören, und ich »weiß« von den noch nicht gesehenen Seiten im voraus mancherlei: zwar nicht z. B. daß sie diese bestimmte Farbqualität Rot haben, aber doch daß sie irgendeine Farbe haben; also das in Beziehung auf die bestimmte Farbqualität Rot noch unbestimmte Allgemeine »Farbe« ist als Sinnesrahmen möglicher künftiger Wahrnehmung vorgemeint. Ich frage mich etwa, »was für eine Farbe« die Rückseite wohl haben mag. Entsprechend nehme ich ein Ding nicht zunächst in seinen verschiedenen Eigenschaften (»Merkmalen«) wahr, sondern ich beziehe mich von vornherein, ohne alle seine Seiten schon wahrgenommen zu haben, auf das, was es selbst mit allen seinen aktual wahrgenommenen und potentiell noch wahrnehmbaren Momenten im allgemeinen, d. h. im Rahmen einer Typik ist, die viele seinesgleichen umfaßt. Ich nehme es ferner wahr in einem Horizont von anderem Realen, dem ich zwar im Augenblick nicht ausdrücklich zugewendet bin, dem ich mich aber jederzeit zuwenden kann als solchem, das dem jetzt Erfahrenen in irgendeiner Typik gleicht oder von ihm unterschieden ist. Ich nehme diesen Tisch z. B. wahr als Teil einer Laboratoriumseinrichtung, d. h. in einer bestimmten Vertrautheitshinsicht, die zugleich allen übrigen noch erfahrbaren Teilen dieser Einrichtung den Sinn vorschreibt, so verschieden ihr künftig erfahrbares Aussehen und ihre Funktion auch sein mögen. Husserls Entdeckung ist es nicht lediglich, *daß jede weltliche Gegebenheit Gegebenheit ist im Wie eines Horizonts*, sondern *daß in Horizonten weitere Horizonte impliziert sind* ... Es ist zwar, wenn man vom »entwickelten Bewußtsein« ausgeht, so, daß der Erfahrung eine »bestimmte Typisierung aller Gegenstände« vorgezeichnet ist, und zwar eine Typisierung nach »vielerlei Sondergattungen, Arten usw.«. Aber jeder spezifizierte Erfahrungshorizont impliziert Horizonte von immer weiterer, vagerer Allgemeinheit. Er impliziert sie, bedeutet: sie sind verstehensmäßig früher. Auf unser Beispiel angewandt: Verfüge ich nicht über die Hinsicht »Teil einer Laboratoriumseinrichtung«, so verfüge ich vielleicht über die frühere Hinsicht »Gebrauchsding einer noch unbekannten Art«. Und verfüge ich auch darüber nicht, so doch vielleicht über die Hinsicht »Menschenwerk« und so fort bis zum Universalhorizont »erfahrbares innerweltliches Seiendes«, der, als Horizont, keineswegs absolute Unbekanntheit bedeutet, sondern von vornherein eine Bekanntheit wenigstens der Art stiftet, daß dasjenige, was uns affiziert, überhaupt ein Etwas mit Bestimmungen ist, nach dem ich fragen kann hinsichtlich dessen, was es ist. Immer steht das Unbekannte im Horizont einer Vorbekanntheit, d. h. es ist Unbekanntes in gewisser Hinsicht, es ist relativ Unbekanntes und darum auch immer schon relativ Bekanntes. Das Unbekannte ist nicht irgendein »Datum« ohne jeden Sinn, ein Datum absoluter Unbekanntheit. So legitim der Gebrauch des Ausdrucks »Datum« ist, um damit die Unbekanntheit anzuzeigen, so gewiß ist es auch, daß sogenannte Daten immer schon Bekanntheit implizieren. ... *Unbekanntheit ist jederzeit zugleich ein Modus der Bekanntheit.* Auf Grund seiner Vorbekanntheit ist das Unbekannte erfragbares Unbekanntes. Die Weisen der Horizontalität der Erfahrung als Weisen der relativen Vorbekanntheit sind Weisen der Befragbarkeit des Unbekannten.

Die Theorie der Auslegungshorizonte impliziert einige Thesen, die für meine weitere Argumentation entscheidend sind:

Die Idee eines absoluten Neuen und Unbekannten ist phänomenologisch widersinnig. Jedes in einem bestimmten Sinnhorizont auftauchende Neue ist, sofern es in einem Horizont auftaucht, neu und unbekannt in Beziehung auf eine bestimmte Bekanntheit[46]. Eben darauf beruht die Möglichkeit von Lernprozessen[47] und eben deshalb ist die Idee absoluter Neuanfänge in Bildungsprozessen abstrus.

Jeder Horizont ist potentiell umgriffen von weiteren Horizonten, zu denen hin er offen ist und in die er mit dem fortschreitenden Gang der Erfahrung übergeht. Man muß von der Idee des Horizonts bzw. dem Implikationsverhältnis von Horizonten überhaupt die Vorstellung fernhalten, als handle es sich hier um diskrete Einheiten. Jeder Horizont ist als inhaltlich vager und auf nähere Bestimmung durch Erfahrung angewiesener immer auch fließend. Die Kontinuität von Erfahrung gründet im Kontinuum der Horizonte[48].

---

[46] Informationstheoretisch läßt sich dieser Sachverhalt so formulieren: die absolute Information wäre das absolut Unverständliche.

[47] Die früheste und historisch folgenreichste Formulierung dieser Einsicht hat Aristoteles im ersten Satz der zweiten Analytiken gegeben (*Anal. post. AI*, 71 a sq.). Vgl. dazu G. BUCK, *Lernen u. Erfahrung*, p. 28 sqq.

[48] M. MERLEAU-PONTY hat diesen Gedanken variiert in der These vom »gleitenden« Über-

Diese Bemerkung ist um so wichtiger, als sie auf den zentralen Teil der Lehre von den Sinnhorizonten überleitet. Das Horizontbewußtsein ist charakterisierbar als *Antizipation*. Husserl sagt einmal, bei allen »realen Gegenständlichkeiten« — in der Sprache der »Ideen« sind dies alle transzendenten Gegenstände, alle ›Realitäten‹, *die der Titel Natur oder Welt umspannt* — gehöre *wesensmäßig Antizipation zur Weise ihrer Gegebenheit*. Anstelle von »Antizipation« ist auch die Rede von »Apriori« im bewußt laxen, von der strengen Auffassung des Ausdrucks, wie sie Kant geläufig ist, abweichenden Gebrauch. Das Apriori als materiale Antizipation ist nicht fertig, sondern wird durch die Kenntnisnahme, die es ermöglicht, seinerseits modifiziert. Der Horizont ist als vorgreifender *Erwartungshorizont* in das Geschehen, das er inauguriert, einbezogen. Husserl beschreibt dieses Geschehen als *Horizontwandel*. Horizonte wandeln sich ineins mit dem Gang der Erfahrung, die sie ermöglichen. Das Kennenlernen von etwas bleibt nicht bei der antizipierten Erfassung dessen stehen, was es »im allgemeinen« ist. Ich kann mich zwar damit begnügen, es je nach der Direktive meines Vorhabens als etwas im allgemeinen Bekanntes zu verwenden, es erledigend beiseite zu stellen, usw. Geht das Interesse aber auf das Kennenlernen, so bleibt die Auffassung nicht bei einer mehr oder weniger vagen Typik stehen, sondern wendet sich dem zu, was das Ding in Sonderheit ist, was es im Rahmen seiner Vorbekanntheit an näheren inhaltlichen Bestimmungen hergibt. Es kommt zur explizierenden Betrachtung des Gegenstands. Diese wird geleitet von bestimmten, mit der Art der Vorbekanntheit vermachten typischen Erwartungen hinsichtlich dessen, was sich bei näherem Zusehen am Gegenstand an ihm eigenen Sonderheiten zeigen kann, etwa ein Rot im Rahmen der Erwartung »eine bestimmte Farbe« usw. Erweist sich der Gegenstand als das, als was er antizipiert war, so hat die Explikation als Näherbestimmung den Modus der »Erfüllung« der Erwartung. Zum Erfahrungsgeschehen gehört aber ebenso die Nichterfüllung von Antizipationen, ihre Widerlegung durch nachfolgende Erfahrung. Husserl beschreibt im Zusammenhang seiner Analyse der im weiteren Sinn apriorischen Struktur der Erfahrung dieses Geschehen als eine bestimmte Form von *Hemmungen im Erfüllungsverlauf der Tendenzen* unter dem prägnanten Titel der »Enttäuschung« der Erwartungsintentionen. Er zeigt weiter, wie die Vor-Urteile der prädikativen Sphäre bzw. deren Negation im vorprädikativen nichtigen Antizipieren und dessen Enttäuschung gründen. Die Täuschung, die in den Antizipationen liegen kann, kommt also, wie die geradenwegs erschließende Funktion der Antizipationen, nicht erst auf Grund logischer

---

gang der den einzelnen Subjekten eigenen Welt-Perspektiven, der es ermöglicht *à retrouver la communication des consciences dans un même monde*. (*Phénoménologie de la perception*, Paris 1945, p. 406.

Akte der Verallgemeinerung zustande. Diese sind erst die Folge einer ursprünglichen antizipatorischen Täuschung. Entscheidend ist nun die Feststellung Husserls, daß die Horizontanschauung im ganzen nicht trügerisch sein kann. Husserl versucht an einem Wahrnehmungsbeispiel zu zeigen, daß immer nur ein Teil der vorzeichnenden Erwartungsintention im Fortgang der Erfahrung als nichtig enthüllt wird und daß dabei *unter allen Umständen, damit noch eine Einheit eines intentionalen Prozesses erhalten bleiben kann, ein gewisses Maß durchgehender Erfüllung vorausgesetzt* wird. Eine gewisse Einheit des gegenständlichen Sinnes muß sich durchhalten. Es sind immer nur Momente, die sich als nichtig erweisen innerhalb eines Antizipationshorizontes im ganzen, dessen letzte und allgemeinste Hinsichten von der Enttäuschung nicht betroffen werden können. Die Erfahrung der Nichtigkeit von Antizipationen bedarf selbst eines Vertrautheitshorizonts, der von der Negativität nicht berührt wird. Sie hätte sonst nicht den positiven Sinn, Ent-Täuschung, d. h. ein Moment zu sein, das uns im Gang der Erfahrung — der einen Erfahrung — weiterbringt.

Aus der generellen These über die Horizontalität der Erfahrung folgt also die uns besonders interessierende spezielle These, daß keine negative Instanz die Horizontstruktur, innerhalb deren sie auftritt, völlig zu durchbrechen vermag[49]. Interpretiert man das Auftreten der negativen Instanz als diskretes Ereignis in bezug auf die Kontinuitätserwartung des Sinnhorizonts, so läßt sich sagen, daß diese Diskontinuität nur insofern möglich ist, als sie von fundamentaler Kontinuität getragen und überholt ist. Nur deshalb läßt sich aus negativen

---

[49] Ganz ähnlich wie Husserl argumentiert K. R. Popper (*Naturgesetze und theoretische Systeme*, in *Theorie u. Realität*, ed. H. ALBERT, 1964). Er weist in seiner Kritik der naiven empiristischen Anschauung von angeblich ursprünglichen diskreten elementaren Empfindungsdaten, aus denen sich das Kontinuum der Erkenntnis zusammensetze, darauf hin, daß wir in jedem Augenblick unserer vorwissenschaftlichen oder wissenschaftlichen Entwicklung einen »Horizont von Erwartungen«, d. h. einen Inbegriff aller Erwartungen über die Welt, bewußter und unbewußter Art, mitbringen. Unsere Erfahrung beginnt wesensmäßig nie absolut von vorn, sondern immer von einem impliziten oder expliziten Vorverständnis aus, »das den Erlebnissen, Handlungen, Beobachtungen usw. erst eine Bedeutung verleiht«, d. h. sie in die Kontinuität eines Sinnes einordnet bzw. ihnen als noch ausstehenden diesen Sinn antizipierend vorhält, natürlich mit dem mehr oder weniger deutlichen Bewußtsein, daß diese antizipierte Kontinuität prinzipiell auf künftige Bewährung angewiesen oder der Falsifikationsmöglichkeit durch negative Instanzen ausgesetzt ist, die, so Popper, wie ein »Bombeneinschlag auf unseren Erwartungshorizont wirken ... Wir werden durch einen solchen Bombeneinschlag gezwungen, unseren Erwartungshorizont neu aufzubauen, das heißt, unsere Erwartungen zu korrigieren und neu aneinander anzupassen. Wir können sagen, daß wir in dieser Weise unseren Erwartungshorizont höher legen und eine neue Entwicklungsstufe unseres Horizonts erreichen, einen Horizont, in dem die unbeschädigten Erwartungen aufgebahrt sind ...« Das drastische Bild des Bombeneinschlags könnte vermuten lassen, hier sei absolute Unterbrechung von Sinnkontinuität gemeint. Aber Poppers Erklärung enthält schon einen Hinweis auf mögliche Kontinuität, die von der Intervention

Erfahrungen etwas lernen. Und nur deshalb ist es Hegel möglich gewesen, die »Erfahrung des Bewußtseins« im Sinn der Erfahrung, die das Bewußtsein über seine eigene Erfahrung und die dabei vorkommenden Diskontinuitäten – die alle »bestimmte« und keineswegs absolute Negationen sind! – macht, als *Dialektik* darzustellen. Die Dialektik: das ist die begreifende Anerkennung der Diskontinuität im Gang der »Bildung« des Bewußtseins unter der Voraussetzung des Einbehaltenseins des Diskontinuierlichen in fundamentaler und sich durch die Widersprüche hindurch beständig herstellender Kontinuität.

Husserls Analyse der lebensweltlichen Erfahrung scheint mir von so großem paradigmatischem Wert, daß ich die Anwendung auf das Problem der hermeneutischen und lebensgeschichtlichen Erfahrung dem aufmerksamen Leser selbst überlassen kann. Folgende Bemerkungen seien noch angefügt:

Die von Husserl beschriebene genetische Struktur der Erfahrung bietet sich an für das Verständnis von Lern- und Bildungsprozessen überhaupt, – auch für die Interpretation dessen, was wir seit Kant als Prozeß der »moralischen Bildung« gerne als eine Genesis *ohne* Erfahrungsmomente betrachten. Auch die Ausbildung von Habitualitäten, die wir als zu einem guten Leben gehörend betrachten, scheint einbezogen in einen Prozeß der Bewährung, der Korrektur und der durch negative Instanzen bewirkten Ent-Täuschung in bezug auf Zielentwürfe und Interessen, die zunächst als elementar und legitim erschienen sind.

Die Tauglichkeit der von Husserl bereitgestellten Analyse für ein Verständnis von Bildungsprozessen auch praktischer Art scheint jedoch eingeschränkt zu sein durch einen Mangel, auf den zuerst Gadamer hingewiesen hat. Gadamer hat gegen Husserls Interpretation der Funktion der negativen Instanzen eingewandt, sie orientiere sich, trotz der erklärten Absicht, die lebensweltliche Erfahrung zu untersuchen, allzusehr am abkünftigen Modus der methodischen Erfahrung der positiven Wissenschaften und lasse Gewicht und Wirkungsweise der negativen Instanzen innerhalb der zur Lebenspraxis gehörenden Erfahrung unaufgeklärt. In der Tat ist Husserls Analyse deutlich vom Interesse geleitet, die Rolle der negativen Erfahrung im Ganzen des Erfahrungskontinuums zu bagatellisieren; negative Erfahrungen sind tunlichst zu eliminierende Mißgeschicke angesichts des vorherrschenden Strebens des Subjekts nach einem System unmodifizierter Gewißheiten. Gadamer hat demgegenüber im Anschluß

---

der negativen Instanz nicht betroffen ist. Die Rede von den »unbeschädigten Erwartungen« hat offenbar nicht bloß den Sinn, daß bisweilen *einige* Erwartungen von der Enttäuschung unberührt bleiben, sondern impliziert die generelle Behauptung der Unmöglichkeit, daß *alle* Erwartungen, der Erwartungshorizont im ganzen, durchkreuzt werden. Was unsere Erwartungen enttäuscht, behält ja immer noch den Charakter des prinzipiell Verstehbaren, wenn auch im Augenblick noch nicht Verstandenen. Auch die negative Instanz ist wirksam nur im Horizont eines noch intakt gebliebenen Vorverständnisses.

an Hegel die revolutionierende, das Bewußtsein umkehrende Wirkung der negativen Erfahrung hervorgehoben. Was zunächst den Anschein eines stetigen kumulativen Prozesses, des bruchlosen Aneinanderfügens von Wissen hat — und dies ist auch die alltägliche Meinung über »Erfahrung« —, das zeigt sich als ein Geschehen, dessen Richtungssinn von Negation zu Negation umschlägt. Indessen verdanken wir gerade Gadamer Belehrung darüber, daß solche »bestimmte Negation« gerade nicht als mit der Kontinuität konkurrierende Diskontinuität gedeutet werden kann, sondern als untergeordnetes Moment innerhalb der Kontinuität des dialektischen Ganges der Erfahrung figuriert. Und dialektisch ist die hermeneutische Erfahrung insofern, als sie vorzüglich diejenige Erfahrung ist, in der sich der das eigene Denken und die negative Instanz des anders Denkenden übergreifende Horizont in seiner Tauglichkeit bewährt, neue, mich und den andern betreffende Interpretationsmöglichkeiten zu eröffnen.

Odo Marquard

ÜBER POSITIVE UND NEGATIVE
PHILOSOPHIEN, ANALYTIKEN UND DIALEKTIKEN,
BEAMTE UND IRONIKER UND EINIGE
DAMIT ZUSAMMENHÄNGENDE GEGENSTÄNDE

1. Wenn zwei sich streiten, tun sie dasselbe: sie streiten sich. Und vielleicht tun sie nicht nur dasselbe, vielleicht sind sie auch dasselbe: aber warum streiten sie sich dann? Sie tun es in einem solchen Fall womöglich, um ihre Gemeinsamkeit zu verdecken, damit sie sie leben können. Nichts geht über eine hübsche Differenz zur rechten Zeit; was sich liebt, das neckt sich; was sich mag, das zankt sich; was übereinstimmt, lebt zuweilen kunstvoll in Zwietracht; der Zwist ist ein Ähnlichkeitsritual; kurzum: der Streit ist manchmal nur die komplizierte Form, eine Identität zu leben. So also ist das mit dem Streit.

Der Streit ist der Vater aller Dinge; der Vater einiger Undinge — und zahlloser Abhandlungen — ist der Positivismusstreit. Er ist, wie das bei Vätern manchmal zu sein pflegt, nicht mehr der jüngste: nicht erst 1961[1] wurde er zum ersten Male Vater; denn unschwer läßt sich sein fruchtbares und somit alsbald unruhiges Leben zurückverfolgen in die erste Hälfte des neunzehnten Jahrhunderts, als positive Philosophien gegen negative Philosophien antraten und negative Philosophien — Dialektiken schon damals — gegen positive Philosophien sich erhoben: da — und vielleicht noch viel früher — fing alles schon an. Im übrigen ist der Positivismusstreit, wie jedermann weiß, auch sonst ein merkwürdiger Streit gewesen: die Älteren stritten sich gar nicht; und die, die sich zunächst wirklich stritten, wußten sicher, was sie taten, als sie unverzüglich selber zu Älteren wurden. Auch mit dem Streitpunkt war es eine eigentümliche Sache: vielleicht nämlich gab es gar keinen. Offiziell wollten alle dasselbe: die richtige Rationalität. Und da stritten sie nun — Rationalmannschaft gegen Rationalmannschaft —, weil sie dasselbe wollten, und warfen einander vor, daß der eine das tat, was der andere ebenfalls tat: daß er negierte. Der Positivismusstreit war, bei Lichte besehen, ein Streit um Negationen[2]; was in der Philosophie

---

[1] Arbeitstagung der deutschen Gesellschaft für Soziologie, Oktober 1961; vgl. Th. W. Adorno, R. Dahrendorf, H. Pilot, H. Albert, J. Habermas, K. R. Popper, *Der Positivismusstreit in der deutschen Soziologie*, Neuwied / Berlin 1969.
[2] Vgl. R. Dahrendorf, op. cit., p. 148: *Popper wie Adorno ... bezeichneten sich (mit einer Prägung Poppers) als ›Negativisten‹, insofern sie die Aufgabe der Empirie in der kritischen Korrektur sahen.*

die Verächter unter ihren Gebildeten schon längst geargwöhnt haben, ist kaum noch bezweifelbar: es war hier der Streit nur die unentwickelte, die Verlarvungsgestalt eines Kolloquiums in Dingen Negativität. Rational ist, wer über die Kommunikationskompetenz entscheidet, also vor allem der, der sie absprechen kann: auch das ist eine Sorte des Negierens. Und so negierten sie denn, die streitenden Parteien, bemerkenswert einträchtig. Gemeinsam negierten sie — die positive und die negative Schule, die analytische und die dialektische — die herkömmliche Philosophie. Und sie negierten noch gründlicher und noch gemeinsamer: jede der beiden Sekten hatte — das jedenfalls meinte die jeweils andere — eine Fundamentalnegation zur Basis ihrer Lebenslüge: den negativistischen Protest oder die positivistische Bornierung, das dialektische Nein zum Kontrollierbaren oder das analytische Nein zum Totalen. Beide verweigerten: das Prüfbare oder das Ganze, das Exakte oder das Andere; und so taten eigentlich beide nur das, was Menschen sowieso immer tun: sie lebten — mehr oder weniger stillschweigend, mehr oder weniger ertappt — vom Nein. Beide Lager waren, was Menschen und Menschengruppierungen eben auch sonst sind: Komplizen beim Negieren, Verdrängungskumpane, Spießgesellen beim Nein, Mitglieder eines Verweigerungsvereines, Parasiten der Negation. Vielleicht ist gerade dieses an ihnen wesentlicher: daß beide negierten; vielleicht ist ihr sonstiger Unterschied gar nicht so wichtig, vielleicht ist da gar kein Unterschied.

Der Schluß vom Streit auf den Unterschied ist nicht allemal schlüssig: nur das sollte damit zunächst gesagt sein. Wo — in der Philosophie oder ihren Diadochenwissenschaften — eine Kontroverse sich entwickelt, ist unbestreitbar zunächst nur, daß es einen Kontroversenbedarf gibt. Wenn — wie beim Positivismusstreit und der Differenz zwischen negativen und positiven Philosophien, die ihm zugrunde liegt — ein heftiger Philosophenstreit entsteht und sich hält, ist offensichtlich zunächst nur, daß ein exorbitanter Kontroversenbedarf besteht. Nicht ebenso offensichtlich sind seine Gründe: denn da mag es viele geben. Unter all diesen vielen Gründen soll hier nur einer — wie es sich gehört: mit Abstand der unwahrscheinlichste — als möglich erwogen werden: daß für die am fraglichen Streit beteiligten Positionen die Differenz, die Kontroverse notwendig wurde, weil sie die einzige Möglichkeit war, das zu vermeiden, was sonst lebensgefährlich unvermeidlich gewesen wäre: das furchtbare Eingeständnis eines Furchtbaren, das der fast unmittelbaren Identität.

2. Was aber — für die Philosophie seit der ersten Hälfte des neunzehnten Jahrhunderts — ist das für eine Identität, daß die Philosophie sie nur leben konnte, indem sie sich ihr in die Differenz, in den Streit, in die Kontroverse entzog?

Das Bedürfnis, positive und negative Philosophie einander entgegenzusetzen, entstand offenbar zuerst dort, wo die Philosophie eintrat ins Zeitalter ihrer Agonie. Die Gemeinsamkeit, die sie sich seither durch Gegensätzlichkeiten zu verdecken versuchte, war — extrem geredet — ihr Sein zu ihrem Tode: daß die Philosophie unterwegs war zum Ende der Philosophie. Gerade dort — wo die Philosophie eigentlich keine Positionen mehr hat, sondern nur noch Indispositionen — wird der Versuch plausibel, ihr Ende durch ihren Streit zu ersetzen oder wenigstens hinauszuzögern, ihren Exitus durch ihre Differenz. Wo jeder nächste Schritt in den Abgrund führt, ist es nützlich, möglichst lange über möglichst viele möglichst entgegengesetzte nächste Schritte streiten zu können, statt sie zu tun. Indem die Philosophie als Gegenmittel gegen eine schlimme Identität den Ausweg fand, nicht eine, sondern mehrere Philosophien zu sein, erwarb sie sich den Vorteil jener weisen Tausendfüßler, die mit tausend Füßen zwar nicht schnell laufen, wohl aber — immerhin — über tausend Füße stolpern können: es ist der Vorteil wenn nicht der Seelenruhe, so wenigstens des Zeitgewinns. Wo es um diesen Vorteil geht, ist es nötig, viele Philosophien zu haben, um nicht unverzüglich keine mehr zu haben: die Philosophie muß sich ein Doppel- und Mehrfachleben verschaffen, weil ihr einfaches Leben kein Leben wäre, sondern ihr Tod. Diese Lage ist es, die die Philosophie — im Zeitalter ihrer Agonie — unter Differenzzwang bringt, in die Notwendigkeit zur Kontroverse. Es braucht diejenige Philosophie Entgegensetzungen — von positiven und negativen Philosophien, von Analytikern und Dialektikern — die unterwegs ist zu ihrem Ende, diejenige, die Eschenmayer 1803 in einem unbemerkenswerten Buch mit einem bemerkenswerten Titel genannt hat: *die Philosophie in ihrem Übergang zur Nichtphilosophie*[3].

Philosophien im Übergang zur Nichtphilosophie waren diejenigen Philosophien, die negative genannt wurden oder sich nannten: Hegel proklamierte das Ende der Philosophie und meinte freilich noch ihre Vollendung; Marx verlangte die Aufhebung der Philosophie und meinte freilich noch ihre Verwirklichung; Adornos Negative Dialektik ist — gemessen an der Lebensspanne der Philosophie — schon ein *opus postumum*: von Vollendung oder Verwirklichung der Philosophie kann da schwerlich mehr ungebrochen die Rede sein.

Philosophien im Übergang zur Nichtphilosophie waren ebenso diejenigen Philosophien, die sich selber die positiven nannten. Bemerkenswert ist von Anfang an ihre Doppelgestalt: es tritt — und womöglich wirkt auch da der vermutete Multiplikationszwang — nicht eine einzelne positive Philosophie auf, son-

---

[3] C. A. ESCHENMAYER, *Die Philosophie in ihrem Uebergang zur Nichtphilosophie*, Erlangen, 1803; das Buch verlangt Ergänzung und Überwindung der Philosophie durch den Glauben. — Der folgende Gedankengang wurde vom Verfasser zuerst im Mai 1957 im Collegium Philosophicum Münster vorgetragen.

dern sogleich mindestens deren zwei: die von Schelling und die von Comte. Sie tun das strikt gleichzeitig: während Schelling 1821 einschlägige Vorlesungen in Erlangen hält, schreibt Comte sein *Opuscule fondamental,* das 1822 erscheint[4]. 1826, als Comte seine Privatvorlesungen beginnt, richtet Schelling seinen Grundsatzbrief an Cousin: über positive Philosophie[5]. Während Schelling die positive Philosophie in München liest[6], publiziert Comte den ersten[7], als Schelling sie in Berlin zu lesen beginnt, den letzten Band des *Cours de philosophie positive*[8]. Er veröffentlicht den *Discours sur l'esprit positif* kurz bevor[9], den *Discours sur l'ensemble du positivisme*[10] kurz nachdem Schelling in Berlin resigniert[11]. Im Todesjahr Schellings — 1854 — erscheint der letzte Band des *Système de politique positive;* 1857 stirbt auch Comte: beide positiven Philosophen — der späte Schelling und der ganze Comte — wirkten, ohne voneinander Notiz zu nehmen, im strengen Sinne gleichzeitig. Aber was dieserart gleichzeitig war, war darum nicht schon gleich; ganz im Gegenteil: es war ungemein verschieden. Gewiß: beide Philosophien waren — mit bemerkenswert gemeinsam geschärftem Sinn für Tatsächlichkeit und Faktizität — positive Philosophien; jedoch: diejenige Comtes war eine rasch und breit publizierte; diejenige Schellings — die niemals endgültig offenbar gewordene Philosophie der Offenbarung[12] — wurde gerade nicht publiziert. Von der Sache her war es so: Schellings positive Philosophie war eine Philosophie der Mythologie und Offenbarung, Comtes positive Philosophie war eine Philosophie der Gesellschaft; der einen geht es um Gott, der anderen um die Menschheit; die eine ermächtigt die Theologie, die andere die Soziologie; die eine setzt auf ekstatische Empirie, die andere auf den *bon sens;* die eine erfährt die bedingte Ohnmacht, die andere die bedingte Macht der menschlichen Vernunft; die eine favorisiert das Unvordenkliche, die andere das Planbare; die eine das Unverfügbare, die andere das

---

[4] Schelling, *Über Bedeutung und Ursprung der Mythologie,* Vorlesung S-S 1821; vgl. Schelling, *Initiae Philosophiae Universae,* ed. M. FUHRMANS, Bonn 1969, p. XV; Comte, *Prospectus des travaux nécessaires pour réorganiser la société,* zuerst in C. H. de Saint-Simon, *Du Contrat social. Suite des travaux ayant pour objet de fonder le système industriel,* Paris 1822 (*Œuvres de Saint-Simon et d'Enfantin,* Aalen 1963 / 4, Bd. 20, p. 200 sq.).

[5] G. L. PLITT, *Aus Schellings Leben. In Briefen,* Bd. 3, Leipzig 1870, p. 18 (Brief v. 16. 4. 1826): Schelling will *pousser le système universel ... partant lui-même d'un premier principe, qui à cause même de son objectivité ou positivité absolue ne se laisse connaître qu'a posteriori ...*

[6] 1832 / 3 unter dem Titel *System der positiven Philosophie.*

[7] Paris 1830.

[8] Paris 1842; Schelling liest in Berlin ab Wintersemester 1841 / 2 *Philosophie der Offenbarung,* ab Sommersemester 1842 *Philosophie der Mythologie.*

[9] Paris 1844.

[10] Paris 1848.

[11] 1846.

[12] Vgl. H. E. G. PAULUS, *Die endlich offenbar gewordene positive Philosophie der Offenbarung,* Darmstadt 1843.

Verfügbare; die eine nimmt hin, die andere sorgt vor: wenn man dazu aufgelegt ist, kann man Schellings positive Philosophie eine Schicksalsphilosophie, Comtes positive Philosophie eine Machsalsphilosophie nennen; und dennoch sind sie — diese einander so entgegengesetzten Philosophien im Übergang zur Nichtphilosophie — positive Philosophien: beide.

3. Warum beide? Was ist das »Positive« der positiven Philosophien, daß es zur Losung, zum Kampfruf derart entgegengesetzter Philosophien werden konnte? Auch hier gilt es wohl, das Gemeinsame und Zusammengehörige im scheinbar Entgegengesetzten zu bemerken.

Beide positiven Philosophien sind — ohne daß man diesen Tatbestand derart überschätzen sollte, daß man darüber jene Züge beider Philosophien vergißt, die sie zugleich und ebenso gemeinsam emphatisch zu Philosophien der Zukunft werden lassen [13] — in einer nicht grobschlächtigen Weise politisch konservative Philosophien: hier gilt mit Recht die These vom Ursprung der spekulativen Theologie und der Soziologie aus dem Geiste der Restauration [14]. Angesichts des Resultats der großen Revolution, der Gefahr ihrer Wiederholung, Radikalisierung und Wendung ins Anarchische ergänzt Comte die Losung des Fortschritts durch die der Ordnung und drängt Schelling — gegen Hegel und seine revolutionären Schüler — die politische Philosophie in Randlage und überbietet sie durch eine spekulative Religionsphilosophie.

Beide positiven Philosophien — und diese waghalsige Hypothese wird nur denen einleuchten, die sich auf eine temperiert seinsgeschichtliche Wortgebrauchs-Spekulation einzulassen bereit sind: gewissermaßen philologisch blinden Hühnern auf der Suche nach einem Korn — vollstrecken zusammen den unvermeidlichen Doppelsinn des Begriffs des »Positiven«. Wie das Wort »positiv« ungefähr zeitgenössisch in der Philosophie gebraucht wurde, zeigt nicht zwar die These, wohl aber die Anknüpfung von Hegels Frühschrift über die Positivität der christlichen Religion [15]: das Positive ist das nur oder nur noch durch Setzung

---

[13] Vgl. Comte, *Discours sur l'esprit positif*, 15: *Ainsi, le véritable esprit positif consiste surtout à voir pour prévoir, à etudier ce qui est afin d'en conclure ce qui sera* zum Zwecke einer *organisation de la révolution*: op. cit. 38; Schelling setzt gerade auf einen Gott, der *Neues* anfängt, und polemisiert gegen einen *Gott, der keine Zukunft hat, der nichts anfangen kann*, sondern nur *post festum* kommt: Schelling, *Philosophie der Mythologie*, in Sämtliche Werke ed. K. F. A. Schelling, Bd. 11, p. 459; *Zur Geschichte der neueren Philosophie*, ed. cit. Bd. 10, p. 155; *Philosophie der Offenbarung*, ed. cit. Bd. 13, p. 260.

[14] Vgl. G. Lukacs, *Die Zerstörung der Vernunft*, Berlin 1954, 124 sq.; R. Spaemann, *Der Ursprung der Soziologie aus dem Geist der Restauration*, München 1959, bes. p. 181.

[15] Hegel, *Über die Positivität der christlichen Religion*, (1795 / 6), Theorie-Werkausgabe Bd. 1, p. 104 sq., bes. p. 108 sq., p. 217 sq. Zur Begriffsgeschichte — unter Einbeziehung insbes. der Jurisprudenz und Vernachlässigung des theologischen und einschlägig positiv-philo-

Vorhandene; es steht in Bedeutungsopposition zum Natürlichen bzw. zum — bei Hegel: längst weitergegangenen, fortgeschrittenen — Vernünftigen. Diese Bedeutungsopposition wird wohl bestätigt durch Blicke auf die Philosophiegeschichte, die zu den Griechen wandern: bei ihnen ist θέσις Gegenbegriff zu φύσις. Freilich: Gegenbegriffe zu φύσις sind auch τέχνη und τύχη[16]; dem mühelos Seienden der Natur ist das, was mühsam planvoll gemacht werden muß, und das, was nur zustößt, ebenfalls entgegengesetzt. Nun könnte man — auch wenn das sehr riskant ist — diese Oppositionen zusammensehen und daraus folgern: τέχνη und τύχη sind Weisen der θέσις; was nicht von Natur ist, ist es entweder durch techneartige θέσις oder durch tycheartige θέσις: durch eine, deren Urheber jemand selber ist, oder durch eine, die er hinnehmen muß, weil er gerade nicht ihr Urheber ist. Beides wären Setzungen, aber ein Doppelsinn kommt zwangsläufig zustande, weil das Setzende dieser Setzungen jeweils ein anderes ist: man selbst oder gerade nicht man selbst. Im Extremfall wäre das so zu deuten: θέσις — *positio* — ist entweder diejenige, die die Menschen grundsätzlich in der Hand haben, oder diejenige, die die Menschen grundsätzlich nicht in der Hand haben: das Positive ist das Verfügbare oder gerade das Unverfügbare; positiv — hier scheint zwar keine linguistische, wohl aber eine graphische Verbindung dadurch zu existieren, daß eilige Abschreiber beide Wörter zuweilen miteinander verwechselten — ist das *factum* und das *fatum*: menschliches *fait* und — gegebenenfalls göttliches — *fait accompli,* Artefakt oder — glückliches oder fatales — Verhängnis. Darum hat — so wird man meinen dürfen — jeder Positivismus die Disposition zu beidem: entweder technischer oder theologischer Positivismus zu

---

sophischen Wortgebrauchs — vgl. J. Blühdorn / J. Ritter, *Positivismus im 19. Jahrhundert*, Frankfurt 1971; weiterhin: L. Kolakowski, *Die Philosophie des Positivismus*, dt. München 1971.

[16] Vgl. Aristoteles, *Physik* B, 192 b 8 / 9: τῶν ὄντων τὰ μέν ἐστι φύσει, τὰ δὲ δι' ἄλλας αἰτίας; letztere αἰτίαι sind τέχνη und τύχη; vgl. W. Wieland, *Die aristotelische Physik*, Göttingen 1962, p. 232 Anm. 2. Die folgende Überlegung schließt m. E. den begriffsgenealogischen Vorschlag von K. H. Ilting in Blühdorn / Ritter, op. cit., p. 27 nicht aus, sondern ermuntert zur Frage: Seit wann und unter welchen Bedingungen wird Natur zum Negativbegriff, sozusagen zum *modus tollens* der im *modus ponens* vorhandenen Wirklichkeit? Mögliche Antwort: just dort, wo die Welt frühneuzeitlich theologisch positiv geworden ist und technisch positiv zu werden beginnt, avanciert die Natur zur Negation; das geschieht in einem ersten Gange entweder — in den Naturrechtslehren — dadurch, daß die Natur der positiven Wirklichkeit gegenüber die Distanz der Norm gewinnt, oder — in den Naturzustandslehren — dadurch, daß die Natur der positiven Gegenwart gegenüber die Distanz der Vergangenheit gewinnt; und es geschieht in einem zweiten Gange — seit der Durchsetzung des singularisierten Geschichtsbegriffs durch die Geschichtsphilosophie in der Mitte des 18. Jahrhunderts — mittels Interpretation der zweiten Natur als »die Geschichte«, die als fortschreitende Negation des nur positiv Bestehenden begriffen wird. Wer in diesem Kontext Natur oder Geschichte sagt, negiert das positiv Vorhandene durch Norm, Vergangenheit oder Zukunft. Ich gebe gern zu, daß ich hiermit eine waghalsige Wortgebrauchsspekulation durch eine noch waghalsigere zu stützen versuche: *peccavi fortiter.*

werden. Was es für die Genese der Neuzeit bedeutet, daß die Welt positiv wurde — weil die christliche Wendung zum theologischen Positivismus die profane Selbstbehauptung des Menschen durch einen technischen Positivismus erzwang — und daß sich die Vernunft in die Negativität zurückzog: darüber ließe sich — was hier nicht die Aufgabe ist — lange diskutieren; aber diese Diskussion hätte auf die angedeutete Spannung zu achten. Denn wenn das, was hier erwogen wurde, auch nur halbwegs stimmt: dann ist das »Positive« von Beginn an in einem nicht steuertechnischen Sinne doppelt veranlagt: als Machsal oder als Schicksal. Und die positive Philosophie Comtes und die positive Philosophie Schellings: gerade indem die eine zur soziologischen Philosophie des Planbaren und die andere zur theologischen Philosophie des Unvordenklichen sich entwickelte, vollstrecken sie konsequent und — als feindliche Brüder — allererst zusammen diesen unvermeidlichen Doppelsinn des Begriffs und der Losung des »Positiven[17]«.

4. Schließlich: beide positiven Philosophien kommen auch und vor allem darin überein, daß sie sich Philosophien entgegensetzen, die sie ausdrücklich »negativ« oder »negative Philosophie« nennen. Negativ ist für Comte die Metaphysik, die nicht (mehr) Theologie und (noch) nicht Soziologie ist und ebendarum mit der Revolution so im Bunde steht, daß sie zerstört ohne zu organisieren[18] und diese Metaphysik begreift der späte Schelling als »reinrationale Philosophie[19]«, die

---

[17] Dieser Doppelsinn — scheint es — wirkt hinein auch noch in die geläufige immanente Rede vom positiven Recht: dieses ist (a) das nun einmal vorhandene, (b) das auf formgerechtem Wege kodifizierte; im einen Fall überwiegt der Schicksals-, im anderen der Machsalsaspekt; es hat so die normative Kraft des Faktischen und die des Faciendum zugleich.

[18] Vgl. Comte, op. cit. 10: *on emploie le mot positif comme le contraire de négatif. Sous cet aspect, il indique l'une des plus éminentes propriétés de la vraie philosophie moderne, en la montrant destinée surtout, par sa nature, non à détruire, mais à organiser ... Cette ... signification, en indiquant d'ailleurs une tendence continue du nouvel esprit philosophique, offre aujourd'hui une importance spéciale pour caractériser directement l'une de ses principales différences, non plus avec l'esprit théologique, qui fut longtemps organique, mais avec l'esprit métaphysique proprement dit, qui n'a jamais pu être que critique*: also *l'esprit métaphysique a secondé négativement*, er lanciert *une situation purement négative*: op. cit. 10, 11; er bildet eine *école négative* mit *maximes négatives*: 40, 41.

[19] *Die rationale oder, wie wir sie auch nennen, negative Philosophie*: Schelling, *Philosophische Einleitung in die Philosophie der Mythologie oder Darstellung der reinrationalen Philosophie*, ed. cit. Bd. 11, p. 562; m. W. kommt der Ausdruck *negative Philosophie* bei Schelling zuerst vor in *Philosophie und Religion*, 1804, ed. cit. Bd. 6, p. 43; vgl. dann: *Darlegung des wahren Verhältnisses der Naturphilosophie zu der verbesserten Fichteschen Lehre*, 1806: *am blindesten schwärmen alle die, welche für das rein Negative schwärmen ... So gewisse Schwärmer für die Aufklärung. Was wollten sie denn? ... überhaupt nichts Positives; nur wegschaffen wollten sie ... da man aber an das Positive ging, dessen man doch nicht entbehren kann, und eine positive Sitten- und Religionslehre verlangte, da wurden die Stürmer stumm und griffen in der Not selbst zu dem, das sie erst verdammten*: ed. cit. Bd. 7, p. 45.

negativ ist, weil sie zum »wirklichen« Gott nicht zukann[20], und negativ ist, weil sie einen Weg der Negationen geht[21]: dies aber tut sie, weil sie — und dies entwickelt Schelling nicht ohne Spitze gegen Hegel — weil sie Dialektik ist[22]. Es scheint vertretbar, zu meinen, daß für beide positiven Philosophien — für diejenige Comtes und für diejenige Schellings — diese negative Philosophie im Grunde dieselbe ist: es ist diejenige Metaphysik, die verdächtig ist, Revolutionsphilosophie zu sein, und die in ihrer unnaiven und darum entwickeltsten Gestalt — die Schelling vor Augen hat — Dialektik ist. Das bedeutet, daß jemand, der sagen will, was — im Zeitalter der Differenz von positiven und negativen Philosophien — die negative Philosophie ist, sagen muß, was Dialektik ist.

In der Tat — schreibt Schelling — *möchte diese Methode ... bis jetzt noch immer als der einzige eigentliche Fund der nachkantischen Philosophie anzusehen sein*[23]: gleichwohl hat Kant ihr in gewisser Hinsicht das Programm gemacht; und so ist es ein gangbarer Weg, dadurch zu sagen, was Dialektik ist, daß man sagt, wie Kant sie begriffen hat; Kant aber begriff die ›Dialektik‹ als den gegenüber der ›Analytik‹ anderen Hauptteil der Philosophie[24]: als *das Experiment einer Gegenprobe der Wahrheit des Resultats*[25] der Analytik. Die — transzendentale — Analytik zeigt die Wahrheit über ein menschliches Vermögen direkt, die — transzendentale — Dialektik zeigt diese Wahrheit indirekt: die Analytik zeigt, was es zu leisten vermag und was nicht; die Dialektik zeigt, wie schlecht es ihm ergeht und wie es sich in Antinomien verwickelt und dadurch vernichtet, wenn es — sich über seine Wahrheit täuschend — zu leisten versucht, was es nicht leisten

---

Hauptbestimmungen in *Philosophie der Mythologie*, 2. Buch, ed. Bd. 11, p. 255-572, und *Philosophie der Offenbarung*, ed. cit. Bd. 13 bes. p. 74-174.

[20] *Philosophie der Mythologie*, ed. cit. Bd. 11, p. 567: sie hat *im besten Falle ... nur den Gott, der in der Idee, der in die Vernunft eingeschlossen, in welcher er sich nicht bewegen kann, nicht aber den, der außer und über aller Vernunft ist*; p. 566: *also nicht den Gott, der handelt. ... der als ein selbst tatsächlicher dem Tatsächlichen des Abfalls entgegentreten kann, kurz der der Herr des Seins ist*: p. 563: *Denn negativ ist jene, weil es ihr nur um die Möglichkeit (das Was) zu tun ist, weil sie alles erkennt, wie es unabhängig von aller Existenz in reinen Gedanken ist ... Positiv dagegen ist diese; denn sie geht von der Existenz aus*; p. 568: *Am Ende der negativen Philosophie habe ich nur mögliche Religion, nicht wirkliche ... Daß man von Gott nichts wisse, ist das Resultat des echten, jedes sich selbst verstehenden Rationalismus.*

[21] *Denn sie setzt das Prinzip nur durch Ausscheidung, also negativ*: l. c. Bd. 11, p. 562.

[22] *Die dialektische Methode allein also wandelt diesen Weg, daß sie die Voraussetzungen aufhebend ... zum Anfang selbst ..., d. h. zu dem was Prinzip nicht bloß scheint, sondern ist, fortschreitet*: l. c. Bd. 11, p. 328.

[23] L. c. Bd. 11, p. 334.

[24] Vgl. die Einteilungsüberlegungen von Kant, *Logik*, Werke ed. E. CASSIRER, Bd. 8, p. 336 / 7; *Kritik der reinen Vernunft* B 81 / 82, 87 / 88, p. XVIII-XXI.

kann. Dabei weist Kants Analytik — exemplarisch an der wissenschaftlichen Erfahrung — zugleich nach, wie sehr ein menschliches Vermögen gleichermaßen hinnimmt und macht: nicht zuletzt auch deswegen ist — den vorangegangenen Überlegungen zufolge — konsequenterweise für Kant die Analytik der positive Teil der Philosophie[26]. Wohlgemerkt: die Analytik ist für ihn nur erst der positive Teil der Philosophie und noch nicht positive Philosophie, ganz so, wie die Dialektik für ihn noch nicht negative Philosophie ist, sondern nur erst der negative Teil der Philosophie. Das aber — negativer Teil der Philosophie — ist die Dialektik für Kant deswegen, weil sie es — was immer sie sonst tut: mit all ihren Beziehungen zum Unbedingten und zur Totalität — stets mit dem Gegenteil der Wahrheit zu tun hat und damit, wie es zerbricht: also statt mit dem Machen und Hinnehmen mit dem Vernichten und insofern mit Negation.

Aus der Dialektik — dem bei Kant negativen Teil der Philosophie — wurde die negative Philosophie, als ihr die Analytik abhanden kam und die Dialektik zur einzigen Philosophie wurde: das passierte — im nachkantischen deutschen Idealismus von Fichte bis Marx und Adorno, also auch beim jungen Schelling und bei Hegel — dort, wo philosophisch der Eindruck sich durchsetzte, das, was ist, bestehe ausschließlich aus derartigen Gegenteilen der Wahrheit und ihrem Zerbrechen. Da war dann kein Platz für die Analytik mehr; sie wurde verdrängt; und niemand, der Einblick in den psychischen Haushalt einer verdrängten und dadurch beleidigten Analytik hat, konnte im Ernst daran zweifeln, daß diese Verdrängung der Analytik nur der Anfang, der erste Schritt zu ihrer Wiederkehr war. Am Anfang der negativen Philosophie steht die Liquidierung der Analytik; am Anfang der positiven Philosophie steht — durch die Liquidierung der Dialektik — ihre emphatische Wiederkehr. Weil nun aber zunächst die Dialektik zur einzigen Philosophie wurde — gewissermaßen das Negativvernünftige zum absolut Vernünftigen[27] — und weil sie es, als Dialektik, sozusagen

---

[26] Ihr *Nutzen* scheint nur *bei einer flüchtigen Übersicht dieses Werkes ... nur negativ* zu sein, *aber wird alsbald positiv*: op. cit. B XXIV, vgl. sq.

[27] Vgl. den Wortgebrauch bei Hegel, *Encyclopädie*, 1817, §§ 13, 15; op. cit., ³1830 §§ 79,81, 82. Dabei favorisiert die hier versuchte Überlegung das *Negativvernünftige* — das *Dialektische* — auf Kosten des *Positivvernünftigen*, des *Spekulativen*, das Hegel als Resultat der Dialektik ausgibt. Somit ist sie keine pünktliche Interpretation Hegels, schon gar keine im Kontext; es war hier gerade die Aufgabe, um eine Hegel-Interpretation mit oder ohne Anstand herumzukommen. Wer also der Rolle von Negation und Negativität bei Hegel z. B. als Reflexionsbestimmung sucht, vgl. D. Henrich, *Hegel im Kontext*, Frankfurt 1971, bes. p. 95 sq. Aufgenommen ist für den hier interessierenden Zusammenhang die Rolle von Negation und Negativität als Bewegendes (als Zwang und Chance, von falsch gewordenen Potenzen sich zu distanzieren): vgl. Hegel, *Phänomenologie des Geistes*, in *Theorie Werkausgabe* Bd. 3, p. 23 und p. 39; *das Negative als die anspornende Macht, die alles in Bewegung bringt*: Hegel-Interpretation von Kierkegaard, *Der Begriff Angst*, in *Gesammelte Werke* ed. E. Hirsch, Abt. 11 / 12, p. 9. Nicht aufgenommen und angenommen ist Hegels

ex officio ausschließlich mit dem Gegenteil der Wahrheit und seinem Zerbrechen zu tun hat, wurde jetzt alles zum Gegenteil der Wahrheit und zerbrach. Denn die Dialektik ist ihrem Gegenstand immer ein Gegner; sie ist darum schlechthin polemisch: jede Potenz geriet für sie in den Verdacht, nicht mit sich identisch zu sein; sie wurde beargwöhnt, das Absolute zu wollen, sich dadurch in ihrer Leistungskraft zu täuschen, sich zu übernehmen, sich in Antinomien zu verwickeln und schließlich zu scheitern. Man kann das entweder so sehen, daß dies die Lage war, weil in dieser Philosophie das Absolute wieder ins Spiel kam; oder man kann das so sehen, daß in dieser Philosophie das Absolute wieder ins Spiel kam, weil dies die Lage war: weil sie — indem sie allüberall dialektisch nur Zusammenbrüche, nur Negativität sah — den Traum von etwas brauchte, dem es, je mehr zusammenbricht, immer besser geht, und das gerade dadurch es selber wird, daß sich alles vernichtet.

Aber dieses Absolute — das Absolute der absolut gesetzten Dialektik, das Absolute der negativen Philosophie — ist nur das kommissarische Nichts. Aufschlußreich bleibt, daß einzig der ältere Fichte es wagte, den Vorwurf des Nihilismus zur akzeptierten Losung umzustilisieren[28], daß jedoch die jüngeren Dialektiker den Umgang mit dieser gefährlich zutreffenden Vokabel mieden und ihn lieber den Nichtdialektikern überließen: also etwa Nietzsche. Das Absolute war — mit dem Schein des affirmativen Resultats — das Fehlen jenes affirmativen Resultats, das die Dialektiker der negativen Schule von der absolut gesetzten Dialektik erwarteten. Denn sie setzten auf das Scheitern und Zerbrechen absolute Hoffnungen: vor allem die, selber nicht zu scheitern und zu zerbrechen, und die, in dem, was sie selber ohnehin gerade vorhatten und taten, bestätigt, gefördert und gerechtfertigt zu werden; sie glaubten, aus den dialektisch begriffenen Niederlagen der Anderen und insbesondere ihrer Gegner auf die Notwendigkeit, die Fälligkeit und das Recht der eigenen Tendenz schließen zu können. Jedoch: das dialektische Zerbrechen von Gegnern ist eben nicht schlüssig das, was es dialektisch sein soll: der Beweis für die eigene Unzerbrechlichkeit; und das unglückliche Schicksal der Anderen ist nicht zureichend das, was es dialektisch sein soll: der Beweis fürs Glück und Recht der eigenen Sache. Das

---

Lehre von der *bestimmten Negation* — l. c. Bd. 3, p. 57; *Logik*, ed. cit. Bd. 5, p. 49 — und die These: *Die Dialektik hat ein positives Resultat*: *Encyklopädie*, 1817 § 16 Anm., ³1830 § 82 Anm. Insofern trifft es zu, daß hier auch Hegel als negativer Dialektiker — gewissermaßen als einer, der den von Schelling bei ihm monierten Fehler, die negative Philosophie zur positiven gemacht zu haben, vermieden hat — traktiert wird, also nicht als Hegel: es geht weniger um Hegels *Negation* als um Negation Hegels. Das ist in Wahrheit Rücksichtnahme gegenüber Hegel: immerhin hat er Besseres verdient, als ausgerechnet durch mich affirmiert und interpretiert zu werden.

[28] Fichte, *Einleitungsvorlesungen in die Wissenschaftslehre*, 1813, in *J. G. Fichtes nachgelassene Werke* ed. I. H. Fichte, Bd. 1, p. 39.

gilt nicht nur für Situationen, in denen es überhaupt nur schlimme Lösungen gibt: in ihnen hätte ohnehin einzig der Skeptiker, der über nichts gut redet, allein gut reden. Denn auch sonst folgt aus den schlimmen Erfahrungen der Kontrahenten nicht, was dialektisch aus ihnen folgen soll: daß für einen selber nur noch die guten Erfahrungen übrigbleiben. Oder anders gesagt: aus der nur noch dialektischen Dialektik — also der negativen Philosophie — folgt weder, was den nächsten, noch, was den letzten Schritt betrifft, zwingend eine Position und die Garantie ihrer unbedingten Qualität: aus einer Dialektik ohne Analytik folgt vielmehr — außer dem Zusammenbrechen des Zusammenbrechenden — gar nichts. Für die Dialektik gilt so, was Burckhardt über den Sokrates sagte: sie wollte die Menschen besser machen, sie machte sie aber nur konfus und ließ sie stehen[29]. Das jedenfalls — scheint es — gilt für jene Dialektik, die negative Philosophie ist: sie hat kein affirmatives Resultat. Es läßt sich also zwanglos die Frage anknüpfen, ob die Dialektik das wirklich ist: negative Philosophie?

5. Nun gibt es Menschen, die die Dialektik nur in diesem Sinn als eine negative Philosophie zu verstehen vermögen: als eine, bei der das negative Geschäft des Vernichtens des Unwahren — weil keine Analytik da ist, die das Wahre bringt — kein affirmatives Resultat hat; und der Schreiber dieses Textes wäre unaufrichtig, wenn er sich nicht zu diesen Menschen rechnen würde. Was kann er tun? Gewiß verkennt er unendliche Fruchtbarkeiten, unermeßliche Tugenden der Dialektik: aber was — da er nun einmal aufrichtig verstockt ist — bleibt ihm übrig, insbesondere dann, wenn er zugleich mit Schrecken bemerkt, selber in genau der hier gekennzeichneten Weise negativer Philosophie ein Dialektiker zu sein? Er wird peu à peu die Dialektik — so wie er sie versteht und betreibt — auf die Dialektik — so wie er sie versteht und betreibt — anwenden; und dabei wird er, trotz seiner geringen dialektischen Sehschärfe, auf Phänomene aufmerksam, auf Tatbestände, die allesamt damit zu tun haben, daß die Dialektik kein affirmatives Resultat hat; ich nenne drei:

a) Er wird aufmerksam darauf, daß es nicht nur den Siegeszug der Dialektik gibt: der ist womöglich gar nur eine Flucht nach vorn. Ihn konterkariert — das scheint in gewisser Hinsicht so zu sein — ein Prozeß der Ernüchterung der Dialektik, ein Prozeß ihrer Selbstbescheidung: daß der Umfang dessen, was der Dialektik als Scheiterndes, als Zerbrechendes und dadurch Beendetes sichtbar wird, nicht nur zunimmt, sondern zugleich auch abnimmt. Hegels Endsätze waren total: aber dem Satze Hegels vom Ende von allem folgte immerhin der Satz von Marx vom Ende nur mehr der bürgerlichen Gesellschaft; und seit

---

[29] Zit. von R. MARX, in Burckhardt, *Weltgeschichtliche Betrachtungen, Nachwort*, Leipzig (Kröner) o. J. p. 327.

Kierkegaard — der sich auf die Verzweiflung des einzelnen verstand — sollen sogar Dialektiker gesichtet worden sein, die nur noch mit dem Satz vom Ende von sich selber operieren. Dieser Fortschritt in der Geschichte der gedrückten Stimmung der Dialektik — erst waren alle am Ende; dann waren einige am Ende; schließlich ist nur noch einer am Ende — kompensiert ihre Hypertrophie.

b) Er wird aufmerksam auf eine weitere Absonderlichkeit dieser Dialektik: ihren unendlichen polemischen Appetit. Plausibel ist er. Denn in Verlegenheit kommt eine Dialektik ohne affirmatives Resultat ja erst dort, wo sie ihre Vernichtung abgeschlossen hat und — im Sinne eines wirklich Sicheren — dann nichts folgt außer dem, was man das normale dialektische Schicksal nennen könnte: daß nun, nach dem Zerbrechen seines Gegenstandes, auch der Dialektiker zerbricht. Das einfache Gegenmittel besteht darin, die Vernichtung vorsichtshalber gar nicht erst abzuschließen, sondern sie zur unendlichen werden zu lassen; und es gibt verzwickte Techniken, sie zu prolongieren, etwa indem man einer Bemühung unterstellt, sie habe etwas gewollt und nicht erreicht, was ihr nun wirklich fernlag: zur gekonnten Methode wird entwickelt, was jenem Sachsen nur aus Versehen passierte, der im *Kapital* die Indianer vermißte, weil er Karl Marx mit Karl May verwechselte: ein authentischer Dialektiker mit unendlichem polemischem Appetit wäre der, der auch nach der Belehrung über den Unterschied beider, und zwar nun erst recht, — Kapital hin Kapital her — auf seinem Winnetou besteht und scharfsichtig entlarvt, wie sehr das *Kapital* den Winnetou gemeint habe und wie sehr es vor ihm zurückgewichen und gerade dadurch widersprüchlich und nichtig geworden sei. Denn diese Dialektik ist nur glücklich, solange sie — dies um fast jeden Preis — noch etwas zu vernichten hat. Aus Vollendungsfurcht stilisiert sie ihren negativen Weg zum Ziel. Den Weg zum Ziel zu invertieren ist Fetischismus; und so gibt es — subsumtiv oder komplementär zum Warenfetischismus — längst den Vernichtungsfetischismus der Dialektik. Wie Scheherezade immer noch etwas einfallen mußte, um den folgenden Tag zu überleben, muß dieser Dialektik — und so kommt es zu ihrem immensen Entlarvungsaufwand und ihrem enormen Bedarf an Häresien — immer noch etwas destruieren, um nicht dort anzukommen, wo sie nicht ankommen darf, um nicht ins Nichts zu fallen: beim affirmativen Resultat, das sie doch nicht hat. Darum bleibt der Dialektiker auf seiner Strecke, um nicht auf der Strecke zu bleiben.

c) Er wird aufmerksam auf die einschlägige Rolle des Ironikers und des Beamten. Diese Kunst nämlich, auf jener Strecke sich einzurichten, auf der die Dialektik bleibt, verlangt besondere Einstellungen und Begabungen; sie bedurfte ihrer, und alsobald waren sie da: einerseits die Ironiker, andererseits die Beamten. Beide nämlich unternehmen den Versuch, diese Lage der Dialektik konsequent zu machen, indem sie entscheiden, ob die Dialektik total oder limitiert ist.

Für den Ironiker läßt die Dialektik — als totale — nichts übrig, darum bleibt er bei nichts; für den Beamten läßt die Dialektik — als limitierte — etwas übrig, darum begibt er sich in dessen Dienst. — Der dialektische Ironiker totalisiert die dialektische Negativität; er vermeidet es, sich zu identifizieren: insofern optiert er — ironisch — gegen alles und für nichts, und zwar so sehr, daß er auch dagegen optiert, daß diese Option Konsequenzen hat; dies letztere zu versäumen macht den Anarchisten: insofern ist der Anarchist der mißlungene Ironiker; denn Ironie ist nur diejenige Vernichtung, die in Wirklichkeit nichts vernichtet. Gleichwohl hat beim Ironiker die Negativität die Identifizierung verdrängt; darum rächt sich die verdrängte Identifizierung am Ironiker, indem sie ihn bereit macht, sich mit dem zu identifizieren, was ihn schlechthin negiert: so gibt es bei ihm die Unterwerfung unter — vor allem religiöse — Positivitäten zunächst christlich-, später materialistisch-eschatologischer Provenienz. — Der dialektische Beamte limitiert die dialektische Negativität; er trachtet, sich mit dem zu identifizieren, was der dialektischen Vernichtung widersteht; insofern optiert er — loyal — gegen einiges und für einiges [30] und verrät dadurch — um nicht die Pflicht an die Dialektik zu verraten — die Dialektik an die Pflicht; denn die Pflicht limitiert die Dialektik. Beim Beamten hat daher die Identifizierung die Negativität verdrängt; darum rächt sich die verdrängte Negativität am Beamten, indem sie ihm das Faible fürs Absurde gibt: Beamte sind selten glücklich, wenn sie nicht unglücklich sind, und sind selten wohlauf, wenn sie nicht Dinge tun oder in Kauf nehmen, die sie weder tun noch in Kauf nehmen wollten; sie sind nicht zufrieden, wenn sie nicht Tätigkeiten ausüben, die vergleichbar sind mit der, Steine auf Gipfel zu rollen, die dann nicht oben bleiben, sondern — herunterstürzend — erneut und immer wieder gerollt werden müssen: die Rede ist vom Beamten, die Rede ist von Sisyphos; der nämlich war gar nicht das, was er in seinem Mythos sein sollte, kein Opfer des Götterzorns und kein Held des Absurden, die Wahrheit ist ganz anders, sie ist banal: Sisyphos war Beamter; oder richtiger: der Mythos des Sisyphos war der Mythos des Beamten, bevor es Beamte gab.

Diese Hinweise auf einige Phänomene, die allesamt damit zusammenhängen, daß die Dialektik kein affirmatives Resultat hat, betreffen nur Details; und zweifellos gibt es einschlägig noch andere Details. Auch der letzte Hinweis — der auf die Ironiker und die Beamten — blieb ja fragmentarisch; denn — etwa — zweifellos gibt es darüber hinaus auch die Identität beider: den beamteten Ironiker, z. B. den, der in einem Zentrum für Philosophie und Grundlagen der Wis-

---

[30] Dabei handelt es sich um die bestehende Ordnung oder um eine künftige — nächste, übernächste — bestehende Ordnung; darauf könnte man eine Unterscheidung zwischen Beamten und Funktionären gründen: der Beamte ist der Funktionär der bestehenden Ordnung; der Funktionär ist der Beamte der bestehenden Ordnung nach dieser bestehenden Ordnung, sozusagen der antizipierte Beamte, der Vor-Schein des Beamten.

senschaft in der Zentralstelle für Exzentrik [31] arbeitet; er ist unzuverlässig: man sollte ein Interdisziplinarverfahren gegen ihn anstrengen.

Im übrigen ergibt sich aus all diesem und manch anderem die Vermutung, daß zwar die Dialektik kein affirmatives Resultat hat, daß aber dennoch oder gerade deswegen im Effekt negative Philosophen, daß Dialektiker enden, wie eben Dialektiker zu enden pflegen: positiv [32]. Das mag für Einzelne zutreffen oder auch nicht. Für die Bewegung der Großlage gilt es sicher. Die negative Philosophie, die nur noch dialektische Dialektik: sie geht in die akademische Illegalität, in die religiöse und in die politische; sie geht in den Übergrund oder in den Untergrund. Das Feld wird frei für die positiven Philosophien, es wird frei für die Positivismen.

6. Am Anfang der negativen Philosophie steht die Liquidierung der Analytik; am Anfang einer neuen Konjunktur der positiven Philosophie steht — durch die Liquidierung der Dialektik — ihre emphatische Wiederkehr.

Das gilt jedenfalls für das zwanzigste Jahrhundert; es trifft noch nicht zu für die erste Generation der positiven Philosophien, für die positiven Philosophien Comtes und Schellings. Comte hatte keine entwickelte Dialektik vor sich, die er liquidieren konnte; Schelling, der zwar gegen Hegels Dialektik polemisierte, zog es dennoch in der Regel vor, die Dialektik — die er replatonisierte und zur sokratisch-dialogischen umstilisierte — zu rezipieren [33]. So sieht man schon, daß dort — in der ersten Hälfte des neunzehnten Jahrhunderts — die Dinge kompliziert und vorläufig waren und daß es dabei nicht bleiben konnte. Zwar haben Comte und Schelling jene Argumente gegen die negative Philosophie zuerst gefunden und formuliert, die zu einer positiven Philosophie ermunterten; beide aber hatten ihre Wirksamkeit überwiegend in entstellter Form: entweder — so beim späten, beim positiv-philosophischen Schelling — zunächst gar nicht bzw. nur sehr indirekt; oder — so bei Comte — zunächst dort, wo eigentlich Schelling zuständig war, nämlich durch Lancierung einer neuen Religion [34], oder durch die

---

[31] Gießen, Rathenaustr. 17 C. 2 II R. 209.
[32] Vgl. die These vom *falschen Positivismus Hegels* bei Marx, *Nationalökonomie und Philosophie*, 1844, in *Die Frühschriften* ed. S. LANDSHUT, Stuttgart 1955, p. 278; ebenso Nietzsche, *Versuch einer Selbstkritik*, 1886, in Werke ed. K. SCHLECHTA, Bd. 1, p. 18: *daß ihr so endet ..., wie Romantiker enden, christlich ...*
[33] Vgl. Schelling, Replatonisierung: bes. 14. Vorlesung der *Philosophie der Mythologie*, ed. cit. Bd. 11, p. 321 sq; Sokratisierung bzw. Dialogisierung der Dialektik: *Die Weltalter*, ed. cit. Bd. 8, p. 201; dort p. 202 auch — ohne Namensnennung — die erste einschlägige Hegelkritik: *die von Zeit zu Zeit gehegte Meinung, Philosophie durch Dialektik endlich in wirkliche Wissenschaft verwandeln zu können, die vollkommenste Dialektik für die Wissenschaft selber anzusehen, verrät nicht wenig Eingeschränktheit ...*
[34] Vgl. H. DE LUBAC, *Die Tragödie des Humanismus ohne Gott*, dt. Salzburg 1950, bes. p. 176 sq.

Förderung der alsbald bescheiden-einzelwissenschaftlichen Soziologie, die erst später — dann durchaus im Sinne ihres Erfinders — in die Phase des Endes ihrer Bescheidenheit eintrat. Auch kam das Positive allgemeiner und diffuser alsbald dort zu Ehren, wo es mit der Dialektik gerade nicht brach: bei Kierkegaard — der leidenschaftlich die Sünde als Positives, unableitbar Faktisches begriff, um leidenschaftlich die Erlösung als Positives, unableitbar Faktisches begreifen zu können [35] — und also, späterhin, in der dialektischen Theologie. Und es kam dort zu Ehren, wo die Dialektik nur deswegen verabschiedet wurde, weil die Philosophie insgesamt verabschiedet wurde: in jenen Wissenschaften, die um das Detail, den Stoff, die Kenntnis bemüht waren und die sich mit Stolz die positiven nannten, als das Modewort »positiv« schon längst nicht mehr positiv gemeint war [36]. All diese — und parallele — Entwicklungen beweisen nichts für und nichts gegen die positive Philosophie, wo es um deren Verhältnis zur Dialektik geht. Doch bemerkenswert bleibt es: daß es zur energischsten Repetition der positiven Philosophie — der im zwanzigsten Jahrhundert — genau erst dort kam, wo sie erklärt und ausdrücklich das werden wollte, was die negative Philosophie, indem sie emphatisch und exklusiv Dialektik zu sein versuchte, gerade nicht war: nämlich emphatisch und exklusiv Analytik.

Diesen zweiten Schub der positiven Philosophien bilden also die ausdrücklich analytischen Philosophien. Dabei ist es wichtig, zu sehen, daß sie die ursprüngliche Doppelgestalt der positiven Philosophien eindrucksvoll wiederholen: nämlich als logische Analytik der Wissenschaft und als existenziale Analytik des Daseins. Die Analytik, bei der es um den Sinn von Sätzen, und die Analytik, bei der es um den Sinn von Sein geht: sie schätzen einander nicht, aber auch sie sind feindliche Brüder, denn auch sie — die exakte Wissenschaftsphilosophie des Wiener Kreises [37] und die existenziale Endlichkeitsphilosophie der Freibur-

---

[35] Kierkegaard, *Die Krankheit zum Tode*, 1849, ed. cit., Abt., 24 / 25, p. 96: *Daß die Sünde keine Negation ist, sondern eine Position ... Die Orthodoxie hat sehr richtig gesehen, daß hier die Schlacht geschlagen werden muß oder, ... daß das ganze Christentum, wenn die Sünde negativ bestimmt wird, unhaltbar ist.* Die unableitbare Positivität der Sünde wird durch die unableitbare Positivität der Versöhnung beantwortet: *Zuerst geht das Christentum hin und legt die Sünde dergestalt als Position fest, daß der menschliche Verstand es niemals begreifen kann; und alsdann ist es wiederum die gleiche christliche Lehre, die sich daran macht, diese Position auf eine Art zu beseitigen, wie es der menschliche Verstand niemals begreifen kann*: p. 100. Faktizität (Positivität) antwortet auf Faktizität (Positivität). Vgl. die Faktizitätsbestimmung der Sünde in id., *Der Begriff Angst*, 1844, ed. cit. Abt. 11 / 12, p. 29 sq.: *Die Sünde ist durch eine Sünde in die Welt gekommen ... Die Sünde kommt also hinein als das Plötzliche, d. h. durch den Sprung ... Die ist dem Verstand ein Ärgernis*: die antisokratische und antihegelianische Bestimmung der Sünde als Positivität allererst erlaubt die Bestimmung des göttlichen Erlösungshandels als Positivität.
[36] Vgl. F. Schalk, ›Positif‹ als Modewort, in Id., *Exempla Romanica*, Frankfurt 1966, p. 96 sq.
[37] Gemeint ist im folgenden jene Formation, die in knappster Übersichtlichkeit beschrieben

ger Spätphänomenologen [38] — sind positive Philosophien: beide. Die Überwindung der Metaphysik durch logische Analyse der Sprache [39] knüpft an an die *techne*-Tradition des Positiven, an die positive Philosophie der Machsale: wo die Wirklichkeit durch positive, d. h. exakte Erfahrungswissenschaft verfügbar gemacht werden soll, müssen deren methodisch-planvolle Maßnahmen — insbesondere auch ihre Sprache — zum von Menschen kontrolliert hergestellten Präzisionsartefakt werden. Die Überwindung der Metaphysik durch existenziale Hermeneutik der Faktizität [40] knüpft an an die *tyche*-Tradition des Positiven, an die positive Philosophie der Schicksale: wo gerade das unverfügbar Wirkliche — Geworfenheit, Tod, Seinsgeschick — entschlossen oder gelassen bedacht werden soll, verlangt dies ein Denken, das in ein unvordenkliches Fatum sich zu fügen vermag. Beide Sorten von Analytik — die im sprachanalytischen Positivismus der Fakten und die im existenzialanalytischen Positivismus der Faktizität — sind positive Philosophien. Sie repetieren den alten Doppelsinn des Positiven; denn beide handeln von Setzungen: für den Wissenschaftspositivismus setzt der Mensch, für den Endlichkeitspositivismus setzt gerade nicht der Mensch. Zugleich gilt — freilich weniger dominant — für beide auch noch das Gegenteil. Nämlich: in der positiven Philosophie der exakten Wissenschaft wird das, was der Mensch methodisch-planvoll setzt, durch dasjenige empirisch verifiziert oder falsifiziert, was er gerade nicht setzt: durch das Gegebene, die Daten; ein Datum ist sozusagen ein Mikrofatum, das Seinsgeschick ist das Makrodatum. Und umgekehrt: in der positiven Philosophie der menschlichen Endlichkeit muß dem, was das Sein setzt, der Mensch durch seine Setzung entsprechen: durch seinen Entwurf, seine Entscheidung, seine Wahl [41], indem er sich akzeptiert. In dieser Weise wiederholt sich in jeder der beiden positiven Philosophien für sich genommen der Doppelsinn des Positiven noch einmal, so daß man auch sagen kann: es sei in den in jedem dieser beiden Positivismen jeweils herrschenden Sinn des Positiven auch noch sein jeweiliger Gegensinn mit eingedrungen. Beide Trends der positiven Philosophie unseres Jahrhunderts verbinden also menschliches Machen mit menschlichem Hinnehmen und wieder-

---

hat V. KRAFT, *Der Wiener Kreis. Der Ursprung des Neopositivismus*, Wien / New York 1968.

[38] Gemeint ist im folgenden jene Formation, die an M. Heidegger, *Sein und Zeit*, Halle 1927, anknüpft.

[39] R. Carnap, *Überwindung der Metaphysik durch logische Analyse der Sprache*, in *Erkenntnis* 2 (1931), p. 219 sq.

[40] M. Heidegger, *Überwindung der Metaphysik*, in: Ds., *Vorträge und Aufsätze*, Pfullingen 1954, p. 71 sq.; *Hermeneutik der Faktizität*: id., *Sein und Zeit*, p. 72 Anm. 1; zum Faktizitätsbegriff insbes. p. 56, p. 135, p. 179.

[41] Vgl. Heideggers Analyse der *Entschlossenheit*, op. cit. p. 297 sq., und seine Interpretation des Daseins als eines *geworfenen Entwurfs*, bes. p. 285.

holen damit eine Verbindung, die schon bei Kant zu den Entdeckungen gerade der Analytik gehörte; und beide positiven Philosophien wollen ja — gerade dadurch, scheint es, wurden sie im zwanzigsten Jahrhundert zu amtierenden Grundphilosophien — emphatisch und exklusiv Analytik, analytische Philosophie sein.

Daß dieserart die positiven Philosophien emphatisch und exklusiv zu Analytiken wurden: das begünstigt oder erzwingt zugleich, ebenfalls im zwanzigsten Jahrhundert, daß umgekehrt die Dialektik ausdrücklich und erklärt — sozusagen geständig [42] — negativ wurde, zur negativen Dialektik.

7. Freilich pflegen die gegenwärtig positiven Philosophien in bemerkenswerter Weise selber das Negative: es hat dort eine analytische und eine quasidialektische Form; beides bringt beide Positivismen in die Nähe nur negativer Dialektik und diese in die Nähe zu beiden Positivismen.

Gerade die positiven Analytiken — die existenziale Analytik des Daseins und die logische Analytik der Wissenschaft — erheben die mögliche Negation zur Instanz: beide. Denn in beiden Trends stellt dasjenige Positive, das gerade nicht durch Menschen gesetzt ist, dasjenige Positive, das menschliche Setzung ist, in Frage: jenes, das Fatum oder das Datum, ist stets mögliches Nein zu diesem, dem Entwurf oder der Hypothese. Es ist der alte Doppelsinn des Positiven, eingedrungen in beide positiven Analytiken, der gerade in ihnen die Negation lanciert: das Positive — jenes, das der Mensch gerade nicht in der Hand hat — ist mögliche Negation des Positiven, das der Mensch in der Hand hat. Die Schicksale — Mikroschicksale und Makroschicksale — sind das mögliche Nein zu den Machsalen. So ist das Positive dem Positiven ausgesetzt: das vom Menschen her Positive ist — angesichts des gerade nicht vom Menschen her Positiven — exponiert; es ist prinzipiell riskant und daher so gesetzt, wie im Glücksspiel [43] etwas gesetzt wird: man kann durch den Einsatz gewinnen oder verlieren, der eigene Versuch kann glücken oder scheitern; das gilt ebenso — wissenschaftspositivistisch — von Hypothesen wie — endlichkeitspositivistisch — von Selbstentwürfen. Was positiv, menschlich gesetzt ist, ist grundsätzlich — angesichts des Positiven, das gerade nicht menschlich gesetzt ist — aufs Spiel gesetzt: dazu paßt, daß die Existenzpositivisten Pascals Argument der Wette schätzen und sich dem Glück dessen anvertrauen, was schon Kierkegaard den Augenblick [44]

---

[42] Th. W. Adorno, *Negative Dialektik*, Frankfurt 1966, p. 9.
[43] Die folgende Überlegung wollte der Tatsache Rechnung tragen, daß sie für ein Kolloquium niedergeschrieben wurde, das in Bad Homburg in der Nähe der Spielbank stattfand.
[44] Vgl. Kierkegaard, *Philosophische Brocken*, 1844, ed. cit. Abt. 10, p. 11: *so muß der Augenblick in der Zeit entscheidende Bedeutung haben*; p. 107: *da hier aufgestellt worden ist ... eine neue Entscheidung: der Augenblick ...*

nannte, und dazu paßt ebenso, daß die Szienzpositivisten Wissenschaftstheorien ausarbeiten, die an Versuche von Spielern erinnern, das Glück durch Systeme zu zwingen[45]. Wo Menschen setzen — wissenschaftspositivistisch das Einzelne, nämlich die einzelne Hypothese, endlichkeitspositivistisch den Einzelnen, nämlich die je eigene Existenz — riskieren sie die mögliche Negation: jede Hypothese existiert in Grenzsituationen, ist Ungewißheit und Wagnis; jede Existenz ist fallibel, ist falsifizierbar; beide können scheitern, sie leben — beide — im Schußfeld von Neins. Diesen Riskanzcharakter menschlicher Machsale und diesen Instanzcharakter des möglichen Neins durch Schicksale hat die Weiterentwicklung der gegenwartspositivistischen Doppelformation radikaler bewußt gemacht: der wissenschaftsanalytische Weg vom Sinnkriterium empirischer Verifizierbarkeit[46] zum Abgrenzungskriterium der Falsifizierbarkeit[47] entspricht hierbei dem existenzanalytischen Weg vom Seinsdenken zur französischen Version des Existenzialismus, d. h. jener Philosophie, die den Einzelnen für sich und in der Gruppe als seine — riskante — Wahl definiert[48]. Auf diesem Weg streift die positive Philosophie auf dem Felde der Wissenschaftsanalytik den Namen Positivismus und auf dem Felde der Existenzanalytik den Namen Fundamentalontologie ab: sie werden zum kritischen Rationalismus und zum existenziellen Humanismus. Dieser bewußte Bruch mit der alten Geborgenheit des Seins und der neuen Geborgenheit gelungener Induktion ist selber Negation: die Negation der absoluten und definitiven Selbstgewißheit[49]; sie wird fällig, wo erkannt ist, daß das, was Menschen setzen, — Hypothesen oder sich selbst — grundsätzlich dem möglichen Nein unterliegt durch Datum oder Fatum. Diese Entwicklung unterstreicht das gemeinte Phänomen: die große Karriere der Negation justament in den positiven Philosophien.

Sie hat dort zugleich eine quasidialektische Variante; denn die positiven Analytiken sind streitlustig: beide. Sie wenden ihren latenten Unmut über die Schwierigkeit, auf ungewissem Wege wandeln zu müssen, gegen Andere. Die

---

[45] P. K. FEYERABEND, *Against method. Outline of an anarchistic theory of knowledge*, in *Minnesota Studies for the philosophy of Science*, Bd. 4 (1970): gegen Stegmüller, Lakatos u. a.

[46] Etwa M. Schlick, *Positivismus und Realismus*, 1932, in Ds., *Gesammelte Aufsätze*, Wien 1938, p. 94; *Identität von Sinn und Verifikation*; p. 90: *Die Angabe der Umstände, unter denen ein Satz wahr ist, ist dasselbe wie die Angabe seines Sinnes, und nichts anderes*; vgl. L. Wittgenstein, *Tractatus logico-philosophicus*, 1921, 4.063.

[47] K. Popper, *Logik der Forschung*, (1935), Tübingen ⁴1971, p. 15 sq.; Konsequenz p. 235: *wir wissen nicht, sondern wir raten. Konsequenter Fallibilismus*: H. Albert, *Traktat über kritische Vernunft*, Tübingen ²1969, p. 36; vgl. p. 29 sq.

[48] *Le choix que je suis*: J. P. Sartre, *L'être et le néant*, Paris 1943, p. 638.

[49] Diese Negation stärkt also in den wissenschaftspositivistischen Ansätzen den empiristischen Trend (das Veto-Recht der Empirie), in den endlichkeitspositivistischen Ansätzen den dezisionistischen Trend.

Möglichkeit des Neins, des Negiertwerdens — ob sie sie angstbereit zum Nichts stilisieren[50] oder angesichts ihrer überraschungsbereit zur Bescheidenheit mahnen[51] — macht beide gereizt: beide positiven Formationen suchen diese Ungewißheit zu kompensieren durch die Gewißheit, daß ihre Alternativen — Metaphysik also: Dialektik und negative Philosophie — sich selber zerstören, an sich selber zugrunde gehen. Dadurch kommen die positiven Philosophien — beide: die Wissenschaftsanalytik und die Daseinsanalytik — unversehens zu einer eigenen Dialektik, und zwar im Sinne der kantischen Einteilung; diese Dialektik gewinnt gerade bei ihnen an Boden und Umfang: es gibt — just in diesen positiven Schulen — als bemerkenswertes Phänomen die Hypertrophie der streitbaren zweiten, der negativen Teile ihrer Philosophie. Ob es um den Angriff auf die Scheinprobleme der Philosophie und die Ergänzung von *conjectures* durch *réfutations* geht oder um Grundzüge einer phänomenologischen Destruktion der Geschichte der Ontologie am Leitfaden der Problematik der Temporalität[52]: stets handelt es sich um eine Gegenprobe der Wahrheit des Resultats ihrer Analytik durch den Nachweis, daß das Gegenteil dieses Resultats zerbricht, daß es an seiner eigenen Nichtigkeit zugrunde geht; es handelt sich also — im kantischen Sinne — um Dialektik und dort, wo diese, was ihren Aufwand betrifft, die analytischen Teile der beiden Positivismen überflügelt, sozusagen um die negative Philosophie der positiven Philosophien selber.

So steckt also negative Philosophie schon in der positiven. Umgekehrt steckt positive Philosophie in der negativen: die Negative Dialektik treibt ihre Anhänger zur Position. Zunächst: sie ist in vielen ihrer Eigenarten nicht der Gegensatz, sondern ein Zustand — nämlich die Radikalisierung — der Negationen der positiven Philosophien; diese — die wissenschaftspositiven und die existenzpositiven — rechnen bei dem, was Menschen setzen, nur mit seiner möglichen Negation,

---

[50] Vgl. M. Heidegger, *Was ist Metaphysik?*, 1929, Frankfurt ⁵1949, bes. p. 24 sq; Sartre, op. cit. bes. p. 37-84.

[51] Vgl. K. Popper, op. cit. XXV sq.; denn es gibt *immer nur vorläufige Antworten*: p. 225; *wir setzen die Antwort fest, nach der wir die Natur fragten, wenn wir ... uns lang und ernstlich gemüht haben, die Natur zu einem eindeutigen ›Nein‹ zu bewegen*: ibid.; ein solches ›Nein‹ der Natur bleibt aber stets weiterhin möglich.

[52] Vgl. einerseits: R. Carnap, *Scheinprobleme der Philosophie*, Berlin 1928; K. Popper, *Conjectures and Refutations*, London 1963, bes. p. 251; ferner exemplarisch: id., *Die offene Gesellschaft und ihre Feinde*, dt. Bern 1957/8; *Das Elend des Historizismus*, dt. Tübingen 1965; E. Topitsch, *Vom Ursprung und Ende der Metaphysik*, Wien 1958; H. Albert, *Konstruktion und Kritik*, Hamburg 1972; andererseits: Heidegger, *Sein und Zeit*: vgl. dort — im Kapitel über *Die Doppelaufgabe in der Ausarbeitung der Seinsfrage*: p. 15 sq. — beim *Aufriß der Abhandlung* die für den zweiten Teil des Buches vorgesehene Überschrift: p. 39. Da die interpretierenden Teile von Heideggers Werk seit dem ersten Kantbuch überwiegend Ausführungen dieses zweiten Teiles sind, belegt das — dieser Umfang der Dialektik der Analytik des Daseins — die behauptete Hypertrophie der negativen zweiten Teile auch für Heidegger.

die Negative Dialektik rechnet mit seiner wirklichen Negation: für sie ist es schon gescheitert. Was gesetzt, als Gesetztes menschlicher Verfügung entglitten und so zum Schicksal geworden ist, das Bestehende, hat sich selber schon definitiv als Schlimmes, als Nichtiges erwiesen; es ist das wider alle Vernunft nur noch Bestehende, das sich durch Selbstverblendung gegen sein überfälliges Zerbrechen immunisiert. Dafür hat nicht mehr die Analytik — die zwar das mögliche Scheitern des Positiven ins Auge faßt, aber eben nur das mögliche und dadurch auch sein mögliches Nichtscheitern — sondern nur noch die Dialektik den richtigen, den zureichend negativen Blick; so wird sie erneut aus einem zweiten Teil der Philosophie zu ihrem einzigen; und sie erwirbt sich — in inhaltlicher Arbeit des kritischen Begreifens — die Gewißheit der Widersprüchlichkeit, Schrecklichkeit und Nichtigkeit von allem. Wo in dieser Weise das Ganze das Unwahre[53] ist, ist das Wahre das ganz Andere, das, von dem die Philosophie nur sagen kann, daß das Bestehende es nicht ist: sie wird endgültig negativ; sie bricht — als eine profane negative Theologie nach der versäumten[54], der mißlungenen Erlösung — mit der bestehenden Wirklichkeit, indem sie jegliche Positivität negiert. Freilich: diese endgültige Verstoßung des Positiven durch die Negative Dialektik bringt es ihr nun endgültig auf den Hals. Ihre Kritik der positiven Negation[55] ermuntert indirekt zur negativen Position: zum aktiven Versuche, das bestehende Positive nicht mehr nur durch negative Theorie — einem Zusehn, das das Nachsehn hat — zu durchschauen, sondern es durch negative Praxis zu vernichten. Die Nachfolger der Negativen Dialektik setzen auf revolutionäre Praxis: sie setzen Aktionen in Gang, ihr Einsatz ist das Bestehende, sie setzen es aufs Spiel, um eine Welt zu gewinnen. Dabei geht es nicht mehr — wie in den herkömmlichen positiven Philosophien — um das Einzelne oder die Einzelnen. Es geht ums Ganze: *va banque*. Indem ihre Negation riskant geplante Aktion wird, Machsal, das Schicksal wird, wird sie positiv. Ein neues Abenteuer der Dialektik mit neuer Ambiguität beginnt[56], das — zugunsten seiner Handlungsfähigkeit — seine Kosten, seine Abenteuerlichkeit, sein mögliches Scheitern nicht mehr ins Auge zu fassen bereit ist: es reflektiert sich — im Namen der Negativen Dialek-

---

[53] Th. W. Adorno, *Minima Moralia*, Frankfurt 1951, p. 80.
[54] Ds., *Negative Dialektik*, ed. cit. p. 13; *Mißlingen der Kultur*: p. 357.
[55] Op. cit. p. 159 sq.
[56] Vgl. M. Merleau-Ponty, *Die Abenteuer der Dialektik*, dt. Frankfurt 1968; zu diesen Abenteuern gehört durchweg die Ambiguität, daß die revolutionäre Negation positiv wird, etwa: *Unglücklicherweise ist eine Regierung, selbst eine revolutionäre, eine Partei, selbst eine revolutionäre, keine Negation. Um sich auf dem Boden der Geschichte etablieren zu können, müssen sie positiv existieren. Was sie tun, geschieht nicht im Sinne eines Quatenus; sie tun es absolut, und wenigstens augenblicklich gibt es nur eine Diktatur des Positiven*: p. 108.

tik der Kritischen Theorie — in eine neue Naivität[57], in eine neue Positivität. Ohne Zweifel gibt es innerhalb dieser Formation die, welche — indem sie dieser Form der großen Weigerung den Gehorsam verweigern — dagegen revoltieren, die Gefangenen ihres Starts zu sein oder zu bleiben: sie machen den Versuch, unter den Bedingungen der positiv gewordenen Negativität die Distanz zu bewahren; Könner halten Abstand[58]. Die anderen aber, jedenfalls die: sie sind positiv geworden, sie haben gesetzt; *rien ne va plus*.

8. Der Positivismus schlägt um[59] in Dialektik, die Dialektik schlägt um in Positivismus. Es ist gerade die Furcht vor dieser Wechselwirkung — und es sei wiederholt: dies ist mit Abstand die unwahrscheinlichste Erklärung; nur diese sollte hier zur Debatte stehen, denn es muß schließlich Negierbares geboten werden — es ist gerade die Furcht vor dieser Vertauschbarkeit, die den Zwist erzwingt, also jene unendliche Kontroverse zwischen negativen und positiven Philosophien, die unter manchem Namen aufgetreten ist, so auch unter dem Namen Positivismusstreit. Er geht also weiter, dieser Streit. Was tun?

Schlichtung? Dafür kämen die Hermeneutiker in Frage: es liegt nahe, daß sie die Diskussion leiten; denn sie lieben das unendliche Gespräch, sie sind leidenschaftliche Dolmetscher und haben auch gerne den Vorsitz. Wenn sie dabei aus vermeintlicher Wahrheit zu wirklicher Methode zurückkehren, neigen sie zur

---

[57] Die Definition von J. Habermas, *Erkenntnis und Interesse*, Frankfurt 1968 — *Daß wir Reflexion verleugnen, i s t der Positivismus*: p. 9, vgl. p. 11-364 — verleugnet (und bestätigt damit), daß wir ›durch‹ Reflexion verleugnen können: es gibt einen Positivismus ›durch‹ Reflexion. Zu naiv wäre, diesen Tatbestand in einem Gesetz der Erhaltung der Naivität auszudrücken. Aber gerade auch dort, wo Reflexion nicht einfach zum Amulett degradiert ist, das jemand naiv trägt, um sich gegen Naivität zu schützen, kann die Konzentration der Truppen der Reflexion an einer Fragenfront bedeuten, daß eine andere — meist in unmittelbarer Nachbarschaft — den Truppen der Naivität schutzlos ausgeliefert wird. Es gibt keine Reflexion ohne Endlichkeit ihrer Kapazität: wer dies durch den Vorsatz zu totaler Reflexion überspielen will, verleugnet (und dieses Verleugnen i s t in der Tat jener schlechte Positivismus, den Habermas attackiert), daß die Reflexion selber dem Gesetz der Heterogonie der Zwecke unterliegt. Positivismus — in der Differenziertheit seiner Gestalten — ist keineswegs durchgängig direkte Ermächtigung der Naivität; Reflexion aber scheint dem Schicksal nicht entkommen zu können, indirekte Ermächtigung der Naivität zu werden. Nimmt Reflexion die Aufklärung dieses rückläufigen Moments nicht in sich auf, besiegelt sie ihr eigenes Schicksal. Das soll hier nur heißen, daß es fällig wäre, das beneidenswert schöne Buch von Habermas — mehr, als dies von ihm gemeint ist — als eines über die Abenteuer der Reflexion zu lesen, als eine Verfallsgeschichte der Reflexion aufgrund jener Niederlagen, die die Reflexion sich selber beigebracht hat und beibringt.

[58] Diese Autoverkehrsmaxime, die J. GROSS in einem Leitartikel der FAZ vom Herbst 1972 politisch gewandt hat, gilt auch für die Philosophie.

[59] Wenn man nicht im Blick auf Aristoteles, etwa *Physik* 225 a 1 / 2, an μεταβολή denkt, sondern metaphorologisch an das bildspendende Bildfeld der Seefahrt, so ist hier vor allem wesentlich, daß sie (im Sinne des Kenterns) umschlagen.

rationalen Rekonstruktion; dabei kommt es freilich zu harten Verpflichtungen, denn unendliche Gespräche kann man zwischen Tür und Angel führen, endliche aber — auf dieser Basis — dauern lange. Sie werden Diskurse: sie suchen — universalpragmatisch instruiert in institutionalisierten Gegeninstitutionen, in Entzerrungskliniken mit Hauptquartierappeal — Verständigung durch Vorschläge, die die Zustimmung der kommunikativ Kompetenten finden. Aber wer ist kompetent? Kompetent ist — darauf läuft es hinaus: das hat mit Sitzfleisch[60] zu tun, gegebenenfalls mit dem als *actus primus* gedachten Sitzfleisch, dem Überleben — kompetent ist, wer übrigbleibt. Man kann — konterkontrafaktisch — die Befürchtung hegen, daß derartige Diskurse zum *numerus clausus* tendieren mit einem einfachen Zulassungs- bzw. Ausschlußkriterium: wo — auf der Ebene der kommunikativen Performanz — die Versuchung naheliegt, statt der Zustimmung der Kompetenten die Kompetenz der Zustimmenden anzunehmen, kann es unterlaufen, daß unter diesem Gesichtspunkt geregelt wird, wer übrigbleibt[61]. Auch das hat mit Negation zu tun. Daher mag, zu Ende gedacht, dieses Verfahren gefährlich, lebensgefährlich sein.

Flucht? Das wäre eine Sache für Skeptiker, die gerne — das Gerücht will wissen: genüßlich und behaglich — ohne die Anderen und möglichst sogar ohne sich selber philosophieren. Sie lieben den Zwist der Anderen; sie feuern nicht an, aber sie wissen seit je zu schätzen, wenn Orientierungen in gleichwertigem Widerstreit[62] liegen: diese Form der Gewaltenteilung ermöglicht ihnen zwar nicht Ataraxie, wohl aber Atempausen. Das müssen sie mit Blindheiten erkaufen: denn der Streit kann ihnen zuweilen wichtiger sein als das, worum er geht; auch eine solche Abwehr der Sache hat mit Negation zu tun. Diese Skeptiker streiten nicht, sie lassen streiten; sie optieren nicht, sie mischen sich nicht ein, also schließen sie sich aus: so ein Skeptiker ist ein ausgeschlossener Dritter[63], der

---

[60] H. WEINRICH, *System, Diskurs und die Diktatur des Sitzfleisches*, in *Merkur* 26 (1972) p. 801 sq.; vgl. J. HABERMAS / N. LUHMANN, *Theorie der Gesellschaft oder Sozialtechnologie*, Frankfurt 1971, bes. p. 101 sq.

[61] Faktische — d. h. konterkontrafaktische — Konsequenz: *auctoritas, non veritas facit veritatem*. Die Frage, was *conversatio emancipativa* mit *conservatio sui* zu tun habe, wird auch angesichts der makroprognostischen These von Habermas wichtig, daß einzig noch die Realisierung der Utopie das Überleben (des *genus humanum*) gestatte: es könnte der faktische — konterkontrafaktische — Kern dieser These die Befürchtung sein, daß das Überleben (des *genus humanum*) zur irrealen Utopie geworden ist. Hier wäre der Ansatzpunkt für eine Konvergenztheorie eigener und neuer Art: für eine Theorie der Konvergenz zwischen konservativen Anthropologien und Emanzipationstheorien bzw. zwischen Verfallstheorien und Fortschrittstheorien.

[62] ἰσοσθενής διαφωνία.

[63] Der Skeptiker okkupiert hier also die Position jenes »dritten Mannes«, die R. DAHRENDORF op. cit (Anm. 1) p. 148 dem tatsächlichen Positivisten zusprach. Dieser würde dann hier derart der vierte Mann sein, wie die Dialektiker und die Kritischen Rationalisten hier die

Sätze schreibt, Sätze vom ausgeschlossenen Dritten. Wenn zwei sich streiten — *divide et fuga!* — entkommt der Dritte; er probiert es wenigstens: er sucht das Weite, das Weitere mag sich finden. Wer — aus Mangel an Alternativen — das Weite im Allernächsten finden muß, notgedrungen in sich selber, pflegt — denn vielleicht ist einzig nichts durch nichts zu treffen — die eigene Nichtigkeit. Diese äußert sich: auch das befriedigt ein Desiderat; denn in jedem kompletten Kolloquium über Positionen der Negativität muß es anständigerweise auch das geben: eine Überlegung, die selber ihrem substanziellen Wesen nach eine *quantité négligeable* ist.

---

fünften und sechsten Männer sind: denn natürlich kamen sie — J. Taubes hat völlig recht — in dieser ganzen Überlegung in Wirklichkeit nicht vor: ich wollte ihnen nicht zu nahe treten. Freilich: auch eine derartige Verdrängung ist ein — praktisch-experimenteller — Beitrag zum Thema Negation.

Niklas Luhmann

ÜBER DIE FUNKTION DER NEGATION
IN SINNKONSTITUIERENDEN SYSTEMEN

I

Für die meisten logischen und technischen Operationen mag es sinnvoll sein, Negation als einfaches Sinnelement, als nicht weiter definierbaren Grundbegriff anzusetzen und sie nur durch Angabe von Regeln ihres Gebrauchs zu erläutern [1]. Zumeist wird man dadurch bestimmt, ein symmetrisches und durch Negation umkehrbares Verhältnis zwischen Position und Negation anzunehmen. In diesen Annahmen stecken technische, das heißt Bewußtsein entlastende Denkvereinfachungen, deren Erfolge unbestreitbar sind. Es macht aber bereits stutzig, daß Negationen in der Informationsverarbeitung mehr Zeit kosten als positiv formulierte Angaben [2]. Warum? Hat die Negation vergleichsweise höhere Komplexität?

Es ist die Frage wert, ob und wie Sinn überhaupt negierbar ist. Versucht man zunächst einmal, bestimmte Sinngehalte zu negieren — etwa die Aussage, daß Bad Homburg eine Stadt ist —, dann geht der Sinn durch die Negation keineswegs verloren, sondern wird nur transformiert. Seine Erhaltung ist und bleibt Bedingung der negierenden Operation — Bedingung ihres eigenen Sinnes. Greift man tiefer und versucht man, die Sinnhaftigkeit selbst zu zerstören, dann muß man schon Unsinn produzieren — Bad Homburg pflügt Kopfschmerzen —, der wiederum zu absurd ist für ausdrückliche Negation. Im Bereich von Unsinn hat Negation keinen differenzierenden Effekt. Unsinn ist nur produzierbar, nicht negierbar.

Diese kurze Überlegung könnte dazu verleiten, der Tradition zu folgen und Positives für vorrangig zu halten vor Negativem. Negationen hätten dann eine

---

[1] Siehe statt anderer Bruno Baron von Freytag gen. Löringhoff, *Logik: Ihr System und ihr Verhältnis zur Logistik*, Stuttgart ⁴1966, p. 19. Zur Einführung solcher Gebrauchsregeln vgl. ferner G. H. von Wright, *Norm and Action: A Logical Enquiry*, London 1963, p. 138, und ausführlicher id., *On the Logic of Negation*, in Societas Scientiarum Fennica, Commentationes Physico-Mathematicae XXII, 4 (1959).
[2] Vgl. P. C. Wason, *The Processing of Positive and Negative Information*, in Quarterly Journal of Experimental Psychology 11 (1959), p. 92-107; id., *Response to Affirmative and Negative Binary Statements*, in British Journal of Psychology 52 (1961), p. 133-142, und für einen kurzen Forschungsüberblick G. A. Miller, *Language and Psychology*, in Eric H. Lenneberg (ed.), *New Directions in the Study of Language*, Cambridge Mass. 1964, p. 89-107 (p. 102 sq).

privative, dem Positiven etwas absprechende Bedeutung. Damit legte man sich in zweifacher Hinsicht fest: (1) auf ein ontologisches Vorurteil über die zunächst negationslos vorgegebene Welt und (2) auf eine tautologische Bestimmung der Negation durch Begriffe wie Abwesenheit [3] oder Privation [4], die ein Verständnis der Negation voraussetzen, aber nicht vermitteln. Gelänge es dagegen, die Operation des Negierens in ihrer eigentümlichen Funktion und in den Bedingungen ihrer Möglichkeit genauer zu analysieren, ließe sich vielleicht auch die Frage nach dem Verhältnis von Sinn und Negation neu stellen. Wenn man für solche Zwecke jene Fiktion eines einheitlichen Sinnatoms aufgibt und genauer untersucht, *wie* eigentlich das Negieren seinen Beitrag zur Konstitution von Sinn leistet, dann stößt man auf ein genetisch voraussetzungsvolles, komplex gebautes Leistungsgefüge, das eine selektive Funktion erfüllt, aber nicht in unmittelbarer Analogie zur organischen Selektion begriffen werden kann [5].

II

Genetische und funktionale Betrachtungsweisen haben gemeinsam, daß sie beide einen Sachverhalt als komplex voraussetzen müssen und ihren Blick daher auf Selektionsvorgänge richten. Ein sinnmäßig-einfaches, logisch-grundbegriffliches »nicht« bliebe evolutionär unerklärbar und funktional unverständlich. Im übrigen haben genetische Untersuchungen für funktionale Analysen einen gewissen Suggestionswert. Ich beginne deshalb, da mir keine direkten Analysen der Funktion des Negierens bekannt sind, mit einem Rückgriff auf Baldwins genetische Logik [6].

Ansätze zu Negationsleistungen entstehen nach Baldwin mit einer Verschie-

---

[3] Vgl. die von B. K. MATILAL, *The Navya-Nyaya Doctrine of Negation: The Semantics and Ontology of Negative Statements in Navya-Nyaya Philosophy*, Cambridge Mass. 1968 übersetzten und erläuterten indischen Texte.

[4] Vgl. Aristoteles, *Met.* 1022 b 22 sq.

[5] Diese Analogie findet sich z. B. bei A. T. ORMOND, *The Negativ in Logic*, in *Psychological Review* 4 (1897), p. 231-245. Weiterführend Sigmund Freud, *Die Verneinung*, Ges. Werke Bd. XIV, London 1948, Neudruck 1955, p. 11-15. Siehe auch die kommentierte Übersetzung in D. RAPOPORT (ed.), *Organization and Pathology of Thought*, New York 1951, p. 338-348. Freud sieht in der Verneinung bereits eine Art, etwas an sich Angezeigtes abzuweisen. Aber er expliziert diesen Einfall nur im Hinblick auf Probleme des psychischen und des organischen Systems, nämlich im Hinblick auf Verdrängung und auf Erhaltung einer am organischen System exemplifizierten Innen / Außen-Differenz. In eine genetische Theorie überleitend dann R. A. SPITZ, *Nein und Ja: Die Ursprünge der menschlichen Kommunikation*, Stuttgart o. J.

[6] Vgl. J. M. BALDWIN, *Das Denken und die Dinge, oder Genetische Logik: Eine Untersuchung der Entwicklung und der Bedeutung des Denkens*, Dt. Übers., 3 Bde, Leipzig 1908-1914,

bung von Bedeutungsgehalten gegenüber der vollen, unverkürzten Tatsächlichkeit, und zwar in selektivem Interesse. »Die früheste negative Bedeutung ... ist teils der ursprünglichen Unstetigkeit des Inhalts, teils auch der Beschränkung durch die Enge der erkennenden Aufmerksamkeit und des Interesses zuzuschreiben«[7]. Sie besteht zunächst in bloßer Hervorhebung und Limitation im Sinne von »dieses und anderes« — besser: »*dieses* (und anderes)«. Darin liegt ein fixierendes Vorgehen, »durch welches von dem, was verwendet wird und erkennbar bleibt, das ausgeschieden wird, was vorhanden ist, aber nicht verwendet wird, sondern in das Halbdunkel des Randes zurücktritt«[8]. Das Zurücktreten bleibt im Hinblick auf Position und Negation unqualifiziert. Deshalb hat Baldwin selbst Zweifel, ob diese Urform der Verweisung auf anderes schon als Negation zu charakterisieren ist. Immer liegen hier die Anfänge einer relativ kontextfreien Benutzbarkeit von Erlebnisinhalten. Deutlichere Formen der oppositionellen Negation entwickeln sich auf dieser Grundlage in einer Art mitlaufendem Interesse an Erhaltung und Aufklärung dieses unbestimmt Anderen — zunächst in der Form der Beraubung im Sinne von »dieses und nichts anderes«, wobei das andere in der Negation unbestimmt bleibt[9]; sodann in der Form einer bestimmt ausschließenden Negation als »dieses und nicht das«. Diese abgeleiteten Formen der beraubenden und der ausschließenden Negation lösen sich nicht etwa von der Urform ab, sie negieren sie nicht, sondern bauen auf ihr auf, indem sie sie als mitfungierend voraussetzen: Bestimmte Negationen müssen in einem Horizont von unbestimmten Negationen artikuliert werden, und diese setzen

---

insbes. Bd. I, p. 223 sq. und Bd. II, p. 264 sq. Zur Genesis von Negation vgl. ferner K. BURKE, *A Dramatistic View of the Origins of Language*, in *The Quarterly Journal of Speech* 38 (1952), p. 251-264, 446-460, 39 (1953), p. 79-92, 209-216. Neuerdings kommt die genetische Fragestellung in semantischem Gewande wieder auf mit dem (systemtheoretisch interpretierbaren!) Begriff der »Dialogspiele«, in denen man Sprachvermögen, Sprache und den korrekten Gebrauch logischer Partikel wie »und«, »nicht« usw. lernt, ohne Sprache logisch voraussetzen zu müssen. Allerdings hat der Grad an Einzelanalyse den alten Stand noch nicht wieder erreicht. Vgl. insb. P. LORENZEN, *Metamathematik*, Mannheim 1962 (zu Negation p. 21); K. LORENZ / J. MITTELSTRASS, *Die Hintergehbarkeit der Sprache*, in *Kantstudien* 58 (1967), p. 187-208 (p. 204 sq.); K. LORENZ, *Dialogspiele als semantische Grundlage von Logikkalkülen*, in *Archiv für mathematische Logik und Grundlagenforschung* 11 (1968), p. 32-55, 73-100. Zur Kritik vgl. H. LENK, *Kritik der logischen Konstanten: Philosophische Begründungen der Urteilsformen vom Idealismus bis zur Gegenwart*, Berlin 1968, p. 538 sq. Siehe ferner H. PUTNAM, *The Complete Conversationalist: A »System Approach« to the Philosophy of Language*, in M. D. MESAROVIĆ (ed.), *Views on General Systems Theory*, in *Proceedings of the Second Systems Symposium at Case Institute of Technology*, New York — London — Sydney 1964, p. 89-105 (p. 91 sq.).

[7] Op. cit. Bd. I, p. 243.
[8] Op. cit. Bd. I, 227.
[9] Wir lassen hier offen, ob absolute Unbestimmtheit sinnhaft überhaupt möglich ist oder es sich um einen nur sprachlich erzeugten Schein handelt. Viel spricht für die Annahme, daß

»Welt« im Sinne eines in bezug auf Position und Negation unentschieden Vorhandenen voraus. Das schließt nicht aus, Negation durch einen gedanklichen Kunstgriff begrifflich und satzmäßig gegen die Welt zu isolieren, gibt aber dem so Isolierten damit den Charakter eines selektiven Sinnes, der die Komplexität von Welt reduziert und selbst dafür adäquate Komplexität aufbringen muß.

III

Diese genetische Analyse der Negation enthüllt, wenn man etwas über Baldwin hinausgeht, ein bestimmtes Erkenntnisinteresse, nämlich das Interesse, bei begrenzter Bewußtheitskapazität die unumgängliche Selektivität des Erlebens und Handelns so zu gestalten, daß Welt vorhanden und aufklärbar bleibt. Auf der Grundlage dieser Problemstellung wird die Funktion der Negation als einer sehr voraussetzungsvollen Strategie der Informationsverarbeitung erkennbar. Negation scheint nicht nur das am universellsten verwendbare Sprachsymbol zu sein, sondern darüber hinaus die Universalität, das heißt den Weltbezug der Lebenspraxis schlechthin zu konstituieren — gerade auch dann, wenn das Erleben oder Handeln sich positiv auf bestimmten Sinn bezieht und ihn unter der Form des Seins oder des Sollens intendiert[10]. Diese Leistung wird nicht in einer unmittelbar zupackenden Hermeneutik des Sinns von »nicht« begreifbar; sie beruht nämlich auf der spezifischen Art, in der *verschiedene* Mechanismen kombiniert werden. Dies erklärt den eingangs erwähnten empirischen Befund einer vergleichsweise höheren Verarbeitungszeit für negativ formulierte Informationen. Der Sinn von »nicht« symbolisiert einen Kombinationsgewinn und macht ihn technisch-operativ verfügbar. Eine Analyse, die nicht auf dieser technisch-operativen (immer schon »entlasteten«) Ebene fungierender Bewußt-

---

jede Hervorhebung immer auch das »Woraus« der Selektion mitstrukturiert, so daß es zum Beispiel heißen muß: »diese *Handlung* und keine andere«, wobei das negierte Andere unter dem Gesichtspunkt von Handlungen gemeint ist — und nicht unter dem Gesichtspunkt von Zahlen, Konservendosen, Farben oder was sonst. In der Theorie des negativen Urteils wird deshalb häufig etwas Entgegengesetzt-Positives als Bedingung der Möglichkeit von Negation vorausgesetzt. So z. B. B. K. Matilal op. cit., p. 52 sq. für ein indisches Logiksystem; A. J. Ayer, *Negation*, in *The Journal of Philosophy* 49 (1952), p. 797-815, neu gedruckt in *Philosophical Essays*, London 1963, p. 36-63.

[10] Vgl. den Vortrag von E. Tugendhat, *Die sprachanalytische Kritik der Ontologie*, in H. G. Gadamer (ed.) *Das Problem der Sprache. Achter Deutscher Kongreß für Philosophie, Heidelberg 1966*, München 1967, p. 483-493. Ob freilich Sprachanalyse ausreicht, um Genealogie und Funktionalität des Negierens zu klären oder ob nicht Sprache die schon erworbene Möglichkeit des Negierens voraussetzt und für diese sehr komplexe Leistung nur das vereinheitlichende Symbol und die direkte Intendierbarkeit bereitstellt, sei als Frage angemerkt. Die Studien von R. A. Spitz (op. cit.) deuten in diese Richtung.

seinsleistungen bleiben will, muß deshalb auf die sie konstituierenden Prozesse zurückgehen.

Zwei zentrale Komponenten sind bei dieser Fragestellung rasch erkennbar. Negation enthält stets eine *Generalisierungsleistung,* indem sie die Möglichkeit einer pauschalen Stellungnahme zu etwas eröffnet, das sie im Unbestimmten beläßt[11]. Die Negation läßt etwas Unbestimmtes in die Funktionsstelle von Bestimmtem eintreten und ermöglicht dadurch den Fortgang von Operationen ohne aktuellen Vollzug aller Bestimmungsleistungen. Mit Hilfe von Negationen kann man daher Systemzustände festlegen, bevor man den Sachverhalt voll eruiert hat. Das gilt bereits dann, wenn Negation nicht als solche erscheint, sondern nur als sicherndes Begleiterleben bei positiven Zuwendungen mitfungiert. Im Zugriff auf ein bestimmtes Ding bin ich sicher, daß »alles andere« erhalten bleibt — sowohl das Vorhandene, das im Moment nicht interessiert, als auch das Nichtvorhandene, besonders die nichtvorhandene Gefahr, deren laufende Negierbarkeit mir überhaupt erst spezifische Zuwendungen gestattet. Ich bestimme mein Ja und lasse die dazu notwendigen Negationen unbestimmt. Ebenso, aber umgekehrt, wird die bestimmte Negation durch abgesicherte Unbestimmtheiten ermöglicht. Direkte und gezielte Negationen — ein bestimmtes Ding fehlt, eine bestimmte Handlung soll unterbleiben — lassen offen, was sonst geschieht, was zum Beispiel an die Stelle des Negierten getreten ist oder treten soll. Solche Selbstfestlegung gegenüber Unbestimmtheiten ist eine Strategie der Reduktion von Komplexität, ist Element einer selektiven Struktur und unentbehrlich für alle Systeme, die ihre Umwelt sinnhaft, also übermäßig komplex, konstituieren und Bewußtheit als Selektionsträger verwenden[12].

Andererseits ist das Risiko einer solchen Selbstfestlegung im Unbestimmten einer Welt, deren Relevanz als Umwelt im Prinzip nicht geleugnet werden kann, evident. Auf dieses Risiko bezieht sich eine zweite Komponente aller Negationsleistungen: ihre *Reflexivität.* Als reflexiv sollen hier Prozesse bezeichnet werden, die auf sich selbst oder auf Prozesse gleicher Art anwendbar sind und dadurch ein verstärktes Potential besitzen[13]. Negation ist eine reflexive, und zwar eine notwendig reflexive Prozeßform des Erlebens. Sie kann auf sich selbst ange-

---

[11] Damit ist nicht behauptet, daß negative Aussagen stets weniger spezifisch sind als die komplementären positiven Aussagen. In der Regel wird dies der Fall sein. Dazu und zu den »Anomalien« dieser Regel A. J. AYER op. cit., 1952, p. 813 sq.

[12] Vgl. zu dem hier unterstellten Begriff der Bewußtheit R. M. BERGSTRÖM, *Neural Macrostates: An Analysis of the Function of the Information-Carrying System of the Brain,* in *Synthese* 17 (1967), p. 425-433; G. GÜNTHER, *Bewußtsein als Informationsraffer,* in *Grundlagenstudien aus Kybernetik und Geisteswissenschaft* 10/1 (1969), p. 1-6.

[13] Zur näheren Erläuterung des Begriffs siehe N. LUHMANN, *Reflexive Mechanismen,* in *Soziale Welt* 17 (1966), p. 1-23; neu gedruckt in id., *Soziologische Aufklärung,* Köln-Opladen 1970.

wandt werden. Mit der universellen Fähigkeit zur Negation ist auch die Möglichkeit der Negation von Negationen gegeben. Sie ist für ein Erleben, das überhaupt negieren kann, unverzichtbar. Das aber besagt, daß *alle Negation in einer unaufhebbaren Vorläufigkeit verbleibt und den Zugang zum Negierten nie definitiv ausschließen kann.* Negation ist keine Vernichtung, sondern ein Modus der Erhaltung von Sinn[14]. Negation ist daher für gewisse Absichten zu positiv. Dann kann nur gehandelt werden.

Durch jenen Erhaltungsmodus, der mit Hilfe reflexiver Strukturen Prozeß werden kann, wird das hohe Risiko der Selbstfestlegung im Unbestimmten gemildert und tragbar gemacht; die Selbstfestlegung erfolgt nur auf Widerruf, ohne daß dieser Vorbehalt ihre selektive Funktion beeinträchtigte. Ich behalte mir vor, meine Negationen bei Bedarf zu negieren und mich dem positiv zuzuwenden, was an unerwarteten Problemen auf mich zukommt. Erst dieser Vorbehalt macht eine Pauschalausklammerung von Möglichkeiten tragbar, weil fallweise korrigierbar. *Generalisierung und Reflexivität fungieren mithin als sich wechselseitig bedingende Leistungskomponenten der Negation in einem notwendigen Zusammenhang.* Sie sind nicht etwa Bewußtseinsprozesse, die für sich bestehen könnten und nur gelegentlich zusammengefügt werden, sondern sie werden in der Zusammenfassung zum Leistungssyndrom der Negation erst entwickelt und stabilisiert. Das Gelingen dieser Zusammenfassung hängt von weiteren Voraussetzungen ab, namentlich von einer »Sozialisierung« des Negationsrisikos in kommunikativen Beziehungen. Darauf kommen wir im übernächsten Abschnitt zurück.

IV

Weil Negationen in der beschriebenen Weise möglichkeits- und risikoreich generalisiert werden, stellt sich für sie das Problem des *Zusammenhangs mehrerer Negationen.* In einer simpel positiv gegebenen Erfahrungswirklichkeit verstünde sich die Kohärenz des Vorhandenen aus der Sukzession des Erlebens von selbst. Erst mit der Einführung von verschieden ansetzbaren Negationen wird Kohärenz problematisch. Kohärenzprobleme sind somit Folgeprobleme des Gebrauchs von Negationen, sind Kosten ihrer Vorteilhaftigkeit, und sie müssen daher durch Vorschriften über den Gebrauch von Negationen geregelt werden.

---

[14] Ähnlich G. Frege, *Die Verneinung: Eine logische Untersuchung;* in id., *Logische Untersuchungen* (ed. und eingel. von G. Patzig), Göttingen 1966, mit dem wichtigen Argument, daß eine Negation die Form und Zusammensetzung des negierten Gedankens nicht verändern, nicht auflösen darf.

Logische Konsistenz ist eine der Lösungen dieses Folgeproblems. Gibt es andere?

Auch in der Dialektik dürfte es um diese Frage der Kohärenz von Negationen gehen. Liegt darin die Fragestellung, auf die Dialektik antwortet, wird es richtig sein, mit Gaston Bachelard den Begriff der Dialektik durch den Begriff der Dialektisierung zu ersetzen [15]. Damit wird deutlich, daß es sich nicht um ein Bewegungsgesetz des Geistes oder der Natur handelt, wie man im 19. Jahrhundert annahm [15a], sondern um eine Errungenschaft, die sich im evolutionären Aufbau komplexer Ordnungen selbst erst herstellt. Traut man der üblichen Formel, so besteht diese Leistung in der bewahrenden Aufhebung des Negierten in der Negation. Damit soll erreicht werden, daß Generalisierungs- und Bestimmtheitsgewinne nicht verlorengehen, nicht wegnegiert werden [16]. Erforderlich ist dazu eine Art Generalisierung und zugleich ein nichtbeliebiger Zusammenhang von Negationen. Die Negation muß sich über das Negierte mit anderen Negationen solidarisieren. Aber wie ist das möglich? Welche einschränkenden Bedingungen der Möglichkeit werden zugrunde gelegt? Und welche Kriterien gelten für die Abgrenzung zulässiger und unzulässiger Kombinationen, gelungener und mißlungener Dialektisierungen?

Es ist nicht ohne weiteres erkennbar, wie Dialektiker solche Fragen beantworten würden, wenn sie versuchen würden, von Dialektik auf Dialektisierung umzudenken. In neueren kybernetischen, lerntheoretischen und evolutionstheoretischen Perspektiven läge es nahe, die Negiertes bewahrende Strukturbildung sich als Korrektur von Irrtümern und Fehleinstellungen zu denken und nach den dafür bestehenden Bedingungen zu fragen. Kohärenz von Negationen würde dann erfordern, daß man die in Strukturentscheidungen stecken-

---

[15] Vgl. insbesondere *La philosophie du non: Essai d'une philosophie du nouvel esprit scientifique*, Paris ³1962. s. auch P. GINESTIER, *La pensée de Bachelard*, Paris 1968, insb. p. 39 sq.

[15a] Diese Annahme eines reflexiven Prozesses *und zugleich* historischen Gesetzes der Negation von Negation stößt auf die Schwierigkeit, auf der Ebene historischer Gesetzlichkeit spezifizieren zu müssen, *wann* die Negation sich das nächste Mal negiert. Einige, so Marx und Engels, wurden deshalb ungeduldig und meinten, man könnte und sollte das beschleunigen. Die Ungeklärtheit dieser Frage führt dann zur Forderung einer Vermittlung von Theorie und Praxis.

[16] Hegel, *Wissenschaft der Logik*, Bd. I, *Sämtliche Werke*, ed. G. LASSON, Leipzig ²1934, p. 94, erläutert den Begriff des Aufgehobenen im Hinblick auf diese Funktion: *es ist das Nichtseiende, aber als R e s u l t a t , das von einem Sein ausgegangen ist. Es hat daher die B e s t i m m t h e i t , a u s d e r e s h e r k o m m t , n o c h a n s i c h.* Nach Hegel bleibt demnach die Bestimmtheit des Ursprünglichen in der Aufhebung bewahrt. Nach unserer Analyse der Funktion des Negierens liegt es näher zu sagen, daß die in der Erstnegation bewährte Leistung der Generalisierung und der operativen Verwendung von Unbestimmtem als Bestimmtes mitsamt ihren Nebenleistungen wie Absorption von Risiken in der Negation der Negation bewahrt bleiben kann.

den Kurskorrekturen nicht nur als Struktur, sondern auch als Funktion erinnert und sie in ausreichend abstrahierter Form als Bedingung der Möglichkeit anschließbarer Negationen festhält. Die Negierbarkeit des »Kapitalismus« wäre dann, um nur ein Beispiel zu nennen, beschränkt durch das Gebot, das als kompatible Negation festzuhalten, was er seinerseits negiert hatte — etwa Arbeit im Hause und nach Maßgabe von Hausdisziplin, Ethos der Abgabe von Überfluß und der Freigebigkeit, enge rollen- und prozeßmäßige Interferenz ökonomischer und religiöser oder im weitesten Sinne weltanschaulicher Stabilisierungen, und anderes mehr.

Um Kohärenz von Negationsleistungen zu erreichen, genügt es nicht, sich auf Reflexivität des Negierens und auf ein darauf aufbauendes Gesetz notwendiger dialektischer Entwicklung zu verlassen. Wenn man die Unnegierbarkeit der Negation der Negation nun ihrerseits negiert, die Negation der Negation also kontingent setzt, kommt man vor die Frage nach den Selektionskriterien und nach den historischen Kontexten, die die Auswahl der zu negierenden Negationen steuern — steuern im Interesse der Kohärenz von Negationsleistungen[17]. In der Evolutionstheorie gelangt man damit von Konzeptionen des 18. und 19. Jahrhunderts, nämlich von einer Vorstellung gesetzmäßiger Bewegung von Zustand zu Zustand, zur Vorstellung regelgesteuerter Selektion.

V

In kommunikativen Beziehungen sind Negationschancen ungleich verteilt, und schon diese Ungleichheit bildet ein Problem. Abstrahiert man zunächst auf die einseitige, sich selbst erlebende subjektive Intention, auf »Monologe« im Sinne von Habermas, fallen wichtige Negationsmöglichkeiten faktisch aus. Auf anders als erwartet eintretende Ereignisse (Enttäuschungen) kann man in doppelter Weise reagieren: durch Lernen oder durch Negieren und kontrafaktisches positives Festhalten der eigenen Erwartungen. Eigene Bewußtseinszustände sind jedoch nicht negierbar. Zumindest gilt es als Normalitätsbedingung menschlichen Welterlebens, daß man nicht in Zweifel zieht, daß man erlebt, was man

---

[17] Dialektiker verstecken diese Frage in strategisch placierten *Unschärfen* ihrer Formulierungen. Vgl. z. B. B. Kedrow, *Das Gesetz »Negation der Negation«*, in W. Pfoh / H. Schulze (eds.), *Philosophie und Gesellschaft: Beiträge zum Studium der marxistischen Philosophie*, Berlin 1958, p. 117-140 (118): »Die nachfolgende Negation annulliert *sozusagen bis zu einem gewissen Grade* die ihr vorhergehende (sie hebt sie auf) ... Während die erste Negation einen Gegenstand oder eine These negiert, stellt die zweite *einige wesentliche Züge* oder Merkmale dieses vorher negierten Gegenstandes *teilweise* wieder her.« (Hervorhebungen durch mich, N. L.). Der Bedarf nach Kriterien wird hier evident.

erlebt[18]. Man hat deshalb nicht die Möglichkeit, die eigenen Erwartungen, Erlebnisse, Intentionen, Werte *zu negieren und beizubehalten*. Man kann sich selbst kein falsches (also auch kein wahres!) Erleben zuschreiben — sondern nur anderen[19]. Nur in bezug auf das Erleben anderer kann man Dauernegationen durchhalten, und in bezug auf das eigene Erleben allenfalls punktuell mit Hilfe des Kunstgriffs, sich selbst zu einem falsch erlebenden Anderen zu machen. Der Einzelne kann zwar lernen, aber Aufklärung ist eine Operation, die man am anderen durchführt.

Erst wenn es zur interaktiven Kommunikation kommt, muß man damit rechnen, daß erlebter Sinn, *obwohl* er erlebt wird, und faktische Motive, *obwohl* sie als Handlungsgrundlage dienen, dauerhaft negiert werden, und zwar am jeweils anderen. »Fehler« des anderen kann man beobachten und feststellen; aber weder muß man, noch kann man sie unmittelbar ändern. Statt dessen hat man hier die Möglichkeit, den oben analysierten Negationsmechanismus zu benutzen, nämlich dem anderen ein falsches Bewußtsein zu unterstellen. Die automatische Synchronisation von Negation und Änderung, die für das individuelle Erleben gilt, ist auf soziale Interaktionssysteme nicht übertragbar. Vielmehr müssen, gleichsam als Ersatz dafür, emergente Strukturen entwickelt werden, die Dauernegationen wie Zuschreibung falschen Erlebens oder falscher Motive im System tragbar machen[20]. Enttäuschungen werden dann nicht mehr allein durch Erwartungsänderungen auf gleicher Ebene der Konkretion abgefangen, sondern auch in symbolischen Generalisierungen »aufgehoben«. Erst in sozialen Systemen werden Negationsleistungen so steigerungsfähig und stabilisierbar, daß eine

---

[18] Vgl. dazu B. O'Shaughnessy, *Mental Structure and Self-Consciousness*, in *Inquiry* 15 (1972), p. 30-63.

[19] Ähnlich in bezug auf Werte K. Baier, *What is Value? An Analysis of the Concept*, in K. Baier / N. Rescher (eds.), *Values and the Future*, New York — London 1968, p. 33-67 (54). Die Scholastik hatte bekanntlich diesen Unterschied von eigenen und fremden Motiven zu gegensätzlichen *Theorien* über Handlungsmotivation versteift. Thomas argumentiert, daß der Wille sich nur auf Gutes richten könne, aber die Vernunft darüber in menschlicher Unvollkommenheit verschiedene Meinungen haben könne. Duns Scotus sieht den Willen frei — auch zur Abwendung vom Guten, und nur insofern frei zum Guten —, wenngleich im Urteil über gut und böse abhängig vom Intellekt. Erinnernswert ist an dieser Diskussion vor allem ihr Zusammenhang mit der Frage, wie radikal und wie positiv man über Kontingenz urteilt. Die radikalere Fassung des Problems der Kontingenz dürfte, wenn nicht theologisch, so doch soziologisch fruchtbarer sein — wenn nicht für eine Theorie der Schöpfung, so doch für eine Theorie der Evolution.

[20] Hier liegt einer der Gründe, aus denen es ausgeschlossen ist, Aussagen über soziale Systeme auf Aussagen über psychische Systeme zu »reduzieren«. Die Gegenmeinung (jetzt vor allem H. J. Hummel / K. D. Opp, *Die Reduzierbarkeit von Soziologie auf Psychologie: Eine These, ihr Test und ihre theoretische Bedeutung*, Braunschweig 1971) verkennt in ihrer theoretischen Konstruktion das Phänomen der emergenten Strukturen und der dafür bestehenden Gründe.

neue Ebene der Evolution möglich wird, die sich sinnhaft-kultureller Generalisierungen zur Steuerung selektiv-adaptiver Prozesse bedient.

Die Negierbarkeit des anderen setzt jedoch eine gemeinsame Vorstellung von Möglichkeiten, also eine modale Generalisierung der Interaktion voraus[21]. Schon deshalb — ganz abgesehen von allen Wertproblemen und allem Regelungsbedarf — erfordert soziale Interaktion eine Steuerungsebene, auf der keine Negation verfügbar ist[22]. Diese Ebene kann aus Selbstverständlichkeiten bestehen, deren Gegenteil zu absurd ist für ausdrückliche Negation[23]. Sie kann durch moralische Negationssperren gestützt werden. Sie kann auch, aber das ist noch kaum untersucht worden, durch temporale Modalisierung, nämlich durch Verlagerung in eine relativ ferne Vergangenheit oder eine relativ ferne Zukunft der Negation entzogen werden. Treffen diese Überlegungen im großen und ganzen zu, dann müßten sich Zusammenhänge ergeben zwischen der Ermöglichung und Kontrolle von Negationsleistungen im System und dem Stil der Bildung negationsloser Steuerungsebenen.

Es fällt zum Beispiel auf, daß spätarchaische Gesellschaften eine unmittelbare Negation fremden Handelns und Erlebens natürlich schon kennen, sie aber nur auf der Ebene gegenteiliger Normierungen oder Sachverhaltsannahmen stabilisieren und diese Ebene moralisch rückbinden an anerkannte Bedingungen wechselseitiger Achtung. Erst in dem Maße, als auch diese Bedingungen negierbar werden, entsteht der Bedarf für stärker generalisierte Kodes der Kommunikationsmedien, die mit höherer Kontingenz kompatibel sind. Das Im-Recht- oder Im-Unrecht-Sein wird zur Geltung von Rechtsnormen abstrahiert, die Entscheidungsprozesse unabhängig davon steuern können, wer jeweils fallweise Recht oder Unrecht hat, und die selbst erst auf der abstrakteren Ebene der Gerechtigkeit wieder einem moralischen, nunmehr in neuem Sinne »ethischen« Regulativ unterworfen werden[24]. Genau parallel dazu, und vermutlich nicht

---

[21] *In certain contexts, two such characters may confront each other as bluntly as yes and no, thus »negating« one another. But they can do so only insofar as they share some field in common, thus overlapping in a Realm of Maybe*, formuliert K. BURKE op. cit 1953, p. 91, in einem freilich etwas engeren Zusammenhang.

[22] Vgl. hierzu P. WATZLAWICK / J. H. BEAVIN / D. D. JACKSON, *Pragmatics of Human Communication: A Study of Interactional Patterns, Pathologies and Paradoxes*, New York 1967, insb. p. 102.

[23] Die Negation solcher Selbstverständlichkeiten in der Beobachtung und im Experiment ist das Programm der »Ethnomethodology«. S. H. GARFINKEL, *Studies in Ethnomethodology*, Englewood Cliffs, N. J. 1967; id. / H. SACKS, *On Formal Structures of Practical Actions*, in J. C. MCKINNEY / E. A. TIRYAKIAN (eds.), *Theoretical Sociology: Perspectives and Developments*, New York 1970, p. 327-366 (letzteres vor allem wichtig für Schranken der »Formulierung« von Interaktionen, die zugleich als Schranken praktischen Negierens zu sehen sind).

[24] Für einen Vergleich des chinesischen und des griechischen Rechtsdenkens in dieser Entwick-

unabhängig davon[25] trennen sich im Bereich des Erkennens Wahrhaftigkeit und Wahrheit. Es werden Regeln der logischen Argumentation entwickelt, die indifferent dagegen sind, wer jeweils fallweise richtig oder falsch erlebt. Man kann sich jetzt vorstellen, falschen Schein zu erleben, man kann mit Wahrheiten betrügen, man kann Unglück und Unwert Einzelner in Theodizeen oder Wohlfahrtsrechnungen wegbilanzieren — um nur einige logische Grundfragen der abendländischen Philosophie zu nennen.

Auf der Ebene dieser generalisierten Kommunikationskodes setzen sich neue, strengere, systematisierte Formen der Behandlung des Negationsproblems durch, und zwar in Gestalt binärer Schematisierungen. Die Wahrheit tritt mit Parmenides unter die strikte Alternative von Sein oder Nichtsein unter Ausschluß des dritten Wegs. Das Recht wird, etwa gleichzeitig, durch Entwicklung von Geltungskriterien und durch Auslegung der Gerechtigkeit als Gleichheit binär schematisiert. Der damit verbundene Ordnungsgewinn beruht auf der Unterstellung, daß es für eine Position *jeweils nur eine Alternative gibt*[26], die dann um so leichter für abwegig erklärt oder wegsuggeriert werden kann.

Binäre Steuerungsstrukturen werden so angesetzt, daß sie kompatibel, aber nicht identisch sind mit den inhaltlichen bereichsspezifischen Wertungsgegensätzen des Erlebens als wahr oder falsch und des Handelns als Recht oder Unrecht. Sogar die qualitative Differenz von Wert und Unwert (bzw. Lust und Unlust), die empirisch, zum Beispiel durch gehirnphysiologische Forschung nachweisbar ist, wird symmetrisiert und vergleichsfähig gemacht dadurch, daß die Negierung der Existenz des positiv Bewerteten wie ein Unwert und die

---

lungsphase N. LUHMANN, *Die juristische Rechtsquellenlehre aus soziologischer Sicht*, in *Festschrift René König*, Opladen 1973, p. 387-399. Der Vergleich lehrt, daß nur den Griechen, nicht den Chinesen, eine Re-Moralisierung des Rechts auf der jetzt erforderlichen Abstraktionsebene gelungen ist. Dadurch wurde im fernen Osten sowohl die politische als auch die moralische Entwicklung eines hinreichend abstrakten Recht / Unrecht-Schematismus blockiert. Zu den bis in die heutige Zeit beobachtbaren Folgen s. etwa SYBILLE VAN DER SPRENKEL, *Legal Institutions in Manchu China*: *A Sociological Analysis*, London 1962; D. F. HENDERSON, *Conciliation and Japanese Law: Tokugawa and Modern*, 2 Bde., Seattle — Tokyo 1965; K. TAKEYOSHI, *The Status of the Individual in the Notion of Law, Right, and Social Order in Japan*, in CH. A. MOORE (ed.), *The Status of the Individual in East and West*, Honolulu 1968, p. 429-443; HAHM PYONG-CHOOM, *The Korean Political Tradition and Law*, Seoul 1967, mit interessanten Hinweisen darauf, daß Herrschaft deshalb über Wissen, nicht über Recht, legitimiert werden mußte, also auch nicht ins Unrecht geraten konnte; ferner id. *The Decision Process in Korea*, in G. SCHUBERT / J. DANELSKI (eds.), *Comparative Judicial Behavior: Cross-Cultural Studies of Political Decision-Making in the East and West*, New York — London — Toronto 1969, p. 19-47.

[25] Vgl. hierzu J. KLOWSKI, *Zum Entstehen der logischen Argumentation*, in *Rheinisches Museum für Philologie* 113 (1970), p. 111-141.

[26] Diese Formulierung und eine psychologische Kritik einer solchen Unterstellung bei G. A. KELLY, *Man's Construction of His Alternatives*, in G. LINDZEY (ed.), *Assessment of Human Motives*, New York 1958, p. 33-64 (37).

Negierung der Existenz des negativ Bewerteten wie ein Wert behandelt wird[27]. Diesen binären Schematisierungen liegen kulturelle Konventionen zugrunde, deren Funktion näher untersucht werden müßte. Sie werden in Perfektionsvorstellungen der Kodes für Wahrheit und für Macht oder noch allgemeiner in den gesellschaftlichen Vorstellungen guten Lebens verankert, also idealisiert und dadurch in sehr stark generalisierter Form der Negation entzogen[28].

Die technischen Vorteile dieser Errungenschaften beginnt man erst heute zu erkennen. Sie dürften einmal in der Ermöglichung progressiver Operationen liegen, in denen die Anschlußselektivität der Einzelschritte sichergestellt ist[29]. Erst unter der Voraussetzung solcher Schematismen sind die operativen Vorteile der Orientierung am Negativen voll nutzbar, nämlich die Vorteile einer Entlastung vom Nachvollzug zu hoher positiver Interdependenzen[30]. Die Anknüpfung von Progression an Negationen setzt nämlich den Übergang von nur impliziten zu explizit thematisierten und schematisierten Sinnstrukturen voraus[31]. Zum anderen ermöglicht ein solcher Schematismus die rechnerische oder quasirechnerische Bilanzierung und damit die Rechtfertigung der Welt als des besten Systems, die Rechtfertigung des sozialen Systems, und den Nachweis von Fortschritt, ohne daß der Hinweis gehört würde, daß das Unglück oder der Unwert des Einzelnen weder zu messen noch zu vergleichen seien[32]. Die *technisch-operativen* und die *rechtfertigungsmäßigen* Vorteile der geschlossenen Binarität von Negation und Position stabilisieren sich wechselseitig.

Im Laufe der gesellschaftlichen Evolution verändern sich, so können wir

---

[27] Auf dieses Problem und seinen Zusammenhang mit Theodizeen und Wohlfahrtsrechnungen wurde ich aufmerksam durch G. KATKOV, *Untersuchungen zur Werttheorie und Theodizee*, Brünn — Wien — Leipzig 1937.

[28] Vgl. als soziologische Analyse der selektiven Konstitution moralischer Disjunktionen K. T. ERIKSON, *Wayward Puritans: A Study in the Sociology of Deviance*, New York — London — Sydney 1966.

[29] Vgl. L. ELEY, *Metakritik der formalen Logik: Sinnliche Gewißheit als Horizont der Aussagenlogik und elementaren Prädikatenlogik*, Den Haag 1969. Für die Rechtstheorie fehlen vergleichbare Analysen.

[30] Das gilt nicht nur für die Logik im strengen Sinne, sondern auch für die Topik, die Ethik, die Technik (im Sinne von Formherstellung), die Rechtstheorie, die Gesetzgebung, die Wissenschaftstheorie, die Moral. Vgl. z. B. Aristoteles, *Topik* 117 a 5 sq.; Schopenhauer, *Die Welt als Wille und Vorstellung* Bd. I, § 62; CH. ALEXANDER, *Notes on the Synthesis of Form*, Cambridge Mass. 1964, p. 24 sq.; E. N. CAHN, *The Sense of Injustice: An Anthropocentric View of Law*, New York — London 1949; F. VON HIPPEL, *Richtlinien und Kasuistik im Aufbau von Rechtsordnungen: Ein Kapitel moderner Gesetzgebungskunst*, Marburg 1942, p. 34 sq.; G. BACHELARD, *La formation de l'esprit scientifique: Contribution à une Psychanalyse de la connaissance objective*, Paris 1947; id. op. cit. (1962); A. KOLNAY, *The Thematic Primacy of Moral Evil*, in *Philosophical Quarterly* 6 (1956), p. 27-42.

[31] A. KOLNAY op. cit. unterscheidet im Hinblick darauf implizite und explizite Moral; nur die letztere kenne einen Primat der Orientierung am Bösen.

[32] Dostojewskij, *Die Gebrüder Karamasoff*, 5. Buch IV (Die Auflehnung).

zusammenfassen, auch die Bedingungen des Einsatzes von Negationen — und dies nicht in dem Sinne, daß ihre Themen wechselten oder neue Arten der Negation ältere verdrängten, sondern dadurch, daß sich über elementareren Bedingungen neue, voraussetzungsreichere Strukturen bilden, die die in der Negation zusammengefaßten Leistungen der Generalisierung und Reflexivität auf ein höheres Operationsniveau bringen. Und höher ist das Operationsniveau dann, wenn es mit einer komplexer erfaßten Welt kompatibel ist.

VI

Diese Analyse macht deutlich, daß und wie Systeme mit der Verfügbarkeit von Negationsleistungen eine Funktionsebene erreichen, die eine Neustrukturierung wesentlicher System/Umwelt-Prozesse ermöglicht und erforderlich macht[33]. Die Erwerbung des »nein« ist, um mit René Spitz zu formulieren[34], Indikator einer neu erreichten Stufe der Autonomie des Persönlichkeitsaufbaus. Sie ist zugleich Basis für die Bildung von dem Typus nach neuartigen sozio-kulturellen Systemen, die über Sinngrenzen sich auf eine Umwelt beziehen. Darüber hinaus erlaubt ein Blick in das innere Leistungsgefüge des Negierens, systemtheoretische Fragestellungen auszuarbeiten, die auf der Annahme basieren, daß Generalisierung und Reflexivität des Negierens nicht unabhängig voneinander und nicht unabhängig von anderen Variablen einer Systemstruktur variieren können. Mit einigen Beispielen läßt sich diese Forschungsperspektive verdeutlichen.

Eine erste Frage wäre im Anschluß an die Schlußbemerkungen des letzten Abschnitts, wie Systeme mit ihren Negationsleistungen auf zunehmende Komplexität ihrer Umwelt und zunehmende eigene Differenzierung reagieren können. Zu erwarten wäre, da eine solche Entwicklung die Selektivität des Systems im ganzen (als eines unter anderen) sowie seiner einzelnen Zustände und Akte steigen läßt, eine Verstärkung des Negationspotentials; denn jedes Ja impliziert dann mehr Neins, und jedes Nein läßt mehr Jas offen[35]. Damit dürfte sich der

---

[33] Insofern ist es müßig, nach dem genetischen oder funktionalen Primat von Position oder Negation zu fragen. S. für die übliche Annahme eines Primats positiver Erlebnisorientierung etwa CH. SIGWART, *Logik*, Bd. I, Freiburg ²1889, p. 150 sq.; J. M. BALDWIN op. cit. Bd. II, p. 272; E. HUSSERL, *Erfahrung und Urteil*, Hamburg 1948, p. 352 und andererseits, den Primat des Unterscheidenkönnens betonend, G. BRAND, *Die Lebenswelt: Eine Philosophie der konkreten Apriori*, Berlin 1971, p. 220 sq. Die Frage muß verschieden beantwortet werden je nach dem, welche Funktionsebene der Informationsverarbeitung gemeint ist.

[34] Op. cit. p. 102 sq., insbesondere p. 11.

[35] Überlegungen dazu findet man bei SIR G. VICKERS, *The Undirected Society: Essays on the*

Negationsstil verändern: Er müßte höhere Unbestimmheiten in bezug auf an sich Bestimmbares tolerieren, müßte Respezifikationen vorsehen[36] (etwa in der Form einer Regel, die am Bedarfsfalle Ausnahmen zuläßt) und müßte Negation von Negationen erleichtern, also den Negationsstil (und damit auch den Positionsstil) entdogmatisieren.

Dabei ist mit zunehmenden logischen Schwierigkeiten der Behauptung von Negationen in bezug auf Systeme selbst zu rechnen. Man kann Zusammengesetztes korrekterweise nur negieren, wenn man alle Teile einschließlich der Zusammensetzung selbst zu negieren bereit ist[37]; die Negation des Ganzen muß gleichsam iterativ im Durchgehen durch die Teile wiederholbar — oder ihrerseits negierbar sein. Logisch sind Systeme deshalb fast unnegierbar; faktisch hilft man sich mit einer Pauschalnegation ihrer Wahrheit oder ihres Wertes, die dann beim Durchgang durch die Teile durch Negation der Negation respezifiziert wird. Konkret und preußisch sagt man zum Beispiel: »Bürger, Arbeiter! Zur wirksamen Durchführung der revolutionären Bewegung ist Ruhe und Ordnung nötig«[38].

Das führt auf eine zweite Frage: die nach den strukturellen Schranken des Negierens von Negationen. Deren Aktualisierung stößt sich an Kontinuitätsinteressen, die berücksichtigt werden müssen. Das Generalisierungsrisiko der Negation kann nicht voll durch Reflexivität abgedeckt werden.

In dieser Diskrepanz findet sich ein Anlaß zur Ausbildung eines *normativen Erwartungsstils*: Nicht jede Erwartung kann angesichts von Enttäuschungen auf dem Wege der Negation ihrer expliziten oder impliziten Negationen korrigiert werden. Manche werden kontrafaktisch festgehalten und als enttäuschungsfeste Normen in die Struktur eingebaut[39]. Damit gewinnt das System den Vorteil einer Doppelung derjenigen Strategien, mit denen es auf strukturbedingte Enttäuschungen reagieren kann: Es kann sich lernend und nichtlernend verhalten.

Human Implication of Industrialization in Canada, Toronto 1959, und id., *The Art of Judgment: A Study of Policy Making*, London 1965.

[36] Ein Fall der allgemeinen Einsicht, daß zunehmende Differenzierung zunehmende Generalisierung der das Systemganze ausdrückenden Symbolstruktur und damit Einrichtungen der Respezifikation generalisierter Symbole, zum Beispiel Rechtsprozesse oder Erziehungsprozesse, erforderlich macht — formuliert bei CH. ACKERMAN / T. PARSONS, *The Concept of »Social System« as a Theoretical Device*, in G. J. DIRENZO (ed.), *Concepts, Theory and Explanation in the Behavioral Sciences*, New York 1966, p. 19-40 (36 sq.).

[37] Vgl. G. FREGE, *Logische Untersuchungen*. Dritter Teil: *Gedankengefüge*, in id., *Logische Untersuchungen*, Göttingen 1966, p. 72-91 (74 sq.).

[38] Aus einem Aufruf, zitiert nach FRAUKE BEY-HEARD, *Hauptstadt und Staatsumwälzung — Berlin 1919*, Stuttgart — Berlin — Köln — Mainz 1969, p. 89.

[39] Zu diesem Normbegriff näher N. LUHMANN, *Normen in soziologischer Perspektive*, in *Soziale Welt* 20 (1969), p. 28-48; id., *Rechtssoziologie*, Reinbek 1972, Bd. I, p. 40 sq.

Auf Grund seiner Fähigkeit zu enttäuschungsfester, kontrafaktischer Normierung kann ein System Generalisierung und Reflexivität gezielter, begrenzter, balancierter einsetzen. Es kann die sich aufdrängende Negation seines Zustandes oder seiner Lage, die mit beliebigen anderen Möglichkeiten vereinbar wäre, also zu ziellosem Fluktuieren führen würde, umformen in die positive Bewertung eines Zustandes oder einer Lage, in denen es sich nicht befindet[40]. Auf dieser Grundlage können auch sinnkonstituierende Systeme kybernetische Regelungen entwickeln — mit dem wesentlichen Unterschied gegenüber organischer Selektion, daß sie sich dank ihres Negationsvermögens unabhängig von der Kontaktlage organischer Systeme selbst motivieren können.

Ein weiterer Punkt führt auf ein für den Verfasser ungeklärtes Terrain: Es gibt nicht nur ein Negieren von Negationen (das ja immer eigens vollzogen werden muß, also »aufwendig« ist), sondern daneben noch eine Art *Virtualisierung des Negierens* — das was Paul Valéry als »*double négation virtuelle*« selbst in das Auge des Tieres einbilden konnte[41]. Es geht um eine vermutlich reziprok motivierte Stabilisierung des Negierens als bloße Möglichkeit, die nicht benutzt wird und eben dadurch Möglichkeit bleiben kann. Sie hat die Form: Ich benutze meine Möglichkeiten des Negierens nicht, wenn Du Deine nicht benutzt. Auf dieser komplexen Grundlage entsteht Interaktion; sie kann selbst kontingente, sehr unsichere Ereignisse wie menschliches Handeln strukturieren, dadurch daß sie Negationspotentiale konditional bindet. So viel ist intuitiv einsehbar. Für eine exakte Erfassung dessen, was so geschieht, ist unser Begriff der »Virtualisierung« zu unklar. Auch Möglichkeit scheint eine Form von Generalisierung zu sein. Deren Bedingungen können jedoch kaum geklärt werden, so lange das Mögliche nur in einer Theorie modaler Formen als modifiziertes Wirkliches begriffen wird. Wir wissen daher nicht, was eine unter der Kategorie des Möglichen generalisierte Erlebnisverarbeitung eigentlich leistet, was sie voraussetzt, wo ihre spezifischen Risiken liegen und ob sie überhaupt unabhängig von negierender Generalisierung operieren kann. Erst recht fehlt ein Überblick über die Kombinationsmöglichkeiten beider Arten von Generalisierung. Aber vielleicht öffnen sich Wege zur Untersuchung dieser Fragen, wenn man erkennt, daß es sich auch im Falle des Möglichen nicht um ein logisch einfaches, durch exemplarischen Gebrauch lernbares Sinnatom handelt, sondern um ein Leistungsgefüge, das auf seine innere Struktur hin untersucht werden kann.

---

[40] S. zu dieser Unterscheidung M. MARUYAMA, *Goal-Generating Dissatisfaction, Directive Disequilibrium and Progress*, in Sociologia Internationalis 5 (1967), p. 169-188.
[41] *Animalités, Œuvres*, éd. Pléiade, Bd. I, Paris 1954, p. 402.

VII

Im Verhältnis der Negation zu den Modalitäten Möglichkeit und Notwendigkeit einerseits und zur Erkenntnis andererseits stecken wichtige Leitentscheidungen des abendländischen Denkens, die man einmal tabulieren und systematisieren müßte[42]. Der denkgeschichtliche Zusammenhang von *annihilatio* und *contingens*, der im Schöpfungsgedanken angelegt war, bezeugt, daß die scholastische Radikalisierung des Schöpfungsprinzips sowohl den Negationsbegriff als auch die Lehre von den Modalitäten erfaßt hatte[43]. Diese Tradition erhellt jedoch den Zusammenhang dieser beiden Generalisierungsformen nicht ausreichend. Einen genaueren Einblick in die Problematik gewänne man, wenn man mehrere dieser Generalisierungsformen aufeinander beziehen würde, also nicht Möglichkeit, Erkenntnis, Negation für sich genommen betrachten, sondern nach Generalisierungen von Generalisierungen suchen würde, zum Beispiel fragen würde nach Negation von Notwendigem, Erkenntnis von Möglichem, Möglichkeit von Erkenntnis, Möglichkeit von notwendiger Erkenntnis, Möglichkeit von negierter Erkenntnis, Möglichkeit von Erkenntnis von Negiertem, Möglichkeit von Notwendigkeit usw. Es scheint Kombinationen zu geben, die möglich (!?) sind, und andere, die nicht (!?) möglich sind. In den berühmten Kapiteln 12 und 13 *de interpretatione* wird zum Beispiel vorausgesetzt, daß die Aussagen »Es ist möglich, daß ...« und »Es ist möglich, daß nicht ...« äquivalent seien. Zugleich wird vorausgesetzt, daß die Aussagen »Es ist denkbar, daß ...« und »Es ist denkbar, daß nicht ...« nicht äquivalent seien[44]. Und dies, obwohl »denkbar« ein Möglichkeitsbegriff ist, so daß »Es ist möglich zu denken, daß ...« äquivalent ist mit »Es ist möglich, nicht zu denken, daß ...« (aber angeblich nicht (nicht!?) mit: »Es ist möglich, zu denken, daß nicht ...«). Auch in diesem Denken ist übrigens eine unbeschränkte Generalisierbarkeit der Generalisierungen von Generalisierungen jeweils anderen Typs angelegt — man kann immer nochmals negieren, kann (!) negieren, kann diese Möglichkeit erkennen usw. —, so daß irgendwelche »Sperren«, etwa bei den Dispositionsbegriffen des Denkens oder in der Nichtanalyse der Negation eingeführt werden mußten. Eine Begrün-

---

[42] Um die Darstellung nicht unnötig zu komplizieren, lassen wir andere Gesichtspunkte, vor allem temporale Modalisierungen außer acht. Zu diesen auch N. Luhmann, *Weltzeit und Systemgeschichte: Über Beziehungen zwischen Zeithorizonten und sozialen Strukturen gesellschaftlicher Systeme*, in P. C. Ludz (ed.), *Soziologie und Sozialgeschichte*, Sonderheft 16 der Kölner Zeitschrift für Soziologie und Sozialpsychologie, Opladen 1973, p. 81-115.

[43] Hinweise bei H. K. Kohlenberger, *Annihilation*, in J. Ritter (ed.), *Historisches Wörterbuch der Philosophie* Bd. I, Basel — Stuttgart 1971, p. 333 sq.

[44] S. auch H. Barth, *Philosophie der Erscheinung: Eine Problemgeschichte*, Bd. I, Basel ²1966, p. 332, der dazu sagt: mit Recht!

dungsleistung ist hier also genau so wenig zu erreichen, wie in der Systemtheorie, die vor dem gleichen Problem steht.

Wenn es überzeugend gelänge, den Begriff der Negation auf den systemtheoretischen Begriff der strukturellen Generalisierung zurückzuführen, wäre er im Prinzip auf den gleichen Nenner gebracht wie possibilistische oder wie epistemologische Modalisierungen. Man könnte dann zweistufige oder mehrstufige Kombinationstafeln dieser Generalisierungsformen bilden und mit ihrer Hilfe die klassischen Restriktionen möglicher Kombinationen überprüfen. Nach einer solchen Kombinationstafel wäre es zum Beispiel möglich (möglich!), die klassische Nichtäquivalenz von »Es ist denkbar, daß ...« und »Es ist denkbar, daß nicht ...« aufzugeben. Oder warum nicht? Woher kommen solche Restriktionen? Für die Systemtheorie läge es nahe, die Antwort *ausschließlich* aus den Entwicklungsniveaus der Systeme herzuleiten, in denen solche Kombinationen als operatives Bewußtsein fungieren. Von der Realisierbarkeit dieses Postulats sind wir allerdings noch weit entfernt.

Besser als am Falle der Negation kann man solche Zusammenhänge von Generalisierbarkeit und Kombinierbarkeit mit dem Niveau struktureller Systementwicklung an anderen Generalisierungsleistungen erkennen. Daß der Zeithorizont eines Gesellschaftssystems mit dessen Komplexität expandiert, ist leicht feststellbar. Die Transzendentalisierung des Erkennens wäre ein Parallelfall dazu, der voraussetzt, daß Wissen auf entsprechend unnatürlicher, unwahrscheinlicher Basis schon organisiert ist[45]. Das Möglichkeitsdenken wird im gleichen Zuge und parallel zu den gleichen gesellschaftlichen Veränderungen umgestellt von den beiden nicht integrierbaren Formen des *possibile* und des *contingens* als verschiedenen Gattungsbegriffen des *Möglichen* auf die Kategorie der *Möglichkeit*, die durch ermöglichende Bedingungen konstituiert wird (ähnlich der Umstellung von Künftigem auf Zukunft, von Vergangenem auf Vergangenheit als Horizonten dessen, was in ihnen vorkommt oder auch nicht vorkommt). Es ist klar, daß diese Abstraktionen zugleich Kombinationsbedingungen verändern können, und daß sie in Abhängigkeit voneinander das Organisationsniveau der modalen Generalisierungen insgesamt verändert haben.

Es fällt auf, daß sich im Falle der Negation entsprechende Transformationen nicht mit gleicher Entschiedenheit nachweisen lassen[46]. Eine Art Generalisie-

---

[45] Daß man zum Beispiel die Subjektivität der primären Sinneserfahrung analysiert hat, damit rechnet und daher intersubjektive Integrationsniveaus abstrakterer Ordnung braucht.
[46] Der Begriff »*Annihilation*« versandet zum Beispiel in der bloßen Vorstellung eines Vernichtungsprozesses, der nichts übrigläßt. CH. WOLFF, *Philosophia prima sive Ontologia* § 540, Neudruck, Darmstadt ²1962, p. 422. Und H. BERGSON, *L'Evolution créatrice*, Paris ⁵²1940, p. 274 sq., kann schließlich feststellen, daß das »Nichts« nur inadäquat mit Hilfe der Vorstellung einer Annihilation gedacht werden könne.

rungsdruck läßt sich auch hier feststellen. Es werden mehr Gegenstände negierbar, zum Beispiel auch sakrale Schlüsselbegriffe wie Gott. Negier*bar* heißt dabei, daß die Gesellschaft sich strukturell unabhängig davon macht, ob sie negiert werden oder nicht. Ein Zusammenhang mit der (abnehmenden) Moralisierung von Negationsverboten ist zu vermuten. Außerdem gibt es in deutlichem Zusammenhang mit der frühen bürgerlichen Gesellschaft, die sich am Primat der Ökonomie orientiert, Tendenzen zur Radikalisierung der Negation über eine bloß private Verwendung hinaus. Negation wird zur Folie für Ordnungsleistung schlechthin, für Herstellen und Haben [47]. Damit können sich Begründungsinteressen in Steigerungsinteressen verwandeln. Das alles hat jedoch nicht zu einer *kategorialen* Neufassung der Negation geführt. Weder die Einstufung der Negation als Kategorie der Qualität noch ihre Repression als Moment einer gesetzmäßig-dialektischen Bewegung leistet das Erforderliche. Vielleicht liegt das daran, daß Negationsleistungen fundierender sind und deshalb schwerer zu formulieren als modalisierende Formen der Generalisierung. Vielleicht ist auch eine solche Parallelstellung negierender und modalisierender Formen der Generalisierung falsch. Jedenfalls dürfte eine genauere Analyse der Interdependenzen zwischen Strukturen und Generalisierungen und zwischen verschiedenen Formen der Generalisierung der Weg sein, auf dem unsere zunächst spekulativ angesetzten Thesen über Negation sei es bestätigt, sei es widerlegt, sei es modifiziert werden können.

---

[47] Vgl. zu dieser bei Hobbes deutlich greifbaren Veränderung M. RIEDEL, *Zum Verhältnis von Ontologie und politischer Theorie bei Hobbes*, in R. KOSELLECK / R. SCHNUR (eds.), *Hobbes-Forschungen*, Berlin 1969, p. 103-118.

Dieter Wellershoff

DIE VERNEINUNG ALS KATEGORIE
DES WERDENS

I

Daß die Kunst (die Literatur) nicht eine Sache für sich ist, sondern zu den Strategien unserer Selbstverwirklichung zählt, dafür kann man sich Bestätigung holen, wo man sie zunächst nicht erwartet, bei einem Wortführer des russischen Formalismus, bei Viktor Šklovskij. In seinem programmatischen Essay *Kunst als Kunstgriff* interpretiert er die Kunst als eine Anstrengung, die Abnützung unserer Wahrnehmung und das Unbewußtwerden unseres alltäglichen Lebens rückgängig zu machen. Wir wehren uns mit ihr gegen die dauernde Gefahr, daß die Welt durch unsere Sprachgewohnheiten, die die Mannigfaltigkeit des Wahrnehmbaren radikal reduzieren, und durch unsere ebenfalls Komplexität abweisenden Verhaltensroutinen immer mehr schrumpft, verarmt und zu verschwinden droht. Er schreibt: »Um für uns die Wahrnehmung des Lebens wiederherzustellen, die Dinge fühlbar, den Stein steinig zu machen, gibt es das, was wir Kunst nennen. Das Ziel der Kunst ist, uns ein Empfinden für das Ding zu geben, ein Empfinden, das Sehen und nicht nur Wiedererkennen ist. Dabei benutzt die Kunst zwei Kunstgriffe: die Verfremdung der Dinge und die Komplizierung der Form, um die Wahrnehmung zu erschweren und ihre Dauer zu verlängern. Denn in der Kunst ist der Wahrnehmungsprozeß ein Ziel an sich und muß verlängert werden.«

Eine Gegenstrategie also liegt vor, die nur im Zusammenhang mit dem ersten Schritt, nämlich dem praxisbezogenen Abbau von zu großer Komplexität, verständlich ist. Weil der Mensch nicht in eine artspezifische Umwelt hineingeboren wird, sondern prinzipiell unangepaßt oder weltoffen ist, muß er sich durch Entscheidungs- und Wahlakte selbst konstituieren — diese Themen der Anthropologie, vor allem Arnold Gehlens, und der dezisionistischen Philosophie sind neuerdings durch Niklas Luhmann aktualisiert worden. Gehlen wie Luhmann handeln von der Notwendigkeit, das übergroße Angebot an Wahrnehmungsmöglichkeiten so zu reduzieren, daß man sich überhaupt verhalten kann. Jedes Handeln, jedes Erleben ist ein solcher Reduktionsvorgang, der die Wirklichkeit perspektivisch auslegt und vereinfacht. Nicht alles, was der Fall ist, sondern vor allem das, was im Sinne der Lebenserhaltung wichtig ist, muß wahrgenommen und bearbeitet und im sozialen Konsens dauerhaft festgehalten werden. Vorurteile und Institutionen sichern es als innere und äußere Blendschirme gegen

Irritationen ab, wobei freilich, wie Luhmann betont, die abgewiesene Komplexität nicht vernichtet werden darf, sondern nur beiseite gestellt wird. Außerhalb der gegenwärtigen Aufmerksamkeit, an ihren undeutlich werdenden Rändern wird sie als ein Vorrat an Alternativen bereitgehalten, um zukünftiges Handeln zu ermöglichen, das sich aus neuen Sinnerlebnissen, neuen Selektionen entwirft und neue Lebensmöglichkeiten schafft. Es ist eine Überlebensfrage für alle Gesellschaften und ihre Subsysteme bis herunter zum Individuum, wie anpassungsfähig sie an neu auftauchende innere und äußere Zustände sind. Denn genauso wie ein soziales Handlungssystem durch zu viel, vor allem selbsterzeugte Komplexität gefährdet werden kann — das vor allem ist die Befürchtung der Kulturkritiker, die vor Reizüberflutung, Entstrukturierung und Anarchie warnen — genauso kann es erstarren und unfähig werden, neue lebenswichtige Ereignisse und Sachverhalte zu verarbeiten. Es kann im Sinne der Strukturbewahrung das Leben so mit Verboten umstellen, daß es krank wird und abzusterben beginnt — die Kritiker, die sich gegen autoritäre Strukturen, gegen Repression und Verdrängung wenden, sehen vor allem diese Seite des Problems.

Dauernd müssen also Ausgleichsprozesse stattfinden, mit denen soziale Handlungssysteme — Gesellschaften und Individuen — sich in der Gegenwart ihre Zukunft sichern, mit denen sie sich in der Veränderung und durch Veränderungen erhalten. Die Frage ist, wie das geschieht. Wo sind die Reserven für sozialen Wandel? Wie werden die gegenwärtig inaktuellen Möglichkeiten, wie wird die negierte Mannigfaltigkeit für zukünftige Veränderungen bereitgestellt?

Luhmann spricht davon, daß jede Negation vorläufig sei und selbst wieder negiert werden könne. Ein Verbot kann aufgehoben, das Vergessene wieder erinnert werden. Aber es gibt auch die Möglichkeit einer partiellen Negation, die das Verneinte nur in einen besonderen Bereich abschiebt. Etwas, das in der Praxis vermieden wird, kann zugelassen sein im Spiel, in der Theorie und in der Kunst. Neben dem zweckbestimmten und dem alltäglichen kommunikativen Handeln, die durch Erfolg und Mißerfolg oder durch Sanktionen kontrolliert werden, gibt es Simulationsräume für ein alternatives Probehandeln mit herabgesetztem Risiko. Das operationell nicht Beherrschte, das Ungewohnte, das Gefährliche und Verbotene, das Befürchtete und Erhoffte kann hier der Erfahrung zugänglich gemacht werden, weil die Erfahrungen fiktiv oder theoretisch bleiben und man nur fiktiv oder theoretisch dabei sterben kann. Die Ausschaltung des praktischen Risikos eröffnet den Raum der nicht aktualisierten Möglichkeiten und relativiert so die gegenwärtige Praxis. Sie kann dadurch verändert oder bekräftigt werden, je nachdem ob eine neue Möglichkeit erschlossen oder eine Alternative durch fiktives Ausagieren erledigt wird. Auf jeden Fall wird unser Leben durch Bewußtseinserweiterungen perspektivisch entzerrt und gewinnt an Freiheit. Wir sind nicht nur in unserem Zustand, sondern ihm zugleich gegenüber. Wir existieren nicht nur allein, sondern mit anderen. Und die Zukunft ist nicht schon belegt von unserer Vergangenheit.

II

Wir sind nie ganz da, verwirklichen uns nicht im isolierten Augenblick, sondern immer nur im Hinblick auf unsere Potentialität. Ohne diesen Horizont schwindet auch das Jetzt, wird farblos und leer. Die Positivität, die nicht mehr negiert werden kann, ist gleichbedeutend mit der vollendeten Negativität. Sie wird zum Erscheinungsbild des Todes.

Ich komme wieder auf Šklovskijs These zurück, daß wir die Kunst haben, um die Wahrnehmung des Lebens wiederherzustellen. Auch sie geht vom Schwinden des Lebens aus, mit dem uns die Routine als eine Verlaufsgestalt negationsloser Positivität bedroht. Šklovskij zitiert zur Veranschaulichung eine Tagebucheintragung Tolstois vom 28. Februar 1897:

Beim Staubwischen machte ich die Runde durch mein Zimmer, und als ich zu meinem Sofa kam, wußte ich nicht mehr, ob ich es schon abgestaubt hatte oder nicht. Da diese Bewegungen beim Staubwischen gewohnheitsmäßig oder unbewußt sind, konnte ich mich nicht errinnern und fühlte auch, daß das unmöglich war. Wenn ich Staub gewischt und das vergessen, das heißt unbewußt gehandelt habe, dann ist es genauso, als wäre es nicht geschehen. Wenn jemand mich bewußt beobachtet hätte, könnte man mein Tun rekonstruieren. Wenn aber niemand es gesehen oder es nur unbewußt gesehen hat, wenn das ganze komplexe Leben vieler Menschen unbewußt verläuft, dann ist es, als wäre dieses Leben nicht gewesen.

An diesem Zitat ist merkwürdig der Anlaß der Erfahrung. Denn Staubwischen ist keine Tätigkeit, bei der man intensives Dabeisein erwartet. Um so deutlicher zeigt sich der Schreck über das spurlose Verschwinden eines Lebensaugenblicks als Ausdruck einer generellen Angst. »Das Dunkel des gelebten Augenblicks ist abbildlich für das Dunkel des objektiven«, sagt Ernst Bloch. So blickt auch hier im Nicht-Haben das Nie-gewesen-Sein als totale Negativität hindurch und wird zum Argument für die Kunst als der einzigen Versicherung gegen das haltlose Verschwinden. Nur das, woran man sich erinnern kann, ist der drohenden Vereitelung entgangen, der Bodenlosigkeit, die sich hinter einem auftut und in die Tolstoi mit plötzlicher Bestürzung blickt: »... konnte mich nicht erinnern und fühlte auch, daß dies unmöglich war.«

Es ist unmöglich, weil er unbewußt gehandelt hat. Aber wäre dem Verschwinden beizukommen durch chronische Bewußtheit? Peter Handke schildert im *Kurzen Brief zum langen Abschied* eine solche Verfassung als Zwang, bei Beschreibungen keine Einzelphase eines Geschehens zu übergehen:

Ging ich in ein Haus, so sagte ich statt ›Ich ging ins Haus‹: ›Ich putzte mir die Schuhe ab, drückte die Klinke nieder, stieß die Tür auf und ging hinein, worauf ich die Tür wieder hinter mir zumachte‹; und wenn ich einem einen Brief schickte, legte ich immer (statt: ›Ich schickte den Brief‹) ›ein sauberes Blatt Papier auf eine Unterlage, entfernte die Hülse vom Füllfederhalter, beschrieb das Blatt, faltete es zusammen, steckte es in einen Umschlag, beschriftete den Umschlag, klebte eine Marke darauf und warf den Brief ein‹.

Handke meint, daß dieser Zwang, sich an Einzelheiten festzuhalten, der sich manchmal in fremder Umgebung einstelle, durch einen »Mangel an Kenntnissen und Erlebnissen« verursacht sei. Das ist richtig, wenn man darin Momente einer fundamentalen Unsicherheit sieht. Das konkretistische Verhalten ist vor allem perspektivenlos. Die Zukunft ist unbestimmt, problematisch oder unkenntlich, und so zerfällt die Lebensbewegung in kleine unsichere Schritte. Wie ein Blinder tastet man sich über kleine Orientierungen weiter. Aber auch das Nächste kann zweifelhaft oder nichtssagend werden und muß durch neue Daten gestützt werden. Handke kommt in New York mit ängstlichen Erwartungen an. Es ist möglich, daß er dort im Hotel eine Frau trifft, von der er sich getrennt hat und die ihm gefolgt ist. Er weiß nicht, in welcher Verfassung sie ist und was geschehen wird, wenn sie sich begegnen. Diese Unsicherheit macht sich in der Person als Zerstreutheit breit. Er verliert die Orientierung:

Ich ging die Vierundvierzigste Straße hinunter. ›Hinauf!‹ Ich kehrte um und ging in die andere Richtung. Ich mußte zum Broadway kommen, aber erst als ich die Avenue of the Americas überschritten hatte, merkte ich, daß ich in Wirklichkeit nicht umgekehrt war. Ich mußte es mir nur vorgestellt haben, umzukehren und in eine andere Richtung zu gehen. Weil es mir aber vorkam, doch umgekehrt zu sein, blieb ich stehen und überlegte hin und her. Ich wurde schwindlig.

Das Zitat zeigt, wie im Moment der Irritation die Vergangenheit an Macht gewinnt. Man kann nicht weiter, weil etwas Unerledigtes einen daran hindert. So kann sich der Zwangskranke nicht von der Vergangenheit lösen, weil er sich mit jeder seiner Lösungsbewegungen wieder in sie verstrickt. Von Gebsattel berichtet von einem Kranken, der im Mantel, fertig zum Ausgehen, in seinem Zimmer steht, aber es nicht verlassen kann, weil er für sein Gefühl den Mantel noch nicht anhat. Erst muß er, um sich dessen zu versichern, alle Einzelheiten des Mantelanziehens rekapitulieren, und so erstickt sein Leben zukunftslos in Kontrollzeremonien und Wiederholungszwängen.

Ebensowenig hat der Depressive Zukunft. Auch seine Zeit zerfällt in immer kleinere Intervalle eines wesenlosen Verschwindens, dessen vollkommen entleerte Form zum Beispiel der Zählzwang mancher Kranker ist. Eugène Minkowski, der neben Strauß und von Gebsattel das pathologische Zeiterleben erforscht hat, berichtet von einem zwanzigjährigen Mädchen, dessen Denken zwanghaft an die vergehende Zeit geheftet war. Die Kranke sagte über sich selbst:

Ich habe den ganzen Tag ein Gefühl, das mit Angst durchsetzt ist und das sich auf die Zeit bezieht. Ich muß unaufhörlich denken, daß die Zeit vergeht. Während ich jetzt mit Ihnen spreche, denke ich bei jedem Wort ›vorbei‹, ›vorbei‹, ›vorbei‹. Dieser Zustand ist unerträglich und erzeugt ein Gefühl von Gehetztheit. Ich bin immer in Hetze. Das fängt beim Erwachen an und knüpft an Geräusche an. Wenn ich einen Vogel piepsen höre, muß ich denken, ›das hat eine Sekunde gedauert‹. Wassertropfen sind unerträglich und machen mich rasend, weil ich immer denken muß: ›Jetzt ist wieder eine Sekunde vergangen, jetzt wieder eine Sekunde‹. Bei jeder Bewegung muß ich denken: Jetzt tue ich das, jetzt das, zum Beispiel Kleider in den Schrank hängen, anziehen und so weiter.
Das Grausige besteht darin, daß mit jeder Bewegung, mit allem, was ich tue, die Strecke, die mich vom Tod trennt, kürzer wird. Darum habe ich Angst, vor allem, was ich tue, aber auch vor dem Denken.
Wenn die Menschen reden, so kann ich sie nicht verstehen, daß heißt mit dem Verstand schon, aber eigentlich verstehe ich doch nicht, daß sie so einfach und ruhig reden und nicht unaufhörlich denken: Jetzt rede ich, das dauert so und so lange, dann tue ich das, dann jenes, und all das dauert 60 Jahre, dann sterbe ich, dann kommen andere, die leben ungefähr so lange und essen und schlafen wie ich, und dann kommen wieder andere, und so geht es weiter, ohne Sinn, und Tausende von Jahren.
Diese Gedanken sind fortwährend in mir. Auch wenn ich sie nicht ausdrücklich denke, sind sie als Gefühl in mir. Ich denke oft, daß ich nicht krank bin, sondern daß ich etwas erkannt habe, was die anderen nicht erkannt haben; daß ich mir nur eine so unglückliche Weltanschauung gebildet habe, die die anderen nicht teilen, die aber ganz logisch ist; ich verstehe überhaupt nicht, daß man anders denken kann.

Dachte Tolstoi anders? In dem Augenblick, als er erkannte, daß er einen Lebensaugenblick unerinnerbar vergessen hatte, war er nahe daran, das Leben genauso zu sehen wie diese Depressive: als ein dauerndes sinnloses hoffnungsloses Verschwinden. Bei der Kranken ist dieser Schrecken zu einer zwanghaften Perspektive erstarrt. Dabei zeigt sich, daß alles Festklammern am Augenblick den Schrecken nur vermehrt. Bewußtheit wird zum chronischen Alarmzustand. Von Sekunde zu Sekunde muß sie sehen, wie der Tod näherkommt. Deshalb kann sie nichts loslassen und nichts festhalten, alles wird ihr genommen. Jeder Lebensmoment ist schon eingeholt von Entwirklichung und erscheint nur noch als isolierte Faktizität, faßbar nur noch am äußerlichen Maß seiner bloßen Dauer. Das Piepsen eines Vogels wird nicht Teil der Gesamterfahrung eines Morgens und weiterer Horizonte von Erinnerung und Erwartung, in denen es erlebt werden könnte als Stimulans oder Zeichen, als ein intensives ausdrucksvolles Element des Lebens, an dem man selbst teilnimmt, sondern es ist eine tot auf einem beliebigen Zeitpunkt festsitzende und mit ihm verschwindende Einzelheit. Nichts entsteht, nichts fügt sich zusammen zu einem Verlauf. Deshalb kann auch nichts abgeschlossen werden. Es ist immer nur ein Abbrechen, kein Zuendeführen, das frei machen würde für einen neuen Anfang. Darin unterscheidet sich der ideenflüchtige Maniker nicht vom Depressiven. Während er erregt von Einfall zu Einfall springt, steht er im Grunde still, in seinem Werden gelähmt wie der Depressive oder der Zwangskranke, der sein Zimmer nicht verlassen kann.

Der Zwangskranke ist vielleicht die erschreckendste Gestalt. Wieder rekapituliert er das Anziehen seines Mantels, aber er kann immer noch nicht gehen. Angst ist in seinem Gesicht. Er hat etwas vergessen, etwas Unerledigtes, das ihn festhält, er kann nicht Schluß machen, er kann nicht weiter. Die vollendete Negativität des vereitelten Werdens zeigt sich an ihm am deutlichsten als die Unfähigkeit zur Verneinung.

III

Ich will diesen Zusammenhang erläutern, zunächst wieder mit einigen Beispielen aus der Psychopathologie. Bei der Untersuchung von Denkleistungen geistig Gestörter ist man neben vielen anderen Ausfallerscheinungen auf eine sehr merkwürdige gestoßen. Es gibt Menschen, die sich nicht kontrafaktisch verhalten können.

Ein Patient soll den Satz wiederholen: »Der Schnee ist schwarz«. Er sagt, er könne es nicht sagen, es wäre ja nicht so. Der Versuchsleiter erklärt ihm, daß man solche Sätze auch wiederholen könne, wenn sie nicht wahr seien, und drängt den Patienten, den Satz nachzusagen. Jetzt wiederholt der Patient den geforderten Satz, murmelt aber unmittelbar hinterher: »Nein, der Schnee ist weiß«. Derselbe Patient ist nicht dazu zu bringen, an einem regnerischen Tag den Satz zu wiederholen: »Die Sonne scheint«. Ein anderer Patient mit einer Lähmung des rechten Arms kann den Satz nicht wiederholen: »Ich kann mit meiner rechten Hand gut schreiben«. Er ersetzt das Wort »rechten« durch »linken«. Ein anderer Patient ist außerstande, auf Kommando aus einem Glas zu trinken, wenn er nicht wirklich durstig ist. Wieder ein anderer Patient kann nicht vormachen, wie man aus einem Glas trinkt, wenn man ihm ein leeres Glas gibt.

Alle diese Kranken leiden an derselben Grundstörung. Sie können ihr Ich nicht von der Außenwelt oder ihren inneren Zuständen oder aus Situationsschablonen lösen. Sie sind unfähig, das faktisch Gegebene zu verneinen, um abweichende Möglichkeiten zu entdecken oder sich vorzustellen. Sie haben überhaupt keine Phantasie. Andere Ausfallerscheinungen hängen eng damit zusammen. Etwa daß diese Kranken bei Umspringbildern immer nur eine der beiden Lesarten erfassen können, daß es ihnen allgemein nicht gelingt, sich von einem Aspekt einer Sache auf einen anderen umzustellen oder mehrere Aspekte gleichzeitig im Bewußtsein zu halten. Sie sind geistig erstarrt, Gefangene einer armseligen Positivität, die sie nicht überschreiten und also auch nicht ändern können. Freiheit kann also erkannt werden an der Fähigkeit, Nein zu sagen. Im Gegensatz zum distanzlosen Akzeptieren ist das eine schwierige Operation, die mehr Energie oder mehr Nötigung braucht. Ursprünglich und vielleicht immer noch dient die Verneinung der Abwehr von etwas Schlechtem. Etwas, das unerträglich oder zumindest unbefriedigend war, wurde abgewiesen: — das ist der Anfang eines kontrafaktorischen Verhaltens, das sich andere, neue, bessere Möglichkeiten vorstellt und schließlich auch realisiert. Die erste Phantasieleistung, das Daumenlutschen des von seiner Mutter getrennten Kindes, ist ein solcher Versuch der Realitätsleugnung. Indem das Kind im Ersatzobjekt seine Einheit mit dem verlorenen Liebesobjekt imaginiert, mildert es seine Ängste und wird so fähig, die Trennung zu ertragen. Im Schutz der nur noch geträumten Vereinigung entwickelt sich ein erstes, noch unklar begrenztes Selbst, das sich dann unter dem Druck weiterer Frustrationen mehr und mehr von seiner Umwelt zu unterscheiden beginnt. Es lernt, seine Triebenergien zu kontrollieren, umzuleiten und auf kulturell erlaubte Ersatzziele zu richten. Dabei wiederholt es immer wieder den ersten Trennungsschritt, freilich jetzt mit Einsicht und weniger Angst, denn es hat inzwischen erfahren, daß es dafür belohnt wird. Es bekommt Äquivalente für das Verlorene. Die Gesellschaft kann dem Individuum eine Sicherheit bieten, die die Sicherheit, die es ursprünglich in der Vereinigung mit seiner Mutter erlebt, ersetzt, freilich nie mit der gleichen wahnhaften Totalität, bei der es kein Außerhalb und keinen Tod gibt.

Nie mehr, nur im autistischen Wahn, kann die Erfahrung der Trennung getilgt werden. Es ist die immer wiederholte Grunderfahrung des Werdens, das über immer neue Negationen zu neuen Entdeckungen und Erfahrungen führt, in denen das Aufgegebene aufgehoben, das heißt verändert bewahrt werden kann. Das Prinzip der Verneinung ist der dem Leben immanente Tod, der alles Voranschreiten als integrierender Bestandteil begleitet. Aber in jeder Phase dieses Prozesses kann die alte Trennungsangst durchschlagen und das weitere Werden vereiteln. Dann beginnen die Regressionsprozesse der Psychopathologie oder die Erstarrungen der normalen Psychologie als habituell gewordene Verzichte auf Zukunft. Angst erzeugt den autoritären Charakter, den Dogmatiker, den Pedanten, den Ritualisten, den Konformisten, den Moralisten, lauter Formen der Panzerung und der Abwehr irritierender Möglichkeiten. Angst korrumpiert so auch die Intelligenz, als die Fähigkeit, Bestehendes zu kritisieren und Neues zu erfinden, sie engt die Kommunikation ein, verteufelt das Fremde, sie ist erstarrte Negativität.

IV

Was aber weitertreibt, das ist das Ungenügen an dem, was ist. Die nicht aktualisierten Möglichkeiten, die im Realisierten abgeblendeten Alternativen verhindern, daß es sich verabsolutiert und konstituieren die Zukunft als den Raum der Veränderung. Er ist um so weiter offen, je mehr es gelingt, Angst zu neutralisieren. Deshalb die verschiedenen Formen imaginären Probehandelns mit herabgesetztem Risiko, wie zum Beispiel Literatur und Kunst. Zwar kann die Trennungsangst auch erwachen, wenn man sich geistig vom Kollektiv entfernt, aber ihren massivsten Grund hat sie doch hier verloren: man verliert sein Leben nicht. Man ist freier, sich neu zu orientieren, weil man Zeit hat und nicht gleich mit praktischen Konsequenzen rechnen muß. Anders als in direkter Interaktion, die mit ihren kurzen Reaktionszeiten nur bei wechselseitiger Erwartbarkeit der Reaktionen funktioniert, kann sich der Leser eines Romans auf Unerwartetes einlassen und eine Krise seiner Denkgewohnheiten riskieren. Vorübergehend darf er die Übersicht verlieren, er braucht ja erst später, wenn er die irritierenden Informationen in seine inzwischen korrigierte Erwartungsstruktur eingebaut hat, in die Praxis zurück. Dabei kann er auch wieder zu einfacheren und praktikableren Mustern der Umwelteinschätzung zurückkehren. Er stellt dann die wahrgenommene Mannigfaltigkeit wieder beiseite, er blendet sie ab. Aber immerhin hat er sie wahrgenommen und daran ein vielleicht einmal praktisch werdendes komplexeres Verstehen geübt.

Indem wir uns die Gründe für unsere Vorsicht aus der Hand nehmen, lernen wir, über uns hinauszugehen. Und erst dabei bekommen wir uns wirklich zu Gesicht. Unser ›Vergnügen an tragischen Gegenständen‹ kann nur mit der Entlastung vom Überlebenskampf erklärt werden. Die Fiktion, ein Ort ohne den wirklichen Tod, ist der Ort, wo wir alle Beschränkungen abstreifen, die wir im Interesse der Lebenserhaltung unwillig auf uns genommen haben. Sie ist der Ort einer unmöglichen Freiheit, wo wir vorübergehend den kulturellen Kompromiß kündigen, zur Vermeidung des Todes auf Leben zu verzichten. Gerade die zerstörerischen Erfahrungen, in die wir die Pilotfiguren unserer Phantasie schicken, erneuern in ihrer Rücksichtslosigkeit das alte Lustprinzip der Psyche, das Vernunft und Vorsicht nicht kennt, und aus dem aller Elan des Lebens stammt. Immer noch vorsichtig, denn es geschieht im Modus der Fiktivität, beziehen wir den Tod wieder ins Leben ein. Man kann sich nur auf beides einlassen, erfahren wir. Oder wie Velimir Chlebnikov es gesagt hat:

> Vor dem Tod blitzt wieder das Leben auf,
> doch sehr rasch und andersartig.
> Und diese Regel ist die Grundlage
> für den Tanz des Todes und des Glücks.

V

Ich will jetzt versuchen, das Verhältnis von Negation und Negativität an einem literarischen Text näher zu bestimmen. Als Beispiel wähle ich den Roman *Das Gras* von Claude Simon (Neuwied 1970). Sein Schauplatz ist ein abgelegenes ländliches Haus am Fuß der Pyrenäen, umgeben von der Stille einer üppigen spätsommerlichen Natur:

... in dem matten, ein wenig flimmernden Septemberlicht regungslos dastehende, schimmernde majestätische Bäume, und der schwebende, säuerliche Birnengeruch, die langsamen Wolken, die aufeinanderfolgenden, langsamen Tage, die das Laub und die Hügel umfangen und auch das Haus oben auf dem Hügel, die helle, zwischen dem Grün ausdruckslos und rätselhaft emporragende Fassade, die anscheinend auch von dieser Trägheit durchdrungen ist, und das Leben (denn das Haus ist bewohnt, da die meisten Fensterläden offenstehen und man sogar die an den Fenstern hängenden Gardinen erkennen kann) ist nur an seltenen, sporadisch, unbedeutenden, kurzen Erscheinungen zu erkennen ...

In einem abgedunkelten Zimmer dieses Hauses liegt eine an Altersschwäche sterbende, seit langem bewußtlose Frau, deren keuchender Atem den Raum erfüllt. Durch die nicht ganz schließenden Fensterläden fällt ein Lichtschein in Form eines großen T auf den Boden des Sterbezimmers, T wie *Temps* oder *Tempus*, Herrschaftszeichen des anonymen Prinzips, dem alles Leben unterworfen ist. Während dieses Signum mit dem Sonnenstand allmählich seine Gestalt ändert, durch das Sterbezimmer wandert, sich an den Möbeln bricht, abends langsam erlischt und am nächsten Tag wieder erscheint, wird die Zeit gerade in ihrem minimalen, fast ereignislosen Voranschreiten als eine unentrinnbare Macht fühlbar. Überall ist sie anwesend, zugleich unkenntlich und kenntlich, in den wechselnden Beleuchtungen des Landes, einem kurzen Windzug in den Blättern, einer scheinbar stillstehenden Insektenwolke, einem Spatzenschwarm, der sich in einem Strauch vor dem Fenster des Sterbezimmers niederläßt und wieder fortfliegt, in den fernen Fahr- und Bremsgeräuschen eines täglichen Zuges und dem viertelstündigen dünnen Geklingel einer Rokokouhr — Erscheinungen, deren unmerkliche Veränderungen oder flüchtiges Verschwinden und Wiederkehren den Schein von Dauer erzeugen, von dem sich der körperliche Verfall der Menschen und das Nichtigwerden ihrer Hoffnungen um so erschreckender abhebt. Nichts scheint sich zu verändern, und doch ist alles schon überholt und vorbei. In der stillstehenden Gegenwart des Romans tut sich in immer neuen Durchblicken die Vergangenheit auf, die alles gegenwärtige Leben schon verschlungen hat.

Marie, die sterbende alte Frau, und ihre schon verstorbene Schwester Eugénie haben ihr Leben für die Karriere und den gesellschaftlichen Aufstieg ihres jüngeren Bruders Pierre geopfert. Sie haben damit den Wunsch ihres Vaters erfüllt, der als ein analphabetischer Bauer einen beharrlichen Glauben an die Bildung hatte, oder was er darunter verstand, das Lesen- und Schreibenkönnen. Er sah darin das Zaubermittel, mit dem man der Last des Daseins, die ihn und seine Vorfahren niedergedrückt hatte, entkommen konnte.

Im Dienst dieser fixen Idee haben die beiden Schwestern eine neue vergrößerte Last getragen und auf eigenes Glück verzichtet. Pierre ist, den Erwartungen seiner Familie folgend, Universitätsprofessor geworden und hat eine Frau aus dem wohlhabenden Bürgertum geheiratet. Aber nun, als die zweite seiner Schwestern stirbt, ist er selbst schon ein alter, resignierter Mann. Die Zeit hat ihn in einen unförmigen Koloß verwandelt, der sich nur noch mühsam bewegen kann, während seine um ein paar Jahre jüngere Frau Sabine, die mit brandrot gefärbtem Haar, grell geschminkt und mit teurem Familienschmuck behangen, einen schon verlorenen Kampf gegen das Altern führt, immer noch von der wahnhaften Vorstellung gequält wird, daß er sie von der Hochzeit an bis jetzt immer wieder betrogen habe. Ihre hysterischen Lamentationen brechen sich an der brütenden Schweigsamkeit Pierres, der sich abgewöhnt hat, auf ihre Fragen, Vorwürfe und Bettelleien um Liebe anders als durch ein bloßes Lebenszeichen, eine Floskel, einen wortlosen Laut zu antworten, und der nur aus seiner Apathie zu einer schwerfälligen Aktivität erwacht, wenn er merkt, daß sie sich wieder mit ihren verborgenen Cognacvorräten zu betrinken beginnt.

Georges, der einzige Sohn dieses Paares, ist ein von Haß und Selbsthaß zerfressener unfähiger Mann, der alles, was die Familie erreicht zu haben scheint, wieder rückgängig macht. Unter der stummen Mißbilligung und Ratlosigkeit seiner Eltern sitzt er beschmutzt mit Schmieröl und mit auffallend schlechten Manieren am Tisch, um sie in ihren gesellschaftlichen und kulturellen Ansprüchen zu verletzen. Immer ist er auf dem verfallenen Anwesen mit Reparaturen beschäftigt oder mit erfolglosen Unternehmungen wie der Zucht von Birnbäumen, deren Früchte schon am Zweig zu faulen beginnen. Wie alle anderen ist er ein Verzweifelter. Er flieht immer wieder in das Glücksspiel und steckt tief in Schulden. Man hat ihn in Verdacht, daß er seiner Mutter Schmuck gestohlen hat.

In dieser Gruppe von Menschen ist jeder ein Dementi für die Erwartungen der anderen. Aber die Existenzen haben sich gegenseitig hervorgebracht, und so halten sie, tief abhängig, aneinander fest, als wüßten sie längst, daß das Leben ein Verhängnis ist, das nur ertragen und nicht verändert werden kann. Während sie alle ihren Part weiterspielen, werden die Individualitäten durchsichtig als verfallene Masken, die in beliebiger Variation bald nur noch das eine ausdrücken, die Zeit, die sie alle prägt und auslöscht.

Unter all diesen Gespenstern gibt es nur einen Menschen, der Zukunft hat, Louise, die junge Frau von Georges, die aus Pietät den Tod der alten Marie abwarten will, um dann mit ihrem Geliebten fortzugehen in ein neues, anderes Leben. Mit ihren Augen sehen wir die Personen dieses Romans, sehen sie auch auf einem vierzig Jahre alten Hochzeitsfoto, auf dem Pierre ein schlanker, beinahe schmächtiger junger Mann ist und Sabine eine junge Frau mit einem kleinen Porzellangesicht, und auf dem die beiden Schwestern Pierres, die tote und die sterbende, in würdevollen steifen Kleidern unter der wohlhabenden Verwandtschaft Sabines sitzen, selbstgefälligen Lebemännern, Offizieren, jungen verwöhnten Frauen aus der Zeit kurz vor dem ersten Weltkrieg, die meisten längst tot. Alle wirken in ihren unnatürlichen Posen und mit ihren altmodischen Kleidern und Frisuren ein wenig lächerlich und unwirklich, als hätten sie im Gegensatz zu ihrem protzigen Dastehen schon damals keinen Bestand gehabt und wären von vornherein von der Zeit überholt gewesen, obwohl andererseits dieser erstarrte Moment scheinbarer Unversehrtheit erst den schrecklichen Verfall ermessen läßt, der nicht nur die sterbende Marie, sondern auch schon Pierre und Sabine in werdende Totenmasken verwandelt hat.

Louise sieht das Leben dieser Menschen in seiner ganzen Hoffnungslosigkeit und Vereitelung. Es ist der Blick einer Abschiednehmenden. Noch einmal umfaßt und durchdringt sie alles, was sie, um sich zu retten, verlassen will. Aber sie begibt sich in Gefahr damit. Andere Menschen so zu sehen wie sie, heißt sie verstehen und sich in ihr Leben verstricken. Was in diesem Roman auf dem Spiel steht, ist ihre Zukunft, ihre Befreiung. Und die Zentralszene stellt dar, wie sie durch eine symbolische Geste der Sterbenden verpflichtet wird zu bleiben. Als habe sie sich noch einmal aus dem Tod zurückgekämpft, erwacht die Sterbende aus ihrer tiefen Bewußtlosigkeit. Sie kann sich kaum verständlich machen, nur die Krankenpflegerin versteht, daß sie Louise etwas schenken will. Es ist eine Dose mit ihren persönlichen Sachen, deren Übergabe sie überwacht, bevor sie wieder die Augen schließt. Louise findet darin den fast wertlosen Schmuck Maries, Zeugnisse einer Bescheidenheit, die ihr eigenes Ausmaß nicht einmal kannte, aber das eigentliche Vermächtnis, das in Louises Hände gelegt wird, sind sechs Kassenbücher, in denen in Form notierter Einnahmen und Ausgaben Maries Sorge um das alltägliche Leben erscheint:

... Fakten, Vorgänge — und nicht einmal Vorgänge: Alltägliches, was sich gerade zuträgt — und nicht einmal Belangloses, sondern Nichtiges, völlig Unbedeutendes tauchten aus der Zeit, aus der Vergangenheit empor wie hier und da in die graue Unermeßlichkeit ohne Anfang und Ende gesteckte Merkpfähle, und ihre Bedeutungslosigkeit, ihre Winzigkeit stand in gar keinem Verhältnis zu dem Rahmen, in dem sie erschienen, der ihnen eine Art ungewöhnlicher Größe, etwas Majestätisches verlieh, die unbeirrbare, unpersönliche und ruhige Schrift zählte nicht nur, wiederholend und addierend, Ausgaben und Einnahmen auf, die in Münzwerten und Dezimalen berechenbar waren, sondern sozusagen die uralten und unveränderlichen Wesenheiten: Dinge, die dazu dienen, sich zu ernähren, sich zu kleiden, sich zu wärmen, und den plötzlichen Schnee an einem Wintermorgen, und das uralte Gekratze der Spaten auf den Bürgersteigen, und die uralten Geschichten zusammengebrochener Umzäunungen, umgekippter Grenzpfähle, die uralten Gewalten: Hunger, Krankheit, Kleidung, alles, Seite für Seite, Jahr für Jahr ...

Louise, die mit den Kassenbüchern das Zeugnis einer wortlosen lebenslänglichen Mühe in ihren Händen hält, ist von der Sterbenden ausgewählt worden, ihre Rolle zu übernehmen. Sie ist empört, aber sie weiß, daß sie sich nicht dagegen wehren kann, und ihre Freiheitswünsche beginnen in ihr zu erlöschen. *Ich bin so müde. All diese Leute ...*, denkt sie, nur noch in einem vagen Widerstand, der schon nichts mehr will als eine kurze Pause der Ruhe, der Erschlaffung, bevor sie sich den anderen ergibt. Und als der Geliebte, mit dem sie fortgehen wollte, gegangen ist, sagt sie sich: *Ich bin tot.*

Sie ist gestorben, weil sie auf sich selbst verzichtet hat. Wie alle anderen vor ihr hat sie sich unter das Schicksal der Gattung gebeugt, die ihre Sorge um das Überleben von Generation zu Generation weiterreicht und von den Individuen verlangt, daß sie die Pflicht über das Glück stellen. Denn noch immer ist die menschliche Geschichte mehr Produkt der Not als der Freiheit.

VI

Was ich hier zusammenfassend referiert habe, erfährt der Leser des Romans nicht in so bequemer Übersicht und Abstraktion. Er wird vielmehr vom Text gezwungen, einem verschlungenen Imaginationsprozeß zu folgen, dessen Assoziationsweise und sensible Differenziertheit seine Vorstellungskraft aufs äußerste beansprucht. Er wird über seinen gewohnten Aufmerksamkeitsgrad weit hinaus gefordert, es wird ihm eine Komplexität der Erfahrung zugemutet, gegen die er sonst durch seine gewohnten schematischen Ansichten geschützt ist. Diese Schemata werden also hier aufgelöst, um neuen komplizierteren Gestalten Platz zu machen, aber auch diese verfestigen sich nicht, sondern gehen, indem sie sich schrittweise entfalten, schon wieder neue Verbindungen mit anderen Vorstellungen ein, ändern die Richtung, den Kristallisationspunkt und erscheinen, wenn sie wiederkehren, nie in identischer Gestalt. Ein ununterbrochener Werdeprozeß ist im Gang, der die Erwartungen des Lesers dauernd verschiebt, und der Operator dieses Werdens, die rhetorische Figur, die die Differenzierungen von einer vorausgesetzten konventionellen Vorstellung bewirkt, ist die Verneinung:

... und als sie (Louise) das Auto in der Kurve erscheinen und langsamer fahren sah, wartete sie *nicht*, daß er zu ihr käme: sie kletterte über die eingestürzte Mauer, ging *ohne* Angst, gesehen zu werden, weiter, und zwar *nicht* auf ihn zu, dessen Auto sie gerade erreichte, als er den Wagenschlag zuklappte, *sondern* ihm voraus, da sie, *ohne* stehenzubleiben, ihren Weg fortsetzte, und *nur* ›Komm‹ sagte, wobei sie ihn *kaum* anschaute *noch* die Lippen voneinander löste und einfach weiterging, *ohne* sich umzudrehen (*nicht* weil sie besonders aufgeregt war, *nein*, sie ging auch *gar nicht so* schnell, *sondern* einfach so, wie jemand über einen Weg gehen mag, der *ohne* Hast, *aber* auch unverzüglich einer bestimmten Stelle *oder* einem bestimmten Gegenstand zustrebt) ...

Diese kurze Textstelle, die darstellt, wie sich Louise mit ihrem Geliebten trifft, zeigt besonders deutlich, wie die Verneinung durch dauernde Differenzierungen eine neue Vorstellung hervorbringt. Natürlich braucht das nicht immer ausdrücklich formuliert zu sein. Auch wenn keine Negationsformeln das Fortschreiten des Gedankens markieren, kann von den aufeinanderfolgenden Vorstellungen die Erwartung des Lesers dauernd verschoben, also teilweise negiert werden. Im Aktionsroman geschieht das durch unerwartete Ereignisse. Bei Claude Simon dagegen handelt es sich um eine Bewußtseinsprosa, die das Entstehen der Gedanken auch sprachlich abbildet, und deshalb bilden Formeln der Negation als Exekutoren der dauernden Unterscheidung und Umstrukturierung, die den Prozeßcharakter des Bewußtseinslebens ausmachen, in ihr eine so bedeutende Rolle. Nicht so, sondern anders — das ist die Grundformel eines Weiterschreitens, das keine Ruhe gibt, das immer neue Differenzierungen entdecken, immer neue Qualitäten erschaffen will, eines schöpferischen Prinzips, das der Gegenzug zu der resignativen Tendenz des Romans ist und sich auch in den Bildern der menschlichen Hilflosigkeit, Lächerlichkeit, des Elends und des Todes durchsetzt, als wolle es alles erfassen und könne in einer grundlosen Begeisterung auch vom Schrecklichen nie genug bekommen:

... sie betrachteten also das, was ihnen in diesem Augenblick *weniger* ein menschliches Gesicht (und *noch weniger* eines jener vertrauten, harmlosen, so gut bekannten Gesichter, daß man sie nicht mehr sieht) zu sein schien, als *vielmehr etwas anderes*: die strenge, stolze, papiermaché-artige Maske, von Ramses II., die frei von jener Harmlosigkeit war, welche *nicht nur* der Tod, *sondern* auch die Zeit, die Jahrhunderte verleihen: die *im Gegenteil* mit ihren geschlossenen Augen von einer unnahbaren, beinahe feindlichen Gewalt geprägt war, als ob die Sterbende sich in ihrem Innern *nicht* zu einer höchsten Meditation konzentrierte, *sondern* sich *nur* darin versenkte, als wäre sie zu der Überzeugung von der Vergeblichkeit jeder Meditation und auch aller Anstandsformeln gelangt, und als verwürfe sie infolgedessen alles (Gedanken, äußere Welt, Leute), was mit diesem Streit nichts zu tun hatte, mit diesem erschöpfenden Kampf, der aus dem zerbrechlichen Gerippe dieses fürchterliche, unanständige Röcheln eines Riesen hervorbrachte ...

VII

Wir sind also auf ein Paradox gestoßen. Während der Roman vom Wenigerwerden des Lebens handelt, entsteht er selbst aus einer Dynamik, die immer mehr will, immer komplexere Zusammenhänge, immer sensiblere Nuancen. Er stellt mit dem Blick auf die durchscheinende Negativität des Todes die Wahrnehmung des Lebens wieder her, wie es Šklovskij von der Kunst gefordert hat.

Er tut das, indem er die Prämissen unserer Erlebnisverarbeitung problematisiert, das scheinbar Bekannte fremd macht und ihm so eine neue Sichtbarkeit gibt.

Aber Sichtbarkeit ist ein viel zu neutrales Wort. Alles, was dargestellt wird, auch das Lächerliche oder Schreckliche, gewinnt eine neue Daseinsmacht und Nähe, der gegenüber wir nicht gleichgültig bleiben können. Dieses alte Ehepaar, Pierre und Sabine, können wir nicht mehr als verfehlte und verzerrte Existenzen von uns fortschieben, sondern wir müssen sie in ihrer erbarmungswürdigen Menschlichkeit wahrnehmen und uns darin erkennen. Noch in der grotesken würdelosen Szene, in der sie beide hilflos auf dem Boden ihres Schlafzimmers liegen und sich nicht mehr aufrichten können, sie nicht, weil sie sich wieder in ihrem Kummer betrunken hat, und er nicht, der ihr die Flasche entreißen wollte, und dabei mit ihr zusammen gestürzt ist, wegen seiner Schwerfälligkeit und Schwäche, noch in ihren Versuchen, sich gegenseitig zu helfen, werden elementare Formen von Liebe oder Solidarität erkennbar, die selber Solidarität erzeugen.

Vielleicht kann man das verallgemeinern. Das Lesen von Literatur (soweit sie sich selber als ein Medium der Existenzerhellung versteht) führt als ein Akt des Verstehens und der Teilnahme, jedenfalls in utopischer Verlängerung, zu einer Solidarisierung mit allen anderen Menschen, die mit uns da sind und in deren Leben wir eigene Möglichkeiten wiedererkennen. Ich merke hier an, daß der Psychoanalytiker Erik H. Erikson es für ein Kennzeichen der letzten Reifungsstufe hält, daß man sich als Mitglied der großen Menschengemeinschaft und ihrer Geschichte versteht, daß man teilnimmt an ihrem Kampf um ein menschliches Leben und sich in seiner Individualität darin aufgehoben fühlt.

Aber in kritischer Literatur kann sich diese Erfahrung nie zur Versöhnung entspannen. Solidarisieren kann man sich nur angesichts weiterbestehender und spürbar gemachter Widersprüche. Louise, in Claude Simons Roman die Figur, mit deren Augen der Leser das Geschehen betrachtet, bleibt zwar bei den anderen, weil sie sich ihnen, auch ihren Irrtümern, ihrem Elend, verbunden fühlt, aber das ist trotz der Treue, dem Verständnis, das sich darin ausdrückt, kein Happy-End, sondern ein empörender Schluß. Er macht die dargestellte Hoffnungslosigkeit total und den Wunsch nach Befreiung um so dringender. Mit diesem Widerspruch, der kein abstrakter mehr ist, da er sich aufgefüllt hat mit dem ganzen Wahrnehmungs- und Reflexionsprozeß des Romans, bleibt der Leser allein.

VIII

Aber behält nach Meinung des Autors nicht der Blick des Depressiven recht, der unverwandt auf den Tod gerichtet ist und im Leben nur eine sinnlose Anstrengung und fortschreitende Selbstzerstörung erkennen kann? Was unterscheidet ihn von jener Kranken, die mit dem Gefühl einer unumstößlichen Erkenntnis vom Leben sagt:

... all das dauert 60 Jahre, dann sterbe ich, dann kommen andere, die leben ungefähr so lange und essen und schlafen wie ich, und dann kommen wieder andere, und so geht es weiter, ohne Sinn, und Tausende von Jahren!

Ich glaube, der Autor hat diesem Diktum keine andere Erkenntnis entgegenzusetzen. Als Motto hat er seinem Roman ein Wort von Boris Pasternak vorangestellt: *Niemand macht die Geschichte, man sieht sie nicht, ebensowenig wie man das Gras wachsen sieht.* Es handelt sich für ihn also um ein Geschehen, das dumpf und bewußtlos wie Natur ist, so wie es sich auch Tolstoi dargestellt haben mag, als ihm in seinem Zimmer das spurlose Verschwinden aller Menschen plötzlich vor Augen stand. Was dagegen spricht, ist nur der Roman selber, als eine nicht weiter begründbare Anstrengung, die Stummheit zu durchbrechen und durch die Erweckung unserer Vorstellungskraft und die vielleicht minimale, aber beharrliche Verrückung unserer Erwartungen die Potentiale des Werdens erlebbar zu machen.

Karlheinz Stierle

DER GEBRAUCH DER NEGATION
IN FIKTIONALEN TEXTEN

I

Die Frage nach dem Gebrauch der Negation in fiktionalen Texten, die sich der Literaturwissenschaft noch kaum gestellt hat, setzt einige Vorüberlegungen zum Konzept der Fiktionalität von Texten voraus. Wenn die immer wieder unternommenen Bemühungen der Literaturwissenschaft, Dichtung und Nichtdichtung, Literatur und Nichtliteratur zu unterscheiden, endgültig als fehlgeschlagen bezeichnet werden müssen, da sie keine operablen Kriterien für eine solche Unterscheidung erbrachten, so ist die Fiktionalität von Texten eine unterscheidende Qualität, für die sich eindeutige Merkmale angeben lassen[1]. Freilich gibt es auf der linguistisch beobachtbaren Ebene der sprachlichen Manifestation kein Kriterium, das es erlaubte, fiktionale von nichtfiktionalen Texten zu unterscheiden. Die Ebene dieser Unterscheidbarkeit ist die Ebene der ›hinter‹ der Manifestationsebene liegenden Sprachhandlung. Die fiktionale Sprachhandlung unterliegt den Bedingungen einer eigenen fiktionalen Kommunikationssituation, die sich von der Kommunikationssituation pragmatischer Sprachhandlungen grundlegend unterscheidet. Daß indes die Verschiedenheit der Kommunikationssituation die Instanz der Unterscheidung ist, ist keinesfalls selbstverständlich. Eine erste Bedingung des fiktionalen Textes ist damit implizit schon festgelegt. Fiktionale Texte sind Texte, die im weitesten Sinne an das kommunikative Schema der Aussage gebunden sind. Nur in Texten, die formal dem Schema der Aussage unterliegen, ist Fiktion möglich. Daraus folgt, daß aussagenfreie Textkonstitution nicht in den Bereich der fiktionalen Texte fällt. Die Bindung der fiktionalen Texte an das Schema der Aussage besagt, daß diese verstehbar sein müssen in dem genauen Sinn, den Wittgenstein dem Begriff des Verstehens gibt als *wissen, was der Fall ist, wenn er (der Satz) wahr ist*[2]. Dies

---

[1] Zum Begriff der Fiktionalität vgl. S. J. Schmidt, *Ist ›Fiktionalität‹ eine linguistische oder texttheoretische Kategorie?* in E. Gülich, W. Raible (eds.), *Textsorten*, Frankfurt 1972. Schmidt geht davon aus, daß literarische Texte (= fiktionale Texte) »von ihren Autoren nicht eindeutig auf bestimmte rezeptive kommunikative Handlungsspiele bzw. Kommunikationssituation hin entworfen sind, m. a. W. daß sie *situationsabstrakt* sind«. Demgegenüber scheint mir kommunikative Orientiertheit eine Bedingung von Fiktionalität zu sein, wobei Fiktionalität und Ästhetizität nicht notwendig konvergieren müssen.

[2] L. Wittgenstein, *Tractatus logico-philosophicus*, edition suhrkamp, Frankfurt 1963, 4.024.

schließt den Fall der fiktionalen Texte nicht aus, die im Grenzbereich zwischen an ein Aussageschema gebundener Textkonstitution und Weisen der Textkonstitution mit dominanten, nicht aussagegebundenen Textkonstitutionsprinzipien operieren. Die Grenze der Fiktion ist hier bezeichnet durch die Dominanz des Aussageschemas über die Möglichkeiten aussageindifferenter Strukturierungen. Dominieren diese, so entstehen poetische Setzungen, die sich selbst bezeichnen, ohne auf ein noetisches Korrelat zu verweisen (konkrete Dichtung). Diese Abgrenzung erlaubt es, die Differenz der Kommunikationssituation pragmatischer und fiktionaler Texte genauer zu erfassen. Dazu muß zunächst der Charakter der Aussage selbst, die vom Satz abgebildet wird, genauer bestimmt werden. Die auf Frege zurückgehende und besonders von B. Juhos ausgearbeitete Unterscheidung zwischen Aussage und positivem und negativem Aussagengebrauch[3] ist hier besonders wichtig. Die Aussage selbst ist ein über Konzepten als elementaren Schemata errichtetes Schema. Im Falle seines positiven Gebrauchs erfährt dieses Schema eine Besetzung, d. h. es tritt in eine Zuordnungsrelation. Die zwei Seiten dieser Relation, Schema und Besetzung, lassen sich mit der Terminologie Wittgensteins bezeichnen als Sachlage und Sachverhalt[4]: *Im Satz wird gleichsam eine Sachlage probeweise zusammengestellt.* (Tractatus, 4.031.)

---

[3] Vgl. G. Frege, *Die Verneinung. Eine logische Untersuchung* in Id., *Logische Untersuchungen*, ed. G. Patzig, Göttingen 1966, p. 55 f. Frege zeigt den Unterschied zwischen der Aussage und ihrer Setzung am Beispiel des Fragesatzes: »Es darf aber im Fragesatz weder die Wahrheit noch die Falschheit seines Sinnes behauptet werden. Darum ist der Sinn eines Fragesatzes nicht etwas, dessen Sein in seinem Wahrsein besteht. Das Wesen der Frage erfordert die Scheidung des Fassens des Sinnes vom Urteilen. (...) Der Sinn eines Gedankens besteht also nicht in seinem Wahrsein«. Dieser Ansatz ist von B. Juhos in seinem Aufsatz »Der ›positive‹ und der ›negative‹ Aussagengebrauch«, in *Studium Generale* 9 (1956) weiterentwickelt worden. Besonders der Gedanke, daß Position und Negation nur zwei verschiedene Arten der Gegebenheit sind, deren Besonderheit durch das Sprachsystem erst bestimmt wird, in dem sie gebraucht werden, ist für den Versuch einer Beschreibung der Negation in fiktionalen Texten grundlegend.

[4] Die Zuordnung der Begriffe Sachlage, Sachverhalt und Tatsache in Wittgensteins *Tractatus* ist nicht einfach und hat zu widersprechenden Interpretationen geführt. Vgl. bes. E. Stenius, *Wittgenstein's Tractatus. A Critical Exposition of its Main Lines of Thought*, Oxford 1960 und M. Black, *A Companion to Wittgenstein's Tractatus*, Cambridge 1964. Während Stenius Sachlage und Sachverhalt in Opposition sieht zu Tatsache und zwar als Möglichkeit vs. Wirklichkeit (p. 31), sieht er die Differenz zwischen Sachlage und Sachverhalt darin, daß der Sachverhalt elementar ist, die Sachlage nicht. Für Black sind Sachverhalt, Sachlage und Tatsache »usually to be taken as standing for simple or complex states of affairs (not possibilities)« (p. 45). Mein Verständnis der beiden Begriffe Sachlage und Sachverhalt unterscheidet sich von beiden Auslegungen sehr weitgehend, wie ich meine, gestützt durch explizite Formulierungen Wittgensteins. *Tract.* 4.2211 bestimmt die Zuordnung von Sachverhalt und Tatsache: *Auch wenn die Welt unendlich komplex ist, so daß jede Tatsache aus unendlich vielen Sachverhalten besteht und jeder Sachverhalt aus unendlich vielen Gegenständen zusammengesetzt ist, auch dann müßte es Gegenstände und Sachverhalte geben.* 4.061 weist darauf hin, daß der Satz einen von den Tatsachen unab-

Die Sachlage, die dem Sachverhalt zugeordnet ist, ist sein logisches Bild, sein Schema: *Das Bild stellt die Sachlage im logischen Raume, das Bestehen oder Nichtbestehen von Sachverhalten vor.* (Tractatus, 2.11.)

Eine Aussage ist wahr, wenn sie die Sachlage eines Sachverhalts ist. Ein pragmatischer Text, als Exponierung einer Sequenz von Sachlagen setzt ein zweifach gerichtetes Interesse voraus: ein ›vertikal‹ gerichtetes Interesse an der Adäquation der Sachlage an ihren Sachverhalt und ein ›horizontal‹ gerichtetes Interesse an der immanenten Konsistenz der entfalteten Sachlagen.

Die fiktionale Kommunikation ist zunächst dadurch bestimmt, daß einer Sachlage bzw. einer Sequenz von Sachlagen kein Sachverhalt zugeordnet ist. In der Terminologie von Juhos könnte man sagen, daß die Aussage in der Fiktion als diese selbst thematisiert ist, d. h. weder ihr positiver noch ihr negativer Aussagengebrauch. Es stellt sich unter dieser Voraussetzung dann die noch genauer zu erörternde Frage nach dem Gebrauch der Negation unter den Bedingungen der Fiktion, als einer Aussage, die sich indifferent verhält hinsichtlich ihres positiven oder negativen Aussagengebrauchs. Der auf Juhos zurückgehende Gedanke bedarf freilich noch der Modifikation. Die Fiktion ist noch nicht allein dadurch bestimmt, daß in ihr eine Aussage als ein Schema nicht ›gebraucht‹ wird, d. h. mit Wittgenstein, daß eine Sachlage keinem Sachverhalt zugeordnet ist. Das Schema, die Sachlage, erscheint nicht autonom, sondern in der Weise, *als ob* es einem Sachverhalt zugeordnet wäre. Im Gegensatz zu einem ›natürlichen‹ Gegenstand, der als Ort aller ihn konstituierenden Aspekte bezeichnet werden kann [5], ist der literarische Gegenstand dadurch bestimmt, daß seine Aspekthaftigkeit in ihm festgelegt ist. Ein Text bietet sich immer in seinem thematisierten Aspekt dar. Er geht über sich selbst hinaus, indem er eine Totalität impliziert,

---

hängigen Sinn hat: *Beachtet man nicht, daß der Satz einen von den Tatsachen unabhängigen Sinn hat, so kann man leicht glauben, daß wahr und falsch gleichberechtigte Beziehungen von Zeichen und Bezeichnetem sind.* 4.031 bestimmt den von den Tatsachen unabhängigen Sinn als Sachlage: *Man kann geradezu sagen: statt, dieser Satz hat diesen und diesen Sinn: dieser Satz stellt diese und diese Sachlage dar.* Die Begriffe Sachverhalt und Sachlage scheinen mir für eine an der Sprachhandlungstheorie orientierte Texttheorie außerordentlich fruchtbar werden zu können. Bei ihrer Übernahme in die Texttheorie besteht natürlich kein Grund, alle bei WITTGENSTEIN inhaltlich mit diesen Begriffen verbundenen Theoreme zu übernehmen. Die im *Tractatus* enthaltene Sprachphilosophie läßt sich, wie mir scheint, durchaus von der mit ihr verbundenen Interpretation der ›Welt‹ lösen.

[5] HUSSERL hat in seinen Beschreibungen der Gegenstandserfassung die Aspekthaftigkeit des Gegenstandes klassisch formuliert. Vgl. z. B. die Deskription der Einstellung auf Gegenstandserfassung in *Erfahrung und Urteil* (ed. L. LANDGREBE, Hamburg 1948). R. INGARDEN hat die HUSSERLschen Beschreibungen zum Ausgangspunkt seiner Erörterung der ›schematisierten Ansichten‹ in literarischen Werken gemacht. (*Das literarische Kunstwerk*, 3. Aufl. Tübingen 1965, p. 281 sqq.) INGARDEN sieht davon ab, daß die schematisierten Ansichten im literarischen Werk immer auch thematisierte Ansichten sind, die der Freiheit ihrer Besetzung strenge Grenzen ziehen.

zu der er Aspekt ist. Im Falle von Texten, deren Sachlagen Sachverhalte abbilden, ist der Sachverhalt die vorauszusetzende Totalität. Im Falle der fiktionalen Texte ist die Totalität lediglich supponiert, sie ist impliziert als eine leere Klasse von Sachverhalten. D. h., dem Schema als Sachlage entspricht hier ein Schema als Sachverhalt. Der Sachverhalt selbst also hat hier schematischen, d. h. konzeptuellen Charakter. Der Sachverhalt des fiktionalen Texts ist ein Produkt der Sprache, nicht ihr Ausgangspunkt. Als solches ist er die Manifestation einer zugrundeliegenden achronischen Hierarchie von Oppositionsstrukturen. Das Interesse, das im fiktionalen Text von seiten des Lesers aufgebracht werden muß, ist ein dominant horizontales, ›textimmanentes‹ Interesse, das gesteuert ist durch die achronisch erfaßbare systematische Struktur, die der ›naiven‹ Rezeption undurchschaut bleibt, die sich aber in einem eigenen Verfahren, für das die Mythenanalyse von Lévi-Strauss die entscheidenden Anregungen gegeben hat, aufdecken läßt[6].

Die besonderen Bedingungen der Rezeption fiktionaler Texte sind beschreibbar im Rahmen des fiktionalen Kommunikationsmodells. Dessen Prämisse auf der Seite des Rezipienten ist von Coleridge als *willing suspension of disbelief*[7] am genauesten bezeichnet worden. Damit übernimmt der Leser eine eigene Rolle, die einer eigenen Rolle auf der Seite des ›Senders‹ institutionell entspricht. Wird als einfaches Kommunikationsmodell die Relation zwischen ›Sender‹ und ›Empfänger‹ mit Hinblick auf eine unter den Bedingungen eines Kode gegebene Kommunikation vorausgesetzt, so konstituiert sich das fiktionale Kommunikationsmodell durch dessen Verdoppelung: der ›Sender‹ spielt die Rolle eines ›Senders‹ (der Autor eines Romans ›spielt‹ den Erzähler des Romans als eine romankonstitutive Rolle), der ›Empfänger‹ spielt die Rolle des ›Empfängers‹ (der konkrete Leser eines Romans ›spielt‹ die Rolle des Lesers, dessen Interessenstruktur in die Aspekthaftigkeit des literarischen Gegenstandes einkomponiert ist)[8]. Die Struktur der Verdoppelung erfaßt auch den Kommunikationsgegenstand. Um diesen selbst geht es unter den Bedingungen der Fiktionalität nur scheinbar. Thematisiert ist in Wirklichkeit eine ›Aufmerksamkeitsfigur‹, die durch die Pseudokommunikation vergegenständlicht wird. Das bedeutet: das Kommunikations-

---

[6] Die achronische Struktur narrativer Texte hat, in der Folge von Lévi-Strauss, bisher am explizitesten A. Greimas in seinem Aufsatz »Eléments d'une grammaire narrative« in A. G., *Du Sens*, Paris 1970, beschrieben. Vgl. hierzu Verf., *Semiotik als Kulturwissenschaft*, A. J. Greimas, *Du Sens* in Zeitschrift für französische Sprache und Literatur 83 (1973) p. 113 sqq.
[7] S. Coleridge, *Biographia Literaria*, ed. Shawcross, Oxford 1962, II, 6.
[8] Vgl. zur Rolle des implizierten Lesers W. Kayser, *Wer erzählt den Roman*, in *Die Vortragsreise*, Bern 1958; W. Booth, *The Rhetoric of Fiction*, Chicago 1961; T. Todorov, *Les catégories du récit littéraire* in Communications 8 (1966); W. Iser, *Der implizite Leser*, München 1972. Das Problem des implizierten Lesers ist bei Iser bisher am differenziertesten entfaltet.

modell der Fiktion bestimmt sich durch eine Potenzierung, die zugleich als
Abstrahierung bezeichnet werden kann. Der Abstraktheit der Rollen von ›Sender‹ und ›Empfänger‹ entspricht die Abstraktheit des Kommunikationsgegenstandes. Aus der Rollenstruktur des fiktionalen Kommunikationsmodells ergibt
sich eine besondere Form der Identifikation. Der Autor identifiziert sich mit
seinem Erzähler, ebenso wie der Leser mit seiner Leserrolle nicht unmittelbar,
sondern nur in Hinblick auf den gegebenen Text und unter seinen Bedingungen.
Der Leser, will er die Textintention des fiktionalen Texts erfüllen, identifiziert
sich nicht mit dem dort Ausgesagten, er übernimmt eine Identifikationsrolle, die
im Text selbst schon durch seine Perspektivik vorgezeichnet ist. Dabei kann es
freilich immer geschehen, daß ein Leser nicht bereit ist, die ihm zugedachte Rolle
zu spielen, oder nicht in der Lage ist, die ihm abverlangten Aufmerksamkeits-
und Identifikationsleistungen zu erbringen.

Zwei defiziente Formen des fiktionalen Kommunikationsmodells, die bestimmt sind durch die Zweideutigkeit ihrer Aussagegestalt, der eine Inkongruenz von Sender und Empfänger entspricht, lassen sich in diesem Rahmen
situieren. Es gibt die Möglichkeit, daß nur der ›Sender‹ eine ›Senderrolle‹ spielt,
nicht aber der ›Empfänger‹ eine ›Empfängerrolle‹, sondern sich in pragmatischer
Einstellung verhält. Dies ist der Fall der Lüge, wo mit der Undurchschautheit
des Kommunikationsmodells gerechnet wird[9]. Die zweite Möglichkeit der Defizienz ergibt sich dann, wenn der ›Empfänger‹ eine ›Empfängerrolle‹ spielt,
während in der Perspektive des Kommunikationssubjekts die Kommunikation
unter pragmatischen Bedingungen stand. Dies ist der Fall ästhetischer Einstellung zu einem pragmatischen Text, die jederzeit möglich ist und der bestimmte
pragmatische Formen besonders entsprechen. Als Beispiel hierfür könnten etwa
die Briefe der Mme de Sévigné gelten, die klassische Literatur geworden sind.
Damit sind nur die prinzipiellen Möglichkeiten erfaßt, zwischen denen eine
Fülle komplizierter Übergangsformen situierbar wäre, die die Komplexität der
Möglichkeiten im Übergangsfeld zwischen pragmatischen und fiktionalen Texten belegen könnten. Dieser Übergang ließe sich bestimmen als zunehmende
pragmatische Distanz. Sie ist am besten zu illustrieren durch die Verschiedenartigkeit der Kommunikationen einer Tageszeitung, wo beim Übergang vom
Lokalteil zu den Weltnachrichten der Leser in immer neuen Kommunikationsrollen thematisiert wird[10].

---

[9] Vgl. H. WEINRICH, *Linguistik der Lüge*, 5. Aufl., Heidelberg 1974, p. 40: »Nicht *duplex cogitatio*, sondern *duplex oratio* ist dann das Signum der Lüge«. Diese Verdoppelung ist zugleich eine Rollenverdoppelung, die nicht ausgewiesen wird.
[10] Die Pragmatik des Zeitungstexts ist am besten behandelt in W. HAGEMANN, *Grundzüge der Publizistik*, 2. Aufl., Münster 1966.

II

Der Sachverhalt ist eine Totalität, zu der die Sachlage sich als Reduktion auf einen textkonstitutiven, sprachlich materialisierten Aspekt verhält. Im Falle fiktionaler Texte ist die Bezogenheit der Sachlage auf einen Sachverhalt eine ›leere‹ Voraussetzung, die dennoch nicht eliminierbar ist. Auch im fiktionalen Text muß die Aspekthaftigkeit der Sachlage verstanden werden im Hinblick auf den vorauszusetzenden Horizont einer Totalität des Sachverhalts, auch hier steht also das Gesagte in Relation zum Nichtgesagten, das sein Komplement darstellt. Die gattungsspezifische Form pragmatischer wie nichtpragmatischer Texte läßt sich bestimmen als gattungskonstitutive Weisen des Innehaltens der thematischen Expansion und ihres Ungleichgewichts. Wenn die so erzeugten ›Unbestimmtheitsstellen‹[11] einen Appellwert[12] zu ihrer Ausführung durch den Rezipienten in sich tragen, so läßt deren eigentliche Funktion für die Artikulierung einer Textintention sich nur erfassen in der Bezugsetzung von Unbestimmtheit zu Bestimmtheit, aus der sich ein je textkonstitutives Ungleichgewicht ergibt. Das Ungleichgewicht des Textes, d. h. das Insgesamt der Relationen von Bestimmtheit und Unbestimmtheit ist seine Form. Diese kann als Äquivalent zu einer vorausgesetzten Interessenstruktur verstanden werden. Somit hat jeder fiktionale wie jeder pragmatische Text einen Horizont des Nichtgesagten, der textkonstitutiv ist. Der Horizont des Nichtgesagten als Komplement des Gesagten umschreibt eine Totalität, in die das Exponierte als positive Seite sich einzeichnet. Dieser Horizont des Nichtgesagten ist die eine Dimension der Negativität, die den Text konstituiert. Ein zweiter, zumindest potentiell textkonstitutiver Horizont der Negativität tritt hinzu, der sich dem Horizont des Nichtgesagten als Horizont des ›gesagten Nicht‹ entgegenstellen läßt. Dieser zweite, durch explizite Sprachhandlungen der Negation aufgebaute Horizont soll vor dem Hintergrund des bisher Explizierten nun genauer erfaßt werden.

Für ihre Argumentation beschränkt die folgende Untersuchung sich strikt auf Negationen als explizite Sprachhandlungen. Sie läßt den Bereich der impliziten Negationen, wo eine sprachliche Position eine lebensweltliche Negation bezeichnet, ebenso außer acht wie den Bereich der lebensweltlichen ›Negativität‹, die im

---

[11] Der Begriff der ›Unbestimmtheitsstelle‹ stammt von R. Ingarden (a. a. O.). Ingarden betrachtet nicht die Relation der sprachlichen Unbestimmtheitsstellen zu den Bestimmtheitsstellen als Indikator für die Interessenstruktur des implizierten Lesers, sondern nur deren Besetzung durch die verschiedenen konkreten Rezeptionsakte.

[12] Die auf Ingarden aufbauenden literarästhetischen Überlegungen von W. Iser über die rezeptionsästhetische Funktion der Unbestimmtheit (*Die Appellstruktur der Texte*, Konstanz 1970) lassen die textkonstitutive Relation von Unbestimmtheit zu Bestimmtheit ebenfalls im Hintergrund.

Text thematisiert wird. Negation und Fiktion stehen zueinander in einer besonderen Relation, von der die Frage der Negation in der Fiktion ihren Ausgang nehmen muß. Versteht man den fiktionalen Text, bzw. seine ›Aussage‹ als Komplement zur faktischen Welt, so kann die Negation im fiktionalen Text verstanden werden als Komplement zu diesem Komplement. Gemeinsam ist beiden, Fiktion und Negation, der Charakter eines bloßen Schemas, wobei Schema der Fiktion und Schema der Negation sich zunächst darin unterscheiden, daß in der Fiktion das Schema als Sachlage dem Schema eines Sachverhalts zugeordnet ist, in der Negation dagegen das Schema als Sachlage qua Negation ungesättigt bleibt, keinem Sachverhalt zugeordnet oder einem gegebenen Sachverhalt entzogen wird. Diese generelle Feststellung läßt sich noch differenzieren. Gewöhnlich ist die Negation nicht totale, sondern nur partielle Negation. Es bleiben auch in der Negation nichtnegierte Elemente, deren Fundierungsgeschichte sie einerseits mit dem bisherigen Text verbindet, andererseits den Punkt bezeichnet, wo die Bildung einer Sachlage einem Sachverhalt entzogen wird.

III

Die Bedingungen der Negation in fiktionalen Texten lassen sich am besten erfassen, indem zunächst die Struktur der Negation beschrieben und dann Schritt für Schritt von einfachen zu komplexen Situationsmodellen der Negation übergegangen wird.

Mit Hinblick auf den die Sachlage abbildenden Satz sind zwei Arten von Negationen möglich: Negation von Elementen eines Satzes und Negation des Satzes selbst. Im ersten Fall bezeichnet die Negation die thematisierte Nichteinsetzung eines Paradigmas in eine syntagmatische Leerstelle. Der Satz selbst wird dadurch nicht affiziert. Durch die Form ›nicht-sondern‹ wird die Relation von Heraussprengen eines Paradigmas und Einsetzen eines neuen Paradigmas kanonisch bezeichnet. Solange die zweite Seite, die Ersetzung, noch offensteht, ist der Satz ungesättigt. Die Negation des ganzen Satzes wird bewirkt durch die Negation des ›satzerzeugenden Funktors‹[13], d. h. des Verbs. Wird das Verb negiert, so wird damit die Satzfunktion selbst, als höchste hierarchische Ebene des Satzes negiert und damit alles, was in sie als Argument eintritt. Dieser Fall, in dem die Aussage selbst, nicht nur einzelne ihrer Konstituenten negiert wird, soll im fol-

---

[13] Der Begriff entstammt der Sprachtheorie von R. FREUNDLICH (R. F., *Sprachtheorie*, Wien / New York 1970). Zum besonderen Fall der durch Kontrastakzent eingeschränkten Negation vgl. meinen Beitrag *Partielle und asymmetrische Negationen*, p. 451 sqq.

genden ausschließlich betrachtet werden, denn nur von ihm läßt sich sagen, daß er zur Fiktion in einer besonderen Beziehung steht.

Jede Satznegation konstituiert sich als Synkretismus zweier Sprachhandlungen mit identischer Satzstruktur. Genauer: jede Satznegation impliziert zwei konträre Sprachhandlungen, von denen die eine die andere voraussetzt. Die Satznegation setzt eine Tiefenstruktur voraus, die beschreibbar ist als zweigliedriges Schema, deren Glieder als Setzung eines Schemas und seine Zurücknahme in einem Folgeverhältnis zueinander stehen. Setzung eines Schemas im Hinblick auf einen Sachverhalt und Aufhebung der Zuordnung des Schemas auf einen Sachverhalt werden auf eine identische Manifestationsebene, die des Satzes, projiziert, d. h. ein logisches Nacheinander wird syntaktisch als ein ›Ineinander‹ manifestiert[14]. Spezifisch für diesen Synkretismus ist die Möglichkeit des durch Negation erzeugten Suspens, wenn die Negationsaufforderung gegeben wird, bevor noch das Negierte sich als Schema konstituiert hat. Da in den indoeuropäischen Sprachen das Verb als Bezeichnung einer Funktion gewöhnlich zwischen deren Argumentstellen steht, und die Negation der ganzen Aussage als Negation des Verbs bewirkt wird, ist dies der Regelfall. Im Bewußtsein dessen, der die Negationsaufforderung realisiert, muß also zunächst Simultaneität in Sukzessivität aufgelöst und diese in eine erneute paradoxe Simultaneität überführt werden. Versteht man den eigentlichen Sinn der Fiktion auf der Seite des Rezipienten im freien, nicht pragmatisch gebundenen Vollzug von Aufmerksamkeitsleistungen, so wird man wegen der Komplexität der in der Negation geforderten Leistung, in Negationen von vornherein Verdichtungen erblicken, die eine erhöhte Aufmerksamkeitsleistung des Rezipienten zu ihrer Einlösung verlangen.

Bezogen auf welchen Sachverhalt auch immer, sind die Möglichkeiten der Negation, d. h. der thematisierten Nichtbeziehung eines Schemas auf einen Sachverhalt unendlich. Im Hinblick auf das, was der Fall ist, gibt es unendlich vieles, was nicht der Fall ist. Das bedeutet, daß eine Negation Sinn nur hat, wenn sie einer Ökonomie der Negation folgt. Genauer: Negationen sind sinnvoll nur, wenn das Negierte als möglich oder erwartbar vorausgesetzt werden kann. Allgemein kann man sagen: das Negierte muß wahrscheinlicher sein als seine Negation. Die Systematik der Negation als Beschreibung ihrer formalen

---

[14] Diese Struktur ist besonders von H. BERGSON eingehend beschrieben worden. Vgl. *L'Evolution créatrice*, 27. Aufl., Paris 1923, p. 311: *Ainsi, tandis que l'affirmation porte directement sur la chose, la dénégation ne vise la chose qu'indirectement à travers une affirmation interposée. Une proposition affirmative traduit un jugement porté sur un objet; une proposition négative traduit un jugement porté sur un jugement.* BERGSONS Begriff der *affirmation* bleibt indes zweideutig, insofern als er gleichzeitig die reine Sachlage und die auf einen Sachverhalt bezogene Sachlage bezeichnet.

Möglichkeiten bedarf zu ihrer Ergänzung einer Pragmatik der Negation, die die Bedingungen angibt, unter denen Negation überhaupt sinnvoll ist. Die Relevanz einer Pragmatik der Negation für die Negation selbst hat Konsequenzen auf der Seite der Rezeption. Eine Negation verstehen (und nicht nur sie vollziehen) kann nicht einfach bedeuten ›wissen, was nicht der Fall ist‹, sondern heißt wissen, in welcher Perspektive es sinnvoll ist zu sagen, daß etwas nicht der Fall sei.

Die Grundstrukturen einer Pragmatik der Negation lassen sich entwickeln an einem elementaren Modell einer Kommunikationssituation der Negation, dem des Dialogs, als eines Sprachspiels zwischen zwei Partnern, die wechselweise die Rolle von ›Sender‹ und ›Empfänger‹ übernehmen. Negation in diesem elementaren Modell ist sinnvoll dann, wenn das Negierte eine Erwartung, Absicht, Befürchtung, Hoffnung etc. des ›Empfängers‹ oder des ›Senders‹ artikuliert. Der einfachste Fall ist der, daß die Negation des ›Senders‹ eine Erwartung des ›Empfängers‹ artikuliert und negiert. Hier wird von seiten des ›Senders‹ mit einem gegebenen Interesse des ›Empfängers‹ gerechnet. Oder aber die Negation betrifft die Erwartung des ›Senders‹ selbst. In diesem Fall muß das Interesse an der Negation vom ›Empfänger‹ erst aufgebracht werden. Das hier vorausgesetzte Interesse des ›Empfängers‹ ist kein unmittelbares, sondern ein vermitteltes, das sich am genauesten als ›Solidarität‹ bezeichnen läßt. In der Terminologie des Kommunikationsmodells von Jakobson[15] bedeutet dies, daß die Negation nur scheinbar eine dominant referentielle, in Wirklichkeit jedoch immer eine dominant emotive oder eine dominant konative Funktion ist. Dabei tritt zur dominant emotiven eine sekundäre konative Funktion hinzu, die man als ›Appell zur Solidarität‹ bezeichnen kann. Das Umgekehrte, daß zu einer dominant konativen eine sekundäre emotive Funktion hinzutritt, ist spezifisch für eine besondere Klasse von Negationen, die man im weitesten Sinne als negative Befehle, d. h. als Verbote bezeichnen kann. Hier wird ein Empfänger von einem Sender aufgefordert, ein Schema als Programm einer Handlung ›zurückzunehmen‹, d. h. die Transformation einer Sachlage in einen Sachverhalt nicht zu verwirklichen, die konsekutive Relation von Sachlage und Sachverhalt außer Kraft zu setzen.

Das elementare Modell der Negation im Kommunikationsrahmen einer Ich-Du-Relation mit wechselnden Positionen (Dialog) läßt sich dadurch in ein komplexes Modell überführen, daß eine weitere Instanz eingeführt wird, die der

---

[15] Vgl. R. Jakobson, *Linguistics and Poetics*, in *Style in Language*, 2. Aufl., Cambridge, Mass., 1964.
[16] E. Benveniste bestreitet mit scharfsinnigen Argumenten die Existenz einer ›dritten Person‹ im Pronominalsystem. (Vgl. »La nature des pronoms« in E. Benveniste, *Problèmes de linguistique générale*, Paris 1966, p. 251 sqq.) Für ihn sind ›ich‹ und ›du‹ die pronominalen

›dritten Person‹, die das Ich-Du-Modell in ein Ich-Du-Er-Modell überführt[16]. Damit ergeben sich neue Möglichkeiten der Zurechnung einer Negation, d. h. ihrer Fundierung in einer Ökonomie der Negation. So ließen sich, wenn A zu B sagt *C ist nicht gekommen*, drei Erwartungsmöglichkeiten konstruieren, von denen mindestens eine sich kontextuell oder situationell ausweisen muß. Entweder kann die Negation implizieren: Ich habe erwartet, befürchtet, gehofft, es für möglich gehalten etc., daß C kommt, aber er ist nicht gekommen oder: Du hast erwartet... etc., daß C kommt, aber er ist nicht gekommen, oder: C wollte kommen, aber er konnte nicht kommen. Ist die Quelle der Negation von C's Kommen C selbst, so bleibt freilich ein sekundäres Interesse von seiten A's und B's am Nichtkommen C's Voraussetzung dafür, daß dieses überhaupt artikuliert wird. Erst hier wird also eine dominante referentielle Funktion der Negation möglich, sofern diese Gegenstand eines abgleiteten Interesses ist.

Das Ich-Du-Er-Modell der Negation kann dadurch weiterhin ins Unabsehbare in seiner Komplexität gesteigert werden, daß die ›dritte Person‹ beliebig pluralisiert wird. Es ergeben sich dann vielfältigste Formen der perspektivischen Zuordnung (der »Standpunktreise«, wie Bühler sagt[17]), deren Linien aber immer

---

Instanzen der Person, ›er‹ ist die Instanz der ›Nichtperson‹, deren Bezeichnungen *ne servent qu'en qualité de substituts abréviatifs* (p. 256). Diese Opposition trägt jedoch der nur relativen Differenz zwischen den beiden Seiten der Opposition nicht Rechnung. Es wäre besser, von ›ich‹ und ›du‹ als primären, ›er‹ als sekundärer Person zu sprechen. Die primären Personen sind im pragmatischen Sprechen texttranszendent, sofern sie die Quelle der Sprachhandlung im sprechenden Subjekt und den Ort ihrer Rezeption im angesprochenen Empfänger bezeichnen. Die sekundäre Person ist textimmanent. Fiktionale Texte unterscheiden sich von pragmatischen dann darin, daß in ihnen die Instanzen von ›ich‹ und ›du‹ nur formal texttranszendent, in ihrer Besetzung als thematisierte Rollen aber textimmanent sind. Die Unterscheidung zwischen primärer und sekundärer Person erlaubt es, Fälle zu beschreiben, wo die Opposition von Person und Nichtperson nicht zureicht. So ist in der auf die dritte Person bezogenen Negation die Perspektive der dritten Person dominant über die Perspektive der ersten Personen. Ganz besonders zeigt sich der Vorteil dieser Unterscheidung an den Paradigmen, an denen BENVENISTE den Unterschied von *personne* und *nonpersonne* exemplifiziert: *Je jure* und *il jure* (*De la subjectivité dans le langage*, op. cit., p. 265). *Alors que ›je jure‹ est un engagement, ›il jure‹ n'est qu'une description*. Diese Unterscheidung ist formal richtig, aber sie ist unvollständig. Im zweiten Paradigma wird nicht einfach eine Beschreibung gegeben, sondern in der Beschreibung eine durch diese gegebene Sprachhandlung, die ihrerseits eine Quelle der Sprachhandlung voraussetzt. (Man kann den Satz *il jure* leicht transformieren in den Satz *il dit ›je jure‹*). Die Unvollständigkeit von BENVENISTES Ansatz wird darin offenkundig, daß er den Paradigmen *je jure* und *il jure* nicht das Paradigma *je jurais* hinzufügt, bei dem gleichfalls die deskriptive Sprachhandlung über die Sprachhandlung des *jurer* dominant ist. Hier bezeichnet die Instanz *je* selbst einen Synkretismus von primärer und sekundärer Person. Das Ich ist hier sowohl als sprechendes texttranszendent wie als besprochenes textimmanent.

[17] K. BÜHLER, *Sprachtheorie*, 2. Aufl., Stuttgart 1965. Bühler interessiert sich im wesentlichen für die »Deixis am Phantasma«. Seine Feststellung, daß das rezipierende Subjekt sich zu versetzen vermag und daß im Text mit dieser Fähigkeit gerechnet wird, so daß besonders

im Fluchtpunkt der zugrundeliegenden Basisrelation des Ich-Du-Modells zusammenlaufen. Letzten Endes ist es immer das sprechende Ich, das entweder ein Interesse des angesprochenen Du voraussetzt oder an dieses appelliert. Immer ist die Kommunikation auf seiten des Du die Befriedigung eines schon vorhandenen oder erst aufzubringenden Interesses. Die Kommunikation mißlingt, wo dieses Interesse nicht aufgebracht werden kann. Es wäre von hier aus notwendig, die besondere Struktur des im Fall der ästhetischen (fiktionalen) Kommunikation aufzubringenden Interesses und seines institutionellen Rahmens (z. B. ›Gesellschaft der Gebildeten‹) zu entwickeln. Die institutionellen Bedingungen des ›interesselosen Interesses‹ der Fiktion und ihre gesellschaftliche Fundierung sind ein Problem, dessen sich die Literatursoziologie noch nicht angenommen hat. Hier läßt sich nur darauf hinweisen.

Die Darstellung der Quellen der Negation im Kommunikationsmodell impliziert ein Identifikationsmodell, auf das bisher nur andeutungsweise eingegangen wurde. Das Ich-Du-Er-Modell der Kommunikation setzt ein Identifikationsmodell voraus, das dadurch differenziert ist, daß mit Möglichkeiten der Distanzierung gerechnet wird. Legt man das Kommunikationsmodell von Ich-Du-Er (I, D, E) zugrunde, dann lassen sich hier prinzipielle Möglichkeiten der Identifizierung und Distanzierung beschreiben, die allerdings nicht schon auf der Ebene des Dialogs, sondern erst auf der Ebene des Texts und insbesondere des fiktionalen Texts voll ausgeschöpft werden, dann nämlich, wenn die Identifikationsbedingungen in den Text selbst einbeschrieben sind. Das I-D-E-Modell erlaubt die folgenden Möglichkeiten:

(I, D, E)   Konsens; Gleichheit der Interessen
(I); (D); (E)   Dissens; Verschiedenheit der Interessen
(I); (D, E)   partieller Konsens = partieller Dissens
(D); (I, E)
(E); (I, D)

Demnach kann eine Negation entweder sowohl ein Interesse von I, D, E betreffen wie auch nur entweder ein Interesse von I oder D oder E, oder aber von D und E nicht aber I, I und E nicht aber D, I und D nicht aber E.

Das Paradigma des Dialogs kann als Paradigma des Texts nicht unvermittelt zugrunde gelegt werden. Zwischen Dialog und Text gibt es einen Übergang von weitreichender Konsequenz. Man könnte die Möglichkeit des Texts geradezu in der Aufhebung des Dialogmodells begründen. Im Text sind die im Dialog beweglichen Rollen von ›Sender‹ und ›Empfänger‹ festgelegt. Text ist nur möglich aufgrund einer institutionell garantierten und normierten Rollenstabilisierung.

---

in narrativen Texten Relationen entstehen zwischen der primären Situation als der Sprechsituation und sekundären Situation im Text selbst, gilt auch für die Negation.

Das Kommunikationsmodell des Texts beruht auf einer je gattungsspezifischen, pragmatisch fundierten Institution, die die Sprachhandlung ›Text‹ ermöglicht. Je unwahrscheinlicher der Zustand der Rollenfixierung mit Hinblick auf das Dialogmodell ist, d. h. je länger von den beiden Kommunikationspartnern das Durchhalten ihrer Rolle erwartet wird, desto größer muß die institutionelle Sicherung sein, die dies garantiert. Das Gesagte im Kommunikationsmodell des Textes ist nicht mehr Funktion einer Rolle wie im Dialog, vielmehr ist die Rolle Funktion des Gesagten. Dabei muß zur Unterscheidung von pragmatischen und poetischen Texten (fiktionalen Texten) ein grundsätzlicher Unterschied gemacht werden zwischen ›eine Rolle übernehmen‹ und ›eine Rolle spielen‹. Der Text, genauer das Textschema in seinem institutionellen Rahmen, ist eine mit Hinblick auf die Zufälligkeit der Kommunikationspartner autonome Instanz. Dessen Möglichkeiten der Negation sind abhängig von den durch das Textschema bedingten Ebenen der jeweiligen Textkonstitution. Dies sei am Beispiel narrativer Texte verdeutlicht. Macht man hier den Unterschied zwischen Geschichte und Diskurs[18], so läßt sich zunächst sagen, daß die Ebene des Diskurs der Ort aller Negationen ist, unabhängig von ihren Negationsquellen, die auf den verschiedenen Ebenen der Textkonstitution situiert sein können. Die Ebene des Diskurs ist nicht nur eine eigene Instanz, sondern zugleich Projektionsebene für die dahinterliegenden textkonstitutiven Ebenen. Die Anschlußmöglichkeiten an einer gegebenen Stelle im Text sind bedingt durch die hierarchische Struktur der Entfaltung der Geschichte selbst und ihre Projektion auf die Ebene des Diskurs oder aber durch die Eigenbewegung des Diskurs.

Unter dieser Perspektive läßt die Satznegation sich beschreiben als ein Textfortführungsschema, das als dieses thematisiert, aber nicht ergriffen wird. Es stellt sich dabei immer die Aufgabe, die Negation mit Hinblick auf ihre Textkonstitutionsebene zu situieren. Das negierte Textfortführungsschema ist gewöhnlich höher situiert, die mit ihm bezeichnete Sachlage also abstrakter gefaßt als die Ebene der Position, gegen die sie sich absetzt. Der Grund dafür kann in dem besonderen Charakter der Negation als einer Ein-Satz-Sprachhandlung gesehen werden. Die Sachlage, die negiert wird, muß syntaktisch immer in einem Satz zusammengefaßt werden. Jede Negation muß sich auf eine vorausliegende Position in der Weise beziehen lassen, daß die Sachlage der Position sich mit der Sachlage der Negation zu einem Gesamtschema vereinigen läßt. Die Position selbst wird dadurch interpretiert, daß sie in Relation zur Sachlage der Negation tritt, wobei nun gleichzeitig ein Metaschema sich sowohl konstituiert als auch

---

[18] Vgl. zu dieser Unterscheidung Verf., *Geschehen, Geschichte, Texte der Geschichte* in *Geschichte — Ereignis und Erzählung (Poetik und Hermeneutik V)* München 1973

zurückgenommen wird, wodurch die Position der Sachlage für eine neue Verknüpfung in einem neuen Schema und damit für eine neue Interpretation frei wird.

Mit dem Text ist eine neue Form der Autonomie erreicht. Doch ist diese Autonomie rein formal, sie betrifft allein das Textschema und seine institutionelle Sicherung. Seine konkrete Besetzung ist bei pragmatischen Texten immer abhängig von den konkreten Zwecken, die sich in ihm objektivieren. Erst mit dem fiktionalen Text, der losgelöst ist von einem pragmatischen Kontext, ist die völlige Autonomie des Textes erreicht. Der fiktionale Text hat einen theoretischen Status, der unabhängig ist von konkreten Bedingungen und nur allgemeinen Bedingungen, die seiner Poetik entspringen, sich unterwirft.

IV

Nach der Erörterung des fiktionalen Schemas und seines Gebrauchs im fiktionalen Kommunikationsmodell, des Schemas der Negation und ihres Gebrauchs im Kommunikationsmodell der Negation, kann nunmehr die Frage nach der Leistung der Negation unter den Bedingungen der Fiktionalität gestellt werden. Als Paradigma wird dafür das Modell des fiktionalen narrativen Textes zugrundegelegt. Diese Beschränkung rechtfertigt sich nicht so sehr daraus, daß unter Fiktion gewöhnlich ohnehin die narrative Fiktion verstanden wird, als vielmehr aus der komplexen Struktur narrativer Texte, die alle Möglichkeiten der Textkonstitution in sich begreift. Ist die Narration das Textschema, das über die größte integrative Potenz verfügt, so läßt sich erwarten, daß der Gebrauch der Negation in fiktionalen Texten sich in diesem Textbereich am vollständigsten explizieren läßt.

Die folgenden Überlegungen verstehen sich als ein exploratorischer Versuch in Richtung auf eine erst noch zu konstituierende Poetik der Negation. Eine solche Poetik der Negation unterscheidet sich grundlegend von einer möglichen Poetik der Negativität, wie sie sich in Adornos *Ästhetischer Theorie* findet und wie sie sich bereits in Schillers Konzept der sentimentalischen Dichtung unter eigenen Voraussetzungen artikuliert[19]. Daß beide Problemstellungen in einem tieferen Zusammenhang stehen, liegt nahe, doch kann diese Relation hier nicht verfolgt werden, um den Gesichtspunkt der Negation nicht mit sehr weitführenden anderen Gesichtspunkten zu vermengen. Erst wenn eine Poetik der Nega-

---

[19] F. Schiller, *Über naive und sentimentalische Dichtung*. Schillers Konzept des Sentimentalischen impliziert die des Naiven als das Negierte einer Negation. Das Naive erscheint im Sentimentalischen als Thematisierung seines Verlusts.

tion aus ihren eigenen Prämissen entwickelt ist, läßt sich diese auf ihre Relation zu einer Poetik der Negativität befragen.

Das Verhältnis von Position und Negation unterscheidet sich in pragmatischen und fiktionalen Texten grundsätzlich. Im pragmatischen Text bedeutet Position die Bindung einer Sachlage an einen Sachverhalt, Negation die Isolierung einer Sachlage gegen einen möglichen Sachverhalt, d. h. die Thematisierung des reinen Schemas. Diese Opposition ist in fiktionalen Texten relativiert, sofern der Sachverhalt, auf den die Sachlage verweist, selbst nur schematischen Charakter hat. Sofern beide Seiten, Setzung und Negation, hier den Charakter eines Schemas haben, treten sie in eine enge Relation, deren beide Seiten nur durch die Differenz in der Struktur des Schemas sich voneinander unterscheiden. Zu berücksichtigen bleibt freilich, daß Setzung und Negation wie im pragmatischen so gewöhnlich auch im fiktionalen Text nur punktuell aneinandergrenzen und daß die Manifestation der Negation, aus der Struktur der Negation als Ein-Satz-Sprachhandlung bedingt, eine hierarchisch höhere, d. h. abstraktere Ebene besetzt. Doch ändert diese Modifikation nichts an der Feststellung einer vom pragmatischen Text prinzipiell verschiedenen Zuordnung von Negation und Position. Indem die Fiktion selbst als ein Schema erscheint, gibt es sowohl für die Position wie für die Negation keine unmittelbare Außenbestimmung mehr. Der fiktionale Text ist der Möglichkeit einer Zuordnung im Raum-Zeit-Kontinuum enthoben. Seine Teile und damit auch seine Negationen sind nur innenbestimmt als wechselseitige Interdependenz. Für die Negation bedeutet dies, daß sie im Hinblick auf eine mögliche ›Außenbestimmtheit‹ absolut gebraucht wird, daß dieser absolute Gebrauch andererseits relativiert ist insofern, als die Negation der Position der Fiktion zugeordnet ist, die Menge aller Negationen sich auf der Achse der fiktionalen Narrativität verteilt. Diese Zweiseitigkeit bedarf noch genauerer Betrachtung. Festzuhalten bleibt zunächst, daß die Negation in fiktionalen Texten von konstruktiver Bedeutung ist und ihr damit nicht nur episodischer Wert im Textzusammenhang zukommt, sondern sie aus der Ökonomie des Ganzen hervorgeht und somit einen eigenen theoretischen Status hat. Unter dieser Bedingung lassen die Negationen des fiktionalen Texts sich als eine Einheit erfassen, zumindest soweit die Negationen textkonstitutiv, also in der Texthierarchie relativ hoch anzusetzen sind. Die Negationen des fiktionalen Texts konstituieren unter dem Aspekt ihrer konstruktiven Gesamtfunktion einen eigenen Negationshorizont. Die Fiktion umfaßt beides, Negation und Position. Sie konstituiert sich aus Position und Negation als ihrem Komplement. So kann die Fiktion als logische Summe von fiktionaler Position und fiktionaler Negation bezeichnet werden. Beide Seiten, die Position und ihr Komplement, unterscheiden sich in erster Linie durch die verschiedene Gegebenheit des in ihnen Gesetzten. Die Negation ist der Position zugeordnet, sie eröffnet Perspektiven, die die

Eindimensionalität der narrativen fiktionalen Position überschreiten. Jede Fiktion läßt sich auf ihre Position reduzieren. Es bleibt so immer noch eine formale Einheit des Gegebenen, auch dann, wenn die systematische Einheit auf diese Weise aufgegeben wird. Mit der Einführung der Negation, d. h. mit der negativen Gegebenheit von Einheiten, die der Gesamtfiktion zugehören, wird die Eindimensionalität der fiktionalen Position überschritten, eröffnen sich perspektivisch bezogene fiktionale Räume. Die Negation ist das Mittel, positionsjenseitige narrative Räume zu erschließen, den eindimensionalen narrativen Raum in einen mehrdimensionalen narrativen Raum zu überführen.

Anders als in pragmatischen Texten, wo die Negation von den pragmatischen Bedingungen unmittelbar motiviert wird und vom Rezipienten gleichsam unmittelbar verbraucht wird, stellt die Negation in fiktionalen Texten dem Leser, der den theoretischen Anspruch der Fiktion einzulösen gewillt ist, vor die Aufgabe, die Ökonomie der Negation allererst zu entdecken. Die Negation in fiktionalen Texten stellt, da das Wissen dessen, was nicht der Fall ist, hier für sich genommen insofern noch bedeutungslos ist, als ja alles, was die Fiktion sagt, nicht der Fall ist, einen besonderen Anspruch der Auslegung. Sie muß sowohl in ihrer textkonstitutiven Funktion wie in ihrer perspektivischen Situierung erfaßt werden. Dazu ist es notwendig, die allgemeinen Bedingungen der Negation in fiktionalen Texten zu explizieren.

Jede Negation ist doppelt lesbar. Sie bedarf zunächst der Erfassung in der durch den Text selbst intendierten Perspektive. Eine Negation verstehen heißt zunächst, die Bedingungen der Konstitution des Negierten als eines Schemas verstehen und sowohl das Negierte wie die Negation der Perspektive zuzurechnen, aus der sie entspringt. Dies ist nur möglich durch die Erfassung der kontextuellen Determination, in der die Negation steht und ihre Situierung auf einer der Textkonstitutionsebenen. Man könnte diese Lektüre der Negation die syntagmatische Lektüre nennen. In ihrer Situierung erfährt der Rezipient zugleich die Rolle der Identifikation, die er mit Hinblick auf die Quelle der Negation zu übernehmen hat. In der Zurechnung der Interessen, denen die Negation entspringt und aus denen sich ihre jeweilige Modalisierung ergibt, wird der Leser über die Leserrolle informiert, die er zu übernehmen hat. Diese Information ermöglicht es ihm, immer neu seine Rolle zu akkomodieren, etwas als ihn betreffend zu akzeptieren, als ob es seinen Interessen, d. h. den Interessen des implizierten Lesers entspräche. Der faktische Leser wird gewissermaßen immer erst nachträglich der Interessen sich bewußt, die er in der von ihm übernommenen Leserrolle aufzubringen hat und deren Einlösung seine Interessen immer schon vorwegnimmt. Wenn der fiktionale Text durch die von ihm selbst erzeugte Ungesättigtheit projektive Interessen auslöst, so erfolgt deren Interpretation, ihre Feinstrukturierung, immer erst in der Erfüllung dieser Interessen.

Mit dieser punktuellen, auf die einzelne Negation und ihre kontextuelle Situierung gerichteten Lektüre ist nur die eine Seite der konstruktiven Funktion der Negation erfaßt. Ihre eigentlich textkonstitutive Funktion erschließt sich indes erst in der Perspektive einer zweiten Lektüre, die man paradigmatische Lektüre nennen könnte, und die eine tiefere Schicht der Textkonstitution eröffnet. Erst mit dieser zweiten Lektüre wird der systematische Status der Negation erfaßt und damit der die Fiktion selbst erst konstituierende. Die paradigmatische Lektüre erfaßt das Einzelne nicht mehr in seiner je spezifischen Situierung, sondern in seinem durch den Text selbst vermittelten Zusammenhang. Was sich in der Perspektive der ersten Lektüre erschloß, wird jetzt erfaßt in Rekurrenzklassen, die den Horizont der Negation konstituieren und in denen sich dieser andererseits artikuliert. So wird zunächst durch die paradigmatische Lektüre die nur punktuelle Indikation über Leserrolle oder auch Leserrollen — die Möglichkeit der Pluralisierung ist nicht nur für die ›dritte Person‹ gegeben, sondern in fiktionalen Texten, auch für die Rolle des ›Senders‹ und ›Empfängers‹ — verfestigt durch die Indikation durchgängig vorgegebener Einstellungsweisen.

Die Leserrolle ist bedingt durch die ihr zugeordnete Perspektivik und die damit verbundene Strategie der Identifikation. Diese ihrerseits aber ist in ihren Möglichkeiten bestimmt durch ein zugrundeliegendes System von textkonstitutiven Oppositionen. Die Sphäre der Fiktion als Vereinigung von fiktionaler Position und fiktionaler Negation ist über diesem System von Oppositionen errichtet. Deren Artikulation auf der Textoberfläche besitzt zwei Möglichkeiten: die konträre und die kontradiktorische Artikulation. Im Falle der kontradiktorischen Artikulation (Negation) wird die Opposition perspektivisch orientiert insofern, als eine ihrer Seiten sprachlich als positiv, die andere als negativ bezeichnet wird, wobei die Bezeichnung der negativen Seite sich in ihrer Abhängigkeit von der als positiv thematisierten darin bekundet, daß diese lexematisch reflexiv ist, zu ihrer Bezeichnung das Lexem der positiven Seite verwendet, im Gegensatz zur konträren Artikulation, wo von einem Lexem zu einem anderen übergegangen wird.

Es lassen sich nunmehr die Ebenen der narrativen fiktionalen Textkonstitution in ihren Negationsmöglichkeiten darstellen. Ist die primäre Ebene der pragmatisch bestimmten Geschichte die des Geschehens, so ist die primäre Ebene fiktionaler Texte die eines Systems von Oppositionen, aus denen eine narrative Struktur abgeleitet wird. Die Struktur der Oppositionen dieser textkonstitutiven Schicht ergibt ein Gesamtpotential von auf die Textoberfläche projizierbaren Negationen. Innerhalb dieser läßt sich mit Hinblick auf die aus ihnen abgeleitete Geschichte unterscheiden zwischen geschichtsimmanenten und geschichtstranszendenten Negationen. Die Ebene der Geschichte ist die eigentliche Ebene narrativer Setzung und Nichtsetzung und damit der Verteilung und Perspektivierung der textkonstitutiven Oppositionen. In der Geschichte wird ein paradigmatisches System von Oppositionen syntagmatisch in eine Sequenz von narrativen Differenzen transformiert. Das bedingt zunächst die Möglichkeit einer Negation, die man reflexive Negation im Gegensatz zur transitiven, die Grenzen der fiktionalen Setzung überschreitenden Negation nennen könnte. Sprachlich artikuliert sich die rückwärts gewandte Spiegelung der Geschichte auf sich selbst als ›nicht mehr‹, die projektive, vorgreifende als ein ›noch nicht‹. Jede Phase eines narrativen Verlaufs zwischen Anfang und Ende ist ein ›nicht mehr‹ und ein ›noch nicht‹, das auf die Textoberfläche gebracht werden kann. Ist das Ganze, die Position der Geschichte, für sich ohne negative Dimension, so stehen seine Teile in einem zweiseitigen Horizont der Negierbarkeit. Die Leistung der Reflexion der Geschichte auf sich selbst ist nicht möglich auf der Ebene der Geschichte, sondern erst auf der Ebene des Diskurs, aus einer Perspektive, der alle Momente des Ganzen gleichzeitig verfügbar sind. Nur aus dieser Perspektive ist es möglich, einen gegebenen Moment der Geschichte durch Negation simultan mit einem vergangenen oder zukünftigen zu verknüpfen. Durch diese Negation mit ihrer Struktur der Präsentation von Sukzessivität als Simultaneität lassen sich zwei narrative Zustände gewissermaßen stereoskopisch ineinander spiegeln. Neben diesen beiden Möglichkeiten der diachronischen Reflexivität gibt es weiterhin die Möglichkeit der synchronischen Reflexivität. Im Schema der Negation können Differenzen, Oppositionen gleichzeitiger Sachverhalte perspektivisch orientiert thematisiert werden.

Alle Negationen werden manifestiert auf der Ebene des Diskurs. Erst auf dieser Ebene wird das Negationspotential der tiefer gelegenen Ebenen aktualisiert. Die Negationen, die der Diskurs manifestiert, lassen sich situieren mit Hinblick auf die Ebene ihrer Negationsquelle. Der Diskurs als Ort der Manifestation einer Geschichte und des in ihm sich artikulierenden Systems von Oppositionen manifestiert narrative Differenzen der Geschichte selbst. Doch bezeichnen die darin fundierten Negationen nicht nur Momente der Geschichte selbst, sondern ebenso subjektive Perspektiven der Negation in der Geschichte. Im Fall von negierter direkter Rede wird ein Moment der Geschichte als dieses selbst unverändert in den Diskurs übernommen. Hier sind Geschichte und Diskurs identisch, ihre Ebenen fallen zusammen. Im Fall negierter indirekter Rede wird eine Aussage als Abstraktionsklasse gleichbedeutender Aussagesätze in einem bezogenen Aussagesatz des Diskurs manifestiert. Im Fall des style indirect libre wird eine noch vorsprachliche mentale Bewegung eines Subjekts auf den Diskurs projiziert und dort sprachlich artikuliert. Manifestiert der Diskurs also einerseits in der Negation ›objektive‹ Verhältnisse der Geschichte zu sich selbst, andererseits ›subjektive‹ Perspektiven innerhalb der Geschichte, so gibt es weiterhin die Möglichkeit, daß in der Negation das Verhältnis des Diskurses zur Geschichte thematisiert ist oder schließlich das Verhältnis des Diskurses zu sich selbst. Dabei kann die Negation einmal in der Perspektive der Erzählerrolle, einmal in der Perspektive der Leserrolle ihre Fundierung haben. Diese Möglichkeiten der die Geschichte selbst transzendierenden Negation haben einen eigenen fiktionalen Status. Sie entspringen nicht der Geschichte selbst, sondern einer subjektiven Perspektive auf sie, aber diese zählt ihrerseits zum Gesamtbestand der Fiktion, geht also ebenso hervor aus dem zugrundeliegenden Inventar systematischer Oppositionen. Der Grundbestand der Oppositionen wird so also einerseits narrativ manifestiert, andererseits treten zu dieser narrativen Manifestation und den in ihr beschlossenen Negationsmöglichkeiten im Schema der Negation aus dem systematischen Oppositionsinventar abgeleitete Komplemente hinzu, die ihren Ort haben in der eigenen Dimension der Erzähler- oder Leserrolle. Die Erzeugung der Bedingungen der Fiktion, die daraus abgeleitete narrative Setzung und die Manifestation dieser Setzung in einer eigenen Erzählerperspektive sind drei aufeinander zugeordnete aber wohl voneinander unterschiedene Bereiche.

Eine besondere, auf die Ebene des Diskurs selbst bezogene Weise des Gebrauchs der Negation bedarf schließlich noch der Erwähnung. Sie geht aus der vom Diskurs geleisteten Semantisierung und Lexikalisierung der narrativen Schicht hervor. Indem sprachlich eine Relation von Verlaufsschema und dessen Besetzung als Explikation einer Sachlage aufgebaut wird, ergibt sich die Möglichkeit der partiellen Negation und damit die Notwendigkeit, das Verlaufsschema selbst, das eine bestimmte metonymisch gerichtete Erwartung für die Leserrolle hervorbrachte, zurückzunehmen. Es werden so die Elemente für die positive Konstitution einer neuen Sachlage frei. Solche Möglichkeiten des Umbaus, der Transformation von Sachlagen durch partielle Negation ergeben eigene Möglichkeiten der Textkonstitution, besonders im ironischen Erzählen oder auch in der Perspektive einer Erzählerrolle, die man als die des unsicheren, schlecht informierten oder vorschnellen Erzählers bezeichnen könnte. Es läßt sich so der Prozeß des Erzählens in Dominanz über das Erzählte thematisieren.

Das narrative Negationspotential ist damit in seinen wesentlichen Strukturen erfaßt[20]. Es läßt sich in diesem Bezugsrahmen mit Hinblick auf den konkreten Text jeweils die Frage stellen, welches Negationspotential aktualisiert ist und wie jeweils die aktualisierte Negation modalisiert ist. Erst die Modalisierung gibt Auskunft über die jeweilige Interpretation der Negation und ihre konkrete Bedingung. Negationen in fiktionalen Texten sind also in zweierlei Hinsicht zu

---

[20] Zum besonderen Fall der Negation von ›Wissen‹ als Bezeichnung einer Leerstelle (unbestimmte Negation) der Gegebenheit, vgl. p. 259 sqq.

bestimmen: erstens in ihrer systematischen Möglichkeit aus einem Negationspotential, zweitens in ihrer Modalisierung, die die systematische Differenz interpretiert.

Die Frage nach der Perspektive, in der sich als Position konstituiert, was die Negation negiert, bedarf der ergänzenden Frage nach den Quellen der Negation selbst. In jeder Negation gibt es eine subjektive und objektive Negationsquelle. Was in einer Perspektive als Negation erscheint, setzt das Wirken von Kräften voraus, die sich nur in ihrem Resultat, nicht als diese selbst manifestieren. So impliziert die Negation, wenn sie eine enttäuschte Erwartung artikuliert, das Rätsel einer Ursache. In solchem Gebrauch kann die Negation die Funktion einer Eröffnungsklausel übernehmen. Die ›objektiven‹ Bedingungen der Negation lassen sich aus dieser selbst entfalten, d. h. mit der Negation wird narrative Potentialität erzeugt. Ein fremder, undurchschauter Zusammenhang, der nur in seiner Wirkung offenkundig ist, läßt sich so narrativ Schritt für Schritt entfalten, in ein System von Schlußklauseln überführen. Mit der Negation, die das Durchbrechen der alltäglichen Erwartung artikuliert, beginnt der eigene Bereich der Fiktion, der eine fiktionsimmanente Welt aufbaut, die ihrerseits wieder Negationen so verwenden kann, daß hinter ihnen die Rätselhaftigkeit verborgener Kräfte sichtbar wird, die die Narration erschließt. Die Negation ist in solchem Gebrauch eine Stelle, an der die Geschichte gleichsam Schwung holt, indem sie in ein narratives Vakuum eintritt, das seine Füllung verlangt.

V

Die Ansätze zu einer Poetik der Negation, die bisher entwickelt wurden, mußten, da sie sich auf sprachliche Fiktion allgemein bezogen, notwendig abstrakt bleiben. In ihrer ganzen Vielfalt zeigen die Möglichkeiten einer Poetik der Negation sich erst in der konkreten Beziehung auf die Poetik, die einem gegebenen Text zugrundeliegt. Erst diese Vermittlung der Poetik der Negation mit der Poetik des konkreten Texts eröffnet den Zugang zur Beschreibung der Weise, wie die ergriffenen Möglichkeiten der Negation sich in ihrer textkonstitutiven Funktion darstellen. Wenigstens an einigen Texten soll dieser Zusammenhang in einer ersten Annäherung sichtbar gemacht werden. Die ausgewählten Texte stehen nur insoweit in einem Zusammenhang, als in ihnen die Sphäre der Negation textkonstitutiv ist. Gefragt wird jedesmal, wie die (textkonstitutive) Negation die Position im Hinblick auf die zugrundeliegende Poetik interpretiert und wie die Perspektivik der Negation und ihre Modalisierung ihrerseits die Negation interpretiert.

Legt man für einen fiktionalen narrativen Text eine einfache systematische

Grundopposition a vs b zugrunde, so läßt diese sich artikulieren als a vs ā, als b vs b̄ oder als Kombination beider Möglichkeiten. Im ersten Fall erscheint b in Bezogenheit auf a, im zweiten Fall a in Bezogenheit auf b, im dritten Fall erscheinen a und b in wechselseitiger Bezogenheit. Ein solches Schema liegt der narrativen Struktur von Diderots *Les deux amis de Bourbonne*[21] zugrunde. Als Grundopposition dieser ›wahren Geschichte‹ kann das Schema *vertu naturelle* vs *vertu culturelle* aufgefaßt werden. Diese systematische Opposition liegt der Konkretion in der Geschichte der Freundschaft der beiden Schmuggler Olivier und Félix zugrunde. Die Geschichte wird manifestiert in besonders kunstvoller Verknüpfung verschiedener ›Erzählerrollen‹, deren Abfolge der Abfolge der Geschichte parallel geht. Der erste Teil der Geschichte von der aufopferungsvollen Treue der beiden Freunde wird gegeben als Brief eines Erzählers an seinen Bruder (*petit frère*). Nach einem *blanc* und einer Überleitung dieses Erzählers wird der Fortgang der Geschichte manifestiert in einer neuen Erzählerrolle als Brief des Aushilfspriesters Aubert, der beauftragt ist, Recherchen über das Schicksal des unglücklichen Félix anzustellen. Darauf folgt ein Brief des Priesters Papin, der weitere narrative Elemente hinzubringt und sich in seiner Einstellung dem vorausliegenden Brief Auberts entgegensetzt. Die Geschichte endet mit der kurzen Bemerkung eines weiteren Erzählers, dessen Rolle unbestimmt bleibt. Bemerkenswert ist an der Manifestation der Geschichte durch seine verschiedenen Erzähler die Verteilung und Perspektivierung der Negation. Während der erste und letzte Teil der Erzählung Negation jeweils rekurrent in einer bestimmten Perspektive positiver beziehungsweise negativer Einstellung verwendet, gibt der Mittelteil, der von bloß berichtender Neutralität sein will, nur wenige Negationen episodischer Art, die von keiner textkonstitutiven Relevanz sind. Die Stellen der Verdichtung der Negation verdienen es, einander entgegengestellt zu werden. Im ersten Brief heißt es eingangs:

Ils avaient été élevés ensemble; ils étaient toujours séparés des autres: ils s'aimaient comme on existe, comme on vit, sans s'en douter; ils le sentaient à tout moment, et ils ne se l'étaient peut-être jamais dit. Olivier avait une fois sauvé la vie à Félix, qui se piquait d'être grand nageur, et qui avait failli de se noyer: ils ne s'en souvenaient ni l'un ni l'autre. Cent fois Félix avait tiré Olivier des aventures fâcheuses où son caractère impétueux l'avait engagé: et jamais celui-ci n'avait songé à s'en remercier: ils s'en retournaient ensemble à la maison, sans se parler, ou en parlant d'autre chose (p. 781).

Der letzte Brief, der Brief des Curé Papin, lautet an der Stelle der Verdichtung der Negation:

Olivier est mort à la porte de sa maison, sans sacrements; quand je fus appelé auprès de Félix,

---

[21] Diderot, *Œuvres romanesques*, ed. H. BÉNAC, Paris 1959, p. 781 sq.

chez les deux veuves, je n'en pus jamais tirer autre chose que le nom d'Olivier; aucun signe de religion, aucun marque de repentir. Je n'ai pas mémoire que celui-ci se soit présenté une fois au tribunal de la pénitence. La femme Olivier est une arrogante qui m'a manqué en plus d'une occasion; sous prétexte qu'elle sait lire et écrire, elle se croit en état d'élever ses enfants; et on ne les voit ni aux écoles de la paroisse, ni à mes instructions (p. 789).

Beide Stellen stehen zueinander in einer textkonstitutiven Relation. Das, was zuerst das Negierte ist, erscheint in der zweiten Stelle als Negation, und was zuerst Negation war, als das Negierte. Im Spiegel der Negation erscheint einmal eine *vertu* nach den Normen der gegenwärtigen Gesellschaft als *vertu culturelle* und damit zugleich als das Negative, von dem sich die *vertu naturelle* als eine spontane *vertu* ohne Bewußtsein und Reflexion abhebt. Dagegen erscheint das zweite Mal in der Perspektive des negativ parteinehmenden Priesters im Spiegel der Negation die *vertu naturelle* als bloße Defizienz einer *vertu culturelle*, die hier als *vertu chrétienne* aufgefaßt wird. Daß es dabei in der Perspektive des dahinterstehenden Autors eine Dominanz der *vertu naturelle* über die *vertu culturelle* gibt, wird durch eine Reihe von Konnotationen, auf die hier nicht einzugehen ist, unzweideutig gemacht. Diese immanente Zuordnung von wertender Beziehung zwischen Position und Negation wird nun noch dadurch um die Dimension einer intertextuellen Negation erweitert, daß Diderots Geschichte sich ausdrücklich wendet gegen eine Geschichte seines Freundes Saint-Lambert (*Les deux amis. Conte iroquois*): *Mon Olivier et mon Félix ne disent rien de ce que disent les deux iroquois et font toujours le contraire*[22]. Die Pointe dieser intertextuellen Relation liegt darin, daß der Anspruch Saint-Lamberts, in seiner Geschichte von der Freundschaft der Irokesen ein Beispiel von *vertu naturelle* gegeben zu haben am Gegenbeispiel der *Deux amis de Bourbonne* als bloße Verkleidung von *vertu culturelle*, einer *vertu* nach den Normen der gegenwärtigen Gesellschaft, aufgedeckt wird. Die textkonstitutive Relation von *vertu naturelle* vs *vertu culturelle* wird in Diderots Geschichte sichtbar allein in der Relation von Position und Negation und ihrer Umkehrung als Funktion wechselnder Erzählerperspektiven. Die Geschichte selbst wäre ohne diesen doppelten Horizont der Negation um ihren eigentlichen Sinn verkürzt.

Die textkonstitutiven Oppositionen einer Fiktion können sehr verschiedenartige Formen der Manifestation finden und als Negationsquellen auf ganz verschiedenen Ebenen wirksam werden. In Diderots Roman *Jacques le Fataliste* gibt es eine konstitutive Opposition von sehr großer Allgemeinheit, die man als Realität vs Fiktion bezeichnen könnte. Konkret bedeutet dies, daß sichtbar gemachte und unsichtbar gemachte Fiktion einander entgegenstehen. In einer Anrede an den Leser heißt es auf einer der ersten Seiten:

---

[22] Vgl. Diderot, *Contes*, Edited with an Introduction by H. Dieckmann, London 1963, p. 65.

Vous allez croire que cette petite armée tombera sur Jacques et son maître, qu'il aura une action sanglante, des coups de bâton donnés, des coups de pistolet tirés; et il ne tiendrait qu'à moi que tout cela n'arrivât; mais adieu la vérité de l'histoire, adieu le récit des amours de Jacques. Nos deux voyageurs n'étaient point suivis: j'ignore ce qui se passa dans l'auberge apres leur départ [23].

Die selbst zum Gegenstand der Fiktion gemachte Opposition zwischen Fiktion und Nicht-Fiktion ist hier situiert als Opposition zwischen den Erwartungen des implizierten Lesers als eines Lesers, der das Schema des Abenteuerromans beherrscht und den Ansprüchen einer ›wahren Geschichte‹, die sich den romanesken Erwartungen des Lesers entzieht. Dabei ist in dem *il ne tiendrait qu'à moi* nur scheinbar der mit der Fiktionalität spielende Autor thematisiert. Der Erzähler in der Rolle des frei über die Fiktion verfügenden Erzeugers der Fiktion ist nur als Möglichkeit sichtbar gemacht, um ihm sogleich den Erzähler in der Rolle des Historikers entgegenzusetzen, der sich den Gegebenheiten der Geschichte zu unterwerfen hat, auch wenn diese so ganz anders verlaufen sollte, als es die Erwartung des Lesers und die Ökonomie der Gattung fordert. Die Negation steht hier in einer Dialektik von Erwartbarkeit und Unerwartbarkeit. Diderot spielt in seinem Roman mit zwei Systemen: er evoziert das Schema des Romans, in dem das Unerwartete gattungskonstitutiv und damit erwartbar ist und bringt es in Relation zu dem ganz anderen semiologischen Status der alltäglichen Welt. Das alltäglich Erwartbare erscheint als das Unerwartete, während das Erwartet-Unerwartete im Spiegel der Negation als bloßes unergriffenes Schema aufgezeigt wird. Die textkonstitutive Negation ist hier aus der Geschichte und aus der Kompetenz des Erzählers gleichsam herausverlegt in die Perspektive des implizierten Lesers. Auch hier ist die Position als ›alltägliche Begebenheit‹ interpretiert durch die Negation, die erst die Richtung der Opposition angibt, in der die Fiktion ihren Sinn erhält.

In Diderots *Jacques le Fataliste* ist zumindest beim ersten Anblick die Seite der Position die der *vérité de l'histoire*, die Seite der Negation die der ›unwahrscheinlichen Fiktion‹. Das Verhältnis zwischen Negation und Position im Hinblick auf die Welt unserer Erfahrung und die Welt der die alltägliche Erfahrung überschreitenden Fiktion läßt sich jedoch auch umkehren. Dies ist in Kafkas Geschichten der Fall. Die Geschichte *Der Aufbruch* beginnt:

Ich befahl, mein Pferd aus dem Stall zu holen. Der Diener verstand mich nicht. Ich ging selbst in den Stall und sattelte mein Pferd und bestieg es. In der Ferne hörte ich eine Trompete blasen, ich fragte ihn, was das bedeute. Er wußte nichts und hatte nichts gehört [24].

Die Negation bezeichnet hier den Moment, an dem die Identität der Welt, die

---
[23] *Œuvres romanesques*, p. 493.
[24] F. Kafka, *Die Erzählungen*, Frankfurt 1961, p. 329.

für Diener und Ich gegeben war, aufgehoben ist, das Ich in eine unvertraute Welt eintritt und die vertraute Welt nur noch im Schema der Negation sich darstellt als eine vergangene. Die Negation markiert hier wie bei Diderot die Differenz zweier Welten, aber nicht so, daß die eine der anderen statisch entgegengesetzt wäre, sondern derart, daß zwei Welten in die Relation eines Nacheinander in subjektiver Perspektive gebracht werden. Von der vertrauten wird in die unvertraute Welt übergegangen, die durch nichts qualifiziert wird als dadurch, daß sie eben unvertraut ist und die Erwartungen der alltäglichen Welt in ihr nicht gelten. Mit der Negation, die den Übergang vom Vertrauten ins Unvertraute bezeichnet, eröffnet sich eine Dimension des Rätselhaften und zwar durch den Synkretismus von Held und Erzähler so, daß aus der Sphäre des Rätselhaften selbst gesprochen wird. Das Rätselhafte wird so absolut gesetzt, es steht keiner narrativen Durchdringung und Auflösung offen.

Die Möglichkeiten, die Diderots *Jacques le Fataliste* und Kafkas Geschichte belegen, lassen sich verbinden. Was so entsteht, ist das Schema einer Geschichte von der Art, wie sie E. T. A. Hoffmanns *Goldenem Topf* zugrundeliegt, wo im Schema der Negation einmal die alltägliche Welt in die phantastische, einmal die phantastische in die alltägliche hereinragt.

Ins Rätselhafte, doch in ganz anderer Weise als in Kafkas Geschichte, führt auch die in der Negation sich eröffnende Dimension in Brechts hintergründigem Kindergedicht vom *Kind, das sich nicht waschen wollte*[25].

> Es war einmal ein Kind,
> Das wollte sich nicht waschen,
> Und wenn es gewaschen wurde, geschwind
> Beschmierte es sich mit Aschen.
>
> Der Kaiser kam zu Besuch
> Hinauf die sieben Stiegen,
> Die Mutter suchte nach einem Tuch
> Das Schmutzkind sauber zu kriegen.
>
> Ein Tuch war grad nicht da.
> Der Kaiser ist gegangen
> Bevor das Kind ihn sah:
> Das Kind konnt's nicht verlangen.

Übersetzte man diese Geschichte ins Positive, so wäre es eine erbauliche Lesebuchanekdote. Durch die Negation wird das Schema der Lesebuchanekdote zugleich gesetzt und zurückgenommen. Der Starrsinn des Kindes, das sich nicht waschen will, verwandelt die erbauliche Sinnlosigkeit des Kaiserbesuchs in das

---

[25] B. Brecht, *Gedichte*, Bd. IV, Frankfurt 1961, p. 29.

unerbaulich Sinnlose seiner Vergeblichkeit. Was aber der Grund des kindlichen Starrsinns ist, bleibt ein unausgesprochenes Rätsel. Daß indes dieser Grund kein metaphysischer ist, sondern einem gesellschaftlichen Sachverhalt entspringt, nämlich jener Opposition gesellschaftlicher Klassen, deren Gegensatz im Schema der Lesebuchanekdote gleichsam wundertätig aufgehoben wird, darf als der eigentliche Zielpunkt von Brechts poetischer ›Antianekdote‹ verstanden werden.

Die bisherigen Paradigmen der Negation standen unter je verschiedenen Bedingungen in der Opposition von durchschnittlicher Erwartung und deren Durchbrechung. Die Möglichkeit, daß beides, Erwartung und ihre Enttäuschung, der Sphäre in sich selbst beschlossener Subjektivität entspringt, so daß in der Negation sich nicht mehr eine Opposition von ›Welten‹ manifestiert, liegt einer Stelle in Flauberts Roman *L'Education sentimentale* zugrunde, die für die narrative Bewegung dieses Romans paradigmatisch ist. Frédéric wartet auf Madame Arnoux, die endlich eingewilligt hat, sich mit ihm zu verabreden. Die Verabredung mißlingt, Frédéric wartet vergebens. Die Aufmerksamkeitsrichtung, die die Rolle des Lesers in dieser narrativen Sequenz bestimmt, bezieht sich auf das Warten Frédérics, nicht mit diesem auf das Erwartete. Dies wird ermöglicht durch die Darstellungsweise des style indirect libre, die die Erwartungen des Helden isoliert, keine Solidarität der Erwartung aufkommen läßt, sondern eine Identifikationsschranke errichtet. Indem die Erwartung als ein implizites ›noch nicht‹ von ihrer Erfüllung getrennt bleibt, verwandelt sich in der leeren Dauer der Zeit das implizite ›noch nicht‹ zu einem expliziten ›vielleicht nicht‹, das schließlich zu einem endgültigen ›nicht‹ wird. Der Prozeß des Wartens ist der Prozeß des Übergangs von der Position der in der Erwartung gesetzten Sachlage, die ein Sachverhalt erfüllen soll zur Negation, in der Sachverhalt und Sachlage als nicht beziehbar auseinandertreten. Das Kommen Madame Arnoux' wird thematisiert in drei aufeinander verweisenden Wendungen mit jeweils verschiedener temporaler Modifikation[26]. Die Phase der ersten Beunruhigung schließt ein *car elle allait venir, cela était certain* ab. Das ›futur dans le passé‹ als Form des style indirect libre zeigt hier schon die bloß subjektive, vom Erzähler und damit auch vom Leser nicht geteilte Gewißheit an. Abschluß einer zweiten, gesteigerten Phase der Unruhe ist ein *si elle allait ne pas venir*, das in der Form direkter Rede gegeben wird. In Form des Konditionals wird hier zuerst die Negation eingeführt. Nur hypothetisch werden erstmals Sachlage und Sachverhalt getrennt und erst am Ende einer dritten Phase des Wartens steht, diesmal in der Endgültigkeit des konstatierenden ›plus-que-parfait‹ die Negation: *Madame Arnoux n'était pas venue*. Wobei diese Negation sowohl stehen kann für

---

[26] Flaubert, *L'Education sentimentale*, ed. E. MAYNIAL, Paris p. 279 sq.

das subjektive Konstatieren des Helden wie für die objektive Feststellung des Erzählers. Mit diesem Synkretismus von style indirect libre und ›objektiver‹ Aussage ist zugleich der Raum bloßer Subjektivität verlassen.

Der Negation kommt hier eine Funktion zu, die Flauberts Position zum traditionellen Roman beschreibt. Die für den traditionellen Roman konstitutive Sinnhaftigkeit des Zusammenhangs der Ereignisse wird in die Sphäre der Subjektivität des Helden verlegt. Der in der Erwartung des Helden sich konstituierende sinnhafte Zusammenhang wird destruiert durch die Ereignisse der ›faktischen‹ Welt, die einen Zusammenhang nicht mehr ergeben, sondern allein dem undurchsichtigen Spiel des Zufalls unterworfen sind. Indem Erwartung und Geschehen nicht mehr zusammentreffen und dieses Nichtzusammentreffen von keinem höheren Sinnprinzip mehr geleitet ist, wird die Sphäre des Sinns identisch mit der Sphäre der Negation als der unverwirklichten Erwartung. Im Spiegel der Negation erscheint der subjektive Sinn als Gegenfiktion zu einer Fiktion, die sich des Sinnzusammenhangs entschlägt. Für die Struktur des Romans bleibt somit nur noch die konstruktive, durch narrativen Sinn nicht mehr vermittelte Konfiguration möglich. Diese Konstruktivität erweist sich im Falle des hier ausgewählten Paradigmas darin, daß dem Thema ›Madame Arnoux wird erwartet und kommt nicht‹ an späterer Stelle spiegelbildlich das Thema ›Madame Arnoux wird nicht erwartet und kommt‹ zugeordnet wird. Aber die späte Erfüllung, die dieses Kommen bedeutet, kann nur noch für einen Augenblick die Illusion der Erfüllung sein. Ein Schock der Enttäuschung erfaßt Frédéric beim Anblick des weißen Haars der Geliebten, die leidenschaftlichen Worte, die er noch an sie richtet, sind in der Vergangenheitsform gesprochen, sie gelten der *femme qu'elle n'était plus*[27]. So bleibt auch diese Erfüllung Unerfülltheit, und erneut erscheint im Spiegel der Negation der Sinn als ein unverwirklichter, dessen Möglichkeit beschlossen liegt in einer unwiderrufbaren Vergangenheit. Dennoch ist diese letzte Begegnung darin vielleicht das Poetischste dieses Romans des Scheiterns, daß hier eine Erfüllung zugleich verwirkt und als verwirkte dennoch gegenwärtig und mächtig ist.

Eine besondere Form von Negation in subjektiver Perspektive wird dann möglich, wenn nicht eine Diskrepanz von Sachlage und Sachverhalt, sondern die Gegebenheit, beziehungsweise die Nichtgegebenheit eines vorauszusetzenden Sachverhalts im Hinblick auf ein bestimmtes Subjekt thematisiert wird. Wenn Negationen einerseits sekundär narrative Leerstellen erzeugen können, sofern sich mit einer Negation die Frage nach der Bedingung der Negation sogleich stellt, so können sie andererseits narrative Leerstellen auch primär bezeichnen,

---

[27] L. c., p. 422.

sofern diese einem Subjekt bewußt werden. Ein Paradigma dieser Möglichkeit ist Kleists Novelle *Die Marquise von O ...* Stellt man alle in dieser Novelle erscheinenden Satznegationen zusammen, so ergibt sich eine eigene dominante Rekurrenzklasse der Form: X wußte nicht, ob ...; X wußte nicht, was ... Ehe die Funktion dieser Form der Negation in Kleists Novelle beschrieben wird, soll die Form zunächst selbst betrachtet werden. Die Negation der Funktion, die das Verb ›wissen‹ bezeichnet, erlaubt als Argument Objektivsätze (d. h. Sätze, die ein Objekt vertreten) von dreifacher Form: Objektivsätze, die mit der Konjunktion ›daß‹, solche die mit der Konjunktion ›ob‹ und solche die mit Fragepartikeln wie ›was‹, ›wann‹, ›wer‹ etc. eingeleitet sind. Sätze der Art ›er weiß nicht, daß‹ besagen zweierlei: einmal, daß der mit ›daß‹ eingeleiteten Artikulation einer Sachlage ein Sachverhalt zuzuordnen ist, zum anderen, daß dieser Sachverhalt dem Subjekt des Hauptsatzes unbekannt ist. In diesem Fall sind die Perspektiven des über den Sachverhalt verfügenden *sujet de l'énonciation* und des über den Sachverhalt nicht verfügenden *sujet de l'énoncé* getrennt. Bei Sätzen der Art ›er weiß nicht, ob‹ wird die Sachlage als problematisch im Hinblick auf einen möglichen Sachverhalt aufgefaßt, sie wird in Suspens gehalten. Die Sachlage hat hier eine gewissermaßen neutrale Stellung: weder wird sie einem Sachverhalt zugesprochen noch einem Sachverhalt abgesprochen. Die Sachlage des mit ›ob‹ eingeleiteten, von der Negation eines Wissens abhängigen Objektsatzes bezeichnet ein reines Schema. Für dieses treffen genau Freges Ausführungen über die Gegebenheit des ›Gedanken‹ im Fragesatz zu. Im Gegensatz zur mit ›ob‹ eingeleiteten Satzfrage sind die mit ›wie‹, ›was‹ etc. eingeleiteten Objektsätze ihrer Struktur nach bezogene Wortfragen. In ihnen wird gleichzeitig ein Sachverhalt vermittels einer Sachlage gesetzt und eine Leerstelle im Ganzen des Sachverhalts markiert, die der Besetzung bedarf, damit die Sachlage vollständig wird.

Unter den Paradigmen des negierten Wissens fehlt in Kleists *Marquise von O ...* die mit ›daß‹ angeschlossene Form des Objektsatzes. Das gibt einen Hinweis auf die textkonstitutive Einstellung des Erzählers und mit ihm des Lesers. Der Erzähler verzichtet auf sein Vorwissen, das *sujet de l'énonciation* ist keine eigene Instanz. Er erzählt so, daß der Leser sich das Nichtwissen der Heldin zueignen macht, wenngleich dieses Nichtwissen durch Konnotationen schon bald zu einem unausdrücklichen Wissen des Lesers wird, das sich abhebt gegen ein gleichsam konnotationsblindes Nichtwissen der Heldin. Dabei legt die Absolutheit dieses Nichtwissens zumindest den Gedanken nahe, es könne dieses Nichtwissen ein tieferes Wissen verdrängen wollen. Als das Nichtgewußte endlich zum Gewußten wird, entlädt sich gleichsam die Verdrängungsenergie in der heftigen Weigerung, ausgerechnet den Mann zu ehelichen, der am meisten der gewünschte war. Die Theorie der Negation von Freud, der ein aufmerksamer

Erforscher romantischer Psychologie war, erlaubt es, die verborgene Dynamik dieses psychischen Geschehens zu verstehen [28].

Das Negationspotential des Nichtwissens, das die Dynamik dieser ›ungeheuren Begebenheit‹ bedingt, findet seinen Ausdruck bereits im ersten Satz, der die Geschichte medias in res führt:

In M..., einer bedeutenden Stadt im oberen Italien, ließ die verwitwete Marquise von O... (...) durch die Zeitungen bekannt machen: daß sie, ohne ihr Wissen, in andere Umstände gekommen sei (...).

Die Rekurrenz der Negation von ›wissen‹ steht in der Folge dieses ersten, das textkonstitutive Negationspotential bezeichnenden Satzes. Sie gewinnen im Hinblick darauf, durch ihre bloße Wiederholung, schon unabhängig von ihrer jeweiligen kontextuellen Stelle eine zentrale Bedeutung. Dieses Nichtwissen ist von besonder Art. Es bezeichnet die Entzogenheit eines fundierenden Moments der eigenen Lebensgeschichte und damit die Eröffnung eines Widerspruchs von Identität und Fremdheit im Subjekt selbst. Kleist gewinnt aus dieser Struktur die Möglichkeit einer Tragödie der Identität, die, wenngleich unter eigenen Prämissen, auf das Urbild der Tragödie der Identität verweist: Sophokles' *Ödipus*. Aber hier ist es nicht die Undurchschautheit der Prämissen des Handelns, die auf das handelnde Ich zurückschlagen und seine Identität erschüttern. Das Nichtwissen, in dem das Subjekt sich selbst zum Rätsel wird, bezeichnet bei Kleist die Entfremdung des Ich von seiner eigenen Körperlichkeit, die in eine dem Ich unverfügbare Geschichte verstrickt wird, aus der das Ich mit seiner Körperlichkeit und mit sich selbst entzweit hervorgeht. Es ist gleichsam genötigt, sich selbst in Suspens zu setzen. Der ganze Nachdruck von Kleists narrativem Vermögen ist darauf gerichtet, sichtbar zu machen, daß die Heldin dieser Struktur ihres Bewußtseins mächtig ist und an ihr leidet. Die Opposition von Nichtwissen und Wissen ist in Kleists Novelle narrativ gerichtet. Dem Nichtwissen am Beginn entspricht ein Wissen am Ende. Das Nichtwissen ist als ein narratives ein implizites ›Noch-nicht-Wissen‹. Indem das Nichtwissen als ein ›Noch-nicht-Wissen‹ schließlich zum Wissen wird, ist die narrative Spannung verbraucht, die narrative Funktion gesättigt. Die Geschichte des Nichtwissens der Geschichte und die Entdeckung der Geschichte, die in Kleists Novelle wie im *Ödipus* des Sophokles zum Thema der Geschichte gemacht werden, gibt das Paradigma einer

---

[28] Vgl. S. Freud, *Die Verneinung*, in *Gesammelte Werke*, Bd. XIV, p. 12: *Ein verdrängter Vorstellungs- oder Gedankeninhalt kann also nur zum Bewußtsein durchdringen unter der Bedingung, daß er sich verneinen läßt. Die Verneinung ist eine Art, das Verdrängte zur Kenntnis zu nehmen, eigentlich schon eine Aufhebung der Verdrängung, aber freilich keine Annahme des Verdrängten.*

Negation, die als unbestimmte Negation im Gegensatz zur bestimmten Negation eine bloße Leerstelle statt eines Schemas bezeichnet und damit die Aufgabe erst setzt, den Sachverhalt hinzuzubringen, dessen Sachlage die narrative Leerstelle ausfüllt. Die Besetzung und Modalisierung dieser Struktur ist für Kleist die Möglichkeit, in der Perspektivierung auf ein Subjekt die Opposition Wissen-Nichtwissen als Opposition von Identität und Fremdheit tragisch auszulegen und zugleich in der Aufhebung dieser Differenz das Moment des Tragischen wieder zurückzunehmen.

Kleists Novelle kann die Reihe der Paradigmen zur Poetik der Negation beschließen. Was sich in diesen zeigte, war die Vielfältigkeit des Gebrauchs der Negation zur Erstellung fiktionaler Komplemente. Indem diese als sekundäre Fiktion von ›nicht gesetzten‹ Schemata einen Möglichkeitskontext aufbauen, auf den die primäre Fiktion sich kontrastiv bezieht, verdoppeln sie gleichsam die ästhetische Erfahrung der Fiktion, daß etwas in einem nicht sei und sei, und geben so dem auf Fiktion gerichteten Interesse eine Reflektiertheit, in der das ästhetische Vergnügen an der Fiktion sich erst erfüllt.

---

[29] H. v. Kleist, *Sämtliche Werke*, München 1961, p. 648.

Hans Robert Jauss

NEGATIVITÄT UND IDENTIFIKATION

Versuch zur Theorie der ästhetischen Erfahrung

I. Umkreis und Leistung von Kategorien der Negativität in der Ästhetik (263); II. Kritik an Adornos Ästhetik der Negativität (264); III. Der ästhetische Genuß und die Grunderfahrungen der Poiesis, Aisthesis und Katharsis (272); IV. Die Zweideutigkeit des Schönen als autoritatives Erbe des Platonismus (278); V. Der gegenläufige Prozeß der Emanzipation ästhetischer Erfahrung (283); VI. Poiesis: die produktive Seite der ästhetischen Erfahrung; *construire et connaître* (286); VII. Aisthesis: die rezeptive Seite der ästhetischen Erfahrung; *voir plus de choses qu'on n'en sait* (289); VIII. Der Schritt von der kognitiven zur kosmologischen Funktion der Aisthesis (293); IX. Katharsis: die kommunikative Leistung der ästhetischen Erfahrung; ästhetische Distanz und Identifikation (300); X. Mitleid als Gegeninstanz der Ästhetik des Christentums (306); XI. Das Exemplarische als Übergang von ästhetischer zu moralischer Identifikation (311); XII. Interaktionsmuster der ästhetischen Identifikation mit dem Helden (314); XIII. Assoziative Identifikation (317); XIV. Admirative Identifikation (321); XV. Sympathetische Identifikation (325); XVI. Kathartische Identifikation (329); XVII. Ironische Identifikation (332); XVIII. Kants Begriff des Exemplarischen; Wiedergewinnung der kommunikativen Funktion in ästhetischer Erfahrung (336).

I. *Umkreis und Leistung von Kategorien der Negativität in der Ästhetik*

Begriff und Kategorien der Negativität erfreuen sich in der neueren ästhetischen Theorie einer unverkennbaren und noch wachsenden Beliebtheit. Diese dürfte nicht zuletzt auf dem Vorzug gründen, daß Negativität das Kunstwerk in seiner Konstitution wie in seiner Geschichtlichkeit, als Struktur und auch als Ereignis, zu bestimmen vermag. Negativität kennzeichnet das literarische Werk wie das der bildenden Künste als einen irrealen Gegenstand, der für die ästhetische Wahrnehmung das Wirkliche — eine vorgegebene Realität — verneinen muß, um es ins Bild zu setzen, und der eben dadurch — nach Sartres Phänomenologie des Imaginären — ›Welt‹ konstituiert (*dépasser le réel en le constituant comme monde*)[1]. Negativität kennzeichnet das Kunstwerk aber auch im geschichtlichen Prozeß seiner Produktion und Rezeption, sofern es den vertrauten Horizont einer Tradition überschreitet, ein eingespieltes Weltverhältnis verändert oder bestehende gesellschaftliche Normen durchbricht[2]. Negativität kennzeichnet schließlich sowohl die subjektive wie die objektive Seite der ästhetischen Erfah-

---

[1] *L'imaginaire — Psychologie phénoménologique de l'imagination*, Paris 1940, p. 234.
[2] Siehe Vf., *Literaturgeschichte als Provokation*, Frankfurt 1970, p. 177 sq.

rung. Sie steckt in Kants *Interesselosigkeit des ästhetischen Wohlgefallens*, einer Formel der Negation, mit der die »Fernstellung von Ich und Gegenstand« getroffen ist, »jener Hiatus im Genußleben, der als ästhetische Distanz bezeichnet wird oder als das Moment der Kontemplation«[3]. Sie erscheint andererseits im Verhältnis von Kunst und Gesellschaft, sofern das Kunstwerk, obschon Produkt gesellschaftlicher Arbeit, immer schon »der Empirie durchs Moment der Form opponiert« und gerade nach erlangter Autonomie, wenn sich Kunst den Normen des gesellschaftlich Nützlichen versagt, aus der Gegenposition zur Gesellschaft wieder eine eminent gesellschaftliche Funktion gewinnt[4]. So fruchtbar danach die Kategorien einer Ästhetik der Negativität erscheinen mögen, kann man doch zweifeln, ob Leistung, Horizontwandel und gesellschaftliche Funktion der ästhetischen Erfahrung mit alledem schon zureichend beschrieben sind. Dieser Zweifel ist der Ausgangspunkt der nachstehenden Überlegungen.

II. *Kritik an Adornos Ästhetik der Negativität*

Die Ästhetik der Negativität hat in Theodor W. Adornos nachgelassener *Ästhetischen Theorie* wohl ihre entschiedenste Ausprägung erhalten. Danach geht das Erkenntnisinteresse der Kunst und damit der philosophische Rang der Ästhetik aus ihrer Stellung in der Dialektik der Aufklärung hervor. Kunst, die auf dem Weg zu ihrer Autonomie am Prozeß der gesellschaftlichen Emanzipation teil hat, ist in doppelter Hinsicht durch Negativität ausgezeichnet: im Verhältnis zur gesellschaftlichen Wirklichkeit, die sie bedingt, wie zu ihrem geschichtlichen Ursprung, den Tradition vorgibt: »fraglos indessen sind die Kunstwerke nur, indem sie ihren Ursprung negierten, zu Kunstwerken geworden. Nicht ist ihnen die Schmach ihrer alten Abhängigkeit von faulem Zauber, Herrendienst und Divertissement als Erbsünde vorzuhalten, nachdem sie einmal rückwirkend vernichtet haben, woraus sie hervorgingen« (p. 12). Nicht die überlieferten praktischen Funktionen der Kunst im Bereich des Kultischen, der Normierung von Lebensformen oder der Geselligkeit des Spiels (um die polemisch herabgewürdigten ›Dienstleistungen‹ der Kunst neutraler zu benennen) schlagen in Adornos »ästhetischer Geschichtsschreibung« (p. 90) auf der Seite des Sozialen zu Buche. Erst wo sich Kunst aller Dienstbarkeit begibt, in »Widerspruch zu gesellschaftlicher Herrschaft und ihrer Verlängerung in den *mores*« tritt (p. 334), sich von der empirischen Welt als ihrem Anderen trennt und damit bekundet, »daß diese selbst anders werden soll« (p. 264), wird das Soziale der Kunst auf den Begriff gebracht.

Die Kunst gewinnt nach Adorno erst durch ihre Autonomie ihren sozialen Rang; sie wird also gerade dadurch eminent sozial, daß sie alle soziale Bindung negiert. Der gesellschaftlichen Wirklichkeit gegenüber bleibt Kunst durch das ästhetische Formgesetz zwar bloßer Schein; sie kann aber eben damit zur Instanz einer gesellschaftlichen Wahrheit werden, vor der sich der falsche Schein des Faktischen, das Unwahre und Unversöhnte des tatsächlichen Zustands der Gesellschaft enthüllen muß. Der so verstandenen Negativität des ästhetischen Scheins entspringt letzten Endes die utopische Figur von Kunst: »was nicht ist, wird jedoch dadurch, daß es erscheint, versprochen« (p. 347). Kunst als Darstellung gesellschaftlicher Wahrheit ist also nicht Mimesis, sondern *promesse du bonheur*, freilich in einem von Stendhal noch nicht gemeinten Sinne: »*Promesse du bonheur* heißt mehr als daß die bisherige Praxis das Glück verstellt: Glück wäre über der Praxis. Den Abgrund zwischen der Praxis und dem Glück mißt die Kraft der Negativität im Kunstwerk aus« (p. 26).

Adornos Ästhetik der Negativität brauchte ihre epochale Abkunft, die bürgerliche Ära von ihrem Zenit bis zu ihrem Niedergang, und ihren polemischen Anlaß, die Absage an die gegenwärtige Kulturindustrie, nicht hinter einem Anspruch auf theoretische Allgemeinheit zu verbergen, den sie für die gesamte vorautonome Kunst nicht einzulösen vermag. Es liegt auf der Hand, daß die paradox zugespitzte These: »Der Praxis sich enthaltend, wird Kunst zum Schema gesellschaftlicher Praxis« (p. 339) zwar gegenüber der totalen Konsum- und Tauschgesellschaft im Zeitalter einer verwalteten Welt ins Recht gesetzt werden kann. Auch ist Adornos ästhetische Theorie das denkbar beste Instrument, um die aus dem 19. Jahrhundert vererbten trügerischen Antinomien von Formalismus und Realismus, *L'art pour l'art* und *Littérature engagée* zu bereinigen. Nimmt man aber das Hauptstück dieser Theorie: daß das Soziale der Kunst allein der bestimmten Negation einer bestimmten Gesellschaft entspringen könne, beim Wort, so entsteht ein Dilemma, das Adorno selbst wie folgt beschrieb: »Freilich sind darum die positiven und affirmativen Kunstwerke — fast der gesamte Vorrat der traditionellen — nicht wegzufegen oder eilends zu verteidigen durch das allzu abstrakte Argument, auch sie seien, durch ihren schroffen Gegensatz zur Empirie, kritisch und negativ. Philosophische Kritik am unreflektierten Nominalismus verwehrt es, die Bahn fortschreitender Negativität — Negation objektiv verpflichtenden Sinnes — umstandslos als Bahn des Fortschritts von Kunst zu reklamieren« (p. 239).

Eine Lösung dieses Dilemmas ist uns Adornos ästhetische Theorie schuldig geblieben. Unter ihren Prämissen bleibt die Summe der affirmativen Kunstwerke ein Ärgernis, das auch durch eine noch so umständliche Verrechnung für die Bahn des Fortschritts nicht ganz zu bereinigen wäre. Geschichte der Kunst ist nicht auf den Generalnenner der Negativität zu bringen, auch dann nicht, wenn man neben den negativen oder kritischen Werken, die für den Prozeß gesellschaftlicher Emanzipation unmittelbar zu Buche schlagen, eine ungleich größere Reihe positiver oder affirmativer Werke abgrenzt, deren naturwüchsige Tradition die emanzipatorische »Bahn fortschreitender Negativität« einfach hinter sich gelassen hätte. Zum einen, weil Negativität und Positivität in der gesellschaftlichen Dialektik von Kunst und Gesellschaft keine festen Größen sind, ja sogar in ihren Gegensatz umschlagen können, weil sie im Prozeß der Rezeption einem aller ästhetischen Erfahrung eigentümlichen Horizontwandel unterliegen. Zum anderen, weil die Bahn fortschreitender Negativität als kategorialer Rahmen das Soziale der Kunst unangemessen vereinseitigt, nämlich um ihre kommunikativen Funktionen verkürzt, die mit dem bloßen Gegenbegriff der Affirmation weder für die ältere Kunst einfach abgetan noch für die moderne Kunst auch unserer Gegenwart einfach preisgegeben werden können.

Zum ersten: auch Werke negativen Charakters pflegen im Prozeß ihrer Rezeption ihre ursprüngliche Negativität in dem Maße einzubüßen, wie sie selbst wieder ›klassisch‹ werden, durch Einverleibung in Institutionen kultureller Sanktionierung öffentliche Bedeutung erlangen[5] und schließlich als Bildungserbe jene autoritative Tradition wieder befestigen, deren Geltung sie bei ihrem Erscheinen verneinen oder durchbrachen. Dieser Prozeß ist uns aus moderner Kunst vertraut, wo Manifestationen von Protest, Kritik und Revolte unweigerlich in den Genuß solcher Negationen umzuschlagen pflegen, sobald das provozierte Publikum die Provokation wieder aufgefangen und in ästhetische Distanz gebracht hat. Solche Neutralisierung ist indes nicht erst »der gesellschaftliche Preis der ästhetischen Autonomie« (p. 339). Die Geschichte der Künste, sieht man sie ineins mit dem Prozeß ihrer Rezeption und Interpretation, zeigt immer schon den Pendelschlag zwischen »transgressiver Funktion« und interpretierender Angleichung der Werke[6]. Auch ältere Kunst, die mit der Aureole des Klassischen, Positiven, unvergänglich Idealen, Ordnung und Dauer Verbürgenden auf uns gekommen ist, braucht zur Zeit ihres Erscheinens keineswegs nur den bestehenden Zustand einer Gesellschaft bejaht und verklärt zu haben. Was dem ideologiekritischen Eifer unserer Zeit beispielsweise an Dantes *Divina Commedia*, an Lope de Vegas *Fuente Ovejuna*, an Shakespeares *King Richard III.*, an Racines Tragödie oder an Molières Komödie »affirmativ« erscheinen mag, kann solchen Werken erst aus der homogenisierenden Gewalt der Tradition zugewachsen sein und eine ursprünglich heteronome Intention verdecken oder in Vergessenheit geraten lassen. Ganz davon zu schweigen, daß die blanke Nega-

---

[3] L. Giesz, *Phänomenologie des Kitsches*, München ²1971, p. 30.
[4] Th. W. Adorno, *Ästhetische Theorie* (*Gesammelte Schriften* 7), Frankfurt 1970, p. 15, im f. mit der Seitenzahl im Text zitiert.
[5] P. Bourdieu, *Zur Soziologie der symbolischen Formen*, Frankfurt 1970, p. 103 sq.
[6] J. Starobinski, *La relation critique* (*L'oeil vivant II*), Paris 1970, p. 9-33.

tion einer bestimmten Gesellschaft so wenig wie pure Innovation der Form auch schon verbürgt, daß ein Kunstwerk seine avantgardistische Wirkung überdauern und in Klassizität eingehen kann. Klassizität steht offenbar quer zu Adornos »Bahn fortschreitender Negativität«. Gerade auch diejenigen Werke, denen die geschichtliche Kraft eigen ist, den Horizont des Erwartbaren und Kanon des Gewohnten zu übersteigen, sind nicht davor gefeit, ihre ursprüngliche Negativität in den Prozessen kultureller Rezeption allmählich einzubüßen. Klassizität ist nur um den Preis eines zweiten Horizontwandels zu erlangen, der die Negativität des ersten Horizontwandels wieder aufhebt, den ein Kunstwerk mit seinem Erscheinen herbeiführte[7]. Klassizität ist das ausgezeichnete Paradigma der Einverleibung von Negativität in Traditionen gesellschaftlicher Affirmation. Der ›List der Vernunft‹ wäre das Klassische als ›List der Tradition‹ gegenüberzustellen, die durch den beschriebenen doppelten Horizontwandel bewirkt und verschleiert, daß die Bahn fortschreitender Negativität der Kunst unmerklich in fortschreitende Positivität der Tradition überführt wird.

Zum zweiten: die gesellschaftliche Funktion der Kunst ist auf ihren früheren, vorautonomen geschichtlichen Stufen mit dem Kategorienpaar von Negation und Affirmation nicht zulänglich zu erfassen. Das wird bei Adorno selbst deutlich, wenn er den affirmativen Kunstwerken ständig die Schmach der Dienstbarkeit, der Verklärung des Bestehenden oder falschen Versöhnung vorwirft[8] und sie dann doch wieder durch eine Hintertüre der Negativität zu retten sucht, wie etwa an folgender Stelle: »Alle Kunstwerke, auch die affirmativen, sind a priori polemisch. Der Idee eines konservativen Kunstwerks haftet Widersinn an. Indem sie von der empirischen Welt, ihrem Anderen emphatisch sich trennen, bekunden sie, daß diese selbst anders werden soll, bewußtlose Schemata von deren Veränderung« (p. 264). Läßt man dahingestellt, ob einer nur »a priori polemischen« Polemik nicht auch Widersinn anhaftet, so ist mit dieser eigentümlichen Negativität doch gewiß nur das Kunstwerk als Gegenstand theoretischer Reflexion, nicht aber als Schema primärer

---

[7] Da Adorno zwischen ursprünglichem Klassizismus und gewordener Klassizität (in meiner Terminologie: zwischen erstem und zweitem Horizontwandel des Rezeptionsprozesses) nicht scharf genug unterscheidet, bleibt seine Polemik gegen die attische Klassizität so ungerecht wie seine Kritik am Klassizismus widerspruchsvoll (cf. p. 240-244 gegen p. 339: die dort festgestellte »Neutralisierung« tritt schon auf der »Bahn des Klassischen« ein, sie ist nicht erst »der gesellschaftliche Preis der ästhetischen Autonomie«).

[8] Vgl. p. 12, 347, 358, 386; in diesem Zusammenhang ist auch die outrierte Polemik gegen unmittelbar gesellschaftliche Funktionen der vorautonomen Kunst wie Unterhaltung (»Stets ragt sie als Zeugnis des Mißlingens von Kultur in diese hinein«, 32), Trost oder Zuspruch (p. 56, 66), ja gegen heitere Kunst insgesamt zu sehen: »Das Unrecht, das alle heitere Kunst, vollends die der Unterhaltung begeht, ist wohl eines an den Toten, am akkumulierten und sprachlosen Schmerz« (p. 67).

ästhetischer Erfahrung getroffen. Für diese aber ist Polemik gegen das Bestehende oder »Negation objektiv verpflichtenden Sinns« (p. 239) nicht die einzig legitime gesellschaftliche Funktion von Kunst, ohne daß darum das Affirmative in der Praxis der Kunsterfahrung sogleich den Makel konservativer Gesinnung, der Verklärung des Bestehenden, verdienen würde. Will man in der Konsequenz Adornos einer Literatur von so unleugbar großer gesellschaftlicher Wirkung wie der Heldendichtung nicht kurzerhand den Kunstcharakter absprechen, so muß man die gesellschaftliche Funktion der Kunst nicht von vornherein in der *Negation*, sondern auch und zunächst in der *Formierung* objektiv verpflichtenden Sinnes sehen und anerkennen.

In dieser wie in anderen praktischen Funktionen ist Kunst als symbolische oder kommunikative Handlung offensichtlich nicht mit Adornos Negativkatalog der Affirmation zu bestimmen. »Affirmative Abbildlichkeit« (p. 386), »trostspendende Sonntagsveranstaltungen« (p. 10), Kommunikation als »Anpassung des Geistes an das Nützliche« (p. 115), »subjektive Identifikation mit der objektiv reproduzierten Erniedrigung« (p. 356) und ähnliche Formeln der Absage an alle »verklärende Kunst« und ihren »Schein von Versöhnung« beschreiben nichts von der Rolle, die gerade ästhetischer Erfahrung bei der Bildung, Durchsetzung, Sublimierung und Veränderung gesellschaftlicher Normen zugekommen ist. Nehmen wir ein Beispiel aus dem Bereich des so geschmähten ›Herrendienstes‹, die Literatur des sogenannten ›Frauendienstes‹, so ist leicht einzusehen, daß hier mit der affirmativen Verklärung der adligen Herrin gerade nicht ein bestehender Zustand von Abhängigkeit verewigt, sondern die spielerische Identifikation mit einer neu sich bildenden Liebesethik ermöglicht wurde, deren Anteil an der Emanzipation des Gefühls und der Kommunikationsformen zwischen den Geschlechtern sozialgeschichtlich kaum überschätzt werden dürfte. Gewiß kann auch hier in der ästhetischen Erfahrung ein Moment der Negativität, nämlich die unausgesprochene Negation der kirchlichen Normen von Ehe und Askese, aufgefunden werden. Aber diese Negativität schloß für das Publikum des 12. Jhs. die Affirmation, oder sagen wir besser: die kommunikative Identifikation mit einer sich erst bildenden gesellschaftlichen Norm und Lebensform nicht aus, sondern auf eine noch zu klärende Weise auch wieder ein. Meine erste These lautet deshalb: *Ästhetische Erfahrung wird um ihre primäre gesellschaftliche Funktion verkürzt, solange sie im kategorialen Rahmen von Negation und Affirmation belassen und die konstitutive Negativität des Kunstwerks nicht mit Identifikation als ihrem rezeptionsästhetischen Gegenbegriff vermittelt wird.*

Identifikation gehört zu den Erscheinungen ästhetischer Erfahrung, die Adornos ästhetischer Theorie offensichtlich Verlegenheit bereiten. Man vergleiche etwa: »Ästhetische Erfahrung legt zwischen den Betrachtenden und das Objekt zunächst Distanz. Im Gedanken von der interesselosen Betrachtung schwingt das mit. Banausen sind solche, deren Verhältnis zu Kunstwerken davon beherrscht wird, ob und in welchem Maße sie sich etwa anstelle der Personen setzen können, die da vorkommen; alle Branchen der Kulturindustrie basieren darauf und befestigen ihre Kunden darin« (p. 514). Die Reihe der damit als Banausen Gerügten ist stattlicher, als Adorno wohl bedacht hat. Banausisch wäre dann schon das adlige Publikum der Heldenepen, von dem wir z. B. aus dem 12. Jh. wissen, daß es seine Söhne gerne ›Roland‹ und ›Olivier‹ getauft hat. Banausen wären dann aber auch noch Diderot und Lessing zu nennen, die als Programmatiker des bürgerlichen Schauspiels forderten, der moderne Dramatiker müsse seinen Helden *mit uns von gleichem Schrot und Korne* schildern, weil allein die Gleichheit des Helden mit dem Zuschauer unser Mitleid zugleich mit unserer Furcht erwecken könne[9]. Gewiß ist Identifikation, wie sie hier noch im Namen des bürgerlichen Freiheitsbewußtseins gefordert und der Lebensferne des vollkommenen klassischen Tragödienhelden entgegengesetzt wurde, in unserer Zeit durch die Kulturindustrie auf die Ebene des kurzgeschlossenen Tausches von Bedürfnis und Befriedigung oder — schlimmer noch — der »Ersatzbefriedigung am ungestillten Bedürfnis« (p. 362) heruntergekommen. Doch daraus mit Adorno abzuleiten, Katharsis sei »eine Reinigungsaktion gegen die Affekte, einverstanden mit Unterdrückung« und immer schon auf Wahrung von Herrschaftsinteressen angelegt (p. 354), heißt das Kind mit dem Bade ausschütten und die kommunikative Leistung der Kunst auf der Ebene jener primären Identifikationen wie Bewunderung, Rührung, Mitlachen, Mitweinen verkennen, die nur ästhetischer Snobismus für vulgär halten kann. Gerade in solchen Identifikationen und nicht in der davon abgelösten ästhetischen Reflexivität vollzieht sich der Umschlag von ästhetischer Erfahrung zu symbolischer oder kommunikativer Handlung. Negativität braucht darum als Grundbestimmung in der Erfahrung des ästhetischen Gegenstands nicht preisgegeben zu werden, wie sich zeigen wird, wenn wir uns der Frage zuwenden, auf welche Weise ästhetische Distanz und kommunikative Identifikation in der Erfahrung der Katharsis vermittelt werden (s. u. IX.).

Die Stärke und Unentbehrlichkeit von Adornos ästhetischer Theorie: der wieder behauptete Standpunkt der ästhetischen Autonomie, nun aber gewendet zur dialektischen Negativität der Kunst, die gegenüber unwahr gewordener Praxis oder »Tätigkeit als dem Kryptogramm von Herrschaft« (p. 358) ihren kritischen Rang bewähren muß, ist um den Preis des Abbruchs aller kommuni-

---

[9] Diderot, *Entretiens sur le Fils Naturel*, éd. VERNIER, *Œuvres esthétiques*, Paris 1959 p. 153; Lessing, *Hamburgische Dramaturgie*, 75. Stück und anderweitig. Siehe Vf., *Germanisch-romanische Monatsschrift* 11 (1961) p. 388-391.

kativen Funktionen der Kunst erkauft. Kommunikation steht hier insgesamt unter dem Verdacht der »Anpassung des Geistes an das Nützliche, durch welche er sich unter die Waren einreiht, und was heute Sinn heißt, partizipiert an diesem Unwesen« (p. 115). Dem Modernismus in Adornos Ästhetik der Negativität wird ineins mit der kommunikativen Kompetenz der Kunst auch die ganze Sphäre ihrer Rezeption und Konkretisation geopfert (p. 339). Dieser Purismus hat die schwerwiegende Folge, daß Adorno den dialogischen Prozeß zwischen Werk, Publikum und Autor ignorieren und darum die Geschichte der Kunst wider Willen gelegentlich resubstantialisieren muß — im Widerspruch zu seiner leidenschaftlichen Absage an den Platonismus des zeitlos dauernden Schönen (p. 49). Das Kunstwerk, das nur vermöge der Produktivkräfte aus der Gesellschaft stammt und dann von ihr abgesondert bleibt (p. 339), das als »fensterlose Monade« das vorzustellen hat, was es selbst nicht ist (p. 15), muß mit einer geschichtlichen Eigenbewegung, einem »Leben sui generis« ausgestattet werden: »Die bedeutenden kehren stets neue Schichten hervor, altern, erkalten, sterben« (p. 14). Jedes authentische Kunstwerk »wälzt in sich um« (p. 339); Kunstwerke sind »Antworten auf ihre eigene Frage« (p. 17), sie können allein schon »durch geschichtliche Entfaltung, durch correspondance mit Späterem ... sich aktualisieren« (p. 47). Als ob ein Kunstwerk aus eigener Substanz, ohne die aufnehmende, verstehende, auslegende, kritisch umwertende Interaktion seiner von Generation zu Generation sich wandelnden Adressaten, Bedeutung immer wieder neu aktualisieren und eben dadurch sein geschichtliches, nicht zeitloses Wesen verwirklichen könnte!

Droht so das monadenhafte Kunstwerk auf die substantialistische Bahn einer »immanenten Historizität« zu geraten (p. 15; 262 sq.), so wird andererseits sein Adressat in die Einsamkeit einer Erfahrung verwiesen, in welcher »der Rezipierende sich vergißt und im Werk verschwindet« (p. 363). Adorno beschreibt diese Erfahrung als »Betroffenheit« oder »Erschütterung«, um sie dem üblichen Erlebnisbegriff oder Kunstgenuß entgegenzusetzen. Aber dieses (der zuvor abgelehnten Katharsis dann doch nicht mehr so unähnliche) »Memento der Liquidation des Ichs, das als erschüttertes der eigenen Beschränktheit und Endlichkeit innewird« (p. 364), vermag auch als »Durchbruch von Objektivität im subjektiven Bewußtsein« (p. 363) die Grenze von kontemplativer Hinnahme zu dialogischer Interaktion nicht zu überschreiten. Obschon zugegeben wird, der Kunst sei »ihr eigenes gesellschaftliches Wesen verhüllt und erst von ihrer Interpretation zu ergreifen« (p. 345), bleibt in Adornos — darin undialektischer — ästhetischer Theorie dem Interpreten wie allen rezipierenden Instanzen der Gesellschaft der aktive Anteil an der Bildung und Umbildung von Bedeutung, durch die ein Werk geschichtlich lebt, versagt.

Was Adorno der Kunst im Gesellschaftlichen an kommunikativer Funktion abspricht, soll erst einer befreiten Menschheit der Zukunft zufallen. Paradigma für die »versöhnte Realität und ... wiederhergestellte Wahrheit am Vergangenen«, auf welche »die großen Werke warten« (p. 66 sq.), ist überraschenderweise das Naturschöne. Auf dieses soll die ästhetische Theorie im Gegenzug zu Hegel (p. 99) wieder hingelenkt werden. Denn »das Naturschöne ist die Spur des Nichtidentischen an den Dingen im Bann universaler Identität« (p. 114). Dahinter steht die Absicht, die »Würde der Natur« als Instanz gegen die mißbrauchte Herrschaft dessen, »was das autonome Subjekt sich selbst verdankt« (p. 98), wieder aufzubauen. Das gelingt Adorno aber nur, indem er der Erscheinung des Naturschönen einen futuristischen Sinn zuspricht, der aller bisherigen Bestimmung und Metaphorik des Naturbegriffs völlig entwachsen ist: »Die Grenze gegen den Fetischismus der Natur jedoch, die pantheistische Ausflucht, die nichts als affirmatives Deckbild von endlosem Verhängnis wäre, wird dadurch gezogen, daß Natur, wie sie in ihrem Schönen zart, sterblich sich regt, noch gar nicht ist. Die Scham vorm Naturschönen rührt daher, daß man das noch nicht Seiende verletze, indem man es im Seienden ergreift. Die Würde der Natur ist die eines noch nicht Seienden, das intentionale Vermenschlichung durch seinen Ausdruck von sich weist« (p. 115). Diese neue Natur scheint mit der alten Natur nurmehr die Würde zu teilen! Hier hat die Ästhetik der Negativität offensichtlich den Naturbegriff in sich selbst aufgehoben, nämlich stillschweigend vergeschichtlicht und damit das nicht machbare, unverfügbar und immer schon Seiende zum erhoffbaren, dereinst versöhnten, aber noch nicht Seienden avanciert. Wer bereit ist, Adornos Widerspruch gegen Hegels »Theodizee des Wirklichen« (p. 116) aufzunehmen und seine Kritik am Zirkel von Kunst und Konsum weiterzuführen, wird trotz dieser *promesse du bonheur* in seiner Theorie eine Antwort auf die Frage vermissen, wie denn der »Abgrund zwischen der Praxis und dem Glück« nicht bloß durch die Kraft der Negativität im Kunstwerk »ausgemessen« (p. 26), sondern durch ästhetische Praxis auch wieder überbrückt werden kann.

Meine Kritik an Adornos Ästhetik sollte den Versuch einer Rechtfertigung der ästhetischen Erfahrung gegenüber einem theoretischen Anspruch einleiten, der die primären Weisen dieser Erfahrung, darunter im besonderen ihre kommunikative Leistung, zugunsten der höheren Ebene ästhetischer Reflexion vernachlässigt oder unterdrückt. Die grandiose Einseitigkeit, mit der Adorno die Reinheit der Reflexion, zu der sich das einsame Subjekt vor dem Kunstwerk erheben soll, gegen die sinnenhafte Erfahrung und kommunikative Interaktion der Kunst ausspielt, ist indes nicht nur von seiner gesellschaftskritischen Position bedingt. Adorno ist hier auch der Erbe einer Tradition der Kunstphilosophie, die sich auf die Ontologie des ästhetischen *Gegenstandes* zurückzog und die Frage nach der Praxis ästhetischer *Erfahrung* gerne der normativen Poetik oder der

Psychologie der Affekte überließ. Die Abwehr allen Verhaltens zur Kunst, das nicht den Standpunkt ihrer klassischen Autonomie erklommen hat, kommt dort besonders drastisch zum Vorschein, wo Adornos Therapie der Negativität gegen das Zeitalter der Kulturindustrie in der Mahnung gipfelt: »Autonom ist künstlerische Erfahrung einzig, wo sie den genießenden Geschmack abwirft« (p. 26). Man kann der Meinung sein, daß diese Therapie fatalerweise das Kind mit dem Bade ausschütten würde. Gegen diesen durchaus aktuellen Purismus richtet sich meine zweite These: *Das genießende Verhalten, das Kunst auslöst und ermöglicht, ist die ästhetische Erfahrung par excellence, die der vorautonomen wie noch der autonomen Kunst zugrundeliegt; sie muß wieder Gegenstand theoretischer Reflexion werden, wenn es darum geht, die ästhetische Praxis des produktiven, rezeptiven und kommunikativen Verhaltens neu zur Geltung zu bringen.*

III. *Der ästhetische Genuß und die Grunderfahrungen der Poiesis, Aisthesis und Katharsis*

Wer heute das Wort *Genießen* im Sinne des bekannten *Faust*-Zitats: *und was der ganzen Menschheit zugeteilt ist, / will ich in meinem innern Selbst genießen* (v. 1770) für sein Verhalten zur Kunst zu verwenden den Mut hätte, würde sich dem Vorwurf des Banausentums oder — schlimmer noch — der Befriedigung bloßer Konsum- und Kitschbedürfnisse aussetzen. Das Eingeständnis des Kunstgenusses ist heute nicht allein ›auf Reisen‹ verpönt. Die ältere Grundbedeutung von *Genießen*, nämlich ›den Gebrauch oder Nutzen einer Sache haben‹, wird heute nur noch in obsoletem oder fachsprachlichem Wortgebrauch empfunden (wer von denen, die sich als ›Genosse‹ anreden, weiß noch und hörte gerne, daß Genosse von Genießen kommt und ursprünglich denjenigen meint, der Vieh auf der gleichen Weide hat?). Aber auch die bildungsgeschichtliche Gipfelbedeutung, die der davon abgeleitete spezifische Sinn ›sich einer Sache freuen‹ bis zur deutschen Klassik erlangte, dürfte uns heute eher befremden[10]. In der geistlichen Dichtung des 17. Jahrhunderts konnte *Genießen* für ›Gott teilhaftig werden‹ eintreten; im Pietismus verbanden sich die beiden Wortbedeutungen ›Lust und Teilhabe‹ zu einem Akt, in dem sich der Gläubige unmittelbar der Gegenwart Gottes vergewissert; Klopstocks Dichtung führt zu *denkendem Genuß*; Herders

---

[10] Nach H. PAUL, *Deutsches Wörterbuch*, 5. Aufl., ed. W. BETZ, s. v. *Genieß* und *Genosse*, Tübingen 1966, und W. BINDER, Vortrag über den Begriff ›Genuß‹ in Dichtung und Philosophie des 17. und 18. Jahrhunderts (gehalten am 25. 1. 1966 in der Gesellschaft für deutsche Sprache und Literatur; erscheint demnächst im *Archiv für Begriffsgeschichte*).

Begriff des geistigen Genusses begründet Selbstgewißheit als ein ursprüngliches Sich-Haben, dem gleichursprünglich ein Haben der Welt folgt (*Existenz ist Genuß*); in Goethes *Faust* schließlich konnte der Genuß-Begriff alle Stufen der Erfahrung bis zum höchsten Verlangen nach Erkenntnis umgreifen (vom *Lebens-Genuß der Person* über *Taten-Genuß* und *Genuß mit Bewußtsein* bis *Schöpfungs-Genuß*, nach dem bekannten Schema zu *Faust*).

Von diesem Höhenflug seiner Bedeutung ist Genießen im gegenwärtigen Wortgebrauch weit heruntergekommen. Rechtfertigte Genießen als Weise der Weltbemächtigung und Selbstvergewisserung einst den Umgang mit Kunst, so wird heute weithin ästhetische Erfahrung erst dann als genuin angesehen, wenn sie allen Genuß hinter sich gelassen und sich auf die Stufe ästhetischer Reflexion erhoben hat. Die schärfste Kritik an aller genießenden Erfahrung der Kunst findet sich wiederum bei Adorno. Wer an Kunstwerken Genuß suche und finde, sei ein Banause: »Worte wie Ohrenschmaus überführen ihn«. Wer den genießenden Geschmack an der Kunst nicht abzuwerfen vermöge, belasse sie in der Nähe von Erzeugnissen der Küche oder der Pornographie. Letztlich sei Kunstgenuß nichts anderes als eine bürgerliche Reaktion auf die Vergeistigung der Kunst und damit die Voraussetzung für die Kulturindustrie unserer Gegenwart, die im kurzgeschlossenen Kreis von gesteuertem Bedürfnis und ästhetischer Ersatzbefriedigung verborgenen Herrschaftsinteressen diene. Kurzum: »Der Bürger wünscht die Kunst üppig und das Leben asketisch; umgekehrt wäre es besser« (p. 26/7).

Die avantgardistische Malerei und Literatur nach dem Zweiten Weltkrieg hat zweifellos das Ihrige dazu getan, die Kunst gegen die Üppigkeit der Konsumwelt wieder asketisch und damit für den Bürger ungenießbar zu machen. Man denke nur an die in ihrer Tendenz verwandten Erscheinungen des abstrakten Erhabenen der Malerei Jackson Pollocks oder Barnett Newmans[11] und des zur gleichen Zeit stilbildend gewordenen Theaters oder Romans von Beckett. Asketische Kunst und Ästhetik der Negativität gewinnen in diesem Kontext das einsame Pathos ihrer Legitimation aus dem Gegensatz zur Konsumentenkunst der modernen Massenmedien. Adorno, der leidenschaftliche Vorkämpfer der Ästhetik der Negativität, hat die Grenze aller asketischen Kunsterfahrung indes sehr wohl gesehen, wenn er bemerkt: »wäre aber die letzte Spur von Genuß exstirpiert, so bereitete die Frage, wozu überhaupt Kunstwerke da sind, Verlegenheit« (p. 27). Auf diese Frage gibt seine ästhetische Theorie keine Antwort,

---

[11] M. IMDAHL, Einführung zu Barnett Newman *Who's afraid of red, yellow and blue*, Stuttgart 1971 (Werkmonographien zur bildenden Kunst in Reclams Universal-Bibliothek, Nr. 147).

so wenig wie die derzeit führenden Theorien der Kunstwissenschaft, Hermeneutik und Ästhetik.

Für die Kunstwissenschaft beginnt die theoriewürdige Erfahrung der Kunst heute zumeist jenseits des betrachtenden oder genießenden Verhaltens, das als subjektive Seite der Kunsterfahrung der daran kaum interessierten Psychologie überlassen oder als falsches Bewußtsein der spätkapitalistischen Konsumkultur eingeklagt werden kann [12]. Das Problem des ästhetischen Genusses, vor dem Ersten Weltkrieg ein Hauptthema der psychologischen Ästhetik und allgemeinen Kunstwissenschaft, zu dem Moritz Geiger das klärende phänomenologische Schlußwort schrieb [13], interessiert die gegenwärtige, durch Hans Georg Gadamer repräsentierte hermeneutische Philosophie nurmehr unter dem Aspekt einer Kritik am ästhetischen Bewußtsein, insonderheit am imaginären Museum der sich selbst genießenden Subjektivität; ihrer Verfallenheit wird die Geschehensstruktur eines vernehmenden Verstehens entgegengesetzt, um die »Erfahrung von Wahrheit, die uns durch das Kunstwerk zuteil wird, gegen die ästhetische Theorie zu verteidigen, die sich vom Wahrheitsbegriff der Wissenschaft beengen läßt.« [14] So wenig wie die ontologische bedarf die gesellschaftliche Wahrheit der Kunst einer Vermittlung durch ästhetisches Genießen. Die marxistische Literaturtheorie hat, solange sie von Plechanow bis Lukács auf Widerspiegelung, mithin auf das Mimesis-Ideal des bürgerlichen Realismus verengt war, vom aufnehmenden Subjekt sogleich ein Wiedererkennen der objektiven Wirklichkeit erwartet; erst seit Brecht kann hier von einer Berücksichtigung der Wirkung von Literatur die Rede sein, doch von vornherein in der Absicht, das aufnehmende Subjekt gegen seine Neigung zu ästhetischem Genuß, Einfühlung und Identifikation zu einer denkenden und kritischen Haltung zu erziehen. Schließlich sei nicht verschwiegen, daß auch die Rezeptionsästhetik, die ich selbst mit vertrete, sich bisher allenfalls im Blick auf die Konsumliteratur oder auf den Horizontwandel von der ursprünglichen Negativität zur genießbaren Vertrautheit der Klassiker mit dem Problem befaßt hat, im übrigen aber ästhetische Reflexion als Grundlage aller Rezeption voraussetzt und damit an der überraschend einmütigen Askese teilnimmt, die sich die Kunstwissenschaft gegenüber der primären ästhetischen Erfahrung auferlegt hat.

Worin besteht nun aber die primäre ästhetische Erfahrung? Wie unterscheidet sich das ästhetische Genießen vom Sinnengenuß überhaupt? Wie verhält

---

[12] Um nur zwei Antipoden zu nennen, vgl. K. BADT, *Kunsttheoretische Versuche*, Köln 1968, p. 103, und O. K. WERCKMEISTER, *Ende der Ästhetik*, Frankfurt 1971, p. 83.
[13] *Beiträge zur Phänomenologie des ästhetischen Genusses*, in *Jb. für Philosophie und phänomenologische Forschung*, Bd. I, Teil 2, 1913, p. 570 sqq.
[14] *Wahrheit und Methode, Grundzüge einer philosophischen Hermeneutik*, Tübingen 1960, p. XV.

sich die ästhetische Funktion des Genießens gegenüber anderen Funktionen der Alltagswelt? Geht man vom heutigen Sprachgebrauch aus, so zeigt sich, daß *Genießen* sowohl in einem Gegensatz zu *Arbeiten* steht wie auch von *Erkennen* und *Handeln* abgesetzt wird. Dazu ist einerseits zu bemerken, daß Genießen und Arbeiten in der Tat einen alten, dem Begriff ästhetischer Erfahrung entspringenden Gegensatz bilden. Insofern ästhetisches Genießen vom praktischen Zwang der Arbeit und den natürlichen Bedürfnissen der Alltagswelt freisetzt, begründet es eine gesellschaftliche Funktion, durch die sich ästhetische Erfahrung von Anbeginn ausgezeichnet hat. Andererseits stand aber ästhetische Erfahrung keineswegs von Haus aus im Gegensatz zum Erkennen und zum Handeln. Die Erkenntnisleistung des ästhetischen Genießens, wie sie noch Goethes *Faust* gegen das abstrakte begriffliche Wissenkönnen ausspielt, ist erst im 19. Jahrhundert mit dem Schritt zur Autonomie der Kunst preisgegeben worden. Auch ist der älteren, vorautonomen Kunst, die auf vielfältige Weise Normen des Handelns vermittelt, jene kommunikative Funktion noch selbstverständlich, die in unserer Zeit oft und leichthin unter den Verdacht der Affirmation von Herrschaftsinteressen gestellt, als bloße Verklärung des Bestehenden mißverstanden und rigoros abgelehnt wird.

Betrachten wir ästhetische Erfahrung näherhin, so unterscheidet sich ästhetisches Genießen vom einfachen Sinnengenuß, wie seit Kants Lehre vom interesselosen Wohlgefallen fast einhellig von aller ästhetischen Theorie bestätigt wird, durch die »Fernstellung von Ich und Gegenstand« oder ästhetische Distanz [15]. Im Unterschied zur theoretischen Einstellung, die gleichfalls Distanznahme voraussetzt, wird beim genießend ästhetischen Verhalten die Freisetzung des Betrachters aus den Verhaftungen seiner alltäglichen Praxis indes durch das *Imaginäre* bewirkt. Im primären Prozeß ästhetischer Erfahrung ist das Imaginäre noch kein Gegenstand, sondern — wie Jean-Paul Sartre zeigte — ein distanznehmender und gestaltschaffender Akt des vorstellenden Bewußtseins. Das imaginierende Bewußtsein muß die vorfindliche Objektwelt verneinen, um selbst nach den ästhetischen Zeichen eines sprachlichen, optischen oder musikalischen Textes eine Wort-, Bild- oder Tongestalt hervorbringen zu können [16]. Ästhetisch genießendes Verhalten, in welchem sich das imaginierende Bewußtsein aus dem Zwang der Gewohnheiten und Interessen löst, ermöglicht eben dadurch, den in seinem alltäglichen Tun befangenen Menschen für andere Erfahrung freizusetzen.

Ästhetischer Genuß ist demnach immer sowohl Freisetzung *von* und Freiset-

---

[15] M. GEIGER, op. cit., p. 632; dazu die Kritik von L. GIESZ, *Phänomenologie des Kitsches*, München ²1971, p. 26-35.
[16] Op. cit., p. 234.

zung *für* etwas. Das genießende Verhalten zum ästhetischen Gegenstand setzt die Negation alltäglicher Praxis voraus: das handelnde Subjekt muß zum Zuschauer, Zuhörer, Betrachter, Leser werden, um die Einstellung des ästhetischen Genusses zu gewinnen, die ihn einen Gegenstand ästhetisch wahrnehmen läßt, beziehungsweise ihm die Identifikation mit der dargestellten Handlung (oder dem ›Helden‹) gestattet. Den spezifischen Genuß an der ästhetischen Rezeption hat Hans Blumenberg mit einem anthropologischen Modell der »inneren Distanz, die zwischen dem Subjekt und seinen eigenen, von der ästhetischen Gegenständlichkeit affizierbaren Organen liegt«, zu erklären begonnen [17]. Dieses Modell hat den Vorzug, daß es auch die Möglichkeiten des ästhetischen Genusses von zunächst nicht ›genießbar‹ erscheinenden Affektionen wie zum Beispiel des Grausigen, Häßlichen oder Schockierenden einbegreift: hier genießt das Subjekt die pure Funktion seiner durch diese Gegenstände affizierten Vermögen. Blumenbergs Modell schließt m. E. aber keineswegs aus, daß dieses »gesteigerte Bewußtsein der eigenen Unbetroffenheit« [18] auch angesichts der Darbietung nicht-widriger Gegenstände wie zum Beispiel des Erhabenen, Heroischen, Rührenden eintritt und mit dem Genuß der eigenen, affizierten Vermögen auch den Genuß der Identifikation mit fremdem Handeln und Leiden erhöht.

Das läßt sich auch mit der Dichtungstheorie der Psychoanalyse beschreiben. Sigmund Freud [19] hat den ästhetischen Genuß der Identifikation mit dem Helden bekanntlich auf die Entlastungs- und Schutzfunktion der ästhetischen Distanz zurückgeführt. Er hat ihn aber auch aus einem tieferen Interesse an der Phantasietätigkeit begründet. Die ästhetische Identifikation kann einerseits Fremderfahrung, deren man sich kaum für fähig gehalten hätte, zur Quelle der Lust machen, weil sie die Illusion zur Voraussetzung hat: »das heißt die Milderung des Leidens durch die Sicherheit, daß es erstens ein anderer ist, der dort auf der Bühne handelt und leidet, und zweitens doch nur ein Spiel, aus dem unserer persönlichen Sicherheit kein Schaden erwachsen kann«. Andererseits erschöpft sich die Wirkung von Dichtung aber nicht allein in der Erweckung der eigenen Affekte und im Genuß der »Erleichterung durch ausgiebige Abfuhr«, sondern sie führt auch zu einem »Gefühl der Höherspannung des psychischen Niveaus«, das an tieferreichende Quellen rührt: »in der Phantasietätigkeit genießt der Mensch die Freiheit vom äußeren Zwang weiter, auf die er in Wirklichkeit längst verzichtet hat«. Freuds bekannte These, daß die Dichtung wie

---

[17] *Poetik und Hermeneutik* III, p. 647.
[18] Ib., p. 646.
[19] In *Psychopathische Personen auf der Bühne, Studienausgabe*, Bd. X, Frankfurt 1969, p. 163; *Der Dichter und das Phantasieren*, ib. Bd. X, p. 171—179; *Exkurs über Phantasietätigkeit* in der 23. *Vorlesung zur Einführung in die Psychoanalyse*, ib. Bd. I, p. 362.

der Tagtraum Fortsetzung und Ersatz des einstigen kindlichen Spielens sei, führt den Anreiz ästhetischer Erfahrung auf die Erfüllung verdrängter Wünsche, besser gesagt: auf den ästhetischen Schock des Wiederfindens der im kindlichen Spiel gesetzten Erwartungen zurück. Es liegt auf der Hand, daß diese Verlockungsprämie die ästhetische Identifikation mit der Situation oder dem Schicksal eines Helden noch vertiefen kann, ihr sogar eine Aura von kaum übertreffbarer Kraft zu verleihen vermag.

Das Modell der ästhetischen Rezeption nach Blumenberg wie auch die Freudsche Erklärung des Genusses an der Identifikation mit dem Dargestellten ist der These von Geiger entgegenzuhalten: »Genuß ist, solange er dauert, sich selbst genug«[20]. Obschon der ästhetische Genuß in actu als eine »Erlebnis-Enklave« erscheint, kann diese gerade darum, weil sie ein herausgehobener Moment gesteigerten Bewußtseins ist, über die Brücken von Erwartung, Wunscherfüllung und Erinnerung für das Subjekt adversativ (Freisein von) wie projektiv (Freisein für) und kommemorativ stets wieder in den Kontext lebensweltlicher Relevanzen einrücken.

Aus dem so beschriebenen Verhältnis von Negation und Identifikation im ästhetischen Genuß, auf das wir noch zurückkommen (s. u. IX), folgt meine dritte These: *Ästhetisch genießendes Verhalten, das zugleich Freisetzung von und Freisetzung für etwas ist, kann sich auf drei Ebenen vollziehen: für das produzierende Bewußtsein im Hervorbringen von Welt als seinem eigenen Werk, für das rezipierende Bewußtsein im Ergreifen der Möglichkeit, die Welt anders wahrzunehmen, und schließlich — damit öffnet sich die subjektive auf intersubjektive Erfahrung — in der Beipflichtung zu einem vom Werk geforderten Urteil oder in der Identifikation mit vorgezeichneten und weiterzubestimmenden Normen des Handelns.*

Für einen Rückblick auf die Leistungen ästhetischer Erfahrung, auf die sich das Genießen des Schönen wie das Vergnügen an tragischen oder komischen Gegenständen, kurzum das durch die Kunst ermöglichte Verhalten, zurückführen läßt, können wir jetzt drei Grundbegriffe der ästhetischen Tradition einführen, nämlich Poiesis, Aisthesis und Katharsis. Dann benennt *Poiesis*, verstanden als »poietisches Können«, die ästhetische Grunderfahrung, daß der Mensch sein allgemeines Bedürfnis, *in der Welt heimisch und zu Hause zu sein*, durch das Hervorbringen von Kunst befriedigen kann, indem er *der Außenwelt ihre spröde Fremdheit benimmt*[21], sie zu seinem eigenen Werk macht und in dieser

---

[20] Op. cit., p. 27.
[21] Nach Bestimmungen in Hegels *Ästhetik* (ed. BASSENGE, Berlin 1955), vgl. im besonderen: *Der Mensch tut dies, um als freies Subjekt auch der Außenwelt ihre spröde Fremdheit zu nehmen und in der Gestalt der Dinge nur eine äußere Realität seiner selbst zu genießen*

Tätigkeit ein Wissen erlangt, das sich sowohl von der begrifflichen Erkenntnis der Wissenschaft als auch von der zweckgebundenen Praxis des sich reproduzierenden Handwerks unterscheidet. Dann benennt *Aisthesis* die ästhetische Grunderfahrung, daß ein Kunstwerk die durch Gewohnheit abgestumpfte Wahrnehmung der Dinge erneuern kann, woraus folgt, daß sich die anschauende Erkenntnis vermöge der Aisthesis gegen den traditionellen Vorrang des Erkennens durch Begriffe wieder ins Recht setzen läßt. Dann benennt *Katharsis* die ästhetische Grunderfahrung, daß der Betrachter in der Aufnahme von Kunst aus den praktischen Interessen und affektischen Verstrickungen seines Alltags gelöst und über das ästhetische Vergnügen für kommunikative Identifikation oder — nach Kant — für die Beipflichtung zu einem Geschmacksurteil freigesetzt werden kann.

IV. *Die Zweideutigkeit des Schönen als Erbe des Platonismus*

Eine Apologie der Kunst, die auf Poiesis, Aisthesis und Katharsis zurückgeht, um die Eigentümlichkeit und Leistung ästhetischer Erfahrung zu begründen, kann indes nicht verschweigen, daß mit diesen drei Grundbestimmungen nur erst die eine Seite der Medaille beschrieben ist. Die andere, negative Seite tritt zutage, wenn man sich vergegenwärtigt, warum die großen Puritaner in der langen Tradition der Kunstphilosophie — und in ihrer Reihe stehen so erlauchte Namen wie Plato, Augustin, Rousseau und Kierkegaard — die Kunsterfahrung in einem anderen, anrüchigen oder gefährlichen Licht gesehen und darum ihre ethischen und kognitiven Ansprüche unterdrückt oder beschnitten haben. Nicht zufällig ist die Ästhetik erst in der Aufklärung des 18. Jahrhunderts als selbständige Wissenschaft begründet worden. Eine Geschichte der ästhetischen Erfahrung, die noch nicht geschrieben ist, müßte die ästhetische Praxis des produktiven, rezeptiven und kommunikativen Verhaltens in einer Tradition aufsuchen, die sie zumeist verdeckt oder ignoriert hat. Die Tradition der kunsttheoretischen Reflexion, die die abendländische Kunst auf dem Wege zu ihrer Autonomie begleitet, steht ganz im Bann des Platonismus. Er ist das autoritative Erbe, aus dem und gegen das sich ästhetische Erfahrung in der Geschichte der europäischen Bildung entfaltet hat. Ein hier nur skizzierbarer Rückblick auf diesen Prozeß ist für unsere Fragestellung unumgänglich.

(p. 75) und: *Das allgemeine Gesetz ... besteht darin, daß der Mensch in der Umgebung der Welt müsse heimisch und zu Hause sein, daß die Individualität in der Natur und in allen äußeren Verhältnissen müsse eingewohnt und dadurch frei erscheinen* (p. 266). Zum »poietischen Können« siehe J. MITTELSTRASS, *Neuzeit und Aufklärung*, Berlin / New York 1970, bes. § 10.2.

Der Platonismus hat der europäischen Tradition für die Geschichte und Theorie der Künste eine doppelte Orientierung vorgegeben, die man auch zweideutig nennen kann. Denn die Berufung auf Plato konnte dem Umgang mit dem Schönen höchste Dignität verleihen, sie konnte ihn aber auch in moralischen Verruf bringen[22]. *Dignität* durch Vermittlung des Übersinnlichen, denn der Anblick der hiesigen Schönheit weckt nach Plato die Erinnerung an das verlorene transzendente Schöne und Wahre. *Defizienz* durch Angewiesenheit auf das Sinnenhafte: denn das Wahrnehmen des Schönen kann in der Lust am sinnlichen Schein oder bloßen Spiel sein Genügen finden; wer das Schöne genießt, wird nicht notwendig in eine transzendente, im Idealen beheimatete Vollkommenheit zurückverwiesen. Die Dignität des Umgangs mit dem Schönen ist für Plato zwar der *theoria* des Philosophierens untergeordnet. Doch bleibt sie im *Phaidros* vor den anderen drei Arten des Enthusiasmus: dem weissagenden, dem einweihenden und dem dichterischen, als eine vierte Erfahrung ausgezeichnet, die durch Aphrodite und Eros entzündet ist[23]. Wird im *Phaidros* das Verlangen nach dem Schönen als Vermittlung zwischen dem Menschlichen und dem Göttlichen ausgezeichnet und gerechtfertigt, so ist damit für Plato aber die Zweideutigkeit der ästhetischen Erfahrung keineswegs behoben. Das zeigt seine berühmte Dichterkritik und im besonderen der Rigorismus, mit dem die Künste in der *Politeia* bevormundet werden. Angesichts der unverhältnismäßig strengen Tabus und Sanktionen, die Plato dort über die Kunst verhängt, läßt sich der Rückschluß nicht abweisen, für wie gefährlich Plato die sinnliche Macht des Schönen, das nicht durch Wiedererinnerung (*anamnesis*) sublimiert wird, in Hinsicht auf sein Ideal des vollkommenen, für unsere Begriffe recht autoritären Staates einschätzen mußte.

Gewiß läßt sich einwenden, daß Plato sinnliche Erfahrung und übersinnliche Erkenntnis im Schönen nicht immer alternativ geschieden hat, sondern darin auch einen Stufenweg sehen konnte, und daß der ontologischen Kritik der Kunst als schlechter Mimesis auch andere Äußerungen wie etwa der Demiurgenmythos im *Timaios* gegenüberstehen, die der Würde der lügnerischen Dichter wieder aufhelfen konnten. Gerade diese wechselnde Bewertung der ästhetischen Erfahrung in maßgebenden platonischen Dialogen hat im Rezeptionsprozeß des Platonismus die Zweideutigkeit im Gebrauch, den man vom Schönen machen kann, noch verschärft. Aus dieser Zweideutigkeit ist sowohl die höchste Würde wie der bedenklichste Mangel abgeleitet worden: die Kunst konnte ebensowohl

---

[22] Zu den ontologischen Voraussetzungen der Ambivalenz des Platonismus in der Geschichte der Kunsttheorie (»er war stets Rechtfertigung und Entwertung der künstlerischen Tätigkeit zugleich«) cf. H. BLUMENBERG, *Poetik und Hermeneutik* I, p. 15.
[23] *Phaidros*, 2, 249 b.

durch eine kosmologische Funktion — Vermittlung zwischen der Praxis sinnlicher Erfahrung und theoretischer Schau — gerechtfertigt wie andererseits durch negative Funktionen der Mimesis — Nachbildung schon geschaffener Dinge, Lust am sinnlichen Schein und bloßen Spiel — aller Erkenntnisfunktion wie allen ethischen Ernstes enthoben und abgeurteilt werden.

Die daraus entsprungene antinomische Vororientierung der ästhetischen Erfahrung wird im Emanzipationsprozeß der Schönen Künste immer wieder greifbar. Diesen Prozeß im näheren zu untersuchen, würde vorab eine Klärung der geschichtlichen Rolle erfordern, die dabei dem proteusartig sich wandelnden Platonismus zukam. Ungeklärt ist hier z. B. schon die Entstehung und Funktionsgeschichte der so wirkungsmächtigen vulgärplatonischen Lehre von der triadischen Einheit des Wahren, Guten und Schönen. Hier kann nur auf einige Etappen der neuzeitlichen Entwicklung hingewiesen werden.

Der Humanismus der Renaissance einerseits hat die künstlerische Tätigkeit durch eine neue Auslegung der platonischen Ideen vom Makel der schlechten Mimesis befreit. Wie Panofsky zeigte, bemächtigt sich nun die Kunsttheorie der Ideenlehre und entdeckt, gestützt auf die Auslegung in Ciceros *Orator*, die Vollkommenheit der Idee in der inneren Anschauung des menschlichen Geistes. Da sich die Idee vorzugsweise in der künstlerischen Tätigkeit offenbaren kann, tritt in den Schilderungen des bildnerischen Schaffens die paradoxe Verkehrung ein, daß nun »der platonische Ideenbegriff dazu [dient], die platonische Kunstauffassung Lügen zu strafen«[24]. Aus der neugewonnenen Dignität des Schönen erwuchs nach und nach eine Art von Kunstreligion. Höhepunkte dieses Prozesses sind die Verteidigung der antiken Mythologie durch die Platonische Akademie von Florenz, in der die Poesie zum Rang einer autonomen *theologia poetica* erhoben wurde, und die entsprechende Erhöhung des Dichters, den Scaliger — schon an der Grenze des Mimesis-Prinzips — als *alter deus* auszeichnete, weil er eine *altera natura* zu begründen vermöge. Die beginnende Autonomie der ›schönen Künste‹ zog ihre Trennung von den nur nützlichen Künsten und damit einen fortschreitenden Praxisverlust der ästhetischen Erfahrung nach sich, der die von Kult und Didaxe sich ablösende Kunst auf ihrem Weg zur Autonomie begleitet.

Der autonome Anspruch der schönen Künste forderte andererseits den Widerspruch von Instanzen der christlichen, der gesellschaftlichen und selbst noch der aufgeklärten Moral heraus. Dieser Widerspruch konnte seine Argumente gleichermaßen aus Platos Kritik der Kunst wie aus dem Arsenal der christlichen

---

[24] E. PANOFSKY, *Idea — Ein Beitrag zur Begriffsgeschichte der älteren Kunsttheorie*, Berlin ²1960, p. 6.

Aburteilung des Theaters schöpfen, die in säkularer Tradition von Augustin und den Kirchenvätern bis Bossuet und Bourdalou, den Kritikern der französischen Klassik, reicht und von Rousseau in der *Lettre à M. D'Alembert* noch überboten wurde. Die im Tartuffe-Skandal gipfelnde Polemik gegen das klassische Theater legt den Finger auf die negativen Wirkungen der Mimesis. Die Sittendarstellung auf der Bühne führe nicht zu der moralischen Läuterung, die sich die Dichter für den Zuschauer versprächen, sondern zu seiner Identifikation mit den Leidenschaften der Bühnenfiguren [25]. Der nicht einlösbare Anspruch, durch bloßes Vorhalten des Spiegels die Sitten zu bessern (*corriger les mœurs*), verrate die illegitime Anmaßung des Theaters, öffentliche Instanz des moralischen Urteils zu sein [26]. Schlimmer noch als die Beförderung eingebildeter Leidenschaften sei die praktische Nutzlosigkeit der ernstgemeinten Moral der Molièreschen Komödie:

Il a fait voir à notre siècle le fruit qu'on peut espérer de la morale du théâtre qui n'attaque que le ridicule du monde, en lui laissant cependant toute sa corruption [27].

Rousseau hat diese christlich-dogmatische Kritik im Namen der aufgeklärten Vernunft übernommen und noch mit Argumenten verschärft, die auch darum interessant sind, weil sie die heute so aktuelle Kritik an der suggestiven Wirkung der Massenmedien vorwegnehmen. Die Schaubühne, sagt Rousseau, die nur die herrschenden Sitten widerspiegelt, sei von der praktischen Vernunft zu verwerfen. Denn sie müsse ihr Publikum unweigerlich zur Affirmation des bestehenden schlimmen Gesellschaftszustandes führen [28]. Sie fördere nutzloses Vergnügen

---

[25] Bossuet, *Maximes et réflexions sur la comédie* (1694): *Le premier principe sur lequel agissent les poètes tragiques et comiques, c'est qu'il faut intéresser le spectateur; et si l'auteur d'une tragédie ne sait pas émouvoir, et le transporter de la passion qu'il veut exprimer, où tombe-t-il, si ce n'est dans le froid, dans l'ennuyeux, dans le ridicule, selon les règles des maîtres de l'art? ... Ainsi tout le dessein d'un poète, toute la fin de son travail, c'est qu'on soit comme son héros, épris de belles personnes, qu'on les serve comme des divinités, en un mot, qu'on leur sacrifie tout, si ce n'est peut-être la gloire, dont l'amour est plus dangereux que celui de la beauté même* (p. 282).

[26] Bourdalou, *Sermon sur l'hypocrisie: Et voilà, chrétiens, ce qui est arrivé, lorsque des esprits profanes, et bien éloignés de vouloir entrer dans les intérêts de Dieu, ont entrepris de censurer l'hypocrisie, non point pour en réformer l'abus, ce qui n'est pas de leur ressort, mais pour en faire une espèce de diversion dont le libertinage put profiter, en concevant et en faisant concevoir d'injustes soupçons de la vraie piété par de malignes représentations de la fausse* (zitiert nach M. HERVIEUX, *Les écrivains français jugés par leurs contemporains*, Paris s. d., I 332).

[27] Bossuet, *Maximes sur la comédie*, bei HERVIEUX, op. cit., p. 334.

[28] *Lettre à M. D'Alembert*, éd. Garnier, Paris 1960, p. 137: *l'effet général du spectacle est de renforcer le caractère national, d'augmenter les inclinations naturelles, et de donner une nouvelle énergie à toutes les passions. En ce cas il semblerait que, cet effet se bornant à charger, et non changer les mœurs établies, la comédie seroit bonne aux bons et mauvaise aux méchants.*

statt der Freuden, die den wahren Bedürfnissen der menschlichen Natur entspringen[29]. Die Verführung der Schaulust entrücke den Zuschauer in genießende Distanz und lasse ihn über einem imaginären Schicksal seine nächsten Pflichten vergessen[30]. Ästhetische Erfahrung verführe zur Identifikation mit den Leidenschaften der Bühnenfiguren; in ihr sei eine unterschwellige Gewalt wirksam, die unser moralisches Empfinden unterhöhle. Denn die Schaulust bringe den Zuschauer so weit, seine natürliche Abscheu vor dem Bösen, die er zu Beginn der Tragödie einer Phädra oder Medea noch entgegenbringe, allmählich abzubauen und unmerklich in Sympathie zu verwandeln[31]. Desgleichen werde der Zuschauer der Komödie dazu verleitet, über das Lächerliche der Tugend eines ehrenwerten Misanthropen zu lachen; mithin sei jenes geheime Laster in ihm angesprochen, das hinter seinem Vergnügen am Komischen stecke[32].

Die Ambivalenz von Würde und Mangel des Schönen kehrt in der nächsten Etappe der neuzeitlichen Geschichte der ästhetischen Erfahrung, im deutschen Idealismus, in neuer Gestalt wieder. Der deutsche Idealismus hat ineins mit der Begründung der Ästhetik als einer selbständigen Wissenschaft die Dignität der ästhetischen Erfahrung mit dem hohen Anspruch verbunden, daß er ihr die von der Philosophie preisgegebene kosmologische Funktion überwies. Die Kunst und mit ihr die ästhetische Urteilskraft übernimmt es nun, die verlorene, durch die kopernikanische Wende der Anschauung entzogene *ganze* Natur ästhetisch vermittelt dem Empfinden der Subjektivität zurückzubringen[33]. Gerade Kant, der das Ästhetische zur Instanz der Vermittlung zwischen Natur und Freiheit, Sinnlichkeit und Vernunft erhob, hat der rein auf die Subjektivität gegründeten ästhetischen Urteilskraft indes wieder jegliche Erkenntnisfunktion abgesprochen. So macht sich die Ambivalenz von Würde und Mangel des Schönen auf dieser Stufe der ästhetischen Erfahrung in einem Gegensatz geltend, den die

---

[29] *... que tout amusement inutile est un mal pour un être dont la vie est si courte et le temps si précieux. L'état d'homme a des plaisirs, qui dérivent de sa nature, et naissent de ses travaux, de ses rapports, de ses besoins; et ces plaisirs, d'autant plus doux que celui qui les goûte a l'âme plus saine, rendent quiconque en sait jouir peu sensible à tous les autres.* (op. cit., p. 133).

[30] *L'on croit s'assembler au spectacle, et c'est là qu'on va oublier ses amis, ses voisins, ses proches, pour s'intéresser à des fables, pour pleurer les malheurs des morts, ou rire aux dépens des vivants* (op. cit., p. 134).

[31] *Je doute que tout homme à qui l'on exposera d'avance les crimes de Phèdre ou de Médée ne les déteste plus encore au commencement qu'à la fin de la pièce: et si ce doute est fondé, que faut-il penser de cet effet si vanté du théâtre* (op. cit., p. 139).

[32] *Et le plaisir même du comique étant fondé sur un vice du cœur humain, c'est une suite de ce principe que plus la comédie est agréable et parfaite, plus son effet est funeste aux mœurs* (op. cit., 148); zu der berühmt gewordenen Kritik am *Misanthrope* cf. ib. p. 150 sqq.

[33] Dazu J. RITTER, Artikel *Ästhetik* im *Historischen Wörterbuch der Philosophie*, Basel / Stuttgart 1971, bes. p. 558.

Theorie und Geschichte der Kunst des 19. Jahrhunderts zur Kluft zwischen ästhetischer Autonomie und ethisch ernster, wählender Existenz vertiefen und bis zum völligen Praxisverlust der interesselosen Kunst des *L'art pour l'art* steigern sollte.

Die jüngste Gestalt der platonischen Doppeldeutigkeit des Schönen kann man wohl in der fundamentalen Entgegensetzung von Kunsterfahrung als »Wahrheitsereignis« einerseits und von »ästhetischem Bewußtsein« als der sich selbst genießenden Subjektivität andererseits wiederfinden, mit der Gadamer die Kunstphilosophie Heideggers zu einer hermeneutischen Ontologie ausgebaut hat. Und schließlich legt sogar noch Adorno, der sich selbst als entschiedenen Widersacher Platos verstand, ein unfreiwilliges Zeugnis für die Resistenz des platonischen Erbes der zweideutigen Macht des Schönen ab. Denn wie schon gezeigt, traut Adornos ästhetische Theorie der Kunst einerseits zu, daß sie die »Würde der Natur« gegen die mißbrauchte Herrschaft des autonomen Subjekts wiederherzustellen vermöge, und spricht ihr andererseits wieder jegliche kommunikative Funktion ab, die erforderlich wäre, um die im ›Naturschönen‹ sich ankündigende »versöhnte Realität« praktisch einzulösen.

V. *Der gegenläufige Prozeß der Emanzipation ästhetischer Erfahrung*

Ästhetische Erfahrung ging indes immer schon über die Grenzen hinaus, die ihr aus Prämissen der platonischen Metaphysik des Schönen gezogen wurden. Das gilt offenbar schon für die Kunsterfahrung der Griechen selbst. Platons Ideenlehre läßt zwar die spätklassische Kunst »am besten verstehen«, steht mit dieser aber in einer Gegenposition zum vorangegangenen reichen Stil[34]. Insofern dürfte die platonische Lehre vom Schönen, die sich im *Phaidros* nicht eigens auf Kunst bezog und mit der Ambivalenz behaftet blieb, daß das Schöne sich selbst zur Erscheinung bringen (›Hervorleuchten‹) und doch letztlich nur an ein Höheres, Anderes erinnern soll, schwerlich der Schlüssel für die Rezeptionsstufen der griechischen Klassik sein. Die platonische Rechtfertigung des Schönen als Abglanz von etwas Überirdischem ist wohl eher als die philosophische Antwort auf die Aufsässigkeit des Schönen gegen das Numinose und Transzendente und dem doppelten Aspekt, daß einerseits die platonische Metaphysik des Schönen damit als der Versuch zu verstehen, die in der Darstellung irdischer Vollkom-

---

[34] Nach K. SCHEFOLD, *Griechische Kunst als religiöses Phänomen*, Hamburg 1959, p. 114, mit der erheblichen Einschränkung: »man wird wohl sagen dürfen, daß Leochares, Praxiteles und Skorpas Platons Forderungen an die Kunst besser entsprochen haben als die hieratische Kunst von der Art der ägyptischen, die er selbst schließlich allein noch wollte gelten lassen« (p. 115).

menheit sich erfüllende Kunst wieder philosophischer Theorie botmäßig zu machen. In der Kunsterfahrung der Neuzeit hingegen ist nicht zu verkennen, daß der mit allen Renaissancen erneuerte Platonismus unter verschiedenen Aspekten den gegenläufigen Prozeß einer Rechtfertigung der Immanenz des Schönen und der Praxis ästhetischer Erfahrung hervorgerufen hat.

Am augenfälligsten ist dieser Prozeß seit der Wende zur Subjektivität unter dem doppelten Aspekt, daß einerseits die platonische Metaphysik des Schönen abgebaut, andererseits die ästhetische Erfahrung als *cognitio sensitiva* gegen den Rationalismus der begrifflichen Erkenntnis und Logik ausgespielt wurde. Bei Baumgarten wird Schönheit als Vollkommenheit sensitiver Erkenntnis bestimmt und dieser die Aufgabe erteilt, »als Schönheit die Vollkommenheit von Welt zu vergegenwärtigen«[35]. Kant, der das Schöne vom (regelhaft) Vollkommenen trennt[36], durchbricht auch schon die Beschränkung der ästhetischen Erfahrung auf schöne Kunst, wenn er der *positiven Lust* am Schönen die *negative Lust* am Erhabenen gegenüberstellt. Im Hinblick auf das Moment der Freiheit sei das Erhabene dem Schönen sowohl durch den Gegenstand (Unbegrenztheit statt Begrenzung) als auch durch die Weise seiner Erfahrung überlegen: während das Schöne *directe ein Gefühl der Beförderung des Lebens bei sich führt* (§ 23), erhöht die *negative Lust* am Erhabenen die Seelenstärke, indem sie Mut macht, *uns mit der scheinbaren Allgewalt der Natur messen zu können* (§ 28). Der Abbau der platonischen Metaphysik des Schönen hat schließlich bei Valéry den Punkt erreicht, an dem das Schöne für die ästhetische Praxis des Herstellens (*construire*) und Wahrnehmens (*voir plus de choses qu'on n'en sait*) nurmehr als negativer Begriff der Unbestimmtheit erfordert wird. *Le beau est négatif*: das Schöne ist nicht erfüllte Unmittelbarkeit, sondern Negation des als vollendet Erscheinenden, für den Schaffenden sowohl, der an Natur als dem nur Gegebenen kein Genüge findet, wie für den Aufnehmenden, der gegenüber dem Vollendeten der Kunst seine Freiheit genießen kann: *Beauté est donc: négation*, plus *soif causée par ce qui s'exprime par cette impuissance*, plus ›*infini*‹ *de cette soif*, plus *x . . .*[37].

Valérys ästhetische Theorie verhält sich zu der platonischen Ontologie des ästhetischen Gegenstandes — wie Blumenberg am *Eupalinos* gezeigt hat[38] —

---

[35] J. RITTER, op. cit., p. 559, im Blick auf Baumgarten, Met. § 521: *perfectio phaenomenon s. gustui latius dicto observabilis est pulcritudo*.

[36] *Kritik der Urteilskraft*, §17.

[37] *Œuvres*, éd. de la Pléiade, I 375 (in dem 1937 entstandenen, für unseren Zusammenhang wesentlichen kleinen Traktat *Le Beau est négatif*); nach dieser Ausgabe im Text zitiert.

[38] *Sokrates und das ›objet ambigu‹: Paul Valérys Auseinandersetzung mit der Tradition der Ontologie des ästhetischen Gegenstandes*, in *Epimeleia*, Festschrift H. KUHN, ed. F. WIEDMANN, München 1964, p. 285—323.

geradezu antipodisch, so daß von hier aus der Emanzipationsprozeß der ästhetischen Erfahrung am besten überblickt werden kann. Dieser Prozeß ließe sich zumindest seit der Renaissance in dreifacher Hinsicht, auf den Ebenen der produktiven, der rezeptiven und der kommunikativen ästhetischen Erfahrung verfolgen. Das kann im folgenden nur im bescheidensten Maße durch einige Schlaglichter auf die Grunderfahrungen der Poiesis (VI), der Aisthesis (VII/VIII) und der Katharsis (IX-XII) geschehen. Ein solches Unternehmen ist auch gegenüber Herbert Marcuses These vom affirmativen Charakter der Kultur angezeigt, obschon und gerade weil ich mit ihm die Absicht teile, den ästhetischen Genuß gegenüber einer säkularen Abwertung der Sinnlichkeit wieder ins Recht zu setzen[39]. In der dreistufigen geschichtsphilosophischen Ästhetik Marcuses ist die aristotelische Trennung des Zweckmäßigen und Notwendigen vom Schönen und vom Genuß das entscheidende Ereignis. Denn auf der Trennung von Arbeit und Muße gründe auch der Materialismus der bürgerlichen Praxis, die den Genuß des Wahren, Guten und Schönen — und damit das Glück eines freien menschlichen Daseins — in den geistigen Reservatbereich der Kultur verwiesen habe. Kultur löse sich von Zivilisation als eine idealere Welt jenseits der hinzunehmenden Alltagsrealität ab, in der sich die Reproduktion des materiellen Lebens unter der Herrschaft der Warenform vollzieht. Mit der idealistischen Kultur der bürgerlichen Epoche und ihrem ›Reich der Seele‹, das dem sich befreienden Individuum zum Fluchtweg aus einer mehr und mehr verdinglichten Welt geworden sei, gerät alle ästhetische Erfahrung unter den Verdacht, idealistisch korrumpiert zu sein. Nach Marcuse unterliegt das Verhalten zur Kunst seit der Trennung von Arbeit und Muße dem gleichen Prozeß wie der ursprünglich keineswegs affirmative, sondern durchaus gesellschaftskritische Idealismus. Dieser Prozeß sei nichts anderes als die Geschichte eines unmerklichen Sich-Abfindens mit dem Bestehenden. Der Makel der affirmativen Kultur könne vom Schönen und seinem entsinnlichten Genuß erst mit der »Befreiung vom Ideal« genommen werden, mit dem Erscheinen einer neuen Gestalt von Arbeit und Genuß, wenn die zum Subjekt gewordene Menschheit die Materie beherrsche und in der materiellen Praxis selbst Raum und Zeit menschlichen Glücks gefunden habe.

Demgegenüber läßt sich im Rückgang von der kanonischen Ästhetik auf die latente ästhetische Erfahrung zeigen, daß das Schaffen wie die Aufnahme des Schönen weder anfänglich noch in der bürgerlichen Epoche geradezu und gänzlich auf der Seite des Idealismus und seiner affirmativen Kultur vereinnahmt werden kann. Die Ambivalenz der sinnlichen Erfahrung des Schönen, seine

---

[39] H. MARCUSE, *Über den affirmativen Charakter der Kultur*, in id., *Kultur und Gesellschaft*, Frankfurt 1965, 56-101.

Distanz schaffende, befreiende und normbildende Kraft einerseits und seine verführerische, in Sublimierung oder Faszination verfangende Gewalt andererseits, ist nicht erst durch den gesellschaftsgeschichtlichen Sündenfall der Trennung von Arbeit und Muße heraufbeschworen worden. Das genießende Verhalten zur Kunst setzt in seiner entlastenden wie in seiner kognitiven oder kommunikativen Funktion immer schon den Scheincharakter des Schönen voraus. Wer dieses ›Glück am Schein‹ durch den unmittelbaren Genuß sinnlichen Glücks ersetzen will, bedarf der Kunst nicht mehr. Es ist darum nur folgerichtig, wenn Marcuse von der Zurücknahme der Kultur in den materiellen Lebensprozeß einen neuen gesellschaftlichen Zustand erwartet, in dem die Schönheit und ihr Genuß »die Erfüllung selbst wachhalten ... und nicht mehr bloß die Sehnsucht«, damit aber »überhaupt nicht mehr der Kunst anheimfallen«[40]. Solange Platos Utopie vom Staat, aus dem die Dichter rigoros ausgewiesen sind, und Marcuses Utopie von einem dritten Zeitalter, in dem unter dem umgekehrten Vorzeichen befreiter Sinnlichkeit die Kunst als solche gegenstandslos wird, gleichweit von uns entfernt stehen, bleibt der ästhetischen Erfahrung noch ein nutzbarer Spielraum. Wer ihr nur die resignative Rolle zubilligt, die Sehnsucht nach einem glücklicheren Leben wachzuhalten, verkennt gerade die genuin gesellschaftlichen, oft gegenläufig zum philosophischen Idealismus und zur affirmativen Kultur verwirklichten Leistungen ästhetischer Praxis, denen wir uns nunmehr zuwenden.

VI. *Poiesis: die produktive Seite der ästhetischen Erfahrung;* ›*construire et connaître*‹

Die Emanzipation der ästhetischen Erfahrung kann in der Neuzeit als ein Prozeß beschrieben werden, in dem die ästhetische Praxis des Künstlers wie des Rezipienten ihre aus einer säkularen Tradition überkommene, paradigmatische Bindung an Kosmos, (gottgeschaffene) Natur oder Idee abstreift und sich konstruktiv, als »poietisches Können« versteht[41]. Valéry, dessen ästhetische Theorie 1894 mit einem Traktat über Leonardo da Vinci einsetzt, zeigt diesen Prozeß unter einem doppelten Aspekt: der *produktiven* ästhetischen Erfahrung, die sich der Erkenntnisfunktion des *construire* in einer Verbindung von künstlerischer und wissenschaftlicher Praxis bemächtigt, die von Leonardo insgesamt repräsen-

---

[40] Ib., p. 99.
[41] Hier folge ich J. MITTELSTRASS, *Neuzeit und Aufklärung*, Berlin / New York 1970 (bes. §10.2: *Die neuzeitliche Entdeckung des Fortschritts — Theoretische Sicherheit und poietisches Können*), der in einem gemeinsamen Konstanzer Seminar über Valéry und die Theorie der ästhetischen Erfahrung, dem diese wesentliche Anregung verdankt, den Begriff des poietischen Könnens im Blick auf Kant weiterentwickelt hat.

tiert, mit der späteren Trennung von *arts et sciences* aber vereinseitigt wurde, und der *rezeptiven* ästhetischen Erfahrung, die gegen den traditionellen Vorrang des Erkennens durch Begriffe (*voir par l'intellect*) die durch Mittel der Kunst erneuerte Wahrnehmung (*voir par les yeux*) wieder ins Recht setzt. Was Valéry an der ›Methode‹ Leonardos faszinierte und als gemeinsame Wurzel der *entreprises de la connaissance et les opérations de l'art* zu erklären suchte, war die ›imaginative Logik‹ der Konstruktion, das heißt derjenigen Praxis, die dem Prinzip des *faire dépendre le savoir du pouvoir* folgt[42]. Leonardo, Inbegriff der schöpferischen Tätigkeit des universellen Geistes, steht für die Wendung vom antiken zum modernen Begriff der Erkenntnis. Denn *construire* setzt ein Wissen voraus, das mehr ist als Rückwendung zu und Betrachtung von präexistenter Wahrheit: ein Erkennen, das vom Können, vom erprobenden Handeln abhängt, so daß Begreifen und Hervorbringen eins werden. Was Valéry hier Leonardo zuerkennt, entspricht in der Tat dem Begriff des poietischen Könnens, den Jürgen Mittelstrass in Anlehnung an die alte aristotelische Unterscheidung einführte, um den exemplarischen Charakter der ›neuen Wissenschaft‹ für die neuzeitliche Entdeckung des Fortschritts seit Bacon zu kennzeichnen[43]. In der damit eröffneten Perspektive gewinnt das poietische Können bei Kant die Funktion, zwischen theoretischer und praktischer Vernunft, das heißt zwischen *Natur als Objekt der Sinne* und *Freiheit* als dem *Übersinnlichen in dem Subjekte* zu vermitteln[44].

Valéry hat seine Rechtfertigung des theoretischen Anspruchs der ästhetischen Erfahrung später in einen sokratischen Dialog mit dem Titel *Eupalinos ou l'architecte* (1921) eingebracht. Dieses Werk ist nicht allein eine der schönsten Huldigungen an die Kunst der Architektur, sondern auch eine denkwürdige Absage an die traditionelle, von Plato geprägte Ontologie des ästhetischen Gegenstandes. Valérys Sokrates gelangt in diesem modernen ›Dialogue des Morts‹ zum Selbstwiderruf seiner geschichtlichen Rolle als Philosoph. Könnte er sein Leben ein zweites Mal beginnen, so würde er die produktive Arbeit des Architekten der kontemplativen Erkenntnis des Philosophen vorziehen. Er ist zu spät zu der Einsicht gelangt, die ›sokratische‹ Kunst entspringe nicht dem *connaître*, das heißt begrifflicher Erkenntnis, sondern dem *construire*, der ästhetischen Produktion. Die Tätigkeit des *construire* zeichnet sich vor dem *connaître* dadurch aus, daß die Tätigkeit des Künstlers ein Handeln ist, das seine eigene Erkenntnis mit

---

[42] *Œuvres*, éd. de la Pléiade, Paris 1960, I 1192-96, 1201, 1252-3.
[43] Op. cit., p. 349: »Während das theoretische Können darin beruht, wahre Sätze aufzustellen, und das praktische Können darin, Handlungen nach besser und schlechter zu beurteilen, gibt das poietische Können an, was sich überhaupt *machen* läßt«.
[44] *Kritik der Urteilskraft*, Einl. IX.

sich führt. Die höchste Form des *construire* oder poietischen Könnens sind nicht die mimetischen Künste der Malerei, Plastik oder Dichtkunst, sondern Architektur und Musik, die ihre Werke frei von aller paradigmatischen Bindung an Kosmos, Idee oder Natur hervorzubringen vermögen. Am Tempel, den Eupalinos erbaut, hat Sokrates gelernt, daß die Idee eines Kunstwerks nicht ein vorgegebenes Muster, sondern nichts anderes ist als die erst in seiner Herstellung evident werdende Regel[45]. Das Erkennen, das die ästhetische Produktion mit sich führt, ist kein platonisches Wiedererkennen, sondern die im *construire* oder Machen, das sich dem Unverwirklichten zuwendet, entdeckte Regel des Hervorbringens. Das so geschaffene Schöne der Kunst gibt mit der Mimesis seinen Ewigkeitscharakter auf. Der ästhetische Gegenstand hat nach Valéry nur den Schein der Vollendung. Was dem Betrachter als vollendete Form oder Angemessenheit der Form an den Inhalt erscheint, ist für den Künstler nur eine mögliche Lösung vor einer unendlichen Aufgabe. Darum soll auch der Betrachter das Schöne nicht einfach nach dem platonischen Ideal der ruhenden Anschauung hinnehmen, sondern in die Bewegung eintreten, die das Werk in ihm auslöst, und dabei seiner Freiheit gegenüber dem Gegebenen gewahr werden[46].

Die skizzierte Position Valérys weist Analogien zu der Theorie und Praxis Cézannes auf. *Construction* ist nach Kurt Badt ein Schlüsselwort Cézannes für den schöpferischen Prozeß der *réalisation*, und steht gleichermaßen im Gegensatz zur mimetischen Malerei: »Von der so gesehenen Natur will er (Cézanne) nur ausgehen, um zu Konstruktionen, zu Bild-*Architekturen* zu gelangen, in denen das entwickelt ist, was im Modell (wiederum der Natur im Alltagsverständnis) nur als Andeutung, als Hinweis wahrnehmbar ist«[47]. Badt hat durch Interpretationen gezeigt, inwiefern für so bedeutende Werke Cézannes wie die *Montagne St. Victoire* oder die *Badenden* eine Tendenz auf das Architektonische wie auf das Musikalische hin leitend wird. In der architektonischen oder musikalischen Landschaft oder den Aktgruppen in der Landschaft erfülle sich das Grundanliegen der ganzen Kunst Cézannes, nämlich »die Einzeldinge der Welt als miteinander unerschütterlich verbunden darzustellen«[48]. Die immer stärkere Hervorkehrung des Architektonischen oder des Musikalischen im Spätwerk Cézannes könnte in unserem Kontext als Überwindung der mimetischen Wirkung im Medium einer von Haus aus mimetischen Kunst verstanden werden.

---

[45] Hier und im weiteren folge ich der Interpretation von H. BLUMENBERG, op. cit., p. 290 sq.
[46] Nach H. BLUMENBERG, op. cit., p. 323, genießt das ästhetisch-rezeptive Subjekt danach »nicht den Gegenstand als solchen und kein Moment an ihm, sondern durch den Gegenstand hindurch bzw. an ihm sein Nichteingeschränkt-Sein durch die faktische Welt, seine Freiheit gegenüber dem ›Gegebenen‹«.
[47] K. BADT, *Die Kunst Cézannes*, München 1956, p. 163.
[48] *Das Spätwerk Cézannes*, Konstanz 1971 (*Konstanzer Universitätsreden*, 40), p. 11.

Und Valérys These von der konstitutiven Endlichkeit des Schönen hätte bei Cézanne ihre Entsprechung in der auffälligen Mehrfachbehandlung des gleichen Sujets wie zum Beispiel in den fünf Fassungen der *Kartenspieler*, die man — wie Mallarmés oder Valérys Mehrfachbehandlungen eines poetischen Sujets — gewiß falsch bewerten würde, wenn man sie als schrittweise Annäherung an eine ›vollendete Form‹ bestimmen wollte.

VII. *Aisthesis: die rezeptive Seite der ästhetischen Erfahrung; ›voir plus de choses qu'on n'en sait‹*

Wenden wir uns nun der *Aisthesis* oder ästhetischen Wahrnehmung zu. Hier hat der Emanzipationsprozeß der ästhetischen Erfahrung im 18. Jahrhundert dazu geführt, die Erkenntnis durch die Sinne (*cognitio sensitiva*) der rationalen Erkenntnis entgegenzusetzen und — nach einer Formulierung Baumgartens, des Begründers der Ästhetik als Disziplin der Philosophie — für den ästhetischen Horizont ein eigenes Recht gegenüber dem logischen Horizont zu beanspruchen. Diese Rechtfertigung der ästhetischen Wahrnehmung wurde in der zweiten Hälfte des 19. Jahrhunderts in der Theorie und Praxis der Künstler wieder aufgenommen, diesmal unter Protest gegen die Ideologie des Positivismus und seine vulgärästhetischen Entsprechungen, die auf den ersten Weltausstellungen hervortretende ›industrielle Kunst‹ (*Art industriel*) und den Naturalismus. Der epochale Zusammenhang der Äußerungen, die diese Epoche der ästhetischen Erfahrung charakterisieren, ist von der Kunstgeschichte und Ästhetik noch nicht übergreifend dargestellt worden. Dazu gehören: im Bereich der Literatur Flauberts Schritt von der Darstellungs- zu einer Wahrnehmungsästhetik, die seiner Neubestimmung des Stils als einer absoluten Sehweise (*manière absolue de voir les choses*) entsprang; im Bereich der Malerei die »Entbegrifflichung der Welt« und Rückverwandlung des Auges in ein Organ des unreflektierten Sehens durch den französischen Impressionismus[49], in den 80er Jahren die von Konrad Fiedler ausgebaute Theorie der Kunst als reiner Sichtbarkeit, die über Adolf Hildebrand, Alois Riegel, Heinrich Wölfflin, Richard Hamann bis in die ästhetische Diskussion unserer Tage aktuell geblieben ist[50]; fast gleichzeitig mit Fiedler Valérys erster Leonardo-Essay, der das durch die Kunst erneuerte Sehen gegen die Erwartungsklischees alltäglicher Wahrnehmung wie auch gegen die Begriffs-

---

[49] Nach M. IMDAHL, *Die Rolle der Farbe in der neueren französischen Malerei — Abstraktion und Konkretion*, in *Poetik und Hermeneutik* II, p. 195.
[50] Dazu M. IMDAHL, *Marées, Fiedler, Hildebrand, Riegl, Cézanne*, in *Literatur und Gesellschaft*, Bonn 1963, p. 142-195.

hypostasen der Philosophen ins Feld führte; schließlich die von Victor Šklovskij und den russischen Formalisten entwickelte Theorie von der ›Kunst als Verfahren‹, die durch Automatisierung der subjektiven Wahrnehmung entstandene Fremdheit zwischen Subjekt und Objekt aufzuheben — eine Theorie, die Šklovski im Rückgang auf Tolstoi erläuterte[51] und die als Verfahren der Verfremdung über Bert Brecht auf die Dramaturgie des modernen Theaters eine noch unabsehbare Wirkung ausgelöst hat. Hier können diese Zusammenhänge nicht ausgeschöpft, sondern nur die Grundgedanken hervorgehoben werden, die in dieser Epoche gleichzeitig von der ästhetischen Theorie der Kunst und der Literatur entwickelt wurden, um der Kunst über eine Rehabilitierung des Sehens die verlorene oder bestrittene Erkenntnisfunktion zurückzugewinnen.

Fiedlers Theorie der Kunst als reiner Sichtbarkeit von 1876 und 1887 gründet auf der Überzeugung, »daß der Mensch zu einer geistigen Herrschaft über die Welt nicht nur im Begriff, sondern auch in der Anschauung zu gelangen im Stande sei«[52]. Anschauung meint hier ein von allem Vorwissen, auch von der ›vorschwebenden Gestalt‹ oder ›künstlerischen Idee‹ befreites Sehen, das beim Künstler immer schon Anfang des Darstellens, nämlich eine »Sichtbares gestaltende Tätigkeit« ist[53]. Das ausdrücklich gegen den Platonismus und seine Scheidung von Erkenntnis und künstlerischem Tun formulierte Prinzip des autonomen Sehens schließt Nachahmung von Natur (*mimesis*) und Wiedererkennen von schon Erkanntem (*anamnesis*) aus und rekurriert auch nicht mehr auf die Vermittlung des Schönen oder des Gefühls. Die so verstandene ästhetische Wahrnehmung soll allein einer Entbegrifflichung der Welt entspringen, um uns die Dinge in ihrer zu reiner Sichtbarkeit befreiten Erscheinung ansichtig zu machen.

Valéry hat unabhängig davon in seinem Leonardo-Essay von 1894 die Erkenntnisfunktion der ästhetischen Wahrnehmung als einen Lernprozeß beschrieben. Unsere Wahrnehmung sei durch Habitualisierung, durch die verfestigten Gewohnheiten des Alltags, so abgestumpft, daß wir nur noch sehen, was wir erwarten:

Au lieu d'espaces colorés, ils prennent connaissance de concepts. Une forme cubique, blanchâtre, en hauteur, et trouée de reflets de vitres est immédiatement une maison, pour eux: la Maison! Idée complexe, accord de qualités abstraites[54].

Demgegenüber könne uns ein Gemälde lehren, daß wir das, was wir sehen, in Wahrheit noch gar nicht gesehen haben. Ästhetische Wahrnehmung erfordert

---

[51] Nach J. STRIEDTER, *Poetik und Hermeneutik* II, p. 263 / 288.
[52] *Schriften zur Kunst*, 2 Bde., ed. G. BOEHM, München 1971 (Theorie und Geschichte der Literatur und der Schönen Künste, 16) I 44; dazu IMDAHL (cf. Anm. 50), p. 153.
[53] Ib., p. 326; dazu K. BADT, *Kunsttheoretische Versuche*, Köln 1968 p. 126.
[54] *Œuvres*, éd. de la Pléiade, Paris 1960, I 1165 / 67.

mithin kein besonderes Vermögen der Intuition, sondern eine durch die Kunst vermittelte Befreiung unseres Sehens von seinen Vororientierungen, die der Sprachgebrauch zum Habitus verfestigt hat. Valérys Beispiele für sprachlich verdinglichte Gewohnheiten, die Schranken um unsere Wahrnehmung aufgerichtet haben, sind die Begriffe Landschaft (*les beaux sites*) und Natur. Die schönen Landschaften und das Begriffsfeld der Natur hätten so viel Macht über unser Verhalten erlangt, weil man die Dinge lieber durch die Brille eines Lexikons als mit den eigenen Augen wahrnehme und sich damit den Blick auf den größeren Rest des Gegebenen verbaue. Das Prinzip des ›reinen Sehens‹ führt demnach bei Valéry wie bei Fiedler durch eine Negation in größere Mannigfaltigkeit. Die gewohnte, durch ein Netz vorgewußter Bedeutungen wahrgenommene Welt muß negiert und auf ihre von Begriffen reine Sichtbarkeit zurückgeführt werden, damit hinter den Namen und Etiketten wieder die Dinge zum Vorschein kommen und sich der ästhetischen Wahrnehmung in den unerschöpften Aspekten ihrer möglichen, unerwarteten oder auch nur vergessenen Bedeutung darbieten können.

Für Valéry widersetzt sich das Prinzip des reinen Sehens vor allem dem Begriff der Natur. Verführt durch Dichter wie durch Philosophen sähen wir Natur im Spiegel anthropozentrischer Begriffe wie Grausamkeit, Güte, Ökonomie, als ob wir ihren unvordenklichen Anblick nicht ertrügen:

la vision d'une éruption verte, vague et continue, d'un grand travail élémentaire s'opposant à l'humain, d'une quantité monotone qui va nous recouvrir[55].

Valérys Kritik steht in der Tradition der zuvor von Baudelaire radikal vollzogenen ästhetischen Umwertung der Natur; sie gipfelt hier in der Forderung, der angemessene Standort zum sehenden Erkennen der uns umschließenden Natur könne nur ein beliebiger Winkel (*un coin quelconque de ce qui est*) sein, der die Illusion ihrer Zweckmäßigkeit für den Menschen nicht mehr aufkommen läßt. Der ›beliebige Winkel‹ findet sich auch in Zolas berühmter Formel vom *coin de la nature vu à travers un tempérament*, nur daß hier der programmatische Naturalismus die in der ›Beliebigkeit‹ implizierte Polemik gegen den anthropozentrischen Naturbegriff der Romantik wieder verdeckt. Der theoretisch geforderten Beliebigkeit entspricht die antinaturalistische Praxis der Indifferenz gegenüber dem Motiv, wofür sich aus der Lyrik seit Mallarmé und aus der gleichzeitigen Malerei leicht Parallelen aufzeigen ließen[56].

---

[55] Ib., p. 1167.
[56] Hierzu wie zu allen weiteren kunsthistorischen Aspekten dieser Vorlage kann ich auf die *Kunstgeschichtlichen Bemerkungen* verweisen, die MAX IMDAHL zu meiner auf dem XIII. Deutschen Kunsthistorikertag vorgetragenen Fassung beigesteuert hat, cf. *Kleine Apologie der ästhetischen Erfahrung*, Konstanz 1972 (Konstanzer Universitätsreden, 59), 52-72.

Die ästhetische Theorie Valérys rückt noch einen zweiten Grundgedanken Fiedlers ins Licht: die Untrennbarkeit von Betrachten und Hervorbringen, Schau und Ausdruck. Das gilt zunächst für Fiedlers Satz: »die geistige künstlerische Tätigkeit hat kein Resultat, sondern sie ist selbst das Resultat«, wie für seine Korrelate: »die künstlerische Tätigkeit ist eine unendliche« und »jedes Erreichte öffnet ihm (dem Künstler) den Blick auf noch Unerreichtes«[57]. Diese beiden Sätze erinnern an ein Kernstück der Ästhetik Valérys. Der erste Leonardo-Essay erläutert über Fiedler hinaus, was aus dem Prinzip des hervorbringenden Sehens für den Betrachter gefolgert werden kann. Wer ein Gemälde ästhetisch wahrnehmen, das heißt sehend zu neuer Erkenntnis gelangen will, muß der Neigung zum vorschnellen Identifizieren oder Wiedererkennen widerstehen und sich statt dessen bewußt machen, wie sich aus den erst bedeutungsfremden Farbflecken für den Betrachter nach und nach Bedeutung und damit ein Gegenstand der Bildwirklichkeit konstituiert:

la méthode la plus sûre pour juger une peinture, c'est de n'y rien reconnaître d'abord et de faire pas à pas la série d'inductions que nécessite une présence simultanée de tâches colorées sur un champ limité, pour s'élever de métaphores en métaphores, de suppositions en suppositions à l'intelligence du sujet, parfois à la simple conscience du plaisir, qu'on n'a pas toujours eu d'avance[58].

Hier wäre der Kunsthistoriker zu fragen, ob Valérys Beschreibung der Bildwahrnehmung nicht vielleicht einen Lösungsvorschlag für den Streit über Cézannes Farbflecken enthält. Wendet man Valérys Forderung auf die Betrachtung eines Cézanne an, so können seine Farbflecken weder als Wiedergabe eines Zustands halbwachen Sehens noch als eine der Absicht nach vollendete Konstruktion erklärt werden. Vielmehr müßten sie als Anweisung an den Betrachter verstanden werden, sich des gewohnten Anblicks der Dinge zu entschlagen, am Prozeß der im Gemälde sich neu konstituierenden Welt teilzunehmen (um nicht zu sagen: sie in der Empfindung und tätigen Wahrnehmung des Betrachters zu ›vollenden‹) und so der Möglichkeit solcher ›Dingwerdung des Erscheinenden‹ in dem von Cézanne entworfenen Bezugsrahmen inne zu werden. Dann würde die *réalisation* oder ›Dingwerdung des Erscheinenden‹, wie Kurt Badt das Wesen von Cézannes Kunst beschrieben hat, eine nicht nur rezeptive, sondern selbst mithervorbringende Tätigkeit des Betrachters erfordern und einschließen.

---

[57] FIEDLER, op. cit., I 57-59.
[58] Op. cit., I 1186.

VIII. Der Schritt von der kognitiven zur kosmologischen Funktion der Aisthesis

Die parallelen Erscheinungen in Dichtung und Malerei des ausgehenden 19. Jahrhunderts, die uns die Theorie der Kunst als reiner Sichtbarkeit erschloß, eröffnen für die historische Problematik der *Aisthesis* noch eine weitere Perspektive. Das Prinzip des entbegrifflichten Sehens braucht nicht bei der kritischen Funktion innezuhalten, die Wahrnehmung von der Brille vororientierten Wissens zu befreien, um einem Gegenstand wieder seine Dinghaftigkeit und Bedeutungsfülle zu restituieren. Die wiedergewonnene Erkenntnisfunktion der ästhetischen Wahrnehmung: *c'est-à-dire: de voir plus de choses qu'on n'en sait*[59], kann — wie Badt an Cézanne zeigte — im Prozeß der *réalisation* mit der verlorenen Dinghaftigkeit zugleich einen für uns unkenntlich gewordenen Zusammenhang der Dinge, das »Zusammenbestehen einer Welt«, vor Augen treten lassen[60]. Dann ist die Schwelle erreicht, an der die kognitive wieder in eine kosmologische Funktion der Kunst übergehen kann. Mit ›kosmologisch‹ kann dann aber keineswegs eine Rückkehr zur Mimesis im klassischen Sinn von Naturnachahmung, Kosmographie oder Weltanschauung gemeint sein. Jene ›Dingwerdung des Erscheinenden‹ (wie Rilke Cézannes Begriff der *réalisation* übersetzte) ist keine Nachbildung oder Darstellung vorgegebener Totalitäten, sondern die Erscheinung eines Zusammenhangs von Welt, der angesichts einer entfremdeten Alltagswirklichkeit erst im Gegenzug zur gewohnten Natur der Dinge gewonnen werden muß und als ein mögliches Ganzes nur durch und für das Auge einer Subjektivität aufgedeckt werden kann[61].

Auch für diese Folgerung aus der Malerei lassen sich Seitenstücke in der Theorie und Praxis der Dichtung finden. Dazu gehört die programmatische Abhandlung *Kunst als Verfahren* (1916), mit der Victor Šklovskij die ästhetische Wahrnehmung durch ihre Funktion gegenüber der automatisierten und algebraisierten Welt unserer alltäglichen Erfahrung zu rechtfertigen suchte. Der lebensweltliche Prozeß, gegen den schon Tolstoi das Gewissen wachrütteln wollte (*Die Automatisierung frißt die Dinge, die Kleidung, die Möbel, die Frau und den Schrecken des Krieges*), erfordere es, nunmehr den Wahrnehmungsprozeß der Kunst zu Hilfe zu rufen:

---

[59] Valéry, op. cit., I 1165 / 67.
[60] K. Badt, op. cit., p. 170 sq.: »Cézannes Bemühungen waren darauf gerichtet, aus der Wirklichkeit, wie sie sich seinen Augen darbot, alle die Mittel für die Darstellung zu ziehen, die nötig waren, um diejenigen ausgewählten Dinge im Bilde wiedererstehen zu lassen, an denen (...) ihm der Zusammenhang, das Zusammen-Bestehen einer Welt aufgegangen war.«
[61] M. Imdahl, cf. Anm. 56, p. 66.

›Wenn das ganze komplizierte Leben bei vielen unbewußt verläuft, dann hat es dieses Leben gleichsam nicht gegeben‹. Und gerade, um das Empfinden des Lebens wiederherzustellen, um die Dinge zu fühlen, um den Stein steinern zu machen, existiert das, was man Kunst nennt. Ziel der Kunst ist es, ein Empfinden des Gegenstandes zu vermitteln, als Sehen, und nicht als Wiedererkennen; das Verfahren der Kunst ist das Verfahren der ›Verfremdung‹ der Dinge und das Verfahren der erschwerten Form . . .[62].

Blickt man von hier aus auf die Tradition der platonisierenden Ästhetik zurück, so wird die vollendete Umkehr aller Mimesis und Anamnesis deutlich. Kunst kann nicht mehr Mimesis sein, weil die Dinge der alltäglichen Erfahrung so durch Gewöhnung entstellt sind, daß sie von sich aus als ›Abbilder‹ auch nicht mehr auf ein ›Urbild‹ verweisen könnten. Grund dieser Entstellung ist nun gerade die Quelle aller platonischen Erkenntnis, das Wieder-Erkennen, geworden: »Dinge, die man mehrere Male wahrnimmt, beginnt man durch Wiedererkennen wahrzunehmen; der Gegenstand befindet sich vor uns, wir wissen davon, aber wir sehen ihn nicht« (ib.). Erkenntnis, die den Stein wieder steinern macht, das Empfinden des Gegenstands wiederherstellt, kann nicht durch, sondern nur gegen Wiedererkennen gewonnen werden. Der Idealität der platonischen Anamnesis steht das *Déjà vu* der defizienten alltäglichen Wahrnehmung entgegen. Soll der Gegenstand wieder gesehen und nicht bloß wiedererkannt werden, so bedarf es der Kunst als Verfahrens der ›erschwerten Wahrnehmung‹ oder ›Verfremdung‹. Als solche kann die ästhetische Wahrnehmung die Erkenntnisfunktion beanspruchen, die der *Aisthesis* im Horizont des Platonismus abgesprochen wurde. Diese neue Dignität der ästhetischen Wahrnehmung ist noch nicht zulänglich beschrieben, wenn man sagt, daß sie uns die Dinge ›neu‹ sehen lasse. Sie beruht vielmehr darauf, daß uns das Verfahren der Verfremdung den Gegenstand so beschreiben kann, »als werde er zum ersten Mal gesehen, und einen Vorfall, als ob er sich zum ersten Mal ereigne« (p. 17). Was für mich ein ›zum ersten Mal‹ ist, braucht für andere nicht ›neu‹ zu sein. Insofern ist die vom Automatismus befreite, ästhetische Wahrnehmung nicht gleichbedeutend mit bloßer Innovation (etwas nur anders sehen als bisher): sie schließt das entdeckende oder bestätigende Sehen dessen ein, was bisher verdeckt, verleugnet oder verdrängt war. So kann die Kritik an der instrumentalisierten Erfahrung des Wiedererkennens über das Verfahren der Verfremdung zur ästhetischen Restitution eines Wieder-Erkennens führen, das sich auf ein immanentes ›zum ersten Mal‹, nicht mehr auf ein platonisches Urbild bezieht.

Wie sich dabei Negativität und Identifikation, das explorative Vermögen der ästhetischen Wahrnehmung und die neue kosmologische Funktion der Aisthesis in einem Kunstwerk exemplarisch verknüpfen können, soll nun an *A la recher-*

---

[62] *Kunst als Verfahren*, in *Texte der russischen Formalisten* I, ed. J. STRIEDTER, München 1969, p. 15 (der erste Satz in der Passage ist von Šklovskij aus Tolstojs Tagebuch zitiert).

che du temps perdu dargelegt werden. An Prousts Romanzyklus hat schon einer der frühesten Leser, Rainer Maria Rilke, rühmend hervorgehoben, was jedem späteren Interpreten eine eigene Erklärung abverlangen sollte: wie Proust »bei kaum zu übertreffender Genauigkeit doch überall das rein Unabsehliche zuläßt und ausspart«[63]. Curtius schrieb dieses Wunder an Genauigkeit der Leistung eines Stils zu, der konventionelle rhetorische Mittel wie Metaphorik, Vergleich, Satzrhythmus zu »Präzisionsinstrumenten der Erkenntnis« umgeschaffen und damit Kunst wieder auf den Rang intellektueller Erkenntnis erhoben habe[64]. Dabei ist aber entscheidend, daß die unerwartete Bereicherung des Wahrnehmbaren, die den Leser der *Recherche* als eine neue Art des Sehens in Bann schlägt, von Proust durch ein Verfahren erreicht wurde, das aller mimetischen Tradition zuwiderlief und das Erkenntnisprinzip der Anamnesis gegen die platonisierende Ästhetik umkehrte. Dieses Verfahren führt die Kritik an der denaturierten alltäglichen Wahrnehmung bis zum extremen Zweifel an der Erkennbarkeit des gegenwärtig Wirklichen überhaupt:

Soit que la foi qui crée soit tarie en moi, soit que la réalité ne se forme que dans la mémoire, les fleurs qu'on me montre aujourd'hui pour la première fois ne me semblent pas de vraies fleurs[65].

Was Proust oft als erkenntnistheoretischer Agnostizismus angekreidet wird, kann in unserem Zusammenhang als sein Versuch verstanden werden, die Defizienz der *connaissance* in der Alltagswelt durch eine neue, ästhetische Erfahrung der *reconnaissance* zu überwinden. Was wir unmittelbar wahrnehmen, bleibt der Erkenntnis entzogen; die von Zwecken und Gewohnheiten verschüttete, dem »Irrtum der Gleichgültigkeit«[66] anheimfallende Wirklichkeit kann sich aber dem Bewußtsein nach dem Durchgang durch die Erinnerung im Medium der Kunst erschließen. Im Verfahren Prousts wird die kritische Funktion des reinen Sehens der Erinnerung übertragen und zugleich durch die Bedingung verschärft, daß die Fähigkeit zur Entdeckung von Wahrheit an das unfreiwillig Erfahrene gebunden ist, das der Willkür des beobachtenden Verstandes und des ihm botmäßigen Gedächtnisses (*mémoire volontaire*) entzogen bleibt[67]. So entdeckt ästhetische Erfahrung in der Erinnerung das Vermögen, die Oberfläche der

---

[63] Brief an Prinz Alexander Hohenlohe, vom 23. Dez. 1922.
[64] *Marcel Proust* (1925), jetzt als Bd. 28 der Bibl. Suhrkamp, Frankfurt o. J., p. 65, 16 sq.
[65] *A la recherche du temps perdu*, Paris (Gallimard) 1949, t. I, 248; die *imperfection incurable dans l'essence meme du présent* ist schon ein Leitthema in Prousts erstem Buch, *Les Plaisirs et les Jours* (1896), siehe dazu Vf., *Proust auf der Suche nach seiner Konzeption des Romans*, in Romanische Forschungen 66 (1955) 255-291, bes. 267.
[66] M. WALSER, *Leseerfahrungen mit Marcel Proust*, in *Erfahrungen und Leseerfahrungen*, edition suhrkamp 109, Frankfurt 1965, p. 139.
[67] Ib., p. 136 sqq.

Wahrnehmung zu hinterfragen, und gewinnt der Kunst die Möglichkeit, die ›Dingwerdung des Erscheinenden‹ im zeitlichen Prozeß des Erinnerns ins Licht zu rücken.

Prousts Verfahren hat als Paradigma einer neuen ästhetischen Erfahrung in der modernen Prosa kaum Schule gemacht, nicht zuletzt auch darum, weil die Schriftsteller der Generation Becketts Position gegen das Erzählen ergriffen und die (auch dafür paradigmatische) Leistung von Prousts Poetik der Erinnerung verkannten. Das Verfahren des Nouveau roman setzt vielmehr die kritische Funktion der Wahrnehmungsästhetik Flauberts fort, in der Weise, daß durch den Abbau immer weiterer sinntragender Erzählfunktionen der Hiatus zwischen wahrgenommener Welt und wahrnehmendem Subjekt zur Aporie gesteigert wird. Flauberts Verfahren, die Fabel als vorgängig bedeutungsstiftende Einheit der Apperzeption aufzulösen, führt durch erschwerte, d. h. nicht mehr im Erzähler zentrierte Wahrnehmung zur Erkenntnis unvertrauter Wirklichkeit: dem Leser wird durch den Perspektivismus der ›erlebten Rede‹ die Abhängigkeit der Erfahrung von sprachlichen Klischees, durch die Phänomenalisierung des Geschehens der Schein der Teleologie geschichtlicher Abläufe wie der kausalen Transparenz seiner Welt zu Bewußtsein gebracht und damit das Vertrauen auf die Evidenz des positivistischen Weltverständnisses entzogen. Die kontrastierende Neutralität der Dinge, die Flaubert der vororientierten, zur zweiten Natur verfestigten Wahrnehmung seiner alltäglichen Personen entgegensetzt, kehrt im Roman Robbe-Grillets strukturbestimmend wieder. Was Flaubert nicht selten zum Novum einer ›Dingpoesie‹ steigert, die den desillusionierenden Zwecken und Wünschen der Menschen in gleichgültiger Schönheit fremd gegenübersteht, versachlicht Robbe-Grillet in den litaneiartig wiederkehrenden Plantagenbeschreibungen von *La Jalousie* zur Extremform quasimathematischer Dingwahrnehmung, die dem Leser eine völlig ungewohnte, die Langweiligkeitsgrenze überschreitende Wahrnehmungsaskese abnötigt. Damit kann — wie Franz Koppe gezeigt hat — das Verfahren literarischer Versachlichung seine kritische Funktion wieder verlieren, die sich als »Inanspruchnahme eines instrumentalen Sprachgestus unter Verweigerung seiner instrumentalen Zwecke« bestimmen läßt. Der ›materialistische‹ Szientismus stilisiert die zweckentbundene Instrumentalität zu seiner eigenen Erlösungsfiktion: »Ästhetische Verkürzung sprachlicher Gliederung von ›Welt‹ zu tendenziell ausschließlicher Artikulation geometrisierender bzw. arithmetisierender Meß- und Zählwahrnehmung fingiert Entledigung von existentieller Betroffenheit durch ›Materialisierung‹ des Bewußtseins: durch Einübung eines sozusagen westlichen — sc. genuin empiristischen — Nirwanas« [68].

---

[68] F. KOPPE, *Literarische Versachlichung bei Voltaire, Flaubert, Robbe-Grillet — Versuch eines*

Die kosmologische Funktion der ästhetischen Erfahrung, die der schon klassisch gewordene Roman Robbe-Grillets nur ›ex negativo‹ ahnen läßt, hat Proust durch die andere Seite seiner ästhetischen Theorie, die heute oft verkannte *poésie de la mémoire* erreicht. Erinnerung ist für Proust nicht allein das Präzisionsinstrument der intellektuellen Erkenntnis. Sie ist ihm auch der eigentliche, letztverbliebene Ursprungsbereich des Schönen. Das sieht auf den ersten Blick einem uneingestandenen Platonismus zum Verwechseln ähnlich. Curtius hat denn auch seinen bahnbrechenden Essay in einer Deutung der berühmten Seite über Bergottes Tod gipfeln lassen und den Durchbruch zum Metaphysischen, zu einer platonischen Spiritualität, als Lösung aller Dissonanzen und als Moral dieser Kunst gerühmt [69]. Proust ist in der *Recherche* indes nicht in den Platonismus Ruskinscher Herkunft zurückgekehrt, von dessen Überwindung seine Ruskin-Studien Zeugnis ablegen [70]. Wieder-Erinnerung bleibt in der *Recherche* auf die Immanenz einer Erfahrung verwiesen, die des *Déjà vu*, der gelebten zeitlichen Distanz zwischen erster, verlorener Wahrnehmung und späterem Wieder-Erkennen bedarf. Darum deutet die wiedergefundene Zeit nur scheinbar auf eine transzendente Heimat und überzeitliche Existenz, in Wahrheit aber auf ein irdisches Jenseits: die durch Erinnerung wahrnehmbar und durch Kunst mitteilbar gewordene einmalige Welt des erzählenden Ichs. Die Aura, die Prousts Kunst umstrahlt, ist ein im Prozeß des Erinnerns selber gebildetes Unvergängliches, das die leer gewordene Stelle der zeitlosen platonischen Schönheit einnimmt.

Den Zusammenhang von Aura und Erinnerung hat bereits 1929 Walter Benjamin an der wahlverwandten Position Baudelaires und Prousts erschlossen. Angesichts der verkümmerten Erfahrung im denaturierten Dasein der zivilisierten Massen wird Erinnerung in den *Fleurs du Mal* und erneut in der *Recherche* gegen den Verfall der natürlichen Aura aufgeboten. Prousts Werk ist der Versuch, den Dingen die verlorene Aura durch Erinnerung wiederzuerstatten, der als unwillkürlicher eine verjüngende Kraft zukomme. Da aber der Gewinn dieser heroischen Anstrengung mit der Preisgabe der Erfahrung an den Zufall der zeitlichen Existenz erkauft werden muß, erschien auch Benjamin das »bruchlose Gelingen der Endabsicht«, d. h. die kompositorisch geschlossene Figur der ›wiedergefundenen Zeit‹, als problematisch [71]. Ist die ästhetische Lösung der *Recherche* darum nur eine ausweglos private Veranstaltung zur Rettung der Subjektivität? Ist die ›Suche nach der verlorenen Zeit‹ mangels Negativität, weil sie am Ende doch wieder eine Fabel oder — schlimmer noch — eine Geschichte mit bei-

---

poetologischen Beitrags zur Empirismus-Kritik, Diss. Konstanz 1971, p. 4 und 218.
[69] Op. cit., p. 128 sq.
[70] Dazu Vf., in *Romanische Forschungen*, 66 (1955) 272-291.
[71] *Zum Bilde Prousts* (1929), in *Schriften*, Bd. 2, p. 132-147, ferner in *Über einige Motive bei Baudelaire* (1939), *Schriften*, Bd. 1, p. 428 sq., 456.

spielhafter Aussagekraft erkennen läßt, nicht mehr auf der Höhe unserer literarischen Situation, die Adorno 1954 durch die Paradoxie bezeichnet hat: »es läßt sich nicht mehr erzählen, während die Form des Romans Erzählung verlangt«[72]?

Wer das avantgardistische Maß zeitgemäßer Prosa allein am Paradigma Beckettscher Negativität bestimmt und ein Erzählen fordert, das unausgesetzt bekennt und aufzeigt, daß es erfindet, das den Roman zum reinen Sprachspiel und die Dauerreflexion über hinterfragte Erzählfunktionen zur letztverbliebenen ›Moral von der Geschichte‹ macht, muß in der Tat den Anspruch Prousts als einen Rückfall in eine Schreibweise ansehen, die noch eine Identifikation von erzählendem Subjekt und gegenständlicher Welt anstrebt. Hat Proust doch bis zuletzt versichert, sein Romanwerk enthalte nichts, was nur erfunden sei, obschon er an keiner Stelle etwas beschreibe und nie einen Satz nach dem realistischen Klischee: ›Die Marquise ging um fünf Uhr aus‹ verfaßt habe. Gerade Adorno war es auch, der in der Erfahrung Prousts den neuen Anspruch schon eingelöst sah, der zeitgenössische Roman müsse, um seinem unabdingbar realistischen Erbe treu zu bleiben, gegen die Lüge der Darstellung Partei ergreifen, durch Abbau der ästhetischen Distanz sich jeglicher Verallgemeinerung entziehen und diese »zweite Entfremdung der entfremdeten Welt« zu ihrer Restitution einsetzen. Die *Recherche* ist für diesen Anspruch nicht allein dadurch paradigmatisch, daß Proust die ästhetische Distanz durch eine unauflösliche Verflechtung von Kommentar und Handlung schwinden ließ[73]. Prousts Roman enthält auch in der kompositorischen Figur der ›Suche nach der verlorenen Zeit‹ eine genuine Lösung für die eingetretene Paradoxie des Erzählens. Seine Schreibart entgeht der ›Lüge der Darstellung‹ durch eine spezifische Form von Negativität: von der gegenständlichen Welt wie von der faktischen Lebensgeschichte darf kein Element im Schein unmittelbarer oder objektiver Gegebenheit beschrieben oder erzählt werden. Der verdinglichten Umwelt des Naturalismus wie der vergegenständlichten Vergangenheit der Memoiren zuwider können Dinge und Ereignisse der vorgegebenen Realität nur in der eingestandenen Form ihrer Vermittlung, die erinnerte Welt nur im eigens dargestellten, zeitlichen Prozeß des Erinnerns und die kommentierenden Reflexionen nur in der gebrochenen Verallgemeinerung des seine Identität suchenden erinnernden Ichs in die Romanwirklichkeit Eingang finden. So entsteht das Paradox einer Schreibart, bei der — nach einer unvergeßlichen Formulierung Benjamins — alle Handlung und Identität der Person nur noch die »Kehrseite vom Kontinuum

---

[72] *Standort des Erzählers im zeitgenössischen Roman*, in *Noten zur Literatur* I, Frankfurt 1958, p. 61.
[73] Adorno, op. cit., S. 69, vgl. *Kleine Proust-Kommentare*, in *Noten zur Literatur* II, Frankfurt 1961, p. 97.

des Erinnerns« bildet und vom Leser aus dem »rückwärtigen Muster des Teppichs« erschlossen werden muß[74].

Wenn Proust diese Form von Negativität in einer verborgenen, erst am Ende hervortretenden Figur der Komposition wieder aufgefangen hat und aus der kontingenten Suche nach der verlorenen Zeit die monumentale Architektonik (Bild der Kathedrale!) der wiedergefundenen Zeit erstehen ließ, ist diese krönende Lösung seiner Poetik der Erinnerung keinesfalls durch den ruhenden Schluß einer erfüllten Identitätssuche und damit wiederhergestellten ästhetischen Distanz erkauft. Denn das Subjekt der *Recherche* und mit ihm ihr Leser vermag erst post festum zu erkennen, daß der kontingente, nie übersehbare Weg des erinnerten Ich mit seinen immer vergeblich gebliebenen Anläufen, ›ab morgen zu schreiben‹, in Wahrheit schon die ihm verborgene Geschichte seiner *vocatio* war und damit die Suche selbst nichts anderes als das ›jetzt‹ nur noch zu schreibende Kunstwerk! Daß dieses ›jetzt‹, die erwartbare Identifikation des erinnerten Ich mit dem schreibenden Subjekt, auch nicht am Ende der erinnerten Zeit als Schlußpunkt des Romans eintritt, sondern in ein *demain j'écrirai* verwiesen wird, ist mehr als ein bloßer Kunstgriff. Denn auf diese Weise bringt die retrospektive Erkenntnis der *Matinée Guermantes* dem an die Kontingenz verlorenen Subjekt die gesuchte Identität mit seiner Vergangenheit nur mittelbar zurück. Nicht die im *souvenir involontaire* blitzartig aufleuchtende Identität des gegenwärtigen mit einem vergangenen Ich (denn sie ist ein der Negativität des Zufalls verdanktes Geschenk), sondern die dem Schreibenden aufgegebene und ihm allein erreichbare Identifikation ist die kompositorische Schlußfigur des Werks: die aus ästhetischer Erfahrung entsprungene Erkenntnis, daß die verlorene Zeit seit ihrem fernen Anfang im Kunstwerk nicht allein bewahrt, sondern auch in einer Schönheit fühlbar gemacht werden kann, die allein aus der Erinnerung erwächst und darum — das ist Prousts Umkehrung des Satzes von der Kunst als *promesse du bonheur* — auch Paradiesen erst zufällt, wenn sie verloren sind[75]. Der Leser andererseits, für den die ästhetische Distanz im

---

[74] *Zum Bilde Prousts*, op. cit., p. 134.
[75] *Oui, si le souvenir, grace à l'oubli, n'a pu contracter aucun lien, jeter aucun chaînon entre lui et la minute présente, s'il est resté à sa place, à sa date, s'il a gardé ses distances, son isolement dans le creux d'une vallée ou à la pointe d'une sommet, il nous fait tout à coup respirer un air nouveau, précisément parce que c'est un air qu'on a respiré autrefois, cet air plus pur que les poètes ont vainement essayé de faire régner dans le Paradis et qui ne pourrait donner cette sensation profonde de renouvellement que s'il avait été respiré déjà, car les vrais paradis sont les paradis qu'on a perdu* (t. XV, 12). — Der Zusammenhang von Wiedererinnerung, Erfahrung der Zeit als *atmosphère interposée* (aus der die ›Poesie der Erinnerung‹ erst entspringt) und ästhetischer Distanz, deren Aufhebung Prousts ›Roman des Romans‹ paradigmatisch beschreibt, kann hier nicht eigens erläutert werden, siehe dazu Vf., *Zeit und Erinnerung in M. Prousts ›A la recherche du temps perdu‹*, Heidelberg ²1970, bes. Kap. V.

Horizont der ersten Lektüre suspendiert bleibt, kann im Lichte der retrospektiven Fabel hinter der kontingenten Erscheinung der verlorenen Zeit das unmerklich aus ihr erwachsene Ganze einer wiedergefundenen Welt wahrnehmen. Einer Welt gewiß, die Vergangenes nur retten kann, indem sie den Horizont zukünftigen Glücks negiert. Doch Prousts Einschränkung der kosmologischen Funktion begründet zugleich die kommunikative Leistung seiner ›Poesie der Erinnerung‹, *de voir l'univers avec les yeux d'un autre*[76]: uns sehen zu lassen, wie anders die eine, scheinbar allen vertraute Welt in den Augen des Andern erscheinen kann — eine Erkenntnis der ästhetischen Erfahrung, die sie unersetzbar macht.

Die bisherige Betrachtung hat ergeben, daß an der Wiedergewinnung der Erkenntnisfunktion für die Kunst seit der Mitte des 19. Jahrhunderts die produktive wie die rezeptive ästhetische Erfahrung beteiligt war. Das ist Gadamers Kritik an der »Abstraktion des ästhetischen Bewußtseins« entgegenzuhalten[77], die zwar auf die historische Gestalt der in Deutschland aus dem Weimarer Neuhumanismus hervorgegangenen ›ästhetischen Bildung‹ zutreffen mag, aber den hier skizzierten gegenläufigen Prozeß nicht vor Augen bekommt. *In diesem Prozeß* — so lautet meine nächste These — *hat die ästhetische Erfahrung auf der Ebene der Aisthesis gegenüber der mehr und mehr instrumentalisierten Lebenswelt eine Aufgabe übernommen, die ihr in der Geschichte der Künste noch nicht gestellt worden war: der verkümmerten Erfahrung und dienstbaren Sprache der Konsumentengesellschaft die sprachkritische und kreative Funktion der ästhetischen Wahrnehmung entgegenzusetzen und angesichts der Pluralität sozialer Rollen und wissenschaftlicher Weltaspekte die Erfahrung von Welt in den Augen des Andern und damit einen gemeinsamen Horizont zu bewahren, den am ehesten noch die Kunst an der Stelle des entschwundenen kosmologischen Ganzen gegenwärtig zu halten vermag.*

IX. *Katharsis: die kommunikative Leistung der ästhetischen Erfahrung*

Der dritte und letzte Schritt meines Versuchs, die von der ontologischen Kunsttheorie wie von der Ästhetik der Negativität verkannten Leistungen der ästhetischen Erfahrung aufzudecken, gilt ihrer kommunikativen Funktion. Konnte

---

[76] *Le seul véritable voyage, le seul bain de Jouvence, ce ne serait pas d'aller vers de nouveaux paysages, mais d'avoir d'autres yeux, de voir l'univers avec les yeux d'un autre, de cent autres, de voir les cent univers que chacun d'eux voit, que chacun d'eux est* (vol. XII, 69).

[77] *Wahrheit und Methode*, l. c., p. 77 sq.

die produktive und die rezeptive Funktion im Blick auf die Tradition und Wortgeschichte der ästhetischen Theorie mit historischer Evidenz unter die Begriffe *poiesis* und *aisthesis* gefaßt werden, so läßt sich die kommunikative Funktion der ästhetischen Erfahrung nicht geradezu dem aristotelischen Begriff der *katharsis* unterordnen. Soll die Erfahrung beschrieben werden, daß sich der Zuschauer in den Helden versetzen und durch solche Identifikation ethische oder soziale Normen des Handelns übernehmen kann, so muß das aristotelische Verständnis von *katharsis* mit ihrer modernen, hier durch Lessing repräsentierten moralischen Auslegung vermittelt werden. In diesem weiteren Sinn kann *katharsis* als kommunikative Kategorie der ästhetischen Erfahrung sowohl die Bedingungen der Identifikation von Zuschauer und Held als auch deren subjektive und kommunikative Wirkung, nämlich Befreiung des Gemüts durch Lust am imaginären Schicksal und Einsicht in das Exemplarische menschlichen Handelns und Leidens, einschließen.

Die Argumentation, mit der in einer aktuellen ästhetischen Theorie von Siegfried J. Schmidt Identifikation als »Zeichen der Naivität des Rezipienten« oder als »Kennzeichen inadäquaten Kunstkonsums« verworfen wird, geht von einem Begriff ästhetischer Erfahrung aus, der von vornherein auf reflexive Distanz begrenzt ist und die »Abkehr von der Konsumenten- und Genießerrolle« geradezu zur Eingangsbedingung der allein legitimen »Ästhetizität« erhebt[78]. Desgleichen setzt Adorno, wie schon erwähnt, ästhetische Erfahrung, die »zwischen den Betrachtenden und das Objekt zunächst Distanz legt«, dem Banausentum der Identifikation mit dargestellten Personen entgegen und rügt an der aristotelischen Lehre von der Katharsis, daß sie einem Prinzip Vorschub geleistet habe, »welches am Ende die Kulturindustrie in die Gewalt nimmt und verwaltet« (p. 354/514). Gemeint ist das Prinzip ästhetischer Sublimierung, das nach Adorno aus der Katharsis folgt und als bloße »Ersatzbefriedigung« letztlich der Affirmation von Herrschaftsinteressen anheimfallen müsse, wie alles ästhetische Verhalten, das Identifikation suche und damit im Bann praktischer Zwecke, der Selbsterhaltung und des Lustprinzips, verbleibe.

Doch Adorno verkennt in seiner Kritik an der Katharsis, daß schon die aristotelische Beschreibung der Wirkung der Tragödie auf den Zuschauer jene spezifische Leistung der ästhetischen Erfahrung voraussetzt, die Adorno allein der modernen, autonom gewordenen Kunst zuzuschreiben scheint: daß nämlich ästhetische Erfahrung den »Bann sturer Selbsterhaltung« zu durchbrechen vermag und somit zum »Modell eines Bewußtseinsstandes« werden kann, »in dem das Ich nicht länger sein Glück hätte an seinen Interessen, schließlich seiner

---

[78] *Ästhetizität: Philosophische Beiträge zu einer Theorie des Ästhetischen*, München 1971, p. 76 / 77, vgl. 90; im folgenden mit der Seitenzahl im Text zitiert.

Reproduktion« (p. 515). Auch und gerade die mit dem Begriff ›Katharsis‹ beschriebene Erfahrung setzt ästhetische Distanz beim Betrachter voraus, genauer gesagt: eine vorgängige Negation der unmittelbaren Interessen seiner Lebenspraxis, die er in der Identifikation mit dem paradigmatischen Schicksal des Helden erst abstreifen muß, bevor er die kathartische Befreiung des Gemüts erlangen kann. Das klassische Modell der Katharsis impliziert die primäre Leistung ästhetischer Erfahrung, die den gemeinsamen Grund des Vergnügens am Schönen wie an tragischen oder komischen Gegenständen ausmacht — die Freisetzung des Betrachters von der und vor der Objektwelt durch das Imaginäre.

Ästhetische Erfahrung setzt darum nicht erst — wie Adorno meint — mit dem »Verstehen der Intention des Werkes« ein (p. 515). Hermeneutisch muß hier zwischen einer ersten und zweiten Schicht der ästhetischen Erfahrung unterschieden werden. ›Verstehen der Intention‹ vollzieht sich — wie alle Auslegung eines Werkes — auf einer zweiten, reflexiven Schicht der ästhetischen Erfahrung, wenn sich der Betrachter urteilend auf seine primäre ästhetische Wahrnehmung zurückwendet. Diese erste, vorreflexive Schicht ästhetischer Wahrnehmung ist der kommunikative Vollzugsrahmen für das imaginierende Bewußtsein, das bereit ist, eine emotionelle Identifikation mit Personen der Handlung oder einer dargestellten Situation einzugehen.

Noch weiter in der Purgierung der ästhetischen Erfahrung von aller emotionellen Identifikation geht Siegfried J. Schmidt in seinem Versuch, das Ästhetische unter Kommunikationskategorien neu zu bestimmen. Da die »Ästhetizität« eines Kunstwerks oder »Textes« (für Schmidt gleichbedeutend) seiner Unbestimmtheit und Vieldeutigkeit (»Polyfunktionalität«) proportional sei, müsse der Prozeß seiner Erfahrung auch den Rezipienten auf die »aus dem Werk erhebbare ästhetische Reflexion« (p. 50) verweisen: »Der Rezipient wird bei adäquater Rezeption auf seine produktive, sinn- und wirklichkeitskonstitutive Freiheit aufmerksam« (p. 77). Den allein ernst zu nehmenden Rezipienten zeichnet also ein »kritisches emanzipatorisches Bewußtsein für die Konstituiertheit und Veränderbarkeit von Bedeutung, Institution und ›Wirklichkeit‹« aus. Schön wär's! Man würde sich diesem idealen Anspruch, der hinter Schillers Programm einer ästhetischen Erziehung kaum zurückbleibt, lieber stellen und auch die damit geforderte emotionelle Askese eher auf sich nehmen, wenn man erführe, wie man eigentlich aus der Einsamkeit solcher »schöpferischer selbstbestätigender Spontaneität und Reflexivität« wieder in den intersubjektiven Bereich ästhetischer Kommunikation gelangen soll. Die ästhetische Theorie Schmidts setzt, obschon sie Ästhetizität als einen Kommunikationsprozeß beschreiben will, das emanzipierte Bewußtsein der Rezipienten bereits voraus, das durch den kommunikativen, konsensusbildenden Prozeß ästhetischer Erfahrung ja erst freigesetzt werden sollte.

Es ist darum nur folgerichtig, wenn hier die alte Streitfrage nach dem Grund des Vergnügens an Ästhetischem im Anschluß an E. Vivas, J. C. Ransom und R. Posner damit für gelöst gilt, daß ästhetisches Vergnügen dem Entziffern des ›zweiten Kodes‹, d. h. der ästhetischen Strukturierungen eines Textes entspringe, mithin eine reflexive Einstellung voraussetze, die »den Wahrnehmungs- und Interpretationsvorgang selbst erfahrbar werden (läßt)« (p. 52). Nun ist aber leicht einzusehen, daß dieses Vergnügen am Aufdecken eines Verfahrens oder Entziffern eines zweiten Kodes per se noch kein spezifisch ästhetisches sein muß, sondern sich in jeder theoriebildenden Tätigkeit einzustellen pflegt, wenn etwa zu einem beobachteten Vorgang oder rekonstruierten Ereignis die Hypothese eines Regelzusammenhangs oder die Hinsicht einer entschlüsselnden Frage gewonnen wird. Das Vergnügen ästhetischer Reflexivität wird denn auch bei Schmidt erst durch eine Einstellung ästhetisch, die er »rezeptive Distanz« nennt und als eine durch den ästhetischen Text vermittelte »Freiheit von der und vor der Objektwelt« bestimmt (p. 52). Das ästhetische Vergnügen aber soll nicht schon dieser Freiheit, die den Zwang der Objektwelt aufhebt, entspringen (wie man erwarten könnte), sondern erst und allein der ins Bewußtsein des Rezipienten erhobenen und zum Gegenstand seiner Reflexion gemachten Vieldeutigkeit des ästhetischen Textes verdankt werden: »Ästhetisches Vergnügen ist bedingt durch rezeptive Distanz. Emotionelle Identifikation mit nur einer Sinn- und Leistungspotenz/schicht eines Textes negiert ästhetische Erfahrung und ästhetisches Vergnügen« (p. 52).

Die Legitimität dieses sublimen, im esoterischen Kreis von Philologen und Kunstkennern beheimateten Vergnügens sei Schmidt nicht bestritten. Zu bestreiten ist aber, daß die für alles ästhetische Vergnügen vorauszusetzende rezeptive Distanz erst aus dem Erkennen der ästhetischen Polyfunktionalität eines Textes folgt. Die ästhetische Erfahrung der »Freiheit von der und *vor* der Objektwelt« ist schon durch das gegeben, was Schmidt etwas geheimnisvoll den »Vorkommensraum von ästhetischem Vergnügen« nennt. Für diesen »aus zweckrationalen Handlungs- und Konsumbedingungen ausgesparten Vorkommensraum« (p. 53), auf den das rezipierende Bewußtsein erst einmal verwiesen ist, bevor es seine Rezeptionserfahrung selbst wieder thematisieren und reflektieren kann, hat die traditionelle ästhetische Theorie den schlichteren Begriff des *Imaginären* parat. Das Imaginäre vermittelt auf der primären Ebene ästhetischer Wahrnehmung jene spezifisch ästhetische »Freiheit von der und vor der Objektwelt«; es wird erst auf einer zweiten Ebene, der Ebene ästhetischer Reflexion, zum polyvalenten ästhetischen Gegenstand, an dem der Betrachter aus rezeptiver Distanz immer wieder andere Möglichkeiten des Verstehens aktualisieren kann. Die primäre Freisetzung in die »entrückte Existenzform« ästhetischer Erfahrung steht nicht im Widerspruch mit emotionaler Identifikation, sie setzt diese vielmehr als kommunikativen Vollzugsrahmen für das imaginierende Bewußtsein voraus. Soll »Ästhetizität« nicht nur die jüngste Phase moderner Kunst charakterisieren, wo sie als Gegenkraft zur Kulturindustrie und Instrumentalisierung des Denkens aufgerufen wurde, sondern das Ästhetische auch im Prozeß seiner Erfahrung aufdecken und unter kommunikativen Kategorien begreifen, so darf die Analyse nicht auf die Ebene ästhetischer Reflexion beschränkt bleiben. Meine nächste These lautet deshalb: *Ästhetische Erfahrung geht nicht im geschlossenen Kreis von Texterfahrung und Selbsterfahrung auf, sondern schließt auch Fremderfahrung ein, die sich auf der Ebene primärer Identifikationen wie: Bewunderung, Erschütterung, Rührung, Mitweinen, Mitlachen vollzieht, über das Exemplarische in moralische Identifikation übergehen und damit praktisches Verhalten vororientieren kann. Negativität als Grundbestimmung ästhetischer Erfahrung bleibt dabei insofern erhalten, als die emotionale Identifikation der Katharsis immer schon eine Negierung der Interessen und Verstrickungen der Lebenspraxis voraussetzt. Gerade in solchen Identifikationen und nicht erst in der davon abgelösten ästhetischen Reflexivität vermittelt Kunst Normen des Handelns, und zwar auf eine Weise, die zwischen dem Imperativ der Rechtsvorschriften und dem unmerklichen Zwang der Sozialisierung durch gesellschaftliche Institutionen einen Spielraum menschlicher Freiheit offenzuhalten vermag.*

Eine historische Untersuchung der kommunikativen Funktion der ästhetischen Erfahrung müßte dem Prozeß ihrer Emanzipation von der Ablösung der Katharsis aus kultischer Partizipation über verschiedene Stufen und Weisen normbildender Identifikation bis zur Verweigerung kommunikativer Identifikation folgen, wie sie die Reflexivität gegenwärtiger Kunsterfahrung übt. Die kunsttheoretische Reflexion, die diesen Emanzipationsprozeß begleitet, wäre am ehesten in der Geschichte der Aristoteles-Rezeption zu fassen; sie bleibt verdeckt, wo immer die ästhetische Theorie stärker an der Dignität des Kunstwerks als an seiner Wirkung auf den affizierten Betrachter orientiert ist, wie im Platonismus der Renaissance und in der Ästhetik des deutschen Idealismus, oder wo der Standpunkt autonomer Kunst — wie auch sein Widersacher, die materialistische Orthodoxie — die Frage nach Rezeptionsweise und ›Konkretisation‹ subjektiver Erfahrung und öffentlicher Bedeutung von Kunstwerken als Psychologismus oder bloße Soziologie des Geschmacks abzufertigen genötigt ist. Eine systematische Untersuchung der kommunikativen, durch ästhetische Erfahrung vermittelten Identifikationsmuster könnte von der historischen Diskussion nicht allein die Grundbestimmung und Grundambivalenz der Katharsis erben, sondern auch eine in verschiedenen Epochen und Kunstgattungen reich entfaltete, aristotelische Typologie des ›Helden‹ aufnehmen.

Schon aus der aristotelischen Lehre von der ›Katharsis‹ läßt sich ableiten, warum die Vermittlung ethischer und sozialer Normen durch Vorbilder der Kunst gegenüber dem Imperativ der Rechtsvorschriften und dem Zwang der Institutionen den Vorzug der Distanznahme und damit einen gewissen Spielraum der Freiheit mit sich bringt: im ästhetischen Verhalten wird kommunikative Erfahrung, bzw. die Interiorisierung von Normen, durch eine doppelte Freisetzung eingeleitet und ermöglicht. Die emotionelle Identifikation mit dem Helden der Tragödie setzt den Zuschauer einerseits von seinen praktischen Interessen und eigenen affektischen Verstrickungen frei. In dem Maße, wie er die realen Interessen seiner Alltagswelt negiert und die ›ästhetische Einstellung‹ zu der Handlung der Tragödie gewinnt, kommen Mitleid und Furcht, die Bedingungen der Identifikation von Zuschauer und Held, ins Spiel. Der Zuschauer, der sich derart in die Lage des Helden versetzt, soll andererseits aber auch wieder von den reineren, d. h. den von der Tragödie erweckten Affekten ›gereinigt‹, nämlich durch die tragische Erschütterung zu der »wünschenswerten Gefaßtheit« seines Gemüts gebracht werden[79]. Bei dieser Freisetzung der ästhetischen Erfahrung kommt dem imaginären Status ihres Gegenstands eine nicht zu übersehende Rolle zu.

Wie schon der platonische Begriff der *mimesis* eine imaginative Leistung (*phantasia*) erfordert, damit das Abbild des Abbilds (*homoioma*) zustande kommt, setzt auch der aristotelische Begriff der *katharsis* die Fiktion eines wahren oder wahrscheinlichen Gegenstandes voraus, an dem sich die erstrebte ›Reinigung‹ vollziehen muß. Gerade der Bezug der ästhetischen Erfahrung auf das Imaginäre führt die Freisetzung des Gemüts herbei, wie im Anschluß an S. H. Butcher zuletzt J. Starobinski erläutert hat: »Car l'imaginaire conserve, d'une part, le pouvoir qu'a la réalité de soulever nos passions, de retenir dans les profondeurs de notre corps; d'autre part, l'événement représenté n'étant pas réel, l'émotion qu'il suscite va pouvoir se dépenser purement (en ›pure perte‹): d'où l'effet de purgation, de *catharsis*«[80]. Wenn es die Kunst nach Plato korrumpiert, daß sie als *mimesis phantasmatos* nur ein Trugbild der sinnlichen Erscheinung, nur ein Abbild des Abbildes hervorbringen kann, so scheint diese

---

[79] M. KOMMERELL, *Lessing und Aristoteles. Untersuchung über die Theorie der Tragödie*, Frankfurt/M. 1970, p. 201: »Es ist, unabhängig von einzelnen Veranlagungen und Hinneigungen, eine grundsätzliche Mitleids- und Furchtbereitschaft im Menschen vorausgesetzt, die eine wünschenswerte Gefaßtheit als Bedingung der höheren Geschäfte gefährdet«.
[80] J. STAROBINSKI, *Jalons pour une histoire du concept d'imagination*, in *L'œil vivant II: La relation critique*, Paris 1970, p. 179; entsprechend schon S. H. BUTCHER, *Aristotle's Theory of Poetry and Fine Art*, ²1907, p. 127: »The real emotions, the positive needs of life, have always in them some elements of disquiet. By the union of a form with a matter which in the world of experience is alien to it, a magical effect is wrought. The pressure of everyday reality is removed, and the aesthetic emotion is released as an independent reality«.

ontologische Schwäche für die aristotelische *katharsis* umgekehrt den Vorzug ästhetischer Erfahrung, nämlich die ihr eigene interesselose Anschauung zu begründen. Gerade der imaginäre Gegenstand der Tragödie, ihre von den praktischen Zwecken des Lebens abgerückte Handlung setzt den Zuschauer dafür frei, daß sich seine Emotion in der Identifikation mit dem Helden unbefangener als im Alltag entzünden und reiner verzehren kann.

Katharsis als Antithese zum praktischen Lebensvollzug steht also keineswegs im Widerspruch zur Identifikation des Zuschauers mit dem Helden und der von ihm verkörperten Normen des Handelns. Katharsis setzt solche Muster ästhetischer Identifikation vielmehr als kommunikativen Vollzugsrahmen für das imaginäre Bewußtsein voraus. Die emotionelle Identifikation des Betrachters mit dem Helden kann als kommunikativer Vollzugsrahmen derart Verhaltensmuster tradieren, neu bilden oder auch eingespielte Verhaltensnormen in Frage stellen oder durchbrechen. Diese gesellschaftliche Funktion der Katharsis hat indes eine nicht weniger bedenkenswerte Kehrseite. Die kathartische Identifikation kann den Betrachter auch schon in der einsamen Befreiung seines Gemüts ein rein individuelles Genügen finden oder in der bloßen Schaulust verharren lassen. Der durch das ›Vergnügen am tragischen Gegenstand‹ freigesetzte Betrachter kann sich über die Identifikation das Exemplarische der Handlung zu eigen machen; er kann die Fremderfahrung der Identifikation aber auch auffangen und ethisch neutralisieren, wenn er im naiven Staunen über die Taten des ›Helden‹ verbleibt.

X. *Mitleid als Gegeninstanz der Ästhetik des Christentums*

Die Grundambivalenz der über Katharsis ermöglichten ästhetischen Erfahrung: daß sie die lebensweltliche Befangenheit zu durchbrechen vermag, aber den Zuschauer sowohl zu freier moralischer Identifikation mit einer exemplarischen Handlung bringen als auch in ästhetischer Einstellung verharren lassen oder schließlich über die emotionelle Identifikation in manipuliertes kollektives Verhalten hineinziehen kann, läßt sich als Preis dafür ansehen, daß die freisetzende Katharsis durch die Vermittlung des Imaginären erkauft ist. Diese Grundambivalenz ist denn auch in der Geschichte der ästhetischen Erfahrung immer wieder neu zum Angriffspunkt einer im Namen der christlichen Ethik oder der praktischen Vernunft geführten Polemik gegen die kommunikative Wirkung der Kunst geworden. Für die Frage nach dem Verhältnis von ästhetischer Identifikation und kommunikativer Praxis war der Neueinsatz der christlichen Literatur und Kunst von besonderer Bedeutung. Denn die Autorität der christlichen Kirche und Lehre hat in dem Maße, wie sie sich der Lebenspraxis bemächtigte, nicht allein die platonische Kritik an der Lügenhaftigkeit der Dichter übernommen. Sie hat nach und nach für die Legitimation der eigenen, christlichen Dichtung auch Argumente entwickelt, die den Spielraum der ästhetischen Erfahrung neu abgesteckt haben: dem *Imaginären* wird das *Exemplarische*, der *Reinigung* durch Katharsis das in die Tat überleitende *Mitleid*, dem ästhetischen Vergnügen an der Nachahmung das appellative Prinzip der *Nachfolge* gegenübergestellt.

Zur Erläuterung dieser Kategorien, die den Übergang von ästhetischer zu moralischer Identifikation explizit machen, kann an die unübertroffene Exegese erinnert werden, die Max Kommerell einem Wendepunkt der Aristoteles-Rezeption, Lessings Kritik an der ästhetischen Theorie Corneilles, gewidmet hat [81]. Demnach tritt in der Auslegung der Katharsis durch die beiden Exponenten der französischen und der deutschen Klassik zutage, »wie sehr sich die Gestalt des Mitleids in der Geschichte seit Aristoteles verändert hat« (p. 212). Gleichgeblieben durch alle geschichtliche Veränderung ist allein »der Anteil der Phantasie am Mitleid, dem sein Gegenstand immer anschaulich nahegebracht werden muß« (p. 213). Mitleid als tragische Erschütterung im Gemüt des Zuschauers steht hingegen bei Aristoteles und — nach langen Epochen christlicher Lebenspraxis — bei seinen Auslegern seit der Renaissance unter grundverschiedenen Vorzeichen: »Das christliche Mitleid enthält sich des Richtens und hat seinen Grund in der Geschöpflichkeit, die uns jedes Leiden der Lebenden als unsere Sache anzusehen zwingt oder zwingen soll« (p. 213). Für die moderne, christlich geprägte Auffassung, »als die eigentlich humane Gefühlsbereitschaft verstanden, die durch sittliche Kultur zu steigern und in die Tat überzuleiten ist« (p. 202), hatte die aristotelische Vorstellung vom Mitleid als einem Affekt, der das Gemüt durch einen fiktiven Fall erst erregen und von dem es sodann in einer homöopathischen Heilung wiederhergestellt werden soll, um in die Freiheit seines Gemüts zurückzukehren, einen Widersinn: »Man kann zwar von der Herzenshärte gereinigt werden, aber nicht vom Mitgefühl« (p. 204). Die daraus folgende moralische Umdeutung der tragischen Lust hat bei Corneille und bei Lessing ein verschiedenes Ziel. Corneille setzt bei der ›Furcht‹ als dem selbstbezogenen Affekt des Zuschauers an, der über die Bewunderung der leidenden Vollkommenheit von Helden und Märtyrern zur Nacheiferung in der gleichen Tugend geläutert werden soll. Lessing hingegen geht vom ›Mitleid‹ als dem auf das fremde Ich bezogenen Affekt des Sichhineindenkens aus, um den Zuschauer über die Identifikation mit fehlbaren Helden mittlerer Qualität zum Verständnis menschlicher Situationen zu führen und zu sittlicher Entscheidung aufzurufen. Für die Frage nach den Stufen ästhetischer Identifikation ergibt sich daraus eine fundamentale Unterscheidung:

---

[81] M. KOMMERELL, l. c., im folgenden mit der Seitenzahl im Text zitiert.

Bewunderung ist ein Distanz schaffender, Mitleid ein Distanz aufhebender Affekt; denn ich bewundere, was nicht mehr in meinen Möglichkeiten liegt, was über meine Art hinausgeht (p 209).

Die Tragweite der christlichen Ästhetik des Mitleids wird noch deutlicher, wenn man mit George H. Mead den Affekt des Mitleids als eine bewußt gesellschaftliche Haltung versteht, die erfordert, daß man in der eigenen Identität die Haltung des Individuums auslöst, das hilfsbedürftig ist. Mitleid setzt in der sozialpsychologischen Erklärung das Einnehmen der Rolle eines Anderen in einer gesellschaftlichen Situation voraus, auf die der Mitleidige implizit so reagiert, wie der Betroffene darauf explizit reagiert oder reagieren muß [82]. Meads Theorie ließe sich auf Rousseaus Anthropologie begründen, der zufolge für den *homme naturel* nur eine einzige natürliche Tugend (*une répugnance innée à voir souffrir son semblable*) benötigt wird: das Mitleid (*la pitié*), das für die wechselseitige Erhaltung der Gattung sorgt, damit dem *amour de soi-même* die Waage hält und die Wurzel aller im Verlauf der Geschichte entwickelten *vertus sociales* ist, womit für Rousseau die Hypothese einer *sociabilité naturelle* entbehrlich wird [83].

Der Neueinsatz christlicher Dichtung war von einer Polemik gegen die distanzierende Bewunderung und sündhafte *concupiscentia oculorum* (Augustinus, *Conf.* X, 30 sq.) begleitet. Gegenüber der weltlichen Literatur heidnisch-antiker wie zeitgenössischer Herkunft, die ihr Publikum durch imaginäre Stoffe und Heldentaten vergnüge und unmerklich zu Müßiggang und Sünde verführe [84], erhebt die geistliche Dichtung den Anspruch auf historische Wahrheit ihres Gegenstandes, der ein nicht nur genießendes Verhalten erfordere. Vom Zuhörer der geistlichen Dichtung wird erwartet, daß er sich durch *compassio* erschüttern und damit zum Handeln in der Nachfolge Christi bewegen läßt. Nicht bewunderndes Aufblicken zur Vollkommenheit eines Helden oder Märtyrers, auch nicht abstandnehmende Reflexion, sondern ›Herzen voller Mitgefühl‹ (*cœurs pleins de compassion*) sind die Einstellung, zu der das Publikum der Passionsspiele aufgerufen wird [84a]. »Durch die Hervorhebung aller besonderen Umstände

---

[82] *Mind, self and society*, IV, Chap. 38, Chicago 1934.
[83] Ed. Garnier, *Du contrat social* etc., Paris 1960, p. 58 sq.
[84] Ein herausragendes Zeugnis ist die Kritik an der Macht und Vanitas der Kunst im I. Buch des *Policraticus* von Johannes von Salisbury, vgl. etwa: *At nostra etas prolapsa ad fabulas et quaevis inania non modo aures et cor prostituit vanitati, sed oculorum et aurium voluptate suam mulcet desidiam, luxuriam ascendit, conquirens undique fomenta vitiorum* (zit. bei R. R. Bezzola, *Les origines et la formation de la littérature courtoise en occident*, vol. III, Paris 1967, p. 29); vgl. ferner GRLMA VI 1, 164.
[84a] Als Beispiel sei der *Prologus super tertia die passionis* aus dem *Mystère de la Passion* von Greban (ed. Jodogne, Bruxelles 1965, vv. 19906 sq.) angeführt:

von Christi Leidensweg soll der Leser zur Betrachtung (*meditatio, contemplatio*) veranlaßt und dadurch zum Mitleid (*compassio*) und weiter zur Nachfolge (*imitatio*) geführt werden.«[85]

Die Aufhebung der ästhetisch-kontemplativen Distanz des Betrachters durch die Gemütserregung und moralische Identifikation (*imitatio Christi*) des Mitleids war indes auch innerhalb der christlichen Dichtung dem Risiko ausgesetzt, das die Kirchenväter der heidnischen Dichtung zum Vorwurf machten. Die *repraesentatio* einer sakralen, biblischen oder hagiographischen Handlung schloß das Risiko aller Verbildlichung ein, daß der vor Augen gestellte Vorgang nur in seiner sinnfälligen Erscheinung hingenommen und nicht in seinem erinnernden, vorweisenden oder mahnenden Bezug verstanden wurde. Auch das geistliche Spiel war durch seine lehrhafte Absicht nicht davor gefeit, daß die Freude am Wiedererkennen des verbildlichten Vorgangs in die ästhetische Lust am Nachgeahmten umschlug. Statt dem gewiesenen *sensus moralis* und der geforderten *conversio morum* zu folgen[86], konnte der Betrachter auch seine bloße Schaulust befriedigen oder in selbstgenügsame Rührung abgleiten. Schlimmer noch: auch das christliche Publikum eines geistlichen Spiels konnte — wie Rainer Warning entdeckte — in die kollektive Identität archaischer Spielrituale hineingezogen werden, mit welchen eine häretisch-dualistische Volksfrömmigkeit unterschwellig gegen die Herrschaft des nominalistischen Gottes und monotheistischen Dogmas protestierte[87]. Der Zwiespalt zwischen der Nutzung ästhetischer und rhetorischer Mittel der Veranschaulichung von Glaubenswahrheiten und den Gefahren ästhetischer Identifikation, die schon das alttestamentarische Bildnisverbot implizierte, hat die kirchliche Autorität immer wieder beschäftigt. Ihre Stellungnahme zu der in erster Linie für die Predigtlehre wichtigen Frage nach der Erkenntnisfunktion der Sinne und ihrer Macht über das Vorstellungsvermögen betrifft das Problem der ästhetischen Identifikation unmittelbar, so daß sich eine skizzenhafte Retrospektive verlohnen dürfte.

Pour continuer la matiere
qui est prouffitable et entiere
a cueurs plains de compassion,
laquelle traicte par maniere
la haute passion planiere
qui fit nostre redempcion (etc.)

---

[85] K. Ruh, *Zur Theologie des mittelalterlichen Passionstraktats*, in *Theologische Zeitschrift* 6 (1950) 20.

[86] Dazu W. Schmeja, *Der ›sensus moralis‹ im Adamspiel*, Liz.-Arbeit Konstanz, 1972 (Ms), S. 7 ff., 37; die *conversio morum* ist das Ziel der *moralis explanatio* oder *tropologia quae est moralis explanatio ad emendationem vitae et institutionem pertinens actualem* (Raban, PL CXII, 331).

[87] R. Warning, *Funktion und Struktur: Die Ambivalenzen des geistlichen Spiels*, München 1974.

Einerseits ist es ein Topos der Instruktionen für Prediger, daß sich die christliche Laienunterweisung rhetorische und ästhetische Mittel der Veranschaulichung zunutze machen solle, weil auch Glaubenswahrheiten überzeugender durch die Sinne (*laicis autem oportet quasi ad oculum et sensibilitatem omnia demonstrare*) als durch Vernunftsgründe (*simplices enim melius inducuntur repraesentationibus quam rationibus*) vermittelt werden können [88]. So läßt sich die religiöse Malerei mit dem auch auf das geistliche Spiel passenden Argument rechtfertigen, daß eine Handlung, die vor Augen gestellt wird, *quasi in presenti geri videatur*, den Geist mehr bewege, als wenn sie durch das Ohr aufgenommen und so erst wieder ins Gedächtnis zurückgerufen werden müsse [89]. Dieses Argument entspricht wohl einer aristotelischen Tradition, nach welcher dem Auge vor den anderen Sinnesorganen der Vorrang in der wahrnehmenden Erkenntnis zukommt [90]. Dem steht andererseits eine auf Augustin zurückweisende Tradition gegenüber, die das Ohr als das höhere Organ vorzieht, weil es unmittelbar an die Einsicht heranreiche (*aures quidem ponuntur pro intellectu, quoniam auribus audiendo intelligimus*) und auch der Glaube auf dem Gehörten beruhe (*fides ex auditu est*) [91]. An der Verführung durch das Auge hat Augustin die Kehrseite der sympathetischen Identifikation: das gefesselte, vom Geschauten in Bann geschlagene Bewußtsein erläutert.

Das eine Beispiel ist die berühmte Beschreibung, wie Alypius gegen seinen Willen einem Gladiatorenspiel beiwohnt, wie er zunächst widerstehend die Augen schließt, dann aber bei einem wilden Aufschrei der Masse ›von der Neugier überwältigt‹ die Augen öffnet, wie er nun nicht mehr wegsehen kann und vom Blutrausch hingerissen wird:

Denn kaum sah er das Blut, trank er auch schon wilde Grausamkeiten in sich hinein, und sah nicht weg, sondern fest dahin und trank die wilde Wut und wußte es nicht (*Conf.* VI, 8).

Die sympathetische Identifikation, die der mitleidige Betrachter dem schwer verwundeten Gladiator entgegenbringt, verfällt durch die Neugier (*concupiscentia oculorum*) an die kollektive Identität grausamer Wollust; der pervertierte Charakter eines ›Spiels‹ auf Leben und Tod macht mit der ästhetischen Einstellung auch die moralische Freiheit des Betrachters zunichte (»Da ward er an der

---

[88] Jacob von Vitry, *Sermones in epistolas*; Thomas von Aquin, *Expositio in 1 Tim. 4. 2*; diesen Beleg wie auch die weiteren Belege in Anm. 89 und 91 verdanke ich W. Schmeja, op. cit., p. 7 sq.
[89] W. Durandus, *Rationale divinorum officiorum* I. 3.
[90] Die mittelalterliche Tradition geht von dem aristotelischen Traktat *De sensu et sensato* aus, vgl. W.-D. Lange, *El fraile trobador*, Köln 1971 (*Analecta Romanica*, 28), p. 86.
[91] Bruno Carthusianus, *PL* CLII, 805; der augustinische Topos: *fides ex auditu est* geht wohl auf *De Civitate Dei* XVII, 16 zurück.

Seele mit schwererer Wunde geschlagen als am Leib der andere, den er sehen wollte«). Die andere Verfallsform der sympathetischen Identifikation hat Augustin in seiner Kritik an der Theaterleidenschaft als ein falsches, weil selbstgenügsam sich verschließendes Vergnügen am imaginären Schmerz beschrieben:

> Aber was ist das schließlich für ein Mitleid mit dem vorgemachten Leben in Dichtung und Theater? Da wird der Zuschauer nicht zum Helfen aufgerufen, nur zum Schmerzempfinden eingeladen, und je schmerzlicher er bewegt wird, um so reicher ist sein Beifall für den Spieler solcher Szenen (*Conf*. III, 2).

Die wahre *compassio*, mit der die christliche Dichtung die ästhetische Objektivation sympathetisch genießenden Verhaltens (›Lust am Schmerz‹) durchbrechen will, muß sich als Bereitschaft zur *imitatio* erweisen.

XI. Das Exemplarische als Übergang von ästhetischer zu moralischer Identifikation

Schärfer noch als die kommunikative Gemütsbewegung des Mitleids setzt sich im Bereich der christlichen Lebenspraxis das ›Exemplarische‹ von der zweideutigen Macht des ›Imaginären‹ ab. Denn seine Suggestion beruht in erster Linie auf der Beweiskraft einer faktisch geschehenen Handlung, so daß es ein *imitabile* darbietet, das an Einsicht appelliert und damit der Verführung durch die Sinne entzogen ist. Das mag erklären, daß das Exemplum bei der Verbreitung der christlichen Lehre neuen Wert und literarischen Rang gewann und von der Laienunterweisung des Hochmittelalters bis zum Geschichtsverständnis der Renaissance in höchster Blüte stand. Der Hauptgrund für seine kommunikative Wirkung ist schon aus der ersten theoretischen Äußerung über seinen christlichen Gebrauch abzulesen. Ambrosius empfahl es als Beweismittel, das sich vornehmlich für Laien eigne, *quia cui verba satis non faciunt, solent exempla suadere*[92]. Das Exemplum zehrt wie die Fabel und andere Formen des Paradigmas von der ästhetischen Evidenz des Anschaulichen, ist aber dem erdichteten Beispiel durch die höhere Kraft des Faktischen, als ein durch die Tat gegebenes Vorbild überlegen. Damit konnte man das im christlichen Sinn Exemplarische als normbildende Identifikation von den Mitteln der heidnischen Rhetorik absetzen, welcher christliche Prediger und Dichter vorwarfen, daß sie zwar das Gemüt durch die Macht fingierender Rede zu verzaubern, aber damit nicht das Wahre, sondern immer nur das Wahrscheinliche auszudrücken wisse[93]. Das christliche

---

[92] PL XVII, 236.
[93] Das bezeugt z. B. gegen Ende des 12. Jhs. der Protest geistlicher Dichter gegen die ›Fiktio-

Exemplum konnte aber auch in normbrechender Funktion gegen die theoretische Vernunft und ihren Anspruch ausgespielt werden, daß allein dem begrifflichen Denken und seinen logischen Mitteln die Erkenntnis des Wahren vorbehalten sei [94]. Hinter dem neuen Anspruch des Exemplarischen steht die christliche Überzeugung vom höheren Gewicht, das dem geschichtlich Bezeugten über das nur Gedachte, der ereignishaft anschaubaren Tat über das bloße Lehrgebäude zukommen müsse. Dabei konnte sich der christliche Prediger auf das normbrechende Exempel aller Exempel, auf Christus berufen, der ›mehr durch Taten als durch Worte gelehrt habe‹:

Quia autem ad haec suggerenda et ingerenda et imprimenda in humanis cordibus maxime valent exempla, ideo summa Dei sapientia, Christus Jhesus, primo docuit factis quam verbis et subtilitatem praedicationis et doctrinae grossam, quasi corpoream et visibilem reddidit, muniens et vestiens eam diversis similitudinibus, parabolis miraculis et exemplis, ut eius doctrina citius caperetur [95].

Im Exemplarischen ist Negativität und Identifikation dergestalt verknüpft, daß das Außergewöhnliche und zugleich Authentische des Paradigmas die Norm der gewohnten Lebenspraxis durchbricht (*exemplis confundi*) [96], um das Bewußtsein zur Einsicht und Umkehr freizusetzen und den Vollzugsrahmen vorzuzeichnen, in dem sich die moralische Identifikation der *imitatio* bewähren soll.

Es bedarf wohl kaum noch weiterer Erläuterung, daß dem Exemplarischen in einer Geschichte der ästhetischen Erfahrung ein besonders großer Anteil zukommen müßte. Seine normbildende und kommunikative Funktion liegt nicht allein in der Laienunterweisung der Kirche und religiösen Gemeinschaften sowie in der moralistischen Literatur und praktischen Philosophie zutage, die sich seit dem

---

nen‹ der weltlichen Literatur, mit dem zugleich die literarischen Begriffe *fable* und *conte* durch die der Bibelexegese entnommenen Begriffe *estoire* (*historia*), *dit* und *essemple* verdrängt werden; vgl. Vf., *GRLMA VI*, 1, p. 164, und U. EBEL, *Das altromanische Mirakel*, Heidelberg 1965 (*Studia Romanica* 8), p. 95.

[94] So die aristotelische Lehre vom Paradigma, *Rhet.* 2, 20. Aristoteles zieht in diesem Zusammenhang der fingierten Fabel das historische Beispiel zwar vor, ordnet es aber dem Enthymem nach. Bei der Begründung, warum das historische Beispiel der fingierten Fabel vorzuziehen ist, beruft er sich noch nicht auf die höhere Überzeugungskraft des Verbürgten und durch seine Einmaligkeit Exemplarischen, sondern auf ein Verhältnis von Fall und Regel, das auch das Exempel noch einer zyklischen Auffassung der Geschichte unterordnet: ›Historische Beispiele sind üblicher, da das Vergangene dem Künftigen ähnelt‹.

[95] Zitiert nach H. FRIEDRICH, *Die Rechtsmetaphysik der göttlichen Komödie*, Frankfurt 1942, p. 31; zum Auftauchen des Begriffs *experientia* im historischen Kontext der Theorie des Exemplarischen cf. ib. p. 31.

[96] »Dies *exemplis confundi*, das die Trägheit aufrüttelt und den Menschen dort, wo der durch das abstrakte Gebot nicht bewegt wird, durch den menschlich nahen Fall, durch das tatsächliche Geschehnis zur Einsicht und Umkehr bewegt, geht als Forderung seit Gregor dem Großen (*PL LXXV*, 518) durch die Predigtanweisungen«, H. FRIEDRICH, op. cit., p. 30.

Beginn der Neuzeit von theologischer Bevormundung emanzipierte, sondern auch in der Theorie und Praxis des Schulunterrichts seit Comenius und nicht zuletzt in der bis zur Epochenschwelle von 1789 ungebrochen am Exempel orientierten Geschichtserfahrung (*historia docet*). Die humanistische Begründung der praktischen Bedeutung des Exemplarischen (*lectio transit in mores*) haben fernerhin die Autoren und Theoretiker des Romans von Huet bis Blanckenburg aufgenommen, um die autoritative Kraft der Lektüre nun auch der Emanzipation einer bürgerlichen Lesergesellschaft nutzbar zu machen[97]. Wenn irgendwo, ist hier die kommunikative Funktion der Kunst in der Formierung objektiv verpflichtenden Sinns mit Händen zu greifen, die der Ästhetik der Negativität entgeht, sofern sie alle Identifikation, die vom Ästhetischen zum Moralischen führt, im Negativkatalog sich anpassender, systemgerechter gesellschaftlicher Affirmation verbucht.

Die Grundambivalenz der ästhetischen Erfahrung macht sich aber auch beim Exemplarischen geltend, das zwei Möglichkeiten der *imitatio* einschließt: das freie, lernende Begreifen am Beispiel wie auch das unfreie mechanische Befolgen einer Regel. Die moralische Identifikation des Exemplarischen vollzieht sich zwischen den Gegenpolen der freien ›Nachfolge‹ und der unfreien ›Nachahmung‹. Diese Unterscheidung wurde im Bereich der christlichen Lebenspraxis (*imitatio Christi*) ausgebildet; sie ist aber auch noch für die Moralphilosophie und im besonderen für Kants Lehre vom Exempel von Bedeutung[98]. In der einschlägigen Ausführung der *Kritik der Urteilskraft* wird das ›Exempel‹ von der Funktion des ›Beispiels‹, das ein vorgängiges Wissen der Regel voraussetzt, abgehoben und als Verhalten der ›Nachfolge‹ gegen den bloßen ›Mechanismus der Nachahmung‹ gestellt:

Nachfolge, die sich auf einen Vorgang bezieht, nicht Nachahmung, ist der rechte Ausdruck für allen Einfluß, welchen Produkte eines exemplarischen Urhebers auf Andere haben können; welches nur so viel bedeutet, als: aus denselben Quellen schöpfen, woraus jener selbst schöpfte, und seinem Vorgänger nur die Art, sich dabei zu benehmen, ablernen (§ 32).

Der so gefaßte Begriff des Exemplarischen ist geeignet, den Hiatus zwischen ästhetischem Urteil und moralischer Praxis zu schließen und den Übergang von ästhetischer zu moralischer Identifikation zu verdeutlichen. Die besondere Leistung des Exemplarischen ist im Bereich des Ästhetischen wie im Bereich des

---

[97] Dazu G. Buck, Artikel *Beispiel*, in *Historisches Wörterbuch der Philosophie*, ed. J. Ritter, Basel / Stuttgart 1971; R. Koselleck, *Historia magistra vitae*, in *Natur und Geschichte, Festschrift K. Löwith*, 1968; D. Harth, *Romane und ihre Leser*, Germanisch-romanische Monatsschrift 20 (1970) 159-179.
[98] G. Buck, *Kants Lehre vom Beispiel*, in *Archiv für Begriffsgeschichte* 11 (1967) 148-183, bes. p. 180.

Moralischen, daß es das Schema von ›Regel und Fall‹ durchbricht: »dasjenige, worauf das Exemplarische verweist, ist ›unbestimmt‹, es hat Dynamis-Charakter, d. h. es wird durch jede neue Konkretion weiterbestimmt«. Darum kann das Exemplarische im Bereich der praktischen Vernunft durch *lebendige Darstellung* moralischer Gesinnung »die ästhetische Objektivierung der Moralität überwinden« und das Interesse an den Handlungen selbst herbeiführen[99]. Und insofern die Notwendigkeit des ästhetischen Urteils nach Kant *nur exemplarisch genannt werden (kann), d. i. eine Nothwendigkeit der Beistimmung aller zu einem Urtheil, was als Beispiel einer allgemeinen Regel, die man nicht angeben kann, angesehen wird* (§ 18), bietet das Exemplarische im Sinne Kants das Muster eines offenen, normbildenden Konsensus, auf welchem — was dann Herbart versuchte — die Ethik als Ästhetik begründet werden kann[100].

XII. *Interaktionsmuster der ästhetischen Identifikation mit dem Helden*

Unser Rückblick auf Ursprünge der Erfahrung des Sympathetischen, Appellativen und Exemplarischen im Bereich christlicher Lebenspraxis sollte zeigen, daß diese Kategorien für das Problem des Übergangs von ästhetischer in moralische Identifikation von besonderem Interesse sind. Diese Kategorien rücken ein ganzes Spektrum gesellschaftlicher Leistungen der Kunst ins Licht, die mit den formalistischen Kategorien von Innovation und Reproduktion so wenig zu erfassen sind wie unter dem ideologiekritischen Titel der Affirmation bestehender Herrschaftsinteressen. Ästhetische Erfahrung geht in der säkularen Geschichte der vorautonomen Kunst keineswegs in den Gegensätzlichkeiten von emanzipatorischer und bewahrender Wirkung der Kunst in der Gesellschaft auf. Zwischen den Extremen der *normbrechenden* und der *normerfüllenden* Funktion, zwischen progressivem Horizontwandel und Anpassung an eine herrschende Ideologie, liegt eine ganze Reihe von heute oft übersehenen Möglichkeiten gesellschaftlicher Wirkung der Kunst, die man im engeren Sinne als kommunikativ, nämlich als *normbildend* bezeichnen kann. Darunter fiele sowohl die normstiftende (begründende, initiierende, erhöhende, rechtfertigende) Leistung der heroischen Kunst wie auch die unübersehbare Rolle der lehrhaften Kunst in der Vermittlung, Verteilung, Erläuterung des von Generation zu Generation weiterzureichenden Wissens der alltäglichen Lebenspraxis[101]. Bei diesen

---

[99] G. Buck, ib. p. 182.
[100] Dazu G. Buck, ib. 183.
[101] Siehe dazu auch P. L. Berger und Th. Luckmann, *Die gesellschaftliche Konstruktion der Wirklichkeit — Eine Theorie der Wissenssoziologie*, Frankfurt 1971 (2. Auflage), bes. p. 101.

Rezeptionsvorgängen ist zu unterscheiden zwischen lernendem, d. h. *normfolgendem* Begreifen am Beispiel und mechanischem, unfreiem und somit *normerfüllendem* Befolgen der Regel. Danach erhält man zwischen den Polen der Negativität und der Affirmation eine Skala von Funktionen der gesellschaftlichen Wirkung von Kunst, die sich von *normbrechenden* über *normbildende* (*normstiftende* oder *normfolgende*) bis zu den *normerfüllenden* Mustern der Identifikation erstreckt.

Die kommunikativen Muster ästhetischer Identifikation lassen sich am Leitfaden des ›Helden‹ typisieren und in ein System einbringen, das den Spielraum ästhetischer Erfahrung zwischen kultischer Partizipation und ästhetischer Reflexion umgreift. Die folgende Übersicht enthält meinen Vorschlag für ein solches System. Sie erfaßt den gleichen Bereich wie Northrop Fryes Typologie des Helden, geht aber nicht mehr von Aussageformen oder Graden des Handlungsvermögens, sondern von Modalitäten der Rezeption aus [102]. Das System der Rezeptionsweisen ist gleichfalls in fünf Stufen gegliedert, verweist aber im Unterschied zu Frye den Helden als ›göttliches Wesen‹ in den Bereich religiöser Erfahrung oder kultischer Partizipation. Dem Mythus vom sterbenden Gott, wie er vor allem in Vegetationskulten vorkommt, ist subjektive ästhetische Erfahrung und moralische Identifikation noch nicht angemessen; er erfordert auf der Seite der Rezeption die Entäußerung des Subjekts an die Gemeinschaft der Kulthandlung.

Ein Analogon zu der Form, wie der Einzelne in der übergreifenden Identität einer Kulthandlung aufgeht, findet sich indes auf einer ersten Ebene ästhetischer Erfahrung, die sich in der Übernahme einer Rolle in der geschlossenen imaginären Welt einer Spielhandlung bildet. Sei es das Zeremoniell eines Festes, sei es ein literarischer Kommunikation entsprungenes Ritual oder eine aus der Praxis einer Kunst abgeleitete Form von Geselligkeit: die gemeinsame Struktur ist — nicht anders wie noch im geistlichen Spiel des Mittelalters —, daß das Gegenüber von Werk und Betrachter, Akteuren und Zuschauern aufgehoben wird [103]. Nennen wir dieses ästhetische Verhalten im Spiel *assoziative* Identifikation, so

---

[102] *Anatomy of Criticism* (1957); deutsche Ausgabe unter dem Titel *Analyse der Literaturkritik*, Stuttgart 1964, cf. p. 37 sq.
[103] Hier befinde ich mich im Widerspruch zu H. G. Gadamer, der den kultischen Akt als »wirkliche Darstellung für die Gemeinde« fassen will, offenbar um das Schauspiel als »Spielvorgang, der wesenhaft nach dem Zuschauer verlangt« wieder dem kultischen Spiel annähern zu können (*Wahrheit und Methode*, op. cit., p .104). Dabei muß er sich über den evidenten Strukturunterschied hinwegsetzen, daß im kultischen wie im geselligen Spiel das Gegenüber von Werk und Betrachter, Akteuren und Zuschauern ja gerade aufgehoben ist — wo die kultische Spielhandlung zur Darstellung für die Gemeinde wird, beginnt das Schauspiel vor Zuschauern und ist es um das Kultische geschehen (auch das gesellige Spiel wäre vom Zuschauer gestört, wenn es ihn nicht ignorierte).

macht sich die Zwiespältigkeit des Imaginären darin geltend, daß die Identifikation mit der Spielgemeinschaft sowohl positiven Falls zum Genuß freien Daseins gelangen als auch negativen Falls in die Unfreiheit kollektiver Faszination durch archaische Rituale zurückführen kann.

Als Ausgangsschema für die weiteren vier Ebenen ästhetischer Identifikation kann die aristotelische Einteilung der Charaktere dienen. Ihr zufolge (*Poetik*, 1148 a) können die Charaktere der Dichtung ›nach dem Vorbild der Maler‹ entweder besser oder schlechter als wir oder aber uns ähnlich dargestellt werden. Dem Gegensatz von ›besser als wir‹ oder ›uns ähnlich‹ entspricht die fundamentale Unterscheidung zwischen *admirativer* und *sympathetischer* Identifikation, die wir oben im Anschluß an Max Kommerell eingeführt und historisch erläutert haben. Der admirativen wie der sympathetischen Identifikation kann die *kathartische* im engeren Sinn der klassischen Auslegung gegenübergestellt werden: sie versetzt den Zuschauer in die Lage des leidenden oder bedrängten Helden, um durch tragische Erschütterung oder komische Entlastung eine Befreiung seines Gemüts herbeizuführen, die ihn nicht mehr zur Übernahme bestimmter Muster des Handelns, sondern zum freien Gebrauch seines Urteils bestimmen soll.

Die Kehrseite der kathartischen Identifikation, daß der Zuschauer nicht moralisch freigesetzt werden muß, sondern der magischen Gewalt der Illusion erliegen und sich in nur genießender Identifikation verlieren kann, hat immer wieder dazu geführt, den Bann des Imaginären zu durchbrechen und die ästhetische Einstellung des Zuschauers in Frage zu stellen. Solche Verfahren lassen sich auf den Nenner einer *ironischen* Identifikation bringen. Mit dieser Bestimmung ist im Spektrum der Möglichkeiten der ästhetischen Identifikation mit dem Helden die normbrechende Funktion par excellence erreicht. Daß auch sie ihr Ziel verfehlen und in defizientes ästhetisches Verhalten (Horror, Langeweile) oder in Gleichgültigkeit umschlagen kann, bestätigt die Grundambivalenz, die aller ästhetischen Erfahrung infolge ihrer Angewiesenheit auf das Imaginäre eigen ist. Die folgende schematische Übersicht verzeichnet diese Ambivalenz durch Opposition positiver und negativer Verhaltensnormen[104].

---

[104] In der ursprünglichen Vorlage für ›Poetik und Hermeneutik VI‹ waren die fünf Ebenen der ästhetischen Identifikation in folgender Reihe angeordnet: (I) assoziativ, (II) admirativ, (III) kathartisch, (IV) sympathetisch, (V) ironisch. Die Diskussion hat mich davon überzeugt, daß die Einordnung der kathartischen Identifikation zwischen die admirative und die sympathetische Identifikation noch der klassischen Stufenfolge des Helden, also dem Primat der Darstellung entsprach, wohingegen die Perspektive der Rezeption erfordert, die kathartische Identifikation dem kontrastiven Verhältnis von admirativer und sympathetischer Identifikation nachzuordnen, weil Katharsis sowohl Bewunderung wie Mitleid aufzuheben vermag.

Modalität der Identifikation	Bezug	Rezeptive Disposition	Verhaltens-normen	(+ = positiv) (— = negativ)
I assoziativ	Spiel/Wett-kampf (Feiern)	Sich-Versetzen in die Rollen aller anderen Beteiligten	+ Genuß freien Daseins (reiner Geselligkeit) — kollektive Faszination (Regression in archaische Rituale)	
II admirativ	der vollkommene Held (Heilige, Weise)	Bewunderung	+ Aemulatio (Nachfolge) — Imitatio (Nachahmung) + Vorbildhaftigkeit — Erbauung am oder Unter-haltung durch das Außer-gewöhnliche (Evasionsbedürfnis)	
III sympathetisch	der unvollkommene (alltägliche) Held	Mitleid	+ moralisches Interesse (Tatbereitschaft) — Rührseligkeit (Lust am Schmerz) + Solidarität für bestimmtes Handeln — Selbstbestätigung (Beschwichtigung)	
IV kathartisch	(a) der leidende Held (b) der bedrängte Held	tragische Erschüt-terung/ Befreiung des Gemüts Mitlachen/komische Entlastung des Gemüts	+ uninteressiertes Interesse/ freie Reflexion — Schaulust (Illusionierung) + freies moralisches Urteil — Verlachen (Lachritual)	
V ironisch	der verschwundene oder Anti-Held	Befremdung (Provokation)	+ erwidernde Kreativität — Solipsismus + Sensibilisierung der Wahrnehmung — kultivierte Langeweile + kritische Reflexion — Gleichgültigkeit	

XIII. *Assoziative Identifikation*

Unter assoziativer Identifikation soll ein ästhetisches Verhalten verstanden werden, das sich am reinsten mit der Übernahme einer Rolle in der geschlossenen imaginären Welt einer Spielhandlung verwirklicht. Spielhandlung meint hier gerade nicht die Darstellung für Zuschauer. Die assoziative Identifikation der Spielenden hebt vielmehr das Gegenüber von Darstellung und Betrachtung,

Akteuren und Zuschauern auf. Diese Bestimmung kann auch als die konstitutive Negativität des Spiels beschrieben werden: es unterbricht als Antithese zur Lebenspraxis die homogene Erfahrung des Raumes und der Zeit, insofern es der Welt alltäglicher Zwecke und Bedürfnisse eine heterogene Spielwelt entgegensetzt, in der die Teilnehmer durch Befolgung frei anerkannter Regeln eine vollkommenere Ordnung verwirklichen [105]. Die Negierung der Lebenspraxis durch die imaginäre Welt des Spiels, des Festes und am Ende auch des Schauspiels schließt indes eine Rückwendung aus der ästhetischen in praktische Erfahrung keineswegs aus. Das insulare Herausgehobensein der Kunsterfahrung hat wie die Spielhandlung des Festes, das nach Helmut Kuhn virtualiter die Kunst in sich enthält, eine »doppelte Erstreckung in das Leben hinein, durch die Tendenz zu periodischer Wiederholung und durch die das alltägliche Leben durchdringende, die *mores* gestaltende Ausstrahlung, das Zeremoniell« [106].

Was hier ›Ausstrahlung‹ genannt wurde, läßt sich durch die Einübungs- und Sozialisierungsfunktion des Spiels wohl noch einleuchtender begründen. Wenn sich die im Spiel gewonnene ästhetische Einstellung auf kommunikative Erfahrung öffnen kann, so nicht geradezu dank einer »Aura der Festlichkeit«, sondern weil der Spielende — wie schon jedes spielende Kind — lernen muß, Spielregeln zu übernehmen, sich an sie zu halten und sie dadurch zu begreifen. Das erfordert aber auch, daß er bereit sein muß, sich in die Rolle anderer zu versetzen, ja sogar »die Haltung aller in das Spiel eingeschalteten Personen zu übernehmen« [107]. Und da der Spielende bei der Verteilung der Rollen sowohl Richter als auch Partei sein kann, führt die Teilnahme an der Spielhandlung über das Anerkennen der Rolle des Andern und der anderen Partei zum Anerkennen und Begreifen der im Spiel waltenden Gerechtigkeit [108].

Was hier als assoziative Identifikation im ästhetischen Verhalten beschrieben wurde, ist bekanntlich ein Kernstück der Sozialpsychologie von G. H. Mead. Der Einzelne kann nicht für sich selbst zu einem Subjekt werden, sondern »nur insoweit, als er zuerst zu einem Objekt für sich selbst wird«, das heißt insofern er sich im Übernehmen und Anerkennen von Rollen aus der Sicht einer gesellschaftlichen Gruppe seiner Mitwelt in der Verhältnismäßigkeit seiner Rolle (*persona*) erfährt und seine Identität entwickelt [109]. Die gesellschaftsbildende

---

[105] Ich folge hier den Grunderkenntnissen der Spieltheorie seit J. HUIZINGA, vgl. *Homo ludens: Von Ursprung der Kultur im Spiel* (1938), Hamburg 1958 (rde 21), p. 17-20.
[106] *Vom Wesen und Wirken des Kunstwerks*, München 1960, p. 73.
[107] G. H. MEAD, op. cit., p. 193.
[108] Ergänzender Hinweis von M. FUHRMANN.
[109] Op. cit., p. 180: »Die Bedeutung der ›Kommunikation‹ liegt in der Tatsache, daß sie eine Verhaltensweise erzeugt, in der der Organismus oder das Individuum für sich selbst ein Objekt werden kann.«

Funktion der assoziativen Identifikation des Spiels liegt also darin, daß der Spielende seine Identität in dem Maße entwickeln kann, als er im Spiel Haltungen anderer einnimmt und sich in Kommunikationsweisen einübt, die als Verhaltenserwartungen wiederum gesellschaftliches Leben vororientieren können.

Diese Theorie läßt sich an einem berühmten historischen Beispiel der Umsetzung von Literatur in Leben illustrieren. In der europäischen Tradition ist die Emanzipation und Sublimierung der Geschlechtsliebe ohne das literarische Zeremoniell des mittelalterlichen Frauendienstes kaum zu denken. Mit ihm begann die spielerische Einübung gesellschaftlicher Normen der Liebesethik, die durch sich ablösende tonangebende Gesellschaftsklassen weiter vermittelt noch heute in ›Sprachspielen‹ wie Flirt, Liebesgeständnis, Zurückweisung, Belohnung, Aufkündigung erkennbar sind. In der ursprünglich normbildenden Troubadourpoesie waren lyrische Formen wie Canzone oder Alba, die in der intimen Rollenverbindung des einzelnen Liebenden zur Herrin verblieben, von Gattungen öffentlicheren Charakters wie Tenzone und Partimen (Formen des dilemmatischen Streitgedichts) und dem Zeremoniell der ›Liebesgerichte‹ (*Cours d'amour*) umrahmt. Die letzteren entwickelten aus den Situationen und Kommunikationsformen der höfischen Liebe ein Rechts- und Prozeß-Spiel und brachten damit die *assoziative* Identifikation auf der Ebene gesellschaftlicher Integration gegenüber der *admirativen* Identifikation des Einzelnen zur Geltung[110].

Der Anreiz des Spiels, in ein Handeln nach vorgezeichneten Rollen einzutreten, scheint auch dort mächtig zu bleiben, wo der ästhetische Gegenstand an sich keine assoziative Identifikation, sondern nur die Rolle des Betrachters erfordert. Das bezeugen Beispiele, in denen der Leser selbst den Schritt von individueller zu assoziativer Identifikation vollzieht, seine passive Leserrolle für die aktive Teilnahme an einem geselligen Zeremoniell eintauscht und so dem Kunstwerk wieder den Status eines Spiels zurückgibt. Dafür ist die Rezeptionsgeschichte des wohl wirkungsmächtigsten Romans aus dem 17. Jahrhundert, der *Astrée* von Honoré d'Urfé, instruktiv[111]. Dieser monstruöse Schäferroman hat bei seinem zunächst adligen Publikum ein ganzes Register geselliger Rezeptionsformen gezeigt. Es erstreckt sich von modischen Insignien und dem Liebesbrief-

---

[110] Dazu HUIZINGA, l. c., 123 sq., und S. NEUMEISTER, *Das Spiel mit der höfischen Liebe*, München 1969 (*Beihefte zu Poetica*, 5).

[111] Zur Wirkung der *Astrée* s. M. MAGENDIE, *Du nouveau sur l'Astrée*, Paris 1927, p. 424 sq.; der Brief an d'Urfé findet sich bei H. WELTI, *Die Astrée des H. d'Urfé und ihre deutschen Verehrer*, in *Zeitschrift für neufranzösische Sprache und Literatur* 5 (1883) 110 sqq. Aus dem Mittelalter kann als Beispiel der *Roman de Renart* angeführt werden, dessen Tiercharaktere Philippe de Novare während der im Orient gegen Friedrich II. geführten Kriege (1228 bis 1243) als Rollen auf Freund und Feind übertrug, um Konfliktsituationen darzustellen und ›weiterzuspielen‹, vgl. R. BOSSUAT, *Le roman de Renard*, Paris 1957, p. 155 sq.

steller über Frage- und Antwort-Spiele, schäferliche Maskeraden und moralkasuistische Diskussionen bis zur Gründung einer *Académie des parfaits amants*. Eine solche wurde von 29 Personen der *plus illustres maisons de la Germanie* gegründet, von der ein Brief an den Autor, Honoré d'Urfé, erhalten ist. Dieser Brief bezeugt die freisetzende Funktion der Spielhandlung und ihre Rückwendung auf die Praxis gesellschaftlichen Lebens, wenn die Hoffnung der Teilnehmer ausgedrückt wird, man habe die literarischen Rollen aus der *Astrée* übernommen *pour pouvoir ci-apres tant plus doucement, et avec cette mesme liberté, que nous voyons comme au vieux siècle d'or, reluire en la vie*[112]. Der Zweck des Briefes ist, den Autor der *Astrée* nun höchst persönlich in die Spielhandlung einzubeziehen. Die 29 Unterzeichner, die den Roman als Regelkodex für ihr Spiel ausgelegt und ihre Namen, Titel und Kleider gegen die der *gentils Bergers, braves Cavaliers, excellentes Nymphes et gratieuses Bergeres* eingetauscht hatten, ersuchen d'Urfé nicht allein, sein unnachahmliches Werk auch im Interesse ihres Spiels fortzusetzen. Sie wagen darüber hinaus die Bitte, ob er nicht in ihrem Kreis den Namen Celadon annehmen wolle, da sich unter ihnen niemand finde, der diesen Namen zu verkörpern würdig genug sei.

Der hohe Anreiz des Spiels, durch assoziative Identifikation mit einer Spielgemeinschaft »zum Genuß eines freien Daseins zu kommen«, kann von einer gesellschaftlichen Schicht oder Institution dafür in Dienst genommen werden, ihr Idealbild von Ordnung zu repräsentieren; er kann aber auch im Kunstwerk zu einer allgemeineren Funktion der kollektiven Erinnerung gesteigert werden, die Kurt Badt als »Feiern durch Rühmung« beschrieb[113]. Diese lebensweltliche Funktion wird nicht schon dadurch überholt und abgetan, daß sie seit der Ästhetik der Negativität dem Verdacht der Anpassung der Kunst an eine herrschende Ideologie anheimfiel. Denn ›Feiern durch Rühmung‹ kann Solidarität mit Momenten der gemeinsamen Vergangenheit herstellen, die von Größe und Leid der Menschheitsgeschichte Zeugnis geben und die gewiß einer schlimmeren Anpassung, der des Vergessens, anheimfielen, setzte sich dem nicht die kommunikative und zugleich bewahrende Kraft der ästhetischen Erfahrung entgegen.

Am Anreiz zur assoziativen Identifikation mit Spiel und Feier ist aber gewiß nicht allein das Bedürfnis bewahrender Erinnerung, sondern auch das nicht weniger starke Vergnügen am imaginären Gegenstand und Zweck spielerischen Verhaltens beteiligt. Und da im Vergnügen am Imaginären stets das zwiespältige Vermögen liegt, das aufnehmende Bewußtsein durch ästhetischen Genuß

---

[112] Bei H. WELTI, l. c., p. 115.
[113] *Feiern durch Rühmung* (1960), in *Kunsttheoretische Versuche*, Köln 1968, 103-140 (hier bes. p. 135 und 139 / 40).

freizusetzen, wie auch, es eben dadurch unmerklich zu verführen, kann durch assoziative Identifikation jener Prozeß in Gang gebracht werden, den Augustinus — wie schon zitiert — am Beispiel des Gladiatorenspiels warnend vor Augen stellte. Das in der Hinwendung zum Spiel von Zwang und Gewohnheit des Alltags befreite Bewußtsein kann über die assoziative Identifikation wider seinen Willen in Ritualhandlungen hineingezogen werden, die seine zunächst freie ästhetische Einstellung in die Unfreiheit kollektiver Identitäten umschlagen lassen.

XIV. *Admirative Identifikation*

Unter admirativer Identifikation soll die ästhetische Einstellung verstanden werden, die sich angesichts der Vollkommenheit eines Vorbilds bildet, also noch jenseits der Scheidung von tragischer oder komischer Wirkung bleibt, da die normbildende Bewunderung eines Helden, Heiligen oder Weisen gemeinhin weder aus tragischer Erschütterung noch aus komischer Entlastung hervorgeht. Bewunderung erfordert vielmehr, daß der ästhetische Gegenstand durch seine Vollkommenheit die Erwartung ins Ideale übersteigt, darum eine Verwunderung auslösen kann, *die beim Verlust der Neuigkeit nicht aufhört* [114], und so den Vollzugsrahmen einer ästhetischen Identifikation hergibt, die an der Bildungsart und Wirksamkeit von Vorbildern vornehmlich beteiligt ist.

Die bekannte Theorie der *Vorbilder und Führer* von Max Scheler bedarf im Hinblick auf den Anteil der ästhetischen Erfahrung einer Ergänzung. Für die Bildung und Übertragung von Vorbildgestalten sind historisch wie in der gesellschaftlichen Praxis nicht allein Medien der Blutserbschaft (Geschlechtswahl), der Tradition und des Glaubens an Personen konstitutiv. Zum letzteren hat Scheler ausgeführt: »Wir lieben vielmehr und hassen zunächst immer ganze, ungeteilte Personen auf Grund ihres Gesamtwerteindrucks (Gestalt). Wo wir lieben und hassen, neigen wir auch zuzustimmen oder abzulehnen, nachzufolgen oder zu widerstehen« [115]. Hier verschleiert der als »Gesamtwerteindruck« definierte Gestaltbegriff, daß das »ungeteilt Ganze«, an dem sich die affektische Beziehung zum Vorbild entzündet, nicht so sehr die unbestimmbare individuelle Ganzheit einer Person als vielmehr das Vollkommene einer Hinsicht ist, in der wir sie als heldisch, schön, heilig, weise [116] bewundern oder — im Fall der entsprechenden

---

[114] Kant, *Kritik der Urteilskraft*, § 29.
[115] *Zur Ethik und Erkenntnislehre*, Berlin 1933, Bd. I, p. 170.
[116] Die Problematik der fünf »Vorbildmodelle« SCHELERS: der Heilige, der Genius, der Held, der führende Geist der Zivilisation, der Künstler des Genusses (gemäß den Grundwerten

Gegennormen — ablehnen können. Jene affektische Beziehung, die nach Scheler erklären soll, warum »jeder ... sein Vorbild, indem er es hat und ihm folgt, auch als das Gute, Vollkommene, Sein-Sollende erachtet«[117], läßt sich näherhin bestimmen. Es ist die Bewunderung, die schon Descartes als erste aller *passions de l'âme* angesehen hat, weil sie uns für einen Gegenstand einnehme, bevor wir noch zu erkennen vermögen, ob er für uns zuträglich sei (*avant que nous connaissions aucunement si cet objet nous est convenable ou s'il ne l'est pas*)[118]. Die Scheidung von Achtung und Nichtachtung (*estime et mépris, vénération et dédain*), aus welcher nach Descartes auch Selbstachtung oder Selbstverachtung folgt, sei demgegenüber durch ein Zweites, vom nachträglichen Erkennen bedingt, ob der verursachende Gegenstand für uns gut oder böse ist[119]. Aus dieser klassischen Bestimmung der *admiration* läßt sich gut erkennen, daß es die ästhetische Evidenz des Vollkommenen in seiner alle Erwartung übersteigenden Kraft ist, die den affektischen Charakter der Bewunderung als einen Akt vorreflexiver Zustimmung bedingt.

Die Wirksamkeit von Vorbildern ist darum gerade auch in ihrer ethischen und gesellschaftlichen Funktion, bei der Bildung von Handlungsnormen wie bei der Konsolidierung von Gruppenidentitäten, ohne den imaginären Zuschuß der ästhetischen Erfahrung nicht zu denken. Die admirative Identifikation ist dem reflektierten Handeln nach Maximen im Alltag der gesellschaftlichen Praxis vor allem darin überlegen, daß sie in der wachsenden Reihe personaler Vorbilder Erfahrung von Geschichte verdichten und von Generation zu Generation weitergeben kann[120]. Bei der Konstituierung der kollektiven Erinnerung religiöser Gruppen oder sozialer Klassen kommt der Vorbild-Reihe eine oft unterschätzte Bedeutung zu[121]. Sie dient in Genealogien der Verherrlichung, Bewahrung und Vermittlung des Tatenruhms der Ahnen. Sie fordert in religiösen Gemeinschaften zur Nachahmung der Glaubenshelden und Märtyrer auf. Sie vergegenwärtigt die Vergangenheit der ganzen Menschheit in Galerien glanzvoller Gestalten, von volkstümlich heroisierten Figurationen wie den *nine Worthies*[122] bis

---

des Heiligen, der geistigen Werte, des Edlen, des Nützlichen, des Angenehmen, vgl. l. c., p. 157) braucht hier nicht zu diskutiert werden.
[117] Op. cit., p. 156.
[118] *Des passions de l'âme,* § 53.
[119] Ib., § 54-56.
[120] Vgl. Scheler, op. cit., p. 166: »In Form des personalen Vorbilds bleibt die Vergangenheit in dem reinsten Goldgehalt der moralischen Werte, die sie enthält, gegenwärtig, lebendig, wirksam.«
[121] M. Halbwachs, *La mémoire collective*, Paris ²1968, hat die Funktion solcher Vorbild-Reihen für die Konstitution der kollektiven Erinnerung hier wie in seinen früheren Arbeiten noch nicht eigens gewürdigt.
[122] Vgl. C. S. Lewis, *The discarded image*, Cambridge 1964, 181: The story had, by long pre-

NEGATIVITÄT UND IDENTIFIKATION

hin zu den zahlreichen Reihen berühmter Sünder, Büßender und Seliger, mit denen Dante in einer monströsen Kanonbildung die antike und christliche wie zeitgenössische Geschichte personalisiert abgebildet und zum dauernden Mahnmal erhoben hat. Und sie legitimiert selbst noch die größten revolutionären Aktionen, wenn auf den Nullpunkt der neubegonnenen Geschichte die Phase der Konsolidierung der revolutionären Bewegung folgt, die sich über eigene Märtyrer, frühere Wegbereiter und ferne Muster schrittweise der zuvor negierten Vergangenheit als des ihr nunmehr zufallenden Erbes bemächtigt[123].

Als Beispiel für die historische Ablösung einer Figuration heroischer Vorbilder sei das Aufkommen des höfischen Romans um 1150 angeführt. An diesem literarhistorischen Ereignis lassen sich zwei archetypische Weisen admirativer Identifikation aufzeigen. Die neuen Helden der Tafelrunde des König Artus (Erec, Ivain, Gavain, Lancelot, Perceval) treten in Konkurrenz zu den alten Paladinen der Heldensage Charlemagnes (Roland, Olivier, Guillaume). Der neue Heldentyp ist der höfische Aventure-Ritter, der einsam auszieht, Gefahren einer Zauberwelt besteht, damit die höfische Gesellschaft um König Artus zur ›Freude‹ erlöst und für sich selbst die geliebte Dame erringt. Dieser Heldentyp verdrängt seit der Mitte des 12. Jahrhunderts den heroischen Kreuzzugsritter an Beliebtheit, der Vorkämpfer seines Heeres ist, im Sieg über die Heiden heroisch untergeht, dafür das christliche Paradies erringt und ein Beispiel zur Nachfolge hinterläßt[124]. Die Bewunderung für den älteren, vom Muster Rolands geprägten

---

scription, a status in the common imagination indistinguishable — at any rate, not distinguished — from that of fact. Everyone ›knew‹ — as we all ›know‹ how the ostrich hides her head in the sand — that the past contained Nine Worthies: three Pagans (Hector, Alexander, and Julius Caesar); three Jews (Joshua, David, and Judas Maccabeus); and three Christians (Arthur, Charlemagne, and Godfrey of Bouillon)«.

[123] Das berühmteste Beispiel für diesen Prozeß ist der Rückgriff der Revolutionäre von 1789 auf Vorbilder der römischen Republik. Flaubert hat in der *Education sentimentale* das entsprechende Verhalten der Revolutionäre von 1848 ironisiert: *Et, comme chaque personnage se réglait alors sur un modèle, l'un copiant Saint-Just, l'autre Danton, l'autre Marat, lui (Sénécal), il tâchait de ressembler à Blanqui, lequel imitait Robespierre.* Karl Marx gewann daraus eine Pointe seiner Kritik an der Februarrevolution: *Die früheren Revolutionen bedurften der weltgeschichtlichen Rückerinnerungen, um sich über ihren eigenen Inhalt zu betäuben. Die Revolution des neunzehnten Jahrhunderts muß die Toten ihre Toten begraben lassen, um bei ihrem eigenen Inhalt anzukommen* (Der 18. Brumaire des Louis Bonaparte, Sammlung Insel, Bd. 9, p. 12 sq.).

[124] Im klassischen Text dieser Gattung, dem *Rolandslied*, ermahnt Roland die fränkischen Ritter vor dem Kampf mit folgenden Worten: *Or gart chascuns que granz colps i empleit / Que malveise cancun de li chantet ne seit!* (›Nun sehe jeder zu, daß er große Hiebe versetzt, damit nicht ein schlechtes Lied über ihn gesungen wird‹, v. 1013 sq.). Das Heldenlied ist Ursprung und Ziel dieser Moral, wie P. ZUMTHOR zu dieser Stelle bemerkte (*Essai de poétique médiévale*, Paris 1972, p. 325). Nach dem Zeugnis von Wace, *Roman de Rou* (1160), v. 8035 sq., sang ein gewisser Taillefer vor dem normannischen Heer in der Schlacht von Hastings (1066) eine cantilena Rolandi: *Taillefer, qui mult bien chantout / sor un*

Typ entzündet sich an einer alle menschliche Erwartung übersteigenden Kühnheit und vollkommenen Opferbereitschaft[125]; die admirative Identifikation schließt hier Autor, Sänger (Jongleur) und Publikum in der kollektiven Erinnerung an die normgebende Vorzeit der nationalen Geschichte, das Heroenzeitalter Karls des Großen, zusammen. Die Bewunderung für den späteren, durch Chrétiens Artusromane geprägten Heldentyp wird auf den korrelaten Ebenen des Zufalls der Aventüre und der Bewährung der Liebe von einem märchenhaft Außergewöhnlichen gespeist; hier kehrt das (lesende) Publikum in der Identifikation mit dem bewunderten Helden den Realitäten des Alltags und der Geschichte den Rücken, um sein Bedürfnis nach Evasion in die Vollkommenheit des Imaginären zu befriedigen; der Leser wird ineins damit in die Normen einer vollkommenen Art zu lieben eingeweiht, durch die sich der höfisch Gebildete vom gewöhnlichen Sterblichen unterscheiden soll[126]. So befriedigen die beiden das Mittelalter überlebenden Heldentypen ein doppeltes Bedürfnis admirativer Identifikation: der epische oder Sagenheld das Bedürfnis der kollektiven Erinnerung nach Verherrlichung der geschichtlichen, die Alltagswirklichkeit überhöhenden Tat und der Märchen- oder Romanheld das schon den Leser charakterisierende Interesse am unerhörten Ereignis, das den Wunsch nach seltener Aventüre und vollkommener Liebe jenseits der Wahrscheinlichkeit des Alltags erfüllt.

Die Faszination des zweiten Musters wurde im 12. Jahrhundert dadurch verstärkt, daß mit den Stoffen keltischer Herkunft zum erstenmal in mittelalterlicher Epik literarische Fiktion von geschichtlich-legendärer Realität geschieden und als ein Vergnügen sui generis empfunden wurde. Das bezeugt Johannes von Salisbury in einer Philippika, die sich auf den Siegeszug des Artusromans bezieht:

Nulla etiam affectio pia meritoria est ad salutem, nisi ex christi dilectione procedat. Saepe in tragoediis et aliis carminibus poetarum, in joculatorum cantilenis describitur aliquis vir prudens, decorus, fortis, amabilis et per omnia gratiosus. Recitantur etiam pressurae vel injuriae eidem crudeliter irrogatae, sicut de Arturo et Gangano et Tristanno, fabulosa quaedam re-

---

cheval qui tost alout, / devant le duc alout chantant / De Karlemaigne et de Rolant / et d'Oliver et des vassals / qui moururent en Rencesvals.

[125] »Le thème général et commun des chansons de geste, par opposition aux chansons de saint, est ... l'émerveillement suscité dans la communauté humaine par la reconnaissance de son pouvoir d'agir«, P. ZUMTHOR, op. cit., p. 324.

[126] Diese *Ars amandi* der höfischen Liebe ist in dem berühmten Traktat *De amore* von Andreas Capellanus (um 1174) kodifiziert worden. MAX SCHELER hätte hier ein historisches Beispiel für seine Theorie von der Übertragung der Vorbildgehalte durch Geschlechtswahl und Geschlechtsliebe finden können. Denn von der höfischen Liebe des 12. Jahrhunderts kann in der Tat gesagt werden, daß »in dieser Liebesart ... gleichsam das vollkommenste Bild der zukünftigen Generation von der Seele vorentworfen (wurde)« (op. cit., p. 167).

ferunt historiones, quarum auditu concutiuntur ad passionem audientium corda, et usque ad lacrymas compunguntur [127].

Diese zornige Kritik an den Lesevergnügungen der Mönche beschreibt das Faszinosum der Bewunderung für den vollkommenen (*per omnia gratiosus*) Helden bis zum Umschlag der admirativen Identifikation in eine für den scholastischen Kritiker unerlaubte Rührung über die harten Prüfungen der Aventüre. Die Grundambivalenz der admirativen Identifikation ist auch bei diesem Muster schon am ersten Zeugnis seiner Rezeption zu greifen. Sie kann leicht aus praktischen Funktionen der Vorbildhaftigkeit und der Einführung in gesellschaftliches Verhalten in falsche Erbaulichkeit oder pure Unterhaltung absinken. Diese Depravation ist bis zum Trivialroman unserer Tage zu verfolgen; sie tritt regelmäßig dann ein, wenn der ursprünglich normgebende Sinn des Vollkommenen verblaßt und der Leser schon an den normerfüllenden Klischees des unterhaltenden Abenteuers (Vergnügen daran, wie der Held immer neue Hindernisse bewältigt) und an der Befriedigung des Verlangens nach einer ›vollkommeneren Welt‹ (was man heute ›Traumfabrik‹ nennt) sein Genüge findet.

XV. *Sympathetische Identifikation*

Unter sympathetischer Identifikation soll ein ästhetisches Verhalten verstanden werden, das Distanz, die in der Bewunderung verharrt, wie auch Rührung, die im Selbstgenuß befangen bleibt, zu durchbrechen vermag und durch Solidarisierung zur Tatbereitschaft und Nachfolge führen kann. Die Praxis ästhetischer Erfahrung zeigt immer wieder neu, wie Bewunderung und Mitleid in ein Folgeverhältnis treten: Bewunderung als normbildende Identifikation mit dem vollkommenen Helden oder ›Vorbild‹ wird ästhetisch objektiviert und sinkt ab zum normerfüllenden Verhalten der Schaulust, der Erbaulichkeit oder des Vergnügens am Außergewöhnlichen; dem ausgedienten, unerreichbar gewordenen oder zum Klischee abgesunkenen Vorbild wird die neue Norm eines unvollkommenen, alltäglicheren Helden entgegengesetzt, in welchem der Zuschauer oder Leser den Spielbereich seines eigenen Handelns wieder erkennen und so durch moralische Identifikation zu praktischer Einsicht gebracht werden kann.

Das Schulbeispiel dafür ist im Jahrhundert der Aufklärung die von Diderot und Lessing theoretisch begründete Abkehr des bürgerlichen *genre sérieux* von den Normen der klassischen Tragödie und Komödie [128]. Ein ›mittlerer Held‹,

---

[127] *Liber de Confessione* (PL CCVII, 1088).
[128] S. o., p. 305.

nach Lessings berühmter Forderung *von gleichem Schrot und Korn* wie der Zuschauer, soll die klassisch gewordenen Helden Corneilles, Racines und Molières ablösen, um gegenüber der erstarrten Norm höherer Vollkommenheit die Gleichheit des Helden mit dem bürgerlichen Zuschauer herzustellen, der nach Diderot und Lessing nicht anders zu praktischer Einsicht geführt werden kann. Die Geschichte der Literatur weist in allen Epochen Beispiele für dieses Folgeverhältnis von admirativer und sympathetischer Identifikation auf. Hier sei noch ein Beispiel aus dem Mittelalter angeführt[129]. Mit der im 12. Jahrhundert aufblühenden Gattung des romanischen Mirakels trat der unbekannte Sünder als Mirakelträger an die Stelle des Legendenhelden, der ein bekannter Heiliger war. Die Vollkommenheit des Heiligen, in dessen Vita sich Tugend vergegenständlicht und durch das bestätigende Wunder die Macht Gottes demonstriert, stellt auch den christlichen Betrachter vor das Problem, daß er zwar zur Nachfolge aufgefordert ist, aber kaum hoffen kann, die vollkommene Norm des Heiligen jemals zu erreichen[130]. Es ist darum begreiflich, daß der unerreichbaren Vollkommenheit des *perfectus*, der keiner Wandlung bedarf und über Furcht und Mitleid erhaben ist, in dieser Zeit ein wieder erreichbares *imitabile* gegenübergestellt wurde. Es war der fehlbare, alltägliche Träger des Mirakels, an dessen exemplarischer Umkehr und Wandlung sich die heilsschaffende, oft durch die Barmherzigkeit Marias vermittelte Kraft Gottes zeigt. Als säkularisierte Variante oder auch als provokative Gegenform zum Heiligenleben kann seit Rousseaus *Confessions* die Biographie gelten. Daß sie in unserer Zeit in den Verruf kam, ganz auf die Ebene des Sensationellen, Erbaulichen oder Politischen abgesunken zu sein (ihre Revalorisierung ist in Deutschland jüngsten Datums), sollte das demokratische Bedürfnis nicht vergessen machen, dem die Biographie ihre Beliebtheit beim bürgerlichen Publikum ursprünglich verdankte: *l'immense appétit que nous avons pour les biographies naît d'un sentiment profond de l'égalité*[131].

Vom Abgleiten der sympathetischen Identifikation in bloße Schaulust, selbstgenugsame Rührung oder unfreies Befolgen ritueller oder leitbildhafter Normen war im Zusammenhang der christlichen Ästhetik des Mitleids schon die Rede[132]. In soziologischer Hinsicht interessant ist es, wenn dieser Umschlag historisch an

---

[129] Zum f. siehe U. EBEL, *Das altromanische Mirakel: Ursprung und Geschichte einer literarischen Gattung*, Heidelberg 1965 (*Studia Romanica*, 8).

[130] Die bekannte, hier übernommene Bestimmung der Vita als vergegenständlichte Tugend von André Jolles läßt der tätigen *Imitatio* auch dann wenig Raum, wenn man das Dilemma der Nachahmung eines unerreichbar Vollkommenen mit U. Ebel durch partielle oder graduelle Nachahmung zu lösen sucht (p. 53).

[131] Baudelaire, *Pierre Dupont*, in *Œuvres complètes*, éd. de la Pléiade, Paris 1951, p. 954.

[132] S. o., p. 306 sqq.

einer Schwelle zwischen Aufstieg und Herrschaft einer Klasse zu lokalisieren ist, wie Hans Jörg Neuschäfer für die bürgerliche Literatur in Frankreich vor und nach 1789 zeigte: »Eine Literatur, die zugleich probürgerlich und emanzipatorisch ist, findet man eigentlich nur im 18. Jahrhundert, besonders im *drame bourgeois*, zu einer Zeit also, wo das Bürgertum noch nicht als die bestimmende Klasse etabliert war. Im 19. Jahrhundert aber, nachdem es die Macht übernommen hat, ist ihm nur noch die Literatur zweiten Ranges zu Diensten, selbst im Roman«[133]. Die Kommerzialisierung der Literatur im 19. Jahrhundert hat diese Umwandlung ursprünglich normbrechender in normerfüllende Identifikationsmuster auf eine mit früheren Epochen nicht vergleichbare Weise beschleunigt und verschärft. Die heute so vieldiskutierte Erscheinung der Konsumliteratur und Kulturindustrie mit ihren Verfahren der Manipulation von Bedürfnissen und der Verschleierung von Herrschaftsinteressen nimmt hier ihren geschichtlichen Ausgang. Ihre wohlbekannte ideologische Strategie kann hier so beschrieben werden: die normbildende Identifikation mit dem gleichartigen Helden, dessen Sache die Sache aller werden soll, läßt sich unterschwellig in die normerfüllende Identifikation mit dem System der herrschenden Verhältnisse lenken; das imaginative Bedürfnis der Konsumenten wird ineins angereizt, befriedigt und so vororientiert, daß die Hierarchie und ungestörte Fortdauer des herrschenden Gesellschaftssystems gesichert ist.

Als Beispiel kann eine Gegenüberstellung von Flauberts systemkritischer *Madame Bovary* mit Dumas' systemkonformer *Dame aux Camélias* dienen. Für die letztere hat Neuschäfer das bis zu Eric Segals *Love Story* wirkungsmächtige Regelsystem aufgedeckt, durch das die sympathetische Identifikation des Lesers erst in Gang gebracht und dann wieder der scheinheilig herrschenden bürgerlichen Moral botmäßig gemacht wird[134]. Dem Bedürfnis nach Unterhaltung und Evasion kommt ein Thema mit dem Reiz des Verbotenen und Illegitimen: die erotische Passion des reichen Bürgersohns Armand für die Kurtisane Marguerite entgegen. Die Variante der edlen, schwindsüchtigen und darum mitleiderregenden Prostituierten beschwichtigt das soziale Gewissen derart, daß sich der bürgerliche Leser am Los *de ces pauvres créatures* erbauen kann, ohne sich mitschuldig fühlen zu müssen. Der bürgerliche Ordnungswille darf sich am Ende vollauf bestätigt fühlen. Denn der drohende Konflikt mit dem Sohn, der das bürgerliche Tabu durch ein Verlöbnis statt der geduldeten Liaison verletzen könnte, wird durch den vom Vater insgeheim herbeigeführten Verzicht der Kameliendame

---

[133] *Mit Rücksicht auf das Publikum ... Probleme der Kommunikation und Herstellung von Konsens in der Unterhaltungsliteratur, dargestellt am Beispiel der Kameliendame*, in Poetica 4 (1971) 488-89.
[134] Ib.

so vermieden, daß die materiellen Interessen und die moralischen Sympathien des Lesers gleichermaßen auf ihre Kosten kommen: die »ehrbare Dirne mit bürgerlichen Neigungen« wandelt sich zur »heiligen Dirne, die sich für das Bürgertum opfert«, woraus sich ergibt, daß »die Interessen des Bürgertums die gleiche Sache — nämlich die Promiskuität — jetzt heiligen, die zuvor noch um jeden Preis vermieden werden mußte«[135].

Evasion, Bestätigung und Beschwichtigung sind auch Normen, die Flaubert mit seiner *Madame Bovary* auf dem Höhenkamm der Literatur ins Spiel bringt. Doch das Evasionsthema der verbotenen Liebe wird hier als Pathologie einer alltäglichen ›Heldin‹, die mehr noch ihren Lektüren als ihrem Milieu zum Opfer fällt, problematisiert. Der Niedergang Emma Bovarys ist eine *pharmakos*-Geschichte, keine Bestätigung, sondern — wie der gegen Flaubert angestrengte Prozeß dartut — eine Herausforderung der offiziellen Moral und im besonderen des engstirnig bürgerlichen Erziehungssystems. Das Gewissen des Lesers wird hier um so weniger beschwichtigt, als nicht allein der unpersönliche Stil Flauberts sein Urteil verunsichert. Es ist auch im ganzen Buch — was ihm der Ankläger am meisten vorwirft — keine ›positive Person‹ (*personnage sage*) zu finden, die den Stab über der skandalösen ›Heldin‹ Flauberts brechen könnte. Dieser Vorwurf der ›Unmoral‹ ist neuartig, denn er stützt sich nicht mehr auf eine verletzte Norm der herrschenden Moral, sondern allein noch darauf, daß sich der Leser mit keiner Person dieses Romans identifizieren könne[136]. Dem Leser wird durch das ironisierte Schicksal Emma Bovarys nicht allein die Möglichkeit sympathetischer Identifikation erschwert (denn er kann die provozierend triviale ›Heldin‹ kaum als seinesgleichen empfinden), sondern auch das gewohnte Idealmaß kontrastiver Normen entzogen. Der Staatsanwalt Napoleons III. hat damit, ohne es zu ahnen, ein noch nicht kanonisiertes ästhetisches Verfahren, die ironische Form verweigerter Identifikation (von der unten die Rede sein wird), zum erstenmal offiziell registriert und gerügt.

Die Argumentation der gegen Flaubert erhobenen Anklage nimmt ironischerweise schon eine ästhetische Norm vorweg, die in einer gesellschaftlichen Ordnung antibürgerlicher Herkunft Fortune machen sollte — den ›positiven Helden‹ des sozialistischen Realismus. Die dort zum Dogma erhobene ästhetische Norm illustriert die Verfallsform der sympathetischen Identifikation auf das eindruckvollste. Der ›positive Held‹ des sozialistischen Realismus soll weder ganz vollkommen sein und Bewunderung auslösen noch darf er bemitleidenswert sein; er soll aber auch nicht durch Negation der herrschenden Moral kritische Reflexion in Gang bringen, geschweige denn das Bedürfnis nach Evasion befriedigen.

---

[135] H. J. Neuschäfer, op. cit., p. 504.
[136] Siehe Vf., *Literaturgeschichte als Provokation*, Frankfurt 1970 (ed. suhrkamp 418), p. 203 sqq.

Er muß vielmehr den Leser geradezu über normerfüllende Identifikation dazu bringen, das bestehende oder bald erfüllte System zu bejahen und seine Übereinstimmung mit dem gesetzmäßigen Fortschritt zu erkennen.

XVI. *Kathartische Identifikation*

Unter kathartischer Identifikation soll die schon von Aristoteles beschriebene ästhetische Einstellung verstanden werden, die den Zuschauer aus den realen Interessen und affektischen Verstrickungen seiner Lebenswelt in die Lage des leidenden oder bedrängten Helden versetzt, um durch tragische Erschütterung oder komische Entlastung eine Befreiung seines Gemüts herbeizuführen. Diese Bestimmung, die sich schon in antiker Theorie auf die tragische wie auf die komische Wirkung der Kunst erstreckt [137], ließe sich aus der Poetik verschiedener Epochen der ›Klassik‹ in den europäischen Literaturen belegen; sie lautet bei Schiller:

> Diese Freiheit des Gemüts in uns hervorzubringen und zu nähren, ist die schöne Aufgabe der Komödie, so wie die Tragödie bestimmt ist, die Gemütsfreiheit, wenn sie durch einen Affekt gewaltsam aufgehoben worden, auf ästhetischem Weg wiederherstellen zu helfen [138].

Konstitutiv für die kathartische Identifikation ist, daß sie den Hiatus zwischen ästhetischer Einstellung und moralischer Praxis bewußt macht, der auf der Stufe der admirativen Identifikation durch die Evidenz des vollkommenen Vorbilds überdeckt bleibt und auf der Stufe der sympathetischen Identifikation durch die Tatbereitschaft solidarischen Mitleids überwunden werden soll. Doch schließt dieser Hiatus keineswegs die Überleitung vom Ästhetischen zum Moralischen aus: vielmehr ist die durch Katharsis erlangte Freiheit des Gemüts Voraussetzung dafür, daß der Zuschauer nicht durch einen didaktischen Zwang, sondern aus freier Reflexion der gewonnenen Einsicht folgt.

Hier kann an Kommerells Auslegung der aristotelischen Katharsis erinnert werden, derzufolge das Ziel der Katharsis eine Befreiung des Gemüts von den Affekten ist, weil diese »eine wünschenswerte Gefaßtheit als Bedingung der höheren geistigen Geschäfte (gefährden)« [139]. Dementsprechend hat auch die deutsche Klassik den Hiatus zwischen ästhetischer und praktischer Einstellung geradezu als Bedingung dafür verstanden, den Menschen über die Erfahrung der Kunst in die Freiheit seiner Moralität zu versetzen. Ästhetische Erziehung im

---

[137] M. FUHRMANN, *Einführung in die antike Literaturtheorie*, Darmstadt 1973, p. 65.
[138] *Über naive und sentimentalische Dichtung*, in *Ges. Werke*, Berlin 1955, Bd. 8, 577.
[139] M. KOMMERELL, op. cit., p. 201.

Sinne des Schillerschen Idealismus kann nicht geradezu bestimmte Muster des Handelns vorgeben, sie muß vielmehr das Vermögen frei bestimmten Handelns wiederherstellen und darum ihren Gegenstand so behandeln, *daß nicht sowohl unsere Vernunft auf die Regeln des Willens, als vielmehr unsere Phantasie auf das Vermögen des Willens hingewiesen werden*[140]. Historisch betrachtet, ist mit der kathartischen Identifikation im Emanzipationsprozeß der ästhetischen Erfahrung die Schwelle der Autonomie erreicht: dem Zuschauer wird die tragische Erschütterung oder das Mitlachenkönnen nur insoweit verstattet, als er fähig ist, sich aus der Unmittelbarkeit seiner Identifikation zur urteilenden Reflexion über das Dargestellte zu erheben.

Diese Forderung ist auch in der französischen Klassik der höchste Rechtfertigungsgrund für die Tragödie wie für die Komödie. So beansprucht Racine für seine *Phèdre*, daß die Gewalt der Leidenschaften dem Zuschauer das moralische Urteil über Tugend, Laster und Maß der Sühne nicht weniger zu schärfen vermöge, als es die Schulrichtungen der Moralphilosophie könnten[141]. So soll das groteske Handeln der in sich selbst verfangenen Charaktere Molières dem Lachenden vordergründig das Lächerliche eines gesellschaftlich normwidrigen Verhaltens sichtbar, hintergründig aber nach Werner Krauss den Natürlichkeitsanspruch dieser Gesellschaft überhaupt fragwürdig machen[142]. Die Umwendung der Identifikation in Reflexion wird dann im 18. Jahrhundert zur Forderung des aufgeklärten Lesens erhoben. Condorcet sah im Urteil neuer Leserschichten eine *nouvelle espèce de tribune*, die der Verbreitung aufklärerischer Gedanken förderlicher sei als die tyrannische Gewalt verführerischer Beredsamkeit; Blankenburgs *Versuch über den Roman* richtete sich an den *denkenden Leser*, der am Romanhelden seine eigenen Empfindungen *richtig schätzen* lernen soll[143].

Die Kehrseiten der kathartischen Identifikation kommen in dem Hauptargument der kirchlichen wie aufgeklärten Kritik ans Licht: daß der moralischen Wirkung des klassischen Theaters die magische Gewalt der Illusion entgegenstehe, der Zuschauer also schon vernünftig sein müsse, um aus dem Spiegel der Kunst für sein Leben lernen zu können. Die emotionale Teilnahme am imaginären Schicksal des Helden kann in genießende Identifikation mit der dargestellten Leidenschaft umschlagen. Bossuet hat dieses augustinische Argument als geheimes Mitspielen in der Rolle der antwortenden eigenen Leidenschaft erläutert:

---

[140] *Über das Pathetische, Ges. Werke*, Berlin 1955, Bd. 8, 340.
[141] Ed. de la Pléiade, Paris 1956, I 765.
[142] *Molière und das Problem des Verstehens in der Welt des 17. Jahrhunderts*, in *Gesammelte Aufsätze zur Literatur- und Sprachwissenschaft*, Frankfurt 1949, p. 340 / 41.
[143] Nach D. HARTH, *Romane und ihre Leser*, in *Germanisch-romanische Monatsschrift* 20 (1970) 159-179.

On voit soi-même dans ceux qui nous paraissent comme transportés par de semblables objets: on devient bientôt un acteur secret de la tragédie; on y joue sa propre passion; et la fiction au dehors est froide et sans agrément, si elle ne trouve au dedans une vérité qui lui réponde[144].

Hier haben wir die psychoanalytische Erklärung für Rousseaus Argument, daß die wachsende Illusionierung des Zuschauers seine anfängliche Abscheu vor dem Bösen in Sympathie für Phädra verwandeln könne[145].

Die emotionale Teilnahme des Zuschauers der Komödie kann in ein anderes Extrem umschlagen, das die Rückwendung zu freier moralischer Reflexion vereitelt. Das Mitlachen über die *déraison* des Geizigen, des eingebildeten Kranken oder des Misanthropen führt nicht notwendig zu dem, was Joachim Ritter die »Positivierung des Negativen« genannt hat, d. h. zur versöhnenden Einsicht, daß sich im komischen Verhalten der Charaktertypen die herrschende Norm gesellschaftlicher Vernunft selbst als angemaßt, substanzlos und verlachenswert enthülle[146]. Das Mitlachen kann auch zu einem bloßen Verlachen entarten, das die komische Figur zum *geprellten Gegenstand eines fremden, meist mit Schaden gemischten Gelächters* macht[147] und den Zuschauer im falschen Bewußtsein seiner Überlegenheit Vergnügen finden läßt[148]. Das Mitlachen kann schließlich — nach einer These von Rainer Warning — in ein archaisches Lachritual umschlagen, das die großen Monomanen Molières von der Bühne vertreibt, anders gesagt: aus der Gesellschaft der ›Vernünftigen‹ exkommuniziert[149].

Gegen die illusionierende Wirkung der klassischen Schaubühne wurden seit der Aufklärung zwei verschiedene Verfahren aufgeboten. Das eine ist das schon erwähnte Heruntersetzung des Helden, um dem Publikum durch sympathetische Identifikation neue Ansprüche und Normen zu vermitteln. Das andere ist das Durchbrechen der theatralischen Fiktion, um den Zuschauer durch Illusionszerstörung und ironisierte Identifikation aus seiner ästhetischen Einstellung zu reißen und ihm das Mitdenken und kritische Verstehen abzunötigen.

---

[144] Bossuet, *Traité de la concupiscence*, Paris 1879, p. 127.
[145] *Lettre à M. D'Alembert*, éd. Garnier, Paris 1960, p. 139.
[146] J. Ritter: *Über das Lachen*, in *Blätter für deutsche Philosophie* 14 (1940-41) 1-21, hat seine bekannte These im Blick auf Molière ausdrücklich auf die Interpretation von W. Krauss siehe Anm. 142) gestützt. Zum Ganzen s. R. Warning: *Komik und Komödie* (...), in diesem Band, p. 341 sqq., der eine andere Auffassung vertritt.
[147] Die Formulierung entstammt Hegels Kritik an der Molièreschen Komödie, *Ästhetik*, ed. Bassenge, Berlin 1955, p. 1103.
[148] Zu dieser Kritik Baudelaires am *comique significatif* der klassischen Komödie dem er ein modernes *comique absolu* entgegensetzt, das nicht mehr auf Normen gesellschaftlichen Verhaltens eingegrenzt ist (*Le rire est l'expression de l'idée de supériorité, non plus de l'homme sur l'homme, mais de l'homme sur la nature*), siehe Vf., *Molière: L'Avare*, in *Das französische Theater*, ed. J. v. Stackelberg, Düsseldorf 1968, 301 ff.
[149] In seiner Vorlage zu diesem Band, p. 341 sqq.

XVII. *Ironische Identifikation*

Unter ironischer Identifikation soll eine Ebene ästhetischer Rezeption verstanden werden, auf der dem Zuschauer oder Leser eine erwartbare Identifikation verweigert wird, um ihn aus der ungestörten Zuwendung zum ästhetischen Gegenstand zu reißen, seine Reflexion zu wecken und auf Bedingungen der Illusion und Möglichkeiten der Deutung umzuwenden, was dazu führen kann, die ästhetische Einstellung durch ihre Negation oder durch moralischen Appell überhaupt in Frage zu stellen.

Die Absicht, das rezipierende Bewußtsein durch Ironie für eigene Tätigkeit freizusetzen, stellt im Spektrum der Interaktionsmuster ästhetischer Erfahrung die normbrechende Funktion par excellence dar. Als solche ist sie nicht erst charakteristisch für die avantgardistische, gegen die Manipulationen der Kulturindustrie gerichtete Kunst und Literatur der Epoche seit dem Zweiten Weltkrieg und ihre Ästhetik der Negativität. Die ironische Identifikation ist als Gegeninstanz zur periodisch wiederkehrenden, affirmativen Klassizität in allen Epochen und vielen Gattungen der europäischen Literatur greifbar. Hier sei nur an die Paradigmen des Antiromans und des anti-aristotelischen Theaters erinnert.

Eine Gattungsgeschichte des Romans, der sich historisch immer wieder in Kritik und Opposition zur Vorbildhaftigkeit des Epos entwickelt hat, ließe sich im Blick auf ihre Wendepunkte als eine Folge von Antiromanen unter wechselnden Vorzeichen beschreiben. Die Gegenläufigkeit eines Antiromans konkretisiert sich am *Antihelden*, der die Erwartungen des Lesers überspielt oder unterläuft und ihm damit die Fragwürdigkeit bisher selbstverständlicher ästhetischer Normen und Verhaltensmuster zu Bewußtsein bringt. Don Quijote einerseits, der die Normen des Ritterromans in chimärischer Identifikation überspielt, der *pícaro* andererseits, der die Normen der christlichen Lebensbeichte in der Rolle des sich selbst bewußt Unterschätzenden (*eiron*) unterläuft[150], sind Prototypen ironisch aufgelöster Identifikation. Man kann sie noch in den Antiromanen Becketts finden, der gerade an der immer weiter abgebauten Subjektivität die Vergeblichkeit der Identitätssuche ironisch thematisiert. — Das antiaristotelische Theater Bertolt Brechts, wie das Drama Pirandellos in scharfer Abkehr von aller naturalistischen Illusion entstanden, entwickelt die bekannten Verfahren der Verfremdung, um gegen die sympathetische und kathartische Identifikation wieder die reflexive Distanz des Betrachters herzustellen. Das ›epische Theater‹ Brechts ist zumindest darin unepisch, daß es seinem Publikum den epischen Affekt der Bewunderung versagt. Gerade die Nicht-Identifikation mit dem Dargestellten soll ihn zum

---

[150] Siehe Vf., *Ursprung und Bedeutung der Ich-Form im Lazarillo de Tormes*, in *Romanistisches Jahrbuch* 8 (1957) 290-311.

denkenden Betrachter machen, ähnlich dem ›untragischen Helden‹, den Brecht in Gestalt des unbeteiligten Dritten als nüchternen Beobachter, als den »Denkenden« oder Weisen den Vorgängen auf der Bühne beiordnet[151].

Auch die lyrische Dichtung, die gemeinhin als Kunstart der verklärenden Affirmation vor allen andern gilt, weist seit der *Sotte chanson*, dem Antipoden des Frauen verherrlichenden Minnesangs, immer wieder den Ton der gegenläufigen ironischen Identifikation auf. So kündigt Duranty, ein Wortführer der Avantgarde des *Réalisme* von 1857, nicht allein Victor Hugo als Haupt der romantischen Schule, sondern der Lyrik als autoritativem Muster der Kommunikation überhaupt den Gehorsam auf, weil alle Poesie einen unmerklichen Zwang zu admirativer Identifikation ausübe:

Aussi je vois dans la poésie l'anarchie de la pensée, anarchie tyrannique, absolue: le lecteur n'a pas le droit d'être ennuyé, révolté, scandalisé ou égayé, il doit admirer, sinon il ne comprend pas[152].

Baudelaire hat die Abkehr von der Romantik im gleichen Jahr mit einem Verfahren ironischer Identifikation eingeleitet. Der Leser, der die *Fleurs du Mal* in der Erwartung aufschlägt, an auserlesenen Augenblicken und Seelenzuständen des Dichters teilnehmen zu können, wird schon im Geleit *Au lecteur* mit kaum erbaulichen Lastern konfrontiert; dieser moderne Lasterkatalog gipfelt in einer Evokation, die ein neues Einvernehmen zwischen Dichter und Leser stiften soll:

> C'est l'ENNUI! — L'œil chargé d'un pleur involontaire,
> Il rêve d'échafauds en fumant son houka.
> Tu le connais, lecteur, ce monstre délicat,
> — Hypocrite lecteur, — mon semblable, — mon frère!

Der von der zeitgenössischen Kritik aller Lager als schockierend empfundene Ton der *Fleurs du Mal* bestätigt den ironischen Hintersinn dieser Anrede: der Leser muß der herrschenden Moral wie sich selbst gegenüber zum Heuchler werden, wenn er den Appell zu brüderlichem Einvernehmen wörtlich nimmt und weiterhin glaubt, in bewundernder Identifikation und schwelgerischem Aufgehen in lyrischen Gefühlen ›seinesgleichen‹ des Dichters zu sein[153].

---

[151] Nach W. Benjamin, *Was ist das epische Theater?* in *Schriften*, Bd. 2, p. 261, der eine entscheidende Neuerung des epischen Theaters darin erkannte, daß Brecht hier den Versuch unternahm, »den Denkenden, ja den Weisen zum dramatischen Helden selbst zu machen«.
[152] E. Duranty, in einem Artikel über *Les Contemplations de Victor Hugo*, erschienen in seiner Zeitschrift: *Le réalisme*, 1857, p. 43.
[153] Ich befinde mich hier im Widerspruch zu G. Poulet, der Baudelaires Lyrik um die ganze Wirkung ihrer ursprünglichen Negativität bringt, wenn er im Blick auf die Motive der *universelle communion* und der *mnémotechnie du beau* seine »critique d'identification« auf Baudelaire stützen will (*Baudelaire et la critique d'identification*, in *Paragone* 214, 1967,

Bleibt noch die Frage, wie auf der Ebene ironischer Identifikation die normbrechende, Reflexion freisetzende Erfahrung ihr Ziel verfehlen und in defizientes ästhetisches Verhalten zurückfallen kann. Hierher gehört der bekannte, in unserem Jahrhundert mehr und mehr beschleunigte Prozeß der avantgardistischen Kunst, die durch den Warencharakter der Werke in einen geschlossenen Kreis von Produktion, provoziertem Bedürfnis und Konsum geraten ist: schockartige Neuheit, ungenießbare Verfremdung und irritierende Vieldeutigkeit pflegen beim provozierten Leser oder Betrachter alsbald in neue Gewohnheiten der Rezeption überzugehen, die ihm die erst verweigerte Identifikation bald wieder als einen genießbaren Skandal erscheinen lassen[154]. Das andere Extrem sind Anforderungen experimentierender Kunst an historische Bildung, geschulte Interpretationstechnik oder Ausdauer in der Entschlüsselung, die nur noch von einem esoterischen Kreis von Rezipienten eingelöst werden können. Der Abbau der Erzählfunktionen kann zum inhaltsleeren Sprachexperiment, die Entgegenständlichung zur monotonen Wahrnehmungsaskese, die Vieldeutigkeit zum Richtungslosen beliebiger Lösungen übersteigert werden. Mit alledem wird nicht selten ein letzter Rest an Leserinteresse vergeben, das auch dann noch erforderlich ist, wenn dem Leser zugemutet wird, selbst zur Hauptperson zu werden, anders gesagt: selbst für die leere Identität des verschwundenen Helden einzutreten oder sich als Autor zu gerieren. Die Grenze zur ästhetischen Gleichgültigkeit kann nicht ungestraft überschritten werden. Sie liegt dort, wo der Leser oder Betrachter das Äquivalent zu dem versagten ästhetischen Genuß allein von seiner Seite aufbringen muß, mithin ein entgegenkommender ästhetischer Anreiz fehlt, der die geforderte Reflexion oder Tätigkeit anderem Tun vorziehen läßt. Dieser unabdingbare Anreiz oder Restbestand des ästhetischen Genusses entspricht einem »uninteressierten Interesse«, das in aller ästhetischen

---

18-37). Was Negativität für Baudelaire meinte, geht am klarsten aus seinem Artikel über Charles Dupont von 1851 hervor, wo er die volkstümlichen, aus heutiger Sicht völlig ›affirmativen‹ Lieder seines Freundes mit einem Argument rechtfertigt, das vielmehr die Intention seiner *Fleurs du Mal* trifft: *C'est une grande destinée que celle de la poésie! Joyeuse ou lamentable, elle porte toujours en soi le divin caractère utopique. Elle contredit sans cesse le fait, à peine de ne plus être. Dans le cachot, elle se fait révolte; à la fenêtre de l'hôpital, elle est ardente espérance de guérison; dans la mansarde déchirée et malpropre, elle se pare comme une fée du luxe et de l'élégance; non seulement elle constate, mais elle répare. Partout elle se fait négation de l'iniquité.* (Œuvres, éd. de la Pléiade, Paris 1951, p. 960/61).

[154] Cf. J. STAROBINSKI, *L'œil vivant II: La relation critique*, Paris 1970, p. 57: »*Quand l'écart est à la mode, quand il est lui-même devenu tradition, l'auteur du ›Grand Ecart‹ ne dévie guère: c'est Antonin Artaud, volens nolens, qui fait figure de héros littéraire ... Encore le succès d'Artaud, la façon dont il a été accepté comme chaman de notre époque, les commentaires dont il a été entouré tendraient-ils à prouver que le scandale de son apparition correspondait à une attente assez généralement éprouvée*«.

Erfahrung durch die freisetzende Kraft des Imaginären im Leser oder Betrachter ausgelöst werden muß und das nach Moritz Geiger[155] auch als Fundament für Kants Theorie des ›interesselosen Wohlgefallens‹ unerläßlich ist. Denn was den Betrachter gleichgültig läßt, kann auch kein interesseloses Wohlgefallen in ihm erwecken, geschweige denn zu einem Geschmacksurteil aufrufen, das die Beipflichtung anderer verlohnte.

Die Ironie der verweigerten Identifikation fällt bei dem extremen Versuch, dem Leser nach dem ›Tod des Helden‹ und ›Rückzug des Autors‹ zu guter Letzt die aufgegebene Identität allein anzulasten, in ein kommunikatives Vakuum. Ein Hörspiel von Claude Olliers über den *Tod des Helden*[156] hat daraus eine radikale, für das literarische und revolutionäre Programm der *Tel-Quel*-Gruppe aber etwas fatale Konsequenz gezogen. Der Leser, der hier zunächst den Autor über das Verschwinden des ›Helden‹ verhören will, findet sich bereit, nunmehr selbst zum produktiven Lesen erzogen zu werden. Er muß sodann das in der Schule des Autors Erlernte auf die Realität der Straße draußen vor dem Fenster anwenden. Während er so beginnt, die ›Realität zu lesen‹, beschreibt er unwissentlich die Ankunft der Mörder vor dem Haus, will sagen die Geschichte seiner eigenen Ermordung, als handle es sich um eine literarische Fiktion. Der gelehrige Schüler identifiziert sich auf die denkbar vollkommenste Weise mit dem literarischen Vorgang, nämlich bis zu seiner eigenen, obzwar literarischen Ermordung. Dem Tod des idealen Lesers, der den vorangegangenen Tod des literarischen Helden nachvollzog, folgt der Tod des Literaten auf dem Fuß: der Mentor wird am Schluß von denselben Mördern liquidiert wie sein allzu gelehriger Schüler. Dann bleibt nur noch der zuhörende Zeuge des Spiels, der aus dem Kasus lernen darf, daß der avantgardistische Grundsatz: ›die Hauptperson ist der Leser‹, damit aber auch der Autor und — last not least — der Zuhörer selbst passé ist, denn als letzter in diesem Rattenschwanz der Negativitäten dürfte er der Angst vor seinem eigenen Exitus nur entgehen, wenn er ein allegorisches Gemüt hat, das mit dem mittelalterlichen Leser den Glauben teilt, der Sinn des Todes sei auch im Fall des Helden, des Lesers und des Autors ihre dereinstige Auferstehung. Summa summarum: wenn eine ›tabula rasa‹ die beste Pflanzschule neuer Produktivität wäre, berechtigte dieses Autodafé der Ästhetik der Negativität zu den schönsten Hoffnungen auf eine revolutionäre, neue Solidarität stiftende Kunst der Zukunft.

---

[155] Op. cit., p. 655 sq.
[156] Den Hinweis auf dieses Hörspiel des Süddeutschen Rundfunks entnahm ich D. Harth, op. cit., p. 159 sq.

XVIII. *Kants Begriff des Exemplarischen; Wiedergewinnung der kommunikativen Funktion in ästhetischer Erfahrung*

Wie kann ästhetische Erfahrung ihre Bedeutung für die praktische Vernunft in einer Zeit wiedererlangen, in der sich die Kunst einer schrumpfenden Bildungselite vor der Kulturindustrie einer wachsenden Konsumentenmasse auf einem heillosen Rückzug befindet und im Gefolge davon die ästhetische Theorie gegenüber den begünstigteren Methoden der Semiotik, Informationstheorie und Ideologiekritik mehr und mehr das Nachsehen hat? Adorno, dem man die wesentliche Einsicht in diesen Prozeß, in die Maschinerie der ›Kulturindustrie‹ und ihren Gesamteffekt einer ›Anti-Aufklärung‹ verdankt[157], hatte für unsere Frage nur die puritanische Antwort parat: »Der Praxis sich enthaltend, wird Kunst zum Schema gesellschaftlicher Praxis«[158]. Die damit dem Produzenten wie dem Rezipienten von Kunst auferlegte Askese kann zwar das entmündigte Bewußtsein des Einzelnen aus der schlimmen, mit der Verwandlung von Kunst in Ware eingetretenen Praxis ästhetisch manipulierten Verhaltens freisetzen. Doch sieht man nicht, wie mit Rezepten der reinen Negativität, das heißt der verweigerten Identifikation mit dem gesellschaftlichen Zustand, die auch für eine materialistische Ästhetik von der Art der *Tel-Quel*-Gruppe der Weisheit letzter Schluß sind, ein neues Schema gesellschaftlicher Praxis begründet werden soll. Die These, daß gerade das autonome Kunstwerk den unversöhnlichsten Widerspruch zu gesellschaftlicher Herrschaft artikuliere, erbt mit dem wieder zu Ehren gebrachten Prinzip des *L'art pour l'art* zugleich den Praxisverlust, den die errungene Autonomie der Kunst im 19. Jahrhundert ineins mit der Trennung der Bereiche ›hoher‹ (zweckfreier) und ›niederer‹ (nützlicher) Kunst zur Folge hatte[159]. Soll der Anti-Aufklärung der Kulturindustrie eine neue Aufklärung durch ästhetische Erfahrung entgegengesetzt werden, so darf die Ästhetik der Negativität nicht länger vor einer Positivierung der ästhetischen Erfahrung zurückschrecken, sondern muß — in meiner Terminologie formuliert — ihre norm*brechenden* Formen verweigerter oder ironisierter Identifikation in eine wieder norm*bildende* Funktion der Kunst überführen.

Für die Frage, wie Kunst gegenüber gesellschaftlicher Wirklichkeit Negativität wahren und gleichwohl normbildend werden kann, gibt es das Rezept eines als Autorität über alle Zweifel erhabenen Aufklärers aus dem 18. Jahrhundert. Es steckt in Kants Erläuterung des Geschmacksurteils:

---

[157] *Résumé über Kulturindustrie*, in *Ohne Leitbild — Parva Aesthetica*, Frankfurt 1967, 60-70.
[158] *Ästhetische Theorie*, l. c., p. 339.
[159] Gegen ADORNO, der in seinem Résumé über Kulturindustrie (op. cit., p. 60) offenbar übersah, daß die Bereiche hoher und niederer Kunst keineswegs jahrtausendelang getrennt, sondern in praktischer Funktion bis zur Emanzipation der Schönen Künste ungeschieden waren.

Das Geschmacksurteil selber postuliert nicht jedermanns Einstimmung (denn das kann nur ein logisch allgemeines, weil es Gründe anführen kann, tun); es sinnet nur jedermann diese Einstimmung an, als einen Fall der Regel, in Ansehung dessen er die Bestätigung nicht von Begriffen, sondern von anderer Beitritt erwartet«.[160]

Ästhetische Erfahrung zeichnet sich also nicht allein nach der Seite ihrer Produktivität als *Hervorbringung durch Freiheit*[161], sondern auch nach der Seite ihrer Rezeptivität als ein ›Aufnehmen in Freiheit‹ aus. Insofern die ästhetische Urteilskraft sowohl das Muster eines uninteressierten, durch kein Bedürfnis erzwungenen Urteils[162], als auch das Muster eines offenen, nicht vorgängig durch Begriffe und Regeln bestimmten Konsensus[163] abgeben kann, gewinnt das ästhetische Verhalten mittelbar auch Bedeutung für die Praxis des Handelns. Es ist das Exemplarische, von Kant als Verhalten der *Nachfolge* vom bloßen *Mechanismus der Nachahmung* abgehoben, das zwischen theoretischer und praktischer Vernunft, logischer Allgemeinheit von Regel und Fall und apriorischer Geltung des Sittengesetzes vermittelt und damit eine Brücke vom Ästhetischen zum Moralischen zu schlagen vermag[164]. Was erst als Mangel des ästhetischen Urteils erscheinen könnte: daß es *nur exemplarisch* und nicht logisch notwendig sein kann, erweist sich als seine besondere Auszeichnung; die Angewiesenheit des ästhetischen Urteils auf Beistimmung anderer ermöglicht die Teilnahme an einer sich erst bildenden Norm und konstituiert zugleich Gesellschaftlichkeit. Denn Kant erkannte in dem notwendigermaßen *pluralistischen* Geschmacksurteil[165] zugleich das *Beurteilungsvermögen alles dessen, wodurch man sogar sein Gefühl jedem andern mitteilen kann,* und er führte dieses empirische Interesse am Schönen, obschon beiläufig, so doch auf ein denkwürdiges Analogon zu Rousseaus *Contrat social* zurück:

Auch erwartet und fordert ein jeder die Rücksicht auf allgemeine Mitteilung von jedermann, gleichsam als aus einem ursprünglichen Vertrage, der durch die Menschheit selbst diktiert ist[166].

Kants Argument, daß das ästhetische Urteil *Rücksicht auf allgemeine Mitteilung* von jedermann fordern könne und damit ein höchstes Interesse befriedige, das die Vorstellung der Einlösung eines ursprünglichen Gesellschaftsvertrags wachrufe, kann einer Apologie der ästhetischen Erfahrung in unseren Tagen gewiß mehr als einen würdigen rhetorischen Abschluß geben. Denn Kants Kritik

---

[160] *Kritik der Urteilskraft*, § 8.
[161] Ib., § 43.
[162] Ib., § 5.
[163] Ib., § 8.
[164] Ib., § 32; hier folge ich der Interpretation von G. Buck, *Kants Lehre vom Exempel*, l. c., p. 181.
[165] Ib., § 29.
[166] Ib., § 41.

der Urteilskraft hat durch die Subjektivierung der Ästhetik Epoche gemacht, während sein *pluralistischer* Begriff des auf Beipflichtung angewiesenen ästhetischen Urteils im 19. Jahrhundert dem Individualismus (oder um Kants Formulierung aufzugreifen: der *egoistischen* Idee) der ästhetischen Bildung anheimfiel und auch von der modernen Ästhetik und Theorie der Kunst nicht wieder aufgenommen wurde. Für den Versuch, in unserer mehr und mehr verwalteten und instrumentalisierten Lebenswelt der ästhetischen Erfahrung gegenüber der herrschenden Kulturindustrie und Wirkung der Massenmedien wieder die verlorene kommunikative Funktion zurückzugewinnen, hat Kants Bestimmung des konsensusbildenden Urteils gewiß wieder an Aktualität gewonnen. Zeigt sie doch, daß die normbildende Funktion der Kunst nicht unvermeidlich in ideologisch gesteuerte Anpassung abgleiten muß, wenn die vom Kunstwerk geforderte Identifikation dem Vermögen praktischen Handelns nicht als vorbestimmte Norm auferlegt ist, sondern ihm wie Kants Exempel nur eine Richtung oder unbestimmte Norm vorgibt, die durch die Beipflichtung anderer selbst weiterbestimmt wird. Ästhetische Erfahrung in ihrer kommunikativen Funktion zeichnet sich aber auch gegenüber logisch orientierter Rede aus, insofern sie nur *Rücksicht auf allgemeine Mitteilung*, nicht aber schon Einsicht in die Vernünftigkeit der Vernunft voraussetzen muß. Darum dürfte es ihr leichter fallen, Gesprächspartner über die noch offene Bildung oder Weiterbestimmung einer Norm zum inhaltlichen Konsens zu bringen als der propädeutischen Logik, deren Modell dialogisch-logischer Argumentation über den unstrittigen Verfahrenskonsens vielmehr — wie schon die Terminologie von »Gewinnstrategie«, Angriff und Verteidigung verrät — über vorentschiedene Wahrheiten zu befinden vermag.

Am Ende bin ich es meinen Lesern schuldig, offenzulegen, daß meine weithin in Auseinandersetzung mit der Ästhetik der Negativität geführte Apologie der ästhetischen Erfahrung zugleich die schwache Seite der rezeptionsästhetischen Theorie trifft, die ich in meiner Konstanzer Antrittsvorlesung entwickelt habe[167]. Diese Theorie sollte begründen, daß das Wesen des Kunstwerks auf seiner Geschichtlichkeit, das heißt auf seiner auf den fortschreitenden Dialog mit dem Publikum angewiesenen Wirkung beruht, daß das Verhältnis von Kunst und Gesellschaft in der Dialektik von Frage und Antwort hermeneutisch faßbar werden muß und daß die Geschichte einer Kunst im Horizontwandel zwischen naturwüchsiger Tradition und auswählender Rezeption, zurückbleibender Klas-

---

[167] *Literaturgeschichte als Provokation der Literaturwissenschaft* Konstanz 1967 (Konstanzer Universitätsreden, 3); später in *Literaturgeschichte als Provokation*, Frankfurt 1970; meine Replik auf die Kritik an dieser Schrift findet sich unter dem Titel: *Racines und Goethes Iphigenie — Mit einem Nachwort zur Partialität der rezeptionsästhetischen Methode*, in *Neue Hefte für Philosophie* 4 (1973) 1-46.

sizität und verjüngender Kanonumbildung ihre Eigentümlichkeit gewinnt. Unter solchen Prämissen teilt die Rezeptionsästhetik mit der Evolutionstheorie der russischen Formalisten wie mit der Ästhetik der Negativität und aller auf Emanzipation gerichteten Theorie der Kunst (die marxistische nicht ausgenommen) die Überzeugung vom Primat des ereignishaft Neuen über das prozeßhafte Gewordensein, der Negativität oder Differenz über affirmative oder institutionalisierte Bedeutung. Der kategoriale Rahmen von Emanzipation und Affirmation, Innovation und Reproduktion wird der Geschichtlichkeit wie der gesellschaftlichen Rolle und Leistung der Kunst indes nicht in vollem Maße gerecht. Der besondere Status der ästhetischen Erfahrung im Kommunikationsprozeß der gesellschaftlichen Praxis ist unvollständig beschrieben, solange die normbrechende Leistung der Kunst allein mit ihren normerfüllenden Funktionen konfrontiert wird. Daß zwischen diesen Extremen der Negation oder Affirmation ein weiter Spielraum liegt, in dem sich Normen sozialen Handelns über kommunikative Muster der ästhetischen Identifikation bilden können — daran zu erinnern schien mir das Risiko wert zu sein, das man mit einem ersten Versuch auf dem noch ungesicherten Feld einer Hermeneutik eingehen muß, die sich Problemen der Kommunikations-, Handlungs- und Wissenssoziologie nicht länger verschließen will.

Rainer Warning

KOMIK UND KOMÖDIE
ALS POSITIVIERUNG VON NEGATIVITÄT
(AM BEISPIEL MOLIÈRE UND MARIVAUX)

I

Die folgenden Überlegungen sind der Versuch, eine über den Sinnbegriff hermeneutisch vermittelte Systemtheorie, wie sie unlängst von Niklas Luhmann vorgelegt wurde, für die literaturwissenschaftliche Theoriebildung fruchtbar zu machen. Es handelt sich dabei insbesondere um zwei Gedanken, die die gegenwärtige Strukturalismus-Diskussion aus bestimmten Aporien herausführen könnten. Der erste betrifft das Verhältnis von Strukturbegriff und Funktionsbegriff. Im Blick auf die strukturell-funktionale Theorie sozialer Systeme, wie etwa die Talcott Parsons, hat Luhmann die Vermutung geäußert, daß es eine Frage zweiten Ranges sei, »ob das, was als Struktur angesehen und nicht problematisiert wird, der empirischen Wirklichkeit entnommen oder aus der Handlungstheorie abgeleitet wird, ob es also um konkrete oder um analytische Systeme geht«[1]. Eine progressive Kritik habe nicht erst anzusetzen bei der Frage nach dem Status der Strukturen, sondern bereits beim Primat des Strukturbegriffs selbst, da durch diesen Primat bestimmte Sinnmomente der Problematisierung entzogen würden. Von größter Tragweite für eine aussichtsreiche Fortsetzung der gegenwärtigen Strukturalismus-Diskussion scheint mir der hieraus geforderte Vorschlag zu sein, strukturell-funktionale Theorien zu funktional-strukturellen auszubauen, d. h. dem Strukturbegriff den Funktionsbegriff nicht mehr nach-, sondern vorzuordnen. Bezugspunkt funktionaler Analyse wäre dann nicht mehr die Innenordnung strukturierter Systeme, sondern das Umwelt-Problem, auf das eine bestimmte Systembildung sinnvoll antwortet: »funktionale Theorie ist System/Umwelt-Theorie«[2].

Dieser Vorschlag steht quer zu einer Grundtendenz strukturalistischer Theoriebildung. Das zeigt schon ein flüchtiger Blick auf die Schule der Pariser Semiotiker, wo man — meist in der Nachfolge Propps — die rekurrenten Einheiten ausdrücklich als *fonctions* bezeichnet (so Barthes, Bremond, Todorov), und damit die Innenordnung des Systems als Bezugspunkt erweist, nicht das Pro-

---

[1] N. Luhmann, *Soziologische Aufklärung — Aufsätze zur Theorie sozialer Systeme*, Opladen ²1971, p. 114.
[2] Ib. p. 39.

blem, auf das die Systembildung anwortet³. Ähnliches gilt für die *patterns* im sogenannten archetypischen Strukturalismus Northrop Fryes. Vom archetypischen *pattern* her kommt der Sinn von Strukturbildungen nicht in den Blick, und Frye kann es daher auch nicht problematisieren: der Ausfall eines *pattern*, funktional-strukturell nicht minder bedeutsam als seine Einlösung, ist für ihn unbefragbar. So beschreibt er den Archetyp der Komödie als einen Dreisatz (*ternary action*), der darin bestehe, daß eine feste und harmonische Ordnung durch eine Opposition von jung und alt gestört und durch eine unerwartete Geschehniswendung schließlich wiederhergestellt werde⁴. Dieses *pattern* beherrscht in der Tat die Komödie bis zum 18. Jahrhundert. Dann aber wird es aus Gründen, die uns zu beschäftigen haben werden, problematisch: Marivaux gibt es preis. Frye ignoriert Marivaux und sagt nicht, warum das *pattern* bei Molière funktioniert. Man sieht, mit welchem Erkenntnisverzicht strukturell-funktionale Modelle erkauft sind.

Als methodologisches Korrelat funktionaler Theorie im Sinne Luhmanns bietet sich die hermeneutische Logik von Frage und Antwort (Gadamer)⁵ an: sie bleibt auch dann in Kraft, wenn man nicht mehr ontologisch nach Wahrheit fragt, sondern funktionalistisch nach der Sinnkonstitution durch Systemreferenzen⁶. Luhmann selbst ordnet denn auch dem Fortschritt von einer strukturell-funktionalen zu einer funktional-strukturellen Systemtheorie eine »Absage

---

³ Siehe hierzu die Beiträge der Genannten zu dem Sammelband über die *Analyse structurale du récit*, in *Communications* 8 (1966). — Die Frage, ob Strukturen als analytische oder reale Systeme angesehen werden müssen, bezeichnet auch A. J. GREIMAS als nicht pertinent, ohne jedoch daraus die von LUHMANN vorgeschlagene Konsequenz zu ziehen (*Du sens — Essais sémiotiques*, Paris 1970, p. 39).

⁴ N. FRYE, *Anatomy of criticism*, Princeton 1957, p. 163 sq.

⁵ Nach R. G. COLLINGWOOD kann man einen Text nur verstehen, wenn man die Frage rekonstruiert hat, auf die er eine Antwort ist (*An Autobiography*, Oxford 1939, Kap. V). GADAMERS Ausarbeitung des von COLLINGWOOD in Kritik an der Aussagenlogik entwickelten Ansatzes leidet unter der substantialistischen Wendung, die er ihr mit der These gibt, am Anfang stehe (nicht die erst zu suchende, sondern) die von der Überlieferung selbst an den Interpreten gestellte Frage (*Wahrheit und Methode*, Tübingen ²1965, p. 351-360, insbes. p. 355 sq.).

⁶ *Sinn als Grundbegriff der Soziologie* in HABERMAS / LUHMANN, *Theorie der Gesellschaft oder Sozialtechnologie*, Frankfurt 1971, p. 25-100. LUHMANN schlägt dort vor, den Sinnbegriff »primär, also ohne Bezug auf den Subjektbegriff zu definieren, weil dieser als sinnhaft konstituierte Identität den Sinnbegriff schon voraussetzt« (p. 28). Anstelle dieses Subjektbezugs setzt LUHMANN Systemreferenzen: erst durch »Wahl einer Systemreferenz wird der mit den Begriffen Sinn, Erleben, Handlung usw. bezeichnete Sachverhalt zu einer psychologischen bzw. soziologischen Kategorie« (p. 29). Von hier wird dann der Begriff des »sinnkonstituierenden Systems« entwickelt, wobei unter »Konstitution« das »Verhältnis einer selektiv verdichteten Ordnung zur Offenheit anderer Möglichkeiten« begriffen ist, »und zwar als ein Verhältnis des Wechselseitig-sich-Bedingenden, des Nur-zusammen-Möglichen« (p. 30).

an den Positivismus und ein Umsatteln auf ganz andere Methodenpostulate, etwa die der Hermeneutik« zu [7]. Die Aufgabe der Logik von Frage und Antwort wäre dann die Artikulation der (jeweils historischen) Bezugsprobleme, d. h. der Umweltfunktionen, von denen her Strukturbildungen erklärbar werden. Die Zielmodelle solchen Verfahrens werden folglich nicht mehr den Status strukturaler Invarianten haben, sondern den funktionaler Äquivalenzen. Literaturwissenschaftliche Theoriebildung wäre dabei interessiert an der Frage nach der Möglichkeit einer funktionalen Äquivalenzklasse »Spiel«, »Fiktion«, im weiteren Sinne dann, sofern jeweils das Fiktionsproblem involviert ist [8], »Literarizität«, »Poetizität«, »Ästhetizität«. Der Strukturalismus hat mit seiner Denunziation der traditionellen Wesensbestimmungen dieser Begriffe zugleich auch ihre Brauchbarkeit überhaupt in Frage gestellt. Wo literaturwissenschaftliche Theoriebildung sich ihrer heutzutage noch annimmt, bleibt sie zumeist in der Immanenz hermeneutischer Kategorienbildung [9]. Versuche, die sich strukturalistisch verstehen, führen bestenfalls zu einer linguistisch angereicherten Neuauflage von Zentralkategorien des New Criticism, und sie bleiben, wie jener, jederzeit hermeneutisch überfragbar [10].

In der Tat scheint eine Rekonstruktion der genannten Kategorien auf strukturell-funktionaler Basis nicht möglich. Aussichtsreich hingegen scheint ein Versuch auf funktional-struktureller Basis. Hierfür könnte nun — und damit komme ich zum zweiten Anknüpfungspunkt — Luhmanns These vom »funktionellen Primat der Negation für das sinnkonstituierende Erleben« wichtig werden. Luhmann erläutert diesen Primat mit den Kategorien der »Generalisierung«, verstanden als »Pauschalabweisung der jeweils neutralisierten anderen Möglichkeiten«, und der »Reflexivität«, verstanden als »Aufhebbarkeit des Negierten«, als »sicherndes Begleiterleben bei allen Zuwendungen: im Zugriff auf ein bestimmtes Ding bin ich sicher, daß alles andere erhalten bleibt« [11]. Luhmann hat dabei allein pragmatische Zuwendungen im Blick, nicht fiktionale. Die Frage stellt sich, ob nicht letztere dadurch zu charakterisieren wären, daß in ihnen die Generalisierung, also die Pauschalausklammerung, zu beziehen wäre nicht auf das noch nicht Realisierte, sondern auf das bereits Realisierte. Spiel-

---

[7] LUHMANN, *Soziologische Aufklärung*, p. 129.
[8] Siehe hierzu die Versuche in der linguistischen Pragmatik, den Fiktionsbegriff in eine Merkmal-Sequenz poetischer Kommunikation einzubeziehen (insbesondere seit D. WUNDERLICH, *Tempus und Zeitreferenz im Deutschen*, München 1970).
[9] So z. B. H. R. JAUSS, *Kleine Apologie der ästhetischen Erfahrung*, Konstanz 1972.
[10] So z. B. S. J. SCHMIDT, *Ästhetizität — Philosophische Beiträge zu einer Theorie des Ästhetischen*, München 1971; siehe dazu die Besprechung von H. U. GUMBRECHT in *Poetica* 4 (1971) 554-559.
[11] LUHMANN, *Sinn als Grundbegriff der Soziologie*, p. 35 sq. und 99.

welten, fiktionale Welten, wären dann die Exposition anderer Möglichkeiten und als solche funktional zu bestimmen in bezug auf die bereits konstituierten Sinnsysteme, in denen pragmatisches Handeln sich bewegt.

In diesem Sinne ließe sich »Positivierung von Negativität« als allgemeinste Bestimmung einer Äquivalenzklasse »Spiel« hypothetisch ansetzen. Diese Formel könnte den genannten Begriffen wie »Spiel«, »Fiktion«, »Literarizität«, »Poetizität«, »Ästhetizität« eben jenen operationalen Wert zurückgeben, den der Strukturalismus von seinen Prämissen her nicht oder nur in hermeneutisch unaufgeklärter Weise begründen kann. Normativ gedachte Begriffe in neukritischer Tradition wie »Polysemie«, »Polyvalenz«, »Polyfunktionalität« u. a. verkennen, daß Spielwelten ebensogut, systemtheoretisch gesprochen, durch reduzierte wie durch erhöhte Komplexität von pragmatisch konstituierten Systemen unterschieden werden können. Das geistliche Spiel des Mittelalters z. B. ist eben darin *ludus*, daß es die Komplexität des dogmatischen Systems radikal reduziert. Und zwar besteht diese Reduktion darin, daß das Spiel in der Figur des Teufels genau jene dualistische Gegeninstanz zur göttlichen Allmacht hereinnimmt, positiviert, die die monotheistische Dogmatik als das Nicht-sein-Dürfende ausgrenzt, was nur um den Grad hochgradiger Eigenkomplexität des dogmatischen Systems möglich ist[12]. Die Formel einer »Positivierung von Negativität« scheint stark genug, das ganze Spektrum von der noch kultisch verankerten über die sogenannte kulinarische bis hin zur sogenannten emanzipatorischen Kunst zu integrieren. Indem sie Fiktion bestimmt in und aus der Relation zu Nichtfiktion, enthält sie sodann schon in der Definition des Spiel- bzw. Fiktionsbegriffs selbst eben jene gesellschaftliche Dimension, die die Literatursoziologie gegenüber dem Strukturalismus zu recht eingeklagt hat, wobei sie indes selbst über die Widerspiegelungstheorie, die Kunst immer nur als ein Abgeleitetes zu sehen erlaubt, im Prinzip noch nicht hinausgekommen ist. »Positivierung von Negativität« impliziert demgegenüber, in den normativen Ausgrenzungen pragmatischer Sinnsysteme diejenigen Probleme zu erkennen und zu analysieren, auf die die Strukturbildungen der Spiele positivierend und in diesem Sinne totalisierend antworten[13].

---

[12] Siehe hierzu Verf., *Funktion und Struktur — Die Ambivalenzen des geistlichen Spiels*, München 1974.

[13] Die Einbeziehung des Fiktionsbegriffs erweist sich in dieser Perspektive als unerläßlich für die Konstitution jener »symbolischen Sinnwelten«, die P. L. BERGER / TH. LUCKMANN definieren als »synoptische Traditionsgesamtheiten, die verschiedene Sinnprovinzen integrieren und die institutionale Ordnung als symbolische Totalität überhöhen«, wobei symbolische Vorgänge verstanden sind als »Verweisung auf andere Wirklichkeiten als die der Alltagserfahrung« (*Die gesellschaftliche Konstruktion der Wirklichkeit — Eine Theorie der Wissenssoziologie*, Stuttgart ²1971, p. 102).

Überprüft werden soll diese Hypothese im folgenden an Formen der Komödie, deren Strukturbildungen in je verschiedener Weise auf normative Ausgrenzungen zu beziehen sind. Die Komödie wurde aus zwei Gründen gewählt: zum einen fällt auf, daß es zu ihr, sieht man einmal von Frye ab, keine systematische, geschweige denn programmatische Untersuchung auf strukturalistischer Basis gibt. Dies wird verständlich, wenn man einen Blick auf die bisher ausschließlich in hermeneutischer Tradition entwickelte Theorie der Komik und der Komödie wirft. In dieser Tradition nämlich finden sich Positionen, die sich gewiß nicht im Hinblick auf strukturell-funktionale, wohl aber im Hinblick auf funktional-strukturelle Modelle weiterentwickeln lassen, ja die die Formel einer »Positivierung von Negativität« in exemplarischer Weise einzulösen versprechen.

II

Der zeitgenössischen Diskussion um Molières *Tartuffe* entstammt eine Bestimmung des Lächerlichen, die bis heute in literaturwissenschaftlicher Beschäftigung mit Molière eine wichtige Rolle spielt. Es heißt dort:

Le ridicule est donc la forme extérieure et sensible que la providence de la nature a attachée à tout ce qui est déraisonnable, pour nous en faire apercevoir, et nous obliger à le fuir. Pour connaître ce ridicule, il faut connaître la raison dont il signifie le défaut, et voir en quoi elle consiste[14].

Mit dieser Definition scheint Molières Komödie und insbesondere ihre gesellschaftliche Funktion im 17. Jahrhundert trefflich bestimmt, geht es in ihr doch bei aller Vielfalt der Sujets immer wieder um den einen Gegensatz von *raison* und *déraison*. Molières Stücke scheinen im doppelten Sinne klassische Belege für das, was Harald Weinrich die Produktivität des zweigliedrigen Paradigmas, des »Assertionsparadigmas«, genannt hat[15]. *Déraison* ist Gegenwort zum Normwort *raison*, im Verlachen der *déraison* scheint die Norm sich durchzuhalten — ganz so wie Molière selbst es beschrieben hat, wenn er die von der *Ecole des Femmes* schockierte Célimène durch die gescheite Uranie belehren läßt:

Pour moi, je me garderai bien de m'en offenser et de prendre rien sur mon compte de tout ce qui s'y dit. Ces sortes de satires tombent directement sur les mœurs, et ne frappent les personnes que par réflexion. N'allons point nous appliquer nous-mêmes les traits d'une censure générale; et profitons de la leçon, si nous pouvons, sans faire semblant qu'on parle à nous. Toutes les peintures ridicules qu'on expose sur les théâtres doivent être regardées sans chagrin de tout le

---

[14] *Lettre sur la comédie de l'imposteur*, in Molière, *Œuvres*, ed. E. DESPOIS und P. MESNARD, Bd. IV, Paris 1878, p. 560.
[15] H. WEINRICH, *Über Negationen in der Syntax und Semantik*, in diesem Band p. 39 sq.

monde. Ce sont miroirs publics, où il ne faut jamais témoigner qu'on se voie; et c'est se taxer hautement d'un défaut, que se scandaliser qu'on le reprenne[16].

Luhmann hat gezeigt, wie funktional spezifizierte Leistungen dadurch gesteigert werden können, daß sie reflexiv werden, d. h. auf sich selbst angewandt werden. Als ein Beispiel nennt er den Mechanismus der Selbstdarstellung einer Persönlichkeit oder auch eines Sozialsystems: »Zur Steuerung der Außenansicht ist eine Innenansicht erforderlich, mit deren Hilfe man überlegen und entscheiden kann, welche Eindrücke in welchen Zusammenhängen erzielt bzw. vermieden werden müssen. Die Darstellung muß also — und darin finden wir das Moment der Reflexion — vorgestellt werden. Und zwar macht diese Vorstellung sich das Darstellungsthema als eine Systemidentität bewußt, bei der über symbolische Implikationen alles mit allem zusammenhängt, so daß ein vielleicht äußerlich geringfügiger, symbolisch aber signifikanter Darstellungsfehler unabsehbaren Schaden stiftet, im Grenzfalle das Selbst ganz oder für wesentliche Rollenbereiche diskreditieren kann. Nur über reflexive Vorstellung der Darstellung ist jene Ausdrucksdisziplin erreichbar, die in differenzierten Sozialordnungen eine so wichtige Kontaktgrundlage ist«[17]. Uranie scheint also mit ihrer Rede von den Satiren, die die Sitten direkt, die Personen hingegen *par réflexion* treffen, solche »reflexive Vorstellung von Darstellung« zu beschreiben, Molières Komödien scheinen, als *miroirs publics*, die Selektionsleistung der normativen Opposition von *raison* und *déraison* reflexiv zu stabilisieren.

Das alles klingt recht plausibel, und wenn reflexive Mechanismen auch noch zu jenen zivilisatorischen Errungenschaften zählen, die Parsons als *evolutionary universals* bezeichnet[18], dann wäre der um Apologien so verlegene Literaturwissenschaftler bei Molière schnell am Ziel seiner Wünsche. Allein, es ist alles nicht so einfach, wie es scheint: das Lachen ist komplizierter. Man weiß nämlich spätestens seit Helmuth Plessner, daß sich dem, der lacht, die Welt keineswegs in reduzierter Komplexität, in der Überschaubarkeit eines zweigliedrigen Paradigmas darbietet, sondern daß ihm das Durchhalten von Erwartungen angesichts der »Gegensinnigkeit« des Komischen nicht gelingt. Das Komische nämlich ist dadurch gekennzeichnet, daß es selbst einem Minimum an erwartbarer Eindeutigkeit, Ordnung, Gliederbarkeit, Stabilität nicht genügt. Mit ihm wird man daher nicht fertig, und doch kann man sich nicht einfach von ihm lösen. Es zwingt bei aller Gegensinnigkeit zu einer Antwort, und die in dieser Grenzlage einzig noch mögliche Antwort ist die »Grenzreaktion« des Lachens[19].

---

[16] Molière, *Critique de l'Ecole des femmes* VI.
[17] LUHMANN, *Soziologische Aufklärung*, p. 101.
[18] Ib., p. 106.
[19] H. PLESSNER, *Lachen und Weinen — Eine Untersuchung nach den Grenzen des menschlichen Verhaltens*, Bern / München ³1961, insbesondere p. 85 sq.; p. 149 sq.; p. 193 sq.

Komik hat also zwar etwas mit Negation zu tun, aber diese Negation läßt sich offenbar nicht mehr beschreiben als »Generalisierung« im Sinne Luhmanns, d. h. nicht als »Pauschalabweisung der jeweils neutralisierten anderen Möglichkeiten«. Komik indiziert gerade nicht Neutralisierung, sondern eine Provokation, die das normativ Abgewiesene gleichwohl ausübt und die lachend beantwortet wird. Hat also Komik vielleicht weniger mit Negation als vielmehr mit deren Aufhebung zu tun? Ist man in der »Grenzreaktion« des Lachens über die Grenze hinaus, positiviert Komik andere Möglichkeiten? Plessner fragt hier nicht weiter, er konzentriert sich auf die »Katastophenreaktion« des Lachens, nicht aber darauf, warum wir sie suchen. Bei aller Gegensinnigkeit des Komischen nämlich weichen wir ihm doch nicht aus, ja wir gehen in eine Komödie eigens um lachend das zu gewinnen, was Joachim Ritter in einer gleichzeitig mit Plessners Arbeit erschienenen Studie *Über das Lachen*[20] die »Positivität des Lebensgefühls« genannt hat. An dieser Positivität muß sich nach Ritter alle Theorie der Komik und des Lachens bewähren.

III

Ritters Analyse des Lachens gilt als eine der wichtigsten Korrekturen zweier traditioneller Theorien: einmal der jahrhundertealten sogenannten Kontrast- oder Inkongruenzlehre, und zweitens der insbesondere von Bergson vertretenen Degradationstheorie. Gegen beide Erklärungen kann Ritter zeigen, daß das Lachen zwar aus einem Vorstellungskontrast entsteht und scheinbar auch, wie Bergson es will, im Namen der herrschenden Norm, im Namen der Verständigkeit richtet, daß aber diese Norm, an der das Lächerliche sich bemißt, dabei selbst mitbetroffen wird. Denn was ihr entgegensteht, was von ihr ausgegrenzt wird als etwas Nichtiges, Unwesentliches, Lächerliches, das ist nicht etwa ein schlechthin Negatives, sondern nur etwas, womit der jeweilige normative Ernst nicht fertig wird, das aber zum Lebensganzen genauso dazu gehört wie das als positiv und wesentlich Geltende. Im Lachen nun, so Ritter, wird diese geheime Zugehörigkeit des Ausgegrenzten, des Nichtigen zum Lebensganzen sichtbar. Denn das Lachen ist ja »von innen her und als Ausdrucksbewegung gesehen, keineswegs dem Gefühl der Nichtigkeit verbunden, sondern den positiv bejahenden Verfassungen der Freude, der Lust, des Vergnügens, der Heiterkeit«[21]. Und so überführt es denn auch das Nichtige in diese seine eigene Positivität. Es ergreift das vom Ernst, von der Vernünftigkeit Ausgegrenzte, hält es fest, bestätigt es in

---
[20] J. Ritter in *Blätter für deutsche Philosophie* 14 (1940/41) p. 1-21.
[21] Ib., p. 2.

seiner positiven Zugehörigkeit zum Lebensganzen und spielt es solchermaßen gegen die normative Vernünftigkeit aus. Der Norm selbst also wird mitgespielt, indem das Lachen sie enthüllt in der Beschränktheit eines ausgrenzenden Prinzips.

Was Ritter damit bereitstellt, könnte formelhaft beschrieben werden als ein funktionales Modell komischer Positivierung von Negativität. Komik wäre dann also weder generalisierendes, d. h. pauschal ausklammerndes, noch reflexives, d. h. der ausgeklammerten anderen Möglichkeiten sich bewußt bleibendes Negieren (Luhmann), sondern Exponierung anderer Möglichkeiten, vollzogene Aufhebung von Negation. Versucht man das auf das klassische Gegenwortpaar von *raison* und *déraison* anzuwenden, dann würde Molières Komödie die Selektivität des Paradigmas nicht steigern und stabilisieren, sondern sie konterkarieren durch Problematisierung der Norm selbst. Für eine solche Annahme lassen sich gute Gründe nennen. Die Funktion der *raisonneur*-Typen zum Beispiel würde dann weniger darin bestehen, spielimmanent die Norm zu repräsentieren, in deren Namen die monomanischen Verfehlungen der *raison* verlacht werden sollen, als vielmehr darin, diese Norm auf eine provozierende Mediokrität zu reduzieren, womit die *déraison* implicite aufgewertet wäre. Im *Misanthrope* zum Beispiel scheint das der Fall. Der so weltkluge Philinte kann doch nicht für sich in Anspruch nehmen, was Eliante dem Alceste bescheinigt: *Et la sincérité dont son âme se pique / A quelque chose en soi de noble et d'héroïque* (IV$_1$).

Aber würde Positivierung des Ausgegrenzten dann nicht heißen, dem Lachen den Grund zu entziehen? Diese Konsequenz scheint in Ritters Theorie angelegt, obwohl sie dort nicht gezogen ist: dem Lachen selbst und nicht etwa einer anschließenden Reflexion auf seinen Anlaß schreibt Ritter die Leistung verstehender Hereinnahme des Ausgegrenzten, verstehender Herstellung der »Identität eines Entgegenstehenden und Ausgegrenzten mit dem Ausgrenzenden« zu[22]. Nun mag das bei romantischer Reflexionskomik, an der Ritter sich stark orientiert, angehen. Aber Molière will sich dem nicht fügen. Nehmen wir ein Gegenbeispiel zum *Misanthrope*, die *Ecole des Femmes*. Dieser Arnolphe, der von der ersten bis zur letzten Szene auf der Bühne steht und gegen alle Tricks machtlos ist, die ihm zuvor von Horace noch eigens angekündigt werden, dieser Arnolphe wird ganz offensichtlich ausgestellt als Objekt eines kathartischen Lachens — ganz so wie sein Schicksalsgenosse Sganarelle in *L'Amour Médecin*, wo es im Schlußballett heißt:

> Sans nous tous les hommes
> Deviendroient malsains,
> Et c'est nous qui sommes
> Leurs grands médecins.

---

[22] Ib., p. 12.

> Veut-on qu'on rabatte
> Par des moyens doux,
> Les vapeurs de rate
> Qui vous minent tous?
> Qu'on laisse Hippocrate,
> Et qu'on vienne à nous (III₇).

Fast hat es den Anschein, als habe Molière selbst an die Spiegelmetapher nicht so recht geglaubt. Dieselbe Uranie nämlich, die in der eingangs zitierten Tirade die Komödie als *miroirs publics* beschreibt, hatte sich an einer früheren Stelle in einer Antwort an Célimène weniger anspruchsvoll gegeben:

Je ne sais pas de quel tempérament nous sommes, ma cousine et moi; mais nous fûmes avant-hier à la même pièce, et nous revînmes toutes deux saines et gaillardes (III).

Und ähnlich verteidigt sich Dorante gegen den Pedanten Lysidas mit der Aufforderung:

Laissons-nous aller de bonne foi aux choses qui nous prennent par les entrailles, et ne cherchons point de raisonnements pour nous empêcher d'avoir du plaisir (VI).

Beide Apologien stehen unvermittelt nebeneinander: reflexive Selbstdarstellung im *miroir public* auf der einen, komische Katharsis auf der anderen Seite. Ritters Apologie ›verstehenden‹, normtranszendierenden Lachens scheint sich mit keiner dieser beiden Erklärungen zu decken, und doch wird uns sein Modell helfen, ihr paradoxes Nebeneinander zu erklären.

IV

Wolfgang Preisendanz hat einmal angemerkt, daß sich die Theorie des Komischen zur komischen Dichtung etwa so verhalte »wie die Psychologie zu den Gestalten Dostojewskijs oder Ibsens, oder wie Freud, wenn er seine Einsichten und Befunde durch die Romane Arthur Schnitzlers bestätigt fand«[23]. Tatsächlich wird in der Literatur zu Komik und Komödie die Gefahr einer unvermittelten Theorieapplikation nur sehr selten beachtet. Eine der wenigen Ausnahmen ist S. K. Langer, derzufolge das in der symbolischen Vermittlung einer fiktiven Handlung provozierte Lachen anderen Gesetzen folgt als ein unvermittelt-direkt stimuliertes: Wenn wir im Theater auch über Dinge lachen, die uns im Alltag kaum dazu bewegen würden, so ist dies nach S. K. Langer das Ergebnis eines im gestaltpsychologischen Sinne unifizierenden Wahrnehmungs-

---

[23] W. Preisendanz, *Humor als dichterische Einbildungskraft*, München 1963, p. 276.

aktes, den sie folgendermaßen beschreibt: »What strikes us directly is the dramatic illusion, the stage action as it evolves; and the joke, instead of being as funny as our personal response would make it, seems as funny as its occurence in the total action makes it. A very mild joke in just the right place may score a big laugh. The action culminates in a witticism, an absurdity, a surprise; the spectators laugh. But after their outburst there is not the letdown that follows an ordinary laugh, because the play moves on without the breathing spell we usually give our own thought and feeling after a joke. The action carries over from one laugh to another, sometime fairly far spaced; people are laughing at the play, not at a string of jokes«[24].

Mit der Betonung dieser Differenz zwischen einer »emotion symbolically presented« und einer »emotion directly stimulated« unterscheidet sich S. K. Langer zu ihrem Vorteil von Frye, mit dessen Beschreibung des komischen Agon von jung und alt sie sich im übrigen vielfach berührt. Für Frye ist zwar der komische ›Archetyp‹ offiziell eines der das literarische Universum strukturierenden *patterns*, inoffiziell aber zwingt ihn gerade diese strukturalistische, nicht funktionalistisch-institutionelle Definition zu entwicklungsgeschichtlichen Ableitungen der Literatur aus dem Mythos und zu tiefenpsychologischen Ableitungen beider im Sinne Freuds und selbst Jungs[25]. So verfällt er genau dort einem ontologischen Strukturbegriff, wo S. K. Langer die Spezifizität der Komödie gegenüber dem »biological pattern« betont: »The fact that the rhythm of comedy is the basic rhythm of life does not mean that biological existence is the ›deeper meaning‹ of all its themes, and that to understand the play is to interpret all the characters as symbols and the story as a parable, a disguised rite of spring or fertility magic, performed four hundred and fifty times on Broadway«[26].

Zum Kern des Problems führt in der Tat die Frage, worin denn eigentlich die Naturhaftigkeit des komischen Agon zwischen jung und alt liegt. In seinem Buch über Shakespeares Komödien, das den bezeichnenden Titel *A Natural Perspective* trägt, spricht Frye einmal unter direkter Berufung auf Freud von einem Sieg des Lust- über das Realitätsprinzip[27]. Das ist, im Gegensatz zur *Anatomy*, funktionalistisch gedacht, berücksichtigt aber wiederum nicht einen Unterschied, den im Blick auf das Komische Freud selbst macht, wenn er die

---

[24] S. K. LANGER, *Feeling and Form — A Theory of Art*, London 1953, p. 347.
[25] Zu FRYES widersprüchlicher Haltung JUNG gegenüber siehe *Anatomy*, p. 111 sq., wo die Verankerung des archetypischen *pattern* in einem kollektiven Unbewußten als unnötige Hypothese bezeichnet ist, und p. 192, wo anläßlich der Rückführung der vier Mythoi auf einen *quest myth* u. a. JUNGS *Wandlungen und Symbole der Libido* als Kronzeuge zitiert wird.
[26] LANGER, *Feeling and Form*, p. 349.
[27] FRYE, *A Natural Perspective — The Development of Shakespearian Comedy and Romance*, New York 1965, p. 75 sq.

komische Lust von der am tendenziösen Witz absetzt und ausdrücklich betont, daß es keine Veranlassung gebe, auch erstere im Unbewußten zu lokalisieren. Alles deute vielmehr darauf hin, »daß die Quelle der komischen Lust die Vergleichung zweier Aufwände ist, die wir beide dem Vorbewußten zuordnen müssen. (...) Es widerspräche der Nomenklatur der Bewußtseinsvorgänge, deren ich mich in der Traumdeutung mit gutem Grund bedient habe, wollte man ihn (den komischen Prozeß, R. W.) einen notwendigerweise unbewußten nennen. Er gehört vielmehr dem Vorbewußten an, und man kann für solche Vorgänge, die sich im Vorbewußten abspielen und der Aufmerksamkeitsbesetzung, mit welcher Bewußtsein verbunden ist, entbehren, passend den Namen ›automatische‹ verwenden. Der Prozeß der Vergleichung der Aufwände muß automatisch bleiben, wenn er komische Lust erzeugen soll«[28].

Freud selbst also kann — und dies wird in der auf ihn sich berufenden Tradition psychoanalytischen Bemühens um das Phänomen des Komischen hartnäckig ignoriert[29] — für eine tiefenpsychologische Deutung komischer Lust im Sinne der Ödipushypothese nicht in Anspruch genommen werden. Wenn er von einer vorbewußten Vergleichung zweier Besetzungsaufwände spricht, dann ist er gar nicht so weit entfernt von dem, was Schiller in einem wenig bekannten Nachlaßfragment als die Neutralisierung des Moralischen in der Komödie beschrieben hat:

> In der Komödie muß alles von dem moralischen Forum auf das physische gespielt werden, denn das moralische erlaubt keine Indifferenz. Behandelt die Komödie etwas, was unser moralisches Gefühl interessiert, so liegt ihr ob, es zu neutralisieren, d. i. es in die Klasse der natürlichen Dinge zu versetzen, welche nach der Kausalität notwendig erfolgen.

Undank zum Beispiel, so erläutert Schiller, muß in einer Komödie

> als eine natürliche Sache erscheinen; und wenn wir in der Tragödie mit demjenigen Mitleid haben, der Undank erleidet, so muß die Komödie den lächerlich machen, welcher Dank erwartet[30].

›Naturhaft‹ ist also der komische Agon zwischen alt und jung, insofern seine moralischen Implikate ausgeblendet bleiben müssen. Nicht ausgeschlossen ist damit — und dieser Aspekt kommt bei Frye entschieden zu kurz —, daß die

---

[28] *Der Witz und seine Beziehung zum Unbewußten*, zitiert nach der Studienausgabe, hg. von A. MITSCHERLICH, Bd. IV, Frankfurt 1970, p. 204 sq.
[29] Das gilt z. B. für CH. MAURON, der in seiner *Psychocritique du genre comique* (Paris 1964) die Lust am komischen Agon von jung und alt dahingehend deutet, daß der Zuschauer die Bühnenkonstellation interiorisiere, folglich die Vaterfigur als schuldig phantasiere und in deren Niederlage sich von seinem ödipalen Trauma entlaste; Komödie also als Evokation infantiler Ängste und deren Besiegung, als in der Aggressivität des Lachens phantasierter Vatermord. Derartige Kurzschlüsse sind Freud nicht anzulasten.
[30] Zitiert nach der Hanser-Ausgabe Bd. V, München 1962, p. 1017.

Gesellschaft als ›zweite Natur‹ präsent, der komische Agon also gesellschaftliche Projektion bleibt. In der Tat erscheinen ja die Alazon-Typen meistens als Außenseiter, als Störfaktoren, auf die sich die Antipathien einer soziologisch festumrissenen Gruppe konzentrieren: Menanders Dyskolos stört die Opfergemeinde, die spielimmanent die noch kultischen Implikate dieser Komödie thematisiert, Shakespeares Shylock stört Venedigs Aristokraten, der Molièresche Bourgeois das überständische *honnêteté*-Ideal von *la cour et la ville*. George Dandin mag moralisch im Recht sein, die Komödie gibt ihm gesellschaftlich unrecht. So wird bei Molière die moralisch neutralisierte Opposition von *raison* und *déraison* zumindest vordergründig ausgespielt als Affirmation der höfisch-großbürgerlichen Ideologie[31]. Seine Komödien erscheinen auf dieser Ebene als Organe der von Habermas so genannten »repräsentativen Öffentlichkeit«[32], als jene *miroirs publics*, von denen Molière selbst Uranie sprechen läßt. Gleich in der ersten Szene der *Ecole des Femmes* zentriert er den Dialog zwischen Arnolphe und Chrysalde auf den Begriff der *honnêteté*, jener repräsentativen *honnêteté*, die leitmotivisch das ganze Stück durchzieht und gegen die moralisierenden Fehlinterpretationen Arnolphes ausgespielt wird (I₁; II₅; III₁,₂,₃; VI₈). Wir wählen für diese Ebene den in der Soziologie insbesondere seit K. Merton geläufigen Begriff der manifesten — im Unterschied zur latenten — Funktion[33]. Es ist die Ebene reflexiver Selbstdarstellung einer Gesellschaft, Affirmation ihres Wertsystems.

V

Die moralische Neutralisierung der Opposition von *raison* und *déraison* bewirkt also noch nicht die Positivierung der *déraison*, sondern auf dieser Ebene mani-

---

[31] *Social Theory and Social Structure*, Glencoe / Ill. ²1957, p. 60 sq. Die Unterscheidung folgt begrifflich Freud, ohne jedoch sein metapsychologisches Modell mitzuübernehmen. Was interessiert, ist die Tatsache, daß bestimmte Systeme nicht nur die offiziellen, sondern auch unbewußte Bedürfnisse beantworten und erst aus dieser Ambivalenz heraus voll verstanden werden können. Luhmann hat den Vorteil einer Analyse latenter Funktionen gegenüber der latenter Ursachen systemtheoretisch begründet: »Das Aufdecken solcher latenten Funktionen hat den Sinn, die erlebten Probleme so umzudefinieren, daß sie auf die Innen / Außen-Differenz sozialer Systeme beziehbar sind« (*Soziologische Aufklärung* p. 41, 71).

[32] Ich verwende hier den von Prämissen möglichst freigehaltenen, neutralen Ideologiebegriff der Wissenssoziologie und der Systemtheorie, der das handlungsorganisierende Wertsystem einer bestimmten Gesellschaft bezeichnet. Er hat den Vorteil rationaler Überprüfbarkeit, da er die Bedingung erfüllen muß, in Form eines Kode formuliert werden zu können (cf. Luhmann, *Wahrheit und Ideologie*, in *Soziologische Aufklärung*, p. 54 sq.).

[33] *Strukturwandel der Öffentlichkeit — Untersuchungen zu einer Kategorie der bürgerlichen Gesellschaft*, Neuwied / Berlin ⁵1971 (Sammlung Luchterhand 25), p. 17 sq.

fester Funktionen just jene *brimade sociale*, von der Bergson spricht — übrigens ebenfalls mit Blick auf die moralische Indifferenz des Lachenden[34]. Ritter gesteht denn auch Bergsons These eine gewisse Berechtigung zumal bei der kritischen Komödie zu, sucht aber gleichwohl sein eigenes Modell als das umfassendere und letztlich auch die kritisch-satirischen Spielarten des Lachens deckende zu erweisen: »Nicht der gute Ausgang, nicht die Prügel, die der Bösewicht bezieht, nicht die Entlarvung des Heuchlers machen das Wesen des Komischen aus, sie sind die sichtbaren Symbole des grundsätzlichen Spiels, das hier überhaupt gespielt wird, und dessen Sinn es ist, die Zugehörigkeit des dem Ernst Fremden zur Lebenswelt zu manifestieren, gleichgültig, ob dies nun in dem tieferen Sinne einer Kritik an der ernsten Welt selbst und ihrer Ordnung gemeint ist oder ob es der vitalen Freude am Reichtum des Lebens und am Recht des Unsinns und Unverstandes entspringt«[35]. In der Tat: Arnolphe wird verlacht als Opfer einer *brimade sociale*, daran kann kein Zweifel sein, aber ebenso unbestreitbar ist, und hierin hat Ritter recht, daß die Funktion einer solchen Figur nicht darin aufgeht, die bourgeoise Verfehlung repräsentativer *honnêteté* zu inkarnieren. Man braucht nur La Bruyères morose Denunziation der Lächerlichkeit solcher Verfehlungen neben die Stücke Molières zu halten, um zu sehen, wie sehr letztere solche bloße Denunziation hinter sich lassen: der lächerliche Bourgeois wird hier zum komischen Helden, Arnolphe, nicht etwa Horace, zentriert eine Welt auf sich, eine Welt komischer Tollheit, die die gesellschaftliche Wirklichkeit wie ihre Ideologie hinter sich läßt. Molières Alazon-Typen sind eminent funktionalisierte Geschöpfe, ihre *déraison* wird zum Inbegriff der komischen Tollheit ihrer Unternehmungen. Und das gleiche gilt für die *raison* der *raisonneur*-Typen: auch sie ist komisch funktionalisiert zum Mittel, die Tollheit der Alazons auf die Spitze zu treiben. Wenn zum Beispiel Chrysalde dem geplagten Arnolphe im Namen der *honnêteté* rät, sich von *cocuage* eine *plus douce image* zu machen (IV$_8$), dann ist er durchaus nicht das Sprachrohr des *honnêteté*-Ideals von *la cour et la ville*. Diese *honnêteté* zwang nämlich ihre Träger schon beim geringsten Verdacht zum Duell und nicht zu jener Nachsicht, an die Chrysalde appelliert[36].

Wer also Molières Bühne als bloße Widerspiegelung einer gesellschaftlichen Wirklichkeit analysiert, der bekommt sie als Komödie womöglich noch gar nicht in den Blick. Bedenkt man nämlich, daß die *miroirs publics* im Kontext der Apologie Uranies als *satires* bezeichnet werden, so kann man fragen, ob nicht

---

[34] H. BERGSON, *Le rire*, Paris 1924, Kap. III, 1.
[35] Op. cit., p. 13.
[36] F. NIES hat anläßlich der satirischen Ponts-Bretons und unter Verweis auf Tallemant des Réaux belegt, daß »schon eine bloße Anspielung in dieser Richtung jeden Adligen zwang, zu wählen zwischen Duell oder Ehrverlust« (*Die Ponts-Bretons — Überreste einer Kleingattung aus der Zeit Ludwigs XIII*, in *Romanistisches Jahrbuch* 14, 1965, p. 94-114).

diese Stücke als Komödien tatsächlich erst mit unserem Positivierungsmodell beschreibbar werden: als Satire geht die *Ecole des Femmes* auf in der Opposition von richtiger und falscher *honnêteté*, als Komödie wird sie zum Ort jener komischen Katharsis, auf die Dorante sich apologetisch beruft. Gewiß treffen, um einen Begriff M. Bachtins zu gebrauchen, Molières »Lach-Rituale«[37] auch den Bourgeois, an dem sie in Szene gesetzt sind, aber immer nur durch die Irrealisierungen hindurch, die ihm das Spiel zuteil werden läßt. Wenn Monsieur Jourdain oder auch Argan in einem karnevalesken Schlußballett untergehen, dann wird darin nur die Künstlichkeit, das Artifizielle ihrer Rolle aufs äußerste gesteigert. Daher auch ist, wie z. B. der *Misanthrope* zeigt, die Besetzung des Alazon mit soziologischen Außenseitern im Prinzip entbehrlich. Auch in diesem Stück steht nicht richtige gegen falsche *honnêteté*, sondern verlacht wird die Inkonsistenz des ausgerechnet in eine Célimène sich verliebenden Misanthropen, die Inkonsistenz des sich schonungsloser Aufrichtigkeit Rühmenden, der sich dann aber, vor Oronte, von einem *je ne dis pas cela* zum anderen windet ($I_{1,2}$).

Im eben erwähnten Schlußballett des *Malade Imaginaire*, der im Februar 1673 uraufgeführt wurde, wird ausdrücklich auf die Karnevalszeit hingewiesen (III_{14}). Natürlich ist ein kultischer Bezug für Molières Lach-Rituale nicht mehr konstitutiv. Ihr institutioneller Rahmen sind der Hof, die höfischen Feste, schließlich die Comédie Française als literarische Institution[38] »repräsentativer Öffentlichkeit«. Aber wie jedes Lach-Ritual, so wahren auch sie die Grundambivalenz des Karnevalslachens, das immer *brimade sociale* und Gegenritual ineins ist, das das Ausgegrenzte lachend positiviert, ohne daß die Norm explizit in Frage gestellt würde. Die Opposition von *raison* und *déraison* ist bei Molière eine nicht-ausschließende, seine Stücke sind höchst ambivalente Fiktionen, in denen die Moral neutralisiert ist und die Ideologie nur noch die Ebene manifester Funktionen beherrscht: Uranies Rede von den *miroirs publics* ist — und damit löst sich der Widerspruch, von dem wir ausgingen — ideologische Rechtfertigung einer literarischen Institution, deren latente Funktion gerade darin liegt, daß sie ineins mit der moralischen Besetzung der Opposition von *raison* und *déraison* auch ihre ideologische außer Kraft setzt.

---

[37] M. BACHTIN, *Literatur und Karneval — Zur Romantheorie und Lachkultur*, München 1969 (Reihe Hanser 31), p. 34.
[38] Ich verwende diesen Begriff im Sinne von R. BARTHES' Definition einer *institution littéraire* als einer Trias dreier literarischer Funktionen: *production, communication, consommation* (*Histoire ou littérature?*, in *Sur Racine*, Paris 1963, p. 149, 156). Der Begriff wird entwickelt im Zusammenhang mit der Forderung, Literaturgeschichte als Geschichte der jeweiligen Funktion von Literatur im gesellschaftlichen Zusammenhang zu betreiben. Gegenüber der traditionellen Gattungstheorie hat er den Vorteil, die Interaktion von literarischer und nichtliterarischer ›Reihe‹ (im Sinne der russischen Formalisten) zu beschreiben im Blick auf ein allgemeines Kommunikationsmodell mit der Trias von Sender, Botschaft und Empfänger.

VI

Manifeste Funktionen sind sprachlich repräsentierte. Auf dieser Ebene sprachlicher Manifestation erscheint die Opposition von *raison* und *déraison* als binäres Assertionsparadigma im Sinne von Weinrichs Ableitung der Gegenwortpaare. Das Lach-Ritual aber setzt diese Opposition außer Kraft und konterkariert die Ebene sprachlicher Manifestation. *Déraison* fungiert auf der Bühne Molières zugleich negativ, als Abwesenheit gesellschaftlicher *raison*, und positiv, als Anwesenheit des komischen Helden, der komischen Situation, der komischen Handlung. Wenn Bachtin gerade das Karnevalslachen als Paradigma seiner Konzeption einer ›Translinguistik‹ gewählt hat, so deswegen, weil hier das Versagen einer binären Oppositionslogik und die Notwendigkeit ihrer Ersetzung durch eine Begrifflichkeit, die den Phänomenen des ›Dialogischen‹ und der ›Ambivalenz‹ Rechnung trägt, am eindrucksvollsten zu belegen ist. Auch auf der Bühne Molières ist die Semantik von *déraison* nur höchst unzulänglich beschreibbar im Sinne der Extrapolation eines syntaktischen Binarismus. Die Positivierung der *déraison*, welche diese Bühne als literarische Institution trägt, basiert nicht auf einer sprachlichen Selektion im Sinne des Assertionsparadigmas, sondern auf einer Lust/Unlust-Selektion, von der bereits Luhmann festgestellt hat, daß sie »als eine gegenüber der sprachlichen Schematisierung von Ja und Nein selbständige binäre Struktur begriffen werden muß: Unlust ist nicht etwa die Negation von Lust (und umgekehrt), sondern etwas qualitativ Anderes« [39].

Ob und wie dieses qualitativ Andere formalisierbar, ob es überhaupt noch in eine binäre Struktur zu bringen und wie es auf die sprachliche Selektion zu beziehen ist, dürfte eines der komplexesten Probleme der Komödientheorie sein. Komische Positivierung von Negativität ist auch nicht einfach eine axiologische Umpolung, sondern wohl am ehesten noch als ein Phänomen der Desemantisierung bestehender semantischer Achsen faßbar. Bachtin spricht vom Lachen als einer bestimmten, »nicht in die Sprache der Logik übersetzbaren ästhetischen Einstellung zur Wirklichkeit« [40], Plessner von der »Gegensinnigkeit« des Komischen, mit der wir nicht fertig werden, weshalb auch »eine Theorie, die fertiger

---

[39] *Theorie der Gesellschaft oder Sozialtechnologie* (siehe oben Anm. 6), p. 366.
[40] *Literatur und Karneval*, p. 66. BACHTINS Konzeption einer Translinguistik und seine hierfür zentralen Kategorien des Dialogischen und der Ambivalenz wurden von J. KRISTEVA aufgegriffen und fortentwickelt im Sinne einer programmatischen Alternative zu einer Semiotik, der es bisher nicht gelungen sei, mittels einer binären Oppositionslogik den Status poetischer Sprachverwendung adäquat zu beschreiben (*Bakhtine, le mot, le dialogue, le roman*, in *Critique* 23, 1967, 438-465).

werden will als wir, das Phänomen durch einen Begriff erstickt« hätte[41]. Freuds Rede vom komischen Lustgewinn durch Ersparung von Besetzungsaufwand ist vielleicht noch am geeignetsten, diese komische Positivierung zu beschreiben, und zwar funktionalistisch im Sinne unseres Modells.

Lustgewinn freilich ist nicht reflexive Positivierung in dem Sinne, daß der Lachende normative Ausgrenzungen als solche reflektiert. »Dem Lachenden«, so heißt es einmal bei Ritter, »ist die Frage gestellt, warum er lacht«[42]. Das ist dort so gemeint, daß im Akt des Lachens selbst verstehend geantwortet wird. Dem Lachen selbst also, nicht etwa einer anschließenden Reflexion auf seinen Anlaß, wird die Verstehensleistung zugeschrieben. Es scheint, daß Ritter hier sein Vorbild romantischer Reflexionskomik, an dem er sich stark orientiert, in unzulässiger Weise verallgemeinert. Ritter präsentiert sein funktionales Modell ineins mit einer bestimmten Besetzung, die nicht als solche thematisiert wird. Was er faktisch beschreibt, ist weniger eine lachende, als eine lächelnde Hereinnahme von Ausgegrenztem, denn nur das Lächeln kann, wie Plessner formuliert, im Unterschied zur »explosiven Katastrophenreaktion« des Lachens »im Ausdruck zum Ausdruck Abstand wahren«[43]. Lachende Positivierung von Negativität, das ist gegen Ritter festzuhalten, verhält sich zur reflexiven Positivierung umgekehrt proportional.

Damit aber wird einsichtig, daß eine Komödie im Vollsinne eines kathartischen Lach-Rituals nur in einer Gesellschaft funktioniert, deren ideologischer Kode so stark ist, daß sie sich eine temporäre Suspendierung von Besetzungsaufwänden, daß sie sich Lustgewinn ›leisten‹ kann. Wo sich hingegen ein ideologischer Kode erst gegen einen herrschenden konstituieren muß, wo also eine Gesellschaft Ausgegrenztes reflexiv positiviert und wo sie gar noch das Moralische in die Ideologie mit hineinnimmt, da gibt es, so kann man vermuten, wenig zu lachen. Formelhaft ist damit die Problematik der Komödie im Zeitalter der von Habermas so genannten »bürgerlichen Öffentlichkeit«[44] bezeichnet. Die in geistesgeschichtlicher Literaturgeschichtsschreibung überstrapazierte Zäsur zwischen Klassik und Romantik verblaßt vor dieser — für alle anderen Gattungen nicht minder relevanten — funktionsgeschichtlichen Zäsur zwischen repräsentativer und bürgerlicher Öffentlichkeit. Eine funktional-strukturelle Auflösung des Fryeschen *pattern* hätte hier einzusetzen: die soziologische Identität von nunmehr bürgerlichem Publikum und Bühnenwelt erlaubt es nicht mehr, bürgerliche Familienkonflikte als komischen Vorwurf zu nehmen. Wo man es

---

[41] H. Plessner, *Lachen und Weinen*, p. 121.
[42] Op. cit., p. 3.
[43] H. Plessner, *Das Lächeln* in id., *Zwischen Philosophie und Gesellschaft,* Bern 1953, p. 193 bis 203, insbesondere p. 197.
[44] J. Habermas, *Strukturwandel der Öffentlichkeit*, insbesondere p. 42 sq.

weiterhin versucht, formt man in Wahrheit die Komödie um in ein bürgerliches Rührstück, was sich exemplarisch in England an Addison und Goldsmith, in Frankreich an Voltaire und später dann an Scribe zeigen ließe. Gelingen können solche Rückgriffe nur um den Preis, daß man den Alazon gerade nicht als den Bourgeois exponiert, der er soziologisch ist. Exemplarisch hierfür steht Beaumarchais' Bartholo im *Barbier de Séville*, einer Reprise der *Ecole des Femmes* im Zeitalter bürgerlicher Öffentlichkeit. In ihrer Frühphase aber schafft sich diese Öffentlichkeit eine Komödie, die sich deutlich von jenem durch Molière repräsentierten *pattern* absetzt.

VII

Man weiß, daß Marivaux Molière nicht mochte. *Ne faut-il pas être raisonnable?* fragt man Silvia, die der Fürst aus ihrem Dorf entführen und zu sich an den Hof bringen ließ. *Non, il ne faut pas l'être, et je ne le serai point.* Das ist über den Kontext der *Double Inconstance* hinweg Absage an Molière, an die Normen repräsentativer, höfischer Komödie. Silvia möge doch ein wenig essen, damit sie nicht krank werde: *Et moi, je hais la santé, et je suis bien aise d'être malade* — wieder also ein ironisches Molière-Zitat. Silvia will ihren Arlequin wiederhaben, nichts anderes, *et si vous voulez que je devienne folle, vous n'avez qu'à me prêcher d'être plus raisonnable.* Immerhin habe sie aber doch ein Fürst erwählt — doch er hat sie nicht gefragt. Hätte er es getan, dann wäre ihr schon die rechte Antwort eingefallen: *Non, seigneur, il faut qu'une honnête femme aime son mari, et je ne pourrais pas vous aimer. Voilà la pure raison, cela; ...* (I₁). Silvia will keine Charlotte sein — der Fürst freilich auch kein Don Juan: er gewinnt Silvia, aber nur unter Verleugnung seiner Identität als Fürst. Er muß sich jenseits der höfischen Normen bewähren, muß eine andere *noblesse* als die ständische erkennen lassen, wie es Marivaux einmal gesagt hat:

Etre né sans noblesse, acquiescer de bonne grâce aux droits qu'on a donnés au noble, sans envier son état, ni rougir du sien propre; celà est plus beau que d'être noble, c'est une raison au-dessus de la noblesse [45].

Andernorts erfährt man genauer, um welche Art *noblesse* es hier geht: um eine *noblesse d'âme*, eine *noblesse de cœur*[46]. *Cœur, sentiment, sensibilité* sind in Marivaux' Komödie an die Stelle der *déraison* getreten, und damit wird bereits deutlich, daß diese Komödie nicht auf der Achse *raison/déraison* operiert,

---

[45] *Journaux et œuvres diverses*, ed. F. DELOFFRE / M. GILOT, Paris 1969, p. 23.
[46] Marivaux, *La vie de Marianne*, zitiert nach der Pléiade-Ausgabe, Paris 1949, p. 201, 210.

sondern auf der von *raison/cœur*, womit, wie wir noch sehen werden, eine andere klassische Tradition aufgenommen und der Konstitution frühbürgerlicher Ideologie dienstbar gemacht wird. Eine Kritik Marivaux' an La Motte enthüllt formelhaft sein eigenes Programm:

> Il faut pourtant convenir qu'on lui fait un reproche assez juste, c'est qu'il remuoit moins qu'il n'éclairoit, qu'il parloit plus à l'homme intelligent qu'à l'homme sensible (...) Ne nous donner que des lumières, ce n'est encore embrasser que la moitié de ce que nous sommes, et même la moitié qui nous est la plus indifférente: nous nous soucions bien moins de connaître que de jouir; et en pareil cas, l'âme jouit quand elle sent [47].

Hier wird sehr schön deutlich, was Positivierung des Ausgegrenzten bei Marivaux meint. Sein großes Thema ist die Herstellung der Identität des *homme intelligent* und des von diesem selbst verleugneten *homme sensible*. Auffälligste Struktureigenschaft der Komödie Marivaux' ist denn auch der Ausfall des Fryeschen *pattern*, also des komischen Agon zwischen jung und alt. Kein Vater will seine Kinder über deren Köpfe hinweg vermählen, in vielen Stücken ist die Heldin bereits eine junge Witwe, und wenn hier überhaupt noch jemand mit sanftem Zwang Hochzeiten zustande zu bringen sucht, dann sind es die Diener, die ihren Herren die Augen öffnen für die Gefühle, die diese vor sich selbst verbergen. Der komische Agon ist interiorisiert zum Konflikt von Herz und Verstand, zu einem *combat entre l'amour et la raison* (*Jeu de l'Amour et du Hasard* III$_4$). Marivaux' Verliebte verleugnen ihre Zuneigung vor sich und dem Partner, weil sie die Selbstpreisgabe fürchten, und verharren eben dadurch in Selbstbefangenheit und Selbsttäuschung.

Marivaux' Komik ist die Komik dieser Selbsttäuschung, ihr Medium ist die Sprache. Für diese im Unterschied zu Molière extrem ›witzige‹ Sprache hat man schon im 18. Jahrhundert eigens einen Begriff geprägt: sie heißt Marivaudage. Über diesen Marivaudage gibt es ein dickes Buch von F. Deloffre[48]. Man findet dort all die stilistischen Eigentümlichkeiten katalogisiert; worin die Komik des Marivaudage liegt, erfährt man nicht.

VIII

Die Sprache, die die Verliebten sprechen, gehorcht den Normen der *honnêteté*, der *raison*, der *opinion*: sie ist, wie bei Molière, das Medium der Negation, der Ausgrenzung nun nicht mehr der *déraison*, sondern der *sensibilité*, des *cœur*, des

---

[47] Zitiert nach F. Deloffre, *Une préciosité nouvelle — Marivaux et le marivaudage*, Paris ²1971, p. 143.
[48] Siehe oben Anm. 45.

amour. Sprache wird so zur Maske, zur Verschleierung der Gefühle, zur großen Selbstbehinderung der Kommunikation. Immer wieder gerät man in Konsensus-Situationen, die man so gar nicht gewollt hat und die durch kleine, wohlwollende Intrigen der Diener wieder gelöst werden müssen. Versuche der Diener, den sprachlichen Scheinkonsens der Herren auch sprachlich zu enthüllen, gehen zumeist an den Herren vorbei an die Adresse des Publikums, das solchermaßen schrittweise in die Enthüllung des sprachlichen Selbstbetrugs der Verliebten einbezogen wird. *Qu'est devenu la mémoire de son mari?* so beklagt sich der Chevalier in der *Seconde Surprise de l'Amour* über die verwitwete Marquise, mit der er auf der Basis von *amitié* verkehrt und die nun anscheinend doch jemand anderen heiraten will. *Qu'est devenu la mémoire de son mari?* Darauf der Diener Lubin: *Ah, Monsieur, qu'est-ce que vous voulez qu'elle fasse d'une mémoire?* (I_{12}). Lubin spielt also gezielt mit einer sprachlichen Ambivalenz, und wir sehen, was dieser Marivaudage leistet: das von Ritter beschriebene »anspielende Ausspielen der Zugehörigkeit des Ausgegrenzten«[49], jenes Ausgegrenzten, zu dem sich der Chevalier in seiner Handlung bekennt, wo seine Sprache noch die der ausgrenzenden Norm bleibt; denn statt sich zurückzuziehen, sucht er die Geliebte weiterhin auf, aber natürlich nur aus Gründen der *honnêteté qui veut que je tienne parole.*

So verstehen die Diener die Herren besser als diese sich selbst, sie lehren die Herren einander zu verstehen, der Dialog kommt neu in Gang, bestimmte Interpretationen werden ausgeschlossen, neue eröffnen sich — ein schillerndes Spiel des Verstehens, das zwischen Dienern, Herren und Zuschauern hin und herläuft. *Interprétation* ist bei Marivaux ein Schlüsselbegriff[50]. Er bezeichnet genau jene Verstehensleistung, die Ritter dem Lachen zuschreibt: die Herstellung der »Identität eines Entgegenstehenden und Ausgegrenzten mit dem Ausgrenzenden«[51]. Signalisiert wird diese Identität im Kollaps des sprachlich aufgebauten Selbstbetrugs, in dem stereotypen *je ne sais pas où j'en suis,* auf das Marivaux alle seine Komödien hinspielt: *Je ne sais pas où j'en suis,* so klagt die Marquise in dem eben zitierten Stück, *je ne saurais me démêler, je me meurs! Qu'est-ce que c'est donc que cet état-là* (III_{13}). Es ist dies die Marivauxsche Krisis, der Punkt, da die komische Subjektivität Einsicht in sich selbst gewinnt, um sich sodann, mit Hegel gesprochen, »in freier Heiterkeit aus ihrem Untergang zu erheben«[52]. Was aus dem *je ne sais où j'en suis* hervorgeht, ist die Versöhnung von *cœur* und

---

[49] Op. cit., p. 11.
[50] Zum Beispiel *La Surprise de l'Amour* III, 2; III, 6: *Le Spectateur Français,* 3° feuille in *Journaux,* loc. cit., p. 125.
[51] Op. cit., p. 12.
[52] *Ästhetik,* ed. F. BASSENGE, 2 Bde., Frankfurt / Berlin o. J., Bd. II, p. 553.

raison, der Beginn einer neugewonnenen Identität und die durch sie ermöglichte unverstellte Zuwendung zum anderen. Als *sauvage*, unkultiviert, pflegt Marivaux metaphorisch den status quo ante zu umschreiben, als *s'humaniser*, sich bilden, den Prozeß der Wandlung[53].

Es ist also kein Widerspruch, Marivaux' Sprache als das Medium der Ausgrenzung, gleichzeitig aber auch als ›witzig‹ zu bezeichnen. Genau hierin nämlich besteht der Marivaudage: daß die Sprache der *raison* auf den Punkt hingespielt wird, wo an ihr selbst das Ausgegrenzte zum Vorschein kommt. »Was hierbei geschieht, und zwar in allem hierher gehörigen Zweideutigen des Wortwitzes, der Schilderung, der Anspielung usw., und was das Komische ausmacht, ist dies, daß immer mittelbar und unmittelbar in den einen Bedeutungsbereich, der sich harmlos und einwandfrei zulässig gibt, der andere hineingespielt wird, der in jenem gerade ausgeschlossen und als nicht dazugehörig beiseitegebracht ist. Das Wesentliche ist immer die Bewegung, in der eine an sich nicht gemeinte und ferner in der anständigen Rede auch nicht zugelassene Sphäre in diese anständige Rede selbst derart eingewoben wird, daß sie selbst diese kundtun und aussprechen muß.«[54] Der Marivaudage hat die Struktur der witzigen Pointe, deren Leistung darin besteht, »einen expliziten Sachverhalt so darzubieten, daß dieser einen hintangehaltenen Sachverhalt zu substituieren zwingt. Mittels der Pointe wird das durch die Sprache Bedeutete (Dinge, Umstände, Vorkommnisse, Äußerungen usf.) wieder zu einem Signifikanten, dessen Signifikat der Hörer bzw. Leser als Sinn des Witzes entdecken muß«[55].

Aber eine Komödie Marivaux' besteht nicht aus aneinandergereihten Witzen. Wir können aus dem prozeßhaften Ablauf des Marivaudage keine Pointe isolieren und als Witz erzählen. Und wenn auch, wie beim Witz, der Marivaudage immer wieder das im Namen der *raison* sprachlich aufgebaute Erwartungsschema kollabieren läßt, so ist doch die von Preisendanz so schön herausgearbeitete witzige »Diskontinuität von Erwartungsschema und Erwartungserfüllung auf Grund verschiedener Kontexte«[56] bei Marivaux sehr gering. Der Marivaudage provoziert nie ein explosionsartiges Lachen, sondern ein distanziertes, wissendes oder besser vorauswissendes Lächeln, jenes Lächeln, dessen Selbstreflektiertheit Plessner von der »Katastrophenreaktion« des Lachens ausdrücklich absetzt. Im Marivaudage gerät die Sprache, wie das Plessner vom Witz generell gesagt hat, »an ihre Grenze. Ein an den Ausdruck gebundenes und gewiesenes Verstehen verselbständigt sich *gegen* ihn und *durch* Bindung und Verweisung an

---

[53] Zum Beispiel *La Seconde Surprise de l'Amour* II, 8; *La Surprise de l'Amour* II, 5.
[54] J. Ritter, op. cit., p. 9.
[55] W. Preisendanz, *Über den Witz*, Konstanz 1970, p. 24.
[56] Ib., p. 28.

ihn«[57]. Kann dann aber dieses gegen den sprachlichen Ausdruck sich verselbständigende, kann dieses die sprachlichen Grenzen transzendierende Verstehen noch rein sprachlich gesteuert werden? Was steuert die von der *interprétation* (d. h. von den Dienern, den Verliebten selbst, dem Publikum) zu leistende Positivierung des sprachlich Ausgegrenzten? Leistet das der Marivaudage allein, oder bedarf es hier zusätzlicher Selektoren?

IX

Mit dieser Frage habe ich mich bereits auf einen Vorschlag bezogen, den Luhmann in seiner Auseinandersetzung mit Habermas' Diskurstheorie gemacht hat. Er besteht darin, gegenüber einer Überschätzung der Leistungsfunktionen von Sprache eine Differenzierung verschiedener evolutionärer Mechanismen anzusetzen. Sprache allein könne nämlich nicht leisten, was die Diskurstheorie ihr zumute. Sie vermöge zwar die Gesellschaft mittels ihrer hohen Komplexität zu variieren, d. h. gesellschaftlich nicht Vorgesehenes oder Zulässiges auszudrücken und als andere Möglichkeit anzubieten, nicht aber neben dieser Variationsleistung zugleich auch Selektions- und Stabilisierungsleistungen zu erbringen: »Die besondere Leistung der Sprache beruht gerade auf ihrer evolutionären Spezialisierung, darauf, daß sie nicht alle diese Leistungen ineins erbringen muß«. Selektive Funktion übernehmen vielmehr die von Luhmann so genannten »Kommunikationsmedien«, d. h. symbolisch generalisierte Kodes wie »Wahrheit«, »Macht«, »Liebe«, »Geld«, die Selektion und Übertragungs- bzw. Annahmemotivation zugleich steuern und von dieser Leistung das immer überschüssige Angebot sprachlicher Variation entlasten[58].

Unsere Frage könnte in diesem Vorschlag eine Antwort finden: Die Erwartungserfüllung, die komische Positivierung des sprachlich Ausgegrenzten im Marivaudage ist ihrerseits bereits vorselegiert durch ein solches Kommunikationsmedium: durch das Kommunikationsmedium »Liebe«. In der auf persongebundener Sympathie beruhenden Liebe nämlich »reduziert sich die allgemeine Welt auf eine enger ausgelegte und doch konsensgesicherte Nahwelt, in der eine unmittelbare Orientierung des Handelns möglich wird«[59]. Bei Marivaux ist diese Nahwelt so gesichert, daß sie sich geradezu gegen ihre sprachliche Dementierung konstituieren und durchhalten kann. Nehmen wir ein Beispiel wiederum

---

[57] H. PLESSNER, *Lachen und Weinen*, p. 134.
[58] HABERMAS / LUHMANN, *Theorie der Gesellschaft oder Sozialtechnologie* (s. oben Anm. 6), p. 70 und 364 sq.
[59] N. LUHMANN, *Soziologische Aufklärung*, p. 127 sq.

aus der *Seconde Surprise de l'Amour*. Eine Intrige der Diener hat den beiden Verliebten eine Eifersuchtsreaktion entlockt, die sie sofort wieder voreinander zu kaschieren suchen. Eifersucht nämlich brauche gar nichts mit Liebe zu tun haben, die wahre Eifersucht sei vielmehr diejenige, die die Trübung einer so perfekten *amitié* nicht dulde:

Le Chevalier. — Que vous me charmez! Que vous me donnez de joie! (Il lui baise la main.)
La Marquise. — *riant* — On le prendrait pour mon amant, de la manière dont il me remercie.
Le Chevalier. — Ma foi, je défie un amant de vous aimer plus que je fais; je n'aurais jamais cru que l'amitié allât si loin, cela est surprenant; l'amour est moins vif.
La Marquise. — Et cependant il n'y a rien de trop.
Le Chevalier. — Non, il n'y a rien de trop; mais il me reste une grâce à vous demander. Gardez-vous Hortensius? Je crois qu'il est fâché de me voir ici, et je sais lire aussi bien que lui.
La Marquise. — Eh bien, Chevalier, il faut le renvoyer; voilà toute la façon qu'il faut y faire (II9).

Der Passus findet sich gegen Ende des zweiten, also des vorletzten Aktes. Was er enthält, ist ein für das Verhältnis der beiden Protagonisten entscheidender Augenblick: das Liebesgeständnis. Aber es ist ein Geständnis besonderer Art, ein solches nämlich, das sich sprachlich verleugnet, das sozusagen mit falschem Bewußtsein gegeben ist. Signalisiert wird dies im Lachen der Marquise: lachend verleugnet sie die Situation, lächelnd wird sie der Zuschauer verstehen, wird er begreifen, daß dieser *ami* der Marquise in Wahrheit ihr *amant* ist — ebenso wie er lächelnd verstehen wird, daß des Chevaliers Überraschung über eine so weit, ja weiter als die Liebe gehende Freundschaft in Wahrheit die im Titel angekündigte *surprise de l'amour* ist. Für die Komik der Situation ist also gleichermaßen wichtig, daß der sprachliche Konsens ein Scheinkonsens ist, wie auch, daß dieser Scheinkonsens der vollkommenen Harmonie der Szene nicht abträglich ist: von dem *raison*-Prediger Hortensius wollen sich die beiden fürderhin nicht mehr stören lassen. Der Konsens der Gefühle hat sich schon längst eingestellt, die Sprache hingegen braucht noch einen ganzen weiteren Akt, bis sie ihn eingeholt hat.

X

Ganz einholen wird sie ihn freilich nie. Dieselbe Sprache, die das Medium der Ausgrenzung war, kann nicht auch das Medium unverstellter Kommunikation sein. Sie kann, und das tun die Pointen des Marivaudage, das Ausgegrenzte innerhalb der Sprache anspielen, es positiv zum Gegenstand sprachlicher Kommunikation zu machen aber bedürfte ›neuer Zeichen‹. Allein, schon die *interprétation* verstellter Kommunikation braucht solche neuen Zeichen, *de nouveaux signes*[60], sofern sie sich sprachlich mitteilen will oder muß. Die Neologismen des Marivaudage haben hier ihren systematischen Ort: lexikalische Neologismen, Bedeutungsverengungen und -erweiterungen, dann syntaktisch-grammatikalische Eigentümlichkeiten, die die gleiche Funktion wie Neologismen haben und solche zum Teil auch antizipieren (insbesondere zu nennen wäre das für Marivaux so typische complément de caractérisation: *bonté de cœur, finesse de sentiment, vanité d'amour propre*). Überschaut man die von Deloffre zusammengetragenen Belege, so fällt auf, daß die wenigsten dem Theater entstammen; die Komödie ist zu Ende, wenn die Kommunikation in ›neuen Zeichen‹ beginnen müßte. Anders im Roman: die zu sich selbst gekommene Marianne, die auf ihren Weg zurückschaut, sie weiß sich im Besitz jener *finesse d'esprit*, der Marivaux die Erfindung der *nouveaux signes* zuschreibt[61].

Es scheint mir daher eine unglückliche Vereinfachung, wenn man heute von einer bestimmten sprachkritischen Position aus so tut, als habe der *esprit de finesse* Pascal nicht überlebt. Der in diesem Sinne von Jürgen Mittelstrass[62] zitierte Fontenelle nimmt jedoch aus dem Katalog derjenigen Bereiche, die er dem *esprit de géométrie* neu unterstellen möchte (*morale, politique, critique, éloquence*) die Dichtung aus, und gerade unser Beispiel Marivaux könnte Anlaß zu der Frage geben, ob nicht sie vom 18. Jahrhundert an zu jener Instanz wird, die immer wieder einen *esprit de finesse*[63] gegen die Ausgrenzungen undialektischer Aufklärung positiviert. Wenn dem aber so ist, dann wäre es auch Aufgabe literaturwissenschaftlicher Theoriebildung, funktionale Modelle zu entwickeln, die diesem Positivierungsprozeß angemessen sind. Die Linguistik wird hier wahrscheinlich nur in dem Maße weiterhelfen können, wie sie sich auf eine allgemeine Semiotik öffnet, also nicht nur die konnotativen Subkodes mittheoretisiert, sondern vor allem auch die von Umberto Eco so genannten »Kommunikationsumstände«, bestimmt als »die Gesamtheit der Wirklichkeit, die die Wahl von Codes und Subcodes bedingt, indem sie die Decodierung an ihre Anwesenheit bindet«[64]. Wie weit eine Formalisierung dieser Kommunika-

---

[60] *S'il venait en France une génération d'hommes qui eût encore plus de finesse d'esprit qu'on n'en a jamais eu en France et ailleurs, il faudrait de nouveaux signes pour exprimer les nouvelles idées dont cette génération serait capable*, zit. nach Deloffre p. 149.
[61] Siehe hierzu insbesondere die Portraits von Madame de Miran und Madame Dorsin im vierten Teil (Pléiade-Ausgabe p. 208 sq. und 246 sq.).
[62] J. Mittelstrass, *Neuzeit und Aufklärung*, Berlin / New York 1970, p. 124.
[63] Eine qualifizierte Rezeptionsgeschichte des Pascalschen *esprit de finesse* ist noch nicht geschrieben. L. Spitzer hat auf die Präsenz des *esprit de finesse* im Werk Marivaux' und insbesondere in der *Vie de Marianne* hingewiesen, ohne jedoch den Bedingungen der Pascal-Rezeption im einzelnen nachgegangen zu sein (*A propos de ›La Vie de Marianne‹ — Lettre à Monsieur Georges Poulet*, in Romanic Review 44, 1953, 102-126).
[64] U. Eco, *Einführung in die Semiotik*, München 1972, p. 136.

tionsumstände getrieben werden kann, steht dahin. Methodisch wird man sie über funktional-strukturelle und das heißt: immer auch die historische Dimension einbringende Modelle angehen müssen, und aus solchen Modellen wäre dann in einem weiteren Schritt eine Unterklasse fiktionaler, spielweltlicher Kommunikation auszudifferenzieren. Was sich bei unseren Analysen zu Marivaux zeigt, ließe sich also in dieser Perspektive vielleicht generalisieren. Linguistisches De- oder Transkodieren kann einem Phänomen wie dem Marivaudage nicht gerecht werden, und es ist wohl kein Zufall, daß sich der literaturwissenschaftliche Strukturalismus an das Problem des Komischen und der Komödie noch kaum herangemacht hat. Denn wenn es stimmt, daß das Lachen allemal ein von normativen Regelsystemen Ausgegrenztes positiviert, dann wird der hermeneutisch unaufgeklärte Strukturalist nur diesseits der Grenze operieren können, über die die Komik immer schon hinaus ist.

Insofern scheint es angebracht, noch einmal auf Luhmanns Vorschlag einer Differenzierung von sprachlicher Variation und vorsprachlicher Selektion hinzuweisen. Der Marivaudage umfaßt, so können wir im Blick auf diesen Vorschlag formulieren, eben nicht nur sprachliche »Variation«, sondern im Aspekt komischer Positivierung zugleich auch das vorsprachliche Kommunikationsmedium »Liebe«, so daß hier »durch die Art der Selektion zur Annahme motiviert wird. Es ist wichtig, zu sehen, daß dazu besondere Bedingungen erfüllt sein müssen, mit denen die Sprache allgemein — jedenfalls in komplexeren Gesellschaften — nicht belastet werden kann. Diese besonderen Konstellationen werden symbolisiert und bei Bedarf normiert durch einen Kode, der Selektion und Motivation zugleich steuert«[65]. Beim Kommunikationsmedium ›Liebe‹ »ist seit dem späten Mittelalter ein Ausscheren aus der allgemeinen gesellschaftlichen Kontrolle zu beobachten. Die Liebe gewinnt an Autonomie, da Liebe als individuelle Passion, also als nicht rechenschaftsfähiges Ergriffensein, interpretiert wird, die Funktion einer magischen (also nicht rationalen oder technischen, für Folgen verantwortlichen) Glücksgarantie übernimmt und sich so, zunächst unter utopischem, dann unter komischem, dann unter tragischem und schließlich unter trivialem Vorzeichen als Institution einlebt«[66]. Der historische Ort Marivaux' ist damit angebbar: was seine Stücke in Szene bringen, ist das am Beginn der bürgerlichen Ära zu lokalisierende Ausscheren der Liebe aus der gesellschaftlichen Kontrolle unter komischen Vorzeichen, die Positivierung des ›Kommunikationsmediums‹ Liebe gegen die sprachliche Kontrolle jener *opinion publique*, in deren Namen Marivaux' Figuren ihren Selbstbetrug aufbauen. Mit

---

[65] HABERMAS/LUHMANN, *Theorie der Gesellschaft oder Sozialtechnologie* (s. oben Anm. 6), p. 345.
[66] N. LUHMANN, *Soziologische Aufklärung*, p. 128.

dieser Positivierung wird der Aufklärung jener Bereich privater Intimität hinzugewonnen, der nach Habermas die Keimzelle einer spezifisch bürgerlichen — im Gegensatz zur repräsentativen — Öffentlichkeit darstellt. Gewiß sind die Subjekte, an denen Marivaux diesen Prozeß vorführt, ständisch gesehen oft noch Adlige. Aber die wechselseitige Entdeckung ihrer Sympathie vollzieht sich jenseits des Standesdekorums in einer Sphäre privater Intimität. Marivaux' komisches Theater ist eine der Geburtsstätten von Privatheit »im modernen Sinne gesättigter und freier Innerlichkeit«[67].

Dies ist der historische Index des Marivaudage. Wenn die Verliebten in freier Heiterkeit dem Spiel ein Ende machen, dann ist an die Stelle des »Zeremoniells der Ränge« eine neue »Parität des bloß Menschlichen« getreten, wie unerschüttert die soziale Hierarchie auch vorerst noch bleiben mag. Dies ist der Sinn des bekannten Schlußaktes in *Le Jeu de l'Amour et du Hasard*. Der Rang tritt zurück hinter einem neuen Humanitätsbegriff, den Habermas mit den drei Momenten der Freiwilligkeit, der Liebesgemeinschaft und der Bildung bestimmt[68]. Alle drei finden sich, wie sich zeigt, bei Marivaux thematisiert. Das unter der Régence wiedereröffnete Théâtre Italien, an dem er seine Triumphe feierte, wurde so zu einem Ort publikumsbezogener Privatheit, zu einer literarischen Institution bürgerlicher Öffentlichkeit[69].

XI

Un philosophe, un juge, un magistrat rit rarement, so heißt es einmal in dem Diderot zugeschriebenen Dialog *Cinqmars et Derville*[70]. Das Lachen nämlich beraube den Menschen der *faculté de réfléchir*, wenn es nicht gar einem *vice du cœur* entspringe, kurz: *le rire est la pierre de touche du goût, de la justice et de la bonté*. Lachend, und das heißt: moralisch ›neutral‹, mochte die philosophische Aufklärung der *déraison* nicht begegnen. Wo sie sich mit ihr auseinandersetzt,

---

[67] J. HABERMAS, *Strukturwandel der Öffentlichkeit*, p. 43.
[68] Ib., p. 52, 64, 73.
[69] »Erst mit der Regentschaft Philipps von Orléans, der die Residenz von Versailles nach Paris verlegt, verliert der Hof die zentrale Stelle in der Öffentlichkeit, ja seine Stellung als Öffentlichkeit. Indem nämlich ›die Stadt‹ dessen kulturelle Funktionen übernimmt, verändert sich nicht nur der Träger der Öffentlichkeit, sondern diese selbst. Die Sphäre der königlichen Repräsentation, mit ihr der *grand goût* von Versailles wird zur mühsam erhaltenen Fassade. Der Regent und seine beiden Nachfolger bevorzugen die kleinen Gesellschaften, wenn nicht gar den Familienkreis, und entziehen sich bis zu einem gewissen Grade der Etikette. Das großartige Zeremoniell weicht fast bürgerlicher Intimität« (HABERMAS p. 42 sq).
[70] Zit. nach Diderot, *Contes*, ed. H. DIECKMANN, London, 1963, p. 48-62.

empfindet sie ihre Lächerlichkeit als beunruhigende Frage, als Provokation, »verfremdet sich die Vernunft in der Bewegung, in der sie Besitz von der Unvernunft ergreift« — wie zum Beispiel in Diderots *Neveu de Rameau*, der als Komödie undenkbar ist: »Was in der lächerlichen Gestalt des unwillkommnen Gastes nur Narrenspiel war, enthüllt letzten Endes eine bedrohende Kraft der Lächerlichkeit. Das Abenteuer von Rameaus Neffen erzählt die notwendige Unstabilität und die ironische Umkehrung jener Urteilsform, die die Unvernunft als sich äußerlich und nicht essentiell denunziert«[71].

Die Vernünftigen lachen nicht, und auch nicht, so scheint es wenigstens Derville, *les mélancoliques et les amants*. Doch Cinqmars korrigiert:

Non; mais ils sourient, ce qui vaut peut-être mieux. Au reste, c'est le privilège des choses douces et tendres de caresser notre âme sans l'ébranler assez pour la sortir de son assiette.

Das kann man lesen als Umschreibung der Möglichkeit von Komik im Zeitalter der Aufklärung. Nicht mehr die *déraison* kann lachend positiviert, wohl aber können lächelnd *cœur* und *raison* zur Harmonie gebracht werden. Marivaux zeigt, wie weit diese Positivierung vom reflexionslosen Lustgewinn Molièrescher Lach-Rituale, wie weit sie aber auch von jener bürgerlichen Selbstverklärung entfernt ist, die ideologiekritische Rückschau ihr bisweilen unterstellt. *Sentiment* ist Organ der Selbstentdeckung und Selbsterkenntnis, seine Positivierung ist nicht ein Vorgang von Desemantisierung wie im Falle Molièrescher *déraison*, sondern nun tatsächlich axiologische Umpolung. Diese Umpolung aber hat eine Tradition: die Tradition jenes *ordre du cœur*, den schon Pascal gegen den *ordre de la raison* positivierte.

Daß das antimonarchistische Element des Jansenismus dessen Rezeption durch die frühbürgerliche Ideologie vorbereitete, ist, wenn auch im einzelnen noch aufhellungsbedürftig, bekannt[72]. Funktionsgeschichtlich betrachtet, gewinnt diese Rezeption gerade unter der hier verfolgten Perspektive an Reiz, ist es doch bei Marivaux die von Pascal als *divertissement* so verachtete Komödie, die, neben dem Roman, zum Ort dieser Positivierung wird: die fiktive Welt der Komödie, in der sich ein frühbürgerliches Publikum in aufklärerischer Absicht lächelnd über sich selbst verständigt.

---

[71] M. FOUCAULT, *Folie et déraison — Histoire de la folie à l'âge classique*, Paris 1961, zit. nach der deutschen Übersetzung von O. KÖPPEN, *Wahnsinn und Gesellschaft*, Frankfurt 1969, p. 351 sq.
[72] Siehe hierzu B. GROETHUYSEN, *Die Entstehung der bürgerlichen Welt- und Lebensanschauung in Frankreich*, 2 Bde., Halle / Saale 1927/30.

Marianne Kesting

NEGATION UND KONSTRUKTION
Aspekte der Phantasiearchitektur in der modernen Dichtung

I. *Aufriß der Thematik*

In Thomas de Quinceys *Confessions of an English Opium-Eater* findet sich über die *Carceri* des Giovanni Battista Piranesi eine Passage, die Baudelaire seltsamerweise nicht in seine vielen de Quincey-Zitate der *Paradis artificiels* aufgenommen hat. Aber gerade von dieser Passage ging ein außerordentliches Stimulans auf die moderne englische und französische Literatur aus. Sie lautet:

Many years ago, when I was looking over Piranesi's *Antiquities of Rome*, Coleridge, then standing by, described to me a set of plates from that artist, called his *Dreams*, and which record the scenery of his own visions during the delirium of a fever. Some of these (I describe only from memory of Coleridge's account) represented vast Gothic halls; on the floor of which stood mighty engines and machinery, wheels, cables, catapults, &c., expressive of enormous power put forth, or resistance overcome. Creeping along the sides of the walls, you perceived a staircase; and upon this, groping his way upwards, was Piranesi himself. Follow the stairs a little farther, and you perceive them reaching an abrupt termination, without any balustrade, and allowing no step onwards to him who should reach the extremity, except into the dephts below. Whatever is to become of poor Piranesi, at least you suppose that his labours must now in some way terminate. But raise your eyes, and behold a second flight of stairs still higher, on which again Piranesi is perceived by this time standing on the very brink of the abyss. Once again elevate your eye, and a still more aerial flight of stairs is descried; and there, again, is the delirious Piranesi, busy on his aspiring labours: and so on, until the unfinished stairs and the hopeless Piranesi both are lost in the upper gloom of the hall. With the same power of endless growth and self-reproduction did my architecture proceed in dreams. In the early stage of the malady, the splendours of my dreams were indeed chiefly architectural; and I beheld such pomb of cities and palaces as never yet was beheld by the waking eye, unless in the clouds[1].

Diese erstaunlich genaue Wiedergabe einer nur mündlich beschriebenen Graphik enthält zwei Unexaktheiten, die aber eine sehr wesentliche und sowohl für de Quinceys wie Coleridges Ästhetik charakteristische Interpretation Piranesis enthalten. Einmal nennt de Quincey den Piranesischen Zyklus nicht *Carceri*, sondern *Dreams*, d. h. Coleridge/de Quincey interpretieren die Radierungen als ›Träume‹ Piranesis. Als weiteres interpretatorisches Moment taucht auf, daß in seiner eigenen Schöpfung Piranesi selbst mehrfach herumwandere. In Wirklichkeit sind die Figuren weder ihrem Gesicht nach noch in der Art ihrer Tätigkeit genau zu diagnostizieren. Zu dieser Interpretation aber gelangen de Quincey und Coleridge einmal aufgrund ihrer eigenen Ästhetik, dann wegen der

---

[1] Thomas de Quincey, *Collected Writings*, London 1897, Vol. III, p. 238 sq.

Ähnlichkeit, die diese *gothic halls* mit ihren eigenen Opium-Träumen hatten. De Quincey und Coleridge deuten also Piranesis Architektur-Phantasien als Selbstprojektion.

Zu Recht werden in der Kunstgeschichte die *Carceri*, die der Architekt und Kupferstecher Piranesi in den Jahren 1742/43 im Alter von 23 Jahren entwarf und 1761 noch einmal überarbeitete, nicht nur als Piranesis Hauptwerk, sondern innerhalb der Kunstgeschichte als etwas absolut Neues betrachtet, das es innerhalb der seit Ausgang der Renaissance durchaus üblichen Phantasiearchitekturen und Ruinenmalereien in dieser Form noch nicht gegeben hat[2].

Eben dieses »Neue« war es, das Coleridge und de Quincey erregte und Gruppen von englischen und französischen Dichtern stimulierte, in ihre Werke Piranesische Phantasiearchitekturen einzubauen[3]. Das »Neue« betraf nämlich die »Welt der Imagination«, die daraus resultierende Ästhetik und eine der seltsamsten Formen moderner architektonischer »negativer Utopie«, die endlich von konstitutioneller Bedeutung für die moderne Literatur sein sollte, also nicht nur der sogenannten romantischen, sondern auch der gegenwärtigen.

Das »Neue« an Piranesi, das schon von Erwin Gradmann als Annäherung an den Surrealismus[4] interpretiert wurde, hat, wie schon de Quincey und Coleridge erkannten und die Piranesi-Forscherin Marguerite Yourcenar bestätigte, die Struktur des Traums: »Aufhebung der Zeit, Verschiebung des Raums, die suggerierte Aufhebung der Schwerkraft, der Rausch des Unmöglichen«[5]. Es ist »ein Traum aus Stein«, eine dämmerige Gewölbeflucht, aus der die Natur ausgeschlossen ist. Die *Carceri* sind montiert aus Architekturelementen aller Jahrhunderte, besonders aber aus jenen Relikten römischer Architektur, deren Bedeutung Piranesi als erster wieder ans Licht rückte. Piranesis Architekturvisionen vervielfältigen immer die gleichen oder ähnlichen Elemente ins Grenzenlose, sie suggerieren ein endloses Gefängnis von Spiegelungen und Wieder-

---

[2] Als ein Vorgänger der Piranesischen Traumarchitektur kann lediglich Monsu Desiderio gelten, den G. R. HOCKE, den »rätselhaftesten Maler Europas zwischen 1600 und 1650« nennt (*Die Welt als Labyrinth*, Hamburg 1957, p. 164). Seine Identität ist bis heute nicht geklärt (s. F. SLUYS, *Didier Barra et François de Nome dits Monsu Desiderio*, Paris 1961). Seine Traumarchitekturen sind wie die Piranesis durch den Synkretismus der architektonischen Stile, »beschleunigte Perspektive« (HOCKE, p. 165) und Raumflucht, jedoch nicht wie die Piranesischen *Carceri* durch Abgeschlossenheit und labyrinthische Spiegelungen und Wiederholungen charakterisiert.
Über die Phantasiearchitektur in der Literatur seit der Renaissance s. G. GOEBEL, *Poeta Faber. Erdichtete Architektur in der italienischen, spanischen und französischen Literatur der Renaissance und des Barock*, Heidelberg 1971.
[3] L. G. KELLER, *Piranèse et les romantiques français. Le mythe des escaliers en spirale*. Diss. Zürich 1966.
[4] *Phantastik und Komik*, Bern 1957, p. 102 sq.
[5] *Die imaginären Gefängnisse des Giovanni Battista Piranesi*, Frankfurt a. M. 1965, p. 57.

Giovanni Battista Piranesi, Carceri, Blatt VII

Monsu Desiderio, Architectures et Ruines

holungen, die in sich immer weiter laufen, aber nirgends einen Ausweg zeigen. Die *Carceri* haben die Struktur eines hermetischen Labyrinths. U. Vogt-Göknil gab folgende interpretierende Beschreibung der *Carceri*:

»Sein (Piranesis) Erlebnis von Gefangensein äußert sich somit als ein Gebanntsein in *Wiederholungen*, als rast- und zielloses Unterwegssein ... Wie von Atemnot gequält, schleppen sie (die Figuren) sich über die Brücken oder erklettern sie die Treppen, um wiederum auf neue Brücken und Treppen zu gelangen. Gefesselt von der Endlosigkeit der Wiederholungsmöglichkeiten, drängen sie von einer ›Übergangs-Situation‹ zur anderen. Ihr Gefangensein äußert sich so — paradoxerweise — als eine nie zu Ende neigende, nicht stillbare Rastlosigkeit; als ein stetes Unterwegssein. Damit trifft Piranesi die radikalste, d. h. die aussichtsloseste Form des Gefesseltseins ...«[6].

Schon bei M. Yourcenar tauchte zu den piranesischen *Gefängnissen* eine literarische Assoziation auf. Sie entdeckte ähnliche Verliese, endlose Kellergewölbe und Folterkammern in den Romanen de Sades und interpretierte sie als »Abgründe ohne Boden und Ausweg ...: Unsere Höllen«[7]. In der Tat finden wir die früheste korrespondierende literarische Formulierung dieser Art Gefängnisse bei de Sade, die späteste in Samuel Becketts *Dépeupleur*. Dort sind eine Anzahl von Figuren in einen zylinderartigen Raum eingesperrt und versuchen vergeblich, aber ebenso rastlos wie Piranesis Figuren, über Leitern in verschlossene Nischen und Gänge zu klettern, hinter denen sie einen Ausweg vermuten.

Warum damals wie heute solche Gefängnis-Visionen auftauchen, hat Pierre Klossowski in seinen Reflexionen über de Sade versucht zu entschlüsseln. Er begriff die de Sadesche Gefängniswelt, worin nicht nur die Strukturen der Gewölbefluchten in endloser Spiegelung wiederkehren, sondern auch die Figuren darin in den Exzeß dauernder rastloser Wiederholung ihres Tuns gebannt sind, als Säkularisierung des religiösen Ewigkeitsgedankens:

L'âme chrétienne se donne à Dieu, l'âme romantique à sa nostalgie, l'âme sadiste à son exaspération; mais en se donnant à Dieu, l'âme sait que Dieu se donne à l'âme. Par contre la nostalgie ni l'exaspération ne peuvent restituer l'âme que dans l'état permanent de nostalgie et d'exaspération[8].

In seinem Essay über *La messe de Georges Bataille* nimmt Klossowski noch einmal diesen Gedanken über de Sade auf und überträgt ihn nicht nur auf die rastlose und permanente endlose Orgie der de Sadeschen Figuren, sondern auch auf die Sprache de Sades:

Chez Sade le langage n'arrive pas à s'épuiser, intolérable à lui-même, après être acharné des journées entières sur la même victime. Le langage est condamné à une réitération sans fin ...[9].

---

[6] U. Vogt-Göknil, *Giovanni Battista Piranesi. Carceri*, Zürich 1958, p. 45.
[7] L. c., p. 62.
[8] *Sade mon prochain*, Paris 1947, p. 123.
[9] *Un si funeste désir*, Paris 1963, p. 126.

In dem Band der Tel-Quel-Gruppe über *La pensée de Sade*[10] entdeckten Roland Barthes und Philippe Sollers nicht nur, daß die Welt de Sades eine absolut »aus Sprache gebaute« phantastische sei, sondern auch ihre Verbindung zur Utopie Rousseaus und Fouriers wie zur pervertierten Religion, einen Gedanken, den schließlich Philippe Sollers in den Satz gipfeln ließ: »Die Hölle wird zum Paradieserlebnis, das Gefängnis zur Welt, das Buch zur Wirklichkeit.« Dieser Satz umreißt schlagwortartig den Horizont, auf den das Thema der Phantasiearchitektur sich projiziert, wie de Quinceys Passage über Piranesi seine psychologisch-ästhetischen Möglichkeiten.

II. *Die soziale Situation und die Reaktion der Dichtung*

Die Literatur, die sich mit der Beziehung zwischen Droge und Dichtung auseinandergesetzt hat, verzeichnet einmütig, daß seit Beginn des 19. Jahrhunderts der Gebrauch von Opium besonders bei den europäischen Dichtern rasch anstieg[11] und speziell durch die sogenannten romantischen Dichter als Flucht aus einer ihnen immer unerträglicher werdenden sozialen Wirklichkeit in die Sphäre des Traums und des Rausches mit seinen spezifischen Erfahrungen benutzt wurde. Opium-Esser waren Jean Charles Emmanuel Nodier, Alfred de Musset, Henri Murger, Gérard de Nerval, Jules-Amédée Barbey d'Aurevilly, Eugène Sue, Jean-Baptiste-Alphonse Karr, Théophile Gautier, Alexandre Dumas, Charles Baudelaire, Paul Léautaud, Edgar Allan Poe, Samuel Taylor Coleridge, Thomas de Quincey, John Keats, Elizabeth Browning, James und Francis Thompson, George Crabbe, Lord Byron, Percy Bysshe Shelley — von den modernen und gegenwärtigen, mehr wissenschaftlichen Rechercheuren der *Bewußtseinserweiterung* wie Gottfried Benn, Aldous Huxley, Jean Cocteau, Henri Michaux und William S. Burroughs einmal abgesehen. Dieser steigende Gebrauch von Opium hängt mit einem Themenkomplex der romantisch-modernen Dichtung zusammen, in dem die Phantasiearchitektur einen exemplarischen Stellenwert erhält. Aber auch die soziale Situation ist komplex, auf die diese steigende Sucht nach Rausch und die Emigration in die Imagination antwortete. In der entsprechenden Sekundärliteratur wird dieser Komplex oft in seinen Einzelerscheinungen vereinseitigt und eine Detailursache zu einer Gesamtursache erhoben. Beispiels-

---

[10] Paris 1967, dt. München 1969.
[11] A. HAYTER, *Opium and the Romantic Imagination*, London 1968; M. H. ABRAMS, *The Milk of Paradise. The Effect of Opium Visions in the Work of Quincey, Crabbe, Francis Thompson and Coleridge*, Harvard University Press, Boston 1934; E. SCHNEIDER, *Coleridge, Opium and »Kubla Khan«*, London 1953; E. J. MICKEL, *The Artificial Paradises in French Literature*, Chapel Hill 1969.

weise nennt E. J. Mickel als Ursache der Opiumsucht die Mode, nämlich der Begeisterung für den Orient[12], M. H. Abrams die Verzweiflung über den Verlauf der französischen Revolution[13]. Der Kult des Orients stand, wie schon Mickel durchaus meditiert, in Zusammenhang mit der Zivilisationsflucht des Reisens, die Enttäuschung über den Verlauf der französischen Revolution wiederum war untrennbar verbunden mit der in sie transponierten metaphysischen Hoffnung auf ein irdisches Paradies. Reise, Traum, Rausch, utopischer Gegenentwurf in Form von Phantasiearchitektur und, als Medium und Transportmittel dieser phantastischen Emigrationen, die Dichtung selbst, müssen als ein dichtes Themengewebe aufgefaßt werden, das einem ebenso dichten Gewebe von sozialen Motiven antwortete. In dieser Hinsicht sind die Zeugnisse der Dichter besonders interessant, die ihre eigenen Reaktionen selbst auf die ihnen zugrunde liegenden sozialen Ursachen überprüften. Von diesen seien de Quincey, Coleridge, Poe und Baudelaire als subtilste Denker angeführt, deren Reaktion auf sehr genauer Beobachtung der sozialen Entwicklung und ihrer ebenso präzisen Diagnostizierung beruhte. Sowohl Negation wie Utopie innerhalb der Dichtung wiederum wurden zum intimen Spiegel der Reaktion des Ich auf diese soziale Wirklichkeit, enthielten also wiederum Diagnose und Spiegelung.

Für die These Abrams' etwa spricht zunächst die Reaktion Samuel Taylor Coleridges auf die französische Revolution, die für ihn enthusiastische Hoffnungen barg, von der er sich aber, angesichts von Napoleons Einbruch in die Schweiz, mit Abscheu abwandte[14]. In seinen zahlreichen Schriften zur Politik aber findet sich ein weitaus bemerkenswerterer Satz über die *kalkulierte Grausamkeit, die das rapide Anwachsen der Industrie* begleitete[15]. Thomas de Quincey kommt in *Suspira de profundis* ebenfalls im Zusammenhang mit den Revolutionen auf die Entwicklung von Technik und Industrie und die *faculty of dreaming* zu sprechen:

... even this, where it exists strongly, is too much liable to disturbance from the gathering agitation of our present English life. Already, what by the procession through fifty years of mighty revolutions amongst the kingdoms of the earth, what by the continual development of vast physical agencies, — steam in all its applications, light getting under harness as a slave for man, powers from heaven descending upon education and accelerations of the press, powers from hell (as it might seem, but these also celestial) coming round upon artillery and the forces of destruction, — the eye of the calmest observer is troubled; the brain is haunted as if by some jealousy of ghostly beings moving amongst us; and it becomes too evident that, unless

---

[12] L. c., p. 15, 59.
[13] *Immanente Ästhetik, ästhetische Reflexion*, Poetik und Hermeneutik II, München 1966, p. 115 sq.; ferner: M. H. ABRAMS, *English Romanticism: The Spirit of the Ages*, in *Romanticism Reconsidered*, ed. N. FRYE, New York 1963.
[14] J. COLMER, *Coleridge, Critic of Society*, Oxford 1959.
[15] J. COLMER, l. c., p. 169.

this colossal pace of advance can be retarded (a thing not to be expected), or, which is happily more probable, can be met by counter-forces of corresponding magnitude, — forces in the direction of religion or profound philosophy that shall radiate centrifugally against this storm of life so perilously centripetal towards the vortex of the merely human, — left to itself, the natural tendency of so chaotic a tumult must be to evil; for some minds to lunacy, for others a reagency of fleshly torpor. How much this fierce condition of eternal hurry upon an arena too exclusively human in its interests is likely to defeat the grandeur which is latent in all men, may be seen in the ordinary effect from living too constantly in varied company. The word dissipation, in one of its uses, expresses that effect; the action of thought and feeling is consciously dissipated and squandered. To reconcentrate them into meditative habits, a necessity is felt by all observing persons for sometimes retiring from crowds. No man ever will unfold the capacities of his own intellect who does not at least checker his life with solitude. How much solitude, so much power. Or, if not true in that rigour of expression, to this formula undoubtedly it is that the wise rule of life must approximate. Among the powers in man which suffer by this too intense life of the social instincts, none suffers more than the power of dreaming [16].

Diese *power of dreaming* aber in der zeitgenössischen Welt zu intensivieren, diene nichts mehr als — das Opium. Nicht von ungefähr machte de Quincey in seiner Vorbemerkung *An den Leser* in den *Confessions of an English Opium Eater* auf das Elend der Arbeiter und ihre Opiumsucht aufmerksam. In den *Paradis artificiels* nennt Baudelaire die Spezifika großstädtischen zivilisatorischen Lebens, die er an den *déjections des grandes villes* studiert, als der Kompensation durch den Rausch bedürftig [17]. Und es ist charakteristisch, daß der Dichter sich hier mit dem ›Auswurf der großen Städte‹ und ihrem Leiden an den *lourdes ténèbres de l'existence commune et journalière* durchaus identifiziert. Beide gehören, jeweils aus verschiedenen Gründen, zu den Geächteten der Gesellschaft, an deren technisch-kommerziellen Paradiesen sie nicht teilhaben, und suchen jeweils auf ihre Weise ihre Kompensation.

In seinem Aufsatz *Edgar Poe. Sa vie et ses œuvres* nennt Baudelaire gleich einen ganzen Themenkomplex als Ursache für die Reaktionen Poes und seine Affektation durch Traum und Rausch. Bezeichnenderweise erscheint Baudelaire Amerika als Inkarnation einer insgesamt verabscheuenswerten Entwicklung, die für Poe *une vaste prison* war, *qu'il parcourait avec l'agitation fiévreuse, ... et que sa vie intérieure ... n'était qu'un effort perpétuel pour échapper à l'influence de cette atmosphère antipathique*. Bezeichnenderweise verbinden sich diese Bemerkungen bei Baudelaire mit einer scharfen Kritik an der Demokratie als der *tyrannie de l'opinion publique*, die die Individualität zum Erlöschen bringe; für ihn ist der demokratische Fortschrittsglaube mit der *foi naïve dans la toute-puissance de l'industrie* verschwistert. Beides im Verein habe aus der Welt der Literaten eine Klasse für sich gemacht: *Poe fuyait tout dans le noir de l'ivresse comme dans une tombe préparatoire*. Die *Notes nouvelles sur Edgar*

---

[16] *Collected Writings*, l. c., Vol. XIII, p. 334 sq.
[17] *Œuvres complètes*, Paris 1961 (Bibliothèque de la Pléiade), p. 327, 335.

Poe nehmen das Thema ›Amerika‹ noch einmal auf und denunzieren seine *activité puérile, inutile* und *ce bouillonnement de médiocrités ... Ce monde épris des perfectionnements matériels*; und er zitiert zustimmend eine Passage aus einem Zeitungsartikel: *Le progrès incessant de la science ..., dont les applications les plus réussies remontent à une époque barbare et très-ancienne!!!* Kurzum, die Klagen Baudelaires beziehen sich sowohl auf die vergeblichen Hoffnungen der Demokratisierung wie auf die rapiden Veränderungen der gesellschaftlichen Verhältnisse durch die technisch-industrielle Revolution. Und er beschreibt die persönlichen wie ästhetischen Reaktionen Poes als genaue Gegenbewegungen gegen diese Faktoren der Entwicklung. Er hätte sich dabei sogar auf Poe selbst berufen können, der nicht nur einer der enragiertesten Kritiker der amerikanischen Demokratie, sondern auch des vereinseitigten technisch-industriellen Fortschritts wurde[18].

Endlich sei noch als weiteres, allerdings in den Auseinandersetzungen Poes und Baudelaires schon auftauchendes Moment genannt: die wissenschaftliche Entwicklung und Faktengläubigkeit selbst, die als einer der schärfsten Angriffe auf den Wahrheitsanspruch der Dichtung empfunden wurde und endlich entweder zu einem Eingehen auf die Wissenschaftlichkeit seitens der Dichtung oder zu einer scharfen Abgrenzung ihrer Bereiche gegenüber der Wissenschaft führte[19].

Es war also das Konglomerat einer Gesamtentwicklung mit all ihren Einzelerscheinungen, die zu spezifischen Reaktionen der Dichtung führte, wobei der Regreß etwa auf die Einzelerscheinung des gesamtgesellschaftlichen Zusammenhanges stets den Blick darauf verstellt, daß es sich um die generellen Veränderungen der gesamten Lebensqualität handelt, die wiederum einen ganzen Komplex von Reaktionen zeitigte[20].

Dieser Komplex von Reaktionen umgreift einerseits das, was die allgemeinen Entwicklungstrends der technisch-industriellen Gesellschaft vernachlässigten. Zugleich begann das auf sich selbst verwiesene und zurückgeworfene dichterische Individuum über die Intensivierung des Traumvermögens durch die Droge die Recherche des eigenen Ich bis in die Abgründe des Unbewußten, die Recherche der Konstituenten der Imagination und, auf diesem Wege, den dichterischen Gegenentwurf, dessen exemplarischer Ausdruck die Phantasiearchitektur ist.

---

[18] Vf., *Im Maelstrom der Geschichte. Die politische Parabel bei Edgar Allan Poe*, in Id., *Entdeckung und Destruktion*, München 1970, p. 69 sq.
[19] Vgl. Chr. Enzensberger, *Viktorianische Lyrik, Tennyson und Swinburne in der Geschichte der Entfremdung*, München 1969, p. 133 sq.
[20] Vgl. Chr. Enzensberger, l. c., p. 16 sq.

III. *Die Recherche der Imagination*

> In the present age the *poet* ... seems to propose to *himself as his main object,* and as that which is the most characteristic of his art, *new* and striking *images;* with incidents that interest the affections or excite the curiosity.
>
> Coleridge in der
> *Biographia literaria*

In der Gefolgschaft von Fichtes Philosophie, worin das Ich sich selbst zum Objekt nahm[21] und der Schellingschen Proklamation der Imagination als ›Organ der Wahrheit‹ setzte bei Coleridge eine profunde Recherche der Gesetze der Imagination ein als Recherche der Voraussetzungen des Wahrnehmens und Denkens, die bei seinem Nachfolger de Quincey bis zur Entdeckung der freudianischen Gesetze des Unbewußten vordrang.

Voraussetzung dieser Recherche war die Einschätzung der Imagination selbst als einer Realität und die Beobachtung von *the mind's self-experience in the act of thinking*[22]. In der *Biographia literaria* geht Coleridge den Möglichkeiten der inneren Erfahrung nach und entdeckt, hier auf Berkeley, Gassendi und Hobbes fußend, das Gesetz der Assoziation[23] und des Unbewußten und seines assoziativen Erinnerungsvermögens. Unter den zahllosen Aussprüchen, die Coleridge über das Unbewußte tat, ist eine Notiz in den *Notebooks* vom 25. Nov. 1799 von besonderem Interesse, da hier deutlich wird, daß Coleridge den Halbschlummer des Opium-Traumes zum Medium seiner Beobachtungen machte:

Print in the Darlington Ox, sprigged with Spots. — Viewed in all moods, consciously, unconsc. semiconsc. — with vacant, with swimming eyes made a Thing of Nature by the repeated action of the feelings. O Heaven when I think how perishable Things, how imperishable Thoughts seem to be! — For what is Forgetfulness? — Renew the state of affection or bodily Feeling, same or similar — sometimes dimly similar / and instantly the trains of forgotten Thought rise from their living catacombs! — Old men, & Infancy / and Opium, probably by its narcotic effect on the whole seminal organisation, in a large Dose, or after long use, produces the same effect on the visual & passive memory.

Old Men, & Infancy / and Opium bedeutet eine Anspielung auf das assoziative Erinnerungsvermögen, das durch das Opium in dramatischer Weise mobilisiert wird, so daß, wie Coleridge in seinem Vorwort zu *Kubla Khan* berichtet, *all images rose up before him as* ›*things*‹!

Als *privilege of the genius* proklamiert Coleridge *to combine the child's sense*

---

[21] Coleridge nannte sie *the keystone of the arch* (*Biographia literaria*, London 1956, p. 85).
[22] J. B. BEER, *Coleridge The Visionary*, London 1959, p. 135 sq.
[23] L. c., p. 54, 57.

of wonder and novelty with the appearences which every day for perhaps forty years had rendered familiar [24].

In den *Confessions of an English Opium-Eater* erweiterte und vertiefte de Quincey die Erfahrungen Coleridges um eine reguläre Lehre über den ›Palimpsest‹ der Erinnerung und die Dramatik der Selbstprojektion — eine glatte Vorwegnahme der ›Traumlehre‹ Freuds, so daß Freud auf der Feier seines 70. Geburtstages nach dem Lob seines Vorredners zu Recht behauptete:

The poets and philosophers before me discovered the unconscious. What I discovered was the scientific method by which the unconscious can be studied [25].

Dieses ›Unbewußte‹, das die Dichter, voran Coleridge und de Quincey, entdeckten, gab die Basis einer neuen Ästhetik ab, deren Zusammenhang Baudelaire in den *Paradis artificiels* konstituierte.

IV. *Traum — Architektur — Dichtung*

I would build that dome in air ...
Coleridge in *Kubla Khan*

Bekanntlich entstand eines der berühmtesten dichterischen Fragmente, Coleridges *Kubla Khan*, in einem Opium-Traum [26]. Dieses Gedicht über die Erbauung eines Palastes in einer phantastischen Landschaft regte gerade wegen seiner Rätselhaftigkeit die Literaturwissenschaft zu einer außerordentlichen Recherche an. Auf den eigentlichen Kern der Dichtung aber drang Jorge Luis Borges in seinem Essay *Der Traum Coleridges* aus der *Historia de la Eternidad*, in dem er der Beziehung zwischen Architektur und Dichtung nachging.

Wie Coleridge in seinem Vorwort zu *Kubla Khan* schrieb, wurde der Traum angeregt durch den Satz aus *Purchas his Pilgrimage*:

Here the Khan Kubla commanded a palace to be built, and a stately garden thereunto. And thus ten miles of fertile ground were inclosed with a wall [27].

---

[24] *Biographia literaria*, l. c., p. 49.
[25] Zit. bei J. V. BAKER, *The Sacred River. Coleridge's Theory of the Imagination*, Louisiana State University Press, 1957, p. 98.
[26] J. B. BEER, *Coleridge the Visionary*, l. c., p. 200.
[27] Coleridge zitiert hier ungenau. Der ursprüngliche Satz, von dem er ausging, macht seinen Charakter als Inspirator einer Paradieses-Vision deutlicher. Er lautet: *In Xamdu did Cubai Can build a stately Pallace, encompassing sixteen miles of plaine ground with a wall, wherein are fertile Meddows, pleasant Springs, delightful Streams, and all sorts of beasts of chase and game, and in the middest thereof a sumptous house of pleasure, which may be removed from place to place.* (*Purchas his Pilgrimage*, London 1614, Bd. IV, p. 415).

In seinem Essay nun berichtet Borges, daß zwanzig Jahre nach Abfassung dieses Gedichtes das erste Bruchstück einer Geschichtensammlung von Rashid-ed-Din in Paris erschien, in der zu lesen stand:

> Im Osten von Shang-tu errichtet Kublai Khan einen Palast nach einem Plan, den er im Traum geschaut und im Gedächtnis behalten hatte.

Das bemerkenswerte Resümee Borges' lautet: »Ein mongolischer Kaiser träumt im 14. Jahrhundert einen Palast und erbaut ihn nach dem Vorbild seiner Vision; im achtzehnten Jahrhundert träumt ein englischer Dichter, der nicht wissen konnte, daß dieses Bauwerk sich aus einem Traum herleitet, ein Gedicht über diesen Palast (...). Wer sie verglichen hätte, der hätte gesehen, daß sie wesensgleich waren.«

Dichtung wie der reale geschichtliche Palast des Kubla Khan entstanden aus einem Traum; aber nicht allein dies garantiert, über Jahrhunderte hinweg, ihre ›Wesensgleichheit‹. Wer Borges' Ästhetik kennt, weiß, daß er, fußend auf Coleridges Ästhetik, noch auf eine andere Wesensgleichheit anspielt: aus Imagination kann Wirklichkeit werden; weiter, daß hinter diesem Gedanken wiederum sich der verbirgt, den auch Coleridge in seinem Vorwort zu *Kubla Khan* benennt, nämlich, daß Imagination und ihre Ausformung, die Dichtung, Wirklichkeit sei — wie Architektur. Sie ist gebaute, strukturierte Imagination. Coleridges wie Borges' ästhetische Philosophie lancieren damit einen Anspruch, der Architektur und Dichtung miteinander verbindet. Dieser Anspruch umfaßt, wie Borges' Erzählung *Tlön, Uqbar, Orbis tertius* aus den *Labyrinthen* besagt, auch die politische Utopie[28].

Mit *Kubla Khan* beginnt die hieroglyphische Dichtung. Gerade die hermetische Rätselhaftigkeit dieses Traumgedichts und Gedichtfragments wirkte sich zu einem seltenen Faszinosum für die Interpretation aus. Allein John Livingstone Lowes verfaßte über den Assoziationskomplex dieses Gedichtes, in das, wie er nachwies, eine unermeßliche Lektüre Coleridges eingeflossen war, ein Kompen-

---

[28] Der Zusammenhang von Architektur und Utopie, der in Thomas Morus' *Utopia*, Francis Bacons *Neu-Atlantis*, besonders aber in Campanellas *Sonnenstaat* im Entwurf der Sonnenstadt evident wird, erfährt in der sogenannten französischen *Revolutionsarchitektur* bei Etienne-Louis Boullée (1728-1799), Claude-Nicolas Ledoux (1736-1806) und Jean-Jacques Lequeu (1757-1825?) seine Ausformung sowohl als soziale Utopie wie ästhetische Totalität. Ledoux entwarf nicht nur nach dem Vorbild von Fouriers Phalanstères die »ville idéale«, er realisierte auch, darin Richard Wagner vorwegnehmend, die »ästhetische Totalität« (p. 27 sq.) in Form der Einheit zwischen Bühne und Zuschauerraum in seinem Theater von Besançon durch Versenkung des Orchesters und proklamierte: »Die Architektur umschlingt den Betrachter mit der Verführungskraft des Wunderbaren« (p. 15 sq.). Den Vergleich zwischen Architektur und Dichtung zog Boullée, als er schrieb: »Unsere öffentlichen Gebäude sollen in gewisser Hinsicht richtige Gedichte sein«. (s. Ausstellungskatalog *Revolutionsarchitektur*. Staatliche Kunsthalle Baden-Baden, 2/1971.

dium von über 400 Seiten. Er enträtselte den Assoziationskomplex, freilich ohne den eigentlichen Sinnzusammenhang konstituieren zu können[29]. Diesen zu entschlüsseln gelang erst J. B. Beer in einer überwältigenden Analyse, die nachwies, daß dieses Gedicht eine Dichtung über die Dichtung sei. Thema von *Kubla Khan* ist *genius and the lost paradise*. Der *pleasure dome* Kubla Khans wird kontrastiert und überboten durch die *vision of paradise regained*, nämlich die Dichtung selbst, das Gebäude des *absolute genius*[30].

Coleridges Fragment ist also ein Gedicht über die Dichtung, die fähig sei, einer gefallenen Welt das verlorene Paradies wieder zu errichten. Wiederum ist bemerkenswert, daß Borges den Zusammenhang zwischen Architektur und Dichtung begriff, ohne die Analyse Beers zu kennen.

Es war Edgar Allan Poe, der, freilich in Kenntnis der Coleridgeschen Ästhetik[31], den ihr zugrunde liegenden Entwurf in weitaus unheimlichere Konsequenzen vortrieb und damit in Zusammenhänge vorgriff, die bis zum *Nouveau Roman* die moderne Dichtung bestimmen sollten.

Er allein weitete das Thema der Phantasiearchitektur von der *Philosophy of Furniture* bis zum Gebäude- und Landschaftsentwurf und endlich innerhalb der Ästhetik bis zum vollkommen durchgeplanten Kunstwerk aus. Bezeichnenderweise erscheint bei ihm Dichtung und Architektur ›wesensgleich‹, und sie ist aufgerufen, nicht nur einer ›gefallenen Welt‹ das Paradies wiederzugewinnen, sondern den utopischen Gegenentwurf zu liefern zu dem, was er gesellschaftlich diagnostizierte.

V. *Dichtung als künstliches Paradies*

> ... et quand un poème exquis amène les larmes au bord des yeux, elles sont le témoignage d'une nature exilée dans l'imparfait qui voudrait s'emparer immédiatement, sur cette terre même, d'un paradis révélé.
>
> Baudelaire über Poe

Poes *Domain of Arnheim* mit ihrer Variante *The Landscape Garden* gehen aus von eigentlich Rousseauschen Gedanken über den Verlust der Natur und ihre sekundäre, künstliche Wiederherstellung und damit die Wiederherstellung

---

[29] *The Road to Xanadu*, London 1930.
[30] *Coleridge the Visionary*, l. c., p. 266 sq.; vgl. a. P. M. ADAIR, *The Waking Dream*, London 2/1967, p. 221 sq.
[31] Bekanntes Zeugnis für Poes Kenntnis der *Biographia literaria* ist sein *Letter to B —* von 1836.

des ursprünglichen Glückes *that even now, in the present blindness and darkness of all idea on the great question of the social condition* verlorengegangen sei. Bezeichnenderweise ist es Ellison, ein Landschaftsarchitekt, der ein künstliches Paradies schafft, das Paradies von Arnheim. Und dieser Mann, der nie eine Zeile Dichtung schrieb, *in the widest and noblest sense he was a poet*, und zwar, weil ihm als die einzige berechtigte Aufgabe der Poesie *the creation of novel moods of purely physical loveliness* erschien. Aber er dichtet nicht; er baut einen Landschaftsgarten, der über labyrinthisch sich windende Flüsse in ein riesiges schlundartiges Becken führt, ein absolut künstliches Paradies aus Stein und Wasser, das dem Betrachter erscheint als ein *panoramic cataract of rubies, sapphires, opals and golden onyxes rolling silently out of the sky*; jenseits dessen erhebt sich ein *pleasure dome*:

a mass of semi-Gothic, semi-Saracenic architecture, sustaining itself as if by miracle in midair, glittering in the red sunlight with a hundred oriels, minarets, and pinnacles; and seeming the phantom handiwork, conjointly, of the Sylphs, of the Fairies, of the Genii, and of the Gnomes [32].

Nicht unwahrscheinlich ist, daß von dieser Architekturvision noch Baudelaires *Rêve parisien* inspiriert war:

> ... L'enivrante monotonie
> Du métal, du marbre et de l'eau.
>
> Babel d'escaliers et d'arcades,
> C'était un palais infini,
> Plein de bassins et de cascades
> Tombant dans l'or mat ou bruni;
>
> Et des cataractes pesantes,
> Comme des rideaux de cristal,
> Se suspendaient, éblouissantes,
> A des murailles de métal.

Aber auch unabhängig von Poe und seiner Ästhetik ist die Dichtung der Romantik und der Spätromantik von den Entwürfen solcher künstlichen Paradiese durchzogen [33].

---

[32] Der Synkretismus der Stile scheint seit Monsu Desiderio und Piranesi für die Phantasiearchitektur charakteristisch zu sein.
Ein besonders eklatanter Stilsynkretismus findet sich in neuerer Zeit in dem »Palais idéal«, den sich der Briefträger Fernand Cheval nach einer Vision im Traume erbaute. Cheval notierte im 4. Heft seiner Notizen: Man fragt sich bisweilen, ob man nicht fortgetragen wird auf den Flügeln eines phantastischen Traums. Ist man in Indien, im Orient, in China oder in der Schweiz? Es ist schwer zu sagen, denn die Stile aller Länder und Zeiten finden sich hier miteinander vereint und vermischt. (s. A. JAKOVSKY, *Dämonen und Wunder*, Köln 1963, p. 37; vgl. a. U. CONRADS / H. G. SPERLICH, *Phantastische Architektur*, Stuttgart 1960).

[33] W. VORDTRIEDE geht in *Novalis und die französischen Symbolisten* (Stuttgart 1963,

Fernand Cheval, Palais idéal

Inspiriert scheint Poe wiederum, außer durch die Ästhetik Coleridges, durch einen Dichter, der durch ein einziges Werk, den *Vathek*, berühmt wurde und ein Vermögen verschwendete, um sich ein Schloß nach seinem eigenen dichterischen Entwurf zu bauen: »Fonthill«, das Poe bezeichnenderweise in der *Domain of Arnheim* erwähnt; in dem Pendant *Landor's Cottage* werden Vatheks unterirdische Gewölbe als *une architecture inconnue dans les annales de la terre* zitiert, um wiederum Poes Charakterisierung der Poesie zu verdeutlichen, *combined novelty with propriety — in a word, of poetry*. Beckford nannte selbst sein Fonthill *l'œuvre de ma propre fantaisie*[34].

Indem aber Poes Landschaftsarchitektur zum Geschöpf der Imagination wurde, zum Symbol für die Dichtung selbst, unterlag sie auch dem Zwang seines eigenen Innern, d. h. der eigentlichen Unfähigkeit, das Paradies und das Glück zu schaffen. Schon das paradiesische *Valley of the Many-Colored Grass* in der Erzählung *Eleonora* verändert sich nach dem Innern des Dichters und seinen Stimmungen, seinem Glück und Leid. In den Gedichten *Dreamland* und schließlich *The Valley of Unrest* verkommt der paradiesische Garten der Poesie zu einer starren düsteren Phantastik:

> Nothing save the airs that brood
> Over the magic solitude.
> Ah, by no wind are stirred those trees
> That palpitate like the chill seas
> Around the misty Hebrides!

VI. *Die Welt des Kopfes: The Haunted Palace*

> An utter Visionary! Like the Moon among thin clouds, he moves in a circle of Light of his own making — he alone, in a Light of his own...
> Coleridge über Hartley

In der *Philosophy of Furniture* beklagte sich Poe über den mehr und mehr heruntergekommenen Geschmack der amerikanischen Inneneinrichtung und brachte den Gegenentwurf, worin der Raum komponiert war wie ein Bild: *for both the picture and the room are amenable to those undeviating principles which regulate all varieties of art*. Darin verbarg sich eine Ästhetik, die versuchte, die Umwelt mit dem eigenen Entwurf zu überblenden, auch wenn Poe vorgab, nur den schlechten amerikanischen Geschmack in der Möblierung verbessern zu wollen.

---

p. 43 sq.) dem Motiv des künstlichen Paradieses als unterirdischem Garten in der deutschen und französischen Dichtung nach.

[34] Zit. nach Stephane Mallarmé, *Préface à Vathek* in *Œuvres complètes*, Paris 1945, p. 552.

Wenn man Poe Glauben schenken möchte, kam es ihm nur darauf an, eine einfachere kultiviertere Innenarchitektur wieder in Mode zu bringen, es ging aber darum, auch die Inneneinrichtung zum durchkonstruierten Kunstwerk zu erheben, wie es schließlich in der Nachfolge der Poeschen Ideen der Jugendstil zum Prinzip erhob und wie schließlich Poe innerhalb seiner Dichtung selbst es durchführte.

Zahlreich sind innerhalb des Poeschen Werkes die Figuren, die sich ihre Innenräume nach der eigenen Phantasie gestalten und wiederum in den Bann dieser Umgebung geraten: ist sie doch mit ihnen selbst identisch. In *The Assignation* hat der Visionär sich einen Palast nach seinem Geschmack dekoriert, um wenigstens in seiner nahen Umgebung seine Träume zu realisieren. Zu einem Besucher sagt er:

to dream has been the business of my life. I have therefore framed for myself, as you see, a bower of dreams (...). You behold around you, it is true, a medley of architectural embellishments. (...) Once I was myself a decorist: but that sublimation of folly has palled upon my soul. All this is now the fitter of my purpose. Like these arabesque censers, my spirit is writhing in fire, and the delirism of this scene is fashioning me for the wilder visions of that land of real dreams whither I am now rapidly departing.

In *The Masque of the Red Death* ist ein ganzes Schloß *creation of the prince's eccentric yet august taste*. Fürst Prospero entwirft ein Labyrinth von Zimmern, in das bezeichnenderweise kein Tageslicht fällt. Das Schloß ist hermetisch von der Außenwelt abgeriegelt. In *Ligeia* richtet sich der Gemahl der Ligeia in einem einsamen Tal eine Abtei ein mit *gorgeous and fantastic draperies, ... solemn carvings of Egypt, ... wild cornics and furniture, ... Bedlam patterns of the carpets of tufted gold*. Auch hier gibt es ein Fenster:

an immense sheet of unbroken glass from Venice — a single pane, and tinted of a leaden hue, so that the rays of either the sun or the moon, passing through it, fell with a ghastly lustre on the objects within.

Hier wie dort also Einsamkeit, Abschluß von der Außenwelt, Dämpfung des Lichts, eine Zimmereinrichtung von der Bizarrerie eines Opiumtraumes. In diesem Zimmer-Intérieur, das dem Intérieur der Hauptfigur gleicht, spielt sich eine Geschichte ab, die die Verwischung von Realität und Phantasie zum Gegenstand hat, denn diese Wirklichkeit selbst ist schon Dichtung und Traum und damit eine Traumarchitektur, aber keineswegs ein Paradies. Die Architektur wird nicht nur zum symbolischen Ausdruck der inneren Befindlichkeit und der düsteren Stimmungen des Erzählers, sie selbst ist direkte Ausgeburt seines Kopfes — und damit Spiegel seines eigenen inneren Ich. Nicht von ungefähr war es Poe, der die große Erzählung vom Kopfe des Dichters schrieb, der identisch war mit seinem Schloß, nämlich *The Fall of the House of Usher*, eine Erzählung, die uns in die finstersten Geheimnisse der Konstituenten moderner Dichtung einführt und offenbar werden läßt, was de Quincey und Coleridge bei ihrer Interpretation der Piranesischen *Carceri* erahnten: daß die Welt des Traumes und der Imagination, darin der Schöpfer selbst herumläuft als sein eigenes Geschöpf, das Gefängnis des Kopfes selbst [35] ist mit seinen labyrinthischen Windungen und endlosen Gewölben und Zimmerfluchten, daraus er nur durch die Fensterhöhlen nach »draußen« blicken kann in eine Welt, aus der er ausgeschlossen ist. Die Recherche der Imagination, der sich die romantische und moderne Dichtung hingab, offenbarte das Gefängnis.

Obgleich Poe in seiner *Philosophy of Composition* für seine Dichtung eine *upper-* und *under-current of meaning* proklamiert hatte und eigentlich deutlich war, daß jede seiner vielen Ich-Erzählungen zugleich eine Recherche der Imagination und damit eine Reflexion der Konstituenten der Dichtung selbst sind, obgleich ein Brief von Poe existiert, in dem er das Gedicht *The Haunted Palace* aus *The Fall of the House of Usher* bereits als *mind haunted by phantoms — a disordered brain* [36] interpretiert, ist doch nur ein Poe-Forscher, nämlich Richard Wilbur, in einem Vortrag, den Helen Muchnic in ihrem Buch *The Unhappy Consciousness. Gogol, Poe, Baudelaire* [37] referierte, auf die naheliegende Interpretation gekommen, daß die gesamte Architektur des Usherschen Stammschlosses den Kopf des Dichters, also innerhalb der Erzählung den Kopf Roderick Ushers, symbolisiere.

Unabhängig von Wilbur veröffentlichte Arno Schmidt im Jahre 1964 [38] eine ganz ähnliche Interpretation und konstatierte, daß sich »unter der Oberflächenhandlung eine Reihe von Selbstportraits verbirgt; ist doch das eingelegte Gedicht nichts als ›die Ballade vom Haupte des Dichters‹; und das Äußere-Innere des Herren-Hauses wird genau parallel zum Angesicht Roderick Uschers gestaltet: die blicklosen Fensteraugen; vom *fine-tangled web-work* des Haares überhangen; bis zum ›Gängeviertel‹, zum Kammerlabyrinth des Schädels, mit dem kurios geschnitzten, sich in Dämmerungen verlierenden Decken (...).« Arno

---

[35] In *Suspira de profundis* kommt de Quincey in einer Betrachtung über den Traum ebenfalls der Vergleich des menschlichen Gehirns mit einem Zimmer: *The machinery for dreaming planted in the human brain was not planted for nothing. That faculty, in alliance with the mystery of darkness, is the one great tube through which man communicates with the shadowy. And the dreaming organ, in connexion with the heart, the eye, and the ear, composes the magnificent apparatus which forces the infinite into the chambers of a human brain, and throws dark reflections from eternities below all life upon the mirrors of that mysterious camera obscura — the sleeping mind* (l. c., p. 335).
[36] *Complete Works* (Ed. HARRISON), New York 1965, Bd. 17, p. 83.
[37] Baltimore, Maryland 1967, p. 11.
[38] *Der Fall Ascher*, in *Deutsche Zeitung* vom 22./23. 2. 64; wieder abgedruckt in *Der Triton mit dem Sonnenschirm. Großbritannische Gemütsergetzungen*, Karlsruhe 1969, p. 410 sq.

Schmidt führt nicht aus, was er unter den weiteren Selbstportraits versteht. Aber die Flucht der Spiegelungen setzt sich fort. Nicht nur hat Roderick Usher eben das Gedicht vom ›verschwundenen Schloß‹ geschrieben, in dem einst der König Gedanke hauste, überdies malt er Bilder. Eines davon stellt einen Innenraum dar:

> A small picture presented the interior of an immensely long and rectangular vault or tunnel, with low walls, smooth, white, and without interruption or device. Certain accessory points of the design served well to convey the idea that this excavation lay at an exceeding depth below the surface of the earth. No outlet was observed in any portion of its vast extent, and no torch, or other artificial source of light was discernible; yet a flood of intense rays rolled throughout, and bathed the whole in a ghastly and inappropriate splendour.

Dieses Bild hat eine auffallende Ähnlichkeit mit den Piranesischen *Carceri*, und, falls man Coleridge/de Quinceys Interpretation dieser ›Dreams‹ trauen darf, wäre dieser schaurige gefängnishafte Raum wiederum eine Spiegelung des inneren Ich des Dichters, und es fehlt zur weiteren Spiegelung nur noch, daß auch darin Roderick Usher in vielfacher Gestalt wiederum herumläuft, rastlos, ohne einen Ausgang zu finden, so wie er innerhalb der Erzählung Poes in seinem eigenen Haus herumläuft, ohne es jemals zu verlassen. Er geht schließlich mit ihm unter, denn er und sein Haus sind so eins wie der Dichter mit seiner Dichtung.

In *Igitur* griff Stephane Mallarmé Poes Gedanken, daß dem Dichter sein Haus zum eigenen Grabmal wird, wieder auf, ja, er begriff dieses Grab als Symbol für den Dichter in der gegenwärtigen Gesellschaft. So sagt er in einem Interview *Sur l'évolution littéraire*:

> Pour moi, le cas d'un poëte, en cette société qui ne lui permet pas de vivre, c'est la cas d'un homme, qui s'isole pour sculpter son propre tombeau.

Das einsame Schloß wiederum, von der Außenwelt abgeschirmt, im Innern mit labyrinthischen Gängen versehen, wurde in der Folgezeit zum Topos für die Dichtung, der in zahllosen Varianten wiederkehrt. Es sei hier nur an Alfred Tennysons *Palace of Art* erinnert oder an das Schloß in Maurice Maeterlincks *Alladine et Palomides*, das Alladine als einen Piranesischen Kerker beschreibt:

> Il est si grand et je suis si petite, et je m'y perds encore ... Et puis toutes ces fenêtres sur la mer ... On ne peut les compter ... Et les corridors qui tournent sans raison; et d'autres qui ne tournent pas et qui se perdent entre les murs ... Et les salles où je n'ose pas entrer ... (...) Une fois, je m'y suis égarée ... Et je ne pouvais pas sortir; la dernière porte s'ouvrait sur un étang ... [39].

---

[39] *Théâtre*, Paris 1925, p. 162.

Erst wenn man begreift, was die labyrinthischen Windungen der Gänge im Hause Usher bedeuten, wird man darauf aufmerksam, daß auch Poes Landschafts-Architekturen immer von gewundenen und sich schlängelnden Flüssen durchzogen sind[40], und in *The Domain of Arnheim* sogar in ein Labyrinth von Windungen übergehen[41].

In *A Tale of the Ragged Mountains* ist die labyrinthische Wanderung des opiumberauschten Mr. Bedloe eine Wanderung in die Imagination, in die Ausgeburt des eigenen Hirns. Diese Ausflüge ins Unbekannte können, wie in *A Descent into the Maelström*, *M. S. Found in a Bottle* oder in *Arthur Gordon Pym*, in *The Domain of Arnheim* in einem Katarakt, einem Schlund enden.

Etwas Ähnliches ist in der Phantasielandschaft von Coleridges *Kubla Khan* anhand des *sacred river* zu beobachten:

> Five miles meandering with a mazy motion
> Through wood and dale the sacred river ran,
> Then reached the caverns measureless to man,
> And sank in tumult to a lifeless ocean ...

Auch dieser sich schlängelnde Fluß also versinkt in einem Schlund oder Katarakt. Was aber bedeutet dieser Katarakt?

In seiner Arbeit *Piranèse et les romantiques français — Le Mythe des escaliers en spirale* hat L. G. Keller auf die innere Verwandtschaft des Symbols der Spirale mit dem Trichter, dem Katarakt und dem Krater aufmerksam gemacht. Der Katarakt oder die endlose Spirale aber ist nicht allein, wie Keller meint, der Ausdruck einer ontologischen Angst[42], es ist das Symbol des Abstiegs in die Endlosigkeit des inneren Ich[43]. Diese Deutung wird bestätigt durch einen Satz aus Melvilles *Pierre*:

Deep, deep, and still deep and deeper must we go, if we would find out the heart of a man, descending into which is as descending a spiral stair in a shaft, without any end, and where that endlessness is only concealed by the spiralness of the stair, and the blackness of the shaft[44].

Im unveröffentlichten Nachlaß Flauberts befindet sich unter dem Titel *La Spirale* ein Romanentwurf, der, wie Paul Dimoff nachgewiesen hat[45], durch Baudelaires *Paradis artificiels* eine wesentliche Wendung bekam. Der Held

---

[40] *Landor's Cottage*, in *The Complete Works*. l. c., Bd. I, p. 10; Eleonora, ib., Bd. IV, p. 281.
[41] Ib., Bd. VI, p. 315.
[42] L. c., p. 198.
[43] Es sei hier auch an das Joyce-Portait Brancusis erinnert, welches das Gesicht Joyces als Spirale darstellt.
[44] *The Works of Hermann Melville*, New York 1963, Bd. IX, p. 402.
[45] *Autour d'un projet de roman de Flaubert: »La spirale«*, in *Revue d'Histoire littéraire de la France* 48 (1948) p. 309 sq.

raucht Haschisch, um in einem permanenten Traum zu leben und, unbeweglich wie ein Fakir, sich seinen Visionen hinzugeben.

E. W. Fischer, der als erster über dieses Projekt berichtet[46], vergleicht das Werk mit der *Tentation de Saint Antoine* und stellt die wohl richtige These auf, daß das Projekt der *Spirale* in die *Tentation* umgewandelt worden sei: »Comme dans la *Tentation*, tout repose ici sur un individu unique ou, pour mieux dire, sur le cerveau de cet individu qui sert de pivot à l'action entière.«[47] Die Frage, die Fischer nicht zu beantworten weiß: »Pourquoi a-t-il intitulé ce plan la spirale?« beantwortet sich aus dem Vorhergehenden. Auch für Flaubert war die *spirale qui monte à l'infini* ein Symbol des eigenen inneren Ich, der Recherche des Kopfes.

Von hier aus entschlüsselt sich der außerordentliche Einfluß, der, wie Keller konstatiert hat, von de Quinceys Passage über Piranesi und wiederum die Wendeltreppe auf einem Blatt der *Carceri* auf die französische Literatur ausging. Alfred de Musset, Théophile Gautier, Jean Charles Emmanuel Nodier, Victor Hugo, Baudelaire, Flaubert, und schließlich Mallarmé in *Igitur* begriffen die Piranesische Phantasiearchitektur und ihre Struktur als Symbol ihrer eigenen Ich-Recherche, als Wanderung in das eigene Gebäude ihrer Imagination und ihren unausmeßbaren Abgrund. Dieses Gebäude, Gleichnis der eigenen Dichtung, kann Piranesische Gewölbeflucht, kann aber auch eine Stadt sein. In Alfred de Mussets *Fantasio* findet sich der Vergleich einer Stadt mit dem eigenen Hirn[48].

In diesem Labyrinth der Stadt können, wie in den Piranesischen Gewölbefluchten, die Figuren des Schriftstellers — *il ne se trouve autour de lui que ses propres chimères*, sagt Alfred de Musset[49] — auf einer unruhigen Suche umherirren.

Für dieses Umherirren im Labyrinth einer Stadt gibt es in der modernen Literatur zahllose Beispiele, angefangen bei Joyces *Ulysses* bis hin zu Becketts *Molloy*, Robbe-Grillets *Les Gommes*. In Michel Butors *L'Emploi du temps* wird die unabschließbare Erkundung des Labyrinths der Stadt Bleston identisch mit einer schriftstellerischen Ich-Recherche:

(...) je déambule, cherchant la raison de moi-même, dans ce terrain vague que je suis devenue (...) parce que je suis dans un labyrinthe, parce que j'écris pour m'y retrouver, toutes ces lignes étant

---

[46] *Etudes sur Flaubert inédit*, Leipzig 1908.
[47] L. c., p. 123.
[48] »Eh bien, mon cher ami, cette ville n'est rien auprès de ma cervelle. Tous les recoins m'en sont cent fois plus connus; toutes les rues, tous les trous de mon imagination sont cent fois plus fatigués; je m'y suis promené en cent fois plus de sens, dans cette cervelle délabrée, moi son seul habitant!« *Théâtre complet* (Bibliothèque de la Pléiade), Paris 1952, p. 191.
[49] *Œuvres complètes en prose* (Bibliothèque de la Pléiade), Paris 1951, p. 269.

les marques dont je jalonne les trajets déjà reconnus, le labyrinthe de mes jours à Bleston, incomparablement plus déroutant que le palais de Crète, puisqu'il s'augmente à mesure que je le parcours, puisqu'il se déforme à mesure que je l'explore [50].

Robbe-Grillets Roman *Dans le Labyrinthe* ist konstituiert auf der Identifikation des Schriftsteller-Hirns (= Schriftsteller-Zimmer) mit der Stadt, in deren immer gleich labyrinthischen Straßen ein Soldat herumirrt, ohne an sein Ziel zu gelangen. Das Zimmer des Schreibenden wird als eine Flucht geometrischer Linien beschrieben, die sich in den geometrischen Linien der Stadt wiederholen: der Schriftsteller ist identisch mit dem, was er »sieht« und schreibt. Die Suche des Soldaten ist die Suche des Schriftstellers selbst [51].

So sitzt der Dichter im Haus seiner Imagination, und er blickt durch die Fenster-Höhlen hinaus. Dieses Gleichnis kehrt noch wieder in Samuel Becketts *Fin de Partie*, dessen Szenerie nach der Interpretation Hugh Kenners [52] solch ein Schädel ist, aus dessen hochgelegenen Fenster-Augen man *après le déluge* »nichts mehr« sieht. Und noch Becketts Namenloser sitzt an einem solchen Ort:

... qui n'est peut-être que l'intérieur de mon crâne lointain, où autrefois j'errais, maintenant suis fixe, perdu de petitesse, ou poussant contre les parois, de ma tête, de mes mains, de mes pieds, de mon dos, de ma poitrine, et toujours murmurant mes vieilles histoires, ma vieille histoire, comme pour la première fois [53].

Hier verharrt der Erzähler und schaut vor sich hin *comme un grand-duc dans une volière*. Was er sieht, sind *mes créatures* [54], d. h. die Projektionen seines Ichs: Malone, Murphy, Molloy, Mahood Lemuel und Worm, die, wie Maurice Nadeau nachgewiesen hat, alle eine intime Beziehung zu Beckett haben und sowohl die Silbe Moi = Ich wie die Anspielung auf die Menschheit (Mahood, Worm) enthalten [55].

Das Universum des Schriftstellers — hier deutlich als Universum gezeichnet, da alle seine Figuren planetenartig um ihn kreisen — ist bevölkert mit den Projektionen seiner selbst [56]. So hieß es schon in Coleridges *Christabel*:

---

[50] Paris 1957, p. 120, 187.
[51] M. Roche zieht in *Kompakt* den Vergleich zwischen Kopf und Stadt: *Mnenopolis, die du unter deiner Schädeldecke durchgeistern kannst, wird eine einsame und düstere Stadt sein. Keine Straßen keine Kanäle keinerlei Furchen weit und breit (das da? — die Windungen deines Gehirns), Spuren jedoch, an die du dich zu klammern suchst* (Köln 1972, p. 6). In einem Interview interpretierte Roche selbst die Szenerie seines Buches folgendermaßen: »Auf einer bestimmten Ebene ist dieses Buch eine Stadt mit ihren Wegen, ihren verbotenen Richtungen, ihren Netzen, ihren Geräuschen, eine im Raum hängende Stadt ... Auf der anderen Ebene ist *Kompakt* ein Schädel, wobei der Schädel der Ort aller möglichen vergangenen und zukünftigen Städte ist.« (p. 157).
[52] *Samuel Beckett. Eine kritische Studie*, München 1965, p. 145.
[53] Paris 1953, p. 31.
[54] L. c., p. 25.
[55] *Samuel Beckett oder das Recht auf Schweigen*, in *Texte und Zeichen* 2/1956.

> The chamber carved so curiously
> Carved with figures strange and sweet,
> All made out of the carver's brain.

VII. *Das vollkommen durchgeplante Kunstwerk*

Erst diese Eingeschlossenheit in das eigene Ich und seine Hervorbringungen erlaubt das vollkommen durchgeplante Kunstwerk, wie es bezeichnenderweise Poe in *The Philosophy of Composition* als erster ins Auge faßte:

> It is my design to render it manifest that no one point in its composition is referrible either to accident or intuition — that the work proceeded, step by step, to its completion with the precision and rigid consequence of a mathematical problem.

L. G. Keller hat in seinem Buch *Piranèse et les romantiques français* in bezug auf Victor Hugo die später auch von Baudelaire proklamierte Einheit von Subjekt und Objekt[57] als Ich-Projektion gedeutet:

> Le poète semble se mouvoir dans un monde où tout se rapporte à lui. Il est le regardeur, l'acteur et la scène, tout à la fois. Cette série d'identifications pourrait nous faire croire que le poète ne rencontre, dans l'exploration de ses spirales intérieures, que des formes de son propre moi. Il poursuivit ainsi dans la ›nuit muette‹ un long monologue. Mais il arrive un moment où le regardeur devient ›regardé‹: les yeux de l'ombre sont un élément nouveau, étranger au poète et non compris, à première vue, dans le mouvement d'identification qui semblait interdire tout dialogue. Comme les spirales de Jean Valjean, la spirale du poète se peuple. Les yeux dans l'ombre ne sont que le premier indice d'une action plus vaste qui se déroulera le long des gradins intérieurs. L'action dans cet amphithéâtre se passe sur deux plans: il y a l'action visionnaire du poète percevant un spectacle qui se joue sur les gradins. Mais, les occupants de ces gradins sont décrits en même temps comme des spectateurs qui ouvrent leurs yeux sur le poète. Une fois de plus Hugo est profondément mêlé à la scène et au spectacle qu'il porte en lui[57a].

Die Negation einer sozialen Umwelt und einer sozialen Entwicklung, die sie wiederum total negiert, sie auf sich selbst zurückweist, hat die Dichter veranlaßt, das, was sie in der Außenwelt vermißten, sich selbst zu bauen und eine nicht

---

[56] Für den Vergleich des Geistes (Kopfes) mit der Welt finden sich, außer der auf p. 390 zitierten Passage aus *Murphy* in Becketts Werk noch folgende Belege: In *L'innommable* sagt der Namenlose von sich: (...) *je suis une grande boule parlante* (...) *pourquoi une boule, plutôt qu'autre chose, et pourquoi grande? Pourquoi pas un cylindre, un petit cylindre?* (Paris 1953, p. 37) Kugel und Zylinder sind nicht nur die Formen des Kopfes, sondern auch die Vorstellungen von der Welt, von der noch Anaximandros annahm, sie habe die Gestalt eines Zylinders (*Die Vorsokratiker*, Stuttgart 1963, p. 79) Dieser Zylinder, worin sich die Gleichung Kopf = Welt wiederholt, taucht als Szenerie in Becketts *Dépeupleur* auf.

[57] *Qu'est-ce que l'art pur suivant la conception moderne? C'est créer une magie suggestive contenant à la fois l'objet et le sujet, le monde extérieur à l'artiste et l'artiste lui-même.* Œuvres complètes (Bibliothèque de la Pléiade). Paris 1961, p. 1099.

[57a] L. c., p. 157.

mehr mögliche Identifikation mit der Außenwelt durch die mit ihrer eigenen Hervorbringung, der Dichtung, zu ersetzen. Jetzt kann es nur noch ihre Intention sein, dieses »Universum des Ich« zu einem totalen auszubauen und, wie Nathalie Sarraute proklamiert, den Leser auf die Seite des Autors zu bringen:

...l'attirer coûte que coûte sur le terrain de l'auteur. Pour y parvenir, le procédé qui consiste à désigner par un ›je‹ le héros principal, constitue un moyen à la fois efficace et facile, et, pour cette raison, sans doute, si fréquemment employé.
Alors le lecteur est d'un coup à l'intérieur, à la place même où l'auteur se trouve, à une profondeur où rien ne subsiste de ces points de repère commodes à l'aide desquels il construit les personnages. Il est plongé et maintenu jusqu'au bout dans une matière anonyme comme le sang, dans un magma sans nom, sans contours. S'il parvient à se diriger, c'est grâce aux jalons que l'acteur a posés pour s'y reconnaître[58].

Poe forderte zu gleichem Zwecke die *unity of effect*[59] und über sie *the sole end of reasoning men*[60], der in eine fremde Welt bizarrer Schönheit eingesogen werden sollte, in die er einfuhr wie der Erzähler in die *Domain of Arnheim* im elfenbeinernen Boot *that (...) had long lost all idea of direction*. Das Ich des Dichters garantiert die absolute Geschlossenheit dieser Architektur der Dichtung, die zudem als universale ausgebaut wird durch die Einbeziehung der Universalität der Künste: Sprache, Musik, Schauspiel, Malerei, Architektur. Auch hier wiederum erscheint die Architektur sowohl als Gleichnis dieses totalen Baus wie als sein einzelnes Bauelement.

In Weiterführung von Poes *Philosophy of Furniture* hat Michel Butor in seiner *Philosophie d'ameublement*[61] erläutert, in welcher Weise die Innenarchitektur bis ins Detail ›komponiert‹ sein müsse und daß es im Roman selbst keinen Gegenstand ohne Bedeutung für das Ganze geben dürfe. Er weist genau dies an den Romanen Balzacs nach, wohl um der Lukácsschen Einordnung Balzacs unter die »Realisten« einen Schlag zu versetzen, denn Butor reklamiert Balzac für die eigene Ästhetik. Weitaus konsequenter als bei Balzac läßt sich natürlich die *Philosophie d'ameublement* im vollkommen durchgeplanten Kunstwerk Mallarmés nachweisen, in dessen Gedichten der Reifezeit und der Spätzeit jeder Gegenstand in den Intérieurs der Zimmer in mehrfacher Bedeutung auftritt, als negierter Gegenstand und als Metapher für einen inneren Zustand, welcher insgesamt wieder — dies seine dritte Bedeutungsebene — meist die Dichtung selbst zum Sujet erhebt[62].

In diesem Universum des inneren Ich erst ist, wie Baudelaire es in den *Paradis*

---

[58] Nathalie Sarraute, *L'Ere du soupçon*, Paris 1956, p. 73.
[59] *Complete Works*, l. c., Bd. XIII, p. 148.
[60] Ib., Bd. VIII, p. 231.
[61] *Répertoire II*, Paris 1964, p. 51 sq.
[62] Vgl. H. Friedrich, *Die Struktur der modernen Lyrik*, Hamburg 1956, p. 12 sq.

artificiels proklamierte, das Ich sein eigener Gott, der seine eigene Welt schafft — und betrachtet; erst in diesem Universum des Ich sind die Künste synästhetisch zum vollkommenen Plan auszubauen, erst in diesem Universum des Ich verschmelzen Raum und Zeit ineins, d. h. sie stehen dem Ich zur Verfügung, erst dieses Universum ist eines der Korrespondenzen und der vollkommenen Analogien, wie Baudelaire proklamierte: *Tout univers visible n'est qu'un magasin d'images et de signes auxquels l'imagination donnera une place et une valeur relative*[63]. Ironisch bemerkt dazu Sartre in seinem Baudelaire-Essay: *Une chose qui signifie, c'est une chose insatisfaite*[64], und umriß damit den Gang der Handlung innerhalb der modernen Ästhetik seit Poe, die eine Sache, die sie wegen ihrer Bedeutungslosigkeit unbefriedigt ließ, zu einer wieder bedeutenden innerhalb des Kunstwerks erhob.

VIII. *Die Innenwelt der Außenwelt*

Wie schon bei den Piranesischen *Carceri* stellt sich die Frage, ob dieses »Universum des Ich« und seine Architektur nichts sei als eine Architektur des jeweiligen Ich, oder ob sich hier in Form eines subjektiven Änigma nur die transzendentale Leere oder der Katalog der gesellschaftlichen Negationen und Vermissungen spiegele — mit anderen Worten: was die Literatur jenseits der Erkenntnis der Erkenntnis, jenseits der Analyse der Struktur der Imagination, Fiktion und Wahrnehmung an Umweltreflexion enthalte. Eine exakte methodologische Beantwortung dieser Frage hat die Literatursoziologie bisher nicht geleistet, und selbst in der Literatursoziologie Adornos blieb der Brückenschlag zwischen dem sozial definierbaren Faktum und der einzelnen ästhetischen Maßnahme assoziativ und intuitiv, meist Behauptung. In seinem Brief an Walter Benjamin über dessen Passagen-Arbeit bemängelte Adorno sogar Benjamins Versuch, die pragmatischen Inhalte Baudelaires unmittelbar auf benachbarte Züge der Sozialgeschichte seiner Zeit, und zwar möglichst solche ökonomischer Art zu beziehen. »Die materialistische Determination kultureller Charaktere ist möglich nur vermittelt durch den *Gesamtprozeß*.«[65]

So scheint der Vorschlag von Christian Enzensberger, den sozialen Untergrund mit einer »literarischen Ich-Geschichte« zu konfrontieren[66], durchaus plausibel, denn es ist mehr als wahrscheinlich, daß die exakte soziologische Be-

---

[63] *Œuvres complètes*, l. c., p. 1122.
[64] Paris 1947, p. 204.
[65] W. Benjamin, *Briefe*, Frankfurt a. M. 1966, Bd. 2, p. 285.
[66] *Viktorianische Lyrik*, l. c., p. 13 sq.

stimmung des ästhetischen Details nicht möglich ist. Die Literatur könnte jedoch keinerlei Betroffenheit auslösen, falls das schriftstellerische Subjekt und seine Reaktionen und Maßnahmen nicht die Ebene des Exemplarischen erreichten, wenn nicht in der Esoterik, so doch in der Manifestation seiner Einsamkeit, als »Sprache des Leidens«, wie es Adorno nannte. Festzustellen bleibt, daß gerade, was als Reaktionen des sich selbst verteidigenden Subjekts an den Werken abzulesen ist, heute als soziales Massensymptom figuriert, angefangen von der Drogensucht bis hin zu Massenbewegungen des Tourismus.

Dennoch bleibt, wie Adorno wohl zu Recht diagnostizierte, »das ästhetische Wir im Horizont einiger Unbestimmtheit, freilich auch so unbestimmt wie die herrschenden Produktivkräfte und Produktionsverhältnisse einer Epoche«[67]. Dies letztere ist indes nicht der einzige Grund seiner Unbestimmtheit. Die Esoterik des Kunstwerks, die mit seiner hieroglyphischen Formulierung begann, erwies sich — die Haltung Mallarmés macht dies deutlich — als blanke Abwehrmaßnahme gegen die falsche soziale Vereinnahmung. »Die hermetischen Gebilde«, heißt es in Adornos *Ästhetischer Theorie*, »üben mehr Kritik am Bestehenden als die, welche faßlicher Sozialkritik zuliebe formaler Konzilianz sich befleißigen und stillschweigend den allerorten blühenden Betrieb der Kommunikation anerkennen.«[68] »In der Absage an den status quo konvergieren heute Engagement und Hermetik.«[69] Andererseits provoziert die Esoterik, die der Selbstbewahrung diente, aber die Rezipierbarkeit der Kunst spezialisierte, eine Liquidierung anderer Art, nämlich die durch den Kommerz.

Von Coleridge bis Poe, Baudelaire und Mallarmé gaben die Dichter selbst auf die Frage, was sich in ihrer Dichtung spiegle, eine gleichlautende quasi-mythische Antwort, nämlich die zugleich spätplatonische wie gnostische und mystische von der universellen Analogie, der Korrespondenz ihres inneren Ich mit dem Makrokosmos[70] — ein Gedanke, der noch den Korrespondenzbegriff

---

[67] *Ästhetische Theorie*, Frankfurt a. M. 1970, p. 251.
[68] Ib., p. 218.
[69] Ib., p. 368.
[70] Dieser Gedanke hat in der abendländischen Geschichte eine überaus reiche Tradition, über die K. REINHARDT in *Kosmos und Sympathie*, München 1926, berichtet. Was die hier behandelten Dichter betrifft, so mögen einige Literaturangaben genügen: Samuel Taylor Coleridge (der sowohl mit der hermetischen Tradition wie mit der spätplatonischen intim vertraut war): ... *the instinct by which in every act of conscious perception, we at once identify our being with that of the world without us, and yet place ourselves in contradiction to that world. Least of all can this mysterious predisposition exist without evolving a belief that the productive power, which in nature acts as nature, is essentially one (that is, of a kind) with the intelligence which is in the human minds above nature.* (Works, ed. SHEDD, Vol. II, 449); weitere Literatur: R. L. BRETT, *Reason and imagination*, London / New York / Toronto 1961; J. V. BAKER, *The Sacred River, Coleridge's Theory of the Imagination*, Louisiana State University Press, 1957; R. P. WARREN, *A Poem of Pure Imagina-*

Swedenborgs und die Fouriersche Analogie, auf die sich Baudelaire bezog, mit einbegriff. Von diesen *correspondances* sagte Walter Benjamin, sie seien »Data des Eingedenkens«[71]. Samuel Beckett fand in *Murphy* eine andere Rechtfertigung der Introspektion des Dichters. In dem Kapitel VI, auch anordnungsmäßig dem zentralen Kapitel des Buchs, findet sich unter dem bezeichnenden Motto *Amor intellectualis quo Murphy se ipsum amat* folgende Passage:

L'esprit de Murphy s'imaginait comme une grande sphère creuse, fermée hermétiquement à l'univers extérieur. Cela ne constituait pas un appauvrissement, car il n'excluait rien qu'il ne renfermât en lui-même. Rien n'avait été, ni n'était, ni ne serait, dans l'univers extérieur à lui, qui ne fût déjà présent, soit en acte déclinant vers la puissance, dans l'univers intérieur à lui. (...) Cela n'entraînait pas Murphy dans le goudron idéaliste.

Damit wäre — hypothetisch — eine Korrespondenz zwischen der Außenwelt und dem Entwurf der Architektur des inneren Ich, der Dichtung, hergestellt. Als Negation aber muß sie — zwangsläufig — das Negierte enthalten.

Das Individuum, schreibt Adorno an Walter Benjamin, ist »ein dialektisches

---

tion; Coleridge, The Rime of the Ancient Mariner, in Selected Essays, 1958; J. B. BEER, Coleridge, The Visionary, London 1959; J. L. LOWES, The Road to Xanadu, London 1930). — Edgar Allan Poe: *There are some facts in the physical world which have a really wonderful analogy with others in the world of thought, and seem thus to give some colour of truth to the (false) rhetorical dogma, that metaphor or simile may be made to strengthen an argument, as well as to embellish a description. The principle of the vis inertiae, for example, with the amount of momentum proportionate with it and consequent upon it, seems to be identical in physics and metaphysics. (Complete Works*, l. c., Bd. 10, p. 143 sq.)
Gedanken einer Entsprechung zwischen dem inneren Ich und dem Absoluten und seiner Beeinflussung durch Swedenborg geht A. STAATS, *E. A. Poes symbolistische Erzählkunst*, Heidelberg 1967, nach.
Charles Baudelaire: In den *Paradis artificiels* weist Baudelaire auf die ›Correspondances‹ Swedenborgs und die Analogie Fouriers hin (*Œuvres complètes*, Paris 1961, p. 376). Beide schließen eine Analogie zwischen dem inneren Ich und den Gesetzen des Universums ein, Charles Fourier (*Théorie des quartre Mouvements*, 1808; dt. Frankfurt 1966) sogar eine Analogie zwischen den kosmischen, den gesellschaftlichen und den psychischen Bewegungsmotiven. Weitere Belege bei Baudelaire: *Œuvres complètes*, l. c., p. 704 sq., 1037 sq.; *Notes nouvelles sur Edgar Poe* (*Œuvres complètes*, Paris o. J., Bd. IV, p. 12). —
Stephane Mallarmé: *Fragile comme est mon apparition terrestre, je ne puis subir que les développements absolument nécessaires pour que l'univers retrouve en ce moi son identité.* (*Correspondance 1862-1871*, Paris 1959, Brief an Henri Cazalis v. 14. Mai 1867). In seinem Swedenborg-Aufsatz kommt Paul Valéry auf dessen »Théorie des Correspondances« zu sprechen (*Œuvres*, Paris 1957, Bibliothèque de la Pléiade, t. I, p. 837), die er in *Note et digression* dann auf das Kunstwerk selbst anwendet: *Ne faut-il pas qu'il arrive à se définir, contre toutes choses, par cette pure relation immuable entre les objets les plus divers, ce qui lui confère une généralité presque concevable, et le porte en quelque manière, à la puissance de l'univers correspondant?* (op. cit., p. 1228).

[71] Charles Baudelaire, *Ein Lyriker im Zeitalter des Hochkapitalismus*, Frankfurt a. M., 1969, p. 149

Durchgangsinstrument«[72]. Offenbar ist die Selbstreflexion des Subjekts nicht nur »im philosophischen Bewußtsein«, wie Adorno bemerkt[73], sondern auch im Kunstwerk »in Wahrheit das dämmernde kritische Bewußtsein der Gesellschaft vor sich selber«.

In Poes *Mask of the Red Death*, einer Erzählung, die verschiedene Ebenen der Interpretation hat und ebenfalls »Dichtung über die Dichtung« ist, wird dargestellt, daß der Fürst Prospero, der sich in seinem eigenen Schloß und dem eigenen architektonischen Entwurf von der Außenwelt abschließt, in der die Pest wütet, dennoch der Pest erliegt, die — man weiß nicht wie — die Mauern durchbricht und gerade in der Abgeschlossenheit weitaus schlimmer zu wüten beginnt als draußen. Demnach gäbe es die Abgeschlossenheit weder der Dichtung noch ihres Symbols, der Architektur, und das hermetische Labyrinth ist nicht hermetisch. Seine Geschlossenheit erweist sich »als Schein«, wie schon Adorno diagnostizierte[74]. Hieraus erklärt sich die absolute Unfähigkeit des Kunstwerks, das Paradies herzustellen. Bezeichnenderweise verlangte dies Poe theoretisch, ihm war es selbst innerhalb seiner Dichtung unmöglich. Seine Imagination strukturierte die Angst und das Entsetzen, seine Architekturen sind Alpträume, Gefängnisse und Grabmäler.

Damit aber stellt sich die Frage nach dem Emigrationsvermögen der Imagination und zugleich die Frage, ob der Dichter »Neues« schaffen könne, »Neues« auch im Sinne sowohl der generellen wie der utopischen Inhalte.

Coleridges Forderung nach dem »Neuen« ist bekannt[75]. Seine etwas konfuse Unterscheidung zwischen *fancy* und *imagination* in der *Biographia Literaria* läuft darauf hinaus, der *primary imagination* die eigentlich schöpferische Kraft zuzuschreiben, das, was er *esemplastic power* nannte. Wie sich aber bei der Analyse durch Lowes herausstellte, war sein so erregend »neu« erscheinendes Gedicht *Kubla Khan* nichts als eine gewaltige assoziative Montage von — Gelesenem, d. h. ihr eigentlich neues Element war eben diese assoziative Montage, also die neuartige Zusammensetzung von bereits Bekanntem im Medium eines Opiumtraums[76]. Das »Neue« war nichts als eine umformulierte — Erinnerung, die sich zum Teil aus dem Mythos rekrutierte. Und dessen war sich Coleridge wohl bewußt. Heißt es doch in der *Biographia literaria*:

---

[72] W. BENJAMIN, *Briefe*, l. c., p. 282.
[73] *Drei Studien zu Hegel*, Frankfurt a. M. 1963 (edition suhrkamp, Nr. 38), p. 91.
[74] *Ästhetische Theorie*, l. c., p. 281.
[75] *Biographia literaria*, l. c., p. 49.
[76] Bezeichnenderweise sind auch die Phantasiearchitekturen Poes sowohl in der paradiesischen Domaine von Arnheim wie sonst eine Montage von historischen Stilen. Poe selbst glaubte nicht daran, daß der menschliche Geist etwas absolut Neues erfinden könne, sondern sah als das Neue die Kombination von Vorhandenem an: *Novel conceptions are merely un-*

In poems, equally as in philosophic disquisitions, genius produces the strongest impressions of *novelty* while it rescues the most admitted truths from the impotence caused by the very circumstances of their universal admission [77].

Damit läge die Annäherung von Mythos und Utopie, die Walter Benjamins *Geschichtsphilosophische Thesen* beschwören, in der Struktur der Imagination selbst ebenso wie in ihrer Hervorbringung, der Architektur der Dichtung.

---

usual combinations. The mind of man can imagine nothing which does not really exist; if it could, it would create not only ideally, but substantially, as do the thoughts of God. It may be said, ›We imagine a griffin, yet a griffin does not exist‹. Not the griffin, certainly, but its component parts. It is no more than a collation of known limbs, features, qualities. Thus with all which claimes to be new, which appears to be a creation of the intellect — all is re-soluble into the old. The wildest effort of the mind cannot stand the test of this analysis. (E. A. Poe, *The Complete works*, l. c., Bd. XV, p. 13, Anm. 1).

[77] L. c., p. 49. Vgl. auch E. A. Poe, *The Complete works*, l. c., Bd. VIII, p. 283 (Anm. 2): *Imagination is, possibly in man, a lesser degree of the creative power in God. What the Deity imagines, i s, but w a s   n o t before. What man imagines, i s, but w a s also. The mind of man cannot imagine what i s   n o t.*

Siegfried J. Schmidt

›NEGATION‹ UND ›KONSTITUTION‹ ALS KATEGORIEN KONKRETER DICHTUNG

1. *Vorbemerkungen*

Zur richtigen Beurteilung der folgenden Überlegungen zur konkreten Dichtung müssen einige Voraussetzungen berücksichtigt werden:

a) Angesichts der Fülle »konkret« genannter Publikationen[1] in den letzten Jahren ist eine Abgrenzung dieses literarischen Textbereichs schon phänomenal, noch mehr aber theoretisch schwierig.

b) Angesichts der Divergenzen in den Zielsetzungen und den theoretischen Grundlagen bei den konkreten Autoren kann jede theoretische Äußerung zur konkreten Dichtung heute nur vorläufigen Charakter haben; sie kann nur ein idealisiertes Modell dessen entwerfen, was der Verfasser der folgenden Überlegungen, dank seiner eigenen theoretischen und dichtungs-praktischen Entscheidungen, für »konkrete Dichtung« hält.

c) Angesichts der Tatsache, daß der Autor selbst zu den Produzenten konkreter Texte gehört, liegt der Verdacht subjektiver Vorlieben nahe und muß ernsthaft mitberücksichtigt werden.

Angesichts dieser drei Einschränkungen ist der folgende Beitrag bewußt gedacht — und sollte bewußt gelesen werden — als ein idealisiertes Modell einer *möglichen* konkreten Dichtung, das sich auf eine ausgewählte Menge von Texten weniger Autoren als Datenbasis stützt und daraus das Konzept einer konkreten Dichtung im Kontext der neueren Kunstentwicklung zu entwerfen versucht.

Negative Kategorien stellen sich, nach Hugo Friedrich[2], vorwiegend ein, wenn man vor der Aufgabe steht, ›moderne Lyrik‹ zu beschreiben. Und um allen auf ›Reaktion‹ plädierenden Kritikern gleich den Wind aus den Segeln zu nehmen, fügt er nachdrücklich hinzu: »Entscheidend ist allerdings, daß sie nicht abwertend, sondern definitorisch angewendet werden. Ja, diese definitorische statt abwertende Verwendung ist selbst schon eine Folge des geschichtlichen Vorgangs, mit dem sich die moderne Lyrik von der älteren abgelöst hat.«

Negativität als dominante Kategorie der modernen Literatur selbst und als deskriptive Konstante der modernen Ästhetik also?

---

[1] Vgl. die Bibliographie in: *Konkrete Dichtung*, ed. S. J. Schmidt, München 1973.
[2] H. Friedrich, *Die Struktur der modernen Lyrik*, Reinbek ⁹1966, rde 25-26 a.

Im folgenden Beitrag soll versucht werden, am Paradigma der konkreten Dichtung den deskriptiven Wert einer Kategorie wie ›Negativität‹ zu untersuchen. Bewußt ist ein bis heute sehr umstrittenes literarisches Paradigma gewählt, das sich dazu noch in aktueller Entwicklung befindet, weil zum einen hier die theoretischen Kontrahenten als zugleich noch zeitgenössische Rezipienten befragt werden können, weil zum anderen wohl auf keinem Gebiet der gegenwärtig produzierten Literatur der Streit der Meinungen so polarisiert ist.

Bei dem offenbar schwierigen Versuch, zu sagen, *was* konkrete Dichtung *sei*, neigen Gegner wie Befürworter gern dazu, mit negativen Bestimmungen zu arbeiten — wenn auch aus ganz unterschiedlichen Gründen. So charakterisiert etwa Karl Krolow[3] die Texte Gomringers, Heißenbüttels, Mons, Brocks und Helms (die er als Wortführer der »Konkreten Dichtung« anführt) mit Kategorien, die so und ähnlich bei allen Verächtern dieser literarischen Praxis vorkommen: »Reduktionsprozeß, Schrumpfungsprozeß dessen, was am Gedicht Stoff, Gegenstand, Ensemble ist.« — »Progressive verbale Verflüchtungsvorgänge« (p. 113) konstatiert Krolow, bei Kriwet gar »absolute Leere« und »Abdankung des lyrischen Textes als wie immer geartetes geistiges Lebewesen!« (p. 143). »Verbaler Asketizismus« führt zu der »traurigen Figuration einiger über das Papier, über die weiße und leere Fläche verstreuter Buchstaben, die nicht einmal mehr einen ›Chic‹ der Anordnung haben. Verlautbar ist ohnehin hier nichts mehr, möglichenfalls noch beschaubar. Aber diese Beschaubarkeit hat nicht die geringste Anschauungskraft. Einige tote Hülsen, Buchstabenhülsen, liegen umher. Das Wort ist nicht einmal mehr eine Leiche« (p. 147).

»An den Quellen des Versiegens« sieht auch Peter Rühmkorf[4] die konkreten Poeten, die unter »Reduktions- und Reinigungszwang« leidend geradewegs in »öde Addition« und »kahles Raisonnement« marschieren, hinein ins »Nurausdörrende, Nurknöcherne, Nurlederne, Nurpapierene«, hinein in »Stotteretüden und Anschlagübungen auf der Schreibmaschine«[5].

Negative Kennzeichnungen herrschen aber auch bei den Befürwortern konkreter Dichtung vor, allerdings eher im Sinne von Abgrenzungen gegen inkompetente Autoren und Kritiker auf diesem so leicht korrumpierbaren Felde literarischer Produktion. So charakterisiert Heinz Gappmayr[6] die visuelle Poe-

---

[3] K. Krolow, *Aspekte zeitgenössischer deutscher Lyrik*, München 1963.
[4] P. Rühmkorf, *An den Quellen des Versiegens*, in *Die Zeit* 15 (13. April 1962), p. 17.
[5] Besonders fix eliminiert H. Friedrich (l. c., p. 13) die konkrete Dichtung aus dem Panorama der modernen Dichtung: »Die sogenannte ›konkrete Poesie‹ mit ihrem maschinell ausgeworfenen Wörter- und Silbenschutt kann dank ihrer Sterilität allerdings völlig außer Betracht bleiben«.
[6] H. Gappmayr, *zeichen IV, visuelle gedichte*, Karlsruhe 1970, (schriften zur konkreten kunst, bd. 4).

sie weithin negativ durch Absetzung gegen andere Dichtungspraktiken: »Visuelle Gedichte beziehen sich nicht auf biographisch erfaßbare Erlebnisse (...)«. — »Die visuelle Poesie griff nicht unmittelbar auf historische Vorbilder zurück«; »keine Metaphern«, »Übergang vom Zeichen zum Begriff sichtbar, aber nicht auf abstrakte Weise«. — »In der konkreten Poesie wird nicht etwas ›dargestellt‹«, »das visuelle Gedicht darf nicht mit Typographie verwechselt werden (...)«. So konstatiert etwa Harald Weinrich (Brief vom 3. 6. 1970 an den Verfasser) in 16 Thesen des Verfassers zur visuellen Poesie[7] nicht weniger als acht negative Sätze und regt an, in Zukunft »affirmative Sätze als Thesen zu formulieren«.

Diese exemplarischen Beispiele ließen sich um viele andere vermehren, ohne in der Sache selbst neue Aufschlüsse zu bringen. Um solche Aufschlüsse zu bekommen, muß versucht werden, Rolle und Aspekt der Negation bei der Konstitution einer Theorie der konkreten Dichtung zu kennzeichnen[8] und als Pendant die Kategorie ›Konstitution‹ einzuführen.

2. ›Negation‹ als Kategorie zur Beschreibung konkreter Dichtung

Levy[9] hat die Ansicht vertreten, daß der Prozeß der Literaturgeschichte nicht eine Abfolge von Standard A zu B zu C darstellt, sondern daß die Entwicklung von Standard A zu non-A verläuft, die verneinten Normen also im Neuansatz noch wirksam, als negierte noch präsent sind. Nach diesem Entwicklungsmodell müßte sich die konkrete Dichtung notwendig beschreiben lassen als Negation der ihr vorhergehenden und sie umgebenden anderen Literaturausprägungen.

So problematisch Levys Modell für die ältere Geschichte der Literatur auch sein mag: für die Situation der konkreten Dichtung scheint es — treffen die Negativ-Kennzeichnungen zu — Ergebnisse zu versprechen.

Sehen wir an dieser Stelle einmal ab von den verschiedenen Textsorten, Schulen und Programmen auf dem (schwer begrenzbaren) Felde der konkreten

---

[7] S. J. SCHMIDT, *Visuelle Poesie, Thesen und Textzyklus*, in *AVA-Manifest I*, ed. F. WERF, Andernach 1970.

[8] Näheres in meinen Schriften: *Zur Poetik der konkreten Dichtung*, in *Format* 4. Jg., H. 6 (1968) p. 8-12. — *Bedeutung und Begriff*, Braunschweig 1969. — *Visuelle Poesie, Thesen und Textzyklus* in *AVA-Manifest I*, hrsg. von F. WERF, Andernach 1970. — *Ästhetische Prozesse*, Köln 1971. — *Ästhetizität*, München 1971 (Grundfragen der Literaturwissenschaft 2). — *Ist ›Fiktionalität‹ eine linguistische oder eine texttheoretische Kategorie?* in E. GÜLICH / W. RAIBLE (eds.), *Textsorten. Differenzierungskriterien aus textlinguistischer Sicht*, Frankfurt/M., 1972, p. 59-71. — *Texttheorie*, München 1973.

[9] J. LEVY, *Generative Poetics*, in A. J. GREIMAS et al. (eds), *Sign Language Culture*, Den Haag-Paris 1970, p. 548-557.

Dichtung, und betrachten wir einen repräsentativen Querschnitt konkreter Schreibweisen, wie ihn etwa die Kataloge der Ausstellungen in Münster (1969) und Amsterdam (1971) bieten, auf ihre phänomenologisch fixierbare Differenz zu heute sonst bekannten literarischen Scheibweisen, so lassen sich die Spezifika zunächst als *Negationsentscheidungen* auf folgenden Gebieten feststellen:

a) Konkrete Dichtung negiert (vor allem in ihren visuellen Spielarten) narratives, episches und lyrisches Sprechen und dementsprechend den dort üblichen linear-sukzessiven Textaufbau.

b) Konkrete Dichtung negiert das Prinzip der Mimesis (sowohl im Sinne der *mimesis tes praxeos*, des *imitare naturam* und des *imitare naturae*) und damit jede wiedererkennbare und bekannte thematische Rekurrenz.

c) Konkrete Dichtung negiert Subjektivität und Expressivität als Motoren der Explikation eines thematischen Zusammenhangs und der Entfaltung stilistischer Strategien.

d) Konkrete Dichtung negiert metaphorisches Sprechen.

e) Mit der Negation von Narrativität und Mimesis negiert konkrete Dichtung den Anspruch narrativer Texte auf thematische Komplexität, auf Wahrheit (in welchem Sinne auch immer), auf Vorbildlichkeit (und damit implizit auf Identifikation, im Sinne von Jauß; in diesem Band p. 317 sqq.) auf Vorgabe von Handlungszielen und auf den inhaltlichen Entwurf »besserer Zustände«.

Mit diesen Negationen gibt konkrete Dichtung offensichtlich sozial rekurrente Modi kommunikativen Sprechens auf, negiert also zumindest bisherige Dichtungspraktiken.

Dieser stattliche Negativ-Katalog, der von den Kritikern konkreter Dichtung in der Regel als Indiz für deren selbstmörderischen Reduktionismus angesehen wird, kann im Diskussionskontext der konkreten Autoren selbst auf zwei Wegen begründet werden:

a) Die *polemisch-kritische* Begründung weist hin auf die Abnutzung der literarischen Gattungen und Sprechweisen, auf den Mißbrauch inhaltlichen Sprechens in den Medien, auf die Undurchschaubarkeit von Wirklichkeit und die Unmöglichkeit, sie mittels Sprache einzuholen, auf den Überdruß an seit je strapazierten Themen etc.[10]. Diese Reaktion auf alles als Gewesenes tritt vor allem bei den Autoren in den Vordergrund, die Innovation als dominantes Ziel literarischer Entwicklung ansehen (und sich dabei nicht zuletzt auf Max Bense berufen können): »denn wenn es eine funktion und eine berechtigung von kunst

---

[10] Cf. etwa lapidar G. RÜHM: *leute, die heute noch treuherzig lyrik fabrizieren — deren gibt es eine menge und sie haben dank der herrschenden trägheit oft ziemlichen erfolg damit —, beackern hoffnungslos ein redundantes feld.* (Lyrik heute, in P. WEIERMAIR, ed., *colloquium poesie* 68, Innsbruck 1968, p. 7-11).

gibt, dann kann es nur die der innovation sein« (G. Rühm, op. cit., p. 8). Verbindet sich diese Haltung nicht mit einem konstruktiven theoretischen Programm, dann führt sie leicht zu einem aktivistischen Innovationismus, der sich gern — kritikreduzierend — als »Experiment« ausgibt. Viele der — allzuvielen — Mitläufer konkreter Dichtung sind über dieses experimentierende Stadium nicht hinausgekommen, das sich in vielen Aktivitäten im bloßen *épater le bourgeois* erschöpft;

b) Die *konstruktiv-konzeptionelle* Begründung arbeitet die theoretischen Grundlagen und Erscheinungsformen konkreter Malerei aus und entwirft danach ein eigenständiges komplexes Programm konkreter Dichtung. Zur Erläuterung dieser Position soll der folgende Absatz dienen (cf. ausführlicher: Verf., *Ästhetische Prozesse*, Köln 1971).

3. Zu den theoretischen Grundlagen konkreter Kunst und Dichtung [11]

Piet Mondrian und Theo van Doesburg haben bei der Ausarbeitung des Programms der De-Stijl-Gruppe einige Vorstellungen formuliert, an denen die Entwicklung der konkreten und konzeptionellen Kunst bis heute gemessen werden kann. Betrachten wir Mondrians Ansatz unter dem Aspekt des Verhältnisses von Kunst und Wirklichkeit, so ergibt sich folgendes Bild: »(...) voran steht die vollkommene Abstraktion, d. h. die gänzliche Ausschaltung der sinnlichen Wahrnehmung der sichtbaren Wirklichkeit. Aus dieser Forderung folgt die strikte Beschränkung der bildnerischen Sprachmittel auf ihre Grundelemente: die gerade Linie, den rechten Winkel — die Horizontale und die Vertikale also — und auf die drei primären Farben — Rot, Gelb, Blau — und die drei Nicht-Farben — Schwarz, Grau, Weiß.«

Der Grund für diese Beschränkung liegt in der Zielsetzung des Stijl: »einer universalen Harmonie und der Überwindung des Individualismus«[12]. Ähnlich formuliert der Stijl-Architekt Jakobus J. P. Oud: »Paradox ausgedrückt, könnte man sagen, der Kampf des modernen Künstlers sei ein Kampf gegen das Gefühl. Der moderne Künstler strebt nach dem Allgemeinen, während das Gefühl (das Subjektive) zum Besonderen führt« (l. c., p. 92).

Diese Zitate kennzeichnen allgemein die Tendenz der konkreten Kunst. Systematisiert man die Schriften ihrer Theoretiker, so läßt sich folgender Katalog *allgemeiner Prinzipien* konkreter Kunst aufstellen:

---

[11] Eine Fülle anschließbarer Gedanken ließe sich bei anderen Künstlern und Theoretikern der Zeit von 1900-1930 finden, bei Kandinsky, Malewitsch (cf. Verf. op. cit. 1971), bei den Kubisten und Dadaisten sowie den Konstruktivisten. Darauf sei hier nur verwiesen.
[12] H. L. C. JAFFÉ, *Mondrian und de Stijl*, Köln 1967.

a) Ausschaltung der je individuell wahrgenommenen und in subjektiver Handschrift bzw. Manier zu repräsentierenden sinnlichen Wirklichkeit. Statt dessen: Thematisierung der Kunstmittel;

b) Reduktion der verfügbaren Kunstmittel auf die medienspezifischen Grundelemente;

c) Überwindung des Subjektiven, des Individuellen, des Gefühls;

d) Konzentration auf allgemeine Elemente, Strukturen, Wirkungsweisen;

e) Internationalisierung der Kunst;

f) sinnliche Präsentation der Bedingungen und Gesetzmäßigkeiten der Wirklichkeit bzw. der Wirklichkeitskonstitution.

So wird etwa bei Mondrian der Raum optisch realisiert als Räumlichkeit (= abstrakte Raumhaltigkeit) des Flächigen; Bewegung als Interferenz von Bewegung und Gegenbewegung, d. h. als Ruhe; Lineatur als Gerade; Lokalfarbe als die zur Bestimmtheit geführte reine Farbe.

Konkrete Malerei präsentiert (ihrem Selbstverständnis nach) die auf den optischen Begriff gebrachte ›wahre‹ Wirklichkeit, in der Weise, daß nicht Malmittel verwendet werden, um eine vorgegebene Wirklichkeitsszene in subjektiver Interpretation zu ›repräsentieren‹, sondern daß die Sprache des Optischen auf ihre elementaren Konstanten konzentriert wird, die dann als solche mit sich selbst identisch, d. h. *konkret*, auf der Malfläche präsentiert werden [13]; sie stellen nichts dar, sie verwirklichen sich selbst [14].

Auf eine Malerei mit dieser Zielsetzung hat Theo van Doesburg den Begriff »konkret« angewandt. Konkret sind solche Malweisen, die nicht anschauliche Erfahrungswirklichkeit auf der Bildfläche repräsentieren, sondern reale Malmittel konkret auf der Fläche präsentieren, die also nicht mit geläufigen optischen Korrelaten arbeiten, sondern das strukturelle Instrumentarium möglicher Darstellung selbst erarbeiten und präsentieren. »Konkrete, nicht abstrakte Malerei, weil nichts konkreter, nichts realer ist als eine Linie, eine Farbe, eine Fläche.« (*Art Concret*, Paris 1930.) Die im konkreten Bild präsentierten Gegebenheiten sind identisch mit dem, was sie zeigen: sie zeigen sich selbst, stellen sich selbst dar.

Eine Verschärfung dieser Position bringt dann die Minimal-Art bei F. Stella oder D. Judd, denen die Konzeption Mondrians noch zuviel Mimetisches zu

---

[13] Cf. M. Benses Dictum: *Alles Konkrete ist nur es selbst.*

[14] Darin verwirklichen sie, nach Mondrians platonischer Philosophie, zugleich auch eine reine Beziehung, nämlich die Gleichgewichtsbeziehung. Diese Interpretation wurde weder von van Doesburg noch von den Nachfolgern, etwa von M. Bill, geteilt. Bill definiert konkrete Kunst so: *Konkrete Kunst nennen wir jene Kunstwerke, die auf Grund ihrer ureigenen Mittel und Gesetzmäßigkeiten — ohne äußerliche Naturerscheinungen oder deren Transformierung, also nicht durch Abstraktion — entstanden sind.*

enthalten scheint, noch zu »relational« ist, insofern sie die absolute Harmonie des Universums, Gleichgewicht und Schönheit ausdrücken will. Bei Stella und Judd wird die Bildfläche radikal zum einzigen Objekt und Thema, die Vermeidung von Teilbarkeit und die Wiederholung identischer Einheiten zum einzig zugelassenen syntaktischen Verfahren. *Like the shape of the object, the materials do not represent, signify, or allude to anything; they are what they are and nothing more.*[15]

Das Selbstverständnis der *konkreten Dichtung* seit den frühen fünfziger Jahren hat sich — weitgehend analogisierbar dem der konkreten Kunst — in Äußerungen wie den folgenden artikuliert: In dem von den Brasilianern Augusto de Campos, Haroldo de Campos und Décio Pignatari entworfenen *Pilot plan for concrete poetry*[16] heißt es:

Konkrete Dichtung: Ergebnis einer kritischen Entwicklung der Formen. Die konkrete Dichtung stellt fest, daß der historische Verszyklus (als formal-rhythmische Einheit) abgeschlossen ist, und wird sich zunächst des graphischen Raums als Strukturelement bewußt. Raum wird genannt: die Raumzeitstruktur an Stelle einer nur linear-zeitlichen Entwicklung. Daher die Bedeutung des ideographischen Konzepts, sowohl in seinem allgemeinen Sinn einer spatialen oder visuellen Syntax, wie auch in seinem spezifischen Sinn (...) einer Kompositionsmethode, die auf direkter — analogischer und nicht logisch-diskursiver Gegenüberstellung der Elemente beruht. (...) Konkrete Dichtung: Wortobjekte in das Raum-Zeitgefüge gespannt. (...) Das konkrete Gedicht ist Mitteilung seiner eigenen Struktur. Es ist sich selbst genügendes Objekt und nicht Darstellung eines anderen äußeren Objekts oder mehr oder weniger subjektiver Gefühle. Sein Material: das Wort (Laut, Seh-Form, Semantik). Sein Problem: die funktionellen Beziehungen dieses Materials. (...) Konkrete Dichtung: durch Gebrauch des phonetischen Systems und der analogischen Syntax Erschaffung eines spezifischen ›verbo-voco-visuellen‹ Sprachgebietes, das die Vorteile der nicht verbalen Mitteilbarkeit vereint mit den Wortwerten. (...) Es handelt sich um Mitteilungen von Formen und Strukturen und nicht um herkömmliche Botschaften. (...) Die konkrete Dichtung strebt danach, letzter gemeinsamer Nenner der Sprache zu sein. Deshalb die Tendenz zur Substantivierung und Bildung von Grundformen.
Konkrete Dichtung: totale Verantwortung vor der Sprache. Vollkommener Realismus. Gegen eine Dichtung des persönlichen und hedonistischen Ausdrucks. Um präzise Probleme zu stellen und sie mit den Mitteln verständlicher Sprache zu lösen. Eine allgemeine Wortkunst.

Eugen Gomringer hat 1954 in seinem Manifest *vom vers zur konstellation* folgende Vorstellungen entwickelt:

das schweigen zeichnet die neue dichtung gegenüber der individualistischen dichtung aus. dazu stützt sie sich auf das wort. das wort: es ist eine größe (...) es besteht aus lauten, aus buchstaben, von denen einzelne einen individuellen markanten ausdruck besitzen. es eignet dem wort die schönheit des materials und die abenteuerlichkeit des zeichens. es verliert in gewissen verbindungen mit anderen worten seinen absoluten charakter. das wollen wir in der dichtung vermeiden. (...) wir wollen es suchen, finden und hinnehmen. wir wollen ihm aber auch in der

---

[15] M. FRIED, *Art and Objecthood*, in G. BATTCOCK (ed.), *Minimal Art. A Critical Anthology*, New York 1968.
[16] São Paulo 1958; deutsch von P. GARNIER, in *Serielle Manifeste 66*, St. Gallen 1966.

verbindung mit anderen worten seine individualität lassen und fügen es deshalb in der art der konstellation zu anderen worten. die konstellation ist die einfachste gestaltungsmöglichkeit der auf dem wort beruhenden dichtung. (...) mit der konstellation wird etwas in die welt gesetzt. sie ist eine realität an sich und kein gedicht über. (...) man erkennt ferner, daß sich in der konstellation mechanisches und intuitives prinzip in reinster form verbinden können.

Aus diesen und ähnlichen theoretischen Darlegungen lassen sich wieder — parallel zur konkreten Malerei — einige Grundsätze zur Theorie und Technik der konkreten Dichtung herauslösen:

a) Entdeckung des Raums bzw. Integration von Flächenwerten in die poetische Textproduktion;

b) Komposition elementarer Einheiten, simultane Konstellationen statt linearer Textsequenzen;

c) Bildung und Bevorzugung von Grundformen und deren selbständige Darbietung, meist in optischen Kontexten;

d) Strukturmitteilung statt Übertragung von ›Botschaften‹ oder Gefühlsausdruck, Objektivierung statt Darstellung;

e) antisubjektivistische und antimetaphorische Realisierung von Sprache;

f) konkrete Dichtung als gemeinsamer struktureller Nenner von Sprache als Dichtung;

g) Internationalisierung der Dichtung.

Übertragen auf die spezifischen Bedingungen und Gegebenheiten der *Sprachkunst* können diese allgemeinen Postulate in erster Näherung so formuliert werden: Konkrete Dichtung muß *konzipiert* werden als eine nicht mimetisch-repräsentative, sondern konstitutiv-präsentative Dichtungssorte, die die rekurrenten Bedeutungsdimensionen und Sinngebungstechniken pragmatischer Kommunikation aufhebt und sich auf die Thematisierung ihrer Mittel und Grundelemente (linguistische Spracheinheiten, Vertextungs- und Präsentationsstrukturen) selbst konzentriert. Diese Mittel werden nicht mehr dazu benutzt, semantische oder semiotische Bedeutungskomplexe zu repräsentieren; sie gewinnen vielmehr eine relative Selbständigkeit, sie werden aus der Fixiertheit auf eine oder wenige Funktionen gelöst und zu polyfunktionalen Objekten gemacht: d. h. sie werden *konkretisiert*[17].

Damit gewinnen in der Theorie konkreter Kunst (Malerei *und* Dichtung) die solcherart entfunktionalisierten Kunstmittel den Charakter von Generalia, man könnte auch sagen: von Konstruktionsuniversalien (also von optisch oder sprachlich Begrifflichem). Sie werden aufgefaßt als Konstanten der raumzeitlichen Erfahrungswirklichkeit, ihrer Erfahrung und Gliederung, gelten also als

---

[17] Daß dieser Prozeß — zwar in der Regel weniger explizit, aber strukturell gleich — sich in jeder Dichtungssorte vollzieht, verweist auf die Kontinuität ästhetischer Dichtungsprinzipien auch in der konkreten Form.

Generalia der (sprachlichen und optischen) Sinnkonstitution. Konkrete Kunst reflektiert zugleich modo aesthetico, nicht begrifflich diskursiv, die Bedingungen und Strukturverhältnisse möglicher Sinn- und Gegenstandskonstitution. Konkrete Malerei stellt nichts dar, konkrete Dichtung teilt nichts mit; beide sind Verfahren der Verwirklichung: *ein konkretes Werk ist, was es ist.* Es gibt Information für den Rezipienten erst dann ab, wenn es — wie ein Naturding — in geeigneten Kommunikations- und Interpretationsspielen adäquat *befragt,* d. h. zu einem *Funktor* in erfolgreichen Informationsprozessen gemacht wird. Ein konkretes Werk spricht erst dann, wenn man es (wieder) zu einem funktionierenden Text gemacht hat. Als konkretes Werk ist es weder optische Gestalt noch Text, sondern Objekt oder Text in Potentialität.

Dieses Konzept konkreter Kunst liefert für eine konkrete Dichtung ein inhaltliches Programm, das die beim Vergleich der Textoberflächen als Negation sonst üblicher Textbildungspraktiken erscheinenden Werkcharakteristika konkreter Texte als Resultat eines eigenständigen Konzepts faßbar werden läßt. Die Kategorie ›Negation‹ erfaßt also lediglich Oberflächen-Charakteristika, die den Standard nicht-konkreter Textbildung offensichtlich negieren und deren Prinzipien suspendieren. Sie besagt kaum etwas über das positive ästhetische Konzept konkreter Dichtung. Die Unverbindlichkeit der meisten Kritiken konkreter Dichtung erklärt sich m. E. daraus, daß solche Kritiken von den (in der Regel unbefragten) heute noch geltenden Normen kommunikativen Sprechens auch für den Bereich literarischer Textbildung ausgehen und darum die Textproduktion der konkreten Dichtung lediglich als Reduktion, als Negation, als Schwundstufe begreifen können. Kritiken à la Krolow und Rühmkorf verfehlen die prinzipielle Problematik, die sich mit dem Entwicklungsschritt von einer Norm A zu deren Suspension verbindet; sie übersehen den dialektischen Prozeß, der sich zwischen Normsystem und dessen Antithese im Kontext sozial noch dominanter alter Norm abspielt.

Diese Antithese muß mitgesehen werden, soll Negation wirklich — im Sinne Hugo Friedrichs — eine deskriptive Kategorie sein und nicht als *killer term* benutzt werden.

4. ›Konstitution‹ als positive Kategorie konkreter Dichtung

Der im Vorangegangenen skizzierte konstruktiv-konzeptionelle Ansatz einer konkreten Dichtung zeigt den Weg, auf dem der durch phänomenologischen Vergleich der ›Textoberflächen‹ konkreter und nicht-konkreter Texte gewonnene Negativkatalog erklärt werden kann als Epiphänomen einer Produktionstheorie konkreter Dichtung, die generell durch eine Kategorie wie ›Konstitution‹

bestimmt werden kann. Die *Arbeitshypothese*, die im folgenden erläutert und verteidigt werden soll, lautet: Konkrete Texte sind nicht arbiträre Restbestände abstraktiver und reduktionistischer Operationen, sondern kalkulierte elementare Akte der Textkonstitution, d. h. Textradikale mit generativer Potenz. ›Generative Potenz‹ besagt dabei: ein konkreter Text impliziert durch sein — mit der Textphänomenalität wahrnehmbar mitrepräsentiertes — Verhältnis zum gegenwärtig präsenten Textuniversum dieser Gesellschaft, zu (sprachlichen und optischen) Kontexten und soziokulturellen Interpretationssystemen (Bedeutungsuniversen à la Greimas) die Regeln, die seine Transformation in kommunikative Bedeutung durch den Rezipienten erlauben.

Um diese Arbeitshypothese zu erläutern, müssen einige sprachphilosophische und texttheoretische Grundfragen des positiven inhaltlichen *Konzepts* einer konkreten Dichtung wenigstens andeutend diskutiert werden. Die Konsequenzen der oben genannten Arbeitshypothese für die Konzeption einer konkreten Dichtung lauten: Konkrete Dichtung negiert keineswegs die Kommunikativität (qua Semantizität) von Sprache überhaupt; ebensowenig negiert sie Ästhetizität bzw. Literarizität als Ziel literarischer Textbildung. Sie versucht vielmehr, neue Formen der Bedeutungskonstitution und Bedeutungskommunikation sowie neue Verfahren ästhetischer Textproduktion zu entwickeln: ›konkrete‹ Semantik und ›konkrete‹ Ästhetik.

5. *›Konkrete‹ Semantik*

Wie im vorigen zu zeigen versucht wurde, lassen sich bezüglich der theoretischen Grundlagen (der »Konkretismus«-Programme) weitgehende Analogien zwischen konkreter Kunst und konkreter Dichtung feststellen. Schwierig wird es mit diesen Analogien, sobald man auf das Gebiet der Textsemantik kommt, wo sich die Eigenarten der verschiedenen Medien besonders deutlich auswirken.

Im Unterschied zur bildenden Kunst, die mit weitgehend oder gar vollständig isolierbaren Elementen (Punkt, Linie, Fläche, Farbe) operiert, deren Funktionswert vom Vorkommensort (optischen Kontext) und der Gebrauchsintention abhängt, lassen sich nämlich sprachliche ›Elemente‹ nur isolieren als theoretische Konstrukte, als Abstraktionen aus den phänomenal allein beobachtbaren kommunikativen Äußerungen (bzw. in meiner Terminologie, den kommunikativen Handlungsspielen) im Kontext sozialer sprachlicher Interaktion[18]. Der Grund dafür liegt darin, daß Sprache eine kommunikative soziale Handlungsform ist

---

[18] Zum sprachphilosophischen und linguistischen Kontext dieser Thesen cf. Verf., *Texttheorie*, München 1973.

und nicht etwa ein funktionsneutrales Zeichensystem, eine Verhaltensform, deren Konstituenten nur in einer (linguistischen) Observer-Analyse ermittelt werden können. In kommunikativen Handlungsspielen vorkommende Textkonstituenten sind keineswegs funktionsneutral, als sie selbst in relativer Isolierung gegeben; sie sind vielmehr Funktoren in Kontexten, in denen sie Relevanz bzw. Bedeutung erhalten. Phoneme, Lexeme, Syntagmeme, Grapheme als bloßes optisches oder akustisches Material behandeln, hieße aus dem Bereich der sozial funktionierenden Sprache und entsprechend der Sprachkunst ausweichen in den Bereich der Linguistik, der Graphik und der konkreten Musik.

Mit anderen Worten: da Semantizität ein theoretisch nicht begründbarer und kommunikativ irreduzibler Charakter von Sprache als sozialer Verhaltensform selbst ist, muß eine konkrete Dichtung eine für ihre Zwecke geeignete Form einer Konkretisierung der Sprachsemantik (erst) erfinden. Soll Sprache im vollen Sinne (nicht im vollen Umfang!) in konkreter Dichtung erhalten bleiben, muß eine plausible Konkretisierungsprozedur für *alle* Erscheinungs- und Wirkungsweisen der Sprache entwickelt werden, d. h. eben: auch und vor allem für den Bedeutungsbereich[19].

Die in der experimentell-konkreten Dichtung realisierten Konkretisierungstendenzen: Konzentration auf Schreibtexte, Einbeziehen von Flächenwerten, Kombination von optischen und sprachlich-graphischen Valeurs, die Einbeziehung der Lesebewegung, Aufbau von Substitutionsverhältnissen zwischen semantischen und ikonisch-indexikalischen Werten usw.[20], streifen bestenfalls

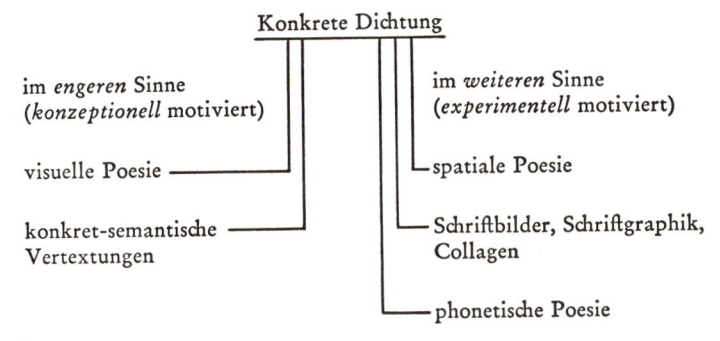

```
                    Konkrete Dichtung
                   ┌──────┴──────┐
im engeren Sinne              im weiteren Sinne
(konzeptionell motiviert)     (experimentell motiviert)

visuelle Poesie ─────┐        └─ spatiale Poesie

konkret-semantische ─┘        ┌─ Schriftbilder, Schriftgraphik,
Vertextungen                  │   Collagen
                              │
                              └─ phonetische Poesie
```

---

[19] In den Manifesten und Theorien der konkreten Dichtung experimenteller Art wird diese komplexe Aufgabenstellung meist ganz übersehen oder doch nur sehr sporadisch und oberflächlich behandelt. So heißt es etwa in der von 21 Konkretisten unterschriebenen *Position I du Mouvement International* lediglich: — poésie concrète: travaillant le langage-matière, créant avec lui des structures, transmettant une information d'abord esthétique. — poésie visuelle: le mot ou ses éléments pris en tant qu'objets et centres d'énergie visuelle. — poésie phonétique: fondée sur les phonèmes, corps sonores du langage et d'une façon générale sur tous les sons émis par les organes vocaux de l'homme, travaillés au magnétophone et tendant à la création d'un espace sonore.

[20] Zu einer Typologie von konkreten Sprachbehandlungspraktiken cf. Verf., op. cit. 1968.

die Probleme einer Semantik für konkrete Texte. Solche Techniken möchte ich zum Gebiet einer ›konkreten Dichtung im weiteren Sinne‹ rechnen und eine vorläufige Einteilung für die Erscheinungsformen konkreter Dichtung vorschlagen, wie sie S. 403 skizziert ist.

Eine konkrete Semantik im engeren Sinne ist bis heute vor allem in der visuellen Poesie und in der allmählich entstehenden konzeptionellen Dichtung entwickelt worden. Zu ihrer Kennzeichnung sind einige linguistische Vorbemerkungen erforderlich.

6. *Textsemantische Anmerkungen: Konkreter Text und Kontext*

Vom Standpunkt einer *Textlinguistik* aus, die an die Stelle eines elementaristischen und synthetisierenden Modells der Sprache das Modell des faktisch funktionierenden Textes (als Sinneinheit in kommunikativen Handlungsspielen) zum Bezugspunkt und zur Verifikationsbasis ihrer analytischen Arbeit wählt, werden Phoneme, Lexeme, Syntagmen usw. betrachtet als Konstituenten, die nur im Text sinnvoll (d. h. intentionsadäquat und erfolgreich) verwendet werden können. Erst im faktischen Gebrauch, im Textverband und auf dessen Isotopie-Ebenen, ergibt sich für den Benutzer von Textkonstituenten die Möglichkeit, eine intendierte Bedeutung (Mitteilungs- und Wirkungsabsicht) mitteilbar zu machen, wobei diese Bedeutungskonstitution ebenso wie die Bedeutungsrezeption gesteuert wird durch sozial rekurrente Normen, Paradigmata, Regeln, Bilder (im Sinne Wittgensteins) und Situationskriterien[21]. Erst im Regelsystem dieses allgemein verbindlichen Sprachspiels in Kommunikationskontexten gibt es dann auch Sprachspiele mit dem Ziel, Konstituenten zu isolieren bzw. isolierte Konstituenten zu besprechen, z. B. in Fragen oder in metasprachlicher Rede. Ein isolierter Konstituent hat strenggenommen keine Bedeutung, sondern nur einen begrifflichen Sinn, der als der statistische Durchschnittswert möglicher (und beherrschter) Applikationen der Konstituenten in Texten betrachtet werden kann[22]. Verstanden wird ein isolierter Konstituent nur insofern, als man Applikationen kennt (oder erfinden kann), in denen er bedeutungsvoll (informations- oder sozialrelevant) funktioniert. Ein isoliertes Lexem etwa ist nur als Anweisung auf mögliche Gebräuche (als Instruktionselement) potentiell bzw. latent sinnvoll, es behält seine Bedeutungsfähigkeit (Semantizität) in Form einer implizit mitgewußten Anweisung auf Funktion. Der Kontext fehlt hier nicht

---

[21] Cf. G. GEBAUER, *Wortgebrauch, Sprachbedeutung*, München 1972 (Grundfragen der Literaturwissenschaft 3).
[22] Cf. Verf., op. cit. 1969.

etwa vollständig; das wäre unmöglich, da er zu den strukturell notwendigen Faktoren jeder sprachlichen Kommunikationshandlung gehört. Bezogen auf konkrete (vor allem visuelle) Texte heißt das: der strukturell notwendige Kontext ist auf der Textoberfläche des konkreten Textes lediglich nicht material aktiviert, nicht ausgefüllt, sondern er ist nur als *Nullkontext* mitrepräsentiert, gleichsam als ein künstlich abgeblendeter Kontext, der zwar nach den Gesetzmäßigkeiten sozialer sprachlicher Kommunikation erwartet (und erwartbar) ist, hier aber als nicht aktivierte Leer-Form nur ko-präsent ist. Visuelle Poesie arbeitet bewußt mit der Methode der selbständigen Präsentation von Textkonstituenten mit Nullkontexten. D. h. sie verstreut nicht, wie ihr kurzsichtige Kritiker immer wieder vorwerfen, wahllos Schriftpartikel übers Papier. Vielmehr arbeitet sie bewußt mit der Möglichkeit, die in den Kommunikationsstrukturen angelegt ist, die isolierbaren Elemente kommunikativer Handlungsspiele auf der Entfremdungsebene der Schrift (= als Begriffszeichenobjekte) als »ungesättigte« (da in Nullkontexten stehende) *Textradikale* zu präsentieren, deren sprachliche leer*gelassene* Kontextelemente partiell (und exemplarisch) gesättigt werden (= Prinzip der Kontextbildung durch Medienwechsel bzw. Medienintegration)[23]. (Abb. 1)

Visuelle und konzeptionelle Poesie präsentiert isolierte Textkonstituenten als optische Zeichen auf der Schreibfläche. Dadurch können begrifflich-lexematische und optische Sinn-Werte gleichzeitig aktiviert werden. Semantische und optische Wirkungspotenzen treten in ein beziehungsreiches Spannungsverhältnis zueinander und können in der Rezeption als substitutive Sinn-›Räume‹ erlebt und expliziert werden. (Abb. 2, 2a)

Das visuell präsentierte Begriffszeichenobjekt, bei dem der sprachliche Nullkontext auf der Textoberfläche substituiert ist durch einen optischen *Zeichenumraum* (optischen Kontext), ist also einerseits unzweifelhaft informationsfähiger *Sprachtext* (Sprache in Textualität); andererseits erscheint es als eine okkurrente Textsorte ohne geläufige Sequenzform, d. h. nicht als *Textsprache*.

7. *Konsequenzen für eine Konstitutionstheorie konkreter Dichtung*

Versuchen wir, diese textsemantischen Befunde anzuwenden auf die konstitutionstheoretischen Probleme konkreter Dichtung, so ergibt sich folgendes Bild: Der konkrete visuelle Text ist, linguistisch gesehen, *schon* (oder notwendig *immer noch*) Sprache (Sprachtext), vom Gesichtspunkt geläufiger Kommunika-

---

[23] Dieser Prozeß kann am einfachsten mit (wertungsneutralen) negativen Beschreibungen gefaßt werden, da er signifikant von sonst üblichen Vertextungsarten abweicht.

Abb. 1   G. Rühm, *Gesammelte Gedichte und visuelle Texte*, Reinbek 1970.

Abb. 2   S. J. Schmidt: *die verbindlichkeit der geschilderten blumen, 1970-72* (Manuskript).

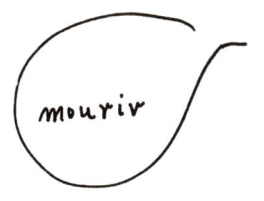

mourir

Abb. 2a G. Rühm, *Gesammelte Gedichte und visuelle Texte*, Reinbek 1970.

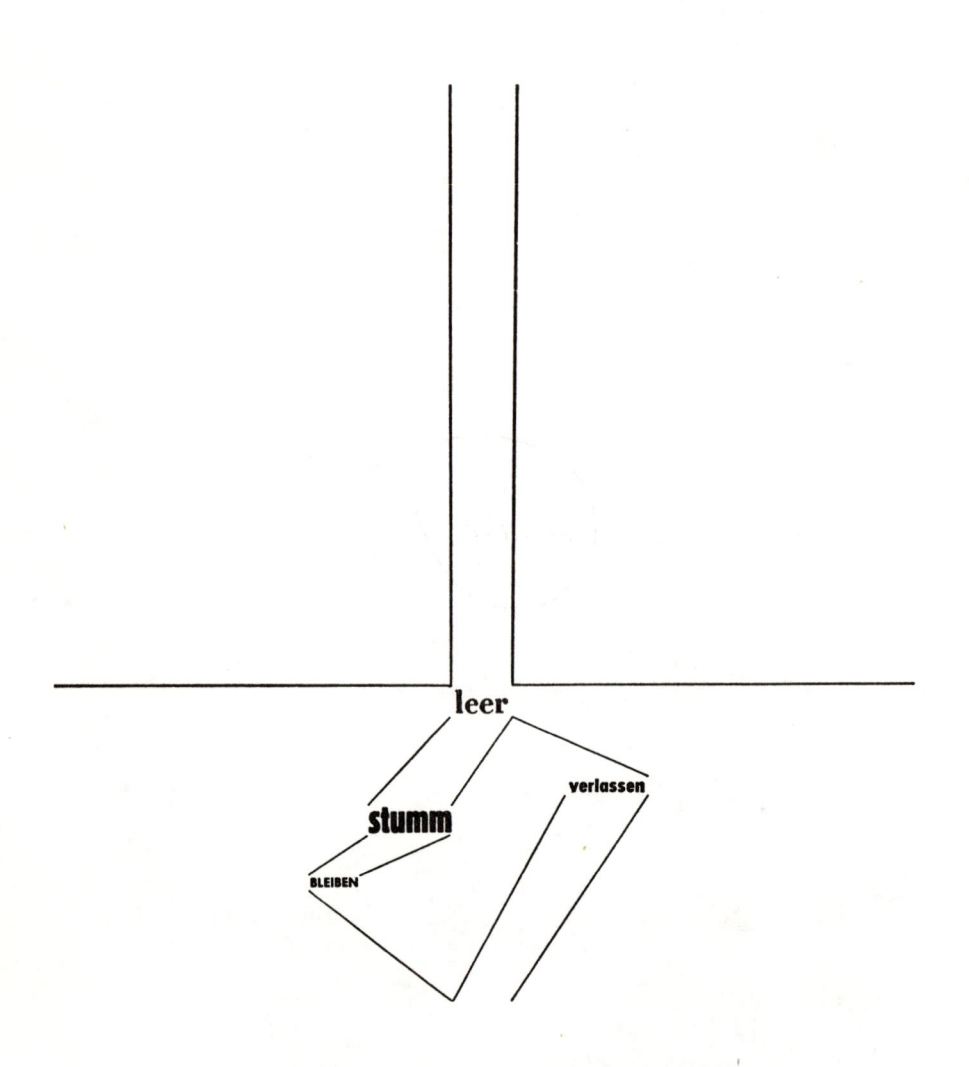

tion her gesehen *noch* Sprache (aber *noch nicht* Textsprache). Mit diesen zusätzlichen Erläuterungen möchte ich meine an anderer Stelle (op. cit., 1971) geäußerte These hier wiederholen, daß visuell-konzeptionelle Poesie Sinnkonstitution im semantisch-optischen Präsentationsraum auf der Schwelle zwischen Schon-Sprache und Noch-Sprache, Schon-Sinn und Noch-Sinn, also Sprache mit Neu-Sinn ist. Mit dieser Bestimmung wird zugleich deutlich, daß visuell-konzeptionelle Poesie auf nicht-diskursive Weise die Bedingungen und die fundamentalen Strukturen der Sinnkonstitution (qua Vertextung von Information) überhaupt *zeigt* (im Sinne des Wittgensteinschen *Tractatus*), daß sie mit anderen Worten *metasemantisch* operiert (cf. p. 404)[24]. Alle unmittelbar pragmatischen Mitteilungs- oder Wirkungsabsichten eines Autors sind aufgehoben zugunsten einer elementaren demonstrativen Ver-Wirklichung der Bedingungen und Möglichkeiten sprachlicher Sinnkonstitution am isolierten Textmaterial. Im visuell-

---

[24] Im *Tractatus* (4.12 sq) erläutert Wittgenstein seine Konzeption des Zeigens — die *nicht* verwechselt werden darf mit dem linguistischen Begriff der Deixis — in folgendem Sinne: Der Satz ist ein Modell der logischen Struktur der Wirklichkeit, so wie wir sie uns denken. Der Satz zeigt, in diesem Sinne, die logische Struktur des Sachverhalts. Den Sinn eines Satzes verstehen wir, ohne daß er uns erklärt werden müßte; denn der Satz zeigt ihn, ohne ihn auszusprechen. Der Satz als logisches Bild des Sachverhalts kann dessen logische Form nicht aussagen; sie spiegelt sich vielmehr in ihm, er zeigt sie. Das also, was Sprache und Wirklichkeit gemeinsam haben müssen, damit Sprache als Bild der Wirklichkeit fungieren kann, nämlich die logische Form, kann *in* der Sprache nicht ausgesagt werden. (4. 121 »Was *sich* in der Sprache ausdrückt, können *wir* nicht durch sie ausdrücken. Der Satz zeigt die logische Form der Wirklichkeit«.)
Vor diesem Hintergrund kann folgende Präzisierung des Unterschieds zwischen der *Isolierung* eines Lexems im Wörterbuch und der Isolierung von Textbestandteilen in konkreten Texten vorgenommen werden: Bei der Isolierung eines Lexems im Wörterbuch handelt es sich um eine linguistische, also metasprachliche Operation, die in allgemeiner Form die Verwendungsmöglichkeiten eines Sprachbestandteils (in der Regel durch Synonymenangabe) angibt. Solche Operationen sind in der Diskurssorte ›linguistischer Diskurs‹ normal und erwartbar und haben eine festgelegte Funktion (nämlich: Definition). Bei der Isolierung von Textbestandteilen in Kontexten wird diese aus linguistischen Diskursen wohlbekannte Operation in einer grundsätzlich anderen Diskurssorte, nämlich im literarischen Diskurs, durchgeführt, wobei die Funktion dieser Operation nicht sozial erwartbar, nicht festgelegt ist. Hinzu kommt, daß im Wörterbuch das isolierte Lexem sofort in einen explikativen Sprachkontext (nämlich die jedem *native speaker* bekannte Definition) gestellt wird, während es hier in einen optisch-graphischen Kontext gestellt wird, der unerwartet ist. Für den Rezipienten ergeben sie daher zwei Möglichkeiten der Rezeption:
(a) er kompensiert aus seiner Sprachkenntnis — kognitiv und assoziativ — den fehlenden Kontext als Definiens-Kontext;
(b) er erfindet um den isolierten Textbestandteil adäquate bzw. mögliche Kontexte bzw. Kontextparadigmata.
In beiden Fällen vollzieht er, ausgehend vom Stimulus ›Text‹, Verfahren der Sinn- und Bedeutungskonstitution nach (oder mit), d. h. er arbeitet metasemantisch.
Ein konkreter Text *zeigt* — so könnte man in Analogie zu Wittgenstein sagen — die logische Form der Sinn- und Bedeutungskonstitution, aber spricht sie nicht aus. (Daß diese Analogie nicht vollständig ist, braucht nicht wieder begründet zu werden.)

konzeptionellen Text erscheint das Wirkliche, d. h. die in je individueller Textbildung verwirklichte sprachliche Bedeutung, rückgeführt auf das *Mögliche*, auf die Sinnpotentialität von Sprache, wie sie sich in Nullkontexten *zeigt*, aber nicht ausspricht. Gerade dadurch, daß sinnvolle Textkonstitution auf der Entfremdungsebene der Schrift in Form optischer Objekte präsentiert wird, wird der normale Prozeß der Vertextung aufgehoben, wird die Arbitrarität und Konventionalität der Sprachzeichensemantik nicht nur demonstriert, sondern auf alle Instrumente sprachlicher Kommunikation projiziert. Visuell-konzeptionelle Poesie hebt funktionierende Kommunikations-*Praktiken* auf, ohne Sprache als Kommunikations-*Möglichkeit* zu zerstören. Sie zeigt Sprache im Zustande noch nicht realisierter, aber durch die Präsentationsmodi und die Anschließbarkeits- bzw. ›Sättigungs‹-Möglichkeiten in kommunikativer Rezeption bedingte Polyfunktionalität und Polyvalenz, die als formale Kriterien der ästhetischen Qualifikation angesehen werden können[25]. Ein visuell-konzeptioneller Text darf nicht äußerlich betrachtet werden als Reduktion oder als Schwundstufe reichhaltiger Texte und funktionierender Semantik; vielmehr muß er angesehen werden als mit sich selbst noch identischer, noch nicht in narrative Sequenzen ausgefalteter Elementarakt von Textbildung, dessen strukturell erwartbare Kontextklassen wohl vorhanden, aber bewußt leer gelassen sind. Texte dieser Art dürfen nicht statisch (das hieße hier: graphisch) betrachtet werden. Sie sind elementare Handlungen und stellen dar elementare Handlungen, d. h. Strukturen sprachlicher Handlung am Modus der Präsentation sprachlicher Handlungsschemata; sie realisieren damit eine Null-Form sprachlicher Kommunikation mit *nur-zeigender* Semantik.

Visuell-konzeptionelle Poesie arbeitet nicht *mit* Sprache; sie verwirklicht sich als Sprache, indem sie das *Prinzip* der Sprachlichkeit aller sinnvollen Handlungsprozesse, die Einheit von Zeichenhandlung und Sinnkonstitution selbst durch ›konkrete‹ Isolierung und Medienintegration zum ästhetischen Ereignis auf der Textfläche werden läßt; sie *präsentiert das Prinzip möglicher Sprache als literarischen Prozeß*.

Den Vollzug dieses konstitutiven Prozesses muß der Rezipient am Leitfaden der Darbietungsmodi und -strukturen vollziehen, d. h. er muß den visuellen Text semantisch realisieren. Die Qualität des visuellen Textes bemißt sich danach, wie spontan und wie langandauernd der Text Anschauung und Reflexion in Gang setzt und hält, d. h. wie polyfunktional und polyvalent er ist.

Dieses Verfahren ist angewiesen auf die *Integration* (zweier) verschiedener Medien, Manifestationsmodi und Verfahren von Sinnkonstitution (optisch, sprachlich). Zusätzliche Schwierigkeiten für eine konkrete Semantik ergeben

---

[25] Cf. Verf., *Ästhetizität*, 1971, loc. cit.

sich in elementreicheren Texten, also in Texten mit partiell gesättigten Kontexten, bei denen das visuelle Moment der graphischen Gestaltung und des optischen Umraumes (Kontextes) zurücktritt, wie etwa in (traditionell) konkreter ›Prosa‹. (Abb. 3)

Schreibt man nun Texte, die mehr als einen (oder wenige) Konstituenten enthalten (sollen), läßt sich das Prinzip der Konkretisierung, d. h. die Nicht-Korrelatbezogenheit, nur dadurch realisieren, daß man sich auf sich selbst beziehende Text(stück)e erfindet. Man wird dabei *Grade von Konkretheit* annehmen und beobachten können, je nachdem, ob das ausgewählte Textmaterial nicht denotativ ist bzw. gebraucht wird, oder ob Vertextungsformen gefunden worden sind, die die kommunikative Leistung eines Textes so in die *Schwebe* bringen, daß semantische (d. h. sprachzeichenbezogene) und referentiell-pragmatische (d. h. korrelatbezogene), mit anderen Worten: daß nicht-interpretierte und interpretierte Textkonstituenten (qua Instruktoren) sich gegenseitig in die Schwebe bringen. (Abb. 4)

Die Aufgabe des Rezipienten besteht bei solchen Produktionen nicht mehr darin, sich bei den Text(konstituent)en etwas vorzustellen, diese für etwas gebrauchen zu können, sondern darin, die Konkretheit eines bestimmten Textes selbst zu erfassen.

Die Textkonstituenten eines konkreten Textes interpretieren sich gegenseitig, werden textimmanent miteinander verglichen. Es wird ein Text aufgebaut, der den Vorgang der Textkonstitution *zeigt*, ohne ihn auf eine eindeutig ableitbare oder erkennbare Informationsabsicht individueller Art hin zu funktionalisieren. Ein Text ist demnach konkret, insofern er den Kontext lediglich als *sprachimmanenten Kontext* realisiert und gerade nicht als Rollen- oder Bedeutungsspezifikator der integrierten Konstituenten; als Kontext, der gerade nicht, wie sonst üblich und erwartet, *eine* Bedeutungspotenz eines Konstituens aktualisiert, sondern die Polyfunktionalität des isolierten Lexems auch im Lexemverband bestehen läßt, indem jede Spezifikation wieder aufgehoben oder in die Schwebe, d. h. in die offene Frage nach der Entscheidbarkeit, gebracht wird. Ein konkreter Text zeigt die Möglichkeit, einen Kontext primär syntaktisch-semantisch, d. h. nur zeichen-relationierend, aufzubauen, nicht referentiell-pragmatisch, d. h. korrelatmeinend. Sprache wird im konkreten Text mithin nicht als intentional kommunikatives Instrument gebraucht, sondern als Form für den Vollzug möglicher Kommunikation bzw. als systematisch-syntagmatisches Verfahren *gezeigt*, ohne angewandt zu sein, ohne aber auch — wie etwa im Unsinnsgedicht — mögliche Anwendungen auszuschließen. Das wird deutlich in Texten, die graphische Elemente als Substitute für Syntax-Strategien benutzen. (Abb. 5)

Man könnte dieses Spezifikum kurz so ausdrücken: Der konkrete Text spricht, indem er eine Sprache für mögliche Sprach-Gebräuche erzeugt. Die verwendeten

Abb. 3 H. Heissenbüttel, *Textbuch 4*, Olten und Freiburg 1964.

                                                    zwischen
           einander   da   zwischen
           einander   da   zwischen
                                        zwischen   durch
           einander   zwischen   durch
                                        zwischen
           einander   da   zwischen   durch
           einander   zwischen   durch
                                        zwischen
           einander

Abb. 4 S. J. Schmidt, *volumina 1970*, (Manuskript).

requiem für i. kant. j. g. fichte und b. eijchenbaum

sprache für sprachen

dinge für dinge

dinge für sprachen

sprachen für dinge

sprache für sprachen für dinge

dinge für dinge für sprache

dinge für sprache für dinge

für sprache dinge

für dinge sprache

es ist was heißt

es ist was ist

es heißt was heißt

es soll was ist

es heißt was ist soll

es soll was heißt sein

sprache um sprache

dinge um dinge

sprache für sprachen für dinge für dinge für sprache

Abb. 5   H. Gappmayr, *zeichen IV*, Karlsruhe 1970.

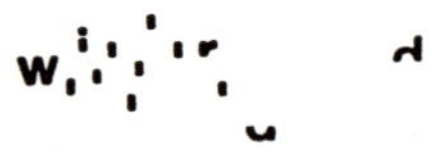

Textkonstituenten und syntaktischen Formen verbleiben im Zustand der Möglichkeit, in der Schwebe zwischen Sprachtext und Textsprache. Der konkrete Text verbleibt im Raum des Innersprachlichen und bringt kommunikatives und metakommunikatives Sprechen im Modus der Potentialität zum Ausgleich.

Die Konkretheit erzeugende Isolierung wird in Texten dieser Art nicht durch optische Einzelstellung erreicht, sondern durch Isolierung der Textsprache vom Bereich der jeweils nur schichtenspezifisch funktionierenden Kommunikationssphäre. Die in visueller Poesie durch optische Isolierung erreichte Verfremdung kann hier etwa durch gezielte Wiederholung erreicht werden, die auch im Textverband das Einzelelement verobjektiviert. (Abb. 6)

Sprache funktioniert im konkreten Text nur als Sprache, nicht als Kommunikationsinstrument. Damit entgeht sie relativ weit der Ideologisierbarkeit allen narrativen Sprechens und den metaphernbildenden Subjektivismen. Ein konkreter Text ist gewissermaßen ein Prototyp möglicher Sinnkonstitution, der noch nicht in Serie gegangen ist, bei dem alle *Funktion* noch als Struktur erhalten geblieben ist, die zwar jederzeit in Funktion überführt werden könnte, es aber nicht ist. Keine der subjektiven Rezeptionen des Textes kann sich daher als allein richtige darstellen.

8. Zur Ästhetik konkreter Texte

Die bisher skizzierten konstitutionstheoretischen Probleme einer konkreten Dichtung müssen nun auf ihre Konsequenzen für die Rezeption und Wirkungsmöglichkeit konkreter Texte hin untersucht werden. Will man dabei nicht zu inadäquaten Verkürzungen und Verzerrungen der Problematik kommen, muß man den Stellenwert konkreter Dichtung und Dichtungstheorie im Rahmen der neueren Kunstentwicklung insgesamt und der mit ihr verbundenen Rezeptionsproblematik mitberücksichtigen.

Wie ich an anderer Stelle (op. cit., 1971) zu zeigen versucht habe, kann man die Entwicklung der Kunst seit 1900 als Übergang von einem mimetisch-semiotischen Modell über ein syntaktisch-semantisches Modell zu einem konzeptionell-prozessualen Modell darstellen. Konkrete Dichtung partizipiert an den beiden letzten Modellen. Indem sie das Prinzip der Narrativität aufgibt, realisiert sie im sprachlichen Bereich den vorgängigen Schritt der bildenden Künste, an die Stelle der Ikonographie die Theorie zu setzen (so die Formulierung Max Imdahls). Damit tritt im ästhetischen Kommunikationsprozeß das Werk aus seiner dominanten Stelle; es kann nicht mehr — wie im mimetisch-semiotischen Modell — aus dem Gesamtkommunikationsprozeß von Textproduktion, Werktext und Textrezeption isoliert und als Objekt verabsolutiert werden. Mit der

Abb. 6   B. Grögerová — J. Hiršal, in S. J. Schmidt (ed.), *konkrete dichtung — konkrete kunst*, Karlsruhe 1968 (schriften zur konkreten kunst 1).

es gibt der die das   der ist nicht die   der ist nicht
das   der ist der   die ist nicht der   die ist nicht
das   die ist die   das ist nicht der   das ist nicht
die   das ist das
wenn der der und die die ist ist das das   wenn der die
und das das ist ist die der und das das   wenn der der
und die das ist ist das die und der der   wenn der das
und die die ist ist die die und das der   wenn die die
und das der ist ist der das und die die   wenn das das
und die der ist ist der die und das das
wenn der die und die das ist ist das der und der die
wenn die das und das der ist ist der die und die das
wenn das der und der die ist ist die das und das der

wenn der die und das ist ist das der und die   wenn die
das und der ist ist der die und das   wenn das der und
die ist ist die das und der
wenn nicht der der die die und das das ist ist der die
die das und das der   wenn nicht der die die das und das
der ist ist die der das die und der das   wenn nicht die
das das der und der die ist ist das die der das und die
der   wenn nicht das der der die und die das ist ist der
das die der und das die
wenn der der die ist der ist ist der der und die   wenn
die die das ist die ist ist die die und das   wenn das das
der ist das ist ist das das und der
es gibt der und die und das   der ist nicht die und nicht
das   die ist nicht das und nicht der   das ist nicht der
und nicht die   der ist nicht die die ist nicht das das
ist nicht der
wenn der der die das ist der ist und die die das der ist
die ist und das das der die ist das ist ist derdiedieder-
derdasdasdiediedasdasder

konkreten Dichtung vollzieht sich auch im Bereich der Sprachkunst der Schritt von der Objektästhetik zur *Prozeßästhetik*, in der die Instanzen des Kommunikationsprozesses (Autor, Werk, Rezipient) untrennbar zusammenwirken an der Erzeugung und rezeptiven Verwirklichung von Ästhetizität.

Das einzelne Werk erscheint in diesem Modell als Realisation einer Theorie im weiteren Sinne bzw. einer Konzeption und als Anlaß zu rezeptiven Interpretations- und Übersetzungsprozessen. Alle anschließbaren Kontexte (= Interpretationssysteme) werden wichtig als potentielle Bezugssysteme, in denen die angebotene Textmaterialität zu kommunikativer Bedeutung transformiert, der Übergang von Zeichen zu Bedeutungen vollzogen werden kann. Der konkrete Text kann nur im System seiner konstitutiven und rezeptiven Kontexte in metakommunikativen Handlungsspielen adäquat beurteilt werden. Die Textproduktion mit allen ihren Motivationskontexten, der Werktext und die daran anschließbaren Rezeptionsprozesse (in deren Kontexten) müssen als Gesamtheit gesehen werden, als ein komplexes Kommunikationssystem (mit Teilsystemen unterschiedlicher Art), das insgesamt als *ästhetischer Prozeß* gesehen werden muß.

Der Werktext dokumentiert diesen Gesamtprozeß an einer sinnlich prägnanten Stelle, die intersubjektiv zugänglich ist; darum kann auf die Produktion von Werktexten auch in einer prozessualen und/oder konzeptionellen Kunst(theorie) nicht verzichtet werden. Der Werktext manifestiert diesen Gesamtprozeß, indem er es dem Rezipienten verwehrt, bei einer im Text erzählten Geschichte zu verweilen; statt dessen verweist er ihn im Zuge der Wahrnehmungsschwierigkeiten und der semantischen Ungesättigtheit des Werktextes ständig auf den einbettenden Gesamtprozeß zurück. Der konkrete Text lenkt die Aufmerksamkeit des Rezipienten nicht ab von den anderen Instanzen des Kommunikationsprozesses, er ›bannt‹ den Rezipienten nicht, indem er ihn in Identifikationsprozesse verwickelt; sondern er weist stets über sich hinaus auf den Prozeß des Konzipierens und Rezipierens, des Erschließens und Urteilens, spontaner Ko-Produktion. Allerdings wird er den Rezipienten aus psychologischen Gründen[26] nur dann zu einer so umfassenden Rezeptionsleistung motivieren, wenn er als Wahrnehmungsangebot interessant genug ist, die Aufmerksamkeit des Rezipienten zu erwecken, ihn in Probleme zu verwickeln und zu kommunikativen Folgeleistungen zu motivieren. Das bedeutet, daß er als Wahrnehmungs- und Denkangebot ausreichend komplex sein muß, also als Angebot genügend Anschlußstellen bieten muß, die beim Rezipienten wahrnehmend, erlebend und reflektierend entdeckt, erzeugt oder erinnert werden können. Die Problematik

---

[26] Cf. H. W. FRANKE, *Grundlagen einer kybernetischen Theorie der Kunst*, in S. J. SCHMIDT (ed.), *konkrete dichtung — konkrete kunst '68*, Karlsruhe 1968, p. 78-91.

des konkreten Textes liegt in seiner Doppelfunktion: er muß einerseits den Leser als freien und kreativen Kommunikationspartner ansprechen, er darf andererseits nicht so unbestimmt sein, daß der Leser zuviel Freiheit bei der semantischen Realisierung hat, Freiheit, die er nicht mehr gebrauchen kann (= Gefahr der Beliebigkeit); er darf zum anderen nicht wie ein Bilderrätsel angelegt sein, das im Rezeptionsvorgang aufgelöst werden kann und dann als Kommunikationsauslöser und -ziel uninteressant wird. Die ›Kunst‹ des konkreten Autors besteht — wie die jedes Produzenten anderer literarischer Texte — darin, Texte zu erfinden, in denen die Textkonstituenten (optische, begriffliche etc.) polyfunktional vertextet sind und daher bei polyperspektivischer Rezeption Polyvalenzen erzeugen und ertragen[27]. Nur wenn ein Textradikal[28] erfunden wird, in dem die Funktionen und Interpretierbarkeiten der Konstituenten auf allen Funktions- und Wirkungsebenen nicht eindeutig/abschließend realisiert und interpretiert werden können, wird die eingehende und wiederholte Auseinandersetzung mit diesem Text ständig neuen semantisch-kommunikativen Gewinn bringen und sich auch in verschiedenen historischen Zusammenhängen als interessant erweisen. Nur wenn ein konkreter Text genügend Anregung bietet, vom Text auf anschließbare Kontexte, Theorien und Interpretationssysteme umzusteigen, wenn er durch die optische Evidenz seiner internen Problematisierung von sinnkonstitutiven Prozessen auf den ästhetischen Kommunikationsprozeß als Gesamtheit zeigend verweist, genügt er den Ansprüchen, die unter psychologischen und ästhetischen Aspekten an ihn gestellt werden müssen.

Für den Rezipienten ergibt sich daraus die Notwendigkeit, seine an nicht-ästhetischen und an sonst gewohnten ästhetischen Texten eingeübten Rezeptionserwartungen zu modifizieren und zu präzisieren, um dem konkreten Text gerecht werden zu können. Im Umgang mit konkreten Texten muß er ganz bewußt jene Rezeptionseinstellung realisieren, die wohl seit je erforderlich war, um einen Text als *ästhetisches* Phänomen zu rezipieren; diese Rezeptionsweise habe ich an verschiedenen Orten *konkretes Sehen* oder *polyperspektivisches Sehen* genannt.

Konkretes Sehen ist Rezeption ohne restriktive und/oder ideologische Vorerwartung, die sich zu ihren blickregulierenden Faktoren (wie Erziehung, Vorlieben, Textkenntnisse, ästhetische Erwartungen usw.) möglichst kritisch verhält; die alle am Werk erkennbaren, in anschließbaren Rezeptionsperspektiven

---

[27] Zur hier implizierten Ästhetiktheorie cf. Verf., *Ästhetizität*, op. cit. 1971.
[28] M. Mosoia verdanke ich den Hinweis, daß solche Textradikale in gewissem Sinn mit den Texttiefenstrukturen der generativen Semantik verglichen werden können.

aufscheinenden Charakteristika der Vertextung unvoreingenommen aufnimmt und zu verbinden versucht. Nur in konkretem Sehen erschließt sich die Polyfunktionalität eines Wahrnehmungsangebots, eine Polyfunktionalität der Textkonstituenten und Verknüpfungsverfahren ebenso wie eine solche der Rolle des Textes insgesamt in ästhetischen Prozessen. Nur in konkretem Sehen also kann ein literarischer Text (und also auch ein konkreter) als ästhetischer wahrgenommen werden.

Betrachtet man nun *konkrete* Dichtung unter den für *jede* Prozedur der Realisierung von Ästhetizität konstitutiven Postulaten des konkreten Sehens, so zeigt sich, daß erst dann der Einzeltext adäquat rezipiert werden kann, wenn man die Eigenart dieses neuen Kommunikationsspiels insgesamt realisiert hat, sei es induktiv durch textadäquate Analyse einer typischen Reihe konkreter Texte in ihrem Verhältnis zu Kontexten und Kommunikationsmöglichkeiten sinnkonstitutiver Art, sei es deduktiv gewonnen aus der Kenntnis der Konstitutionstheorien. Nur in diesem allgemeinen Interpretationssystem für diese Sorte von Kommunikationsspiel kann dann der einzelne Text beurteilt und verstanden werden als eine Realisation der integrativen Korrelation von Phänomen und Interpretabilität. Die Rezeption setzt mit anderen Worten den ästhetischen Prozeß in Gang und komplettiert ihn — den ästhetischen Prozeß, der im Werk, das den ästhetischen Prozeß nur an einer paradigmatischen Stelle dokumentiert, nur abstrakt, nur implizit angeboten wird. Der Rezipient konkreter Texte wird, weitaus radikaler als bei der Rezeption fiktiver literarischer Texte, aus einer Genießerrolle in eine Realisationsrolle gedrängt. Die Rezeption erfordert eine Anstrengung der Anschauung und des Begriffs zugleich, eine Lösung von angebotenen Sinn-Problemen, die sich erst dann als ästhetischer Genuß realisiert, wenn die Rezeption die Null-Kontexte gefüllt, die paradigmatische Dynamik des konkreten Textes in Gang gesetzt hat und dabei erfährt, daß konkrete Texte sich dem Verbrauch entziehen, weil sie auf die Gesetzmäßigkeiten von Vertextung überhaupt transparent sind. Zog der Betrachter und Leser gegenständlicher Kunst bzw. semiotischer Literatur den ästhetischen Genuß aus dem *Vergleich* des Textes mit einer suggerierten Wirklichkeit als Vorbild, so gewinnt der Rezipient konkreter Kunst den ästhetischen Genuß aus der *Entdeckung* der Theorie (= Interpretabilität) aus dem Text bzw. aus dem Vergleich von Theorie (= Textprojektion) und ihrer Realisation im Text. Die Theorie wird zur erschlossenen oder vorausgewußten Ebene der Signifikanzverteilung und Verifikation, sie wird die Ebene, die die angebliche Wirklichkeit für narrative Kunst bedeutet hat.

Auf ein spezielles Problem konkreter Dichtung soll zum Abschluß noch einmal hingewiesen werden, und zwar auf die eigentümliche Kontextproblematik. Die besondere Rolle des Nullkontextes war bereits diskutiert worden. Noch offen ist die Frage, die ich einmal als das *Duchamp-Paradox* der neueren Kunstgeschichte bezeichnen möchte. Duchamp hat mit seinen Aktionen (und deren Rezeptionsgeschichte), banale Gegenstände ins Museum zu bringen, als erster deutlich den Zusammenhang zwischen Präsentationsebene (= Erwartungs- und Normbereich) und Prädikatzuerteilung (= Bewertungsmechanismen) bloßgelegt und damit ein Modell fixiert, das noch die jüngsten Happenings mit Erfolg ausbeuten.

Die Diskussionen über den Zusammenhang zwischen Poetizität/Literarizität und Textcharakteristika seit den russischen Formalisten haben diese Probleme für den literarischen Bereich manifest gemacht (= Deviationsthematik)[29].

Für die konkrete Dichtung, vor allem in ihrer Erscheinungsweise als visuelle Poesie, kristallisiert sich diese Problematik in der Frage, warum etwa Texte der modernen Werbung, die mit eindeutig aus der visuellen Poesie übernommenen Techniken arbeiten, nicht zur konkreten Dichtung gehören (Abb. 7) bzw. nach welchen Kriterien Texte, die äußerlich ganz ähnlich aussehen (etwa Texte von J. Furnival) in den Bereich der Literatur geordnet werden.

Die Antwort auf diese Fragen kann noch einmal wichtige Charakteristika der konkreten Dichtung und der ästhetischen Theorie der konkreten Dichtung deutlich machen. Beim Vergleich der beiden in Abb. 7a wiedergegebenen Streichholzschachteln ist das isoliert dargebotene *ich* auf der Vorderseite der ersten Schachtel Eröffnungspronomen des Satzes auf der Rückseite (*habe Feuer, weil die BfG* auch daran gedacht hat*). Der Bezug auf die Bank für Gemeinwirtschaft, also eine in pragmatischen Kontexten eindeutig lokalisierbare gesellschaftliche Institution, ordnet dieses Textvorkommen eindeutig einer bestimmten Kommunikationssorte (Werbung) zu; diese Zuordnung wird unterstützt von der vollen(!) Streichholzdose als Textträger.

Auf der zweiten Schachtel sind *ich* und *ich* auf der Vorder- und Rückseite kontextlos, die Schachtel ist leer (funktionslos), Kommunikationssituation und Zweck bleiben also uneindeutig. Der Rezipient wird damit einerseits auf die Vieldeutigkeit (qua ungesättigte Anschließbarkeit) der Textkonstituenten, andererseits auf die Indeterminiertheit der Kommunikationssorte verwiesen, in der solche Phänomene eine Rolle spielen können. Erfahrungsgemäß sind solche Indeterminiertheiten nur in ästhetischer Kommunikation möglich, erwartbar und erträglich, und Phänomene dieser Art werden ja auch in der Regel als Objekte ästhetischer Kommunikation angeboten. (Abb. 8)

---

[29] Zur Fiktionalitätsdebatte in diesem Zusammenhang cf. Verf., op. cit. 1972 und p. 526 sqq. in diesem Band.

Abb. 7 *Anzeige aus FAZ, Nr. 144, 1971*

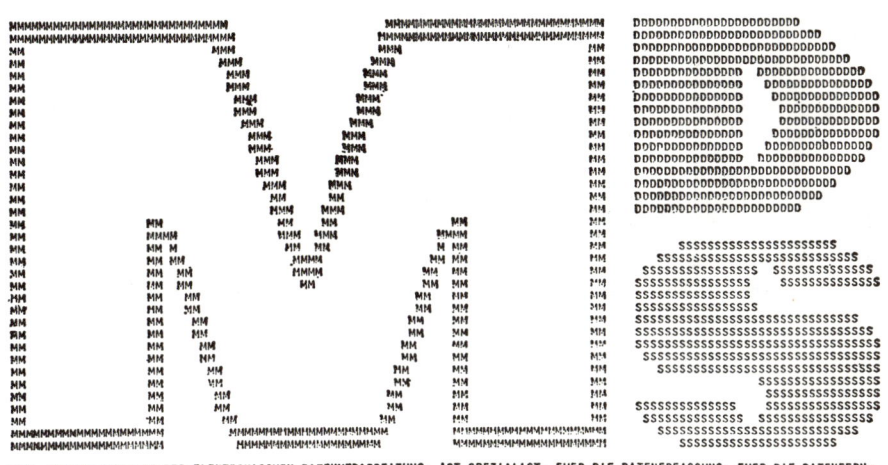

MDS, EIN UNTERNEHMEN DER ELEKTRONISCHEN DATENVERARBEITUNG, IST SPEZIALIST: FUER DIE DATENERFASSUNG, FUER DIE DATENFERN=
UEBERTRAGUNG, FUER DATENTERMINALS - FUER DEN PERIPHEREN COMPUTERBEREICH. MDS VERBESSERT UND VEREINFACHT DIE DATEN-
VERARBEITUNG RUND UM DEN COMPUTER. MIT IMMER NEUEN IDEEN , MIT IMMER NEUEN PRODUKTEN. DIE MDS - DEUTSCHLAND GMBH IST EIN
UNTERNEHMEN DER WELTWEITEN MOHAWK DATA SCIENCES CORPORATION, DIE HEUTE 7 WERKE HAT UND IN MEHR ALS 100 LAENDERN VERTRE-
TEN IST. UNSERE STAENDIGE EXPANSION BIETET TUECHTIGEN MITARBEITERN AUSGEZEICHNETE ERFOLGSCHANCEN.

Abb. 7a Werbegeschenk der BfG

ich habe Feuer, weil die BfG*) auch daran gedacht hat.

*BfG Bank für Gemeinwirtschaft

Abb. 8   S. J. Schmidt

Abb. 9   Schwabenbräu-Reklame

Am Beispiel der Schwabenbräu-Reklame (Abb. 9) läßt sich ein zweites Charakteristikum konkreter Dichtung konstatieren: die Möglichkeit konkreter Texte, diskutable Teilnehmer (Zielobjekte) literarischer Kommunikation zu sein, hängt ab von der Wahl der präsentierten Textkonstituenten. Ein Konstituens wie *schwabenbräu* (ohne einen diskurs-kontrastierenden Kontext) ist aufgrund seiner Funktionsbestimmtheit so auf einen Kommunikationszusammenhang fixiert, daß es eine Teilhabe an literarischer Kommunikation von vornherein ausschließt oder doch zumindest erheblich erschwert.

Peter Handkes Versuch, die Mannschaftsaufstellung des 1. FC Nürnberg als poetischen Text zu repräsentieren, ist in diesem Zusammenhang kein Gegenbeispiel[30]. Handke praktiziert damit lediglich die Methode, durch Kontextwechsel (= Übertragung eines pragmatischen Textes in den literarischen Diskurs und seine Erwartungssysteme) die Entfunktionalisierung eines Textes zu bewirken. Im Kontext eines kontrafaktischen Diskurses gewinnt der Text polyvalente Möglichkeiten: die Spielernamen werden als graphische und akustische Phänomene sichtbar und rezipierbar, werden pragmatischen Erwägungen (wie Tagesform, in der Mannschaftsaufstellung ablesbare Spieltaktik etc.) entzogen und im literarischen Diskurs als Zielobjekte polyperspektivischen Sehens/Rezipierens verfügbar. (Ähnliche Prozesse sind beobachtbar in der ästhetischen Rezeption funktionslos gewordener alter Möbel.)

Damit zeigt sich, daß der technisch-experimentelle bzw. technisch-innovatorische Aspekt der konkreten Texte für ihren Platz und ihre Rolle in literarischer Kommunikation nur von sekundärer Wichtigkeit sein kann, genauer: daß dieser Aspekt nicht isoliert gesehen werden darf. Nur wenn solche neuen Techniken benutzt werden, um die mit den gewählten Textkonstituenten verbundenen und verbindbaren Konzeptionen optisch zu thematisieren, werden sie zu stilistischen Strategien im weiteren Sinne, also zu Verfahren, die im Kontext literarischer Kommunikation erwartet und aufgrund der historisch entstandenen Erwartungs- und Bewertungsnormen im literarischen Diskurs ästhetisch relevant werden können.

Damit bestätigt sich auch auf diesem Gebiet die These, daß Ästhetizität nicht das Merkmal nur eines Pols der literarischen Kommunikation sein kann (also z. B. keine bloße Werkqualität), sondern daß Ästhetizität Resultat des gesamten ästhetischen Kommunikationsprozesses ist; daß andererseits auf den Gebieten der Textproduktion, des Textes und der Textrezeption bestimmte Voraussetzungen erfüllt sein müssen, damit Ästhetizität resultieren kann, vor allem

---

[30] P. HANDKE, *Die Innenwelt der Außenwelt der Innenwelt*, Frankfurt 1969 (ed. suhrkamp 307).

Polyfunktionalität auf der Werkseite, polyperspektivisches Sehen auf der Rezipientenseite.

Die Kontextuierbarkeit eines Textes, also seine semantisch erfolgreiche Anschließbarkeit an Interpretationssysteme, in denen er eine bedeutungsvolle Rolle spielen kann (cf. den Begriff der Situationsabstraktheit in op. cit. 1971), ist ein unverzichtbares Kriterium seiner Ästhetizität. Dabei ist für die Textradikale konkreter Dichtung wichtig, daß die Polyfunktionalität sowohl textintern (also im Verhältnis der Konstituenten zueinander und zum Textganzen sowie zum optischen Kontext) bestimmt werden muß, also auch im Verhältnis des Textganzen zu möglichen Kontexten, also zum gesamten ästhetischen Kommunikationsprozeß. Die Polyfunktionalität setzt notwendig voraus die soziale Institution »ästhetische Kommunikation« bzw. »literarischer Diskurs«, die als soziale Institution ein nicht auf pragmatisch-semantische Eindeutigkeit und Funktionsfixierung festgelegtes Rezipientenverhalten überhaupt erst erlaubt und durchführbar bleiben läßt.

Abb. 10   G. Rühm, *Gesammelte Gedichte und visuelle Texte*, Reinbek 1970.

mein leben

Abb. 11   H. Gappmayr, *zeichen IV*, Karlsruhe 1970.

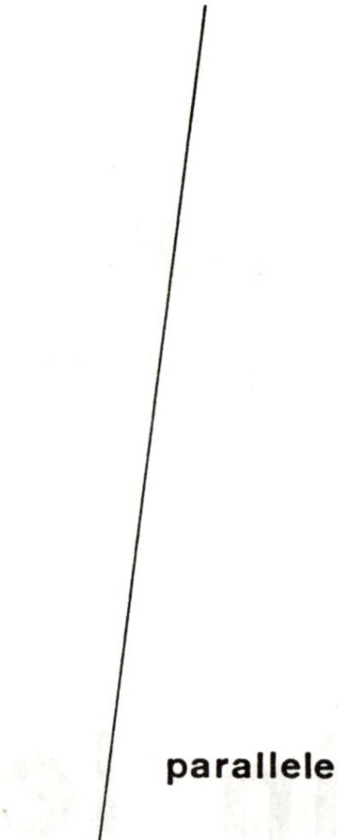

parallele

Abb. 12   H. Gappmayr, *zeichen IV*, Karlsruhe 1970.

sind   (sind)

                                                        ~~sind~~

            "sind"

Abb. 13 T. ULRICHS: »(s. bild)«, in *situation concepts*, Katalog der Ausstellung im Taxis-Palais, ed. P. WEIERMAIR, Innsbruck.

bild

timm ulrichs: abbildung

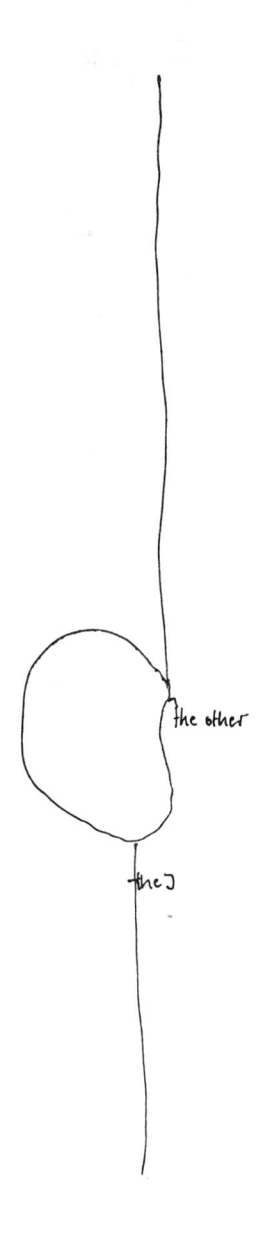

Abb. 14 S. J. SCHMIDT, *die verbindlichkeit der geschilderten blumen,* *1970-72* (Manuskript).

Abb. 15   S. J. SCHMIDT, *die verbindlichkeit der geschilderten blumen, 1970-72* (Manuskript).

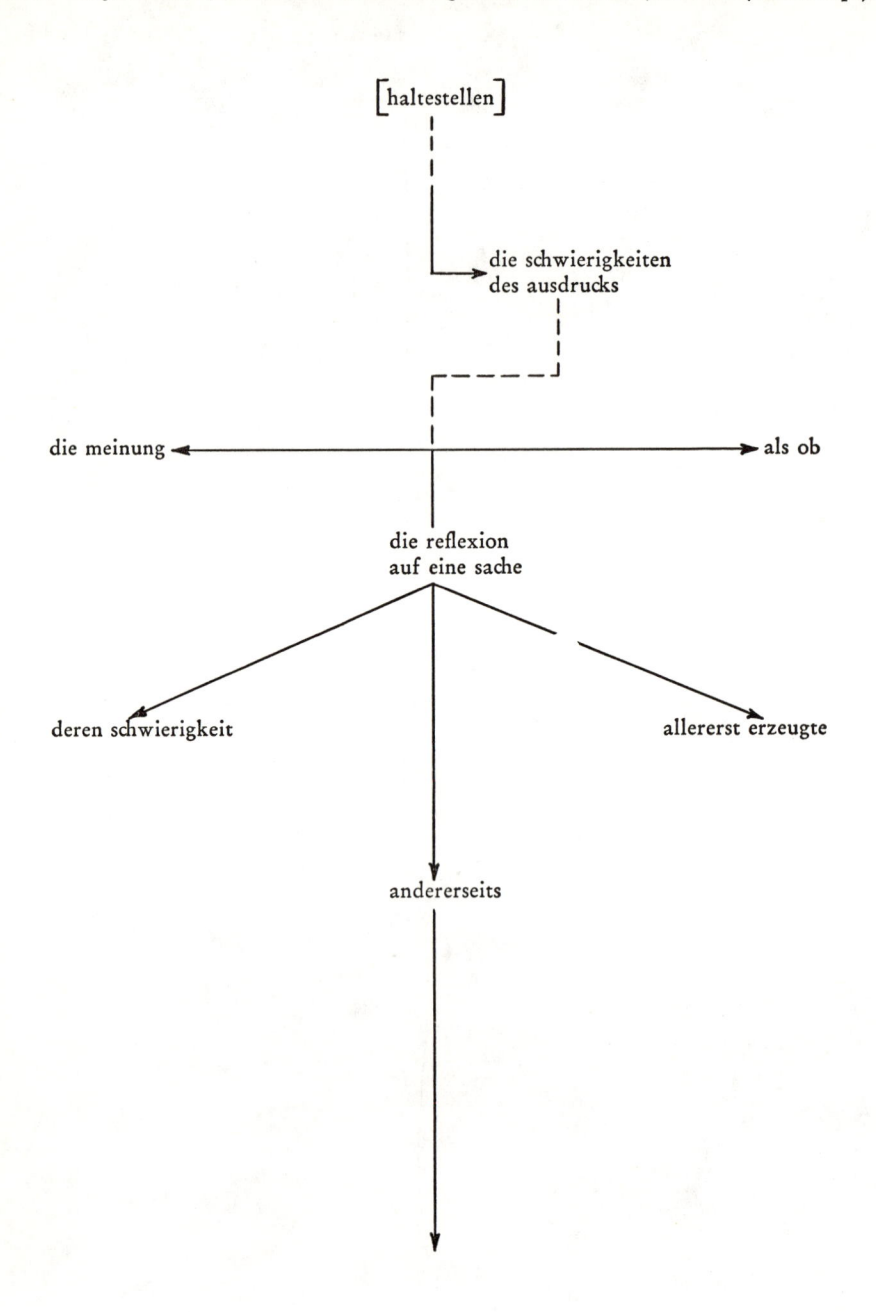

[haltestellen]

die schwierigkeiten des ausdrucks

die meinung   als ob

die reflexion auf eine sache

deren schwierigkeit   allererst erzeugte

andererseits

Abb. 16   U. Carrega, *Poeme per Azione*, Rom 1969.

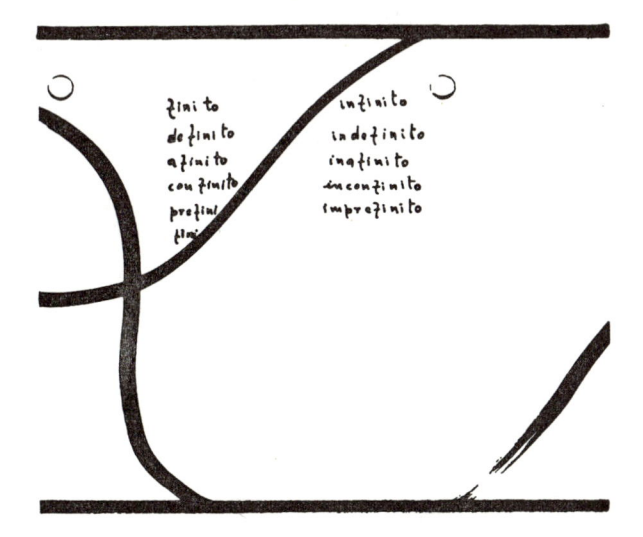

II. BEITRÄGE

1. PRAGMATIK DER NEGATION

DIETER WELLERSHOFF: *Zur Frage der linguistischen Beispielsätze*

Linguistische Beispielsätze des Typus ›Kuno hat den Bagger nicht gesehen‹ erscheinen mir sehr simpel und vor allem isoliert von der wirklichen Sprechsituation. Das ist für mich um so merkwürdiger, als doch die Linguistik selbst den Anspruch erhebt, auf dem Wege zu einer pragmatischen Linguistik zu sein, also nicht eine abstrakte Sprache zu analysieren, sondern von wirklichen Sprechakten auszugehen. Aber die Beispielsätze, die wir manchmal lesen, gehören einer Kunstsprache an, bewegen sich in einem wertfreien, interesselosen Raum. Ein Satz wie ›Kuno hat den Bagger gesehen‹ und seine möglichen Negationen erhalten als reale Sprechhandlung ihre Bedeutung ja erst von einer realen Sprechsituation. Es ist in irgendeiner Hinsicht wichtig, ob Kuno den Bagger gesehen hat, beispielsweise um einen Diebstahl zu klären oder einen Unglücksfall, in den Kuno als Zeuge, Täter oder Komplize verwickelt sein mag. Erst dann ist es möglich, den Sinn des Satzes zu verstehen. Man muß durch das wörtlich Gesprochene auf die Intention des Sprechers durchblicken, und die erkennt man erst vom Situationsverständnis her. Meine Frage an die Linguistik ist: Hat sie überhaupt Mittel zur Hand, die Negation von Sachverhalten weiterreichend als bloß logisch oder formal zu interpretieren und sie etwa als Lüge, Verleugnung, Verdrängung oder Verfälschung kenntlich zu machen? Oder liegt hier eine Kompetenzgrenze der Linguistik vor? Was bedeuten würde, daß eine pragmatische Linguistik nicht möglich ist, weil die Sprechakte nur im Rückgriff auf außersprachliches Situationsverständnis voll interpretierbar sind. Eine Lüge ist als Lüge nur kenntlich, wenn man den Sachverhalt kennt, der sprachlich nicht formuliert sein muß. Die Ironie des Ausrufes: ›Was für ein schönes Wetter!‹ ist nur kenntlich, wenn ich sehe, daß es regnet.

MANFRED FUHRMANN: *Die linguistische Pragmatik und die rhetorische Status-Lehre*

›Kuno hat den Bagger gesehen‹: Zwei (nicht voneinander unabhängige) Beobachtungen könnten sich dem Leser der Vorlage Gerhard Stickels (p. 20) aufdrängen — die Banalität der Beispielsätze sowie die schier grenzenlose und folglich unklare Kompetenz, die einer (über das Sprachliche hinaus) die jeweiligen ›Sprechsituationen‹ einbeziehenden linguistischen Betrachtungsweise zu eignen scheint.

Wegen des ersten Punktes verweise ich auf die Behandlung, die Herbert

Marcuse dem Wittgensteinschen Beispielsatz ›Mein Besen steht in der Ecke‹ und seinesgleichen zuteil werden läßt[1]. Wegen des zweiten Punktes zitiere ich zunächst Stickel: »Die Nichtausführung einer befohlenen Handlung und die Dochausführung einer verbotenen sind Verhaltensanaloga zu einigen Verwendungsarten der sprachlichen Negation. Inwieweit sich jedoch ›negatives‹ Verhalten und sprachliche Negation einem umfassenden Negationsbegriff unterordnen lassen, kann von der Linguistik allein nicht beurteilt werden« (p. 38).

Ich weiß nicht, ob hiermit die Grenze linguistischer Kompetenz zutreffend beschrieben ist. Es gibt sicher Sprechen, das zugleich Handeln ist (etwa vor Gericht). Und muß man nicht grundsätzlich zwischen Aussagen wie ›Kuno hat den Bagger nicht gesehen‹ und ›Kuno hat den Bagger nicht gestohlen‹ — zwischen Aussagen also, die wertneutral, und solchen, die einer (ethischen oder juristischen) Wertung zugänglich sind — unterscheiden?

Ich habe mir als Leser der Vorlage Stickels zu den Darlegungen über ›Geh ins Badezimmer‹ usw. notiert: »die juristische Unterscheidung von Tun und Unterlassen«, und zu den Darlegungen über ›Das weiß ich nicht‹ usw.: »*status coniecturalis — status translativus*«. Das erste versteht sich von selbst; das zweite bedarf der Erläuterung.

Die rhetorische Status-Lehre[2] war eine Art Schablone, die man über jeden Rechtsfall legen konnte: sie ließ alsbald den entscheidenden Punkt, um den sich der Streit der Parteien drehte, hervortreten. Mit anderen Worten: die Statuslehre suchte alle Arten von ›Ja‹ und ›Nein‹, von Behaupten und Bestreiten, die vor Gericht denkbar waren[3], in ein Schema zu bringen; sie suchte also alle in einem Prozeß denkbaren ›Sprechsituationen‹ zu kodifizieren. Sie enthält daher nicht zufällig manches von den Dingen, die Stickel in dem Abschnitt Negation in Sprechsituationen erörtert, und noch manches mehr. Eine besonders auffällige Analogie ist die Unterscheidung von kommunikativen und metakommunikativen Verwendungsmöglichkeiten negativer Sätze. Dieser Unterscheidung entsprechen im Status-Schema der antiken Rhetorik sämtliche übrigen Status (insbesondere der *status coniecturalis*) auf der einen und der *status translativus* auf der anderen Seite. Denn beim *status coniecturalis* ging es um die Frage, ob der Beschuldigte die Tat begangen habe; der Kläger sagte: ›Du hast's getan‹, und der Beklagte: ›Ich hab's nicht getan‹. Auch bei den übrigen Status ließ sich der Beklagte auf den Vorwurf selbst irgendwie ein; er leugnete nicht total, wie beim *status coniecturalis*, sondern nur in irgendeiner Hinsicht, also partiell (er er-

---

[1] H. MARCUSE, *Der eindimensionale Mensch*, Kap. 7: *Der Triumph des positiven Denkens — Eindimensionale Philosophie*, Berlin / Neuwied 1967, p. 184-213.
[2] Cf. etwa Auct. ad Her., 1,18 sqs.; Cicero, *De inventione* 1, 10-19 und 2,14 sqs.
[3] Sie ging sogar ausdrücklich hiervon aus: cf. Cic., op. cit. 1,10: *dictio — disceptatio;* Auct. ad Her., 1,18: *confirmatio — confutatio*.

klärte z. B.: ›Ich hab's getan, weil ich hierzu berechtigt war‹). Anders beim *status translativus*: hier beantwortete der Beklagte den Vorwurf ›Du hast's getan‹ nicht durch Einlassungen auf die Sache selbst; hier berief er sich vielmehr auf sogenannte prozeßhindernde Umstände, d. h. er behauptete z. B., der Kläger sei gar nicht berechtigt (nicht zuständig), Klage zu erheben, das angerufene Gericht sei gar nicht berechtigt (nicht zuständig), den betreffenden Fall zu entscheiden usw. — kurz, statt eines Ja oder Nein oder eines bedingten Nein warf er dem Kläger ein irgendwie stilisiertes ›Das geht dich nichts an‹ entgegen.

Die Linguistik hat natürlich freie Hand, ihre Kompetenz so zu bestimmen, wie sie es für richtig hält. Wenn sie aber von den ›Wörtern‹ zu den ›Sachen‹ (und ›Situationen‹ sind bereits ›Sachen‹) vordringt, dann kann sie auf das Terrain von Disziplinen geraten, die sich ebenfalls der betreffenden Sachen annehmen — etwa der Ethik oder des Rechts. Hieraus könnte sich zweierlei ergeben: einmal, daß sich die Linguistik (als Pragmatik) die Gesichtspunkte jener anderen Disziplinen irgendwie zu eigen machen müßte (es wäre also nicht gleichgültig, ob Kuno den Bagger gesehen oder gestohlen hat); zum anderen, daß die Linguistik für ihre Beschreibungs- und Klassifikationsbestrebungen Anregungen empfinge — wie etwa durch das System der rhetorischen Status.

HARALD WEINRICH: *Präsuppositionen in Sätzen und Beispielsätzen*

Es ist bemerkenswert, daß sich die Linguisten offenbar nur höchst ungern dazu herbeilassen, auf ihre kleinen und häufig läppischen, manchmal sogar scheußlichen Beispielsätze zu verzichten. Diese machen nämlich zu einem guten Teil den besonderen Stallgeruch der Linguistik aus. An ihm erkennen sich die Angehörigen der Zunft, und auf sein Fehlen reagieren sie nicht selten mit intraspezifischer Aggression. Dadurch wird gleichzeitig das Revier abgegrenzt gegen andere, beispielsweise literarische Zünfte, die natürlich ebenfalls ihren eigenen Stallgeruch haben. Man darf für dieses Verhalten ruhig einigen Humor aufbringen, im Vorgriff auf eine akademische Verhaltensforschung, die sich als eine noch durchaus entwicklungsfähige Wissenschaft empfiehlt.

Beispielsätze sind aber tückisch, wenn man gewillt ist, Linguistik als Textlinguistik und Pragma-Linguistik zu betreiben. Dann muß man nämlich für jeden kleinen Beispielsatz die Reduktionsbedingungen mitbeschreiben, unter denen man ihn aus einem Text und einer komplexen Kommunikations-Situation herauspräpariert hat. Mit anderen Worten, man muß seine textuellen und situativen Präsuppositionen namhaft machen. Das kann, wenn es mit Sorgfalt gemacht wird, ein recht umständliches Geschäft sein, so daß der Ökonomiegewinn eines kleinen, handlichen Beispielsatzes durch die umfangreiche Liste seiner

Präsuppositionen wohl aufgezehrt werden mag. Grundsätzlich ist das Verfahren aber möglich, so daß auch ein Sätzchen wie ›Es regnet‹ am Ende eines Romans von Beckett als Beispielsatz verwendet und linguistisch beschrieben werden kann, sofern der Linguist nur bereit ist, den ganzen voraufgehenden Roman als summarische Präsupposition dieses kleinen Satzes zu nehmen.

Die Präsuppositionen reichen in vielen Fällen sogar über den gegebenen Textrahmen hinaus. Das ist zum Beispiel bei den Zehn Geboten der Fall, die sonst unseren Wünschen nach einer Beschreibungs-Ökonomie sehr entgegenkommen. Hier müssen wir das ganze Corpus des Alten Testaments als summarische Präsupposition nehmen. So muß man insbesondere verfahren, wenn man die negativen Formulierungen des Ersten und Zweiten sowie des Fünften bis Zehnten Gebotes interpretieren will. Hier stellt sich die Frage nach dem Unterschied zwischen dem Verbot *Du sollst nicht töten* und dem denkbaren, aber in der Bibel eben nicht überlieferten Gebot **Du sollst das Leben achten*. Das Verbot setzt als Präsupposition eine Erwartung voraus, daß es Menschen gibt, die zu töten fähig sind. Gleich das 1. Buch Moses berichtet ja von Kain, der seinen Bruder haßt und ihn tötet. Seit dieser Geschichte ist also im Corpus des Alten Testamentes ausdrücklich die Präsupposition manifest gemacht, daß ein Mensch wie Kain zu töten fähig ist. Dagegen wendet sich das Fünfte Gebot. Ein ausgedachtes positives Gebot hingegen wie **Du sollst das Leben achten* steht gänzlich außerhalb dieses Sprachspiels und kann allenfalls in einer sekundären Schul-Systematik mit dem Fünften Gebot in Zusammenhang gebracht werden.

Hans Robert Jauss: *Gebot und Verbot im Dekalog*

Die Diskussion der syntaktischen und pragmatischen Aspekte der Negation hat Fragen offengelassen, die man tatsächlich durch das Einbringen von weniger trivialen (und darum auch weniger künstlichen) Beispielen weiterbringen kann. Mit welchem Recht kann der vom Sprachsystem geregelten Verwendung des Negationselements eine größere »situative« Vieldeutigkeit (Vorlage Stickel, p. 22) als dem Affirmationselement zugesprochen werden? Eröffnet die Negation, wenn man sie als Handlungszug versteht, in der Tat größere Möglichkeiten als die Affirmation (Vorlage Schmidt, p. 401, 410 sq.)? Wo endet die Symmetrie von Affirmation und Negation in »Gegenworten«, die nach Weinrich auch die »Produktivität« seines zweigliedrigen Paradigmas erweisen (Vorlage p. 59)? Gehen Normen, wenn nicht in Gegenwortpaaren auf, so doch vornehmlich aus Gegenwortpaaren hervor (ib., p. 59 sq.)? Muß das vom Reduktionsprinzip der Ja-Nein-Grenze ausgeschlossene Andere nicht eher als ausgeschlossenes ›Vieles‹ denn als »ausgeschlossenes Drittes« (ib., p. 60) angesehen werden?

Ein naheliegendes Verfahren, das diese Fragen allesamt mehr oder weniger tangiert, ist die Probe der Umformung negativer in affirmative Sätze, und vice versa. Ich schlage dafür vor, die ›Kreide-Syntax‹ der Sätze vom Typ ›Kuno hat viele Bücher nicht gelesen‹ durch Sätze von säkularer Geltung wie zum Beispiel aus dem Dekalog zu ersetzen und damit die »Rückkehr der Linguistik zur Erlebnisfülle« (S. J. Schmidt) zu fördern.

Die alttestamentarischen Zehn Gebote (*Ex.* 20,2-17) unterscheiden sich von anderen Gebotsreihen interessanterweise dadurch, daß die negative Formulierung beim Dritten und Vierten Gebot (Sabbat- und Elterngebot) durch positive Formulierung (*Gedenke des Sabbats Tags, daß du ihn heiligest . . .*; *Du sollst deinen Vater und deine Mutter ehren . . .*) durchbrochen ist. Was ergibt sich auf der syntaktischen und auf der pragmatischen Ebene aus der Transformationsprobe für die semantische Funktion? Man wird schwerlich behaupten können, aus der negativen Formulierung: *Du sollst nicht töten* oder *Du sollst nicht ehebrechen* folge eine größere situative Vieldeutigkeit. Da es zu ›töten‹ kein symmetrisches Wort zu geben scheint, folgt vielmehr aus einer hypothetischen positiven Formulierung: **Du sollst das Leben aller Geschöpfe* (der Menschen? — auch der Feinde? — der Tiere — aller Tiere? — usf.) *achten* (ehren — nur schonen? — auch fördern? — usf.) die größere Vieldeutigkeit. Dem wäre entgegenzuhalten, daß die lapidar eindeutige Negation des alttestamentarischen Verbots *Du sollst nicht töten* in der neutestamentarischen Auslegung der Bergpredigt eine unerwartbare situative Vieldeutigkeit gewinnt (vgl. Matth. 5,21 sq.). Welche Veränderung der Kommunikationsebene erklärt diese neue semantische Funktion, die als ein Zurückholen des ausgeschlossenen Vielen beschrieben werden könnte? Und welche vorsprachliche Prädisposition muß für den Dekalog rekonstruiert werden, um erklären zu können, warum hier gerade das Sabbat- und Elterngebot in eine positive Formulierung umgesetzt worden ist (denn es gibt historische Gründe, eine ursprünglich durchgehende negativ formulierte Gebotsreihe anzunehmen)?

Die theologische wie schon die rabbinische Forschung[1] hat für derlei fürwitzige Fragen überraschende Antworten und merkwürdige Befunde parat. Wenn die Syntaxtheorie oder die linguistische Pragmatik beansprucht, die Leistung positiv oder negativ formulierter Sollens-Sätze sprachfunktional erklären und auf universale Regeln zurückführen zu können, findet sie in der Tradition der biblischen ›Gebote‹, genauer gesagt: der Imperative in der Form der Gottesrede

---

[1] Die folgende Erläuterung verdanke ich Frau Pnina Navé-Levinson / Universität Heidelberg, die mich auch auf den einschlägigen Kommentar des Maimonides hinwies (*The Commandments: Sefer ha-mitzvoth of Maimonides*, tr., ed. Ch. B. Chavel, 2 vol., The Soncino Press, London / New York 1967).

(hebr. *mizwa*, pl. *mizwot*) ein denkbar reiches, auch kasuistisch belangvolles Material. Die rabbinische Exegese hat diese Imperative nicht allein vollständig gesammelt, gezählt und mit der kanonisierten Zahl 613 überliefert (613 biblische + 7 rabbinische Vorschriften ergeben 620 *mizrot*, der Zahl der Buchstaben des Dekalogs *Ex.* 20.2-14 symbolisch entsprechend). Sie hat die 613 Vorschriften (*taryag mizrot*) der Tora seit dem 4. Jahrhundert auch in 248 positive und 365 negative unterschieden und sodann getrennt aufgezeichnet und kommentiert. Die Scheidung nach positiver oder negativer Form begründet keinen Unterschied in Würde oder Verbindlichkeit einer Vorschrift; die Gleichgewichtigkeit wird damit begründet, daß das Befolgen eines *Gebots* unsere Liebe zu Gott, das Einhalten eines *Verbots* unsere Furcht vor Gott bezeuge (Nahmanides, Komm. zu *Ex.* 20.8). Wohl aber wird die Unterlassung einer positiven Pflicht für weniger schlimm erachtet als die Verletzung einer negativen Vorschrift, weshalb die Tora nur für den Negativkatalog Sanktionen vorsieht. Die Umformung positiver in negative Vorschriften kann also in einzelnen Fällen der Notwendigkeit einer Sanktion entsprungen sein. Daraus ist aber nicht generell zu folgern, daß die negative Formulierung einem Imperativ mehr soziales Gewicht oder mehr situative Eindeutigkeit gäbe. Das Sabbatgebot zum Beispiel, das im Dekalog von den negativen Imperativen so auffällig abgehoben ist, zeigt vielmehr in seiner positiven Form offensichtlich die höhere situative Prägnanz gegenüber der negativen Form, die nicht weniger als 39 Kategorien verbotener Tätigkeit einschließt[2]. Ein verallgemeinernder Schluß auf größere situative Vieldeutigkeit der positiven oder der negativen Imperative läßt sich aus alledem nicht gewinnen.

Die rabbinische Exegese hat die Funktion der positiven und der negativen Formulierung bei gleichem Inhalt einer *mizwa* — ein nicht seltener Fall, der durch den Zufall verschiedener Genese wie durch gewollte Umformung entstanden sein konnte — auf eine eigentümliche Weise verstanden. Don Isaak Abarbanel, Verfasser eines Pentateuch-Kommentars (Venedig, 1579), antwortet auf die Frage, warum im Dekalog nicht alle Worte positiv oder negativ, sondern untermischt formuliert sind: jedes der Worte beziehe sich auf ein *tu!* und ein *tu nicht!* Mithin entspreche zum Beispiel der Negation *habe keine anderen Götter!* die Affirmation des einen Gottes und der Liebe zu ihm, und wenn der Sabbat in positiver Sprache: *Du sollst den Feiertag heiligen!* komme, so hätten wir schon die negative gelesen: *und verrichte keine Arbeit!* Maimonides unterschied in solchen Fällen nicht nur zwischen zwei Funktionen: *in one He commanded us a positive duty, and in the other He admonished us (against its*

---

[2] Cf. Maimonides, Pos. Comm. 154 vs. Neg. Comm. 320-322.

transgression), sondern leitete daraus auch eine Verdoppelung von Verdienst (oder Verfehlung) ab: *he who observes the Sabbath properly has thereby fulfilled two Divine Commendments: he has fulfilled the positive duty of resting on the Sabbath, and he has guarded himself against its violation* (vol. II, p. v/348).

Die so hergestellte Symmetrie von Affirmation und Negation geht nicht aus einem Gegenwortpaar hervor, sondern aus dem Bedürfnis, einen Imperativ ethisch zu begründen (zum Beispiel das Verbot: *Du sollst nicht morden!* in dem Gebot: *Liebe deinen Nächsten wie dich selbst!*) oder Implikationen seiner Anwendung zu zeigen (zum Beispiel zum Gebot: *Du sollst Vater und Mutter ehren!* das konkrete Verbot: *Wer seinen Vater und seine Mutter verflucht, soll getötet werden*). Es gibt auch Fälle, in denen ein älteres Verbot in einer positiven Normierung fortgeführt wird: *Du sollst dich nicht rächen, auch nicht deinem Volksgenossen etwas nachtragen, (sondern) du sollst deinen Nächsten lieben wie dich selbst (Lev. 19.17 f.)*. Ein besonderes Problem gibt die uns interessierende Durchbrechung des Negativkatalogs durch zwei positive Gebote im Dekalog auf. G. v. Rad bemerkt dazu: »Die positive Formulierung des Eltern- und Sabbatgebotes ist gewiß als eine sekundäre Veränderung an der ehedem gleichmäßig negativ stilisierten Reihe anzusprechen, wobei die Durchbrechung der alten Form und die Umformung des Verbotes in ein Gebot ein interessanter Vorgang ist«[3]. Leider konnte ich gerade für diesen »interessanten Vorgang« in theologischen Kommentaren keine Erklärung finden. So bleibt nur zu vermuten, daß die Umformung des Sabbat- und Elterngebotes ins Positive eine praktische Funktion im Kontext des Dekalogs gehabt haben dürfte. Dabei muß gewiß auch die verschiedene Bedeutung von ›Gebot‹ und ›Gesetz‹ im israelischen Glauben berücksichtigt werden. Nach v. Rad fehlt dem Dekalog »zu einem ›Gesetz‹ im engeren Sinn des Wortes, zu einer Anweisung zum moralischen Leben, … das Wichtigste: die positive Füllung, ohne die sich ein Gesetz wohl nicht denken läßt. Statt dessen verzichtet er — abgesehen von den beiden bekannten Ausnahmen — darauf, das Leben positiv inhaltlich zu normieren; er beschränkt sich auf einige fundamentale Negationen, d. h. er begnügt sich damit, gewissermaßen an den Rändern eines weiten Lebenskreises Zeichen aufzustellen, die der zu achten hat, der Jahwe angehört«[4]. Hier drängt sich die Frage auf, ob dann nicht mit den beiden Ausnahmen im Dekalog der unübersehbare Anfang einer positiven Normierung sittlichen Handelns gesetzt ist. Unübersehbar gerade inmitten der fundamentalen Negationen, denn das Sabbatgebot beendet den ersten Teil des Dekalogs, der von den Pflichten Gott gegenüber handelt, und leitet mit der

---

[3] G. v. Rad, *Theologie des Alten Testaments*, 2 Bde., München ⁴1962, Bd. I, p. 204.
[4] Ib., Bd. I, p. 208.

Forderung der Sabbatruhe, durch die der Mensch die Schöpfungstat Gottes feiert und für seine Alltagswelt bestätigt, zum Gebot der Elternehrung über, das an die Spitze aller Pflichten den Mitmenschen gegenüber gerückt ist, von denen der zweite Teil des Dekalogs handelt.

Karlheinz Stierle: *Negation und Befehl*

Die Überlegungen von Hans Robert Jauß zum Dekalog werfen die Frage auf nach dem besonderen Verhältnis von Negation und Befehl und darüber hinaus nach der Bestimmung der Negation durch ihre Verwendungssituation in den unterschiedlichen Formen übergreifender Sprachhandlungen. Die Verwendungssituation der Negation im Befehl, für die Jauß mit dem Dekalog ein großes Paradigma gibt, läßt sich zureichend bestimmen, ohne daß es nötig wäre, hierzu eine wie auch immer geartete Linguistik zu bemühen. Ein Befehl, der sprachlich in der Form des Imperativs gegeben sein kann, ist eine Sprachhandlung, die eine Handlung zum Gegenstand hat, die ihrerseits Sprachhandlung sein kann. Diese Handlung ist das ›um willen‹ einer Sprachhandlung: diese will entweder eine Handlung bewirken oder die Ausführung einer Handlung blockieren. Im Gegensatz zum Befehl im engeren Sinne, der von okkasioneller Geltung ist und okkasionell erfüllt oder verweigert wird, ist das Gebot von genereller Geltung in einer spezifischen Geltungssituation. Das Gebot ist die Privilegierung einer Handlungsmöglichkeit durch ihre Setzung als Norm. Das Verbot, als negatives Gebot, ist die Exklusion einer Handlungsmöglichkeit. Gebot und Verbot als Position einer Norm und Verneinung einer Handlungsmöglichkeit setzen in ganz verschiedener Weise bei der vorauszusetzenden Handlungsdisposition eines Adressaten an. Dabei läßt sich das in dem positiven Gebot ›du sollst‹ und dem negativen Gebot ›du sollst nicht‹ liegende Modell einer Handlungsdisposition so verstehen, daß dem ›du sollst‹ ein ›ich will nicht‹ auf der Adressatenseite und dem ›du sollst nicht‹ ein ›ich will‹ nach der Ökonomie dieser jeweiligen Sprachhandlung zugeordnet ist. Das heißt, einer positiven Normsetzung entspräche implizit eine negative Handlungsdisposition und einer negativen Ausgrenzung eine positive Handlungsdisposition. In diesem Zusammenhang sei noch auf eine Eigenheit von ›wollen‹ verwiesen: Während etwa die Negation von ›töten‹ nicht mit ›töten‹ identisch ist, sondern sein Gegenteil bezeichnet, ist die Negation von ›wollen‹ nicht etwas anderes als ›wollen‹, sondern nur ein anderes ›wollen‹. Auch wenn man etwas nicht will, will man etwas.

Gebot und Verbot setzen nicht nur bei verschiedenen Handlungsdispositionen an, sie unterscheiden sich auch wesentlich durch den Charakter der in ihnen als möglich gesetzten Handlungen, die deshalb entweder zu fordern oder zu verwerfen sind. Richtet sich das Gebot auf die Handlungsnorm, so deutet dies auf die Iteration von Handlungen. Dagegen richtet sich das Verbot negativ auf die einmalige denkbare Handlung. Man könnte alle Gebots-Sätze mit ›du sollst‹ umformen in Sätze der Art ›du sollst immer‹, alle nicht okkasionellen Verbots-Sätze der Form ›du sollst nicht‹ in die Form ›du sollst niemals‹. Zugespitzt könnte man sagen, die als Norm gesetzte Handlung hat Systemcharakter, die im Verbot ausgegrenzte Handlung hat als systemsprengende Ereignischarakter. Formal läßt sich die Besonderheit der Negation bei Verboten erfassen als asymmetrisch. Während der Bereich des Handelns überhaupt offengelassen wird, wird nur jeweils eine Grenzmöglichkeit des Handelns isoliert und ›blockiert‹.

WOLFGANG ISER: *Syntaxmorpheme in der Sprechhandlung*

Es fragt sich, ob die den Syntaxmorphemen zugeschriebene Leistung der Kommunikationssteuerung in den situativen Sprechakten nicht zu hoch veranschlagt wird. Es ist unbestritten, daß die Syntaxmorpheme Anweisungen des Sprechers an einen Hörer sind, in denen sich zugleich die Absicht der Sprechhandlung manifestiert. Zweifelhaft indes bleibt, ob die Syntaxmorpheme auch das Gelingen der Sprechhandlung zu kontrollieren vermögen. Sollte ihnen diese Funktion zugeschrieben werden, dann liegt hier ein Universalisierungsanspruch der Syntax für die Beschreibung der Sprechakte vor.

Wie Austin und Searle gezeigt haben, bedarf es eines ganzen Inventars von Bedingungen, die das Gelingen der Sprechakte sicherstellen. Daher kann ein solcher Erfolg nicht ausschließlich an die Kommunikationsanweisungen der Syntaxmorpheme gebunden werden. Sie vermögen die Intention des Sprechers in Beziehung auf einen Hörer anzugeben, nicht aber die Einlösung der Intention durch den Hörer zu kontrollieren. Austin selbst hat deutlich gemacht, daß der lokutionäre Akt als Typ der idealen Sprechsituation sich immer nur in den seltensten Fällen realisiert[1]. Ansonsten aber bedürfen die von Austin als perlokutionär und illokutionär beschriebenen Sprechakte einer Reihe von zusätzlichen Bedingungen, damit der Hörer die in der Rede des Sprechers gegebene Kommunikationsanweisung auch in dem intendierten Sinne einlöst. Es werden daher in jedem Falle bestimmte Konventionen und akzeptierte Prozeduren vorausgesetzt, die Sprecher und Hörer gleichermaßen teilen, denn erst wenn diese Gemeinsamkeit gegeben ist, vermögen Syntaxmorpheme als Kommunikationsanweisung wirksam zu werden.

---

[1] Vgl. J. L. AUSTIN, *How to do Things with Words*, ed. J. O. URMSON, Cambridge / Mass. 1962, p. 145 sq.

Die von Austin gegebenen Bedingungen für das Gelingen der Sprechhandlung besitzen ihre eigenen Regeln, auf deren Problematik eigentlich erst Searle aufmerksam gemacht hat: »I want to clarify a distinction between two different sorts of rules, which I shall call *regulative* and *constitutive* rules. I am fairly confident about the distinction, but do not find it easy to clarify. As a start, we might say that regulative rules regulate antecedently or independently existing forms of behavior; for example, many rules of etiquette regulate interpersonal relationship which exist independently of the rules. But constitutive rules do not merely regulate, they create or define new forms of behavior«[2]. Ein wesentliches Merkmal der *constitutive rules* besteht darin, daß es sich hier um Regeln handelt, bei deren Verletzung keine Sanktionen erfolgen. Werden sie nicht eingehalten, dann mißlingt die intendierte Sprechhandlung. Doch konstitutive Regeln halten einen Spielraum offen, innerhalb dessen sich die kommunikative Handlung durch Rückfragen so weit abklären läßt, daß sie am Ende im pragmatischen Kontext des aktuellen Handlungszusammenhanges aufgehen kann, und genau darin liegt das Kriterium ihres Gelingens. Wollte man die *regulative rules* als solche der Syntax bezeichnen, so lassen sich die *constitutive rules* nicht auf solche der Syntax einschränken. Da sie aber erst das Gelingen der Sprechhandlung sicherstellen, heißt dies, daß Syntaxmorpheme den Erfolg der durch sie initiierten Sprechhandlung nicht mehr zu kontrollieren vermögen.

Dies zeigt sich besonders bei den syntaktischen Negationen. Werden diese als Aufhebung bzw. als Stop einer Erwartung charakterisiert, dann bedeutet ein solcher Abbruch nicht, daß nach erfolgtem Widerruf nichts mehr ist. Wenn die syntaktische Negation eine kontrafaktische Entsprechung zu dem Aufgehobenen darstellt, so entsteht etwas, das zunächst nicht sprachlicher Natur ist. Was die Negation durchstreicht, bleibt zumindest als durchgestrichener Tatbestand in der Sprechsituation zurück, und dieser kann gerade durch eine solche Form für die kommunikative Handlung zu einem aufschlußreichen Zeichen werden. Syntaktische Negationen indes erschöpfen sich im Akt des Durchstreichens und vermögen daher das Produkt eines solchen Aktes im Blick auf seine weitere Kommunikationsleistung nicht mehr zu steuern. So strukturieren die Syntaxmorpheme die Intention der Sprechhandlung, in der Kontrolle des Gelingens allerdings stoßen sie an ihre Grenze.

---

[2] J. R. SEARLE, *Speech Acts*, Cambridge 1969, p. 33.

WOLF-DIETER STEMPEL: *Negation in performativer Rede*

Harald Weinrich stellt sich in seiner Vorlage die skeptische Frage, ob es wohl methodisch zweckmäßig sei, den Ansatz der Luhmannschen Systemtheorie in der Linguistik weiter zu verfolgen (cf. p. 50 sq.), und verweist auf das Komplexitätsproblem, dem sich der Linguist schon innerhalb des Bereichs der natürlichen Sprachen gegenübergestellt sieht. Luhmann hat diese Problematik selbst erkannt, wenn er darauf aufmerksam macht, daß die Sprache allein nicht die Konstitution von Sinn leisten kann und daß dazu weitere, spezifischere Systeme bzw. zusätzliche Selektionsraster nötig sind[1]. Gleichwohl gilt auch für sprachliche Negationsleistungen, daß sie eine der Negation schlechthin zugesprochene »Leistungskomponente«, die Generalisierung, aufweisen[2]. Wie steht es jedoch mit der »Reflexivität« als zweiter Leistungskomponente, von der Luhmann sagt, daß sie, d. h. die Anwendung der Negation auf sich selbst, in einem wechselseitigen Bedingungsverhältnis zur Generalisierung stünde?

Ich lasse hier die *allgemeine* Frage nach der Negation der Negation im sprachlichen oder rhetorischen Bereich (Litotes) beiseite und greife einen besonderen Fall auf, der im Zusammenhang mit augenblicklichen Forschungsperspektiven sein Interesse gewinnt. J. L. Austin hat als erster auf Äußerungen aufmerksam gemacht, die den Vollzug einer Handlung beinhalten und daher nicht der Alternative ›wahr/falsch‹ unterstellt werden können. Sind die entsprechenden Bedingungen gegeben, so werden mit Äußerungen wie ›ich taufe dich...‹, ›ich ernenne Sie...‹ explizit oder durch das ›Ja‹ bei der Trauungszeremonie implizit jeweils Akte vollzogen, die dann die Gegenfrage ›wirklich?‹ nicht mehr vertragen. Der performative Status dieser Äußerungen wird aufgehoben, sobald in ihnen als Subjekt eine andere Person als die erste des Sprechers, ein anderes Tempus als das Präsens oder aber die Negation auftritt; die Äußerungen bleiben dann rein deskriptiv. Läßt man nun die Negation auf sich selbst operieren, so ist leicht zu bemerken, daß die Äußerungen nicht positiviert bzw. deren Vollzugscharakter nicht wiederhergestellt wird: ›ich taufe dich nicht nicht (nicht daß ich dich nicht taufe)‹, ›ich ernenne Sie nicht nicht‹, ›ich sage nicht nein‹ (als Antwort auf die Frage des Trauungsbeamten[3]) sind reflexiv nur im deskriptiven Sinne zu nennen, bilden aber kein performatives Äquivalent zu den positiven

---

[1] N. LUHMANN, *Sinn als Grundbegriff der Soziologie*, in J. HABERMAS / N. LUHMANN., *Theorie der Gesellschaft oder Sozialtechnologie — Was leistet die Systemtheorie?* Frankfurt 1971, p. 70 s.
[2] Ib. p. 37.
[3] Als Diplomatenwitz zitiert in der deutschen Bearbeitung von AUSTINS *How to do things with words* durch E. v. SAVIGNY (*Zur Theorie der Sprechakte*, Stuttgart 1972, p. 13). Der Klischee-Charakter von ›ich sage nicht nein‹ mindert etwas die Beweiskraft des Beispiels.

Äußerungen; vielmehr bleibt die ›Performanz‹ hier, wie auch bei der einfachen Negation, auf den Akt des Sagens beschränkt. Was in diesem Falle eingehandelt wird, scheint ziemlich klar zu sein: es bleibt bei der Generalisierung, die für nicht-p gilt und in diesem Falle lediglich modifiziert wird. Wie bei der einfachen Negation unklar ist, was an die Stelle des Negierten tritt oder treten könnte (»Pauschalausklammerung«), so wird auch bei der negierten Negation nicht sichtbar, wodurch sie ersetzt wird — der Vollzug der Handlung kann es nicht sein. Allenfalls handelt es sich um die bedingte oder eingeschränkte Absicht oder Möglichkeit des Vollzugs (›nicht daß ich Sie nicht ernenne, *nur . . .*‹), anders ausgedrückt um eine Modalisierung, wie sie auch für die einfache Negation zutrifft (oder aber für andere, z. B. adverbielle Qualifikationen des positiven Satzes: ›ich ernenne Sie vielleicht (unbedenklich) etc.‹, die einen performativen Status der positiven Äußerung ausschließen). Hinzu kommt, daß das Negieren der Negation nicht anders als die einfache Verneinung (s. Vorlagen Stickel und Weinrich) einer Aufforderung an den Hörer gleichkommt, eine Annahme zu korrigieren (›verwirf deine Erwartung, daß nicht p‹). Auch damit erweist sich, daß eine mögliche Gleichsetzung von doppelter Verneinung (›nicht daß ich Sie nicht ernenne‹) und ihr entsprechender positiver Wendung, die ›ich vollziehe die Ernennung‹ oder ähnlich lauten könnte, unbefriedigend bleiben muß.

Dieser letzte Ausdruck: ›ich vollziehe die Ernennung‹ gibt Anlaß zu einer weiteren Bemerkung. Die Sprechakt-Forschung hat gleich zu Anfang gesehen (Austin), daß bestimmte Verben unter den gleichen Bedingungen der performativen Verben (1. Person Präsens etc.) nicht in positiver Verwendung möglich sind, so z. B. ›beleidigen‹, ›demütigen‹ (*›ich beleidige dich‹); man könnte sie deshalb als ›negativ performative‹ Verben bezeichnen, weil sie die entsprechenden Akte nur bezeichnen, nicht aber vollziehen können. Der Vollzug ist hier deswegen verwehrt, weil diese Verben das Ergebnis oder die Konsequenz von vorangehenden Akten festhalten, d. h. (in der Terminologie der Sprechakt-Philosophie) »perlokutive« Akte formulieren und des »illokutiven«, des ›ansprechenden‹ Charakters (der Bedingung der performativen Äußerungen) entbehren (sie sind daher z. B. auch mit erlebter Rede nicht vereinbar). Wiederum zeigt sich an diesem Beispiel, daß die Negation den Status der (hier nicht gestatteten) positiven Wendungen entscheidend verändert, insofern sie die Verben in entsprechenden Äußerungen zuläßt: ›ich beleidige dich nicht‹. Dies kann deswegen geschehen, weil die »Korrektur« eines perlokutiven Aktes stets illokutiven Status gewinnt und damit in dieser Hinsicht praktisch auf der gleichen Stufe steht wie ›du beleidigst mich‹ (›er . . .‹), wo aufgrund des Fehlens der performativen Negativbedingungen die Illokution zustande kommt. Die Frage, die wir hier anschließen wollen, zielt ebenfalls auf die Reflexivität: was geschieht, wenn ›ich beleidige dich nicht‹ nochmals verneint wird? Wird damit die Äußerung wiederum unzulässig und somit der positiven Äußerung gleichgestellt? Dies ist nicht zu erwarten. Gegen die Zulässigkeit von ›nicht daß ich dich (damit) nicht beleidige (nur ist mir das mittlerweile egal)‹ scheint nicht viel einzuwenden zu sein. Trifft dies zu, dann liefert dieser Fall eine Art Gegenbeweis zu der oben getroffenen Feststellung, daß die Reflexivität bei performativen Äußerungen nicht ›greift‹.

Was ergeben diese Äußerungen für die Diskussion? Zunächst bestätigen sie die fundierende Einsicht der neueren Semantik, die den Vorrang der Syntax mit guten Argumenten in Frage gestellt hat. Die Syntax der Negation vermag die festgestellten Diskrepanzen zwischen positiven und negativen Äußerungen nicht zureichend zu erfassen; sie wird hier kommandiert von den Sprechaktregeln, die im Verein mit anderen pragmatischen Gegebenheiten über den Einsatz der syntaktischen Regeln eine Vorentscheidung fällen.

So betrachtet läge es nahe, eine zukünftige Systematik der Sprechakte als einen jener Selektionsraster oder auch nur als einen Teil eines solchen Rasters aufzufassen, der dazu beiträgt, die von der Sprache allein nicht gewährte Gewißheit von Sinn (s. Anm. 1) zu besorgen. Bedenkt man nun, daß der Vollzug der performativen Sprechakte an sogenannte *happiness conditions* gebunden ist (z. B. Zuständigkeit, Aufrichtigkeit des Sprechers), so mag sich hier eine Möglichkeit auftun, über diese Bedingungen zu konventionellen Gegebenheiten des kommunikativen Verhaltens vorzudringen und dieses an bestimmte Gedankengänge der Systemtheorie anzuschließen. Wie eine solche Vermittlung aber im Falle der Negation und der Negation der Negation in performativen Äußerungen geschehen soll, muß vorderhand dahingestellt bleiben, nachdem sich gezeigt hat, daß hier beide Operationen mehr verbindet als trennt.

2. ORIENTIERUNG AN NEGATIONEN

KARLHEINZ STIERLE: *Partielle und asymmetrische Negationen*

Die Überlegungen von Gerhard Stickel über den Bezugsbereich des Negationselements (cf. p. 26) scheinen weiterer Präzisierung fähig zu sein. Stickels Ausgangspunkt ist die Kritik an einer gängigen Auffassung über die Reichweite des Negationselements: »Die Annahme, daß sich das Negationselement jeweils auf einen Satz bezieht, ist zu ungenau.« Nach seiner Auffassung ist bei den negativen Sätzen das Negationselement entweder auf den ganzen Komplex bezogen oder auf »wenigstens eine semantische Elementarproposition«. Für Stickel folgt nun daraus, »daß sich die Annahme einer Eins-zu-eins-Entsprechung von negativen und positiven Sätzen semantisch nicht halten läßt«. Stickels Argumentation scheint mir zunächst daran zu leiden, daß er den fundamentalen Unterschied außer Betracht läßt zwischen Negationen des satzerzeugenden Funktors (Verb) und allen übrigen Negationen. Das Problem der Teilnegation, wie es Stickel auffaßt, stellt sich aber nur in Sätzen mit Negation des satzerzeugenden Funktors. Hier ergibt sich erst eigentlich das Problem der durch Kontrastakzent eingeschränkten Negation. Man muß sich nämlich fragen, ob und in welchem Sinne eine Einschränkung hier überhaupt vorliegt. Festzuhalten bleibt zunächst, daß auch in solchen Sätzen das Negationselement nicht nur »auf je eine der semantischen Elementarproportionen«, sondern immer auf den ganzen Komplex bezogen ist. Jeder negierte Satz mit Kontrastakzent enthält als minimale Behauptung den negierten Satz ohne Kontrastakzent. Im negierten Satz mit Kontrastakzent wird nicht weniger, sondern mehr behauptet als im einfach negierten Satz. Es geht in diesem Fall gar nicht um eine Begrenzung des Bezugsbereichs des Negationselementes, sondern um eine ganz eigene Satzstruktur, die sich bestimmt als Zusammenfall eines negativen, verneinenden, mit einem positiven, bejahenden Satz. Die Negation steht nicht für sich allein, sondern sie wird mit einer zusätzlichen Position verknüpft. Der Kontrastakzent modifiziert den satzerzeugenden Funktor in der Weise, daß zur Verneinung einer Sachlage die Behauptung eines Sachverhalts hinzutritt. Dieser seinerseits ist bestimmt als ungesättigte Aussage insofern, als er eine leere paradigmatische Stelle enthält, die der Besetzung bedarf. Jedes Satzelement, auf das der Kontrastakzent im negierten Satz fallen kann, kann eine paradigmatische Leerstelle vertreten.

Im Anschluß an die Gedanken von Harald Weinrich über das ›zweigliedrige Paradigma‹ von Affirmation und Negation (cf. p. 57 sq.) sowie von Reinhart Koselleck zur Asymmetrie historisch-politischer Gegenwortpaare (cf. p. 65 sqq.) scheint es ferner sinnvoll, die Unterscheidung zwischen symmetrischer und asymmetrischer Negation auszuführen. Die Beispiele ›rot-nicht rot‹ und ›sterblich-unsterblich‹ unterscheiden sich grundlegend dadurch, daß im Falle des Paradigmas ›sterblich-unsterblich‹ beide Seiten einander symmetrisch zugeordnete Einheiten bezeichnen, die zusammen eine Totalität bilden, zu der nichts Drittes hinzukommen kann. Im Falle des Paradigmas ›rot-nicht rot‹ ist die Relation zwischen beiden Seiten von anderer Art. Positives und negatives Glied der Opposition sind nicht in gleicher Weise semantisch artikuliert. ›Nicht rot‹ bezeichnet implizit alle möglichen Farben bis auf die eine bestimmt verneinte Farbe ›rot‹. Es wird in diesem Fall also durch die in der Negation bewirkte sprachliche Bezogenheit des negativen auf den positiven Pol eine formale Symmetrie allererst erzeugt, der eine Asymmetrie inhaltlich bestimmter Einheiten entspricht. Die asymmetrische Negation eröffnet somit einen lexematisch perspektivierten Möglichkeitshorizont dessen, was mit der Negation unartikuliert als denkbar gegeben wird.

Ein extremes und besonders illustratives Beispiel für die Leistung des asymmetrischen Negationsparadigmas ist der von Jacob Taubes nach Scholem zitierte Satz vom nicht seienden Gott (cf. p. 149). Das biblische Gebot *Du sollst dir kein Bildnis noch irgendein Gleichnis machen* ist hier in äußerster Radikalität der sprachlichen Mittel verwirklicht. Die Negation des Seins Gottes bedeutet hier nicht die Leugnung seiner Existenz. Vielmehr wird im asymmetrischen Negationsparadigma die Dimension einer Seinsmöglichkeit eröffnet, die noch jenseits dessen liegt, was mit dem Begriff des Seins gedacht werden kann, und die sich dem sprachlichen Zugriff nur noch als absolute Negation erschließt. Formal bedeutet dies, daß ein symmetrisches Negationsparadigma — ›sein-nicht sein‹ in einer äußersten Kühnheit der Sprache überführt wird in ein asymmetrisches Negationsparadigma.

Doch auch das umgekehrte Verfahren, die Überführung eines asymmetrischen in ein symmetrisches Negationsparadigma, ist möglich, wie Koselleck im einzelnen gezeigt hat.

Siegfried J. Schmidt: *Negation und Metasprache*

Harald Weinrich geht im Rahmen seiner Instruktionssyntax davon aus, die Morpheme der Syntax als »Signale der Kommunikationssteuerung« zu postulieren. Solche Morpheme haben nach seiner Auffassung die Eigenschaft, »sich als Glieder des Kommunikationsprozesses auf eben diesen Kommunikationsprozeß zu beziehen«. Nach herkömmlicher Sprachregelung nennt man das eine *metasprachliche* Funktion (Vorlage p. 52), und konsequent folgert Weinrich, daß »die Syntax insgesamt als der metasprachliche Bereich der Semantik angesehen werden« kann (p. 56). Nachdem so der Terminus ›Metasprache‹ für die Steuerung innerhalb sprachlicher Kommunikationsprozesse verbraucht ist, zur Kennzeichnung aber noch die Elemente etwa der logischen oder linguistischen Beschreibungssprachen anstehen, verfällt Weinrich auf den Ausweg, »die Termini der Linguistik und Logik ... als Hypostasierungen der syntaktischen Morpheme und Extrapolationen des syntaktischen Systems« anzusehen. »Das gilt auch für die Negation« (p. 56 sq.).

Diese Deutung des Begriffs ›Metasprache‹ wirft eine Fülle von Problemen auf. Das harmloseste dieser Probleme ist, daß damit der Begriff ›Metasprache‹ anders als bisher verstanden und das, was bislang darunter verstanden wurde, nun wohl Meta-Meta-Sprache genannt werden muß. Aber diese terminologische Differenz hat auch einen sachlichen Kern. Die bisher mit dem Begriff Metasprache verbundene Vorstellung zielte auf eine *funktionale* Differenzierung der beiden Sprachverwendungssorten: Objektsprache versus Metasprache. ›Objektsprache‹ kennzeichnet dabei den Gebrauch von Sprache zur *Durchführung* sprachlicher Kommunikation; ›Metasprache‹ den Gebrauch von Sprache zur *Thematisierung* sprachlicher Kommunikation und ihrer Konstituenten. Metasprache enthält nach bisheriger Auffassung also stets ein Moment der Reflexivität, bedingt Abstand vom Kommunikationsprozeß als semantisch-pragmatischem Prozeß.

Mit seinen Vorschlägen zu einer neuen Terminologie verlagert Weinrich die Reflexivität *in* den Vollzug sprachlicher Kommunikation und deutet die Steuerungselemente dieser Kommunikation, die syntaktischen Instruktionselemente, als deren Vorkommensort, kassiert aber damit die Möglichkeit, den Kommunikationsprozeß selbst und seine Konstituenten zum Thema einer eigenen Kommunikationssorte (nämlich metasprachlicher Kommunikation) machen zu können.

Weinrichs Theorie der Syntax als »metasprachlicher Bereich der Semantik« basiert m. E. auf einer Inkonsistenz seines Instruktionsbegriffs. In seiner Instruktionssyntax (Abschnitte VII ff.) deutet Weinrich z. B. die Verwendung des Personalpronomens ›ich‹ als eine Instruktion an den Hörer, ausdrückbar in einem hypothetischen Imperativ: »Wenn du meine Nachricht richtig verstehen willst, dann beziehe das folgende Sprachzeichen (das Verb) auf die Sender-Position« (p. 52).

Gegen die Interpretation syntaktischer Morpheme als Instruktionen ist nichts einzuwenden; wohl aber gegen die Interpretation der *Funktion* und des Status solcher Instruktionen. Meines Erachtens sind die Morpheme der Syntax nicht solche Zeichen, die sich auf die Kommunikation selbst beziehen, sondern Zeichen, die — wie etwa das Personalpronomen ›ich‹ — innerhalb eines kommunikativen Handlungsspiels eine Prädikation auf einen Kommunikationspartner als

Urheber dieser Prädikation beziehen. Der Fehler Weinrichs besteht, so glaube ich, darin, daß er sich in seiner eigenen Darstellungsweise verwickelt. Er deutet die Instruktion des Personalpronomens als eine bewußte, reflexiv auf den Kommunikationsprozeß bezogene Instruktion des Hörers: »der Sprecher redet den Hörer an« (p. 52), heißt es bei Weinrich. Die Beziehung der syntaktischen Morpheme als Glieder des Kommunikationsprozesses auf eben diesen Kommunikationsprozeß ist aber keine reflexive, sondern eine semantisch-referentielle. Das Pronomen ›ich‹ instruiert den Partner, bei der referentiellen Interpretation des Satzsinnes dieses Konstituens auf den jeweiligen Sprecher in einem kommunikativen Handlungsspiel zu beziehen. Damit wird der Kommunikationsprozeß selbst aber nicht verlassen, kein kategorial anderes kommunikatives Handlungsspiel vollzogen (etwa: »über ein voraufgegangenes oder noch laufendes kommunikatives Handlungsspiel reden«, was ein metasprachliches kommunikatives Handlungsspiel wäre). Versteht man also ›Objektsprache‹ und ›Metasprache‹ als Kennzeichen für zwei verschiedene Modi der Sprachverwendung, dann ist Syntax ein Arsenal kommunikationsermöglichender, aber nicht ein Arsenal kommunikationsreflexiver Formen und Strukturen.

Nun zur Frage der Negation. Im Rahmen seiner Instruktionssyntax deutet Weinrich konsequent das Negationsmorphem als kommunikationssteuerndes Signal. An diesem Beispiel wird eine zweite verwirrende Stelle der Weinrichschen Theorie sichtbar. Weinrich setzt Instruktivität als das Kennzeichen der Funktion syntaktischer Morpheme an. Dabei aber verwechselt er meines Erachtens Instruktivität als ein (metasprachliches!) hypothetisches linguistisches Erklärungsmodell mit Instruktion als Imperativ, d. h. als Form faktischen Funktionierens sprachlicher Elemente (= Befehl des Sprechers an einen Hörer). Die Instruktionstheorie kann nur ein Erklärungsschema dafür anbieten, wie Texte (und ihre Konstituenten) referentiell auf Konstituenten kommunikativer Handlungsspiele bezogen werden. D. h. die Instruktionsthese ist ausschließlich ein theoretisches Konzept, das deskriptive Referenz *und* Handlungssteuerung in einem einheitlichen Rahmen zu erklären sucht. Deutet man Instruktion aber als Imperativ, den der Sprecher im Kommunikationsprozeß an den Hörer richtet, gerät man in die Weinrichschen Schwierigkeiten einer Vermischung von Kommunikationssteuerung und Reflexivität als Kennzeichen spezieller kommunikativer Handlungsspiele.

Gerhard Stickel hat in seiner Vorlage deutlich gezeigt, daß Negationselemente keine einheitliche syntaktische Klasse bilden, und daß ihr Vorkommen nicht mit einer streng syntaktischen Theorie erklärt werden kann. Dieser Nachweis legt nahe, von der kommunikativen Funktion negativer Sätze/Texte auszugehen und zu prüfen, ob Negation nicht primär ein semantisch-pragmatisches Phänomen ist, das nicht (ausschließlich) an das Vorkommen von Negationselementen gebunden ist. Prüft man negative Sätze, so stellt sich bald heraus, daß deren kommunikative Funktion prinzipiell immer gleich ist: negative Aussagesätze weisen im Rahmen eines kommunikativen Handlungsspiels Annahmen eines Kommunikationspartners über einen Sachverhalt zurück; negative Fragesätze weisen die Annahmen des Sprechers über einen Sachverhalt zurück; negative Befehlssätze versuchen, einen beim Kommunikationspartner vermuteten Handlungsplan zu stoppen[1].

Im Rahmen dieser kommunikativen Funktion dienen Negationselemente als (objektsprachliche) Signale des Sprechers an den Hörer, welche Propositionen im Rahmen der Satzbedeutung den Bereich bzw. die Domäne der Negation bilden. Wichtig ist dabei, daß der Bereich der Negation beim Sprechen — wo er nicht durch Nahstellung eindeutig ist — durch emphatische Elemente (Akzent) gekennzeichnet wird, die von den Präsuppositionen gesteuert werden, die für die eindeutige Festlegung des Negationsbereiches konstitutiv sind.

All dies sind aber Vorgänge, die im sprachlichen Kommunikationsprozeß selbst reguliert werden und sich nicht auf die Steuerung der Kommunikation beziehen, sondern auf Instruktionen über die Einstellung des Sprechers zu Annahmen über sprachliche und nicht-sprachliche Konstituenten des kommunikativen Handlungsspiels. Negation ist also kein hypothetischer Imperativ, sondern ein pragmasemantisches Indiz für die Beurteilung bestimmter informationeller Komplexe im Rahmen kommunikativer Handlungsspiele.

GERHARD STICKEL: *Negation versus Affirmation*

Das von Harald Weinrich vorgeschlagene Zweierparadigma {Affirmation, Negation} (cf. p. 53) ist problematisch. Nahegelegt wird eine solche Annahme vor allem durch die komplementäre Verteilung der Assertionsausdrücke ›ja‹ und ›nein‹ in den Antworten auf positive Entscheidungsfragen. Wenn man die möglichen vollständigen Antwortsätze betrachtet, findet man jedoch keine klare morphematische Symmetrie. Eine ungekürzte negative Antwort auf eine Entscheidungsfrage (*Hast du ihn gesehen?*) enthält neben ›nein‹ noch einen Negationsträger im angeschlossenen Satz (*Nein, ich habe ihn nicht gesehen*). Diesem Negationsträger entspricht in der positiven Antwort keine erkennbare Form. Will man die morphematische Symmetrie retten, muß man hier irgendwo einen Nullwert ansetzen (*Ja, ich habe ihn [Ø] gesehen*). Bei deklarativen Sätzen außerhalb eines Fragekontextes sind nur die negativen Sätze durch besondere

---

[1] Für eine ausführliche Darstellung dieser Hypothesen cf. Verf., *Texttheoretische Aspekte der Negation*, in *Zeitschrift für germanistische Linguistik* 1. 2, (1973), p. 178-208.

Ausdrücke markiert. Für die entsprechenden positiven Sätze wären durchgehend Nullzeichen anzunehmen. Ausdrücke der Bekräftigung oder Versicherung (*wirklich, bestimmt, sicherlich, doch* u. a.) kommen auch als Modifikatoren von negativen Sätzen vor, können also nicht als fakultative Realisierungen eines positiven Satzgeltungselements angesehen werden.

Das Ansetzen von Nullzeichen bei der grammatischen Analyse ist nicht an sich schon bedenklich. Auf ihren Nutzen etwa für die Darstellung der Numerus-Markierung (Plural-Kennzeichnung durch Affix, Singular-Kennzeichnung durch ›Null‹) wurde schon hingewiesen. Ich halte jedoch die Analogie zwischen der Numerus-Markierung und der morphematischen Unterscheidung von positiven und negativen Sätzen für fragwürdig. Eine wichtige Bedingung für die Arbeit mit Nullwerten ist die Angabe ihrer Strukturpositionen (z. B.: »nach einem Nominalstamm«). Das Fehlen einer Ausdruckssubstanz kann nur dann Zeichenfunktion haben, wenn die Stelle, an der sie auftreten kann, feststeht. Die Träger der Satznegation haben in verschiedenen Sätzen unterschiedliche Formen (*nicht, kein, niemand* usw.) und unterschiedliche Satzpositionen (satzfinit, präverbal, nominal, pränominal u. a.). Wenn wir positive Sätze durch Nullzeichen in der Bedeutung von ›Affirmation‹ gekennzeichnet sehen wollen, müßten wir strenggenommen bei der Ausdrucksstruktur dieser Sätze in jeder der für Negationsträger möglichen Positionen ein Nullzeichen ansetzen. Eine ›abstrakte Null‹, die durch Transformationen verschoben würde, wäre ein Unding. Die Annahme eines Affirmationszeichens Ø, das zusammen mit dem Negationszeichen das Zweierparadigma ›Assertion‹ bildet, erweist sich demnach schon unter dem Gesichtspunkt der Beschreibungsökonomie als bedenklich.

Für angemessener halte ich eine Analyse, bei der negative Sätze von nichtnegativen (= positiven) Sätzen dadurch unterschieden werden, daß man für sie ein zusätzliches Element annimmt, das je nach den übrigen Konstituenten des Satzes und seinen kontextuellen Bedingungen durch einen der Negationsträger realisiert wird. Damit wird gleichzeitig gesagt, daß negative Sätze semantisch komplexer sind als entsprechende positive Sätze; sie enthalten ein Bedeutungselement mehr. Ein negativer Satz setzt die Bedeutung eines entsprechenden positiven Satzes voraus. Das Negationselement bezieht sich auf diese Bedeutung. Ein positiver Satz enthält dagegen kein Affirmationszeichen, das sich auf die Bedeutung eines irgendwie vorausgesetzten negativen Satzes bezieht. Wir können dies zumindest nicht durchgehend für alle positiven Sätze behaupten. Seiner kommunikativen Funktion nach richtet sich ein negativer Satz stets gegen eine bestimmte Setzung. Ein positiver Satz ist dagegen eine Selektion aus einer beliebig großen Menge möglicher Setzungen. Er hat bei der üblichen Sprachverwendung keinen bestimmten Gegensatz, der stets mitverstanden wird.

Weinrich hat ferner die Instruktionsgrammatik in die Diskussion eingebracht.

Danach können z. B. Pronomina als Instruktionen an den Hörer oder Leser interpretiert werden, referentielle Identitäten herzustellen und mehr als eine Prädikation demselben Referenten zuzuweisen. Negationsträger instruieren den Hörer, einen Sachverhalt in der Bedeutung eines entsprechenden positiven Satzes nicht anzunehmen. Analog dazu könnte man annehmen, daß jeder nichtnegative Satz mit der Instruktion verbunden ist: »Nimm einen Sachverhalt in der Bedeutung dieses Satzes an!« Da aber ein positiver Satz keinen Ausdruck enthält, der als Träger einer solchen Instruktion angesehen werden könnte, können wir sie allenfalls zu den pragmatischen Voraussetzungen für derartige Sätze rechnen. Sie als Nullzeichen in die Strukturbeschreibung hineinzunehmen, würde zu den schon genannten Schwierigkeiten führen und würde auch weiter nichts bedeuten als: »Positive Sätze enthalten kein Zeichen für Negation«.

Ist demnach ›Affirmation‹ nur ein terminologischer Verlegenheitsausdruck für nichtnegative Sätze? Gewöhnliche positive, deklarative Sätze, wie sie in einem fortlaufenden Text von einem Sprecher geäußert werden, affirmieren nicht durchgehend, sie teilen im allgemeinen nur etwas mit. Von Affirmation kann eigentlich nur die Rede sein, wenn ein Sprecher die Annahmen, Behauptungen oder Vermutungen seines Partners bestätigt. Die Primäräußerung eines positiven Satzes ist keine Affirmation, sondern eine Setzung. Affirmativ können nur Sekundäräußerungen, sprachliche Reaktionen sein. Affirmation ist also keine morphosyntaktische Kategorie, sondern eine pragmatische Relation zwischen Äußerungen, im einfachsten Fall Äußerungen verschiedener Personen. Ihre ›negative‹ Entsprechung ist nicht Negation, sondern Widerspruch, Kontradiktion, im pragmatischen Sinn. Die linguistische Notwendigkeit, zwischen Negation und Kontradiktion zu unterscheiden, wird schon an dem Ausdruck ›nein‹ deutlich, der üblicherweise zu den Negationsträgern gerechnet wird. ›Nein‹ als Reaktion auf einen positiven Satz signalisiert ›Widerspruch‹; ›nein‹ affirmiert aber auch die negative Frage oder Aussage des Partners.

Möglicherweise lassen sich also Affirmation und Kontradiktion als Mitglieder eines Zweierparadigmas verstehen, das aber kein Paradigma morphosyntaktischer Einheiten wäre, sondern eine Klasse alternativer sprachlicher Handlungsweisen.

Christian Meier: *Verneinung oder Vernichtung*

Die Freiheit zu bejahen und zu verneinen unterliegt in der Geschichte eigenartigen und immer wieder anderen Begrenzungen (welche gewissen Arten von Rationalität, nämlich solchen, die Widerstände gern verflüssigen, nicht recht einleuchten; der Historiker kann aber kaum an ihnen vorbei). Diese Grenzen sind, grob gesagt, in den vor- und außerantiken Hochkulturen (mit einer gewissen Ausnahme Chinas und Israels) besonders eng, weiten sich erheblich in der Antike und dann noch einmal in der Neuzeit.

Streckenweise parallel zu dieser Ausweitung der Grenzen ist eine Aufspaltung der Freiheit zu verneinen und zu bejahen zu beobachten: die Freiheit, ja oder nein zu denken und zu sagen, und die, diese Neins und Jas zu verwirklichen, gehen auseinander. In der Antike waren beide Freiheiten bis zur vollen Ausbildung der Demokratie aufs engste verbunden, entfalteten sich ungefähr gleichzeitig, vermutlich fast ungeschieden voneinander. Danach löst sich die Freiheit gedanklicher und verbaler Negation einer vorhandenen Struktur (wesentlich darum geht es hier!) vom politischen Handeln, es entsteht eine Utopie. Die Negativität der Utopie ist aber im Effekt nur ein Sich-Entziehen. Die Neuzeit dagegen ist von vornherein und notwendig durch eine weite Entfernung gedanklicher und verbaler Negationen und Positionen von denen des politischen Handelns bestimmt. In ihr werden die Utopien virulent. Nicht nur die Freiheit, ja oder nein zu sagen, sondern auch die Möglichkeit, Handlungsabsichten zu verwirklichen, wachsen erheblich über alles Frühere hinaus.

Im Verfolg dieser hier angedeuteten Linien ist von der Frage nach Negation und Position her Wesentliches für die Kapazität der Kulturen, die in ihnen möglichen Entfernungen zur Wirklichkeit, und das heißt auch: für die innerhalb der sie tragenden Gesellschaften möglichen Entfernungen zwischen deren Teilen, weiter für Soziogenese und Identität auszumachen. Dabei sollte nie die Korrespondenz und dialektische Beziehung zwischen nein und ja aus dem Auge verloren werden. »Bei den meisten Menschen gründet sich der Unglaube in einer Sache auf blinden Glauben in einer anderen« (Lichtenberg). »Ohne den Teufel würde Gott in der Flut seiner täglichen Mißerfolge untergehen« (Sperber). Je mehr von Gott erwartet wird, um so größer wird wohl auch der Teufel.

Aber nicht nur von Kultur zu Kultur, sondern auch von (Generations-) Situation zu Situation ist das Ausmaß der Freiheit zu verneinen und zu bejahen verschieden (jeweils, auch hier, in Hinsicht auf die Struktur). Diese Freiheit kann dabei auch in antiken Situationen unter Umständen wesentlich größer sein als in neuzeitlichen. Situationen von besonderer Problematik und Systemversagen lassen sich danach unterscheiden, ob sich aus dem allgemeinen Versagen und Unbehagen die Möglichkeit, wirksam ja oder nein zu sagen, freisetzt, das heißt, ob Gegensätze sich um die wesentlichen Probleme bilden, Gegensätze also, die so weit über das Überkommene hinausragen, daß sie die wesentlichen Probleme zwischen sich zu bringen vermögen (statt nur unter ihnen zu leiden oder das Notwendige über dem Drängenden zu versäumen).

Die griechischen Poleis des 6. und 5. Jahrhunderts lassen sich als antikes Beispiel dafür anführen, wie eine allgemeine Not von einer gesellschaftlichen Alternative her überwunden wird. Unzählige Jas und Neins finden in der Herrschaftsstruktur einen Ansatzpunkt, an dem sie zu einem mächtigen Hebel werden können, und verwirklichen eine — sogar weltgeschichtlich — neue Möglichkeit politischer Organisation. Wie sehr auch dieser Prozeß, der im 5. Jahrhundert zum Ziel kommt, in viel weiterer zeitlicher Tiefe veranlagt ist und wie viel an ihm sich prozeßhaft vollziehen mag, die wesentlichen Veränderungen vollziehen sich aus der Freiheit, ja oder nein zu sagen, aus den daraus sich entspinnenden Auseinandersetzungen, sie stehen auf der Tagesordnung des Denkens, Planens und Kämpfens.

Die späte römische Republik dagegen zeigt eine Krise, in der strukturell im wesentlichen nichts verneint wird. Alle stehen positiv zum Überkommenen. Erst indem einige das Überkommene für bedroht halten, werden andere — die es nicht bedrohen wollen — dazu gedrängt, es praktisch, aber weder wissentlich noch willentlich zu bedrohen. Es läuft ein Prozeß ab, der sich wesentlich nur aus den Nebenwirkungen der Politik und des gesamten Lebens speist. Was sich darin verändert, steht nicht auf der Tagesordnung, es vollzieht sich gleichsam unter dem Tisch. Es finden sich keine Ansatzpunkte für Negation. Dabei waren, um es modern auszudrücken, offenbar nicht nur »erkenntnisleitende Interessen« am Werk, sondern insbesondere erkenntnishemmende. Genau gesagt: einer wirksamen Negation, einer wirksamen Veränderung und der Bildung von Gegensätzen um die wesentlichen Probleme stand die Identität der damaligen römischen Gesellschaft im Wege. Sie hätten sich selbst verneinen müssen, wenn sich eine Alternative hätte bilden sollen. Die inneren Entfernungen in der Gesellschaft waren nicht groß genug dazu (wobei deren Bestimmung wohl recht problematisch ist). Etwas Neues konnte sich erst bilden, als die alte Gesellschaft zermürbt, an ihren eigenen Kämpfen aufgerieben, in ihrer Identität entscheidend geschwächt war. Anders gesagt: an Stelle der Verneinung konnte nur Vernichtung zu etwas Neuem führen.

Verneinung gehört zu den synchronen politischen Situationen, Vernichtung zu den historischen Prozessen. An den Schaltstellen zwischen Synchronie und Diachronie, zwischen politischer Gegenwart und historischem Prozeß liegen die Gegensätze. Sofern überhaupt etwas von den Veränderungen, die den historischen Prozeß ausmachen, auf die Tagesordnung kommt, wird es dort in aller Regel von Gegensätzen eingefangen.

Die Betrachtung der Kapazitäten von Kulturen und die des Ortes der Gegensätze innerhalb des historischen Prozesses führen zu einer ganzen Reihe von Fragen, in denen der Gesichtspunkt von Ja und Nein (und auch der von Jain und Jein) fruchtbar gemacht werden kann. Von ihnen aus ist dem Problem der Stellung der Menschen im historischen Prozeß beizukommen. Das ist nur leider sehr kompliziert. Es setzt ein Spiel mit mehr als fünf Bällen voraus. Zwischen der Negation im einzelnen, die die Veränderung der Einzelnen und die in kleinen Kreisen zu bewirken vermag (etwa durch Kunst), und der global festzustellenden Negation im großen erstreckt sich ein weiter Zwischenraum, der die eigentliche Problematik ausmacht. Das Nein-Denken und Nein-Sagen ist nicht unbedingt wichtig. Ob sich das Schicksal der römischen Republik anders vollzogen hätte, wenn damals das Nein-Sagen schon an der Tagesordnung gewesen wäre, ist ganz offen. Ob die Kenntnis der historischen Prozesse, die wir heute zu haben glauben, uns wirksame Verneinung erlaubt, ob unsere Verneinungen etwas anderes als Vernichtungen sind (und nicht einer Täuschung kraft Verwechslung von Erkennbarem und Machbarem, von Prozeßhaftem und Politischem entspringen — und wie es auszuhalten ist, daß *tout ce que nous voulons, c'est-à-dire tout ce que nous pouvons a fini par s'opposer à ce que nous sommes* [Valéry]), — diese Fragen, die man ja wohl noch stellen darf, zeigen, welche Problematik hier lauert.

NIKLAS LUHMANN: *Negierbarkeit*

Die These des voraufgehenden Beitrags von Christian Meier läßt sich generell dahin formulieren, daß Gesellschaften mit der Entwicklung zu größerer Komplexität Negationspotentiale (Potentiale!) mit größerer Reichweite zulassen und stabilisieren müssen. Die dafür erforderlichen Bedingungen müssen dann abstrakter formuliert werden, so daß sie mit mehr möglichen Zuständen des Systems, mit mehr möglichen ›Jas‹ und ›Neins‹ kompatibel sind. Das ist ein Anwendungsfall der allgemeinen Regeln, daß stärker differenzierte Systeme höher generalisierte Strukturen benötigen.

Um von hier aus zu evolutionstheoretischen und dann zu geschichtswissenschaftlichen Forschungsansätzen zu kommen, müßte man jedoch genauer spezifizieren, welches die Bezugsthemen sind, deren Negierbarkeit gesichert werden muß, in welchen Funktionsbereichen und mit welchen Themen der Negationsbedarf auftritt, mit welchen Techniken er gesichert werden kann und welche Interdependenzen es zwischen Abstraktionsgewinnen in der einen und der anderen Richtung gibt.

In der politischen Geschichte kam es zunächst darauf an, die Entscheidungen von Mächtigen negieren zu können, ohne dafür eigene größere Macht in Anspruch nehmen zu müssen. Die Einrichtung einer jedenfalls übermächtigen Zentralmacht war die dafür notwendige Voraussetzung. Erst danach konnte sich das Problem der Negation auch der Entscheidungen dieses Machthabers stellen bis hin zum Problem des Wechsels in politischen Ämtern. Politik ist indes nur ein Funktionsbereich unter anderen. Im Bereich der normativen Kultur, vor allem des Rechts, ergeben sich andere Negationsstufen: Die unmittelbare Negierbarkeit schlechten Verhaltens mußte erweitert werden zur Negierbarkeit rechtswidrigen — ob guten oder schlechten — Verhaltens (Sokrates' Tod!); und diese vorausgesetzt, stellt sich die Frage, ob auch die Geltung von Normen negiert werden könne bis hin zur Normalisierung routinemäßiger Rechtsänderung. Hinzu kommen entsprechende Steigerungen auf dem Gebiet der Wirtschaft. Voraussetzung jeder Art von Kapitalbildung ist die Negierbarkeit der archaischen Hilfs- und Abgabezumutungen. Erst im Anschluß daran kann es in bezug auf die Mobilisierung des Güterverkehrs zu voraussetzungsvollen Negationsweisen kommen bis hin zur Negation von Verhaltensweisen, die den Kriterien ökonomischer Rationalität nicht entsprechen, ohne Rücksicht auf familiäre, politische, religiöse, kulturelle Konsequenzen. Im Bereich des Wissens gibt es eine Entwicklung von der Negation der Wahrheit einer Mitteilung, die eine Mitnegation der Kompetenz oder der Wahrhaftigkeit des Mitteilenden implizierte, über die Negierbarkeit der Wahrheit von Sätzen bis hin zur Negierbarkeit der Wahrheitsfähigkeit von Sätzen, über die erst eine funktionale Spezifikation wissenschaftlicher Aussagen erreicht werden kann. Nicht zuletzt stellt sich das Problem der jeweilig höchsten Ebene der Negierbarkeit im Bereich der Religion. Hier spitzt sich das Problem in dem Maße zu, als es zu monotheistischen Weltgott-Religionen kommt, in denen die Negation nicht mehr einfach auf Dämonen, Gegenkräfte oder auf andere Kulte und Götter abgeleitet werden kann, sondern den Negierenden von der Teilnahme an Religion schlechthin auszuschließen droht.

Hinter diesen Beispielen stehen theoretisch formulierbare Fragen. Jede Negation muß ein Thema haben. Themen aber sind in mehrfachen Hinsichten relevant. Man kann zum Beispiel nach dem funktionalen Kontext eines Themas fragen (also etwa nach seiner Relevanz für Politik, Wirtschaft, Familienleben, Wissenschaft, Erziehung, Religion). Man kann nach dem Generalisierungsgrad des Themas fragen und zum Beispiel annehmen, daß mit zunehmender funktionaler Differenzierung der Gesellschaft zugleich höher generalisierte Themen negierbar werden, wenn und soweit die Negationsmöglichkeit auf einen funktionalen Kontext beschränkt werden kann (wenn zum Beispiel die Negation Gottes weder wirtschaftliche noch politische Folgen hat, im Familien- und Freundeskreis hingenommen wird oder gar literarische Reputation einträgt). Man kann nach dem evolutionären Stellenwert von Themen und ihren Negationsmöglichkeiten fragen und nach dem Strukturaufbau, den sie voraussetzen. Erst eine hinreichende Klärung dieser Fragen und ihre Beantwortung würden uns in die Lage versetzen, die sicher bestehenden Interdependenzen zwischen themen- und funktionsspezifischen Negationsstufen in der Entwicklung des Gesellschaftssystems zu beurteilen.

Im Hinblick auf den Sprachgebrauch im sozialen Verkehr stellt sich weiterhin die Frage, in welchem Ausmaß binäre Schematisierungen (vgl. die Vorlage von Weinrich, p. 57 sq.) zumutbar oder unzumutbar sind. Für das alltägliche Leben ist leicht einzusehen, daß es nicht ohne weiteres möglich ist, einem Partner Möglichkeiten des Erlebens oder Handelns so scharf vorzudefinieren, daß er nur annehmen oder ablehnen, nur ja oder nein sagen kann. Im Essay *Linguistik des Widerspruchs* spricht Weinrich selbst von dem »gefährlichen« Schema des Zweierparadigmas und von künstlichen Bedingungen, mit denen die Logik sich vor unerwünschten Problemen schützt[1]. Das Problem klingt an, wird aber nicht ausgearbeitet.

Soziologische Forschungen zu dieser Frage, die sich an die Ebene der elementaren Interaktion unter Anwesenden halten, sind mir nicht bekannt. Es gibt jedoch Hinweise darauf, daß die gesellschaftliche Stabilisierung der Geltung von Zweierparadigmen besondere Vorkehrungen erfordert, und das kann als indirekter Beweis für Zumutungsschwierigkeiten angesehen werden. In archaischen Gesellschaften werden zum Beispiel dort, wo klare Zweierparadigmen aufgestellt werden, Mischformen mit Tabus belegt[2]. Die Entwicklung zur Hochkultur erfordert eine Normalisierung und »Technisierung« der Lösung dieses Problems, zumindest in entwicklungswichtigen Funktionsbereichen, vor allem eine Stabilisierung der Differenz von Recht und Unrecht, von Wahrheit und Unwahrheit, von Haben und Nichthaben über die Institutionalisierung von Eigentum und Tausch, vielleicht auch von Glauben und Unglauben über Mitgliedschaftsbedingungen in religiösen Organisationen. Erst die kulturelle Legitimation solcher Schematismen eröffnet die Möglichkeit, sie in der täglichen Interaktion reibungslos zu verwenden und lange, weittragende Folgenketten an die Wahl zwischen ja und nein zu hängen. Funktionsbereiche, in denen dies nicht gelingt und in denen die Option zwischen Recht/Unrecht, Wahrheit/Unwahrheit usw. nicht erwartet und nicht zugemutet werden kann, stagnieren — ablesbar zum Beispiel an den Rechtskulturen des fernen Ostens[3].

---

[1] H. WEINRICH, *Linguistik des Widerspruchs*, in *To Honor Roman Jakobson*, Den Haag — Paris 1967, p. 2212-2218 (2217).

[2] Vgl. insb. E. LEACH, *Anthropological Aspects of Language: Animal Categories and Verbal Abuse*, in E. H. LENNEBERG (ed.), *New Directions in the Study of Language*, Cambridge Mass. 1964, p. 23-63; M. DOUGLAS, *Purity and Danger: An Analysis of the Concepts of Pollution and Taboo*, London 1966, insb. p. 162 ff.; ferner auch N. YALMAN, *On Some Binary Categories in Sinhalese Religious Thought*, Transactions of the New York Academy of Sciences, Ser. 2, 24 (1962), p. 408-420 für die schon veränderte Situation in Hochkulturen.

[3] Vgl. die Hinweise in meiner Vorlage p. 210.

Hans Robert Jauss: *Zur Metaphorik der Steuerung*

Die Metaphorik der *Steuerung* erfreut sich in der Informationstheorie, in der Soziologie und neuerdings auch in Harald Weinrichs Instruktionssyntax einer auffälligen Beliebtheit. Sie dankt das einer evidenten, lebensweltlichen Orientierungsleistung, kann aber das Denken auch in einen imaginativen Kontext hinein und damit zu Positionen verführen, die es nicht mehr verträgt, beim Wort genommen zu werden. Hans Blumenberg hat unlängst an eindrucksvollen Beispielen gezeigt, wie eine Fachsprachenmetaphorik umkippen, wie ihre anschauliche Plausibilität und lebensweltliche Selbstverständlichkeit zerbrechen kann, wenn eine Metapher wie z. B. die philologische der ›Quelle‹ beim Wort genommen, auf ihre Implikationen geprüft und durch Interferenzen ihres Gebrauchs in Frage gestellt wird. Seiner Abhandlung ist auch die Vorgeschichte der heute wieder aktuellen Steuerungsmetapher im Bildfeld der Daseinsmetaphorik von Seefahrt, Schiffbruch und Zuschauer zu entnehmen. Demnach war zuletzt für die Epoche der Aufklärung kennzeichnend, daß sie sich »von der Glücksidee der Windstille distanziert und die Leidenschaften rechtfertigt als das treibende Element des Lebens, das dem Steuer und der Navigation der Moral auf dem Wege zum Glück überhaupt erst die zügige, wenn auch durch Unwetter gefährdete Fahrt erlaubt«[1]. Im heutigen Gebrauch der erwähnten Fachsprachen ist bedauerlicherweise nicht allein der ›Weg zum Glück‹ verlorengegangen, sondern ökonomischerweise auch das Steuerruder und der Steuermann entbehrlich geworden. Die Vorgänge, die nunmehr Wichtigkeit erlangt haben, werden durch *Signale*, also von außen gesteuert, wenn es sich nicht gar um Prozesse handelt, die »im System selbst verknüpft und gesteuert werden«[2], die also von innen so ausgestattet sind, daß sie ›sich selbst steuern‹ können. Ob diese Fachsprachenmetaphorik Fallstricke für die Systemtheorie der Sozialwissenschaften enthält, soll hier nicht erörtert werden. Doch verlohnt es sich wohl auch schon zu zeigen, daß das begriffliche und metaphorische Instrumentarium der Informationstheorie nicht ungestraft in eine Theorie der umgangssprachlichen Kommunikation übernommen werden kann.

Wer Orientierungsleistungen der Syntax mit der Metaphorik von Sender und Empfänger, Signal und Steuerung beschreiben will, wie es Weinrich tut, gerät an der Schwelle zwischen Information und Kommunikation in Schwierigkeiten, die sich durch Interferenzen im implizierten Bildfeld verraten. Umberto Eco hat diese Schwelle in seiner Semiotik als Übergang aus der »Welt des Signals« in die

---
[1] H. Blumenberg, *Beobachtungen an Metaphern*, in *Archiv für Begriffsgeschichte* 15 (1971), p. 172.
[2] *Selbststeuerung der Wissenschaft*, in N. Luhmann, *Soziologische Aufklärung*, Opladen ³1972, p. 232.

»Welt des Sinns« treffend erläutert[3]. Wer sie nicht beachtet und etwa Vorgänge aus der letzteren mit Begriffen der ersteren beschreibt, vertauscht Beziehungen der Mitwelt in solche der Objektwelt und verkürzt damit umgangssprachliche Kommunikation auf Information als physikalischen Prozeß. So auch Weinrich, wenn er die Reduktionsleistung der von ihm postulierten Instruktionssyntax wie folgt im Rückgriff auf die Metaphorik der Verkehrsregelung erläutert: »Wir können uns das am einfachsten so denken, daß die Morpheme Orientierungssignale (›Verkehrsschilder‹) sind, die der Sprechende für den Hörer (der Schreiber für den Leser) in mehr oder weniger regelmäßigen, allemal jedoch kurzen Abständen an der Zeichenstrecke setzt, auf daß der Rezipient sich in den vielen Zeichen und ihren komplexen Beziehungen nicht verirrt und seine Dekodierungsleistungen mit Routine, d. h. psychologisch weitgehend automatisiert erbringen kann«[4]. Solange der Adressat sprachliche Weisungen in Gestalt von Morphemen der Syntax nur als *Signale* aufnimmt, d. h. sie als *Instruktion* oder ›hypothetischen Imperativ‹ liest, den er nur auszuführen braucht, ist indes die Schwelle zum kommunikativen Gebrauch der Sprache noch gar nicht erreicht — der Adressat ist nurmehr Objekt der ihn steuernden Signale, noch gar nicht ›Hörer‹ oder ›Leser‹, sondern Empfänger eines Reizes, auf den auch ein Automat die richtige, weil vorprogrammierte Antwort geben könnte. Die Schwelle zur Ebene sprachlicher Kommunikation ist erst jenseits einer solchen Instruktionssyntax überschritten, nämlich dort, wo nicht mehr Signale von der Art der Rot-Gelb-Grün-Vorfahrtregelung Weisungen geben, sondern wo — um die gewählte Fachsprachenmetaphorik gegen ihren Urheber zu kehren — der Verkehrsteilnehmer, alias der Hörer *und* der Sprecher, Situationen nach § 1 der deutschen Straßenverkehrsordnung interpretieren und lösen muß, um sein Ziel ohne Gefährdung, Behinderung etc. zu erreichen. Die fachsprachliche Metaphorik der Steuerung vermag diese Ebene intersubjektiver Kommunikation offenbar so wenig zu erfassen wie das Assertionsparadigma. Denn dieses vermag auch angesichts einer schon ›binär‹ zugespitzten Situation nicht schon durch ein bedeutungsleeres ›Ja‹ oder ›Nein‹ zum Erwarteten, sondern erst durch den implizierten Kode der Erwartung (der mehr ist als eine bloße Vorinformation) zu sagen, was es bedeutet, wenn der Andere meiner Erwartung entspricht oder nicht.

Reduktionsleistungen der Sprache, wie sie eine Instruktionssyntax vor den Blick bringt, bleiben noch diesseits der Schwelle von der ›Welt des Signals‹ zur ›Welt des Sinns‹. Steuerung als kybernetische Metapher gehört zur ersteren, Orientierung hingegen eher zur letzteren. Ein *Vorordnen* der Weltkomplexität durch verhaltenssteuernde Instruktionen der Syntax ist nicht gleichbedeutend

---

[3] U. Eco, *Einführung in die Semiotik*, München 1972, p. 45-194.
[4] Vorlage WEINRICH, p. 52.

mit der *Orientierung* von Sinn, der intersubjektiv geteilt werden kann. Zwischen der Offenheit solcher Orientierung und der Regulierung von Prozessen durch steuernde Signale liegt die entscheidende Differenz, die Kommunikation von Information scheidet. Wo ›Ja‹ und ›Nein‹ der Redesituation eine bestimmte Richtung oder andere Wendung geben, ist stets mehr im Spiel als »Signale der Kommunikationssteuerung«; »Selbstregelung der Kommunikation« ist ein Widersinn oder aber ein Grenzfall pervertierter Kommunikation. Was pervertierte Kommunikation meint, illustriert Weinrichs Modell unfreiwillig durch die Heruntersetzung des auslegbaren Zeichens zum eindeutigen Signal, durch die daraus folgende Gleichsetzung von Instruktion und imperativer Regel wie schließlich durch das unterstellte »Informationsgefälle, wie es in der Kommunikation zwischen dem Sprecher und dem Hörer besteht«[5]. Was man aus Lausbergs Rhetorik als »Informations*vorsprung*« kannte, ist in der subjektlosen ›Welt des Signals‹ nicht zufällig zum Informations*gefälle* geworden! In der ›Welt des Sinns‹ kann von einem Informationsgefälle nur in besonderen Sprachspielen wie ›Befehlen und Gehorchen‹ oder ›Verhören‹, mithin in Fällen unfreier und darum pervertierter, weil einseitig gesteuerter Kommunikation die Rede sein. Die Frage, wer (oder was) hier wen (oder was) steuert, mit der man Weinrichs Metaphorik beim Wort nehmen kann, ist in seinem Modell einer Instruktionssyntax indes verschieden beantwortet. Erst ist es ein Subjekt, der Sprecher oder Schreiber, das gegenüber einem Empfänger, dem Hörer oder Leser, von sich aus, also von innen, die ›Kommunikation‹ steuert. Dann ist es das ›Ja‹ oder ›Nein‹, das als Signal von außen die ›Kommunikation‹ zwischen den Personen oder Gesprächsrollen steuert. Die Aufeinanderfolge von Signalen zieht eine Wegmetapher, die »Zeichenstrecke«, nach sich. Daß durch sie und an ihr entlang der Verkehr ›flüssig‹ geregelt wird, impliziert für die Suche nach Reduktionsleistungen der Syntax eine Steuerung des *Kommunikationsflusses* selbst. Damit ist aber auch der Punkt erreicht, an dem die so hilfreiche Metaphorik umzukippen droht: der Fluß, auf dem man sich durch die Komplexität der Welt steuern mußte, kann nicht mehr derselbe Fluß sein, den die Instruktionssyntax nunmehr durch Reduktionsangebote selbst zu regeln verspricht. Hier, wo sich die klassische und die kybernetische Steuerungsmetapher widersprechen, kann interessanterweise die lebensweltliche Plausibilität das eingetretene Dilemma auflösen. Flüsse pflegt man in der natürlichen Logik der Umgangssprache nicht zu *steuern*, sondern zu *kanalisieren*. Ein gesteuerter Kommunikationsfluß kann nur ein Kanal sein. Womit uns die imaginative Logik der Metaphorik in die subjektlose ›Welt der Signale‹ zurückgeführt und den Mißbrauch der Kybernetik für die Ebene intersubjektiver Kommunikation stillschweigend korrigiert hat! Denn

---

[5] Ib., p. 54.

Sender und Empfänger verbindet in der Nachrichtentechnik in der Tat ein *Kanal*. Weinrichs Steuerungsmetaphorik erweist sich der ›Welt des Sinns‹ gegenüber als zu kühn. Vielleicht auch als nicht kühn genug, um dem nicht steuerbaren Fluß der Kommunikation in menschlicher Rede gerecht zu werden, was schon vor langem ein berühmter Schöpfer kühner Metaphorik mit dem Vers bedeutet haben könnte: *Was aber jener tuet, der Strom, / weiß niemand*[6].

Richard E. Palmer: *Über Kommunikationssteuerung beim Schauspieler*

Die jüngste Hinwendung der Linguistik zu einer Pragmatik der kommunikativen Situation und damit zu einer Untersuchung kommunikationssteuernder Faktoren ist vielversprechend. Ein spezifisches Beispiel kann vielleicht dazu beitragen, im Rahmen der hermeneutischen Situation das Vorhandensein solcher Faktoren in dieser Situation aufzuzeigen und gleichzeitig die Grenzen unseres Vermögens, sie zu objektivieren, zu bezeichnen.

Ich habe die Aufgabe eines Schauspielers angesichts eines Textes und der Zuschauer im Sinn. Der Schauspieler muß die mündliche Interpretation eines gegebenen Textes versuchen. Seine Interpretation ist gesteuert von solchen Faktoren wie der Gesamtsituation, der zugrundeliegenden Stimmung, den Vermutungen über die Publikumserwartungen usw. All diese zur Situation gehörigen Faktoren müssen den Elementen in der Grammatik des Textes hinzugerechnet werden.

Der Schauspieler ist als Künstler ein erfahrener — ein außergewöhnlich erfahrener — ›Leser‹ des Textes, der gleichsam zwischen uns und den Text geschaltet ist. Er verleiht vielem, das im Text unbestimmt ist, Bestimmtheit, indem er die Leerstellen durch die Betonungen und Nuancen seiner Stimme ausfüllt. Das ist nicht vollständig beschreibbar. Wie vergeblich der Versuch bleiben müßte, die Kunst des Lesens vollständig zu beschreiben, ergibt sich insbesondere aus dem Unvermögen, die metasprachlichen Faktoren der Kommunikationssteuerung objektiv darzustellen. Die Fähigkeit des Schauspielers, Kummer oder Freude oder Besorgnis durch Nuancen in der Stimme auszudrücken, gehört zu der Art von Präsenz, die der menschlichen Stimme in einer realen Sprechaktsituation eigen ist. Das geht weit über die Strukturen der Syntax hinaus und kann von den Theoretikern der Kommunikations-Pragmatik nur teilweise und nachträglich erklärt werden. Ich glaube deshalb, daß eine phänomenologische Reflexion auf die Rolle des Schauspielers an Hand von zwei oder drei Textbeispielen sehr

---

[6] Hölderlin, *Der Ister*; auch schon von U. Eco, a. a. O. p. 407, in seiner Heidegger-Kritik zitiert.

fruchtbar dafür sein könnte, kommunikationssteuernde Faktoren ans Licht zu bringen. Sie würde außerdem einige der Grenzen erkennen lassen, die dem objektivierenden Denken im Umgang mit der Kunst gesetzt sind. Andeutungsweise will ich daran erinnern, daß Ernst Fuchs gesagt hat, das »hermeneutische Prinzip« der Katze sei eine Maus. Das heißt, wir sehen die Potentialitäten einer Katze erst in der Gegenwart einer Maus. In gleicher Weise bedeutet es oft einen Durchbruch des Verstehens, wenn das leitende Interesse in einem Text explizit gemacht werden kann. Die hermeneutische Reflexion hat uns außerdem bewußt gemacht, daß wir selber im Verstehen durch unser eigenes leitendes Interesse gesteuert werden. Man sollte sich also für die Frage nach der Selbstinterpretation des Interpreten interessieren. Die kritische Aufgabe wäre dann, die Adäquatheit dieser Auffassung vom Verstehen zu prüfen.

DIETER WELLERSHOFF: *Negation als Kommunikationsantrieb*

Wird im Kommunikationsfluß durch die Negation tatsächlich ein Kommunikationsstop bewirkt? Ich möchte das Gegenteil behaupten. Es tritt eine Enttäuschung einer Erwartung ein, gerade das aber hält die Kommunikation in Gang. Denn es erweckt neue Aufmerksamkeit, während die glatte Erfüllung von Erwartung, d. h. die Herstellung voller Übereinstimmung, die Kommunikation beenden würde. Die Möglichkeit, neue Informationen zu übermitteln, wäre dann nämlich auf Null geschrumpft.

Um das Problem im Rahmen der Stilistik darzustellen: Es ist ein beliebtes Stilmittel, statt einer positiven Darstellung eines Sachverhaltes eine Negationsformel zu wählen. Bei Claude Simon steht zum Beispiel anstelle des Satzes *Sie ging langsam auf ihn zu*, der sozusagen die unproblematische Darstellung des gemeinten Sachverhaltes wäre, die schwierigere Formulierung *Sie ging nicht einmal rasch auf ihn zu*. Weshalb? Weil dadurch unterstellt wird, sie hätte eigentlich schnell auf ihn zugehen müssen. Das langsame Gehen wird so aus einer einfachen Tatsache zu etwas Auffälligem gemacht, zu einer Normabweichung, die als eine erklärungsbedürftige Tatsache vom Leser neue Aufmerksamkeit verlangt. Es wird ihm dadurch nahegelegt, seine eigenen Erwartungen zu überprüfen und aufzupassen, ob und warum und wieweit die Sachverhalte oder Vorgänge davon abweichen.

Indem sie so Sachverhalte problematisiert und Erwartungen irritiert, ist die Negation gerade der Motor der Kommunikation. Sie erzeugt neue Differenzen, Informationsdefizite, Widersprüche, isolierte, anschlußbedürftige Details, und das sind Spannungen, die nur durch Fortsetzung der Kommunikation wieder abgebaut werden können.

DMITRIJ TSCHIŽEWSKIJ: *Replik durch Negation*

Die Negation ist für literarische Repliken von großer Bedeutung. Solche Repliken sind seit jeher verbreitet, schon unter den griechischen Tragödien, neuerdings jedoch vielleicht ganz besonders (typisch etwa *Amphitryon 38* und *Ondine* von Giraudoux, doch auch seine anderen Werke sowie mehrere Bühnenstücke von Anouilh), wobei die Verfahren dieser Repliken die alten geblieben sind. Sie beruhen nämlich auf einer ›schöpferischen Negation‹.

Diese Methode wird häufig konkretisiert als ›negierende Substitution‹ oder als ›negierende Umkehrung‹. Ich will mich hier der Einfachheit halber auf eine Analyse der mit dieser Methode neu geschaffenen Epigramme beschränken, wie sie in der Versdichtung aller Zeiten außerordentlich zahlreich vertreten sind. Nicht wenige dieser witzigen Epigramme sind aus traditionellen Epigrammen durch Negationen entstanden. Dazu ein Beispiel aus der *Anthologia Palatina* — und zwar ein Epigramm, in dem ein affirmativer Satz mit seiner Umkehrung verbunden wird:

> Tod und Verderben bedeutet das Singen der nächtlichen Eule,
> Doch des Demophilos Sang bringt auch der Eule den Tod.

Kühne Umkehrungen kennt auch der *Cherubinische Wandersmann* des Angelus Silesius. Nicht nur Xenophanes (*fr.* 14 und 16) und Voltaire behaupten, indem sie den biblischen Text umkehren, daß die Menschen sich die Götter nach ihrem eigenen Bild und Gleichnis schaffen, sondern auch bei Angelus Silesius lesen wir nämlich: *Ich weiß, daß ohne mich Gott nicht ein Nu kann leben...* (I, 8), wozu der Verfasser entgiftende Kommentare gibt, die jedoch Ludwig Büchner nicht daran hindern konnten, diese Epigramme in seinem Buch *Stoff und Kraft* als atheistische Texte zu zitieren.

Umkehrungen sind auch in einfachen Sprüchen möglich. Der bekannte Satz *Graeca non leguntur* ist die negative Umkehrung eines Satzes von Cicero: *Graeca leguntur in omnibus fere gentibus, Latina suis finibus, exiguis sane, continentur* (Pro Archia Poeta X, 23). *Oderint, dum metuant* lesen wir bei Cicero (*De officiis* I, 28, 97) und bei Seneca (*De ira* I, 20, 4), doch schon bei Sallust begegnet uns mit positiver Umkehrung das vornehmere *Oderint, dum probent* (*Tiberius* 59, 2). Es fragt sich, welche Sprüche die ursprünglichen und welche die Umkehrungen sind.

3. METHODISCHE NEGATIONEN

NIKLAS LUHMANN: *Negation und Perfektion*

Man sollte prüfen, ob die Verwendungsmöglichkeiten des Negierens in der abendländischen Tradition dadurch vorreguliert waren, daß die Realität als Perfektion gedacht war. Diese Frage stellt sich im Hinblick auf den von Wolfgang Hübener festgehaltenen Tatbestand, daß man es für notwendig hielt, Negation auf etwas Positives zu beziehen, das vorliegt; sie stellt sich in gleicher Weise, wenn man Realität als Kontinuum annimmt, in dem es keine vollständigen Diskontinuitäten gibt — also als kontinuierliche Emanation des Perfekten.

Bei der Orientierung an Perfektion handelt es sich um das Ausziehen sprachlicher Steigerungsmöglichkeiten bis zu einem Kulminationspunkt, in dem sich die Steigerung nicht mehr fortsetzen läßt, weil eine nicht weiter perfektionierbare Perfektion erreicht ist: Gerechtigkeit kann nicht und braucht nicht noch gerechter gemacht zu werden, Wahrheit nicht noch wahrer. Die Perfektionierung der Perfektion läuft in sich selbst zurück, die Perfektion wird damit unnegierbar. Sie dient in dieser Selbstfestlegung als festes Maß für Kritik und für Rechtfertigung zugleich.

Perfektion ist demnach eine von mehreren Möglichkeiten, die in menschlicher Kommunikation jeweils vorausgesetzten Nicht-Negierbarkeiten bewußt zu machen und zu formulieren — man könnte auch sagen: eine Form der Regulierung von Kontingenz. Wenn eine Gesellschaft oder auch ein einfaches Interaktionssystem sich auf diese Möglichkeit stützt, wird das Konsequenzen haben für den Gebrauch von Negationen in diesem System.

Die alteuropäische Tradition braucht den Begriff des Perfekten als ein durchaus steigerungsfähiges Attribut zur Beziehung eines Zustandes der Realität, an dem evident wird, daß es besser ist, daß sie sei, als daß sie nicht sei. Als Schöpfung ist die Welt in diesem Sinne perfekt. Und der Schöpfer selbst ist das *ens perfectissimum*, die Einheit in der Vielheit, die Hypostasierung des Systems. Das ermöglicht bereits den Einbau von Kontingenzen in die Beziehung des Systems zu seiner Hypostasierung. Aber die Steigerungsrichtungen der Perfektion liegen infolge der ethisch-politischen Konstitution der Gesellschaft moralisch fest und werden nicht temporalisiert. Erst in der frühen Neuzeit scheinen sich Nachfolgebegriffe für Perfektion zu konsolidieren. Die Selbstbestimmungsfunktion der Perfektion geht über auf die Vorstellung der Entwicklung, die Selbstbegründungsfunktion der Perfektion geht über auf die Vorstellung der Reflexion. Damit werden neuartige Negationsmöglichkeiten freigesetzt und die Unnegierbarkeiten müssen abstrakter rekonstruiert werden — letztlich als Unnegierbarkeit der Negierbarkeit von Negation.

Wolfgang Hübener: *Perfektion und Negation*

Niklas Luhmanns These von der Vorregulation der Negationsmöglichkeiten in der ontologischen Tradition sieht sich vor der Schwierigkeit, diese Tradition mit einem ihr weniger der Sache als dem Namen nach fremden Negationsverständnis konfrontieren zu müssen. Der traditionelle Negationsbegriff ist uns wohl vor allem deshalb kaum noch verständlich, weil wir uns im Prozeß einer schleichenden Voluntarisierung der Weltorientierung gewöhnt haben, *órexis* (*prosecutio*) und *phygé* (*fuga*) als die komplementären Grundbewegungen appetitiven Tuns nicht mehr nur, wie Aristoteles (431 a 9 sq.), in Analogie zu Affirmation und Negation zu sehen, sondern das Negieren geradezu als ein sich ›pheuktisch‹ bzw. aversiv in seinen Prosekutionen stabilisierendes Sozialverhalten zu verstehen. In Luhmanns funktionalem Negationsbriff ist das dezidiert aversive Negieren zu einem unausdrücklichen sichernden Begleiterleben depotenziert, von dem es fraglich ist, ob es den Namen der Negativität im pheuktischen Sinne — und in einem anderen Sinne scheint es mir kein Negieren heißen zu können — noch für sich beanspruchen kann. Es ist daher nicht leicht, seinen Kalkül der Sinnkonstitution unter dem Stichwort Negation *weltgeschichtlich zu schlachten und in einen Paragraphen einzupökeln* (Kierkegaard). Er scheint mir einiges mit jener intellektuellen Operation, welche die Tradition *praecisio* genannt hat, und einiges mehr mit der *prosecutio electiva* als einer verwandten Operation auf der Willensseite zu tun zu haben und doch weder der einen noch der anderen völlig zu entsprechen.

Die Vorstellung einer für das sinnhafte Erleben konstitutiven »Grenzziehung« durch »Pauschalausklammerung«, die das Nichtgewählte nicht zum Verschwinden bringt, sondern nur neutralisiert, inaktualisiert oder virtualisiert[1], ist sicherlich ihrer Formalstruktur nach verwandt mit der *praecisio*, die nicht *separatio* oder *divisio*, sondern lediglich *consideratio unius sine consideratione alterius* oder ein Erfassen eines für sich genommenen Begriffsgehaltes ohne gleichzeitige Erfassung eines anderen (*concipere unam formalitatem alia non concepta*) ist; *hoc enim est intellectualiter praescindere, unum sine alio cognoscere vel alio non cognito*[2]. Eine solche *abstractio praecisiva* liegt noch vor jeder ausdrücklichen Negation oder Affirmation dessen, wovon in ihr abgesehen wird (*neque negatur aut oppositum affirmatur, sed mere praescinditur*...[3]). Auch die »Pauschalabweisung« soll keine »ausdrückliche Negation« sein, son-

---

[1] Vgl. J. Habermas / N. Luhmann, *Theorie der Gesellschaft oder Sozialtechnologie — Was leistet die Systemforschung*, Frankfurt a. M. 1971, p. 33, 36, 75, 308 u. a.
[2] Mastrius de Meldola, *Cursus philos.*, t. 4, disp. 2, n. 49, 51. Venedig 1708, p. 40 a / b.
[3] Op. cit., disp. 6, n. 307, p. 313 b.

dern ein sinnkonstituierendes Bestimmen, das im »Zugriff auf ein bestimmtes Ding« alles andere unbestimmt läßt[4]. Freilich ermöglicht die selektive Komplexitätsreduktion nur so lange sinnhaftes Erleben, als sie durch Komplexitätserhaltung zugleich verhindert, »daß die Welt im Akt der Determination des Erlebens auf nur einen Bewußtseinsinhalt zusammenschrumpft« (ib. p. 34). Dies scheint von dem intellektuellen Vollzug etwa des klassischen Präzisionsexempels Avicennas — der Pferdheit, die nichts anderes ist als eben nur Pferdheit (*equinitas non est aliquid nisi equinitas tantum*) — nicht gelten zu können. Aber andererseits garantiert diese Reduktion auf reine Formalitäten, die Luhmann vielleicht metaphysische Sinnatome nennen würde, der alteuropäischen Präzision ineins mit ihrem pränegatorischen Charakter eine durch keine Kontinuitätsinteressen getrübte Wertneutralität. Die systematischen Texte zum Präzisionsbegriff geben nicht zufällig keinen Hinweis auf Präzisionsverbote oder einen normativen Präzisionsstil.

Anders dürfte es sich mit dogmatischen Prosekutionsverboten oder konventionellen Prosekutionsregeln verhalten. Hier eröffnet sich dem systemhistorischen Interesse sicher ein weites Untersuchungsfeld. Allerdings haben prosekutive Willensakte, sofern sie zugleich intentional und elektiv sind — mit Husserl zu reden — ihren Außen- und Innenhorizont; der Wollende kann seine Zielintention wechseln und ist außerdem innerhalb einer solchen Intention frei in der Wahl der Mittel zu ihrer Realisierung. *Electio* meint eben dies nähere Bestimmen der in der *intentio finis* unbestimmt gelassenen Realisierungsmöglichkeiten. Ihr verleiht der wesensmäßig zum Begriff der *media ad finem consequendum* gehörende Unbestimmtheitscharakter etwas von der Generalisierungsleistung der funktionalen Negation. Auch die von Luhmann stark betonte Momentaneität der Selektion und Inaktualität spricht dafür, in dem sukzessiven Bestimmen der Mittel ein Analogon zur riskanten Selektivität zu sehen. Dem steht jedoch die bloß intermediäre Immanenz der Elektion in Rücksicht der übergreifenden Zielintention entgegen. Man hätte das Unbestimmtheitspotential daher wohl eher im Außenhorizont der einmal gesetzten Intention zu suchen. Der Intentionswechsel aber wird traditionell nicht als Bestimmung eines bislang Unbestimmten beschrieben. Dies hat seinen Grund vermutlich darin, daß zumeist von einer schon bestehenden, selbst noch bestimmungsbedürftigen Intention ausgegangen wird und nun das Moment ihrer sukzessiven Bestimmung durch Elektion das theoretische Interesse ausschließlich beansprucht. Die aus der Unbestimmtheit der Mittel wie der möglichen Ziele resultierende Ambivalenz des prosekutiven Bestimmens wird durch Luhmanns »ich bestimme mein Ja und lasse die dazu notwendigen Negationen unbestimmt« (cf. p. 36) nicht aus-

---

[4] Vgl. J. HABERMAS / N. LUHMANN, p. 36 sq.

gedrückt. Um die ältere Willenslehre auf diese Art zu verdeutlichen, müßte man etwa sagen: »Ich bestimme mein intentionales Ja sukzessiv durch Mittelelektion und lasse nach innen die jeweils nicht gewählten Realisierungsmöglichkeiten sowie nach außen die für die Fortdauer meiner gegenwärtigen Intenion nicht intendierten möglichen anderen Zielsetzungen unbestimmt«.

Die Frage ist nun, ob die Theorie der logischen Negation zur Stabilisierung von prosekutiven »Nichtnegierbarkeiten« beigetragen hat. Ich sehe hier aus mehreren Gründen keinen unmittelbaren Zusammenhang.

1. Betrachten wir prosekutive Zuwendungen als unausdrückliche Abwendungen von einem unbestimmten Potential möglicher Zuwendungsziele, dann unterscheidet sich die in sich aversive Prosekution dadurch von aller logischen Negation, daß das sich abwendig zuwendende Subjekt in sie integriert ist. Sie greift nicht, wie die *tì-apò-tinós*-Struktur, zweigliedrig nach der Realität aus. In ihr setzt der Wollende nicht etwas mit etwas, sondern sich selbst zu etwas in Beziehung. Ihre Intentionalität ist auch dann, wenn eine bestimmte Prosekution von einer ausdrücklichen Aversion begleitet ist, nur bilinear-disjunktiv und nicht, wie die als eine bestimmte Form der Verknüpfung von etwas durch ein urteilendes Subjekt definierte logische Negation, gewissermaßen triangulär.

2. Die Antworten auf die Frage nach dem Setzungssinn der logischen Negation sind zu unterscheiden von sprachlichen Kontingenzregulierungen innerhalb eines komplexen Interaktionssystems. Wenn gesagt wird, keine Negation setze etwas nach Art eines Positiven oder vervollkomme ein Ding in seiner Seiendheit, dann geht es darin immer um das logisch-ontologische Grundproblem, ob durch eine Negation etwas prädiziert und damit *in rerum natura* gesetzt wird, d. h. ob sie der logische Ausdruck einer realen oder aber kategorialen Setzung (*positio absoluta*) im Sinne einer Hinzufügung von etwas zu einem wirklich existierenden Ding oder selbst nur ein Gedankending ist.

Die Reflexionsfigur des Etwas-Setzens läßt sich gut exemplifizieren an der Erörterung der Sonderstellung der Relation unter den aristotelischen Kategorien:

… cum omnia alia genera, in quantum huiusmodi, aliquid ponant in rerum natura (quantitas enim ex hoc ipso quod quantitas est, aliquid dicit), sola relatio non habet, ex hoc quod est huiusmodi, quod aliquid ponat in rerum natura, quia non praedicat aliquid, sed ad aliquid[5].

Daß die ontische Positivität des derart Gesetzten streng von wertakzentuierter Positivität und Perfektivität zu unterscheiden ist, wird auf überraschende Weise deutlich an der Konvertibilität von *ens*, *bonum* und *verum*. Wenn wir Thomas folgen, besagen das Gute und Wahre im Unterschied zum Einen, das Negation

---

[5] Thomas von Aquin, *De Ver.* 1,6 ad 16.

der Teilung bedeutet, etwas Positives. Zum Seienden selbst aber kann ontisch nichts mehr hinzugefügt werden, wodurch es noch seiender würde. Das Gute und Wahre können jedoch als durch alle Kategorien hindurchgehende und insofern transzendentale Begriffe auch keine kategorialen Bestimmungen des Seienden sein. Also fügen sie ungeachtet ihrer Positivität zum Seienden nur gedankliche, nichts setzende Beziehungen (*relationes rationis tantum*) hinzu. Unter der gedanklichen Rücksicht einer Vervollkommnung des Intellekts in der Erkenntnis ist das Seiende das Wahre, unter der einer Vervollkommnung des appetitiven Vermögens *per modum finis* das Gute. Diese doppelte Perfektivität des Seienden ist keine reale Zutat zu ihm, denn es selbst tritt von sich her nicht in Beziehung zu dem, was sich erkennend und strebend auf es bezieht[6].

3. Ich glaube nicht, daß die Steigerungsrichtungen der Perfektion im Mittelalter »infolge der ethisch-politischen Konstitution der Gesellschaft« unveränderlich festgelegt waren. Zahlreiche mehr oder weniger erfolgreiche Festlegungsversuche, wie etwa die Verurteilung einflußreicher Ansichten über den *status perfectionis christianae*, dokumentieren die Negierbarkeit bereits erfolgter Normierungen und zugleich deren Negierbarkeit. Dies gilt für Perfektionierungsrichtungen (wie im Streit über den Vollkommenheitscharakter der freiwilligen Armut) und Perfektionierungsmöglichkeiten (wie in der Bekämpfung der Ansicht der Beginen und Begharden, der Mensch könne im gegenwärtigen Leben den höchstmöglichen Grad der Perfektion, nämlich Impekkabilität, erreichen). Auch in der Ethik und Psychologie haben sich zahlreiche Divergenzen in der Plazierung von Tugenden oder Seelenkräften auf einer Vollkommenheitsskala herausgebildet. Am bekanntesten ist die bis heute nicht durch lehramtliche Festlegungen entschiedene Streitfrage, ob, wie Scotus will, der Wille die *nobilissima perfectio* des Menschen ist, oder aber der Intellekt, wie Thomas gemeint hatte, *secundum se et simpliciter* ranghöher (*altior et nobilior*) ist als der Wille.

4. Die Vorstellung eines statischen, undurchlässigen Perfektionskontinuums scheint mir nur für die Sphäre der substantiellen oder formalen, mit der *prima rerum institutio* konstituierten *perfectio prima* der Dinge zuzutreffen, die in ihrer Totalität die *integritas universi* ausmacht[7]: *prima perfectio est forma uniuscuiusque, per quam habet esse; unde ab ea nulla res destituitur dum manet ...*[8]. Daneben gilt jedoch auch die eigentümliche Tätigkeit und Wirksamkeit eines Dinges (*propria operatio*) als Vollkommenheit, und zwar als eine solche, deren es bisweilen verlustig gehen kann. Auch das Ziel (*finis*) ist Perfektion und die Finalität von ihm her gesehen Perfektivität, vom es Intendierenden

---

[6] Vgl. Thomas, De Ver. 21, 1 co.
[7] Vgl. Thomas, *S. th.* I, 73, 1 co.
[8] Thomas, *De Ver.* 1, 10 ad 3.

her Perfektibilität. Ebenso ist die aristotelische Unterscheidung der seinsnotwendigen, konstitutiven Ausstattung eines Dinges von dem, was ihm *héneka tû eû* (*propter bene esse*) verliehen ist (420b17 sq.) als Unterscheidung zweier Vollkommenheitstypen verstanden worden. Aber auch die Ebene der Erstvollkommenheit ist nicht unerschütterlich fest, sondern in unaufhörlicher Veränderung. Vollkommen oder besser vollendet (*quasi complete factum*) ist alles, was gemäß dem aristotelischen Akt-Potenz-Schema aus der Potentialität in Aktualität übergeführt worden ist, ja noch ursprünglicher jedes Produkt eines herstellenden Tuns (*facere*). Auch nichtgenerative Naturvorgänge münden in Vollendung aus: der Vollmond ist *luna perfecta*. Dieser Perfektionsbegriff ist nicht nur ursprünglich wertfern, sondern auch in seinen werthaltigen Sekundärbedeutungen dem Wertverlust offen. Zugleich sind alle Zustände noch nicht erreichter oder verfehlter Perfektion prädikationsfähig. Der Realitätsbezug der Negation ist also nicht einfachhin Perfektionsbezug.

5. Die klassische anselmische Formel für die ›Nichtnegierbarkeit‹ schlechthinniger Vollkommenheit, sie sei für jedes Ding *omnino melius ipsum quam non ipsum*, auf die Luhmann anspielt, scheint mir wegen ihrer funktionalen Absolutheit keine Einengung des Anwendungsspielraums der logischen Negation in der aktuellen Prädikation zu bedeuten. Logische Negierungsmöglichkeiten würden erst dann eingeschränkt, wenn alles allem zukommen könnte und auch zukommt. Jedes faktische Nichtzukommen oder wesensmäßige Nichtzukommenkönnen stiftet Negierbarkeit. Anselm nun will gerade jede Rücksicht auf das Innewohnenkönnen und die reale Attribuierbarkeit ausgeschlossen wissen. Er fragt daher weder, ob dem Hund Weisheit beilegbar ist, noch ob es für ihn, wie er nun einmal ist, besser wäre, weise zu sein, sondern behauptet, daß jedes beliebige Ding, absolut betrachtet, d. h. nur im Blick auf die Zuordnung der Widerspruchsglieder ›weise‹ und ›nicht-weise‹, einfachhin vollkommener wäre, wenn ihm Weisheit, als wenn ihm etwas mit Weisheit Unverträgliches zukommt: *Omne quippe non sapiens simpliciter, inquantum non sapiens est, minus est quam sapiens, quia omne non sapiens melius esset, si esset sapiens*[9]. Von allen relativen Vollkommenheiten dagegen gilt die inverse Formel *melius in aliquo non ipsum quam ipsum*. So ist es für den Menschen besser, daß er nicht aus Gold ist, denn er wäre sonst nur ein Stück unbelebte Natur.

Derartige Überlegungen berühren nicht den Wahrheitswert von Aussagen in Hinsicht der bestehenden Wirklichkeit. Sie verbieten nicht, dasjenige nicht-weise oder nicht-golden zu nennen, was nicht weise oder nicht aus Gold ist. Das Problem einer Nichtnegierbarkeit im Luhmannschen Sinne tritt erst bei der Frage nach dem absoluten Wertvorrang bestimmter Prädikate vor ihrem kontra-

---

[9] Anselm von Canterbury, *Monol.*, c. 15, *Opera*, ed. SCHMITT, I, 28 sq.

diktorischen Gegenteil auf. Dies schließt nicht aus, daß in einem komplexen Perfektionsgefüge auch die Nichtweisheit kompensiert werden kann, so daß — dieses Beispiel gibt schon Anselm — ein gerechter, aber nicht weiser Mensch immer noch als besser erscheinen kann, als ein nicht gerechter, aber weiser. Nur ist der Gerechte nicht deswegen, weil er zugleich nicht weise ist, schlechthin vollkommener, als wenn er auch weise wäre. Eine hier von den Jungeuropäern im Namen uneingeschränkter Negierbarkeit gewünschte Freisetzung von Negativität vermag aber die logische Negation ihrer Formalstruktur nach nicht zu leisten. Es ist nicht ihr Geschäft, mögliche Prädikate für in sich geringwertig oder wertlos oder nichtwählbar zu erklären und sie dadurch nicht so sehr einem logischen Subjekt, als vielmehr ihnen selbst abzusprechen.

DMITRIJ TSCHIŽEWSKIJ: *Typen der Hegelschen Negation*

Die Negation wurde vor etwa 60 bis 70 Jahren eigentlich nicht sehr ernstgenommen. Ein fleißiger, aber mit Hegel geistig nicht verwandter Schwabe, Christoph Sigwart, behandelte in seiner zweibändigen *Logik* die negativen Urteile als nur *sekundär* gegenüber den affirmativen[1] und führte noch eine heftige Polemik gegen Windelband, der es wagte, der Verneinung eine gewisse Stufe der Selbständigkeit als einer Art Beurteilung der Tatsachen oder Urteile einzuräumen. Typisch für die Neigung Sigwarts war die Berufung auf den berühmten Satz, den Kant nach der Entlassung des unordentlichen Dieners Lampe aus seinem Dienst angeblich auf ein Blatt Papier, das auf seinen Schreibtisch gelegt wurde, schrieb: »Lampe soll vergessen werden«. Man kann leicht sehen, daß dieser inhaltlich negative Satz jedenfalls die affirmative Anerkennung der Existenz des Dieners Lampe *voraussetzt*! Hier muß man aber noch erwähnen, daß zu jener Zeit bereits die Ansicht des eigenwilligen Denkers Franz Brentano bekannt war (und von seinen wenig originellen, aber um so treueren Anhängern an manchen österreichischen Universitäten propagiert wurde), der den negativen (apodiktischen) Sätzen eine Priorität vor den affirmativen zusprach.

Die Wiedergeburt des Hegelianismus hat nach dem ersten Weltkrieg die Beurteilung der Negation total verändert (nicht im Sinne Franz Brentanos, dessen Anhänger selbst das Lesen der Philosophen des deutschen Idealismus von Kant bis Hegel untersagten). Negation wurde als ›gleichberechtigt‹ mit der Affirmation anerkannt. Hegel hat allerdings im *System der Sittlichkeit* (1800) die selbständige Geltung der Negation anerkannt, und zwar u. a. als eine *Vernichtung* der

---

[1] Ch. SIGWART, *Logik*, Bd. I, Tübingen 1911, p. 158-200.

Affirmation. Nach der Vernichtung folgt aber der *Tod*[2]. Der Tod bedeutet, daß die vernichtende Negation die Affirmation und auch sich selbst vernichtet, und sollte eigentlich zum vollen Stillstand im logischen Prozeß führen.

Hegel fand aber eine Formel, welche die Negation als eine *produktive* Kraft kennzeichnet, das ist die *Repulsion*[3]. Die Repulsion setzt sich und *expliziert* sich selbst und das Negierte. So wird auch die Affirmation von der ihr drohenden »Verdünnung und Abmagerung« gerettet und zwar im Prozeß des durch die Negation hervorgebrachten *Werdens*. Vielleicht ist eben das Werden und nicht die Negation als solche der *Grundbegriff* der Hegelschen Dialektik?

Man sollte sich aber gerade heute vor der Pseudodialektik hüten, die in vielen Köpfen spukt. Diese angeblich ›materialistische‹ Dialektik wird vielfach ohne Berechtigung als ›marxistisch‹ bezeichnet. Das deshalb, weil Friedrich Engels seinen Lesern in der *Dialektik der Natur* (einem am Vortage der Erneuerung der Physik — durch Entdeckung der Radioaktivität, durch das neue Atom-Modell und durch die Relativitätstheorie — schon verspäteten Buch) eine völlig falsche, ›totgeborene‹ materialistische Dialektik suggerierte. Diese Pseudodialektik besagt, daß es in jedem Sein *zwei* reale (oder eben »materielle«) Triebfedern — eine positive und eine negative — geben soll, die in ihrem Zusammenwirken dem Sein das Leben und Bewegung verleihen. Fällt eine der Triebfedern aus, so folgt das Nichts, der Stillstand, der Tod! Dialektische Bewegung ist aber nur im Geiste möglich oder in der Materie nur dann, wenn die Materie (wie — glaube ich — Eddington einmal gesagt hat) sich so verhält, wie man vom Geist erwarten würde.

Wolfgang Hübener: *Hegels Idee der Negativität*
und die metaphysische Tradition

Wenn Hegel die Negation der Negation an einer Stelle seiner Logik als das *wahrhafte Reale und Ansichseyn* bestimmt, ist er sich durchaus bewußt, sich nicht auf eine Tradition berufen zu können; diese »Negativität«, die in dem Zurückkehren in sich aus dem Anderssein liege, sei *die abstracte Grundlage aller philosophischen Ideen, und des speculativen Denkens überhaupt, von der man sagen muß, daß sie erst die neuere Zeit in ihrer Wahrheit aufzufassen begonnen hat*[1]. Um Mißverständnisse auszuschließen, schärft er dem Leser ein:

---

[2] Vgl. Hegels Behandlung des Naturrechts, s. Vorlage von Buck, p. 155, auch die *Phänomenologie* und ein von Rosenkranz veröffentlichtes Fragment.
[3] Hegel, *Wissenschaft der Logik*, Bd. I, 1. Ausgabe 1812, p. 61, 91, 104, vgl. die 2. Ausgabe, Nachdruck der Werke Hegels 1969, Bd. V, p. 186 sq.
[1] *Wissenschaft der Logik*, 1. Bd., 1. Buch, Nürnberg 1812 / Göttingen 1966, p. 77 sq.

Wenn fernerhin von Negativität oder negativer Natur die Rede seyn wird, so ist darunter nicht jene erste Negation, die Grenze, Schranke, oder Mangel, sondern wesentlich die Negation des Andersseyns zu verstehen, die, als solche, Beziehung auf sich selbst ist [2].

Später hat er allerdings auch die erste Negation oder »Negation überhaupt« als Negativität bezeichnet, und zwar als abstrakte im Unterschied zu der konkreten, absoluten Negativität der Negation der Negation [3].

Der von ihm hundertfältig gebrauchte Ausdruck »Negativität« ist jung und im spezifisch Hegelschen Sinn von *sich selbstbewegender Seele des erfüllten Inhalts* [4] vor ihm nicht belegt. Es bliebe zu untersuchen, ob er schon im letzten Viertel des 18. Jahrhunderts zur Bezeichnung der Wirkweise der negativen Elektrizität, auf die er lexikalisch in der Regel zurückgeführt wird, in Gebrauch ist. Der frühe Schelling verwendet ihn meines Wissens nicht in spezifisch naturphilosophischen Zusammenhängen, sondern nur zur Umschreibung von Spinozas *determinatio-negatio*-Satz. So heißt es in der *Einleitung zu dem Entwurf eines Systems der Naturphilosophie* von 1799, es solle *in die Natur Bestimmtheit, d. h. Negativität kommen*, die jedoch *von einem höheren Standpunkte angesehen wieder Positivität seyn* müsse [5]. Anders seine Schüler, die diese Vokabel dort einsetzen, wo er sie vermeidet. Steffens etwa nennt das negative Verhalten der Körper gegen den Sauerstoff [6] ihre Negativität gegen den Sauerstoff [7] — ein Sprachgebrauch, den Baader später ins Theologische wendet, wenn er die göttliche Liebe als Negativität Gottes gegen das Negative in der Kreatur charakterisiert [8] —, während Jacob Nicolai Möller von den polaren Potenzierungen der Stoffe im chemischen Prozeß als von Stufen und Graden ihrer Negativität oder Positivität spricht [9].

In der lateinischen Tradition, die der Negation keine Eigenrealität zubilligt, wird sich *negativitas* vermutlich nicht einmal sprachlich nachweisen lassen, obwohl sich diese Vokabel gerade im Skotismus in den Erörterungen der Unmöglichkeit einer Univozität des Seienden in Hinsicht des Positiven und Negativen sehr leicht hätte einschleichen können. Das Reale, heißt es hier, besagt seinem Wesen und Begriff nach etwas Positives (*ens reale, ut sic, ex suo formali conceptu dicit quid positivum* [10]), und zwar nicht, weil jedes seiner Wesenselemente

---

[2] Ib., p. 78.
[3] *Wissenschaft der Logik*, ed. G. Lasson, Leipzig 1951, 1. Teil, p. 103.
[4] *Phänomenologie des Geistes*, ed. J. Hoffmeister, 5. Aufl., Leipzig 1949, p. 44.
[5] *Schellings Werke*, ed. M. Schröter, 2. Hauptbd., p. 287.
[6] Cf. ib., p. 134 sqq.
[7] *Zeitschrift für spekulative Physik*, 1. Bd., Jena u. Leipzig 1800, 1. H., p. 44; vgl. 2. H., p. 104, 112.
[8] *Sämtliche Werke*, Bd. 13, p. 62 sq.
[9] *Neue Zeitschrift für speculative Physik*, 1. Bd., Tübingen 1802, 3. St., p. 70, 74 sq., 78.
[10] Cf. Mastrius de Meldula, *Met.*, p. 1, d. 2, q. 9, a. 3, n. 278, ed. cit., t. 4, p. 98 a.

wesensmäßig positiv wäre und keines sich gegen diese Positivität abgrenzte, sondern weil es kein negatives Wesenselement einschließt (*non quia omnis formalitas in eo reperta sit formaliter positiva et nulla a positivitate praescindat, sed quia nullam includit formalitatem negativam*[11]). Innerhalb der ontologischen Konstitution eines *ens reale* kann es also sehr wohl ein Sichabgrenzen gegen Positivität geben, nicht jedoch ein solches gegen eine Negativität, die *formaliter et realiter* nichts[12] und somit a limine ausgeschlossen ist.

Für Hegel ist die Negativität kein Tun einer äußerlichen Reflexion, sondern *der innerste Quell aller Tätigkeit, lebendiger und geistiger Selbstbewegung, die dialektische Seele, die alles Wahre an ihm selbst hat, durch die es allein Wahres ist*[13], ferner: *das innerste, objektivste Moment des Lebens und Geistes, wodurch ein Subjekt, Person, Freies ist*[14], und als diese Subjektivität und Seele[15] *die Bewegung des Sichselbstsetzens, oder die Vermittlung des Sichanderswerdens mit sich selbst*[16]. Zwar hat in diesen Jahren auch Adam Müller versucht, den Begriff des Negativen mit seiner Gegensatzlehre als notwendige, alles durchdringende und umfassende Formel in Philosophie, Welt und Leben einzuführen[17]. Indem er sich jedoch einerseits ausdrücklich gegen jede *ungegensätzische Fixierung* verwahrt[18], andererseits aber die Frage nach einer Realität über das Verhältnis, über den Gegensatz hinaus für *in sich widersprechend, unsinnig und leer* erklärt[19] und so, wie ihm Eberstein vorgeworfen hat, alles bloß zu etwas Beziehlichem macht[20], fällt er für Hegel in bloßes Verstandesdenken zurück. Diesem ist das fixierende Entgegensetzen ein Tun des Verstandes, während ihm die Macht des Negativen in dem Vermögen des begreifenden Denkens besteht, die fixierten Entgegensetzungen des Verstandes *in Flüssigkeit zu bringen*[21]. Auch Müllers Grundgedanke, etwas sei nur insofern da (real), als etwas ihm Entgegenstehendes da ist (anti-real oder ideal)[22], und beide seien etwas nur durch Entgegenstehn[23], mit welchem er *dem Reiche des Absoluten für immer ein Ende*

---

[11] Ib., n. 277.
[12] Vgl. meine Vorlage, Anm. 155, in diesem Band, p. 128.
[13] *W. d. Log.* (LASSON), 2. Teil, p. 496.
[14] Ib., p. 497.
[15] Ib.
[16] *Phän.*, p. 20.
[17] Vgl. A. MÜLLER, *Kritische / ästhetische und philosophische Schriften*, Neuwied-Berlin 1967, Bd. 2, p. 204.
[18] Ib., p. 220.
[19] Ib., p. 203.
[20] Ib., p. 539. — Der Rez. »Kn.« ist nach G. PARTHEY, *D. Mitarbeiter an Fr. Nicolai's Allg. Dt. Bibl....*, Berlin 1842, p. 63, der Eberhardianer W. L. G. Frhr. v. Eberstein.
[21] *Phän.*, p. 30 sq.
[22] MÜLLER, l. c., p. 219.
[23] Ib., p. 212.

... *machen* wollte[24], ist für Hegel am Beispiel der Konstruktion der Materie aus entgegengesetzten Kräften, die an sich nichts sind und schlechthin nur Bedeutung als bezogene aufeinander haben, *nichts anderes als die Logik des Verstands*[25]. Eine dialektische Behandlung solcher Reflexionsbestimmungen fixiert sie nicht in *unvollendeter Reflexion* als Entgegensetzungen, sondern begreift, daß jedes der Glieder nur durch sein eigenes Nichtsein wie durch das Nichtsein des Andern ist, was es ist[26].

Ungeachtet ihrer Unvereinbarkeit begründet diese unterschiedliche Auslegung der *beziehentlichen Gegenüberstellung*[27] einen gemeinsamen Gegensatz Müllers und Hegels zur aristotelischen Tradition, nach der Wechselbeziehungen positive Glieder erfordern und folglich in etwas Wirklichseiendem fundiert sein müssen. Hierdurch wird einmal beider, der neueren Physik entlehnte Annahme ausgeschlossen, daß Positives und Negatives *für sich keine Bedeutung haben und nichts ausdrücken als dies, daß das eine nicht das andere ist*[28]. Vielmehr ist im Begriff des Positiven anders als in dem des Negativen ontologisch der Begriff des Wirklichseienden als solchen eingeschlossen (*in ratione positivi involvitur quoque ratio entis realis, ut sic, ergo ens reale, ut sic, non involvitur in ratione negativi*[29]), so daß beide einander *secundum rationem ipsam entis, seu tanquam ens reale, et tanquam non ens reale* und somit kontradiktorisch entgegengesetzt sind[30]. Zum andern aber hat für Hegel der relative Gegensatz ebensowenig wie für Müller ein seiendes Fundament. Das eigene Bestehen des Negativen auch ohne Beziehung auf das Positive[31] hat daher für ihn nicht den Charakter eines für sich bestehenden, seienden Etwas, sondern nur eines in die Ungleichheit mit sich reflektierten Gesetztseins, das in ihm selbst die Beziehung auf sein Anderes enthält[32]. Dieses in seiner Beziehung auf sich zugleich auf sein Anderes oder das Negative seiner bezogene Negative ist aber nichts anderes als die *sich nur auf sich beziehende Negativität*[33] dessen, was er im Unterschied zur ersten Sphäre seiner objektiven Logik, dem »Sein«, das »Wesen« nennt.

Hiermit ist der Punkt bezeichnet, an dem sich Hegel von der Tradition trennt. Wohl sind wichtige Elemente seiner Metasprache, wie die Hilfsbegriffe der negativen Einheit, negativen Beziehung, bestimmten Negation und Negation der

---

[24] Cf. ib.
[25] *Jenenser Logik, Metaphysik und Naturphilosophie*, ed. Lasson, Leipzig 1923, p. 2 sq.
[26] W. d. Log. (Lasson) I, 140; II, 42.
[27] So M. Adler, *Marxistische Probleme*, 5. Aufl., Stuttgart 1922, p. 34.
[28] Hegel, *Jen. Log.*, p. 7; Müller, loc. cit., p. 222.
[29] Cf. Mastrius, l. c., n. 278, p. 98 a.
[30] Cf. ib.
[31] Hegel, W. d. Log. (Lasson) II, 54 f.
[32] Ib., II, 41.
[33] Cf. ib., II, 12 u. ö.

Negation, schon in der Scholastik ausgebildet[34] und zahlreiche andere dort zumindest vorgeprägt worden. Ihr Gebrauch beschränkt sich jedoch auf die Sphäre des »Seins«, in der nach Hegel stets nur von einem Seienden, Bestehenden, Qualitativen zu seiner Negation übergegangen wird. Eine reale Selbstbeziehung des Negativen schließt die Tradition dagegen ausdrücklich aus. Niemals werde in der Wirklichkeit eine Negation unmittelbar durch eine Negation aufgehoben, denn es gebe keine solche Form der Entgegensetzung (*in re ipsa nunquam negatio destruitur immediate per negationem; nulla enim talis oppositio invenitur in rebus*[35]). In allen Modi der Entgegensetzung sei immer wenigstens eines der Glieder positiv, so daß keine Negation von einer anderen, ihr unmittelbar entgegengesetzten negiert werden könne:

in omnibus oppositorum modis vel utrumque extremum, vel saltim alterum est positivum, sed quando negatur una negatio de alia, neutrum extremorum concipitur ut positivum, atque ideo unum de altero negari nequit ut de opposito[36].

Der Gedanke einer Negation gegen das Negative[37], eines positiv auf sich selbst beruhenden Negativen an und für sich[38], einer — wenn auch zunächst nur in Gestalt einer sich aus und in sich selbst herstellenden *Bewegung von Nichts zu Nichts* — mit sich selbst zusammengehenden Negation[39], der der Wesenslogik zugrunde liegt, ist Hegel ursprünglich und ausschließlich eigen. Dies gilt um so mehr von seiner spekulativen Hauptidee, im Negativen überhaupt liege der *Grund ... der Unruhe der Selbstbewegung*[40]. Man mag mit Schelling meinen, nur eine Philosophie, die alles lediglich erkenne, wie es unabhängig von aller Existenz in reinen Gedanken ist[41], habe darauf verfallen können, unter Negativität so etwas wie die *inwohnende Pulsation der Selbstbewegung und Leben-*

---

[34] Der Thomist Capreolus gebraucht *unitas negativa* synonym mit *indivisio* oder *negatio divisionis*. (Cf. J. Capreoli, *Defensiones theologiae d. Thomae Aq.*, t. 4, Tours 1903, Frankfurt / M. 1967, p. 152 a.) Für Cajetan ist die Einheit der Materie mit Averroes negativ (*unitatem suam negative habet*, cf. *In De ente et ess. D. Thomae Aq. Comm.*, ed. M.- H. Laurent, Turin 1934, p. 76). Aureoli kommt dem Begriff der negativen, ausschließenden Beziehung sehr nahe, wenn er das im Begriff von *discretio* und *distinctio* liegende *non esse aliud* als *quaedam negatio relativa* bezeichnet (cf. *Comment. in primum l. sent.*, Rom 1596, p. 546 bF). Nicht zufällig heißt es hier und sonst nicht *relatio negativa*; jede *relatio realis* gilt als etwas Positives, so daß zwar eine Beziehung negierbar, aber keine Beziehung als solche negierend ist.
[35] Suarez, *Dispp. met.*, d. 4, s. 1, n. 2, Opp. omnia, t. 25, p. 116 a; cf. d. 45, s. 1, n. 2, t. 26, p. 738 a.
[36] Mastrius, *Met.*, p. 1, d. 5, q. 4, a. 1, n. 51, ed. cit., t. 4, p. 136 a.
[37] Hegel, *W. d. Log.* (Lasson) II, 12.
[38] Ib., II, 44.
[39] Ib., II, 14.
[40] Ib., I, 157.
[41] *Werke*, 5. Hauptbd., p. 745.

digkeit[42] zu verstehen. Vielleicht ist das Ausgehen von einer nicht in Anderem fundierten, sich selbst erzeugenden und in unendlicher Bewegung erhaltenden, demiurgischen Negativität — jenem *bacchantischen Taumel, an dem kein Glied nicht trunken ist*[43], wirklich nur eine Episode[44] der Philosophiegeschichte gewesen. Sie hat jedoch zur Folge gehabt, daß das heutige Reden über den Realitätsbezug der Negation in der Regel unter dem Reflexionsstand bleibt, den die aristotelische Tradition bereits erreicht hatte.

Dieter Henrich: *Substantivierte und doppelte Negation*

Die wohl geläufigste Vorstellung von dem, was ›Dialektik‹ heißt, artikuliert sich wie folgt: Sie ist ein Verfahren, das irgendeine beliebige Aussage (oder einen beliebigen Term) voraussetzt und von ihr (ihm) immer zeigen kann, daß eine entgegengesetzte Aussage (oder ein entgegengesetzter Term) unter denselben Bedingungen den gleichen Anspruch auf Gebrauch zu erheben hat. Die Folgerung aus diesem Nachweis soll dann aber nicht der Kollaps jeden Wahrheitsanspruches sein. Er führt vielmehr unmittelbar zur Entdeckung eines Satzes (oder Terms), in dem die Entgegensetzung von Satz und Gegensatz, von Behauptung und bestimmter Negation, sowohl begriffen als auch entfallen sind.

Die Kritik dieses Verfahrens ist vorgeschrieben durch die Weise, in der es dargelegt wurde: Die Dialektik erscheint als eine Kunst des Widersprechens. Als solche hat sie zur Prämisse, daß das Verhältnis von Negation und Affirmation nicht symmetrisch ist. Denn um etwas bestreiten zu können, muß etwas behauptet sein; das Umgekehrte gilt nicht. Daraus folgert man dann aber leicht, daß die Dialektik ein positives Resultat nicht haben kann. Denn wie sollte die Bestreitung einer These selber schon hinreichender Grund für eine weitere These sein? Sie kann allenfalls dazu nötigen, auf die Suche nach ihr zu gehen.

Sind dies Begriff und Kritik von Dialektik, so sind beide auf das Werk dessen jedenfalls nicht anwendbar, der Dialektik als konstitutives Element philosophischer Methode in neuerer Zeit am wirksamsten geltend machte, — auf Hegel. Was man seine Konstruktionskraft oder seine Begriffskunst nennen kann, hat auch subtilere Interpretationsversuche zum Mißerfolg verurteilt. Offenkundig entzieht es sich aber so einfachen Instrumenten, — offenkundig deshalb, weil Hegels Theorieprogramm Kritik nur unter anderem zur Absicht hat. Es will nicht vorgegebene Thesen entschränken, sondern zumindest ebensosehr die Prin-

---

[42] Hegel, *W. d. Log.* (Lasson) II, 61.
[43] *Phän.*, p. 39.
[44] Schelling, *Werke*, 5. Hauptbd., p. 195, 198.

zipien angeben und analysieren, die Thesen höchster Allgemeinheit überhaupt haltbar machen.

Dieser Absicht entspricht Hegels Gebrauch der Negation. Seine wichtigste Innovation ist nicht, von dem, was er »bestimmte« Negation nennt, umfassend Gebrauch gemacht zu haben. Es ist eine methodische Operation, die zuvor niemandem in den Sinn gekommen war: das Bedeutungselement ›negativ‹, kraft dessen eine Aussage als Absprechung fungieren kann, als Substantiv zu behandeln, also von ihm als von ›der Negation‹ zu handeln, ohne es an die Struktur der Aussage gebunden zu halten.

Diese Operation kann man ruhig einen philosophischen Kunstgriff nennen. Denn sie ist weder der natürlichen Sprache abgehört noch von einer Analyse der Struktur der Aussage erzwungen. Sie ist vielmehr in Absicht auf eine universale philosophische Theorie eingeleitet. Das zeigt sich auch an einer weiteren Bedingung, unter der diese Operation erfolgt: In substantivierter Form soll sich die Negation dazu eignen, *einziges* Prinzip einer solchen Theorie zu sein. Damit scheint sie die Bedingungen für eine extrem einfache Theorie zu erfüllen, — einfach, was ihre Grundlegung, nicht was ihren inneren Komplikationsgrad betrifft.

Am Beginn der europäischen Philosophie wurde bereits einmal das Negationsmorphem substantiviert. Ernst Tugendhat hat gezeigt, auf welche Weise bei Parmenides das mit dem Negationsmorphem verbundene ›etwas‹ zum Substantiv ›das Nichts‹ verschoben worden ist[1]. Als solches konnte es mit seinem Gegenstück, dem ›Sein‹, zum wichtigsten Thema aller folgenden Versuche in der Ontologie werden. Zum Prinzip einer Herleitung von anderen Grundbegriffen ist es aber niemals gemacht worden. Die Voraussetzungen dafür hat erst Hegel geschaffen. Denn das Negationsmorphem kann konstruktive Potentialität überhaupt nur unter folgenden beiden Bedingungen gewinnen: 1. Es muß nicht nur isoliert, sondern sogar autonomisiert werden, was heißen soll, daß es von der Aussage getrennt und zugleich ohne ein Korrelat fungiert. 2. Es müssen wichtige Regeln, welche die Negation in der Aussage beherrschen, auch für das isolierte Konstruktionsprinzip in Geltung gelassen werden.

Zu diesen Regeln gehört, a) daß die Negation *etwas* negiert, b) daß sie auf sich selber angewendet werden kann und c) daß dieser selbstreferentielle Gebrauch ein bestimmtes Resultat hat. Angewendet auf eine autonomisierte Negation wirken sich diese Regeln wie folgt aus: Ist allein die Negation vorausgesetzt, so kann sie nur auf sich selber bezogen werden (a). Sie ist also eo ipso doppelte Negation (b). Das, was sie ergibt, kann nur der logische Zustand sein, der durch das Fehlen der Negation zu beschreiben ist (c). Dieser Zustand ist aber

---

[1] E. TUGENDHAT, *Das Sein und das Nichts*, in *Durchblicke*, Frankfurt 1970, p. 132-161.

der Negation selber entgegengesetzt. Insofern schließt er wiederum ein Bedeutungsmoment ›negativ‹ ein. Doch muß die Beziehung zur ›Negation‹, welche einen logischen Zustand ›nicht-Negation‹ ausmacht, von ›Negation‹ selber unterschieden werden. Es erweist sich also, daß mit dem Gedanken der autonomisierten Negation ein weiterer Begriff mit einem *anderen* Bedeutungselement ›negativ‹ postuliert ist. Auf diese Weise öffnet sich die Perspektive auf eine Typologie von Bedeutungen von ›negativ‹, aber auch auf eine zunächst unabsehbare Sequenz anderer Bedeutungen, die aus der autonomisierten Negation herzuleiten sind.

Eine solche Theorie kann durchaus kontrollierbar sein, wenn sie sich auch von den Bedingungen natürlichen Aussagegebrauchs so weit wie wohl irgend möglich entfernt hat. Das entbebt uns aber nicht der Frage nach ihrer Rechtfertigung. Hegel selber hätte das konstruktive Element seiner Logik schwerlich anerkennen wollen. Er hat sie für eine deskriptive Theorie über die Elemente alles möglichen Denkens gehalten. Auch war für ihn die Substantivierung der Negation unmittelbar mit ihrer Ontologisierung verbunden. Er war sogar daran interessiert, die generative Kraft der autonomisierten Negation unmittelbar als Ursprung aller Selbstbewegung, also alles Lebens, und weiter als Wesen dessen, was er ›Geist‹ nennt, ganz unmittelbar in Anspruch nehmen zu können.

Ist aber die Theorie konstruktiv, so muß sie sich aus dem rechtfertigen, was sie leistet. Auch eine, in welchem Sinne immer, *logische* Leistung sollte sich ausweisen lassen. Sie würde das Paradoxe erträglicher machen, das sicherlich darin gelegen ist, daß die Negation von der Aussage isoliert wird, während gleichzeitig die sie in der Aussage beherrschenden Regeln gewahrt werden müssen.

Wer in Beziehung auf einen gegenwärtigen Problemstand zu einer Rechtfertigung des Hegelianismus ansetzen will, der muß das Problem der Einheit des Sinnes von Negation aufnehmen. Es gibt gute philosophische Gründe dafür, die Negation an der Aussage festzumachen. Denn so lassen sich am besten auch für allen Tiefsinn unauflösbare Beirrungen durchleuchten und beheben. Es hat aber bisher keine Negationstheorie diese anscheinend natürlichste Lösung sichern können. Schon die Linguisten haben deutlich gemacht, daß der Sinn des Negationsmorphems, auch wenn es sich als einheitlich in allem Gebrauch erweisen sollte, nicht mit dem Negationssinn des negativen Urteils identifiziert werden kann. Philosophisch erheblicher sind noch Bedenken, die sich ergeben, wenn man die Bedingungen erwägt, unter denen negative Urteile wahr sein und als wahr in Anspruch genommen werden können. In diesen Zusammenhang gehören zwei Problemzüge philosophischer Negationstheorie, die beide noch weit davon entfernt sind, zu einer Lösung gekommen zu sein: das Problem, ob es notwendig ist, negative Fakten zuzulassen, und das Problem des in inkompatiblen Prädikaten vorausgesetzten Negationssinnes. Da das erste Problem mit der Erkenntnistheorie des logischen Atomismus in naher Verbindung gehalten werden muß, sei hier nur die Natur des zweiten umrissen: Wenn ich behaupte, es liege heute kein Schnee in Berlin, so gründe ich diese Aussage nicht auf eine Inspektion aller Straßen und Gärten der Stadt. Es genügt, daß ich den klaren Himmel und den warmen Wind bemerke; denn ich weiß, daß bei beidem Schnee weder fällt noch zu finden ist. Ich weiß das aber nicht deshalb, weil ich weiß, wann oder warum Schnee schmilzt. Ich weiß es in derselben Weise, die es mir sinnlos erscheinen läßt, genau dort, wo Wärme zu finden ist, auch Kälte zu suchen. Zwar nicht für jeden Typ von negativen Aussagen, wohl aber für diesen ist also vorauszusetzen, daß über miteinander unvereinbare Prädikate verfügt werden kann.

Angesichts dieser Sachlage muß der, der Negation an Aussage exklusiv binden will, das Verhältnis von Prädikaten, die negativen Aussagengebrauch fundieren, beschreiben, ohne die (oder eine) Bedeutung von Negation in Anspruch zu nehmen. Dafür bietet sich Platons Theorem von der ›Andersheit‹ an. Doch Bertrand Russell hat mit einem in der gegenwärtigen Negationstheorie noch immer akzeptierten Argument erwiesen, daß solche Versuche mit Notwendigkeit scheitern müssen[2]. Damit bleiben nur noch die beiden Möglichkeiten, entweder einen präpropositionalen Negationssinn von der Aussagennegation zu unterscheiden oder die Aussagennegation aus einer sogenannten ›internen‹ Negation herzuleiten, die eine reziproke Relation zwischen Bestandteilen von Aussagen ist.

Nun wäre es allerdings ein monumentaler Kurzschluß, dieses Resultat sogleich als eine Rechtfertigung Hegels auszugeben. Aber es erlaubt doch immerhin, das Problem Hegels auf eine Frage zu beziehen, die gegenwärtig ist und zugleich ohne Antwort. Denn der noch unbestimmten Beziehung zwischen Satznegation und Inkompatibilität von Prädikaten entspricht in Hegel das Folgeverhältnis zwischen autonomisierter Negation und Bestimmtheit. Denn die Beziehung zwischen dem logischen Zustand, welcher der Negation entgegengesetzt ist, und der autonomisierten Negation selber wird von Hegel als die Grundfigur der Beziehung zwischen einem Zustand und einem mit ihm inkompatiblen gedeutet. Dabei hat sich freilich die Folge der beiden logischen Strukturen (Aussagennegation und Relation inkompatibler Terme) verkehrt. Denn es war nach einer einen bestimmten Gebrauch der negativen Aussage fundierenden Negativform gefragt. In Hegel soll aber — umgekehrt — die autonom gewordene Negativform der Aussage der Einführung von Inkompatibilität zugrundeliegen. So muß also ganz offen bleiben, ob Hegels Theorie der autonomen Negation am Ende einer logischen Rechtfertigung überhaupt fähig ist. Was hier gezeigt werden sollte, ist nur, daß sie sich als logisch motiviert begreifen läßt. Sie ist weder eine para-

---

[2] B. RUSSELL, *Logic and Knowledge*, 4. Aufl., London 1968, p. 288 sq.

doxe Ausbeutung des Negierens (Marquard) noch nur ein anderer Fall der Ontologisierung einer Aussageform (Hübener).

Nebenbei mag sich auch gezeigt haben, daß eines der Schlüsselprobleme in der Kontroverse zwischen Habermas und Luhmann ohne weitere Analysen nicht auf den gegenwärtigen Stand der philosophischen Untersuchungen zu bringen ist. Luhmann hält Habermas zu Recht entgegen, daß eine Negativform zuzulassen ist, die nicht als Diskurselement reklamiert werden kann. Damit ist aber noch nicht berücksichtigt, daß sie ihre Evidenz gerade als Aussagenbedingung gewinnt. Man kann sie also nicht ohne weiteres mit einer präpropositionalen Wahrnehmung koordinieren, sondern kommt gar nicht umhin, sie zugleich mit dem Gesamtkomplex aller Negativformen und somit unter Einschluß der Frage nach der Möglichkeit des Urteils thematisch zu machen. Bezieht man einen hochgradig formalen Gesichtspunkt, so kann man sehen, daß dies auch eine Hegelsche Pointe ist, die Luhmann und Habermas gleichermaßen verfehlen. Doch damit ist wieder nur die philosophische Motivation Hegels bestätigt, nicht aber seine These gestärkt.

Dagegen ist die Anwendung der Negationstypologie, die Hegel faktisch gegeben, wenn nicht beabsichtigt hat, auf Zusammenhänge bewußten Lebens eine Domäne von unbestreitbarer Fruchtbarkeit. Hegel kennt zum Beispiel nicht nur Negationstypen, sondern auch Typen der negierten Negation. So macht es in bewußtem Leben einen wichtigen Unterschied, ob Negieren nur eliminiert ist oder ob in dieser Negation zweiter Ordnung die Selbstbezüglichkeit erkannt wird. Negieren ist für bewußtes Leben Kritik. Als Einstellung ist es die Begründung von Selbständigkeit gegen grundsätzlich jeden externen Anspruch. Wird nun die Negation zweiter Ordnung nur als Rücknahme der ersten erfahren, so führt sie in die Bereitschaft, sich externen Ansprüchen nunmehr bewußt zu unterwerfen. Sie werden nicht mehr faktisch hingenommen, sondern gerade dadurch allererst eingesetzt, daß das Bewußtsein gegen sich selbst aufsteht. Solche Autoritäten sind dann in der zur Gegenherrschaft aufgestiegenen Gegengewalt begründet. Diesem Verständnis zwiefacher Negation in zwei Ordnungen hat Hegel aber von vornherein entgegenzuhalten, daß es die Selbstbezüglichkeit auch noch dieses Negierens ignoriert. Es ist unmöglich, im Negieren des Negierens sich zu halten, ohne damit die Negation als solche auch affirmiert zu haben. Daraus folgt dann auf vielleicht überraschende, aber doch zwingende Weise, daß es keine Unterwerfung unter Autoritäten geben kann, welche es nicht erlauben, die freie Stellung der Reflexion zugleich festzuhalten. Dieses Beispiel, so sehr es auch simplifiziert, stellt doch den wichtigen Konnex zwischen logischen Problemen und Einsichten in Bewußtseinsprozesse her.

Manfred Fuhrmann: ›Sprung‹ und ›Bekehrung‹

Nicht zufällig, scheint mir, hat gerade im Zeitalter der Aufklärung der ›Sprung‹, von Hause aus »ein rechter Parvenu«, »Einlaß in die besseren Kreise des Bildungsvokabulars« gefunden. Günther Buck zitiert einige der Wendungen, mit denen Kant seine »Revolution der Denkungsart« beschreibt: die Revolution der Denkungsart sei eine »Umwandlung«, »eine Art von Wiedergeburt«, »eine neue Schöpfung«, die einen »neuen Menschen« herstelle. Nun, alle diese Wendungen zeigen unverhüllt ihren Ursprung an: sie entstammen der christlichen Tradition (und vielleicht schwingt auch etwas von der *periagoge*, dem ›Umgewendetwerden‹ des platonischen Höhlengleichnisses, in ihnen mit); sie usurpieren — als Elemente, die von einem Denken jenseits christlicher Bindungen neuen Zwecken dienstbar gemacht werden können — für die »Revolution der Denkungsart«, was das Christentum sowohl vom Ritual der Taufe als auch vom Erlebnis der Bekehrung (*epistrophe, conversio*) behauptet hatte.

Die Revolution der Denkungsart — so erläutert Buck die Lehre Kants — stiftet eine neue Kontinuität, eine bisher unbekannte Festigkeit und Beharrlichkeit in Grundsätzen; »im Prinzip« (folgert Buck) »kann deshalb die Revolution der Gesinnung nur einmal im Leben stattfinden«. Die Analogie reicht also weiter; sie geht über jene Formeln, welche die Radikalität des Neuanfangs versinnbildlichen sollen, hinaus: dürfen den getauften Christen spätere Sünden vergeben werden, dürfen insbesondere die Abtrünnigen (*lapsi*) wieder in die Gemeinde aufgenommen werden, und wie steht es mit der sogenannten Ketzertaufe (die Taufe ist ja an sich ›einmalig‹): wann ist sie ›gültig‹, und wann nicht? — Die Theologen der alten christlichen Kirche haben alle diese Fragen ausgiebig erörtert.

Buck sucht die prätentiöse pädagogische Ausmünzung des kantischen ›Sprunges‹, wie sie von Bollnow ins Werk gesetzt wurde, durch den Rekurs auf Husserl, auf dessen Lehre vom »Vorwissen«, von der Horizontstruktur der Erfahrung, die eine die angebliche Diskontinuität des ›Sprunges‹ übergreifende Kontinuität verbürge, zu widerlegen: hat es dieses Problem auch in der christlichen Tradition gegeben; und wenn ja, wie stellte es sich dort dar? Wer Bekehrungsberichte und auch Äußerungen über die Taufe mustert, erkennt rasch, daß der Akzent auf dem durch die Bekehrung (oder die Taufe) konstituierten ›Neuen‹ liegt: die Antithese vom überwundenen ›Alten‹ und erworbenen ›Neuen‹ dominiert, und der diese Antithese tragende Grund wird kaum berücksichtigt. Daß man diesen Grund — den physischen Menschen, das Individuum, dem die Taufe oder die Bekehrung widerfuhr — gleichwohl nicht gänzlich außer acht ließ, geht aus unscheinbaren Indizien hervor, z. B. aus der sprichwörtlichen Paronomasie Saulus — Paulus oder aus dem Element ›Wieder-‹ in

›Wiedergeburt‹, welches ja anzeigt, daß da jemand vorhanden ist, der schon einmal geboren wurde. Wichtiger ist, daß sich die gesamte christliche Religion von Anfang an nicht als etwas völlig Außergeschichtliches verstand: »Ich bin nicht gekommen aufzulösen, sondern zu erfüllen«, sagte Jesus über sein Verhältnis zum Mosaischen Gesetz, und die häufige Verwendung des Wortes ›neu‹ in den Evangelien weist ipso verbo auf das Korrelat, das Vorausgehende ›Alte‹. Jesus wollte durch seine Lehre das Gesetz zugleich verneint und aufgehoben wissen — die Bergpredigt hat Hegel als Ausgangspunkt seines geschichtsphilosophischen Grundschemas gedient.

Das historische Modell der christlichen Tradition scheint demnach Bucks Polemik gegen die pädagogische Doktrin vom ›Sprung‹ vollauf zu bestätigen. Wenn andererseits Taufe und Bekehrungserlebnis oft mit einem Vokabular geschildert werden, das den Bruch, die radikale Wende, kurz das Diskontinuität Erzeugende des Vorgangs akzentuiert, so mag man hieraus folgern, daß zweierlei Perspektiven möglich sind: die objektive des distanzierten Betrachters, der auch den tragenden, Kontinuität herstellenden Grund bemerkt; die subjektive des unmittelbar Beteiligten, dem vor allem das Moment der plötzlichen Veränderung bewußt wird.

Wolfgang Hübener: *›Sprung‹ bei Leibniz und Hegel*

Mir erscheint es nicht unproblematisch, daß Günther Buck in seiner ingeniösen Studie den Sprung von vornherein mit dem Gedanken der Diskontinuität verbunden hat. Man sollte sich statt dessen fragen, ob der ›Sprung‹ nicht semantisch gegen den Gegensatz von Kontinuität und Diskontinuität indifferent ist. Wir kennen unter diesen Namen den Bruch oder Riß, der durch eine Glocke geht und sie nicht mehr klingen läßt, aber auch eine besondere, forcierte Vollzugsform kontinuierlicher Bewegung. Im ersten Fall resultiert statische Diskontinuität aus der Spaltung einer homogenen Fläche, im zweiten wird der durchsprungene Zwischenraum vom Springenden in einer geschlossenen Kurve durchmessen. Die Paradoxie des alten Axioms der Mechanik *nulla transitio fit per saltum* liegt gerade in einer Applikation der ersten dieser beiden Bedeutungsvarianten auf einen dynamischen Vorgang, soll doch mit ihm ein *ire per saltum, ita ut non eat per locos intermedios (...) omnes* ausgeschlossen werden[1]. Der Sprung des Athleten dagegen ist tatsächlich *transitio* und nicht ein plötzliches Hier-sein, das von einem vormaligen Dort-sein durch ein unerklärliches Zwischenereignis unüber-

---

[1] Cf. L. Couturat, *Opuscules et fragments inédits de Leibniz*, Paris 1903 / Hildesheim 1961, p. 605.

brückbar geschieden ist. Diese *rätselhafte Plötzlichkeit* (Kierkegaard) aber haben wir uns zunehmend mit dem Begriff des Sprunges zu assoziieren gewöhnt. Es wäre jedoch meines Erachtens verfehlt, sie in ältere Sprungmodelle hineininterpretieren zu wollen.

Für Leibniz etwa, der den »sportlichen« Begriff des Sprunges wohl als erster für geschichtsphilosophische Überlegungen fruchtbar gemacht hat, verträgt sich die Fortschrittskonzeption des *per saltus in melius proficere*[2] durchaus mit der Vorstellung eines *progrès continuel et non interrompu à de plus grands biens*[3]. Seine Grundformel vom *reculer pour mieux sauter* orientiert sich einmal an den scheinbar rückläufigen Planetenbahnen des ptolemäischen Systems[4], dann aber vor allem an dem Bild des Anlaufnehmens für einen größeren Sprung nach vorn (*retrocedi ut majore nisu saltum facias in anteriora*[5]). Der junge Leibniz hat überdies den Versuch gemacht, Sprung und Kontinuität in eigenwilliger Variierung des kinesiologischen Arguments auch physikalisch zu verbinden. Die Körper vermögen danach ihre Bewegung nicht aus eigener Kraft zu kontinuieren, sondern bedürfen dazu des kontinuierlichen *impulsus Dei*. Sie werden dabei in gewisser Weise in einem Punkt annihiliert und in einem anderen, von ihm nicht durch einen räumlichen Abstand getrennten resuszitiert. Diese *transcreatio*, die nichts anderes ist als eine modernere Fassung der alten Idee der *creatio continua*, ist für Leibniz gleichsam ein — freilich distanzloser — Sprung (*quasi saltus quidam*) aus einer Bewegungssphäre in eine sie tangierende andere[6]. Seiner Vorstellung eines Formkontinuums ist übrigens noch der frühe Schelling verpflichtet, für den *das Thier und die Pflanze, objektiv angesehen, doch wirklich nichts anderes sind als ein continuirlicher Sprung aus dem Flüssigen ins Feste*[7].

Auch Hegels *qualitativer Sprung* begründet, genau betrachtet, keine radikale Diskontinuität. Er ist zunächst nicht nur in dem äußerlichen Sinne, daß er ein qualitativer ist und die Qualität oder Bestimmtheit im ersten Buch der objektiven Logik behandelt wird, der Seinslogik zugeordnet. Nicht zufällig gebraucht Hegel das Bild des Sprunges von verschiedenen Formen des Übergangs. Das »Übergehen« ist für ihn die Grundfigur, in der sich in der Sphäre des Seins und

---

[2] Cf. M. Ettlinger, *Leibniz als Geschichtsphilosoph*, München 1921, p. 31.
[3] Cf. G. W. Leibniz, *Sämtliche Schriften und Briefe*, VI, 6, p. 189.
[4] Cf. Die philosophischen Schriften von G. W. Leibniz, ed. C. J. Gerhardt, Bd. 7, p. 543.
[5] Vgl. auch Ettlinger, l. c., p. 32: ... *interdum recedimus ut maiore impetu prosiliamus*. — Eine ganz ähnliche Vorstellung findet sich bei J. G. Droysen. Vgl. *Historik*, [6]1971, p. 14: »Das Leben in der Geschichte ist nicht ein *nur* fortschreitendes; die Kontinuität zeigt sich (...) zeitweise rückläufig. Allerdings; aber (...) rückläufig nur, um dann mit doppelter Spannkraft wieder vorzudringen.«
[6] Cf. Couturat, l. c., p. 624.
[7] Cf. *Werke*, ed. M. Schröter, 2. Hauptbd., p. 166.

nur in ihr dialektische Vermittlungen vollziehen. Die drei Sphären der Logik — Sein, Wesen und Begriff — repräsentieren ihm:

drei Grundweisen (...), in denen der Zusammenhang zweier Seiten oder Bestimmungen steht: die eine ist das Übergehen der einen Bestimmung in ihre andere, die zweite Relativität derselben oder das Scheinen der einen an oder in dem Sein der anderen; die dritte Weise aber ist die des Begriffs oder der Idee, daß die Bestimmung in ihrer andern so sich erhält, daß diese ihre Einheit, die selbst an sich das ursprüngliche Wesen beider ist, auch als die subjektive Einheit derselben gesetzt ist [8].

Das Sein ist nur erste Unmittelbarkeit und noch nicht An-und-für-sich-Sein, weil seine Reflexion *Übergehen in anderes ist*[9]; *eine Bestimmtheit des Seins ist wesentlich ein Übergehen ins Entgegengesetzte ...* (ib. II, 24); in der Weise des Übergehens *bezieht das seiende Etwas sich auf anderes* (ib. II, 176). Das Wesen folgt dagegen in seiner Selbstbewegung der Grundfigur des Zusammengehens mit sich selbst. Es ist, was es ist, *nicht durch eine ihm fremde Negativität, sondern durch seine eigne* (ib. II, 4). Seine Bestimmungen sind *nicht ein Anderes als anderes, noch Beziehungen auf anderes* (ib. II, 5). Sein Bestimmen geht nur mit sich selbst zusammen und ist darum kein Übergehen, sondern bleibt innerhalb der Einheit des An-und-für-sich-Seins (cf. ib. II, 5). Vollends gilt dies für die letzte Sphäre der Logik, in der der Begriff sich selbst zur Grundlage alles Bestimmens macht und die in den voraufgehenden Sphären aufgehobene Realität nun frei aus sich erschafft.

Auf diesen höheren Stufen der Negativität — der reinen Negativität des Wesens, *die nichts außer ihr hat, das sie negierte, sondern die nur ihr Negatives selbst negiert, das nur in diesem Negieren ist* (ib. II, 14) und der *sich selbst durchsichtigen Klarheit* (ib. II, 219) des in sich unendlich freien Begriffs — können keine Sprünge mehr vorkommen. Diese haben das *Anderssein des Daseins* (ib. II, 32) zu ihrer Voraussetzung, mithin ein Dasein und ein anderes Dasein, deren jedes nur in äußerer Beziehung auf sein Anderes ist. Nur die Sprödigkeit der Beziehung solcher *als außereinanderfallend* (ib. II, 33) gesetzten seienden Bestimmtheiten, die mit einem Anderssein lediglich *behaftet* sind (cf. ib. II, 9; I, 98), ohne es selbst zu sein, läßt Sprünge zu. Mit dem Verschwinden der Beziehung auf anderes, durch welches die *abstrakte Negativität* (ib. I, 103) sich zur konkreten oder absoluten, nur sich selbst negierenden weiterbestimmt, gewinnen die Formen plötzlicher Veränderung bei Hegel andere Namen, wie *absoluter Gegenstoß in sich selbst* für die reflektierende Bewegung des Wesens (cf. ib. II, 16, 63 al.) oder *Entschluß* für das sich aufschließende, sich selbst bestimmende Abstoßen des Begriffs von sich selbst (cf. II, 393. 403 al.). Er würde

---

[8] Hegel, *Vorlesungen über die Beweise vom Dasein Gottes*, ed. G. LASSON, Leipzig 1930, p. 76.
[9] Hegel, *Wissenschaft der Logik*, ed. G. LASSON, Bd. II, Darmstadt 1963, p. 169.

daher die von Kant angenommene Revolution der Denkungsart »durch eine einzige unwandelbare Entschließung« schwerlich als Sprung verstanden haben. Auch Bucks These, der Sprung sei für Hegel, wie für seine Vorgänger, ein »Reflexionsgeschehen« gewesen, gilt nur für die äußerliche, abstrahierende *Reflexion in anderes* (ib. II, 22), *die sich auf das Unmittelbare als auf ein gegebenes bezieht* (ib. II, 19) und von ihm als einem *zugrund liegen Bleibenden* (ib. II, 17) anfängt, wie etwa im Hinausgehen des Denkens über das Endliche zum Unendlichen (cf. *Encyclop.*, § 50), nicht dagegen für die Reflexion in sich. Es ist daher auch nicht erforderlich, der nach Buck diskontinuierlich »von Gestalt zu Gestalt« springenden Bildungsgeschichte des Bewußtseins, die Hegel in der *Phänomenologie des Geistes* darstellt, eigens ein Einbehaltensein in »fundamentaler und sich durch die Widersprüche hindurch beständig herstellender Kontinuität« zu vindizieren. Das Bewußtsein ist schon *für sich selbst sein Begriff*[10], und dieser die *sich selbst bewegende Seele des erfüllten Inhalts* (ib. 44). Die lebendige geistige Substanz ist Subjekt, *nur insofern sie die Bewegung des Sichselbstsetzens, oder die Vermittlung des Sichanderswerdens mit sich selbst ist* (ib. 20), oder insofern sie die Vermittlung nicht *außer ihr hat, sondern diese selbst ist* (ib. 30). Als Subjekt gibt sie der — nur als seiender des Sprunges fähigen — Bestimmtheit in ihrem Elemente nur Dasein, indem sie die *abstrakte d. h. nur überhaupt seiende Unmittelbarkeit aufhebt* (ib. 30). In dieser selbstischen Form ist all ihr Inhalt *seine eigene Reflexion in sich* (ib. 45). Die Annahme zwar wandelbarer, aber doch nie völlig durchbrechbarer und insofern formal ständig in sich geschlossener, als bestehend gesetzter Vertrautheits- und Erwartungshorizonte, innerhalb deren sich Erfahrung vollzieht, würde Hegel demgegenüber sicherlich dem nicht begreifenden Denken überantwortet haben, das in unverflüssigten Gedanken *hin und her räsonniert* (ib. 48).

Gerade weil für Hegel der qualitative Sprung das seiende Gegenbild zur Selbstbewegung des Begriffs ist, sollten wir die natürlichen Beispiele für diesen Vorgang nicht bloß als verdeutlichende »Naturanalogien« (Vorlage Buck, p. 156) ansehen. *Alle Geburt und Tod*, sagt er nachdrücklich, sind ... *der Sprung aus quantitativer Veränderung in qualitative* (*Wiss. d. Log.* I, 383). Dies gilt auch für den beginnenden Tod und das erstorbene Leben von Sitte und Gesetz[11]. Wir bleiben hierbei im Felde dessen, was nicht, wie das Bewußtsein, für sich selbst sein Begriff, sondern *auf ein natürliches Leben beschränkt ist; es vermag durch sich selbst nicht über sein unmittelbares Dasein hinauszugehen; aber es wird durch ein anderes darüber hinausgetrieben, und dies Hinausgerissenwerden ist sein Tod* (*Phän. d. G.*, 69).

---

[10] Hegel, *Phänomenologie des Geistes*, ed. J. Hoffmeister, Darmstadt ⁶1952, p. 69.
[11] Vgl. Hegel, *Schriften zur Politik und Rechtsphilosophie*, ed. G. Lasson, 1913, p. 412 sq.

Die Frage, ob qualitative Sprünge für Hegel wenigstens in ihrem eigentlichen Anwendungsbereich Diskontinuität konstituieren, ist in doppeltem Sinne müßig. Einmal kennt er den abstrakten Gegensatz von kontinuierlicher und diskreter Größe nicht. Jede dieser Größen hat für ihn *beide Momente, sowohl die Kontinuität als die Diskretion an ihr* (Wiss. d. Log. I, 194). *Weil die diskrete Größe Quantität ist, ist ihre Diskretion selbst kontinuierlich* (ib). Andererseits ist ihm der Sprung gerade die Chiffre dafür, daß zwei Maßverhältnisse einander *in stetiger Kontinuität der Quantität* unendlich nahe sein können und doch qualitativ andere sind, ohne daß dieser qualitative Unterschied durch den völlig äußerlichen des Quantums ausgedrückt würde (ib. I, 380 sq.). Maßverhältnisse sind bis auf den *qualifizierenden* Punkt des Umschlags *der Quantumsveränderung offen* (cf. I, 380). Das in diesem Umschlag entspringende, qualitativ neue Verhältnis ist insofern durch einen Sprung von dem vorhergehenden geschieden, als es nicht aus diesem, sondern *unmittelbar aus sich hervorgetreten* ist (ib.). Die äußerliche quantitative Kontinuität wird dadurch keineswegs intraquantitativ in Diskontinuität verwandelt, wohl aber *nach der qualitativen Seite ... absolut abgebrochen* (ib. I, 381). Maßverhältnisse bleiben *eingehüllt in das Quantitative* (ib. I, 362), das sich durch sie hindurch kontinuiert. Als qualitative Sprünge bilden sie eine *Knotenlinie von Maßen auf einer Skala des Mehr oder Weniger*, deren Verhältnis ungeachtet dessen, daß das Qualitative *allenthalben* die quantitative Skala *unterbricht*[12], zugleich wesentlich ein solches *von Quantis* ist (*Wiss. d. Log.* I, 380). Die von Buck gesuchte fundamentale Kontinuität ist also auch auf dieser Ebene der abstrakten oder *seiende(n) Einheit des Quantitativen und Qualitativen* (ib. I, 339) durch die quantitative *Grundbestimmung* (ib. I, 379) der *qualitative(n) Knoten und Sprünge* (ib. I, 382) durchaus gewährleistet.

GÜNTHER BUCK: *Hegel als Denker der Kontinuität*

Wolfgang Hübeners Bemerkungen erscheinen mir zum großen Teil als willkommene Erläuterung und Ergänzung meiner auf Hegel bezogenen und mit Hegel argumentierenden Darstellung. Der Umstand, daß ich Hegels Theorie des qualitativen Sprungs in das Zentrum der Argumentation zu rücken scheine, mag jedoch Grund zu einer gewissen Irritation gegeben haben. Und es ist daher in der Tat gut, wenn Hübener daran erinnert, daß zwar in Hegels Logik des Seins der Übergang von einer Bestimmung zur anderen einen Sprung darstellt, in dem die erste Bestimmung verlassen wird, in der Logik des Wesens indes jede Bestimmung selbst den Übergang zur anderen leistet und daß im Begriff

---

[12] Hegel, *Jenenser Logik*, ed. G. LASSON, Leipzig 1923, p. 20.

diese Einheit als solche gedacht wird. Hübener scheint in diesem Zusammenhang zumindest dies zuzugeben, daß das geschichtliche Geschehen nicht einfach mit der Selbstbewegung des Begriffs gleichgesetzt werden kann, da er bemerkt, daß beim Geschichtlichen sehr wohl von Geburt und Tod — nicht nur im Sinn von verdeutlichenden »Naturanalogien«, wie ich ungeschickterweise gesagt habe — gesprochen werden kann. Andererseits scheint Hübener die äußerliche abstrahierende Reflexion oder das »nicht begreifende Denken«, das an einer Bestimmung festhält und eine andere Bestimmung als ihm fremde negiert, nicht als zur Geschichte selbst gehörend zu betrachten. Geschichte ist ihm mit Hegel, auch in der Form der in der *Phänomenologie des Geistes* dargestellten Geschichte des Bewußtseins, nichts als die Selbstbewegung des Begriffs. Es erscheint ihm daher überflüssig, der Bildungsgeschichte des Bewußtseins »eigens ein Einbehaltensein in *fundamentaler und sich (...) beständig herstellender Kontinuität* zu vindizieren«. Und die in Anlehnung an Husserl vorgeschlagene Annahme »zwar wandelbarer, aber doch nie völlig durchbrechbarer und insofern formal ständig in sich geschlossener, als bestehend gesetzter Vertrautheits- und Erwartungshorizonte, innerhalb deren sich Erfahrung vollzieht«, erscheint ihm angesichts dessen, was Hegel für das Verständnis geschichtlicher Kontinuität geleistet hat, als dürftig. Das wäre sie auch, wenn Hübeners Charakteristik zuträfe. Ich habe auf Husserls Horizontalitäts-Annahme zurückgegriffen, weil sie geeignet erscheint, gerade das Hin- und Her-Räsonieren in »unverflüssigten Gedanken«, d. h. hier: in der Vorstellung »ständig in sich geschlossener, als bestehend gesetzter Vertrautheits- und Erwartungshorizonte« (Hübener) zu verhindern. Hübener hat ganz übersehen, wie wichtig mir der Hinweis auf Husserls Begriff des »Horizontwandels« ist. Ich gebe zu, daß wir zur Erfassung des Geschehens, das damit gemeint ist, uns von Hegel, besonders von der *Phänomenologie des Geistes*, belehren lassen müssen, meine jedoch, daß zum Nachweis der Priorität der Kontinuität in aller Geschichte nicht jener Rückgang auf den absoluten Begriff notwendig ist, der Hübener vorzuschweben scheint. Ich benütze diese Gelegenheit, um auf den gewiß zunächst noch problematischen Vorschlag Hans-Georg Gadamers hinzuweisen, der, an Husserl ebenso wie an Hegel anknüpfend, eine Analyse der Erfahrung und insbesondere der hermeneutischen Erfahrung liefert, deren Pointe in einer Charakteristik der »Dialektik der Erfahrung« besteht, — einer Dialektik jedoch, die nicht in der Überwindung aller Erfahrung im absoluten Begriff endet[1].

Hübeners ausführliche und bisweilen höchst apologetische Erinnerung an Hegel erweckt den Eindruck, als unterstelle sie meiner Vorlage, diese mache *gegen* Hegel eine Kontinuität im Umschlagen der geschichtlichen Gestalten inein-

---

[1] Vgl. H.-G. GADAMER, *Wahrheit und Methode,* Tübingen 1960, p. 337 sq.

ander geltend, während sie doch Hegel als Denker der Kontinuität gegen die seit Kant geläufige Diskontinuitäts-These bezüglich der Freiheit bemüht. Ich fürchte, Hübener beachtet zu wenig den Zusammenhang, in dem Hegels Rede vom »Sprung« steht, die sich im Naturrechts-Aufsatz findet, nämlich den scharfen Gegensatz zu Kant und Fichte. Hegel hat Kants Theorem von der »Revolution« der Gesinnung und Fichtes These vom »Sprung« der Freiheit keineswegs aufgenommen und fortgeführt, sondern die Rede vom »Sprung« in einer eher ironischen Absicht gegen deren Erfinder gebraucht. Während für Kant und Fichte der Sprung das Sich-Losreißen der Freiheit von der Selbstbefangenheit und natürlichen Trägheit meint, ist er für Hegel umgekehrt das Sich-Freigeben des Geistes für eine endliche Gestalt. In der Logik, mit der Hübener in so dankenswerter Weise gearbeitet hat, kommt dem am nächsten das Sich-Entlassen, in dem der Begriff sich zur Natur bestimmt und freigibt.

SIEGFRIED J. SCHMIDT: *Veränderung und Innovation*

Günther Buck betont in seiner Vorlage stark die Rolle des Vorbekannten als Horizont für alles neu auftretende Unbekannte. So sagt er z. B. wörtlich: »Die Idee eines absolut Neuen und Unbekannten ist phänomenologisch widersinnig. Jedes in einem bestimmten Sinnhorizont auftauchende Neue ist, sofern es in einem Horizont auftaucht, neu und unbekannt in Beziehung auf eine bestimmte Bekanntheit. Eben darauf beruht die Möglichkeit von Lernprozessen« (Vorlage Buck, p. 172).

Das ist als erkenntnistheoretische sowie erkenntnispsychologische Kennzeichnung des normalen Erkenntnisprozesses sicher zutreffend, und die Struktur dieses Arguments kehrt auch in nicht-hermeneutischen Theorien wieder[1]. Dieses erkenntnistheoretische Argument darf nun aber nicht — wie es bei Buck zuweilen anklingt — resignativ angewendet werden auf die *inhaltliche* Entwicklung etwa der Kunst- und Literatur*produktion*, um das Moment der Innovation abzuschieben. In gleichem Maße gilt das für die Bereitschaft zu gesellschaftlichen Veränderungen, die nicht mit dem erkenntnistheoretischen Argument aussichtslos gemacht werden können, es gebe lediglich doch nur das längst schon Bekannte.

Ich will meine Bedenken an einem Beispiel erläutern. Wie die Kunstgeschichte gerade unseres Jahrhunderts zeigt, gibt es Neuanfänge, künstlerische *Setzungen*,

---

[1] So etwa in der strukturalistischen Texttheorie von W. Nöth (*Strukturen des Happenings*, 1971), wo die Erkennbarkeit und Lernbarkeit neuer Textstrukturen rückgebunden wird an ihre feststellbare Relation zu bereits bekannten (rekurrenten) „Normal-Strukturen" (z. B. als Abweichung).

die ein wirkliches Novum, eine produktive Innovation darstellen. Der Übergang von einer mimetisch-repräsentativen zu einer konkret-präsentativen Malerei seit Kandinsky, Mondrian und Malewitsch etwa ist ein *Sprung* in der Entwicklung der Malerei und nicht nur eine Modifikation einer Entwicklungslinie. Die Tatsache, daß mit diesem Sprung das Produktionsschema der Kunst bis zu diesem Ereignis insgesamt revolutioniert wird, kann nicht mit dem erkenntnistheoretischen Argument aus der Welt geschafft werden, daß auch die neue Praxis als signifikantes Datum erst dann erfaßt wurde, als ihre innovative Qualität in Absetzung und vor dem Hintergrund von bis dato üblicher Kunstpraxis erkannt worden war. Dieses erkenntnistheoretische Argument mindert die Qualität dieser Innovation nicht; es betrifft nur die Bedingungen ihrer Erkennbarkeit, berührt aber keineswegs den historischen Stellenwert dieser Leistungen und ihre Bedeutungsspektren.

Diese Argumente verweisen darauf, daß nicht pauschal jede Veränderung ›Innovation‹ genannt werden darf. Voraussetzung für die Zuerkennung dieses Titels sind vielmehr die Richtung und die Produktivität eines neuen Schemas (der Erkenntnis, Produktion oder Rezeption von Texten im weitesten Sinne). Die historische Bedeutsamkeit einer Innovation zeigt sich darin, ob es ihr gelingt, nicht nur einen neuen »Horizont« zu konstruieren, sondern auch den »Horizont«, in Relation zu dem sie verstehbar wird, rückwirkend als ganzen in einem neuen Licht erscheinen zu lassen.

Betrachten wir daraufhin noch einmal unser Beispiel: Die Setzung einer nicht-mimetischen Malerei interpretierte die Zuordnung der konstitutiven Faktoren des ästhetischen Kommunikationsprozesses grundlegend neu: Die Malmittel (Punkt, Linie, Farbe, etc.) präsentieren sich selbst, statt ikonographisch geläufiges Material zu repräsentieren. Die Theorie trat an die Stelle der Ikonographie. Der Rezipient wurde zu einer produktiven Instanz, die optisches Material erst am Leitfaden der Bildstruktur in semiotische Bedeutungen übersetzen mußte.

Eine solche Setzung ist, historisch gesehen, innovativ; sie hat ihre Produktivität in der nachfolgenden Kunstentwicklung erwiesen. Wie die Diskussion dieses Beispiels zeigt, muß zweierlei unterschieden werden:

1. »Die Kontinuität von Erfahrung gründet im Kontinuum der Horizonte« (Vorlage Buck, p. 172).

2. Die Produktivität von Erkenntnis und Textherstellung, die allein historische Entwicklung bedingt, gründet in der konstruktiven, Perspektiven eröffnenden Innovation, die neue Horizonte als Interpretationssysteme für Daten entwirft. Das Argument, daß auch die produktive Negation eines Horizonts den negierten zumindest als Erinnerung und Bezugspunkt des Verstehens noch enthält, ist erkenntnistheoretisch richtig, kommt aber stets erst wie die Eule der

Minerva, post festum. Dieses Argument verfehlt den Inhalt des innovativen Schemas, der historisch relevant sein kann, bis hin zum revolutionären Sprung.

Dieter Wellershoff: *Diskontinuität ertragen lernen*

Über das Verhältnis der Kontinuität und Diskontinuität im menschlichen Verhalten kann man nicht unhistorisch sprechen. Es gibt zwar einen prinzipiellen Vorrang der Kontinuität gegenüber der Diskontinuität, die ja erst als deren stellenweise Aufhebung an Kontinuität erkannt werden kann. Aber es scheint mir wichtig zu bemerken, daß verschiedene Gesellschaften ihren Mitgliedern ein ganz unterschiedliches Maß an Diskontinuität zumuten. Eine traditionelle Gesellschaft ist ein relativ stabiles Milieu im Vergleich zu unserer hochkomplexen, mobilen, auf Innovation angelegten Gesellschaft, und diesen unterschiedlichen Herausforderungen entsprechen unterschiedliche Menschentypen. Der amerikanische Soziologe David Riesmann hat bewußt schematisierend drei Typen menschlicher Verhaltenssteuerung gekennzeichnet: den vorwiegend traditionsgelenkten Menschen, der sich an institutionell verfestigten Traditionen wie an einem Geländer entlangtastet, den innengelenkten Menschen, der in seiner Jugend bestimmte Überzeugungen und Regeln verinnerlicht hat und nun unabhängig von der Außenwelt, gleichsam einem inneren Kompaß folgend, sein Verhalten steuern kann, und den außengelenkten Menschen, der in der Lage ist, sich dauernd neu auf wechselnde Situationen einzustellen. Nach Riesmann kommen diese drei Typen der Verhaltenssteuerung in wechselnden Mischungsverhältnissen vor, wobei die Außenlenkung als die flexibelste Form in modernen Umwelten immer wichtiger wird, während vorwiegend innengelenktes Verhalten in Gefahr gerät, den Kontakt zur sich rasch verändernden Umwelt zu verlieren und realitätsfremd und kauzig zu werden[1].

Ich will diese Typologie nicht weiter diskutieren. Richtig scheint mir der Hinweis, daß unsere Gesellschaft mit ihren vielen Kontaktmöglichkeiten, wechselnden Informationen und dauernden Innovationen die Menschen trainiert, Diskontinuität zu ertragen. Sie müssen in der Lage sein, ihre Aufmerksamkeit rasch umzustellen, neue Situationen und Intentionen zu erfassen, verschiedene Rollen wie kurzfristige Hypothesen zu übernehmen und wieder aufzugeben und lebenslänglich zu lernen. Vielleicht kann man von hier aus auch Kriterien für die Aktualität bestimmter Strukturen zeitgenössischer Kunst gewinnen. Sie sind ja fast alle beschreibbar als Muster von Diskontinuität. Der Filmschnitt z. B. zerlegt einen glatten Verlauf in Segmente, die nicht aneinander anschließen,

---

[1] D. Riesmann, *Die einsame Masse*, Darmstadt 1956.

sondern jedesmal wie bei unerwartetem Richtungswechsel die Aufmerksamkeit neu herausfordern. Es ist eine Kette kleinerer und größerer Schocks, die einen dauernden Alarmzustand erzeugen. Etwas ähnliches ließe sich von der Collage sagen, die dem Betrachter zumutet, ein hohes Maß an Heterogenität zu ertragen. Alle diese Strukturen sind Trainingsmuster für Sensibilität und Intellekt des Rezipienten mit der Forderung an ihn, durch alle Diskontinuitäten und Irritationen hindurch neue Kontinuität herzustellen. Hier könnte nun die Frage anschließen: Wo liegen die zusätzlichen Sicherheiten, die das Ertragen von mehr Diskontinuität ermöglichen, als es in einfacheren und stabileren Umwelten der Fall war?

HARALD WEINRICH: *Die Teichoskopie des lachenden Dritten*

Wenn zwei sich streiten, freut sich der Dritte. Wenn zwei Positivisten sich streiten, freut sich der Dialektiker. Wenn zwei Dialektiker sich streiten, freut sich der Ironiker. Man kann sich nun natürlich fragen, warum sich immer der Dritte, in diesem Fall Odo Marquard in seiner Vorlage, p. 177 sqq., so freut. Er hat, wenn ich mich nicht irre, zwei Gründe zur Freude, einen ernsten und einen heiteren. Er freut sich erstens, weil die beiden Streitenden, solange sie sich streiten, ihm, dem Dritten, nichts zuleide tun. Das ist eine sehr elementare und in gewissem Sinne existentielle Freude, die man ihm als dem Dritten nicht nehmen soll. Es ist aber eine Entlastungsfreude, in die gleichzeitig ein ästhetisches Element eingefügt ist, wie das nicht selten geschieht. Denn da der Dritte freigestellt ist von diesem kuriosen, realen oder imaginären, Streit, verfügt er über die gehörige Distanz, die es ihm erlaubt, die agonale Handlung der Streitenden mit quasi-ästhetischem Interesse anzuschauen. Denn er ist zwar in den Streit nicht einbezogen, aber dennoch nahe genug dabei, daß er ihn aus günstiger Nähe betrachten kann. Die Streitenden sind offenbar ganz bei der strittigen Sache, der Dritte aber kann diesem totalen Engagement nicht ganz folgen und hat demzufolge eine mehr oder minder überhöhte Perspektive, aus der die Streitgründe ein nescio quid an Lächerlichkeit haben. Die ästhetische Figur übrigens, die dieser Haltung entspricht, ist uns schon aus der Antike bekannt. Es handelt sich um die Mauerschau oder Teichoskopie (vgl. *Ilias* III, 130 sq.). Von der Höhe der Mauer aus, also geschützt, den beiden kämpfenden Parteien zuzuschauen, ist ein Privileg, das bei Homer nur Frauen und Greisen zugestanden wird. Es setzt eine Konvention voraus, nach der es neben den kämpfenden Parteien noch eine dritte, nicht-kämpfende Partei gibt, die von beiden streitenden Parteien als neutral anerkannt wird. Auf dieser Konvention beruhen dann auch die Chancen einer Ästhetik der totalisierenden und damit zugleich verkleinernden Zusammenschau, die sich bei Homer im Medium der epischen Beschreibung äußert. Erst die späteren Dramatiker (Shakespeare, Goethe, Schiller ...), die sich ebenfalls der Teichoskopie als eines dramatischen Kunstgriffs zur Vergegenwärtigung ortsferner Ereignisse bedienen, versuchen, die äußerste Gespanntheit des Streites auch durch eine äußerste Spannung im Bericht des Schauenden wiederzugeben, so daß beispielsweise die gefangene Johanna an ihren Ketten rüttelt: sie will sich noch immer in den Kampf stürzen!

Odo Marquard, obzwar nicht gefesselt, denkt gleichwohl nicht daran, sich in den Streit zu mischen, ob da nun Dialektiker mit Positivisten oder Dialektiker untereinander sich streiten. Er hat sich auf die Mauer begeben und schaut ihnen zu. Kein Zweifel, daß dabei mancher Lustgewinn abfällt. Kein Zweifel aber auch, daß diese Position riskant ist. Denn wehe, wenn die Streitenden gewahr werden, daß der genießende Teichoskop weder Weib noch Greis ist und auch sonst durch keinerlei Konvention privilegiert ist, die Rolle des *tertius gaudens* einzunehmen. Da mag es dann wohl geschehen, daß die beiden Streitenden auf einmal ihre Streitpunkte selber ebenso verkleinern, wie das vorher der Teichoskop getan hatte, und nun gemeinsam gegen den Front machen, der ein Störenfried ist, weil er durch sein Lachen das Streiten stört. Sogar Helena hatte ja nach ihrer Teichoskopie Ärger ...

In einem Punkt täuschen sich die Ironiker übrigens leicht, wenn sie von der Mauer herab dem dialektischen Kampfgetümmel zuschauen. So auch, wenn ich mich nicht irre, der Teichoskop Marquard, wenn er bei den Dialektikern eine gedrückte Stimmung feststellt. Von der teichoskopischen Heiterkeit ist tatsächlich, das will ich gerne einräumen, bei den Dialektikern nichts festzustellen. Aber ich bin nicht sicher, daß der Streit der Streitenden immer nur von Verbissenheit beherrscht wird. Das sieht vielleicht nur aus der Ferne so aus. Homer vergleicht die Kämpfer vor Troja zwar mit Löwen, aber neuere und genauere Beobachtungen der Verhaltensforscher unserer Tage haben gerade bei Löwen, wenn sie ihre Beute reißen, einen euphorischen Gesichtsausdruck festgestellt. Da ist Jagd- und Kampfeslust im Spiel. So wenigstens beschreibt es Konrad Lorenz, und er unterscheidet dieses Verhalten scharf von der intraspezifischen Aggression[1]. Ich glaube also, daß der lachend zuschauende Dritte zwar vieles sieht, was den Streitenden selber verborgen bleibt. Ihm selber muß aber seinerseits wohl mit Notwendigkeit verborgen bleiben, daß die Dialektik und alles sonstige Streiten eine gewisse freudige Erregtheit erzeugt oder wenigstens erzeugen kann. Aus diesem Grunde betreiben Hegel, Marx und ihre unmittelbaren Nachfolger, allerdings nicht unbedingt ihre Epigonen unserer Tage, das dialektische Geschäft nicht eigentlich in gedrückter Stimmung, weshalb auch die endliche

---

[1] K. LORENZ, *Das sogenannte Böse. Zur Naturgeschichte der Aggression*, Wien 1963, p. 36

Perspektive der Hoffnung, auf die hin sich die Dialektik mit ihren ständigen Umschlägen bewegt, nicht eine völlig andere Qualität darstellt, sondern jene besagte Euphorie vollendet oder doch vollenden soll. Die Lust des Streitens auf der einen Seite und die Heiterkeit des zuschauenden Dritten auf der anderen Seite sind daher zweifellos zwei grundverschiedene Verhaltensformen, und wer sich am Ende am meisten freut oder gefreut hat, bleibt eine offene Frage.

4. SINNKONSTITUIERENDE NEGATIONEN

Wolfgang Hübener: *Zu Spinozas Satz ›Omnis determinatio est negatio‹*

Die linguistische Diskussion, die im Anschluß an Saussure um die semantische Negativität der sprachlichen Zeichen geführt wird, verläuft in Bahnen, die bereits von der philosophischen Tradition vorgezeichnet sind. So versteht Spinoza, entsprechend der alten Unterscheidung von *negatio in genere* und *extra genus*, unter Beraubung (*privatio*) das Absprechen dessen, was unserem Urteil nach zum Wesen eines Dinges gehört (*aliquid de re negare, quod judicamus ad suam naturam pertinere*), unter Negation dagegen ein Absprechen von etwas, das nicht zum Wesen des Dinges gehört, dem es abgesprochen wird (*aliquid de re negare, quia ad suam naturam non pertinet*)[1]. Die Gestalt (*figura*) ist Negation, weil die Materie von sich selbst her indefinit und gestaltlos ist[2]. Gestalt haben nur endliche und bestimmte Körper. Da in der Gestaltwahrnehmung nicht mehr als die Betrachtung eines Dinges als eines bestimmten liegt, gehört die Gestaltbestimmtheit — und Gestalt ist für Spinoza nichts anderes als Bestimmung — nicht zum Sein eines Dinges, sondern ist geradezu sein Nichtsein und folglich nichts als Negation: *Haec ergo determinatio ad rem juxta suum esse non pertinet: sed econtra est ejus non esse. Quia ergo figura non aliud, quam determinatio, et determinatio negatio est; non poterit aliud quid, quam negatio, esse*[3]. Diese Lehre vom Negationscharakter der äußeren Gestalt hat zeitweise selbst Hegel bestimmt, sich zum Primat des Positiven zu bekennen. In seinem Naturrechts-Aufsatz von 1802 vergleicht er das Verhältnis von Raum und Figur mit dem von Volk und sittlichem Individuum:

> ... wie die Linien und Ecken des Kristalls, in denen er die äußere Form seiner Natur ausdrückt, Negationen sind, so ist die Sittlichkeit, insofern sie am Einzelnen als solchem sich ausdrückt, ein Negatives. ... Das Positive ist der Natur nach eher als das Negative; oder, wie Aristoteles es sagt: ›Das Volk ist eher der Natur nach als der Einzelne ...‹[4].

Friedrich Heinrich Jacobi hat Spinozas Gedanken 1785 in seinen Briefen *Über die Lehre des Spinoza* in leicht veränderter Fassung[5] wieder aufgegriffen, um

---

[1] *Opera*, ed. C. Gebhardt, Heidelberg 1924, Bd. IV, p. 129.
[2] *Quantum ad hoc, quod figura negatio, non vero aliquid positivum est; manifestum est, integram materiam, indefinite consideratam, nullam posse habere figuram* ... (ib., p. 240).
[3] Ib.
[4] *Schriften zur Politik und Rechtsphilosophie*, ed. G. Lasson, Leipzig 1913, p. 393.
[5] *Die Hauptschriften zum Pantheismusstreit zwischen Jacobi und Mendelssohn*, ed. H. Scholz, Berlin 1916, p. 150: *Determinatio est negatio, seu determinatio ad rem juxta suum esse non pertinet.* — In dieser Form auch bei J. G. Buhle, *Geschichte der neueren Philosophie*, Bd. 3, 1. H., Göttingen 1801, p. 522.

darzutun, daß ein absolutes Individuum ebenso unmöglich sei, wie ein individuelles Absolutum[6]. Gott könne *keine von den Bestimmungen zukommen, welche einzelne Dinge unterscheiden.* Er sei folglich *kein abgesondertes, einzelnes, verschiedenes Ding*, sondern alles Sein, während die einzelnen Dinge, *in so fern sie nur auf eine gewisse bestimmte Weise da sind*, in Wahrheit *non-entia* seien[7]. Bei Jacobi und im Frühidealismus hat Spinozas Sentenz noch nicht die uns heute geläufige und unbesehen ihm selbst zugeschriebene Form *Omnis determinatio est negatio*, unter der sie vielleicht zuerst bei Baader und Hegel auftritt[8].

Spinozas Deutung der Bestimmung und Begrenzung als Negation und Nichtsein scheint auf den ersten Blick nur eine Variante der vielfältigen Versuche einer Abgrenzung des kontrakten, endlichen Seins der Kreaturen gegenüber der göttlichen Unendlichkeit zu sein. Schon bei Descartes hatte es ja geheißen: *... limitatio, qua finitum differt ab infinito, est non ens sive negatio entis ...*[9]. Auch für Leibniz sind die Grenzen der Kreaturen — ihr ›non plus ultra‹ — etwas Negatives (*leur limites, ou si vous voulés leur non plus ultra est quelque chose de negative*)[10]. Sie sind beschränkt und begrenzt, weil sie am Prinzip der Negation oder des Nichts partizipieren (*elles sont bornées ou imparfaites par le principe de la Negation ou de Neant qu'elles renferment*)[11]. Der revolutionäre Charakter der spinozistischen Wendung dieses Limitationsgedankens wird erst aus einer beiläufigen Bemerkung Hegels deutlich, die der verborgene Leitfaden seiner Spinoza-Interpretation ist: »Negation gehört zur Form«[12]. Zwar setzen Spinozas Erläuterungen des *determinatio-negatio*-Satzes historisch die Ablehnung der substanziellen Formen der Peripatetiker voraus. Rechnet man jedoch auch die qualitativen Formsubstitute der Mechanistik zum Formellen im weiteren Sinne, ist der Bruch mit der älteren Formmetaphysik, nach der alle Formbestimmtheit auf die Seite seinsverleihender Aktualität gehört, unübersehbar.

Sinnfällig wird dieser Bruch an dem zeitgenössischen spätscholastischen Gegenmodell einer konsequenten ›Verortung‹ (*ubicatio*) aller endlichen Realität, wie es der englische Jesuit Thomas Compton Carleton entwickelt. Danach gab es vor Erschaffung der Welt eine der Menge und Ausbreitung nach unermeßliche Fülle von Dingnegationen[13]. Bei der Erschaffung eines Dinges wird dessen Nega-

---

[6] *Die Hauptschriften...*, p. 83.
[7] Cf. ib., p. 149 sqq.
[8] In dieser Fassung findet sich der Satz seit 1828 bei Baader (vgl. *Sämtliche Werke*, Bd. 8, 98; 7, 166; 4, 208; 13, 232, u. ö.) und 1833 in der zweiten Auflage des ersten Teils von Hegels *Wissenschaft der Logik*.
[9] *Œuvres*, edd. ADAM et TANNERY, t. 3, p. 426 sq.
[10] Cf. G. W. Leibniz, *Textes inédits*, ed. G. GRUA, Paris 1948, t. 1, p. 364.
[11] Cf. ib.
[12] *Sämtliche Werke*, Jubiläumsausgabe, ed. H. GLOCKNER, Bd. 19, p. 375.
[13] *Philosophia universa*, d. 46 phys., s. 4, n. 6, Antwerpen 1664, p. 391 b.

tion nicht gänzlich, sondern nur für den Ort aufgehoben, den es selbst einnimmt (*quando res aliqua producitur, negatio illius eo tantum loco tollitur ubi res producitur, non alibi*)[14]. Diese Negation ist teilbar und durch den ganzen Raum verbreitet. Überall, wo ein positives Ding selbst nicht ist, muß dem Widerspruchsprinzip zufolge seine Negation sein (*ubicumque ... non est res positiva, debet esse illius negatio, cum ubique esse debeat alterum ex contradictoriis*). *Negatio rei* heißt danach so viel wie *negatio ubicationis*. Die Bewegung eines Dinges besteht folgerichtig in dem sukzessiven Aufheben und Wiedererzeugen immer anderer Teile seiner eigenen Negation[15].

Daß Carletons Bestimmung des Verhältnisses von Realität und Negation eine spiegelbildliche Umkehrung der Auffassung Spinozas darstellt, bedarf keines umständlichen Nachweises: galt diesem alle Formbestimmtheit als negierender Eingriff in die Integrität einer von sich her gestaltlosen Materie, ist für jenen die Positivität des Einzeldinges gerade als punktuelle Tilgung des sie rings umgebenden Negationskontinuums definiert. Obwohl Leibniz sich in dieser Frage nicht zu Aureolis These von der Positivität der Begrenzung[16] verstanden hätte, hat er andererseits auch nicht für Spinoza Partei ergriffen. Er lastet die Wesensbeschränktheit der Kreaturen keineswegs der Form an, die er in ihre alten Rechte wiedereinzusetzen bemüht ist, sondern der — wenngleich metaphysisch verstandenen — Materie: *Positio vel actus, et restrictio et privatio se habent in entibus ut forma metaphysica et materia metaphysica. Et ita materia rerum est nihilum, id est limitatio, forma est perfectio*[17]. Setzt er Hegel hiermit die Gegenthese »Zur Form gehört Position« entgegen, behauptet Franz von Baader die Positivität auch der Determination selbst.

Spinoza habe sich die Bestimmtheit nur als Schranke vorgestellt, *welche zu einem bereits Ponirten erst hinzukäme, diesem etwas nehmend*. Zwar bestimme sich der Bestimmende *in der Bestimmung eines von sich Unterschiedenen, aber sein Bestimmtwerden negirend setzt er sich hiemit als frei und bestimmt, erfüllt und gestaltet sich*[18]. Dieses Sichbestimmen ist Formation, Position und Affirmation. Richtiger müßte es also heißen: *Omnis determinatio est positio, ergo negatio indeterminationis seu nonpositionis*[19]. Diese Ponierung ist eine doppelte, *weil sich durch den Act der Determinatio nicht nur der Determinans als solcher ponirt (affirmiert) (a potentia ad actum geht), sondern auch das Determinabile*

---

[14] Cf. ib., d. 18 log., s. 9, n. 2, p. 87 a.
[15] Cf. ib., n. 1-3, 10, p. 86 b-87 b.
[16] Vgl. meine Vorlage, Anm. 173, in diesem Band p. 129.
[17] *Textes inédits*, ed. cit., p. 355 sq.
[18] *Sämtliche Werke*, Bd. 10, 265, 117.
[19] Vgl. Bd. 4, 208.

als *Determinatum ponirt (existent) wird*[20]. Spinoza habe das Unendliche mit dem Unbestimmten, jenem *indifferenten Grundbrei oder Urschleim aller wirklichen, bestimmten Dinge* vermengt. Unendlichkeit dürfe jedoch ebensowenig mit Vollendetheit und Ganzheit wie Endlichkeit mit deren Nichtvollendetheit, Nichtganzheit oder Suspension gleichgesetzt werden. Es sei ganz falsch zu behaupten, *daß ein Wesen, indem es sich formirt, gestaltet oder gliedert, sich hiemit verendliche, d. h. in seiner Totalität aufhebe oder negire, da selbes sich vielmehr hiemit in der Fülle und in dem Reichthume seines Inhaltes verwirklicht und potenziert*[21].

Aureoli mag noch einmal zum Zeugen dafür dienen, daß derartige Überlegungen auch der Hochscholastik nicht fremd waren. Er hat sich mit einer Gegenposition auseinanderzusetzen, nach der das Endliche Begrenzung und Ausschließung weiterer Seiendheit, das Unendliche hingegen die Totalität und den Inbegriff aller Seiendheit besagt[22], und setzt ihr entgegen, daß der Begriff des *finis* immer positiv sei, im Begriff des Unendlichen dagegen die *determinata negatio finis cuiuscumque* liege[23]. Der Streit der Anhänger der *determinatio-positio*-Formel mit den Verfechtern der *determinatio-negatio*-These wird sich vermutlich nie schlichten lassen, formuliert sich doch in ihm im Medium scheinbar willkürlicher Sprachregelungen ein je verschiedenes Realitätsverständnis. Der schon bei Aureoli voll ausgeprägte Beziehungsbegriff der bestimmten Negation will gerade nicht besagen, daß die Bestimmtheit selbst Negation sei, und gehört insofern in diesem Streit zum Instrumentarium der Formpositivisten. Die bestimmte Negation (*negatio determinata, negatio respectiva*) ist für die Tradition an einem Subjekt festgemacht, das durch sie insofern affiziert wird, als sie es sich zu einem solchen »bestimmt« (*negatio quae sibi subiectum determinat, quae affingitur alicui subiecto*)[24]. Sie ist damit nichts anderes als die aristotelische *privatio* (*negatio in genere*). Gleichwohl schließt auch sie den zum Begriff der Negation als

---

[20] Vgl. Bd. 9, 36.
[21] Vgl. Bd. 10, 117, 265, 272; 13, 232.
[22] Cf. *Commentatorium in primum librum Sententiarum pars secunda*, Rom 1596, d. 43, q. un., a. 1, 1010 bC: ... *si dicatur, quod finitum videtur importare negationem magis, quam infinitum, cum dicat limitationem et exclusionem alterius entitatis, infinitum vero totalitatem et comprehensionem omnis entitatis, (...) non valet, quoniam finitum dicitur a positione alicuius finis* ...
[23] Ib., 1011 aB / C: ... *ratio finis semper est positiva, cum non sit aliud, nisi illud infra quod tota res clauditur; negatio autem istius constituit infinitum* ... — Zur *determinata negatio* cf. p. 1010 aD / E.
[24] Cf. Mastrius de Meldula, *Disputationes ... in duodecim Aristotelis Stagiritae libros Metaphysicorum*, Pars prior, d. 5, q. 5, n. 116, Venedig 1708, p. 153 a; Honoratus Fabri, *Metaphysica demonstrativa*, lib. 14, § 19 sq., Lyon 1648, p. 544 sq.

solcher gehörenden Begriff des kontradiktorischen Gegensatzes des Seienden ein [25]. So vertritt sie im Gegenzug zu dem Satz des Spinoza die Ansprüche des Nichts gegen das Bestimmte.

RAINER WARNING: *Vorsprachliche Negationen*

An Niklas Luhmanns These vom funktionellen Primat der Negation in sinnkonstituierendem Erleben hat Jürgen Habermas ausgesetzt, daß mit diesem phänomenologischen Ansatz »das einsame Subjekt Ausgangspunkt seiner Analyse bleibt« [1]. Dem scheint wiederum Luhmann entgegenzuhalten, daß auch die Diskurs-Theorie mit einem Negationsprimat arbeite, aber mit einem soziologisch nicht hinreichend explizierten: »die automatische Synchronisation von Negation und Änderung, die für das individuelle Erleben gilt, ist auf soziale Interaktionssysteme nicht übertragbar« (Vorlage Luhmann, p. 209). Von hierher ist sein Diskussionsangebot an Habermas zu verstehen. Luhmann schlägt vor, eine »gegenwärtig verbreitete Überschätzung der Funktion der Sprache« (Habermas/Luhmann p. 70) dahingehend zu korrigieren, daß man eine Differenzierung verschiedener evolutionärer Mechanismen ansetzt. Die Sprache allein könne nämlich nicht leisten, was die Diskurs-Theorie ihr zumutet. Sie vermöge zwar die Gesellschaft mittels ihrer hohen Komplexität zu variieren, d. h. gesellschaftlich nicht Vorgesehenes oder Zulässiges auszudrücken und als andere Möglichkeit anzubieten, nicht aber neben dieser Variationsleistung zugleich auch Selektions- und Stabilisierungsleistungen zu erbringen. Das führt zu dem Vorschlag, »den Variationsmechanismus primär in der Sprache, den Selektionsmechanismus primär in den Kommunikationsmedien und den Stabilisierungsmechanismus primär in den Systembildungen der Gesellschaft zu sehen. Sprache vermag Gesellschaft zu variieren durch ihre relativ höhere Komplexität: durch eine spezialisierte Differenz von Kode und Prozeß, durch ihre Steigerung von (m. E. vorsprachlich angelegten) Leistungen des Negierens und Virtualisierens und ferner durch weitverbreitete grammatische Strukturen, etwa die Differenz von Subjekt und Prädikat. Dadurch kann gesellschaftlich nicht Vorgesehenes und sogar nicht Zulässiges sprachlich doch ausgedrückt und der Gesellschaft als

---

[25] Cf. Mastrius, l. c., q. 4, n. 49 (ed. cit., p. 135 a): ... *Occurres unitatem dicere talem negationem, nempe divisionis, non autem negationem ut sic ... Contra, quia talis negatio adhuc includit rationem negationis ut sic, cum sub ea contineatur, ut inferius sub superiori, ergo quamvis sit determinata negatio, adhuc tamen involvit ipsum nihil et contradictorium entis...*

[1] J. HABERMAS / N. LUHMANN, *Theorie der Gesellschaft oder Sozialtechnologie*, Frankfurt 1971, p. 188.

andere Möglichkeit angeboten werden. Zu den Erfordernissen der Evolution gehört ein Mindestmaß an Ausdifferenzierung variierender Mechanismen und ihre Abtrennung von den Selektionsmechanismen, so daß nicht nur genau das an Möglichkeiten erzeugt wird, was in das Vorhandene paßt, sondern ein Überschuß« (Habermas/Luhmann p. 364/65).

Anscheinend ersetzt nun Luhmann diese Differenzierung evolutionärer Mechanismen einher mit einer Differenzierung verschiedener Negationsweisen. Sprachliche Variation soll einer Steigerung vorsprachlich angelegter Leistungen des Negierens und Virtualisierens entsprechen. Die Kategorien der Reflexivität und der Generalisierung wären also nicht auf sprachliches Negieren zu beschränken, sprachlich-ausdrückliches Negieren von bestimmtem Sinn ist ein »Sonderfall« (Habermas/Luhmann p. 37). Offenbar will Luhmann somit die reflexiven und generalisierenden Negationspotentiale vorsprachlich verankern, näherhin in vorsprachlichen Wahrnehmungen und Zuwendungen bzw. Nichtzuwendungen, also anthropologisch: »Sinn ist zwar intersubjektiv, aber nicht allein sprachlich konstituiert, vielmehr bezieht er Wahrnehmungsprozesse (unter Einschluß von Wahrnehmungen der Wahrnehmungen anderer) ein, die sich nicht in sprachliche Prozesse auflösen lassen. Sinnhaftes Erleben und Handeln beruht auf Fähigkeiten des Negierens und Virtualisierens, die vorsprachliche Wurzeln haben und in aller Zeichenbildung bereits vorausgesetzt sind« (Habermas/Luhmann p. 303). Hier ergeben sich, wie Habermas bereits bemerkt hat (ib., p. 187), Berührungen mit der Anthropologie Arnold Gehlens, insbesondere mit dessen Kategorie der »Hintergrundserfüllung«, mit der das Bewußtsein einer jederzeit möglichen Bedürfniserfüllung und das daraus folgende Zurücktreten des Bedürfnisses aus dem Vordergrund der Affektivität beschrieben wird[2]. Das deckt sich ziemlich genau mit Luhmanns Funktionsbestimmung von Negation als »sicherndem Begleiterleben bei allen Zuwendungen« (Habermas/Luhmann p. 36) — mit dem Unterschied nun allerdings, daß »Hintergrundserfüllung« bei Gehlen schon unter »Stabilisierung« verrechnet wird, während Luhmann Stabilisierung sehr viel später, nämlich erst nach der Selektion durch Kommunikationsmedien ansetzt.

Wenn ich recht sehe, ersetzt Luhmann auf dieser Ebene der Kommunikationsmedien den phänomenologisch bzw. anthropologisch angesetzten Negationsbegriff durch einen systemtheoretischen. Die Ebene der Kommunikationsmedien nämlich ist die Ebene vornehmlich binärer Steuerungsstrukturen unter Ausschluß des dritten Weges. Die Virtualisierungstendenz reflexiven und generalisierenden Negierens trifft hier auf den Raster der »geschlossenen Binarität von Negation und Position«, in der technisch-operative und rechtfertigungs-

---

[2] A. Gehlen, *Urmensch und Spätkultur*, Bonn 1964, p. 505 sq.

mäßige Systeminteressen sich wechselseitig stabilisieren (Vorlage Luhmann, p. 212). Diese binären Schematismen, die ihrerseits negationslos bleiben und dadurch weitere Selektionsschritte ermöglichen, setzt Luhmann evolutionär später an als das reflexive und generalisierende Negieren. Sie reduzieren die Umweltkomplexität und steigern die Eigenkomplexität des Systems, und entsprechend wird man ihre Vorsprachlichkeit nicht mehr — Luhmann selbst äußert sich hierzu nicht explizit — anthropologisch zu verorten haben, sondern in den technisch-operativen und apologetischen Interessen des Systems.

Die daraus folgenden methodologischen Probleme für eine Semantik der Negation scheinen mir im Hinblick auf Weinrichs Vorlage angebbar. Ihr programmatisches Interesse besteht darin, die Syntax als metasprachlichen Bereich der Semantik und demgemäß »die Termini der Linguistik und Logik als Hypostasierungen der syntaktischen Morpheme und Extrapolationen des syntaktischen Systems« zu erweisen (Vorlage Weinrich, p. 56 sq.). Dies solle auch für die Negation gelten. Ich frage mich nun, ob sich nicht schon die Kategorie der »Produktivität« (p. 59) des Assertionsparadigmas dieser Definition von Metasprache entzieht, mit anderen Worten, ob sie noch als eine Hypostasierung des Paradigmas selbst angesehen werden kann. Daß die Gesetze der Lexem-Kombinatorik es erlauben, »die Negation *nicht* aus dem Determinationszusammenhang des Textes herauszunehmen und sie in den Nominalbereich des Kode zu überführen« (p. 59), besagt m. E. noch nichts über die Semantik der Gegenwortpaare. Ihre Bildung anwortet auf Interessen, auf Bedürfnisse, wie Weinrich selbst sagt (p. 59), und die Dimension dieser Bedürfnisse ist m. E. die Dimension der vorsprachlichen Kommunikationsmedien mit ihren — oben zitierten — binären Schematismen, mit den Rastern einer »geschlossenen Binarität von Negation und Position«, in der technisch-operative und apologetische Systeminteressen sich wechselseitig stabilisieren. Eine Semantik der Gegenwortpaare wird die Ebene sprachlicher Manifestation also hinterfragen müssen (was ich in meiner Vorlage am Beispiel von *raison/déraison* versuche), und sie wird hierbei nicht ohne Hermeneutik auskommen, wie denn auch Luhmann selbst dem Fortschritt von einer strukturell-funktionalen zu einer funktional-strukturellen Systemtheorie eine »Absage an den Positivismus und ein Umsatteln auf ganz andere Methodenpostulate, etwa die der Hermeneutik«, zuordnet[3]. Strukturen lassen sich nur problematisieren, sofern man sie auf systemtranszendente Funktionen bezieht, und für die Analyse solcher funktionaler Bezugsprobleme gibt es vorerst noch keine andere Methode als die insbesondere von Collingwood entwickelte hermeneutische Logik von Frage und Antwort, die ihrerseits fortzuentwickeln wäre, z. B. im Hinblick auf funktionale Äquivalenzklassen.

---

[3] N. Luhmann, *Soziologische Aufklärung*, Oplanden 1971, p. 129.

Insofern lese ich also Weinrichs Option für einen »primär syntaktischen und nur sekundär und partiell semantischen Negativitätsbegriff« (p. 63) als implizite Problemabgabe. Eine methodologisch vergleichbare Problematik ergibt sich übrigens in der strukturalen Semantik von Algirdas Julien Greimas, wo das vielzitierte Aktantenmodell ebenfalls als Extrapolation des syntaktischen Systems angelegt ist. Es funktioniert aber nur auf der Basis einer Reduktion des zu analysierenden Textes auf ein Erzählsubstrat, so daß dieses nicht formalisierte Resümee schon alle selegierten Strukturen enthält[4]. Das Ziel, die Syntax — mit Weinrich — als metasprachlichen Bereich der Semantik zu erweisen, ist verlockend und problematisch zugleich. Es ist problematisch, weil man für eine Semantik keine deskriptiven, sondern discovery-Kategorien braucht, und angesichts der Tatsache, daß man auf Syntax-Basis bis heute derartige discovery-Kategorien nicht entwickeln konnte und auch nicht absehbar ist, ob man das in Zukunft können wird, scheint mir die hermeneutisch vermittelte Systemtheorie Luhmanns einen Ausweg zu bieten, den man einmal ausprobieren sollte.

HANS ROBERT JAUSS: *Vorselektion der Welt, im Blick auf Rousseau*

Was Niklas Luhmann über die Funktion der Negativität in sinnkonstituierenden Systemen dargelegt hat, erweckt den Anschein, als ob alles Erleben oder Handeln seine unumgängliche Selektivität gegenüber einer Weltkomplexität von unstrukturierter, noch ganz unbestimmter Offenheit zu bewähren habe. Doch wann und wo ließe sich im Weltbezug der Lebenspraxis, sei es für den Einzelnen, sei es für eine bestimmte Gruppe oder Gesellschaft, eine Situation ausmachen, die »das hohe Risiko der Selbstfestlegung im Unbestimmten« (Vorlage Luhmann, p. 205) heraufruft? Das monologische Pathos dessen, was man früher »existentielle Grenzerfahrung« nannte, wäre als Kategorie des thematisierten Selbstseins doch wohl kaum geeignet, die intersubjektive Konstitution von Sinn zu beschreiben. Sollte darum Luhmanns Beschreibung sinnkonstituierender Prozesse, wonach das Risiko der Selbstfestlegung gegenüber einer Welt unabsehbarer Möglichkeiten sogleich auch wieder durch zwei universelle Leistungen der Negation (Widerrufbarkeit und Erhaltung negierter Möglichkeiten) balanciert und tragbar gemacht wird, als die heuristische Fiktion oder als der Gegenstand funktionaler Analysen verstanden werden?

Nehmen wir Luhmanns Theorie für das erstere, so wird sie einer berühmten heuristischen Fiktion, Rousseaus Beschreibung des *état de nature* im zweiten

---

[4] Siehe hierzu die Bemerkungen von W. A. KOCH anläßlich T. TODOROVS *Grammaire du Décaméron* in *Poetica* 4 (1971), 565-572, insbesondere p. 568.

Discours vergleichbar. Das *tertium* dieses Vergleichs ist die Unbestimmtheit als Kategorie, die aus dem Abbau einer religiösen oder naturalen Teleologie folgt. In Rousseaus Theorie über den Ursprung der Ungleichheit des Menschen ist Unbestimmtheit eine anthropologische Kategorie. Im *état de nature*, auf den Rousseau den ganzen Prozeß der Geschichte wie den komplexen Zustand der Gesellschaft reduziert, bedarf der Mensch zu seinem Dasein nicht mehr als der beiden Prinzipien *conservation de soi* und *pitié* (Selbsterhaltung und Mitleid mit seinesgleichen). Der *homme de la nature* unterscheidet sich dabei aber vom Tier durch seine *faculté de se perfectionner*, womit Rousseau — wie Günther Buck zeigte — gerade nicht das Bestimmtsein durch ein Telos, sondern Unbestimmtheit als eine Offenheit im Blick hatte, die dem Menschen ermöglicht, sich je nach den Umständen und eigener Wahl zum Guten wie zum Schlechten zu entwickeln[1]. Der hypothetische Charakter des so rekonstruierten *état de nature* ist schon früh und immer wieder als Beschreibung des Anfangs der Menschheitsgeschichte und als Anlaß zur Nostalgie des *retour à la nature* mißverstanden worden. Rousseaus heuristische Fiktion eines Naturzustandes *vor* Geschichte und Gesellschaft sollte indes dazu dienen, an der Unbestimmtheit der ersten Natur des Menschen zu ermessen, in welche Bestimmtheiten seiner zweiten, gesellschaftlichen Natur er durch den Gang seiner Geschichte geraten ist. Der *homme sauvage* beschreibt nicht einen realen oder idealen Anfangszustand der Geschichte, seine hypothetische Natur läßt vielmehr via negationis erkennen, was die Geschichtlichkeit des Menschen und mit ihr den gesellschaftlichen Prozeß begründet: Sprache (statt des einfachen *cri de la nature*), Arbeit (statt spontaner Bedürfnisbefriedigung und Müßiggang), Herrschaft (seit dem ersten, Eigentum sichernden Grenzpfahl), Arbeitsteilung (seit der Erfindung von *fer et blé*), Tradition (seitdem Erfahrung vom einen zum andern weitergereicht, d. h. institutionalisiert wird). Auf diese Weise vermittelt Rousseaus heuristische Fiktion die kapitale Einsicht: was der Mensch nach Hobbes immer schon von der Natur aus war, ist er nach Rousseau erst geworden — sein gesellschaftlicher Zustand bis hin zu seiner schlimmsten gegenwärtigen Entfremdung ist nicht naturgegeben, sondern geschichtlich und damit sein eigenes Werk.

In Luhmanns Theorie der Konstitution von Sinn in gesellschaftlichen Systemen ist Unbestimmtheit wie Komplexität eine Kategorie der Welt, dergegenüber auf der Ebene menschlichen Erlebens und sozialen Handelns sinnbildende Selektionen geleistet werden müssen. Diese Unbestimmtheit wird zur heuristischen Fiktion, wenn man bedenkt, daß alle erdenklichen Möglichkeiten ja doch wohl nur einer soziologischen Universalintelligenz, nicht aber einem situationsgebundenen Verhalten zu Gebote stehen könnten. Im Weltbezug der Lebens-

---

[1] Vgl. *Poetik und Hermeneutik V*, München 1973, p. 31.

praxis muß Selektion als sinnkonstituierendes Verhalten offensichtlich als Selektion aus einer immer schon vorselegierten Welt und dementsprechend ›Sinn‹ auch als etwas verstanden werden, das aktueller Erfahrung durch Habitualisierung, Institutionalisierung oder kulturelle Tradition vorgegeben ist. Luhmanns heuristische Fiktion der freien Verfügung über unbestimmt viele Gesichtspunkte, die eine sinnvolle Selektion aus einem komplexen Angebot von Möglichkeiten erlauben, bringt in erster Linie die soziale Kontingenz der Welt, d. h. die Betrachtung des Gegebenen unter dem Gesichtspunkt anderer Möglichkeiten, wieder vor den Blick. Da ihm aber ebenso sehr daran liegt, die unbestimmte Komplexität der Welt durch selektive Systembildung auf strukturierte Komplexität zurückzuführen [2], erhebt sich die Frage, wie die Systemtheorie zwischen gegenwärtiger Sinnkonstitution und vorkonstituiertem Sinn, d. h. der im Horizont bestimmter Erwartungen und Normen vorverstandenen und ausgelegten Welt vermitteln will. Diese Vermittlung kann uns die heuristische Fiktion Luhmanns schon darum nicht ersparen, weil erst die Aufhellung der horizonthaften Begrenzung einer gegebenen Situation erlaubt, den verschiedenen Status der durch eine Systembildung negierten Möglichkeiten zu erkennen: das ausgegrenzte Andere kann sich als eine noch realisierbare (zukünftige) oder schon verwirkte (historische), als eine gleichgültige oder wünschbare, als eine vergessene oder gewaltsam vorenthaltene Möglichkeit erweisen.

Wenn die Hermeneutik von der Systemtheorie lernen kann, daß Sinn als Grundbegriff zwischenmenschlicher Erfahrung und damit auch Rezeption als Grundbegriff kultureller Vermittlung notwendig Selektion voraussetzt, so könnte die Systemtheorie ihrerseits von der Hermeneutik einigen Gewinn haben, sofern ihr daran liegt, das Verhältnis von sinnbildender Selektion und sinnhaft vorkonstituierter Welt im Horizontwandel der Erfahrung zu klären. Ein denkwürdiges Analogon der Hermeneutik zu Luhmanns Theorie der Reduktion von Komplexität datiert übrigens auch schon aus der Zeit Rousseaus. Es ist die hermeneutische Schrift von Chladenius, der nicht allein den Begriff »Sehepunkt« für die Standortgebundenheit des Historikers eingeführt, sondern auch schon die historische Aussage als »verkürzte« Aussage über die vergangene Wirklichkeit definiert und überdies angesichts der komplexen Totalität der Vergangenheit von einem Zwang zur »Verjüngung« gesprochen hat [3] — ein Begriff, der von Hegel über Marx bis Kosík die dialektische Bestimmung selektiver Prozesse in der Gesellschaftstheorie begleitet [4].

---

[2] Vgl. N. LUHMANN, *Soziologische Aufklärung*, Opladen ³1972, p. 261.
[3] Dazu R. KOSELLECK, *Über die Theoriebedürftigkeit der Geschichtswissenschaft*, in *Geschichte und Sozialwissenschaften*, ed. P. BÖHNING (6. Sonderheft der *Neuen Sammlung*), Göttingen 1972.
[4] Vgl. K. KOSÍK, *Die Dialektik des Konkreten*, Frankfurt 1967.

WOLFGANG ISER: *Konträre Leistungen der Negation*

Die von Niklas Luhmann vorgeschlagene Diskussionskategorie der Negationsketten läßt sicherlich verschiedenartige Negationstypen zu, bezieht diese aber auf eine relativ einheitliche Leistung, die von ihnen zu erbringen ist. In der Vorlage wird der Negation eine Generalisierungsleistung zugeschrieben (p. 205). In dem Aufsatz *Sinn als Grundbegriff der Soziologie* heißt es: »Sie leistet Reduktion und Erhaltung von Komplexität dadurch, daß sie das unmittelbar gegebene, evidente Erleben durchsetzt mit Verweisungen auf andere Möglichkeiten und mit reflexiven und generalisierenden Negationspotentialen und es dadurch für riskante Selektivität ausrüstet«[1]. Als »Pauschalabweisung« (ib.) ist Negation eine bestandserhaltende Operation, da durch sie negierte Möglichkeiten nicht etwa vernichtet, sondern lediglich neutralisiert werden, um so den Zugang zu ihnen – je nach Bedarf – wieder öffnen zu können. Darin gründet für Luhmann die Leistung der Negation. Diese besitzt einen doppelten Aspekt: indem die negierten Möglichkeiten parat gehalten werden, dienen sie zugleich als Hintergrund, der die Sinnselektionen der gewählten Möglichkeiten stabilisiert. Im Blick auf die Reduktion von Komplexität erfüllt die Negation in Sinnsystemen sowohl die Forderung nach Bestandserhaltung als auch die der Entlastung von Komplexität. Folglich orientiert sich ihre Leistung am Ökonomieprinzip; gewisse Ähnlichkeiten zu Arnold Gehlens Kategorie der »Hintergrundserfüllung« drängen sich auf[2].

Ein so gefaßter Negationsbegriff bezeichnet ohne Zweifel eine wichtige Organisationsstruktur; es fragt sich nur, ob die von ihr erbrachte Leistung durchweg so einheitlich ist, wie es ihre systemtheoretische Verwendung nahezulegen scheint. In vergleichsweise verwandter Form funktioniert der Negationsbegriff in dem von Alfred Schütz beschriebenen Wechsel der Relevanzen im sozialen Beobachtungsfeld, ohne dadurch schon auf eine Entlastungsökonomie festgelegt zu sein. Der Übergang etwa von der thematischen Relevanz zur Motivations- bzw. Auslegungsrelevanz bestimmt sich dadurch, daß sich das Verhältnis von Thema und Horizont verändert. Solche Umsprünge bedeuten, daß im Wechsel der Relevanz Themen fallengelassen werden, ohne daß diese verschwinden, bzw. daß Relevanzen, die bisher im Mittelpunkt standen, marginal werden, wodurch sich andere Blickpunktkonstellationen für das Beobachtungsfeld ergeben: »Wenn ich jetzt T_2 mit allen thematischen Relevanzen im Zentrum meines thematischen Feldes habe, befindet sich trotzdem T_1 am Rande als ein Thema

---

[1] J. HABERMAS / N. LUHMANN, *Theorie der Gesellschaft oder Sozialtechnologie – Was leistet die Systemforschung?* Frankfurt 1971, p. 37.
[2] Vgl. A. GEHLEN, *Urmensch und Spätkultur*, Bonn 1956, p. 61 sq.

mit seinem eigenen Recht, aber als ein zeitweise suspendiertes Thema, das in Klammern gesetzt wurde und seine volle Relevanzstruktur inaktiv und neutralisiert mit sich führt. Wir können ein solches Thema ›marginal‹ und die daran haftenden Relevanzen ›marginale Relevanzen‹ nennen. (...) Die marginalen und die aktuellen Themen konkurrieren auf der gleichen Ebene und mit ihren vollen Relevanzsystemen (die ersteren natürlich in ihrem neutralisierten Modus)«[3]. Auch hier gründet die Leistung der Suspension zunächst in der ›Erhaltung‹ der fallengelassenen Themen; doch diese dient weniger der Komplexitätsreduktion und der Bestandssicherung als vielmehr der Etablierung von Blickpunktverhältnissen im sozialen Beobachtungsfeld, durch die unterschiedliche Regulierungen der Beziehung von Thema und Horizont möglich werden.

Selbst wenn man einen solchen Negationstyp noch dem von Luhmann beschriebenen zurechnen wollte, so lassen sich dennoch ganz andersartige Leistungen der Negation ausmachen, die der bisher charakterisierten diametral entgegenlaufen. Ein solcher Negationstyp zeigt sich etwa im Bildverbot des Dekalogs (vgl. den Beitrag Jauß, p. 468 sqq.): *Du sollst dir kein Bildnis machen, keinerlei Gleichnis, weder des, das oben im Himmel, noch des, das unten auf Erden, noch des, das im Wasser unter der Erde ist.* Dieser Negationstyp ist keineswegs auf die christlichen Gebote eingeschränkt, er hält sich durch und findet gerade in der Literatur der Gegenwart seine massivste Ausprägung. Dafür sind die Negationsstrukturen im Werke Becketts ein aufschlußreiches Zeugnis, das in der Schrift mit dem eigenartigen Titel *Imagination dead Imagine* einen Höhepunkt erreicht. Die christliche Tradition zeigt, in welchem Ausmaße das Vorstellungsverbot des Dekalogs zur Bedingung dafür geworden ist, daß die Multiplikation der Bilder in ihre Unkontrollierbarkeit zu schießen vermochte. Ähnliches zeigt sich bei Beckett. Die fortwährende Negation der von den Romantexten erzeugten Vorstellungen, ja die Aufforderung an den Leser, das Vorstellungsvermögen als Ursprung solcher Bilder selbst zu negieren, setzt erst jene kolossale Produktivität an Vorstellungsmöglichkeiten frei. In diesem Negationstyp fallen gerade alle die Operationen aus, die Luhmann als Leistung der Negation für die Sinnsysteme reklamiert. Dort stabilisieren sie Kontrollen innerhalb der vorgenommenen Selektionen, hier expandieren sie nicht nur in eine kontingente Unkontrollierbarkeit, sondern verdeutlichen darüber hinaus eine eigentümliche Qualität der Negation, die sich als Ermöglichungsstruktur bezeichnen ließe. In der Perspektive der Systemtheorie reduziert Negation Weltkomplexität; in der Perspektive der angezogenen Beispiele produziert Negation eine sich der Kontrolle entziehende Vielfalt.

---

[3] A. Schütz, *Das Problem der Relevanz*, Frankfurt 1971, p. 158 sq.

Wenn aber Negation unter bestimmten Voraussetzungen sowohl Kontrollierbarkeit als auch Unkontrollierbarkeit hervorzubringen vermag, dann wird der Begriff der Negationskette problematisch, weil er bei aller zulässigen Variation von Negationstypen doch die relative Einheitlichkeit ihrer Leistung voraussetzt. Nun aber hat es den Anschein, daß die Negation ganz konträre Leistungen produzieren kann, woraus sich ergeben würde, daß Negation zwar je situativ, nicht aber im Sinne einer allgemeinen Referenz theoretisiert werden kann.

Dieter Wellershoff: *Systemrelativierung und Wahnsystem*

Wir sprechen manchmal in einer Weise über Negation, daß der Eindruck entstehen könnte, es handele sich um bloß logische oder vorwiegend bewußte Operationen. Aber ich glaube, daß die Negationen, die Luhmann in seiner Vorlage meint, nämlich die perspektivischen Abblendungen von praktisch nicht beherrschter Mannigfaltigkeit vorwiegend unbewußt und halb automatisch sind. Sie funktionieren als verinnerlichte Regulationsmechanismen im Sinne von Vorurteilen, die nicht mehr hinterfragt werden. Ihre Konstanz- und Entlastungsleistung hängt ja gerade davon ab, daß sie nicht mehr diskutiert werden. Greift man zurück auf den Sinn-Hintergrund, dem sie entstammen, dann geschieht das schon in ideologiekritischer Absicht. Man will zeigen, daß es sich hier um interessenbestimmte, partielle Perspektiven handelt, und das ist ein Angriff auf die Systemgrenzen und der Ansatzpunkt einer Negation der Negation. Aber wann geschieht das? Wie ist dafür gesorgt? Oder anders gefragt: wie kann man System und Wahnsystem theoretisch unterscheiden? Sinnkonstituierendes Erleben liegt ja auch beim Paranoiker sehr eindrucksvoll vor. Auch hier wird durch Negationsleistungen verwirrende Komplexität oder unerträgliche Realität abgewiesen und der verbleibende Erfahrungsrest dem Erwartungshorizont widerspruchslos integriert. Wenn man Strukturbewahrung als primäre Systemleistung ansieht, dann sind Wahnsysteme ideale Systeme. Indem sie keinen Durchblick auf ihren bedingenden Grund mehr zulassen, verschleiern sie sich ihre Selektivität, kennen keine Systemaußenwelt mehr und machen so ihre Aufhebung unmöglich.

Angesichts dieses Modells unmöglich gemachter Negation der Negation scheint es mir um so wichtiger, festzustellen, wo in gesellschaftlichen Systemen die Eintrittsstellen für Neues sind und wie ihre Umstrukturierung institutionell gesichert werden kann.

Dieter Henrich: *Glück und Not*

Wach leben heißt Differenzen gewahren. Eines bestimmten Ereignisses, eines Tones etwa, durch den und mit dem wir erwachen, können wir uns nur im Horizont möglicher anderer Ereignisse bewußt sein. Wissen, daß es ein Ton und daß es dieser Ton ist, heißt, ihn von anderen unterscheiden können. Und wir wissen, daß es ein Ton ist, bei dem wir erwachten, wenn wir, indem er erklang, wirklich zu Bewußtsein kamen. Die Weise, in der wir ihn als den bestimmten kennen, der er ist, würde es erlauben, ihn in Koordination mit anderen zu hören. Es ist gleichgültig, ob er dabei mit ihnen im selben Moment anhebt oder ob zwischen ihm und denen, von denen er unterschieden ist, Intervalle liegen, die in unmittelbarer Erinnerung (Husserl nannte sie Retention) in eine andere Form von Kopräsenz kommen.

Bewußtsein können wir Personen zuordnen. Wo aber Qualitäten in der Weise, die beschrieben wurde, als differente zu Bewußtsein kommen, da bleibt die Person in Distanz zu dem, was sie gewahrt. Die Menge dessen, was im Bewußtseinsfeld aufgetaucht ist, läßt sich vergrößern und reduzieren, und sie kann durch eine andere Menge ersetzt werden, ohne daß sich dadurch etwas im Gesamtzustand der bewußten Person ändert. Ihre Beziehung zu allem, was man ›Gegebenheit‹ nennen kann, bleibt konstant. Deshalb ist es auch möglich, zu solcher Gegebenheit eine ästhetische Einstellung aufzubauen. Sie unterbricht den Zusammenhang, der genetisch zwischen bewußten Diskriminationen und Impulsen zu Handlungen bestanden hat.

Anders verhält es sich in allen den Fällen, in denen in der einen oder anderen Weise der Erfahrungszusammenhang als solcher und damit als ganzer verändert wird. Das geschieht zum Beispiel in Stimmungen und Affekten, in denen auch Nähe und Distanz zur Umwelt modifiziert werden. Auch das Bewußtsein selber ist modifikabel, wie die Unterschiede zwischen wachem Zustand, Traumbewußtsein und verschiedenen Rauschzuständen zeigen. Schließlich ziehen Altersstufen sowie geographische und geschichtliche Umgebungen Lebensformen nach sich, die den Erfahrungszusammenhang alterieren.

Zu allen diesen Zuständen kann eine Distanz nur in einer zweiten Ordnung aufgebaut werden. Es ist unmöglich, sie wie Gegebenheiten kopräsent zu halten. Nur in verarbeiteter Erinnerung lassen sie sich aufeinander beziehen. Deshalb ist eine ästhetische Einstellung zu ihnen auch von ganz anderer Art als gegenüber stets distanzierbaren Qualitäten. Sie bedarf der Vergegenwärtigung des Vergangenen und möglicherweise Verlorenen. Es ist somit ein Mißverständnis der humanen Grundlage auch noch dieser Einstellung, wenn die Fähigkeit zum Wandel für sich schon Anzeichen der freien Aneignung der zweiten Dimension bewußten Lebens sein soll.

Trotz dieses Unterschieds ist aber in einer Hinsicht die Potentialität von Veränderungen in beiden Dimensionen von grundsätzlich gleicher Art: die Qualitäten, die zueinander hinzutreten oder die einander ablösen, sind in ihrer Anzahl unbestimmt. Sie sind nicht allesamt eindeutig nach Regeln aufeinander bezogen, die in der Erfahrung selber bewußt wären. Das schließt zwar nicht aus, daß sich Gesetze ermitteln lassen, denen sie folgen. Im eigenen Zusammenhang der Erfahrung können aber Gegebenheiten zu anderen in grundsätzlich beliebiger Folge treten. Landschaften und Gesellschaften können eine unabschätzbare Mannigfaltigkeit von Lebensformen freisetzen. Und auch die Zahl der Affekte und Stimmungen, die in uns Platz greifen können, ist nach keiner Regel im voraus abzusehen, obgleich sie sich für jeden einmal als faktisch erschöpft erweisen wird. Leben in der Potentialität dieser beiden Dimensionen heißt also angstfreie Verwandlung ohne Vergessen. Niemals kann Erfahrung in diesen Dimensionen zur Totalität werden, auch dann nicht, wenn dem Bewußtsein die Vergegenwärtigung lückenlos gelingt. Der einfache Grund dafür ist schon genannt: der zur Totalität notwendige interne Zusammenhang des Vergegenwärtigten ist allenfalls in einer Erklärung zu finden, nicht aber in der Weise, in der Vergegenwärtigtes der Erfahrung selber zugehört.

Daraus folgt nun, daß es notwendig ist, zumindest noch eine dritte Dimension bewußten Lebens zu unterscheiden. Wie die zweite kennt sie nicht die Distanz ohne Vergegenwärtigung; aber es ist ihr und nur ihr eigentümlich, daß sie Erfahrungsweisen der bewußten Person umfaßt, die an ihnen selbst ursprünglich aufeinander bezogen sind, die somit schon in der Erfahrung selber einen internen Zusammenhang bilden. Er hat die Form des wechselseitigen Ausschlusses, also der Korrelation zweier Negationen. Damit ist diese Dimension eine der wichtigsten Beispiele dafür, daß Strukturprobleme des bewußten Lebens mit Problemen der Negativität identisch sein können.

So stehen etwa Glück und Not in einem solchen besonderen Ausschlußverhältnis, nicht als Eigenschaften von objektivierbaren Zuständen, sondern als Selbsterfahrungen der bewußten Person. Ihr Verhältnis zueinander muß anders beschrieben werden als das von Stimmungen. Eine Stimmung macht zwar auch jede andere unerfahrbar. Sie richtet spezifische Distanzen ein und moderiert Verhalten so, daß eine Tönung allen Bewußtseins die Folge ist, die eine Kopräsenz mit einer anderen Qualität gleicher Art nicht zuläßt. Nur diffuse Stimmungslagen mit wiederum eigener Qualität sind vorstellbar. Dennoch geht die Meinung fehl, Stimmungen seien für sich schon Weisen der Erschlossenheit der Welt im Ganzen. Soweit reicht die Macht der Stimmung schon deshalb nicht, weil sie hinsichtlich der Tönung des Bewußtseins, die in ihr geschieht, die Möglichkeit zu einer expliziten Affirmation nicht hat. Sie kann nicht aus sich selbst heraus erfahren lassen, daß die Weise, in der die Welt in ihr scheint, eine Erfahrung der Welt bedeutet und eine Interpretation von ihr verlangt, welche die *wahre* ist. Dagegen sind die Erfahrungen der dritten Bewußtseinsdimension in Beziehung auf sich selber in diesem Sinne affirmativ. Und man erkennt das daran, daß sie ihre Gegenteile dementieren.

Wer in Not ist, der weiß wohl, was es heißt, glücklich zu sein. Aber dieser Zustand des Bewußtseins ist für ihn unwirklich geworden. Denn in der Not ist gewußt, daß im Glück nicht erfahren werden kann, was in Wahrheit Leben heißt. In der Not ist das Glück nicht wie dem nur entzogen, der sich unglücklich nennt und der sich nach Glück sehnt, entzogen also wie unerfülltem Verlangen die Befriedigung. Das Glück ist vielmehr *verschlossen*, wie etwas, von dem man nur weiß, ohne es noch als eine eigene Möglichkeit auffassen zu können. Denn man weiß vom Glück auch, daß es eine Affirmation von der gleichen Art zur unerläßlichen Bedingung hat, nur daß die Affirmation des Glücks die Affirmation abweist, welche die Not eigentlich erst begründet, indem sie nämlich die Wahrheit des Glücks dementiert. Denn ›Not‹ heißt hier nicht die Situation des Lebens vor naher Gefahr, der nicht auszuweichen ist. Not ist auch verschieden von einem Leid, das weiß, was Heilung wäre, ohne sie finden zu können. Auch die bewußte Person kann als solche in Not sein, — ein Zustand, in dem Leid erfahren und Gefahr erkannt ist, der aber anders als jene in sich selbst eingeschlossen bleibt, und zwar deshalb, weil er von Evidenzen für eine Deutung der Welt beherrscht ist. Diese Deutung kann, solange der Zustand dauert, überlegene Wahrheit für sich beanspruchen. Im Glück aber herrscht die entgegengesetzte Evidenz. In der Terminologie von Bedürfnis und Befriedigung läßt Glück sich nicht beschreiben, auch nicht als Zufriedenheit in letzten Strebenszielen oder als Genuß ohne den Gedanken weiterer Steigerung. Dem allen fehlt die Affirmation in einer nicht mehr hintergehbaren These über das, was überhaupt ist, welche alle Erfahrung durchherrscht. Dabei besagt die These des Glücks etwa, daß bewußtes Leben vollendbar ist, weil es in Übereinstimmung mit Grundbedingungen von allem, wovon es Kenntnis hat, ermöglicht ist. Dagegen sagt die These der Not, Vollendung finde das Bewußtsein in der einzigen Einsicht, daß die Überzeugung, es bestehe solche Konkordanz, nur die Fiktion eines fundamentalen Bedürfnisses zur Angstbewältigung ist. Die Affirmation der Not ist die Unbegründbarkeit des Weltlaufes, damit auch die Bodenlosigkeit bewußten Lebens. In solcher Einsicht kann bewußtes Leben sich noch weiter vollziehen, obgleich es sich nur noch als bloßen Ablauf zu verstehen vermag. Auch Aggression gegen sich selber kann es in solcher Erfahrung nicht produzieren. Deshalb ist Not durchaus mit Normalität im Sinne der Psychopathologie vereinbar, wie denn auch Glückserfahrung ein Krankheitssymptom sein kann. Das aber schließt wiederum gar nicht aus, daß beide Weisen der Selbsterfahrung grundlegende Möglichkeiten bewußter Personalität sind.

Solche Selbsterfahrungen ergeben sich natürlich nicht unmotiviert. Von Meinungen und begründeten Ansichten muß man sie aber strikt unterscheiden. Denn sie sind an einen Erfahrungszustand gebunden, in den sie eintreten und ohne den sie nur über die Erinnerung fortdauern können. Das in diesem Zustand Erfahrene kann ganz verschiedener Art sein. So kann Glück aufgehen beim unverhofften Anblick einer geliebten Person, mit einem endlich befreienden Wort, aus einer dauerhaft vollendeten Anstrengung, Not aber aus unwiederbringlichem Verlust dessen, was ein Leben fraglos trug, aus Unrecht, das nicht getilgt werden kann, aber auch aus alltäglicheren Erfahrungen von Dumpfheit, Enge, Leid ohne Ende oder inkommunikabler Angst. Was hier ›Glück‹ und ›Not‹ heißt, ist aber mit diesen Erfahrungen nicht identisch. Denn beide modifizieren die Motivationen, aus denen sie hervorgehen, in einen neuen Zustand. Sie universalisieren gleichsam das Bewußtsein samt seiner Erfahrung, so daß es zu sehen meint, daß nun, aus seinem Zustand, aber nicht aufgrund seiner allein, Licht falle auf alles Leben, das eigene in ihm. Nur ein denkendes Wesen kann in einen solchen Zustand kommen. Was in ihm gefaßt wird, läßt sich sogar als philosophische These beschreiben. Um so klarer muß aber auch sein, daß diese Weise von Wissen einen ganz anderen Status hat als das durch theoretische Anstrengung vermittelte. Es tritt instantan und ohne Reflexion auf Gründe und Täuschungsquellen ein. Dabei artikuliert es alles Meinen und das Selbstverständnis des Bewußtseins in eine Klarheit und Prägnanz, die für das Bewußtsein, das solche Erfahrung zum ersten Male macht, ohne Beispiel ist. Wegen dieser Prägnanz kann man sogar sagen, daß das Wissen der Not und das des Glücks in einem Figur-Grund-Verhältnis zueinander stehen. In einer solchen Formulierung ist freilich von der Konkurrenz ihrer Wahrheitsansprüche abgesehen.

Nur dort, wo eine Selbstaffirmation über eine Weltdeutung zustande kommt, sind Glück und Not wirklich eingetreten. Diese Erfahrungen der bewußten Person haben eine Funktion, die der transzendentalen analog ist. Im Unterschied zu ihr konstituieren sie sich allerdings nur zusammen mit einer *Interpretation* von Welt. Die eigentlich transzendentalen Funktionen, die es uns erlauben, eine Welt von Gegenständen überhaupt anzusprechen, setzen sie voraus. Täten sie es nicht, so könnten sie auch in der von ihnen affirmierten Weltinterpretation eine Alternative nicht explizit ausschließen. Not aber ist wesentlich Negation der Wahrheit des Glücks, wie umgekehrt die eigentliche Kraft des Glücks, der Grund seiner Intensität und des Wissens davon, daß es nicht gesteigert werden kann, nicht die Überwindung von Leid, sondern die Negation der Wahrheit der Not ist. Stimmungen können anschwellen und abklingen. Die Glückserfahrung aber ist nicht modifikabel. Das erklärt sich daraus, daß sie sich nur zusammen mit einer Einsicht konstituieren kann. Es ist bekannt, daß Urteile sich nicht nach Intensitäten ihres Wahrheitsanspruches modifizieren lassen.

Weitere Korrelationen, welche die gleiche Form wechselseitiger Negation von Thesen haben, lassen sich aufweisen. Und keine der tiefgehenden und historisch wirksam gewordenen Kontroversen der Philosophie kann man ganz durchschauen, wenn man übersieht, daß sie Wurzeln in zumindest einem Antagonismus der dritten Bewußtseinsdimension hat.

Hat man anerkannt, daß solche Antagonismen bestehen, und eingesehen, daß sie konkurrierende Wahrheitsansprüche freisetzen, so ist damit die Frage nach der Potentialität bewußten Lebens eigentlich erst gestellt. Reziproke Negationen von Wahrheitsansprüchen schließen es nämlich aus, den Menschen dazu zu ermutigen, in einer einmal etablierten Evidenz zu verharren. Das käme für jeden, der den Antagonismus der Ansprüche einmal erfaßt hat, auf die Ermutigung zur Aufgabe des Wahrheitsanspruches selber hinaus. Ohne ihn sind aber die Bewußtseinszustände der Dimension, zu der er sich verhalten will, nicht denkbar und somit auch nicht einmal möglicherweise existent. Man würde ihn also nur aus dem Lebensproblem seines Bewußtseins hinauskomplimentieren. Mehr als bloß verbale Zustimmung könnte man von ihm dann nicht mehr erwarten. Aus dem gleichen Grunde schließt auch die Vorstellung zu kurz, es könne die Bereitschaft zum Aufbruch in neue Bewußtseinsstellungen oder gar der neugierige Wechsel der Erfahrungsevidenzen angeraten werden. Bereitschaft zum Wandel allein verkennt die Bedingungen, unter denen ein Wandel geschehen könnte. Ein Versuch, Bewußtseinszustände nur zu explorieren, würde schon deshalb mißlingen, weil sie sich ihres transzendentalen Charakters wegen gar nicht in der Weise kopräsent machen lassen wie Gegebenheiten und Stimmungen in der Vergegenwärtigung. Jeder von ihnen fixiert das Bewußtsein in einer Evidenz und in einem Anspruch. Lebensbereicherung durch bloße Kollektion von Erfahrungen läuft auf nichts anderes als auf den Versuch hinaus, solchen Ansprüchen und damit der Problematik der Lebenserfahrung im Ganzen zu entkommen. Dieser Versuch scheitert mit Sicherheit. Denn er kann nur zu einer Stabilisierung der Erfahrung in der zweiten Bewußtseinsdimension führen, mittels deren alle Fragen der dritten ins Unartikulierbare verdrängt werden sollen, wo sie im übrigen unverändert fortwirken.

Die Aufgabe, die aus der Entdeckung sich wechselseitig negierender Bewußtseinsstellungen hervorgeht, kann nur auf eine Weise gelöst werden: Es muß sich die Einheit eines Weges durch diese Stellungen verstehen lassen und mit ihr muß ein Wahrheitsanspruch hinsichtlich einer Weltinterpretation verbunden werden können, der die antagonistischen Wahrheitsansprüche der Bewußtseinsstellungen aufnimmt, sie also in ihrer Möglichkeit und Motivation kohärent begreift, ohne sie weiterhin noch affirmieren zu müssen. Es ist eine alte Menschheitsidee, daß die Wahrheit über das Leben der Menschen ebenso wie über die Natur der Sterne in der Einsicht in seinen *Cursus*, seine Bahn zu suchen sei. Sie hat einigen Hochreligionen die Frage aufgegeben, der sie antworten wollten. Unter Bedingungen einer Untersuchung, die sich nicht mehr Autoritäten zu verantworten hat, hat die Philosophie dieselbe Frage übernommen. In dem, was ihre Tradition heißen kann, ist sie eines ihrer wichtigsten Motive, nach wie vor auch das Motiv, das ihr am ehesten ein Auditorium sichert. Platons Lehre, daß der Aufstieg zur Wahrheit notwendig über eine Stufenfolge von Verfehlungen gehe, folgen ihm ebenso wie Hegels Phänomenologie, Kierkegaards Lehre von den Stadien auf dem Lebenswege, somit die gesamte sogenannte Existenzphilosophie, und selbst noch gewisse Varianten der modernen Untersuchung über Theorienreduktion.

Diese Formen philosophischer Untersuchung haben eine Korrespondenz zu den Aufgaben des bewußten Lebens, nachdem es Erfahrungen von Not und Glück gemacht hat. Ist einmal ihre Spiegelbildlichkeit und wechselweise Negativität erkannt, so kann sich kein Verständnis mehr vollständig in einer der beiden Erfahrungen festmachen. Es mag sogar sein, daß die Erfahrungen selber nicht mehr in alles umfassender Klarheit zurückkommen können. Dann wird die Versuchung zu nurmehr distanzierter Betrachtung ehemals identifizierten Bewußtseins naheliegen. Sie geht mit einer Lebensform zusammen, die nicht nur im Sinne der äußeren Lebensbewältigung als Arrangement zu beschreiben wäre. Damit ist aber die durch die Erfahrungen bewußten Lebens gestellte Aufgabe suspendiert, ins Vage und zu dem beiseite gestellt, was der Kluge nicht anrührt, wenngleich er es damit auch anerkennt. Diese Suspension, nicht nur stärkere Bindung durch frühere Entscheidungen, mag es erklären, daß mit wachsenden Jahren die Entfaltung des Menschen zur Personalität einfrieren kann. In Wahrheit ist aber höhere Aktivität von ihm verlangt. Sie ist Voraussetzung dafür, daß komplexe Erfahrungsweisen eintreten können, in die die vergangenen antagonistischen Einsichten ohne Reduktion, aber auch ohne Prägnanzverlust für die Gegenwart eingehen. Die Weisheitslehren vieler Kulturen haben eine solche Erfahrungslage zur einzigen Adresse. Ohne die Vorbereitung, deren Bedeutung sie selbst auch stets betonen, bleiben sie somit unverständlich.

Inzwischen ist offenkundig geworden, daß es unmöglich ist, die Erörterung eines Problems solcher Größenordnung an dieser Stelle aus hinweisender Rede zu befreien. Es wäre nötig, sie in den Zusammenhang einer Theorie des Bewußtseins zu bringen. In ihr wäre unter anderem auszumachen, welche Bedingungen der Möglichkeit einander opponierter Bewußtseinsstellungen vorausliegen, — Gründe dafür, daß Bewußtsein offenbar wesentlich mit Zuständen, deren Partialität es doch kennt, identifiziert ist.

Nur ein Aspekt jeder Lehre vom Lebensweg soll noch erwähnt sein: sie begründet Achtung vor dem nicht vollendeten Leben. Leibliches Leben ist durch Krankheit deformierbar und oft durch Gewalt oder Zerfall früh zerstört. Das

Bewußtsein selber kann durch Krankheit reduziert, durch Umstände und auch durch fremde Interessen behindert und verkümmert werden. Not war und ist noch immer die weitaus häufigere Affirmation als Glück. Gäbe es nicht Grund, überzeugt zu sein, daß auch noch die letzte Affirmation des Menschen in der Katastrophe seines Lebens und einer geschichtlichen Epoche in eine Kontinuität mit der befreienden Wahrheit zu bringen ist, nichts wäre adäquat, als die Verzweiflung mit allen Verlorenen zu teilen. Und das geschieht in gewisser Weise auch dort, wo man nur aus dem Bewußtsein lebt, für seinen Teil — und sogar gut — davongekommen zu sein.

Aus solchen Überlegungen kann die Kunst, insbesondere die Literatur, ein Argument zu ihrer Funktionsbestimmung ziehen. Wir werden uns leicht davor hüten können, sie auf die Rolle der Lebenshilfe zu reduzieren. Ihr ästhetischer Status und ihre historische Leistung als Explorateur von Erfahrungsmöglichkeiten wären damit auf sehr triviale Weise abhanden gekommen. Andererseits darf man auch nicht übersehen, daß, sofern die historischen Bedingungen gegeben waren, Literatur auch im höchsten Kunstsinne Evidenzen verlorenen Lebens sprechend gemacht und vor die Frage nach der Einheit des Lebensweges gezwungen hat. Hölderlins Kunstprogramm, um nur eines zu nennen, war ganz aus dieser Absicht hergeleitet.

Jedenfalls ist es nicht die Freude an der Fiktion, am Spiel ungebundener Potentialität rein für sich, die uns solchen Werken der Literatur folgen läßt. Schon gar nicht ist es ihr Beitrag zur politischen Aufklärung oder zu dem, was jüngst ›Erweiterung des Bewußtseins‹ geheißen hat. Solche Aufgaben können analytische Texte und psychotomimetische Drogen weit besser wahrnehmen. Der analytische, auch der philosophische Diskurs bleibt aber zwangsläufig evidenzschwach, wenn er versucht, in die Welterfahrung von Bewußtsein hineinzuziehen, das nicht ohnehin das eines jeden ist. Literatur aber, gerade weil sie fiktionale Texte produziert, hat Glück und Not, und alle Vervollständigungen des Lebens im Blick auf sie, evidenzstark artikulieren können. Nicht aus Zufall sind gerade Philosophen wie Platon, Rousseau, Hegel und Kierkegaard, die ihr Werk solchen Lebensproblemen unterstellten, auch in keiner Geschichte der Literatur zu übergehen.

5. FIKTION UND NICHTFIKTION

Manfred Fuhrmann: *Die aristotelische Lehre vom Wirklichkeitsbezug der Dichtung*

Karlheinz Stierle geht in seiner Vorlage — nach Wittgenstein u. a. — von einer Zweiteilung aus: von pragmatischen und fiktionalen Texten (oder Sprechhandlungen); nur in pragmatischen Texten sei der darin behaupteten ›Sachlage‹ ein (realer) ›Sachverhalt‹ zugeordnet, in fiktionalen Texten hingegen nicht oder nur in der Brechung eines ›Als-ob‹. Mir scheint, daß dieses Schema die tatsächlichen Gegebenheiten in einer allzu rigorosen Weise simplifiziert: das Verhältnis zur Wirklichkeit ist sowohl bei fiktionalen (oder besser literarischen) als auch bei pragmatischen (oder besser nichtliterarischen) Texten von weitaus komplizierterer Art — man trifft hier wie dort eine Vielfalt von Modalitäten an.

Ich erinnere, um diese geläufige Auffassung für literarische Texte zu illustrieren, an die Lehren des 9. Kapitels der aristotelischen *Poetik*. Aristoteles unterscheidet dort zunächst Wirkliches und Wahrscheinliches; er fügt später die Kategorie des Wunderbaren hinzu. Da er das Wirkliche der Nicht-Poesie (z. B. der Geschichtsschreibung), das Wahrscheinliche hingegen und unter bestimmten Voraussetzungen auch das Wunderbare der Dichtung zuweist, mag man die Modalitäten des Wahrscheinlichen und des Wunderbaren unter die Kategorie des Nichtwirklichen subsumieren und so die Zweiteilung Stierles in dem terminologischen Gewande ›wirklich — nichtwirklich‹ wiederfinden — hiermit täte man indes der eigentlichen Absicht des Aristoteles entschieden Gewalt an. Schon der Begriff des Wahrscheinlichen deutet ja (anders als die Fiktion) auf einen kräftigen Bezug zur Realität, und überdies hält Aristoteles das Wahrscheinliche für ›wahrer‹ — also, nach Maßgabe der Mimesis: für wirklichkeitsgetreuer — als das Wirkliche. Er läßt sich nämlich in seinen Darlegungen über den Wirklichkeitsbezug der Dichtung nicht allein von den ›objektiven‹ Gegebenheiten, d. h. davon bestimmen, wie ein Dichtwerk sich tatsächlich zur Realität verhält; da es ihm zuallererst darauf ankommt, daß die Dichtung die ihr je nach Gattung eigentümlichen Wirkungen erzielt, blickt er auch auf die ›subjektive‹ Seite des Problems: er fragt, ob ein Stoff, der wahrscheinlich oder wunderbar sei, auch vom Publikum dafür gehalten werde; er stellt fest, daß Divergenzen möglich sind; er will im Falle einer solchen Divergenz der Perspektive des Publikums den Vorrang eingeräumt wissen. So erklärt sich der paradoxe Satz, den er in den Kapiteln 24 und 25 der *Poetik* vorbringt; das Unmögliche, aber Wahrscheinliche sei besser als das Mögliche, aber Unwahrscheinliche. Da somit die subjektive Perspektive den objektiven Befund überlagert, erhält die Skala der Modalitäten des Wirklichkeitsbezuges folgendes Aussehen:

	möglich, z. T. unmöglich	unmöglich, z. T. möglich
wirklich —	—	
	wahrscheinlich, glaubwürdig	unwahrscheinlich, unglaubwürdig, wunderbar

Nun muß man — wenn man die Lehre des Aristoteles einigermaßen vollständig wiedergeben will — noch hinzufügen, daß die Modalitäten ›wirklich‹ und ›wahrscheinlich‹ einander nicht unbedingt ausschließen: manches Wirkliche (z. B. historische Stoffe — Aristoteles hielt insbesondere die mythischen Sujets der Tragödie für historisch) ist so beschaffen, daß ihm der höhere Wirklichkeitsgrad der Wahrscheinlichkeit zukommt.

Soviel über literarische Texte. Da sich auch in nichtliterarischen Texten vielerlei Verhältnisse zur Realität dokumentieren können (abgesehen davon, daß alle Umsetzung von Realität in Sprache ›deutet‹, kommen hier, z. B. bei der politischen Rede, mancherlei Strategien der Überredung in Betracht, die sich nicht einfach als Lüge klassifizieren lassen), ist, scheint mir, die Zweiteilung pragmatisch-fiktional unbrauchbar. Es gibt demnach keinen spezifischen Negationsgebrauch in fiktionalen Texten: jede Negation ist gewissermaßen Fiktion (die Realität enthält nur Seiendes, nicht auch Nicht-Seiendes), mag sie nun in einem literarischen oder einem nichtliterarischen Text begegnen.

WOLFGANG PREISENDANZ: *Sachverhalte in Fiktionen*

Ohne die Folgerungen in Erwägung zu ziehen, die sich für Karlheinz Stierles Darlegung des Gebrauchs der Negation in fiktionalen Texten ergeben könnten, möchte ich einiges zu seinem Konzept der Fiktionalität von Texten zu bedenken geben. Die Frage ist, ob und inwiefern sich die eindeutigen Textmerkmale, die Stierle für die Fiktionalität narrativer Texte in Anspruch nimmt, als eine unterscheidende Qualität für den Leser bzw. Zuhörer abzeichnen. Dabei mag es nützlich sein, von Texten auszugehen, deren Fiktionalität nicht bereits von vornherein durch Titel, Gattungsetikett oder anderes deklariert oder signalisiert ist. Als zum Beispiel vor einigen Jahren Sartres *Les mots* erschien, kam es sogleich zu einer Diskussion, ob es sich da um eine eigentliche Autobiographie von einigermaßen romanhaftem Gepräge oder um einen trotz autobiographischem Substrat veritablen Roman handle, ob also fiktional oder pragmatisch erzählt werde. Natürlich gilt die Frage: romanhaft anmutende Autobiographie oder autobiographisch angelegter Roman? für einen ganzen, eben mit dieser Frage markierten Werktyp. Nach Stierles, von Wittgenstein hergeleiteter Konzeption müßte diese Frage nun eindeutig entscheidbar sein, indem man feststellt, ob die

Sachlagen des Textes einen Sachverhalt abbilden oder ob der Sachverhalt lediglich, in Gestalt eines Schemas, supponiert ist. Aber wie entdeckt man das? Läßt sich darüber vom Text selber her definitive Auskunft gewinnen? Schlägt sich die Bindung hier an einen Sachverhalt, dort an das Als-ob eines Sachverhalts in unverkennbaren, weil nur alternativ realisierbaren und erwartbaren Textmerkmalen nieder? Ich kann mir das nicht vorstellen. Ob es sich bei *Les mots*, bei Bunins *Am Anbruch der Tage*, bei Tolstojs *Kindheit, Knabenjahre, Jugendzeit*, bei Kellers *Grünem Heinrich*, bei Dostojewskijs *Aufzeichnungen aus einem Totenhaus*, aber auch bei einer Anekdote, einer vorgetragenen oder aufgezeichneten Geschichte um fiktionales oder nichtfiktionales Erzählen handelt, kann doch wohl kaum auf rein erzähltheoretischem Wege, ohne anderweitige Kontrollen oder Recherchen (z. B. durch den Vergleich der Sachlagen im Text mit biographischen, historischen Fakten) zur Gewißheit werden. Auch Signale wie Genre, Schreibart, Erzählstrategien können nur zu Vermutungen führen. Ob also der Text, als pragmatischer, einem Sachverhalt zugeordnet ist, oder ob er, als fiktionaler, nur so verfaßt ist, nur so tut, als ob er einem Sachverhalt zugeordnet wäre, scheint mir für die Frage der konkreten Wahrnehmung und Beschreibung von Fiktionalitäten bzw. Nichtfiktionalitäten ziemlich unerheblich zu sein. Mir ist nicht klar, wie sich der im Referentiellen liegende Unterschied, auf den Stierle ausschließlich abhebt, gleich dem Geschlechtsunterschied in primären, in kategorischen, überhistorischen Merkmalen der Textverfassung manifestieren soll.

Im Gegensatz zu einer textontologischen Bestimmung der Unterscheidbarkeit von fiktionalem und nichtfiktionalem Kommunikationsmodell würde ich also dennoch nach den historisch-empirischen Bedingungen fragen, unter denen sich fiktionale und nichtfiktionale Texte voneinander abheben. Die — gewiß nicht restlos zuverlässigen und eindeutigen — Kriterien lägen dann nicht in erster Linie in einem theoretischen Konzept, sondern in der Relation eines Textes zur jeweiligen semantischen und kommunikativen Situation, zum jeweiligen System und Funktionszusammenhang der Textarten, Gattungen, Medien, Kommunikationsformen. Operable Kriterien müßten dann gerade auf der Ebene des — stilistisch, textformal, kontextuell, historisch-gesellschaftlich — Beobachtbaren ermittelt werden, nicht auf der Ebene einer hinter der Manifestationsebene liegenden Sprechhandlung. Dem Tatbestand, daß in Heines *Reise von München nach Genua* im Gegensatz zu Goethes *Italienischer Reise* und entgegen dem unmittelbaren Eindruck einem Sachverhalt lediglich das Schema eines Sachverhalts supponiert ist, kommt man überhaupt erst auf die Spur, wenn man zuvor den Status der Fiktionalität durch anderweitige (stil-, form-, gattungs-, epochengeschichtliche) Beobachtungen erschlossen hat. Fiktionalität und Nichtfiktionalität mögen mithin konzeptuell Funktionen der Alternative Sachverhalt — Schema sein; aber das scheint mir praktisch belanglos zu sein. Praktisch bleibt die Erzeugung wie der Eindruck von Fiktionalität bzw. Nichtfiktionalität Funktion historischer Vorausetzungen und Verhältnisse.

Mitbetroffen von diesen Einwendungen ist die These, der Sachverhalt des fiktionalen Textes sei — als Schema und wegen seines konzeptuellen Charakters — ein Produkt der Sprache und nicht deren Ausgangspunkt. Gerät man da nicht in die gleiche Schwierigkeit wie bei der seit Freud strittigen Frage, ob der Witz eines Witzes gänzlich der Sprache verhaftet sei oder ob er eine vorsprachliche Stufe habe? Man denke daran, daß es von Romanen verschiedene Fassungen, von Anekdoten verschiedene Versionen gibt. Darf in solchen Fällen der Kontingenz strukturierende und perspektivierende, die Sequenz der Sachlagen seligierende Sachverhalt ein ausschließliches Produkt der Sprache genannt werden? Muß man nicht — in Analogie zur linguistischen Unterscheidung von idealem, potentiellem Text und aktuellem Text — einen potentiellen Sachverhalt (die »mögliche Welt« der Poetik des 18. Jahrhunderts!) annehmen, der, auch konzeptuell, nicht ein Produkt der Sprache ist, sondern Sprache als Komplement hat? Was Freud als Tagtraum beschreibt, darf sicher nicht für ein Produkt der Sprache gehalten werden, kann aber der narrativen Fiktion oder mindestens bestimmten Fiktionen der Trivialliteratur sehr wohl an die Seite gestellt werden. Ich bezweifle, daß ein fiktionaler Text deshalb in einem anderen, radikaleren Sinn ein Produkt der Sprache sei, weil in ihm der Sachverhalt konzeptuellen Charakter hat und weil folglich das Moment der vorsprachlichen Selektion anders gelagert sei als in äquivalenten pragmatischen Texten. Insistieren muß ich auf diesem Zweifel, weil es, sollte er berechtigt sein, keineswegs essentielle Konsequenzen hätte, ob sich der Verfasser auf einen aktuellen (vorliegenden, oktroyierten) oder auf einen potentiellen (vorgestellten, entworfenen) ›Sachverhalt‹ bezieht: was wiederum dagegen spräche, statt auf einer nur relationalen, auf einer kategorischen, textontologischen Unterscheidbarkeit von Fiktionalität und Nichtfiktionalität zu bestehen.

KARLHEINZ STIERLE: *Fiktion, Negation und Wirklichkeit*

Die vorstehenden Überlegungen von Wolfgang Preisendanz zu meiner Vorlage beziehen sich in erster Linie auf meinen Begriff der Fiktionalität. In der Tat hängen von diesem alle weiteren Überlegungen zum Gebrauch der Negation in fiktionalen Texten ab. Preisendanz führt bei seiner Argumentation Texte aus dem Grenzbereich zwischen Fiktionalität und Nichtfiktionalität an, dem ich mich entzogen hatte, weil mit ihm eine Reihe sehr schwieriger texttheoretischer Probleme verbunden sind. Doch meine ich, anders als Preisendanz, daß eine zureichende Explikation des Konzepts der Fiktionalität auch zu diesem Bereich allererst einen methodisch gesicherten Zugang verspricht. Meine Absicht war es, zunächst einmal einen idealtypischen Begriff von Fiktionalität zu konstruieren. Dafür schienen mir die Begriffe von Sachlage und Sachverhalt einerseits, der Begriff der fiktionalen Kommunikationssituation andererseits eine tragbare Grundlage abzugeben. Meine Frage war also: welche Merkmale bestimmen die Fiktionalität? und nicht: wie stelle ich diese Merkmale am gegebenen Text fest? Im einzelnen werden sich sowohl Fälle finden lassen, wo die Inkongruenz von Sachlage und Sachverhalt sich empirisch aufweisen läßt, andere, wo, wie etwa bei Märchen, die Irrelevanz der Frage nach dieser Kongruenz in die Augen springt. Ist aber eine solche Inkongruenz aufdeckbar, was voraussetzt, daß eine Übereinstimmung von Sachlage und als wirklich gedachtem Sachverhalt zumindest für möglich erachtet wird, so scheint mir dieser Befund keinesfalls irrelevant. Es stellt sich dann nämlich konkret die Frage nach Lüge, Irrtum oder Fiktion, und von der Beantwortung dieser Frage hängt Entscheidendes für die Einstellung eines Lesers zu einem gegebenen Text ab. Ich gehe davon aus, daß der Rezipient eines Textes über verschiedene Einstellungsweisen je nach vorausgesetzter Fiktionalität oder Nichtfiktionalität verfügt. Möglich bleibt dabei im konkreten Fall immer, daß der Leser unter falschen Voraussetzungen steht. So kann er einen fiktionalen Text als nichtfiktionalen auffassen, was, wie man aus einem klassischen fiktionalen Text weiß, der gerade dieses Versehen zum Gegenstand hat, gelegentlich unerfreuliche Folgen zeitigt. Andererseits aber ist jeder nichtfiktionale Text als fiktionaler lesbar. Gerade an den nicht adäquat erfaßten Kommunikationen wird das Einstellungsschema selbst, das in der gelungenen Kommunikation auch durch die Sache fundiert ist, sichtbar.

In der konkreten Anwendung hat die idealtypische Konstruktion der Fiktion, wie ich sie versucht habe, ihre Schwierigkeiten, das kann ich Preisendanz nicht abstreiten. Die Frage ist nur, welches Gewicht man diesen Schwierigkeiten beimessen will. Sicher ist reine Fiktion, die nicht zumindest punktuell mit der gewußten und erfahrenen Welt zusammenhängt, undenkbar. Das für die Fiktion darin liegende Problem, daß sie ihren Boden, in welcher Weise auch immer, in einer als wirklich erfahrenen Welt hat, stellt sich als besonders anschaulich und dringlich in der Frage nach dem Verhältnis von Fiktion und Faktizität im historischen Roman. Der historische Roman ergreift Momente einer kollektiven Erfahrung und eines kollektiven Wissens, indem er diese zu anschaubaren Sinnfiguren verdichtet. Schon die vergangene Wirklichkeit selbst hat die Tendenz, sich in der *mémoire collective* zu Sinnfiguren zusammenzuschließen. Unter den Bedingungen eines historisch situierbaren Vorverständnisses von Geschichte entfaltet der historische Roman diese Sinnfiguren durch freie Besetzung, die die Funktion hat, die aus der Wirklichkeit gewonnenen Sinnfiguren durch Überschreiten der Wirklichkeit zu vertiefen, zu interpretieren, zu kritisieren, sie zum Gegenstand einer eigenen Aufmerksamkeitsbewegung zu machen. Die Frage stellt sich dabei jeweils neu nach dem Verlauf der Scheidelinie zwischen historischer Gegebenheit und fiktionaler Ausfüllung. Wenn der historische Roman einerseits gebunden ist an die einer *mémoire collective* gegebenen Fakten und Ereignisse, so ist sein Spielraum der einer Interpretation von Geschichte durch fiktionale Erfüllung von Leerstellen zwischen der *mémoire collective* gegebenen Ereignissen und Verläufen. Doch gilt auch für den historischen Roman wie für jeden fiktionalen Text, dessen Aussagen damit noch nicht ›widerlegt‹ sind, daß sie durch eine verbürgte Wirklichkeit nicht abgedeckt werden, die Forderung der Konstruktivität der Konzepte, aus denen die narrativen Manifestationen sich entfalten. Wenn Fiktion generell bestimmt ist als Inkorporierung von Konzepten, dann ist eine ihrer Möglichkeiten, daß solche Konzepte in einer historischen Welt inkorporiert werden. Die Geschichte ist dann der Horizont der Fiktion. Dieser ist von außen gegeben, nicht aber die Artikulation innerhalb dieses Horizonts. Was für den historischen Roman gilt, gilt für Fiktion allgemein. Jede Fiktion ist in ihrem Kombinationsspielraum spezifisch eingegrenzt. Die Bedingungen dieser Eingrenzung finden ihre Legitimation jeweils neu und historisch verschieden in der Poetik, die ihnen zugrunde liegt.

Der Einwand von Preisendanz, daß Fiktionen nicht notwendig an ein Kommunikationsmedium gebunden und in diesem fundiert sind, läßt sich nicht bestreiten. Er bedarf aber, wie mir scheint, der Modifikation. Fiktionen solcher Art sind zunächst rein subjektive Fiktionen, die im Gegensatz zu Sachverhalten so lange keinen intersubjektiven Status haben, wie sie nicht an ein Kommunikationsmedium gebunden und damit überhaupt erst nachvollziehbar sind. Ist einmal das fiktionale Schema eines Sachverhalts durch sprachlich artikulierte Sachlagen kommunizierbar geworden, dann ist damit zugleich allererst die Möglichkeit gesetzt, daß das Schema eines Sachverhalts als Fiktion sich freisetzt von dem es fundierenden Kommunikationsmedium und damit Ausgangspunkt werden kann für eine unabsehbare Reihe neuer sprachlicher Kommunikationen. Doch ist diese sekundäre Autonomie der Fiktion gegenüber ihrem Kommunikationsmedium begründet in einer primären Abhängigkeit von diesem. Irgendwann etwa mußte ein Mythos erstmals sprachlich oder piktural artikuliert werden, ehe er in die Geschichte seiner Rezeptionen und Reproduktionen überführt werden konnte.

HARALD WEINRICH: *Fiktionssignale*

Ich bin mit Karlheinz Stierle der Ansicht, daß die von der Literaturwissenschaft immer wieder unternommenen Versuche, zwischen Dichtung und Nichtdichtung, Literatur und Nichtliteratur zu unterscheiden, als fehlgeschlagen angesehen werden müssen. Ich stimme ihm jedoch nicht zu in der Erwartung, daß dieser Unterscheidungsversuch bei der Paarung Fiktion/Nichtfiktion bessere Chancen des Gelingens hat, gleich ob auf der Ebene der sprachlichen Äußerung oder auf der »dahinterliegenden« Ebene der Sprechhandlung (wenn man diese Unterscheidung überhaupt machen will). Zwar gibt es zweifellos Texte, die eindeutig nichtfiktional sind. Gesetzestexte sind von dieser Art. Wehe dem, der versucht, ein Gesetz als Fiktion zu nehmen: die Gesellschaft duldet es *bei Strafe* nicht. Auf der anderen Seite gibt es ferner zweifellos Texte, die nach allgemeiner Übereinstimmung eindeutig fiktional sind. Märchen und Fabeln gehören zu dieser Gruppe von Texten. Nicht einmal *zum Spaße* lassen wir uns von deren Fiktionen täuschen.

Aber zwischen diesen Extremen gibt es eine weite Skala anderer Textsorten, bei denen nicht mit einem Blick, jedenfalls nicht auf den ersten Blick, entschieden werden kann, ob es sich um fiktionale oder nichtfiktionale Texte handelt. Sartres *Les Mots* (ich rechne diesen Text absichtlich nicht einer bestimmten Gattung oder Textsorte zu) mag als ein Beispiel für viele aus dieser weiten Skala stehen.

Auf welcher Erfahrungs-Grundlage läßt sich überhaupt über die Fiktionalität oder Nichtfiktionalität eines realen Textes etwas aussagen, eindeutig oder nicht eindeutig? Woher weiß der Leser eines Textes, wie er mit diesem Text umgehen soll? Manchmal gibt der Autor (Gesetzgeber, Dichter . . .) dem Text zum Nutzen des Rezipienten eine ausdrückliche Gebrauchsanweisung mit, indem er beispielsweise die Textsorte nennt, und wir können dann schon aus der Bezeichnung »Märchen von . . .« oder »Gesetz über . . .« mit einiger Sicherheit entnehmen, daß es sich in dem einen Fall um einen fiktionalen und in dem anderen Fall um einen nichtfiktionalen Text handelt. Aber gelegentlich werden diese Gattungsbezeichnungen auch zur Täuschung benutzt, und der Rezipient tut gut daran, auf weitere Signale im Text zu achten, an denen er sich im Fortgang der Lektüre orientieren kann. Tatsächlich sind Texte, ganz gleich welcher Textsorte oder literarischen Gattung sie angehören, in der Regel von solchen — manifesten — Orientierungssignalen durchsetzt. So geht etwa von der Formelhaftigkeit der Gesetzessprache eine ständig erneuerte und bekräftigte Lese- und Handlungsanweisung aus, die dem Leser an keiner Stelle seiner Lektüre Zweifel über die Ernsthaftigkeit und Folgenhaftigkeit des Textes beläßt. Umgekehrt sparen die Verfasser fiktionaler Texte, zumal am Textanfang, nicht mit Signalen, die dem Leser eine gewisse Distanz und Heiterkeit als adäquaten Modus der Rezeption nahelegen. Wenn z. B. der *Don Quijote* mit dem Satz beginnt: *An einem Ort der Mancha, an dessen Namen ich mich nicht erinnern will ...*, so darf der aufmerksame Leser bei der Negation in diesem Einleitungssatz ruhig stutzen und sie, zumal wenn noch weitere Negationen folgen, als Signal für den fiktionalen Charakter des Textes nehmen. Die verhältnismäßig genaue Lokalisierung in der spanischen Geographie (»Mancha«) in den ersten Worten des Buches, die beim Leser die Spur einer nichtfiktionalen Erwartung erzeugt haben mag, wird dadurch fortgewischt. Eine solche Mischung von Signalen, die teils auf Fiktionalität, teils auf Nichtfiktionalität deuten, ist charakteristisch für viele Texte, und der Leser muß ihre Bedeutung und Geltung abwägen, um schließlich im Laufe oder auch erst am Ende der Lektüre ein Urteil fällen zu können des Inhalts, daß dieser Text insgesamt oder vorwiegend entweder dem Bereich der Fiktion oder der Nichtfiktion zuzurechnen ist. In vielen Fällen aber muß das Urteil in der Schwebe bleiben. Diese Ambivalenz kann sehr reizvoll sein.

Es ist nun sicher kein Zufall, daß unter den Signalen der Fiktion gerade die Negation, wie in dem zitierten Eingangssatz des *Don Quijote*, eine verhältnismäßig starke Signalwirkung hat. Denn in den meisten Situationen wird man beim hörenden oder lesenden Kommunikationspartner die allgemeine Erwartung einer gemeinsamen Realitätsbasis für Umwelt und Buchwelt als normal annehmen können. Es bedarf dann besonderer Signale, um ihn aus dem Raum dieser Erwartung hinauszuführen in ein fernes und möglicherweise sehr fremdes Reich der Phantasie und Fiktion. Diese Umorientierung des Rezipienten kann wohl mit einer Negation eingeleitet werden. Denn die Negation hält immer eine Erwartung an.

So beginnt auch Max Frisch seinen Roman *Stiller* mit dem desorientierenden Satz: *Ich bin nicht Stiller*.

Siegfried J. Schmidt: *Fiktionalität als texttheoretische Kategorie*

Karlheinz Stierle geht in seiner Vorlage davon aus, daß es auf der »linguistisch beobachtbaren Ebene der sprachlichen Manifestation kein Kriterium [gibt], das es erlaubt, fiktionale von nichtfiktionalen Texten zu unterscheiden«. Unterscheidbar werden die beiden Textsorten erst auf der Ebene der Sprechhandlung, auf der fiktionale Sprechhandlungen »den Bedingungen einer eigenen fiktionalen Kommunikationssituation« unterliegen. Wichtig ist Stierles Hinweis, daß fiktionale Texte im weitesten Sinne an das kommunikative Schema der Aussage gebunden sind, woraus folgt, »daß aussagenfreie Textkonstitution nicht in den Bereich der fiktionalen Texte fällt« (alle Zitate aus der Vorlage Stierle, p. 235). Nach diesen Prämissen konzentriert sich Stierle primär auf aussagentheoretische Aspekte und versucht, fiktionale Kommunikation dadurch zu kennzeichnen, »daß einer Sachlage bzw. einer Sequenz von Sachlagen kein Sachverhalt zugeordnet ist«, daß folglich in der Fiktion die Aussage als sie selbst thematisiert wird.

Mir scheint, daß man auf diesem Wege — ohne vorherige Klärung des Status ästhetischer Kommunikation insgesamt — leicht in philosophische Aporien gerät; denn Fiktionalität hat m. E. nicht *unmittelbar* etwas mit der Wahrheit oder Falschheit von Aussagen zu tun. Fiktionalität kennzeichnet auch nicht direkt Aussagen und deren Verhältnis zu Sachverhalten — seien diese nun Ausgangspunkt eines Textes oder dessen Produkt (cf. p. 238). Fiktionalität kennzeichnet auch nicht in erster Linie eine Verdoppelung der Rollen von Sender und Empfänger oder die Abstraktheit des Kommunikationsgegenstandes. Fiktionalität kennzeichnet vielmehr zuerst den Gesamtprozeß ästhetischer Kommunikation hinsichtlich seiner (historisch entstandenen) Einschätzung in einer und durch eine Gesellschaft.

Diese Einschätzung der ästhetischen Kommunikation ist zunächst durch verschiedene Kriterien zu kennzeichnen: so etwa durch das Fehlen unmittelbarer vitaler und/oder sozialer Sanktionen im Bereich ästhetischer Kommunikation (im Unterschied zu politischen oder ökonomischen Kommunikationssystemen); durch das Kriterium der Freiwilligkeit, sich an ästhetischer Kommunikation zu beteiligen; durch das Kriterium der Erfordernis von Kenntnissen bestimmter Texte, Regeln und Traditionen als Bedingung erfolgreicher Teilnahme an ästhetischer Kommunikation usw.

Kriterien dieser Art kennzeichnen ästhetische Kommunikation als ein eigenständiges, von pragmatischen Zwängen weitgehend freigehaltenes Subsystem des gesamtgesellschaftlichen Kommunikationssystems. Diese soziale Erwartung ermöglicht nun (und wird ihrerseits bestätigt durch) eine Besonderheit der semantisch-referentiellen Verhältnisse in ästhetischen Texten. Diese semantisch-referentielle Besonderheit ist dadurch gekennzeichnet, a) daß die Aussagen in ästhetischen Texten nicht den in anderen Kommunikationssystemen üblichen Verifikationsbedingungen unterliegen und daß nicht erwartet wird, daß sie ihnen unterworfen werden; b) daß die Aussagen in ästhetischen Texten nicht ausschließlich als Anweisungen an Kommunikationspartner fungieren, sie in Referenzakten an außertextuelle Korrelate anzubinden.

Diese beiden Kriterien bilden das sachliche Korrelat der Kategorie ›Fiktionalität‹, die — wie oben skizziert — die Besonderheit der semantisch-referentiellen Verhältnisse in der Kommunikation mit ästhetischen Texten kennzeichnet, wobei diese Besonderheiten durch die gesellschaftliche Einschätzung des Kommunikationssystems ›ästhetische Kommunikation‹ überhaupt erst ermöglicht werden.

Kehren wir nach dieser kurzen Charakterisierung der ästhetischen Kommunikation nun zur Frage des Status von Aussagen in fiktionalen Texten zurück. Man kann zu Recht argumentieren, daß auch in fiktionalen Texten Aussagen ›etwas bedeuten‹, daß sie — argumentiert man im Theorierahmen einer Instruktionssemantik — Partner instruieren, bestimmte Relationen zwischen Textelementen, Texten und Elementen der Kommunikationssituation bzw. sprachlichen und nichtsprachlichen Elementen des kommunikativen Handlungsspiels herzustellen. Dieser Einwand ist richtig, und er verweist erneut darauf, daß das Spezifikum fiktionaler Kommunikation nicht in einer Besonderheit sprachlicher Aussagen im Rahmen dieser Kommunikation bestehen kann. Um diesen Einwand zu entkräften, soll folgende Hypothese entwickelt werden: Wenn man davon ausgeht, daß jedes Textelement den Status einer Instruktion an den Kommunikationspartner hat, dann ist der ›Erfüllungsraum‹ dieser Instruktionen (die Korrelatebene also, auf der die Instruktionen referentiell interpretiert werden können) nicht das jeweilige kommunikative Handlungsspiel, in dem ein individueller Rezipient in eine ästhetische Kommunikation mit einem Werktext eintritt, auch nicht seine biographische Situation. ›Erfüllungsraum‹ ist vielmehr die ästhetische Kommunikation in ihrem vollständigen synchronen und diachronen Volumen, soweit es ein Rezipient überblickt. Erst in einem zweiten Schritt kann dann die ästhetische Kommunikation mit anderen Systemen gesellschaftlicher Kommunikation und den in diesen gültigen Korrelatebenen in Beziehung gesetzt werden. Der ästhetische Text ist gewissermaßen eine Theorie, zu der die in anderen Kommunikationssystemen virulenten Wirklichkeitsbilder als Modelle herangezogen werden können. Das heißt aber nichts anderes, als daß ästhetische Texte nicht bedeutungsabschließend rezipiert werden dürfen, daß also nicht ihre (möglichst eindeutige) Referenz thematisch ist, sondern vielmehr ihre Referentiabilität, also die Möglichkeit ihrer Bedeutungsrollen in verschiedenen kommunikativen Handlungsspielen. Die Kennzeichnung ästhetischer Texte als ›fiktional‹ fungiert als Signal an den Rezipienten, eine bestimmte Einstellung zur Semantik solcher Texte aufzubringen. Eine Einstellung, wie sie nur in ästhetischer Kommunikation durchführbar ist, und die den Text nicht unter dem Aspekt seiner Referenz, sondern in der Fülle seiner Referentiabilität rezipiert.

Der originäre Kontext eines ästhetischen Textes ist die ästhetische Kommunikation. Deren soziale Kontexte sind die übrigen gesellschaftlichen Kommunikationsteilsysteme (wie Politik, Wirtschaft, Sport usw.). Ein Textelement in einem ästhetischen Text kann sich also nur auf dem Umweg über seinen originären Kontext auf assoziierbare Kontexte dieses Kontextes beziehen. Am Übergang vom originären zu den assoziierbaren sozialen Kontexten steht — ob man nun herüber- oder hinübergeht — das Hinweisschild: Fiktionalität!

(Auf ein Implikat dieser Hypothese sei abschließend nur verwiesen: trifft meine Hypothese zu, dann sind ›ästhetisch‹ und ›fiktional‹ teilidentische Begriffe.)

DIETER WELLERSHOFF: *Fiktivität in fiktionalen und nichtfiktionalen Texten*

Man kann fiktionale und nichtfiktionale Texte sicher zunächst einmal dadurch unterscheiden, daß die einen innenbestimmt sind, also an sich selber und nicht an einer textexternen Realität gemessen werden wollen, daß aber die anderen gerade auf solche Realität bezogen sind. Aber das ist eine formale Klassifizierung, die noch hinterfragt werden muß. Fiktionale Texte sind nicht so inselhaft und selbstgenügsam in sich verschlossen, wie es der Begriff ›Innenbestimmtheit‹ vermuten läßt. Sie stehen auch unter weiterreichenden Wahrheits- oder Authentizitätsforderungen. Der Leser muß sie evident finden. Er prüft sie mit seiner Erfahrung, wie er seine Erfahrung an ihnen prüft, auch wenn es sich um abseitige, fremdartige, traumhafte, phantastische Welten handelt. Sicher, das imaginäre Szenarium eines fiktionalen Textes ist zunächst einmal für sich da und kann so hermetisch erscheinen wie ein unaufgeschlüsselter Traum. Aber es wird konstituiert aus früheren Erfahrungen des Autors, des Lesers, die nun gleichsam neben der Praxis, aber doch am Ende für sie, umstrukturiert und neu durchgearbeitet werden. Die Antriebe dazu stammen aus unerledigten Lebensproblemen, die durch die Verschiebung ins Fiktive so weit neutralisiert und von der Person abgerückt werden, daß man sie wieder relativ angstfrei aktualisieren kann. Der fiktionale Text spielt also eine Vermittlerrolle. Er ist ein aus der Praxis herausgehobener, von ihren Risiken entlasteter Bereich, in dem unter den Bedingungen einer gelockerten Zensur gesperrtes oder unkenntliches Leben (zum Beispiel Wünsche und Ängste) dargestellt werden kann. Der Rezipient des Textes hat wie der Autor die Chance, seine Probleme als die von anderen (fiktionalen) Personen kennenzulernen, sie gleichsam an Atrappen durchzuspielen und sich auf diesem Umweg wieder mit sich selbst zu vermitteln.

Während so fiktionale Texte auf Umwegen mit textexterner Realität verkehren, sind andererseits nichtfiktionale Texte oft so hochgradig innenbestimmt, etwa durch ihren eigenen Kode, daß sie weit weniger realitätshaltig sind als Texte, die vermeintlich nur der Phantasie entstammen. Das Weltbild der Bildzeitung beispielsweise ist fiktiver, nämlich realitätsfremder, verkürzter, konstruierter, mythischer als das manches Romans. Ich hatte Gelegenheit, das ausführlich kennenzulernen, als ich meinen Roman *Einladung an alle* schrieb, bei dessen Vorbereitung (da er von einem realen Kriminalfall handelt) ich viele nichtfiktionale Texte, zum Beispiel die ganze Presseberichterstattung zum Thema gelesen habe. Fast immer war das reale Geschehen stark überformt durch

Klischees, Vorurteile, Mythen und Jargon. Ich habe das dann im Roman ausgenutzt, indem ich solche nichtfiktionalen Darstellungen des Geschehens mit meinen eigenen fiktionalen konfrontiert habe, mit dem Effekt, daß der Zeitungsbericht in seiner Abstraktheit und Realitätsfremdheit kenntlich wurde. Also die Unterschiede von fiktionalen und nichtfiktionalen Texten verwischen sich in der Praxis, und zwar nicht nur, wenn Literatur selbst dokumentarisch zu arbeiten beginnt. Richtig ist aber, daß nichtfiktionale Texte, wie zum Beispiel Zeitungsberichte, unter dem Anspruch stehen, an der Realität, die ihren Gegenstand bildet, kontrollierbar zu sein.

WOLFGANG ISER: *Negativität als tertium quid von Darstellung und Rezeption*

In der von Dieter Wellershoff entwickelten Konzeption von Literatur als Probehandlung steckt die Voraussetzung, daß von der Darstellung eines fiktionalen Textes zugleich eine bestimmte Verhaltensaktivität im Leser hervorgerufen wird, die Handlungscharakter besitzt. Von Handlung im empirischen Sinne unterscheidet sich diese Aktivität allerdings dadurch, daß sie von den Zwängen der Handlungskonsequenzen entlastet ist. Nun kann es nicht Absicht dieser Konzeption sein, Literatur als ein Repertoire von Ersatzhandlungen zu verstehen. In einem solchen Falle hätte das Probehandeln fatale Konsequenzen. Vielmehr kommt es darauf an, durch Literatur Möglichkeiten zu vermitteln, die ein Initiieren von Handlung bewirken können. Daher sollte man im Blick auf fiktionale Texte weniger von Handlungsanleitung, sondern eher von einer Vermittlung der Bedingungen möglichen Handelns sprechen.

Um eine solche Vermittlungsleistung zu beschreiben, ist es sinnvoll, der von Sartre entwickelten Unterscheidung von Wahrnehmung und Vorstellung zu folgen. Denn was uns in fiktionalen Texten gegeben ist, besitzt nicht die gleiche ›Gegenstandsqualität‹ wie jene Objekte, die wir in den Wahrnehmungsakten erfassen. Der Wahrnehmung müssen immer Objekte vorgegeben sein, deren Gegenstandsqualität darin besteht, daß sie auch dann noch vorhanden sind, wenn wir sie nicht wahrnehmen. Wenn daher die russischen Formalisten — auf die sich Wellershoff bezieht — von der Kunst als einem Prozeß der Wahrnehmungserschwerung gesprochen haben, so glaubten sie, daß die Kunst die Objektwahrnehmung komplizierte, woraus zwangsläufig eine längere Beschäftigungsdauer resultiere. Da aber eine solche Dauer zwangsläufig einmal an ihr Ende kommen muß, fiele die Wahrnehmungsverzögerung letztlich doch mit der Konsumierbarkeit der Kunst zusammen. Folglich kann es nicht darum gehen, daß die Kunst die Objektwahrnehmung kompliziert, sondern darum, daß sie die in der Vorstellung des Rezipienten erfolgende Gegenstandskonstitution durch

Komplexionsgrade erschwert. Erst dann wird die Beschäftigungsdauer als ein Charakteristikum von Kunst sinnvoll. Während für die Wahrnehmung immer ein Objekt gegeben sein muß, sind die ›Gegenstände‹ der Vorstellung dagegen immer ein Nicht-Gegebenes bzw. ein Abwesendes. Sartre formuliert daher: »Diese prinzipielle Abwesenheit, dieses wesensmäßige Nichts des vorgestellten Objekts genügt, um es von Objekten der Wahrnehmung zu unterscheiden (...). Für ein Objekt oder irgendein Element eines Objekts ist es etwas sehr Verschiedenes, leer anvisiert zu werden oder abwesend-gegeben zu sein«[1]. Damit hat Sartre zugleich zwei sehr verschiedene Einstellungsarten bezeichnet, durch die wir Wahrnehmung von Vorstellung unterscheiden können. Werden die Objekte der Wahrnehmung — in phänomenologischer Terminologie gesprochen — durch unsere Protentionen anvisiert, so kommt es für die Vorstellung darauf an, Abwesendes gegenwärtig zu machen.

Diese allgemeine Struktur der Vorstellung indes besitzt noch keine ästhetischen Qualitäten. Solche vermögen sich erst dann einzustellen, wenn die ›vorgestellten Gegenstände‹ in der Vorstellung als deformierte, dementierte bzw. partial oder total negierte erscheinen. Vorstellungsgegenstände kommen ganz allgemein dadurch zustande, daß wir über die ›schematisierten Ansichten‹ eines Textes, die uns das notwendige Wissen liefern, den intendierten Gegenstand konstituieren. Nun bieten in der Regel ›schematisierte Ansichten‹ vor allem in erzählender Prosa eine Reihe negativer Situationen, in die die Figuren geraten, aber auch negative Seiten der Figuren selbst, die ihrerseits wiederum viele mißglückte Situationen bedingen. Im Lektürevorgang kommt es zur Konkretisierung solcher von Deformation und Negation markierten Ansichten, die sich dann der Gestalt des konstituierten Gegenstandes mitteilen. Dieser besitzt insofern einen charakteristischen Doppelaspekt, als die in Deformation erscheinenden Vorstellungsgegenstände zugleich die virtuelle Verursachung solcher Deformationen bzw. Negationen mit sich führen. Die vom Rezeptionsbewußtsein vorgestellten ›beschädigten‹ Gegenstände haben ihre Basis in den formulierten Ansichten des Textes. Doch diese bilden nur einen Aspekt des Textes, der insofern ständig dazu verleitet, diese Aspekthaftigkeit zu überschreiten, als nur so die virtuelle Verursachung seiner Deformationen und Negationen konstituiert werden kann. Dieser Sachverhalt — so scheint es — ist für die Kunst überhaupt charakteristisch; er läßt sich etwa durch die von Merleau-Ponty geführte Rodin-Diskussion veranschaulichen. Um einen Menschen in Bewegung darzustellen, war es für Rodin notwendig, den Körper in eine Haltung zu bringen, die er zu keinem Zeitpunkt eingenommen hat. Ja, die einzelnen Glieder müssen als solche

---

[1] J. P. SARTRE, *Das Imaginäre. Phänomenologische Psychologie der Einbildungskraft*, übers. von H. SCHÖNEBERG, Hamburg 1971, p. 281.

und im Verhältnis zueinander einen bestimmten Deformationsgrad aufweisen, denn nur wenn »die Stellung eines jeden Gliedes (...) nach der Logik des Körpers mit der der anderen unvereinbar ist«, entsteht die Möglichkeit, Bewegung als »virtuellen Brennpunkt zwischen Beinen, Rumpf, Armen und Kopf« darzustellen [2]. Merleau-Ponty beschließt seine Rodin-Diskussion mit dem bemerkenswerten Satz: »Das bedeutet letzten Endes, daß es dem Sichtbaren eigentümlich ist, im strengsten Sinne des Wortes durch ein Unsichtbares gedoppelt zu sein, das es als ein gewissermaßen Abwesendes gegenwärtig macht« [3]. Daraus folgt für die Literatur, daß es im Vorstellungsakt nicht allein darum geht, die negative Situation von Romanfiguren bzw. die negativen Seiten dieser Figuren selbst als Vorstellungsakt zu konstituieren, vielmehr muß dieser Akt insofern ›gedoppelt‹ werden, als die Konkretisierung der deformierten Gegenstände erst in der Konstituierung der virtuellen Verursachung ihrer Deformation ihren Abschluß findet. Dieser ist dann mit dem Sinn des Textes identisch.

Faßt man unter Negativität einmal jene Gegenstandsdeformationen zusammen, durch die im fiktionalen Text imaginäre Gegenstände für die Vorstellung parat gehalten werden, so wird die Vermittlungsleistung einer solchen Negativität angebbar. Sie verwandelt die in der Textmaterialität formulierten Deformationen bzw. Negationen in ein Antriebsmoment, durch das die Nicht-Gegebenheit der Verursachung für die Erscheinungsweise des imaginären Gegenstandes im Rezeptionsbewußtsein aktualisiert werden kann. Es zeigt sich dann, daß der deformierte bzw. negierte Gegenstand lediglich Aspekt eines virtuell gebliebenen Horizontes ist, der als solcher vorgestellt werden muß, da sich nur so der Sinn des Textes einzulösen vermag. Negativität vermittelt daher zwischen Darstellung und Rezeption: sie initiiert diejenigen Konstitutionsakte, die notwendig sind, um über deformierte bzw. negierte ›Gegenständlichkeit‹ die Virtualität des sprachlich nicht mehr manifestierten Bedingungshorizontes aktuell werden zu lassen.

Um die daraus entspringende Wirkung sichtbar zu machen, ist noch eine weitere Überlegung notwendig. Wenn es die Vorstellungsgegenstände charakterisiert, daß sie Abwesendes zur Präsenz bringen, so heißt dies zugleich, daß wir in Präsenz des Vorgestellten sind. Ist man aber in einer Vorstellung, so ist man nicht in der Realität. In Gegenwart einer Vorstellung zu sein, bedeutet daher immer zugleich, eine gewisse Irrealisierung zu erfahren, denn eine Vorstellung ist eine Irrealitätssetzung. Wenn daher ein fiktionaler Text über die von ihm im Rezipienten hervorgerufenen Vorstellungen diesen zumindest für die Dauer

---

[2] M. MERLEAU-PONTY, *Das Auge und der Geist. Philosophische Essays*, übers. von H. W. ARNDT, Hamburg 1967, p. 38.
[3] Ib., p. 40.

des Lesevorgangs gleichsam irrealisiert, so ist es nur folgerichtig, wenn am Ende eines solchen Vorganges ein ›Erwachen‹ stattfindet. Dieses hat oft den Charakter der Ernüchterung. Doch wie immer es auch um die Qualität eines solchen Erwachens bestellt sein mag, wir erwachen zu einer Realität, der wir vorübergehend durch die Irrealisierung der vom fiktionalen Text bewirkten Vorstellungsbildung entzogen waren. Diese Irrealisierung ließe sich insofern als Negativität bezeichnen, als wir durch sie zeitweilig von unserer Umwelt isoliert werden, ohne daß wir nach dem ›Erwachen‹ gleichsam mit neuen Direktiven in die uns vertraute Lebenswelt zurückkehren. Vielleicht aber gründet gerade darin die produktive Tendenz einer solchen Negativität. Denn die von ihr in uns verursachte Irrealisierung gestattet es dann, nach der ›Rückkehr‹ in unsere Welt, daß diese uns, obgleich wir in sie eingebunden sind, wie eine beobachtbare Objektwelt erscheint.

Wenn daher ein fiktionaler Text seine Leser durch die in den ›schematisierten Ansichten‹ parat gehaltenen Deformationen und Negationen veranlaßt, deren virtuelle Verursachung zu konstituieren, um dadurch einen Vorstellungsgegenstand zu bilden, so bewirkt dieser eine zeitweilige Irrealisierung unserer Existenz, indem wir in Gegenwart dessen sind, was wir uns vorstellen. Die Bedeutung eines solchen Vorgangs liegt darin, daß während seiner Dauer die Subjekt-Objekt-Spaltung gelöscht ist, die allerdings dann im Erwachen zur Realität so scharf akzentuiert wird, daß sich die eigene Welt wie ein Beobachtungsgegenstand bietet.

RAINER WARNING: *Semiotik biblischer Texte als Modellangebot für das Fiktionsproblem*

Man kann das Problem der Fiktion auf zwei Wegen angehen: einmal funktionalistisch, indem man Fiktion bestimmt in und aus der Beziehung zu Nichtfiktion, sodann strukturalistisch, indem man nicht mehr System/Umwelt-Beziehungen, sondern nur systemimmanente Relationen in den Blick nimmt und von dorther eine Klasse fiktionaler Texte zu bestimmen sucht. Der erste Weg scheint gangbar, der zweite kaum. Von Fiktion kann nur gesprochen werden, wo die Beziehung zur Nichtfiktion entweder textimmanent signalisiert/thematisiert wird oder aber wo institutionelle Rahmenbedingungen sie als solche ausweisen. Letzteres kann auch per negationem geschehen, z. B. dadurch, daß, wie im Falle der Mythen, ursprünglich pragmatische Institutionalisierungen (›Sitz im Leben‹) fortfallen und der Text damit frei wird für fiktionale Kommunikation. Das Beispiel der Mythen zeigt: derselbe Text kann Gegenstand pragmatischer wie fiktionaler Kommunikation sein/werden.

Karlheinz Stierle argumentiert sowohl funktionalistisch wie auch strukturalistisch: einmal mit dem fiktionalen Kommunikationsmodell (p. 238 sq.), sodann mit dem strukturalistischen Modell textimmanenter Oppositionen, das seit Lévi-Strauss die Schule der Pariser Semiotiker beherrscht (p. 238 sq.). Das Modell fiktionaler Kommunikation, also die Verdoppelung von Sender, Empfänger und Gegenstand ist — nach dem oben Gesagten — zwar wohl nur eine Möglichkeit funktionaler Fiktionsbestimmung, nur eine Weise unter anderen, die Fiktion/Nichtfiktion-Beziehung zu thematisieren, aber sicherlich eine der häufigsten, wichtigsten und, wie vor allem W. C. Booths *Rhetoric of fiction* gezeigt hat, ertragreichsten (Booth verdreifacht sogar die Instanzen: *author/implied author/narrator*; entsprechend wäre anzusetzen, was Booth nicht ausdrücklich tut: realer Leser/implizierter Leser/thematisierter Leser. In den meisten Fällen wird man aber mit dem Verdoppelungsmodell auskommen).

Von diesem funktionalen Modell fiktionaler Kommunikation führt nun aber vorderhand kein Weg zu dem verlockenden Ziel einer ›Poetik der Negation‹ wie Stierle sie anstrebt. Wenn ich recht sehe, erklärt sich hieraus die Zweigleisigkeit in seiner Argumentation: er braucht das strukturalistische Mythenparadigma, weil ein funktionales Modell keine systematische Entgegensetzung von Pragmatik und Poetik der Negation hergibt. Hier stellt sich dann aber die Frage, ob mit dem einen nicht auch das andere fällt: wenn das Oppositionsinventar einer Geschichte keine Klasse fiktionaler Sprechhandlungen konstituiert, dann auch keine ihr entsprechende Poetik der Negation. Letztere läßt sich m. E. nur funktionalistisch entwickeln, bezieht sich dann aber nicht mehr auf die ›reflexive‹, sondern allein noch auf die ›transitive‹ Negation. Stierle spricht einmal von der »Möglichkeit, daß in der Negation das Verhältnis des Diskurs zur Geschichte thematisiert ist oder schließlich das Verhältnis des Diskurses zu sich selbst. Dabei kann die Negation einmal in der Perspektive der Erzählerrolle, einmal in der Perspektive der Leserrolle ihre Fundierung haben. Diese Möglichkeiten der die Geschichte selbst transzendierenden Negation haben einen eigenen fiktionalen Status. Sie entspringen nicht der Geschichte selbst, sondern einer subjektiven Perspektive auf sie, aber diese zählt ihrerseits zum Gesamtbestand der Fiktion, geht also ebenso hervor aus dem zugrundeliegenden Inventar systematischer Oppositionen« (p. 251 sq.). Die Schwierigkeiten einer Vermittlung des strukturalistischen und des funktionalistischen Modells scheinen mir hier sichtbar zu werden: Wenn es im »Gesamtbestand der Fiktion« zu unterscheiden gilt zwischen denjenigen Oppositionen, die die Geschichte organisieren, und denjenigen, in denen sich der Diskurs per negationem auf die Geschichte bezieht, wenn also die subjektive Perspektive auf die Geschichte eines ›diskurrierenden‹ Subjekts bedarf, dessen Negationsleistung gerade zum Oppositionsinventar der Geschichte hinzukommen muß, dann liegt die Vermutung nahe, daß die diskursarmen Mythen und Märchen für eine ›Poetik der Negation‹ kein Paradigma abgeben, möglicherweise aber ein Text, den die Pariser Semiotiker erst in jüngster Zeit zu entdecken begonnen haben: die Bibel.

Hauptanreger war hier wieder einmal Roland Barthes. In einer *Analyse structurale du récit à propos d'Actes X-XI*[1] kommt er zu dem Ergebnis, daß hier keine archetypische Erzählung mit den seit Propp bekannten Funktionen vorliege, sondern eine Botschaft, deren Inhalt die Botschaft selbst sei. Er nennt diese Struktur in Anlehnung an Roman Jakobson eine diagrammatische, insofern nämlich dieser Text im anagogischen Kode selbst seinen Sinn angebe. Auf die hermeneutischen Implikate dieses Befundes angesprochen, hat Barthes ihn als Ergebnis der Beschränkung auf einen Text (statt eines Corpus) und diese Beschränkung als unglückliche Konzession bezeichnet (Diskussion, loc. cit., p. 252) — obwohl er kurz zuvor in eben solcher Beschränkung kein Hindernis für die Erstellung der zugrundeliegenden ›Grammatik‹ gesehen hatte (p. 245).

Tatsächlich scheint das Problem auch nicht in der Beschränkung auf einen Text zu liegen, sondern in der Struktur des Textes selbst. Ein anderer biblischer Text, Jakobs Kampf mit dem Engel, bereitet Barthes nämlich nicht das Problem einer einkomponierten Hierarchisierung der Kodes[2]. Hier allerdings geht es nun um eine aitiologische Sage, die eine Anwendung von Basismodellen der Pariser Schule (Propps Märchenfunktionen, Greimas' Aktantenmodell) zugleich erlaubt und problematisiert, so daß gerade bestimmte Kombinationen, Überschneidungen, Inkonsistenzen jene ›metonymische Montage‹ bewirken, die, so Barthes, zu einer ›Explosion der Symbolik‹ dieses Textes führe und damit seine Bedeutung offenhalte (p. 39).

Freilich weigert sich Barthes, diese Offenheit als jene zu bestimmen, als welche auch dieser Text sie selbst signalisiert, geht es doch um die Selbstoffenbarung des einen Gottes, der nicht nach seinem Namen gefragt sein will (was Barthes unterschlägt) und Jakob segnet. Das ist eine — im Sinne Austins — performative Sprechhandlung, das Kerygma des Textes, das die Geschichte seiner Lektüre begründet. Das Problem scheint mir also nicht darin zu liegen, einen biblischen Text gegen seine ihm einkomponierte kerygmatische Besetzung offenzuhalten, sondern den kerygmatischen Kode selbst als die spezifische Offenheit eines solchen Textes herauszuarbeiten und auf Modellimplikate zu befragen.

Eben dies versucht eine Reihe von Beiträgen, die *Langage* 22 (1971) unter dem Titel *Sémiotique narrative: récits bibliques* herausbrachte. Dort zeigt ins-

---

[1] In R. BARTHES u. a. (edd.), *Exégèse et herméneutique*, coll. Parole de Dieu, Paris, Seuil, 1971, p. 181 sqq.
[2] *La lutte avec l'ange: Analyse textuelle de Genèse 32. 23-33*, in R. BARTHES u. a., *Analyse structurale et exégèse biblique, Essais d'interprétation*, Neuchâtel 1971, p. 27 sq.

besondere Louis Marin am Beispiel des Grabesbesuches der Marien am Ostermorgen, wie hier in der Surrexit-Kündung und im Kündungsauftrag des Engels an die Marien der *objet de désir* (Jesu Leichnam) ersetzt wird durch einen *message*, eine Botschaft, die mit ihrem Kündungs- und Appellcharakter auf eine nichtnarrative Dimension verweise. In die manifeste Erzählung ist ein prophetischer Diskurs eingelagert, der die referentiellen Bezüge auslöscht zugunsten einer Selbstthematisierung der Botschaft als ›Glaubenszeichen‹ (p. 47). Die biblischen Texte gewinnen in dieser Permutation konstativer und performativer Sprechhandlungen einen Überhang des Diskurses über die Geschichte, wobei die Oppositionen, die der Diskurs thematisiert (Anwesenheit/Abwesenheit, Heiliges/Profanes) sich im Hinblick auf die Funktionen der Geschichte per negationem bestimmen: *Le sacré s'y définit négativement comme l'annulation, l'effacement de l'objet réel du désir (...). Dans un langage hégélien, on pourrait dire qu'on assiste ici au passage, par la négativité, de la réalité ›ici, maintenant‹ de l'objet, au discours du ›toujours-déjà-là‹, au discours de l'omniprésence, ou encore à la transformation du désir de l'objet en communication du message* (p. 44, 46).

Was Marin hier an einem Aktanten, dem *objet de désir*, exemplarisch entwickelt, ließe sich verallgemeinern. Man könnte ohne Mühe Propps Funktionen bzw. Greimas' Aktanten in der Bibel wiederfinden, stets aber in impliziter oder expliziter Negation durch den Diskurs. In eben dieser Negation, in dieser Aufhebung der Geschichte durch den Diskurs aber konstituiert sich die Öffnung des Textes auf die Geschichte seines Gelesen- und Gehörtwerdens. Marin spricht von Ungewißheit, Unbestimmtheit als zentraler Leseerfahrung, was jedoch nicht mit Relativismus und Subjektivismus verwechselt werden dürfe, sondern eine im Text selbst angelegte Unmöglichkeit bezeichne, die Relation von Zeichen und Bezeichnetem zu vereindeutigen und abzuschließen (p. 122 sq.). Das ist genau jener Zuwachs zur Negation, den der Binarismus, wie Iser festgestellt hat, nicht theoretisieren kann. Aus den die Erzählung qua Geschichte organisierenden Oppositionen kann dieser Zuwachs nicht abgeleitet werden. Man wird daher Marin zustimmen müssen, wenn er es für wenig sinnvoll hält, die an Mythen und Märchen entwickelten Analyseverfahren so weit zu komplizieren, bis sie auch biblischen Texten gerecht werden könnten. Die Eigenart dieser Texte werden sie nicht einholen können, denn die Bibel ist ihr eigenes Paradigma.

Marin schließt mit der Frage nach dem Generalisierungspotential seiner Analysen (p. 122). Wir können diese Frage versuchsweise aufnehmen: die Negation der Geschichte durch den Diskurs ist konstitutiv für den mit Cervantes beginnenden neuzeitlichen Roman, der als Höhenkammliteratur immer Antiroman ist. Antiroman heißt dann: Diskurs contra Geschichte, Thematisierung des ›Als ob‹ der Relation von Sachlage und Sachverhalt, Thematisierung der

›Aufmerksamkeitsfigur‹, auf die Stierle zu Recht abhebt. Konsequent aber weigert sich der Antiroman, Leserrollen zu »verfestigen durch die Indikation durchgängig vorgegebener Einstellungsweisen« (Vorlage Stierle, p. 250). Diderots *Deux amis de Bourbonne* wird man hierfür schwerlich in Anspruch nehmen können, tut Diderot doch alles, solche Verfestigung gerade zu verhindern: er präsentiert hier wie in allen seinen Erzählungen die Opposition von *vertu naturelle* und *vertu culturelle* als unlösbaren Kasus, der dem Leser ›aufgegeben‹ wird. Eine Verfestigung von Einstellungsweisen scheint mir eher charakteristisch für den Feuilletonroman: dieser aber fügt sich, wie Lévi-Strauss selbst festgestellt hat, dem Binarismus der Mythenstrukturen[3], nicht dem Paradigma des biblischen ›Antiromans‹.

WOLFGANG ISER: *Die Phantasiearchitektur als literatursoziologischer Indexwert*

Wenn man die von Marianne Kesting entwickelte Argumentation (p. 366 sqq.) als Interpretationsraster versteht, dann ergeben sich aus den diskutierten Beispielen der halluzinatorischen Architekturphantasien wichtige Hinweise auf deren literatursoziologischen Indexwert. Denn ihre ästhetische Funktion gewinnen diese Beispiele vorwiegend durch die Art, in der sie auf historische Situationen reagieren. In den Visionen der Phantasiearchitektur läßt sich daher ein Interaktionsverhältnis fassen, das sowohl Aufschluß über den Antwortcharakter der Kunst als auch über die historische Problemlage gibt, die in den Antworten der Kunst festgehalten ist. Die von M. Kesting herangezogenen Beispiele ließen sich ohne weiteres in diesem Sinne begreifen.

Sie entstammen dem Bereich der Opiat-Literatur, denn die Architekturphantasien sind zunächst Drogenhalluzinationen. Dennoch verlieren sich diese halluzinierten Bilder nicht in die Ungreifbarkeit individuellen Vorstellens, vielmehr besitzen sie in der ausgestalteten Architektur labyrinthischer Verliese eine durchgängige Gemeinsamkeit, die sie im Sinne von M. Kesting überhaupt erst theoriefähig macht. In dieser Gemeinsamkeit der Drogenvisionen ist auch der literatursoziologische Indexwert dieser Phantasiearchitektur zu suchen, vor allem deshalb, weil innerhalb der Opiat-Literatur sich solche Gemeinsamkeiten in verschiedenen Epochen in unterschiedlicher Gestalt manifestieren, wie es sich etwa an den literarischen Zeugnissen der Gegenwart ablesen läßt.

Wenn die Architekturphantasien als zentraler Gegenstandsbereich für eine Theorie moderner Ästhetik reklamiert werden, so sollten diese Bilder zunächst

---

[3] *L'origine des manières de table* (Mythologiques III), Paris 1968, p. 69-106, Kap. *Du mythe au roman.*

einmal als Antwort auf historische Situationen verstanden werden. Folgende Tendenzen sind erkennbar: In den versteinerten Visionen bringt sich der Selbstbehauptungswille der Subjektivität zur Geltung. Diese vermag offensichtlich nur in einer künstlichen, von ihr selbst konstruierten Welt ihren Ort zu finden. Damit ist sowohl der unbedingte Wille der Subjektivität angezeigt, die eigene Welt selbst zu machen, als auch das Ziel, diese selbstgemachte Welt als eine die andere vergessende, wenn nicht sogar vernichtende Konkurrenzwelt zu etablieren.

Wenn die Welt dem eigenen Kopf entspringen soll und die Gestalt von architektonisch ausgeklügelten Verliesen annimmt, so präsentiert sich Subjektivität als Flucht in die selbsterbauten Labyrinthe. In solchen Bildern läßt sich dann der literatursoziologische Indexwert greifen. Die Architekturvisionen sind Formen der Selbststabilisierung, die den Problemdruck deutlich machen, dem die Subjektivität in der industriellen Welt ausgesetzt ist. Sie indizieren sowohl die Machtlosigkeit der Subjektivität als auch den Versuch, im Selbstmachen der Welt die historische Situationslast aufzuheben. Diese globale Interaktion wird durch den hohen Deformationsgrad der entworfenen Labyrinthe noch einmal interpretiert: die gesuchte Stabilisierung präsentiert sich in bizarren Verbiegungen. So werden die Verliese ohne Wiederkehr zur Signatur für die ästhetische Bilanzierungsleistung einer geschichtlichen Situation, durch die epochale Defizite markiert und ins Bewußtsein gehoben, der historische Situationsdruck sowie die Form seiner fiktionalen Antwort gleichermaßen festgehalten werden.

Für eine solche Interpretation spricht auch der Themenwechsel, der sich in der Opiat-Literatur ermitteln läßt. Denn 50-100 Jahre nach Poe, Coleridge und de Quincey finden wir statt der Architekturvisionen Entgrenzungsphantasien. Man braucht in diesem Zusammenhang nur an Beispiele zu denken, die von Huxleys *Doors of Perception* bis zu Borroughs *Naked Lunch* reichen. Auch sie kennen die gleiche extreme Vielfalt, die sich in der Phantasiearchitektur beobachten läßt, und ähnlich wie diese besitzen auch sie ein Grundmuster: an die Stelle des Einschließens der Subjektivität in die selbsterbauten Labyrinthe tritt hier allerdings eine Selbstentgrenzung des Ich. In solchen Entgrenzungsphantasien geht es nicht mehr um die subjektbedingte Strukturierung der Welt, vielmehr geschieht in der Selbstentgrenzung der Subjektivität das Wiedergewinnen einer nahezu tyrannischen Dingpräsenz. Das Subjekt ist in diesen Visionen als Orientierungskategorie verschwunden und nur noch im Erleiden der aus aller Zuordnung befreiten Dinge gegenwärtig.

Auf die Detaillierung eines solchen Indexwertes kann hier verzichtet werden, da es nicht um die Interpretation der einzelnen Paradigmen geht, sondern um die Feststellung, daß die Opiat-Literatur überhaupt Paradigmen kennt, die ihrerseits einen spezifischen literatursoziologischen Indexwert besitzen. Diesen jeweils auszumachen, ergäbe sich aus der konsequenten Anwendung des Interpretationsrasters, dessen Ergebnisse dann die Basis für eine Theorie moderner Ästhetik darstellen würde. In ihr gälte es, sowohl die Eigenart der ästhetischen Bilanzierungsleistungen als auch die in ihnen zur Geltung kommenden epochalen Defizite soweit zu verdeutlichen, daß aus der Antwortstruktur der Kunst die epochale Situation wiedergewonnen und die Funktion der Kunst einsehbar wird.

DMITRIJ TSCHIŽEWSKIJ: *Zur Topik des Labyrinths*

Das Bild des Labyrinths begegnet uns fast bei allen russischen Symbolisten seit 1895. Die russische Variante des Bildes ist jedoch das ›natürliche Labyrinth‹ — das Walddickicht, so bei Alexander Blok. Das Bild ist hier soziologisch bedingt: das Labyrinth ist die verwickelte Welt, in die der früher in der Tradition geborgene russische Mensch seit 1890 eintrat[1].

Aber bereits bei den russischen Romantikern stoßen wir auf dieses Bild und die Erwähnung des Piranesi: so in dem Buch des Fürsten Vladimir Odoevskij *Russische Nächte* (1844)[2]. Piranesi begegnet uns hier in einer kleinen phantastischen Novelle und in den mit ihr verbundenen Gesprächen der Freunde, die diese »philosophischen Nächte« zusammen erleben (p. 72-92). Piranesi ist für Odoevskij nicht etwa Narkotiker, sondern neben anderen Gestalten des Buches, wie Bach und Beethoven, ein Beispiel der besessenen Genies, die den Geisteskranken verwandt seien[3].

In der Barockzeit hat das Labyrinth in der Dichtung jedoch eine negative Funktion. Das bekannteste Werk ist *Das Labyrinth der Welt und Paradies des Herzens* von Comenius (geschrieben 1623)[4]. Christliche ›negative Labyrinthe‹ oder Bilder der ›Labyrinthischen Welt‹ gab es aber bereits früher. Vielleicht schon bei Aegidius Albertinus *Der Welt Tummel- und Schau-Platz* (1612/1613) und von demselben Autor *Deß Irrenden Ritters Reiß* (1602). Das Thema wird in Spanien bei Calderón in den Autos sacramentales *El laberinto del Mundo*, *El gran mercado del Mundo* und *El gran teatro del Mundo* behandelt. Anklänge

---

[1] Vgl. zehn Gedichte mit diesem Thema in D. TSCHIŽEWSKIJS und J. HOLTHUSENS Lesebuch *Die Versdichtung der russischen Symbolisten*, Wiesbaden 1959.
[2] Verschiedene Novellen sind z. T. viel früher entstanden; s. den Nachdruck in der Reihe *Slavische Propyläen* Bd. 24, München 1967.
[3] Odoevskij war ein bedeutender Musiktheoretiker, der u. a. Richard Wagner in Rußland eingeführt hat.
[4] Vgl. meinen Aufsatz *Comenius' Labyrinth of the World: its themes and their sources*, in *Harvard Slavic Studies* 1 (1953), p. 85-135.

an diese Thematik finden wir auch in *Pilgrim's Progress* und in verschiedenen Werken bei Perrault, Athanasius Kircher, Lohenstein, dem Polen Antony A. Krzesimowski, dem Slovaken Bayer (oder Bajer) und in der emblematischen Literatur.

Die barocken und manieristischen Werke benutzen das Bild des Labyrinths für Satiren (gelegentlich auch als harmlose Groteske). Dabei spielt dieses Bild eine Rolle bei der Ausbildung einer bestimmten Darstellungsart, die ich als ›negative Allegorie‹ oder ›negative Metapher‹ bezeichne. Die Ablehnung der ›labyrinthischen Welt‹ beruht auf der erklärten Unfähigkeit des betreffenden Verfassers, das Geschehen in der Welt und ihre Objekte zu verstehen, zu verfolgen oder gar im Gedicht zu nennen. Bei Comenius wird beispielsweise das Schiff als eine Art grotesker, pferdeloser Wagen dargestellt. In vergleichbarer Funktion erscheinen die Londoner Börse bei Voltaire und die Oper in *Krieg und Frieden* oder der christliche Gottesdienst in Tolstojs *Auferstehung*[5].

Im Mittelalter gab es übrigens hier und dort in Südeuropa Labyrinthe neben Kirchen. Die Wanderung durch solche Labyrinthe verband man mit geistlichen Übungen.

---

[5] Manche Hinweise — allerdings recht unvollständige und oft ungenaue — findet man bei G. R. HOCKE, *Die Welt als Labyrinth*, 2 Bde., Hamburg 1957 / 1959 (rde 50/51 und 82/83).

6. ÄSTHETISCHE IDENTIFIKATION, PRÄGNANZ UND DISTANZ

MARIANNE KESTING: *Ästhetische Totalität und gesellschaftliche Nutzanwendung der Literatur*

Seit dem Jahre 1968, das die Studentenrevolte brachte, ist, wie schon Th. W. Adorno monierte, der Appetit darauf wieder gewachsen, der Literatur ihren Platz in der gesellschaftlich nützlichen Anwendung zuzuweisen, ohne Rücksicht darauf, daß die Literatur selbst diese Anwendung ›negiert‹.

Die Literatur gehört zu den Reflexionsmedien, sie selbst ist nicht Handlungsträger der Geschichte und der sozialen Prozesse. Also kann sie weder von sich aus die Gesellschaft ändern, noch kann sie gemeinsame Erfahrungshorizonte stiften, die gesellschaftlich auseinandergebrochen sind durch die wachsende Spezialisierung, Arbeitsteilung und den Pluralismus der Industriegesellschaft. Auch ästhetische Erfahrungsgemeinschaften, etwa die Auseinandersetzung mit dem Fiktionsproblem, bedeuten noch nicht die Erstellung eines gemeinsamen sozialen Leserhorizontes, und zwar wegen der bewußt eingebauten Unbestimmtheitsquote, ferner wegen der schwierigen geistigen Voraussetzungen moderner Literatur. Breite soziale Leserschichten bleiben zunächst außer acht. Die moderne Literatur ist vorerst immer auf die spezialisierte wissenschaftliche und literaturkritische Rezeption angewiesen, auf deren Grundlage sie erst verspätet größere Lesermassen erreicht. Ebenso kann die Literatur nicht Beispiele für praktisches Verhalten geben, will es auch gar nicht. Welches praktische Verhalten etwa wäre aus Robbe-Grillets *La Jalousie* oder aus Becketts Romanen abzulesen? Wenn wir uns nicht auf das Terrain des sozialistischen Realismus begeben wollen, so wäre zu konstatieren, daß die Problematik des exemplarischen modernen Romans eine Wahrnehmungs- und Erkenntnisproblematik ist.

Der exemplarische moderne Roman verlangt nämlich eine intime Gemeinschaft von Autor und Leser, die man als eine ›ästhetische Totalität‹ begreifen kann: beide, Autor und Leser, konstituieren gemeinsam das Werk, das also zu seiner einen Hälfte auf Interpretation angelegt ist. Ein paralleler Vorgang ist in der modernen Bildenden Kunst zu beobachten. Ich verweise hier auf Max Imdahls Interpretation des Bildes *Who's afraid of red, yellow and blue III* von Barnett Newman (Stuttgart, Reclam, 1971). Auch hier greift die ästhetische Totalität über das Bild hinaus und bezieht den Betrachter ganz in den ästhetischen Vorgang ein: er macht quasi den ›einen Teil‹ des Bildes aus. Das Bild will hier zugleich einen doppelten Orientierungsverlust bewirken durch seine riesige Fläche; einmal isoliert es den Betrachter von seiner Umwelt, in der er sich nicht mehr zurechtfindet; zugleich läßt es ihn auf der riesigen roten Fläche, die keine Anhaltspunkte mehr liefert, verlieren. Nach einer Feststellung von Jorge Luis

Borges in seiner Parabel *Die beiden Könige und die beiden Labyrinthe* bewirkt gerade eine endlose gleichförmige Fläche einen noch größeren Orientierungsverlust als ein gewöhnliches Labyrinth: in der Parabel wird einer der Könige in die Wüste geschickt und findet aus diesem totalen Labyrinth nicht wieder zurück[1].

Unter den Bedingungen ästhetischer Totalität geht auch der traditionelle literarische Held verloren. Es tritt jedoch — darin kann Jauß' Helden-Katalog (cf. p. 315 sq.) erweitert werden — ein neuer Held auf, den man den ›innerästhetischen Helden‹ nennen könnte. Daß zunächst im avantgardistischen Roman keine Helden im traditionellen Sinne mehr vorkommen, hängt zweifellos damit zusammen, daß die Ideale der Literatur und der Öffentlichkeit auseinandergebrochen sind. Der traditionelle Held ist in die Trivialliteratur abgewandert; die Öffentlichkeit wiederum hebt Helden aufs Schild, mit denen sich die moderne Literatur allenfalls kritisch auseinandersetzt: den Filmstar, den Sportshelden, staatliche Führer usw. Nicht von ungefähr kreiert die moderne Literatur den Anti-Helden, der diese öffentliche Funktion verweigert. Wo aber ist nun der Held abgeblieben? Die Antwort muß lauten: der Autor selbst ist der Held, und mit ihm allein soll sich der Leser, der ideale fiktive Leser, identifizieren.

Ein erstes Signal der neuen Gemeinsamkeit zwischen Autor und Leser zitiert Jauß selbst; es ist Baudelaires — mir nicht ironisch erscheinende — Anrede des Lesers im Eingangsgedicht der *Fleurs du Mal*: *Hypocrite lecteur, — mon semblable, — mon frère!* Die Stiftung dieser Gemeinsamkeit zwischen Leser und Autor setzt natürlich den Abbruch der intimeren Beziehungen zur Öffentlichkeit voraus.

Auch auf eine jüngere Darstellung der neuen Gemeinsamkeit und Identifikation kommt Jauß zu sprechen, nämlich auf Claude Olliers *La mort du personnage*, ein Hörspiel, das ich freilich einer andersartigen Interpretation unterziehen möchte als Jauß. Thema des Hörspiels ist, daß Autor und Leser zu ›Helden‹ der Aktion werden, die Aktion freilich ist eine innerliterarische, sie betrifft Beobachtung und Wahrnehmung, schließlich Erstellung der literarischen Wirklichkeit.

Der Leser, der im Verlaufe des Stücks durch den Autor zum idealen Leser erzogen wird, identifiziert sich schließlich bis zum eigenen ›Tod‹ mit dem, was er durch den Autor sieht. Dieser ›Tod‹ ist zunächst eine Metapher für das Auslöschen des eigenen Ich im Akte des Lesens, das also, was E. A. Poe *the sole end of reasoning man* nannte und noch Nathalie Sarraute für ihren Roman anstrebt: »Der Leser soll, koste es was es wolle, auf das Gelände des Autors hinübergezogen werden (...), und zwar so tief, daß nichts mehr von den bequemen Anhaltspunkten übrig bleibt, mit deren Hilfe er sich sonst seine Figuren baut.

---

[1] In *Labyrinthe*, München 1959, p. 109 sq.

Er ist bis zum Grund eingetaucht in einen Stoff, der wie Blut ist, in eine glutflüssige und namenlose Masse, und wird von ihr festgehalten«[2].

Bei Claude Ollier kommt noch ein wichtiges Moment hinzu: nachdem Leser und Autor ›eins‹ geworden sind, werden sie gemeinsam zu Konstrukteuren dessen, was sie sehen. Beobachter und Beobachtetes fallen in der gemeinsamen Aktion ›Schreiben und Lesen‹ zusammen. Leser und Autor werden zu Konstrukteuren der Außenrealität und der Handlung. Das bedeutet einerseits, daß die Außenrealität verwandelt wird durch den, der sie sieht, und bedeutet andererseits, daß im Prozeß der Beobachtung und ihrer Fixierung durch das Schreiben — Realität erstellt wird, nämlich literarische Realität: das Buch.

Es ist zu vermuten, daß der ›Tod‹ des Leser-Helden noch eine zweite Bedeutung hat, nämlich die ›Wirklichkeit‹ der Literatur demonstrieren soll. Er erinnert nicht von ungefähr an den Pistolenschuß in Pirandellos *Sei personnaggi*, der auf einer fiktiven, vor den Augen des Publikums erstellten Szene den Knaben der Familie *wirklich* tötet. Der Pistolenschuß ist ein ähnlicher Schock wie der Tod des Leser-Helden bei Ollier.

Dieter Henrich: *Ästhetische Perzeption und Personalität*

Die Produktion von Kunst wird herkömmlich und sicher mit guten Gründen als die Produktion von Gegenständen verstanden, die nicht rezipiert werden können, ohne daß eine ›ästhetisch‹ genannte Einstellung eingenommen ist. Weitere definierende Merkmale von Kunst sind zulässig und sogar notwendig. Jedoch ist die Annahme berechtigt, daß sie nicht nur durch willkürliche Kombination dem Merkmal der Möglichkeit ästhetischer Einstellung zuzuordnen sind, daß es vielmehr möglich sein muß, zwischen ihnen und der Möglichkeit einer solchen Einstellung einen einsichtigen Zusammenhang herzustellen.

Aus dieser Überlegung folgt die Frage, ob das Thema, das Hans Robert Jauß unter dem Titel ›Identifikation‹ abhandelt, überhaupt genuines Thema der Kunsttheorie ist. Ist doch eher einleuchtend, daß Identifikationsangebote primär in solchen Medien gemacht werden, die sich der Klassifikation als Kunst entziehen. Rollenparadigmen stellen jedenfalls auch pädagogische Traktate, Parabeln und einige Typen von Reden vor, und zwar so, daß die Überredung zur Identifikation, die in solchen Texten erfolgt, als die sie *konstituierende* Funktion angesehen werden muß. Es ist deshalb nicht von der Hand zu weisen, daß Jauß' Vorschlag zur Reorientierung der Kunsttheorie lediglich darauf hinausläuft, daß auf eine mögliche, auch herkömmlich gewichtige, aber *externe* Funktion von

---
[2] N. Sarraute, *Zeitalter des Argwohns, Über den Roman*, Köln 1963, p. 55 sq.

Kunstwerken hingewiesen wird, die Kunst nicht einmal partial definiert, vielmehr aus dieser Definition als mit ihr unvereinbar geradezu ausgeschlossen werden muß. Wäre dies der Fall, so würde Jauß gerade auf Grund des Umstandes, daß er einen essentiellen Zusammenhang zwischen Kunst und Identifikationsangebot erreichen möchte, nicht einmal mehr imstande sein, das zu Recht in Anspruch genommene Faktum aufzuklären, daß überhaupt im Medium von Kunst Identifikationsangebote gemacht werden *können*, daß also Produkte, die nach begründetem Konsens Kunstwerke sind, in einen Funktionszusammenhang eingebracht werden können, für den Identifikationsangebote wesentlich sind, obgleich in ihm Kunst nur vorausgesetzt ist.

Daß diese Vermutung zu weit geht, können die folgenden Überlegungen zeigen. Sie werden keinen konstitutionellen Zusammenhang zwischen Kunst, oder auch nur Literatur, und Identifikationsangeboten herstellen. Sie sollen aber Jauß' These teils erhärten, teils näher dahingehend bestimmen, daß dennoch eine sachliche Korrespondenz und nicht nur eine Gebrauchsbeziehung zwischen Identifikationsangebot und ästhetischer Einstellung besteht.

Ästhetische Einstellung muß nicht explizit eingenommen werden. Sie kann auch ein Element in polymorphen Verhaltensweisen sein, ohne von ihnen abgehoben werden zu können. Sie ist überall anzunehmen, wo Prädikate, die nur im Zusammenhang ästhetischer Einstellung interpretiert werden können, kompetent gebraucht werden. Solche implizite ästhetische Einstellung kann bereits in schriftunkundigen Epochen und auch schon in früheren Zeiten, die rein symbolische Handlungen noch gar nicht freigesetzt haben, entwickelt sein. Isoliert ist ästhetische Einstellung dann, wenn sie dazu führt, daß ästhetische Strukturen der Wahrnehmung als solche Thema der nur auf sie konzentrierten Aufmerksamkeit werden. In solchen Situationen dissoziiert sich jeder besondere Gehalt, der zu seiner Präsentation des ästhetischen Mediums etwa bedarf, von diesem Medium, das nun rein als solches erfahren und abgeschätzt wird. Zuvor aber, und das heißt in praktisch fast allen Fällen der Wirksamkeit ästhetischer Einstellung, bleiben Thema und Medium in einer polymorphen Einstellung koexistent.

Nun kann man den elementaren Fall dessen, was in einer ästhetischen Einstellung thematisiert ist, als komplexe Wahrnehmungsprägnanz beschreiben. Prägnant ist eine Struktur dann, wenn ihre Elemente zu nur einem Zusammenhang zwingend zusammentreten, komplex ist sie, wenn die Zuordnung der Elemente zu diesem Zusammenhang nach einer Vielzahl von Regeln und so erfolgt, daß die Kontinuität und Dichte der möglichen Anordnung der Elemente eine vollständige Rekonstruktion der Anordnung nach Regeln ausschließt.

Jede Produktion, die ästhetisch genannt werden kann, ist auf die Herstellung solcher Perzeptionssituationen aus. Produktivität, wie intensiv sie auch immer sei, muß ohne Absicht auf komplexe Prägnanz ästhetisch irrelevant bleiben. Das ist auch der Grund dafür, daß es keine Möglichkeit gibt, die Produktionsästhetik als Grunddisziplin der Kunsttheorie aufzubauen. Produktivität ist nur dann ästhetisch zu nennen, wenn sie auf komplexe Prägnanzen ausgeht, damit aber auf einen Sachverhalt, der ohne rezeptionsästhetische Begrifflichkeit nicht beschrieben werden kann. Daraus folgt aber auch, daß die ästhetische Wirkung von Werken, welche die Offenheit der Produktivität als solche thematisch zu machen versuchen, ästhetisch nur deshalb wirksam sind, weil sie mit dem Gedanken der komplex-prägnanten Lösung an sich, vor aller Realisierung im besonderen Lösungsfall, assoziiert sind.

Diese Überlegungen, so entfernt sie auch vom Thema zu sein scheinen mögen, erlauben doch einen Schritt, der wichtig ist für die Verständigung über einen internen Zusammenhang zwischen der ästhetischen Einstellung und der Vorstellung von Vorbildern und Mustern humaner Lebensführung, — einen Schritt von der Theorie der Wahrnehmung zur Theorie der Personalität. Kunst stellt nicht nur einzelne Handlungsfälle zur Erörterung und unter die Frage, ob in ihnen korrekt und gerecht verfahren wurde. Sie ist auf eine allem einzelnen Verhalten zugrunde liegende Gesamtorientierung eingestellt. So vergegenwärtigt sie Handlungen nur als Ausdruck von bestimmten Weisen, Person zu sein. Nun ist aber jede Entwicklung zur entfalteten Personalität mit einer Entwicklung auf eine prägnante und zugleich komplexe Motivationsstruktur hin identisch. Von Persönlichkeit sprechen wir nur dann, wenn ein Mensch auf eine im voraus unabschätzbare Menge von Lebenssituationen nach einem Grundmuster von Motivation so antwortet, daß sich diese Antworten als einheitlicher Zusammenhang zwingend herstellen.

Daraus erhellt aber, daß sich die Wahrnehmungsstruktur der ästhetischen Einstellung und die Verfassung von Personalität mit derselben Terminologie beschreiben lassen. Wenn das so ist, dann ist auch erklärt, warum im Medium der ästhetischen Dimension Identifikationsangebote ergehen können. Gegenstände, welche eine ästhetische Einstellung verlangen, können, indem sie dies tun, auch das Sensorium für personale Prägnanzen ansprechen. Umgekehrt wird die Vergegenwärtigung von integrierten Lebensformen dahin tendieren, sich solcher Medien zu bedienen, die ästhetische Einstellung verlangen.

So also versteht es sich, daß Kunst Identifikationsangebote nicht nur gelegentlich macht, daß sie vielmehr grundsätzlich zu ihnen disponiert scheint. Sie muß deshalb nicht dadurch, daß sie in ihr ergehen, definiert werden. Mit einer solchen Definition wären nämlich ganze Kunstgattungen in Frage gestellt. Denn wenn auch Kunst als solche für Identifikationsangebote disponiert ist, so sind doch zusätzliche Gründe nötig, damit diese Disposition freigesetzt wird. Daß dies geschieht, kann ein Kunstwille inhibieren, der auf rein formale Prägnanzen geht. Sobald allerdings Expressivität ins Spiel kommt, wird es schwer, sich vorzustellen, daß bedeutende Kunst auf die Artikulation nur von Erfahrungssegmenten beschränkt bleiben könnte. Sie wird immer ein Gesamtverhalten vergegenwärtigen, welches die partiale Thematik in die komplexe Prägnanz einer personalen Welt einfügt.

Wahrnehmungsprägnanz und personale Prägnanz sind nicht miteinander identifizierbar. Es kann deshalb auch zu Situationen kommen, in denen es fraglich wird, ob ihre Assoziation noch erwünscht und ob sie überhaupt möglich ist. Solche Fragen werden sich erst dann erheben, wenn die ästhetische Einstellung aus der Polymorphie, in der sie sich entwickelt hatte, freigesetzt worden ist. Für prämoderne Kunstformen bleibt gelungene Form notwendig ebensosehr Wahrnehmungsprägnanz wie Lebensvorbild. Moderne Kunst hat aber in Beziehung auf sich selber jene beiden Fragen gestellt. Sie fand, daß die ästhetische Einstellung entgegen den ihr innewohnenden Tendenzen in den Dienst des rationalen Diskurses zu stellen ist (etwa Brecht). Und sie fand, daß die komplexe Prägnanz einer Person, welche die gegenwärtige Welt angemessen erfährt, sich der ästhetischen Präsentation entzieht (etwa Beckett). Der eine meint, daß Identifikation vermittelte Folgerung, nicht einfache Antwort auf ein Angebot sein dürfe; der andere, daß der sich lächerlich mache, der glaubt, ein kontrollierbares Identifikationsangebot könne überhaupt noch ergehen. Beide bringen damit in ihre Kunstprogramme die Anstrengung der Negation einer herkömmlichen Implikation des Kunstbegriffes. Aber beide bestätigen doch auch dadurch, daß sie sich dieser Implikation im Medium von Kunstproduktionen verweigern, daß zwischen dem, in Beziehung worauf ästhetische Einstellung verlangt ist, und dem, was der Mensch in seinem Leben zu verwirklichen hat, eine strukturelle Zuordnung besteht.

Siegfried J. Schmidt: *Ästhetische Identifikation als bewußter Umweg*

Ich möchte das Problem der Identifikation aufgreifen, indem ich die von Hans Robert Jauß an mich gestellte Frage: Wie kommt man von der Reflexion zur Identifikation? (cf. p. 302) umdrehe und zurückfrage: Wie kommt man von der Identifikation zur ästhetischen Reflexion?

Jauß' Plädoyer für primäre Identifikation wie: Bewunderung, Erschütterung, Rührung, Mitweinen, Mitlachen ... (Vorlage, p. 304) als Korrektiv zur ästhetischen Reflexion wirft — zumindest im Argumentationsrahmen meiner Ästhetik-Theorie — die Frage auf, wie man mit ›Identifikation‹, also einer distanzkassierenden Kategorie, in einem Kommunikationsbereich operieren kann, zu dem Distanz als Konstitutivum für die Ästhetizität dieser Kommunikation gehört. Nach meiner Auffassung muß das Ästhetische bestimmt werden mit Begriffen wie *Polyfunktionalität* (der textbildenden Mittel), *Polyvalenz* (der möglichen Bedeutungsleistungen eines Werktextes und seiner Konstituenten), *Polyperspektivik* (als Rezeptionshaltung, die erst verschiedene mögliche Bedeutungsrollen erkennt bzw. entwirft) und *Distanz* (als Voraussetzung polyperspektivischer Rezeption). Diese Bestimmungen entwerfen den kategorialen Rahmen, in dem plausibel wird, warum und wie ästhetische Kommunikation drei (sonst meist getrennte) Erfahrungsweisen integriert: Selbsterfahrung, Sinnerfahrung und Werkerfahrung. Die durch Polyfunktionalität bedingte Wahrnehmungshemmung macht den Prozeß der Wahrnehmung und Deutung des Textes selbst thematisch. Die Variabilität der Bedeutungsrollen des Textes in kommunikativen Handlungsspielen macht die Bedeutungserfüllung (relativ zu Interpretationsperspektiven) thematisch. Der Werktext setzt sich in polyperspektivischer Wahrnehmung, Dekodierung und Semantisierung auf der ganzen Skala von der Zeichenmaterialität bis zu Assoziationsprospekten ›in Szene‹. Erst wenn alle diese Bedingungen erfüllt sind, wenn Produktions-, Werk- und Rezeptionsvoraussetzungen erfüllt sind, wird ein Werktext *als ästhetisch* erfahren und realisiert.

Im Rahmen einer solchen Ästhetik-Theorie bedingt der polyfunktional gebaute Werktext Distanz und Polyperspektivik als Rezeptionshaltung; denn nur in dieser Haltung können überhaupt mögliche Bedeutungsrollen des Werktextes in rezeptiven kommunikativen Handlungsspielen realisiert werden.

Es mag nun so scheinen, als sei in dieser Ästhetik-Theorie überhaupt kein Platz für so etwas wie Identifikation, und Jauß scheint dies anzunehmen. Ich sehe das Problem anders. Identifikation kommt in meiner Konzeption des Ästhetischen an zwei Stellen vor:

a) Damit überhaupt eine ästhetische Kommunikation mit einem Werktext zustandekommt, muß der Werktext das Interesse des Rezipienten erregen. Er muß also irgendeine Qualität aufweisen, die den Rezipienten spontan anzieht, mit der er sich unmittelbar (aber nicht notwendig endgültig) identifiziert (Primär-Identifikation).

b) Nachdem der Rezipient die verschiedenen Stufen der ästhetischen Kommunikation mit dem Text durchlaufen hat, wird er in der Regel mehr oder weniger bewußt bestimmte inhaltliche, formale, emotive, kognitive oder andere Faktoren des Werktextes und der durchlaufenen ästhetischen Kommunikation in seinen ›Denk- und Erlebnishaushalt‹ übernehmen; er wird sich mit solchen Faktoren (Themen, Helden, Problemen etc.) identifizieren (Sekundär-Identifikation). Diese Identifikation aber geschieht aus freiem Entschluß. Sie ist nicht Resultat einer Überwältigung durch den Text (und/oder seine Präsentation).

Um es auf eine kurze Formel zu bringen: Ich meine, daß ein Text dann und nur dann als ästhetischer rezipiert und realisiert werden kann, wenn er eine Sekundär-Identifikation nur auf diesem vielfach vermittelten Umweg der ästhetischen Kommunikation eröffnet. Bleibt der Rezipient bei der Primär-Identifikation stehen, dann dichtet er seine Rezeptionsmöglichkeiten ab gegen eine ästhetische Rezeption.

Dies ist ein aus einer Theorie abgeleitetes Postulat. Damit will ich nicht leugnen oder ausschließen, daß man natürlich jeden Werktext, der aufgrund seiner polyfunktionalen Verfassung legitimes Objekt ästhetischer Kommunikation sein könnte, auch nicht-ästhetisch rezipieren kann und vielfach auch so rezipiert. Damit aber verfehlt man m. E. aber genau das Spezifikum *ästhetischer* Kommunikation: einmal die qualitative Differenz zwischen ästhetischer Kommunikation und allen sonstigen Formen gesellschaftlicher Kommunikation; zum anderen die produktive Differenz zwischen den beiden Möglichkeiten der Identifikation. Nur die Sekundär-Identifikation erhebt ästhetische Kommunikation aus dem Status emotioneller Tendenz in den einer Entscheidung des ganzen Menschen, die konstitutiv ist für das, was mißverständlich »ästhetisches Vergnügen« genannt wird.

Im Bereich der konkreten Dichtung stellt sich dann das Problem der Identifikation in verschärfter Form. Wenn in konkreten Texten der narrative Inhalt in der oben geschilderten Weise entfällt, entfällt auch die Möglichkeit der Identifikation mit einem Erzählten (Helden, Ereignis etc.). Daraus folgt aber keineswegs, daß ein »kommunikatives Vakuum« (Vorlage Jauß, p. 335) entsteht und daß nach »Abbau der Erzählfunktion«, »Entgegenständlichung«, »Vieldeutigkeit« und »Wahrnehmungsaskese« die »Grenze zur ästhetischen Gleichgültigkeit überschritten ist« und die »Ironie der verweigerten Identifikation« zur »Ungenießbarkeit experimentierender Kunst« führen muß. (Wer so urteilt, setzt sein an narrativer Kunst geschultes Erwartungsschema absolut und dichtet sich damit von vornherein ab gegen die Rezeption neuer Konzeptionen ästhetischer Textproduktion sowie neuer Deutungen des Verhältnisses von Kunst und Gesellschaft.) Doch selbst wenn man einmal Jauß' Position akzeptiert und ästhetische Rezeption als komplexen Prozeß auffaßt, der sowohl Identifikation als auch ästhetische Reflexion umfaßt, bleibt seine Situationsanalyse für die experimentierende Literatur inadäquat. Zwar fehlt hier die Möglichkeit der Identifikation mit Themen, Helden und Geschichten; keineswegs aber fehlt die Möglichkeit der Identifikation mit der aus den Texten erhebbaren (etwa im Falle der konkreten Dichtung am Negativ-Katalog eindeutig ablesbaren) Konzeption konkreter Dichtung, ihrem ästhetischen Programm, ihrer erkenntnistheoretischen Einstellung, ihren ›existentiellen‹ Prämissen[1]. Einstellungen also,

---

[1] Vgl. etwa die kurze Bemerkung von E. GOMRINGER: *I think that concrete poetry is no longer*

die grob so gekennzeichnet werden können: Absage an grassierende Geschwätzigkeit, Streben nach formaler Strenge und Einfachheit; Mißtrauen gegen Geschichte und Geschichten, Vorbehalte gegen Ideologien mit exklusivem Wahrheitsanspruch; Einsicht in die Uneinholbarkeit der Wahrnehmung und des Erlebens durch Sprache; Versuch einer produktiven Integration der Künste; Versuch, neue Darstellungsformen für neue Rezeptionsweisen zu finden etc. Auch hier stellt sich der konkrete Text also nicht opak vor seine Bedingungen, sondern zeigt, verweist, induziert. Identifikation kann hier folgerichtig nicht mit dem Text und der in ihm repräsentierten ›Geschichte‹ vollzogen werden, sondern nur mit dem Gesamt von Text und Kommunikationsprozeß (nach deren Voraussetzungen und Folgen). Sie für den Text zu fordern heißt, den Entwicklungsschritt der neueren Kunst zu einer Prozeßästhetik ignorieren; heißt auch, weiterhin Negation statt Konstitution als Produktionsschema konkreter Dichtung zu sehen.

DIETER WELLERSHOFF: *Identifikation und Distanz*

Der Begriff ›Identifikation‹ wird im literaturtheoretischen Sprachgebrauch sehr weitherzig benutzt. Wenn ein Leser zu einer fiktionalen Figur eine Beziehung hat, wenn er als Person an deren Handlungen und Erfahrungen besonders interessiert ist, dann sagt man schon, er identifiziere sich mit ihr. Hans Robert Jauß ist nun konkreter geworden, indem er verschiedene Modalitäten der Identifikation herausgearbeitet hat. Aber sein differenzierter Apparat hat mein Unbehagen am Begriff der ›Identifikation‹ noch nicht beseitigt. Ich finde, er taugt nicht als Oberbegriff für alle Arten von Beziehungen, denn er suggeriert eine sehr enge Beziehung zwischen Leser und literarischer Figur, ja eine zeitweise Verschmelzung, ein Aufgehen des Lesers in der literarischen Figur. Das gibt es aber nur in Grenzfällen, etwa bei Kindern, die imaginäre Rollen weiterspielen, sich zum Beispiel nach der Lektüre eines Indianerbuchs noch eine Zeitlang als Indianer fühlen und benehmen. Auch bei Lesern von Trivialliteratur verhält es sich vielleicht ähnlich. In beiden Fällen kann man vielleicht deshalb von (partieller) Identifikation sprechen, weil Eigenschaften der fiktionalen Gestalt imitiert oder in die eigene Person übernommen werden. Dazu muß man die Distanz natürlich verkleinern oder illusionär leugnen.

Aber normalerweise wird die Grenze zwischen realem und fiktionalem Be-

---

what it was thought and made at the beginning. Then it was a change of life, now it has become here and there a mere typographic game . . . (in *Stereo Headphones*, vol. I, nos. 2-3, 1970).

reich nicht verwischt. Der Leser weiß, daß sein reales Leben sich auf dieser Seite der Rampe abspielt, nicht im imaginären Szenarium des Buches. Und nur weil er sich der Unterschiede und der Distanz beider Bereiche sicher ist, kann er sich darauf einlassen, daß dort im fiktionalen Bereich seine gefährlichen und verborgenen Möglichkeiten zur Sprache kommen. Die Fiktionalisierung ist also eine teilweise Entwirklichung problematischer innerer Bestände (Vorstellungen, Wünsche), denn sie erscheinen nun als etwas Erfundenes oder bloß Vorgestelltes, und das ermöglicht eine Lockerung der Zensur. Der von einem Text betroffene Leser will sich wiedererkennen und doch unterscheiden können, das heißt Spielraum zu Alternativen haben. Und das ist ihm von vornherein garantiert durch die Fiktionalität des Textes, seine kündbare Wirklichkeit, die auf der letzten Seite zunächst einmal zu Ende ist.

Im übrigen ist die Beziehung des Lesers zu einer literarischen Figur auch Veränderungen unterworfen. Er stellt sich dauernd neu ein, kommt ihr näher, solidarisiert sich, unterscheidet sich, kritisiert sie und so weiter. Was mich zunächst zum Weiterlesen veranlaßt, ist mein Informationsdefizit. Ich kann beispielsweise eine Person nicht hinreichend beurteilen, und deshalb mache ich einen Identifikationsvorbehalt. Das ist etwa die Situation beim Kriminalroman. Die verdächtigen Personen müssen sich mir erst verdeutlichen, ehe ich meine Beziehung zu ihnen näher bestimmen kann. Ich muß, um sie beurteilen zu können, ihre Vergangenheit und ihre Motivationen durchschauen und am besten natürlich auch ihre Zukunft kennen. Deshalb die Neigung des Lesers, auf den letzten Seiten nachzuschauen, worauf das Geschehen hinausläuft. Kenne ich das Ende, dann verändert sich die Situation. Ich habe einen Informationsvorsprung vor der literarischen Person, weiß etwa, daß sie in ihr Unglück rennt. Auch dieses Wissen erzeugt einen Identifikationsvorbehalt. Ich lese jetzt den Roman auf doppelte Weise, aus meinem größeren Horizont heraus und mit dem beschränkteren Blick der dargestellten Person. Ich will nämlich wissen, ob ich unter den Bedingungen, unter denen die Person handelt – also unter den Bedingungen beschränkten Wissens – mich ähnlich verhalten hätte, oder ob ich an ihrer Stelle bessere Einsichten gehabt hätte und das Unglück hätte vermeiden können. Ich unterscheide mich also von der Person, und in der Unterscheidung erlebe ich durch sie meine Möglichkeiten.

Die Identifikation scheint nur die Durchgangsphase eines Distanzierungsprozesses zu sein. Denn was ich als meinen eigenen Zustand erkannt habe, das bin ich schon nicht mehr ganz. In dem Bestreben nach Nähe steckt schon die weiterreichende Tendenz nach Abstand, Übersicht und mehr Handlungsfreiheit. Am Ende will ich auf jeden Fall über die partiellen Perspektiven der fiktionalen Figuren hinausgelangen. Ich begebe mich auf eine höhere Abstraktionsebene, auf der sich die dargestellten Widersprüche lösen lassen. Wenn mir der Text das verweigert, verharre ich in einer stehenden Unruhe. Ich kann meine Distanz, meinen Standort noch nicht bestimmen, ich sehe die Alternativen noch nicht. Normalerweise werde ich mich dann abwenden. Ich klappe das Buch zu und kehre in meine alltägliche Lebenspraxis als in etwas anderes zurück. Die im fiktionalen Bereich sichtbar gewordenen Probleme oder Erfahrungen bleiben freilich im Hintergrund. Sie sind auf Abruf da. Sie haben einen höheren Bewußtheitsgrad als vor der Lektüre. Sie sind ich-näher geworden und deshalb einer bewußten und praktischen Verarbeitung nähergerückt.

Allerdings kann ich auch so lesen, daß dieser Lernprozeß der Aneignungs- und Distanzierungsarbeit gerade vermieden wird. Ich kann als literarischer Fachmann, als Wissenschaftler lesen und den Text einer theoretischen Fragestellung unterwerfen, die mich gegen ihn isoliert. Ich setze ihn nicht mit mir in Beziehung, sondern mit anderen literarischen Texten (Figuren, Problemen, Motiven, Schreibweisen, Strukturen), und leite ihn so an meiner Person vorbei. Auch das ist ein Identifikationsvorbehalt. Mehr oder weniger bildet er beim erfahrenen Leser im Unterschied zum Kind immer eine zweite Möglichkeit, die alternierend gegen das unmittelbare Lesen ausgetauscht oder mitrealisiert wird. Sie braucht dann die Intensität der Beziehung nicht zu stören, ähnlich wie beim Autor, bei dem während des Schreibens auch spontane und kritische Reaktionen wechseln. Die Anschlußmöglichkeiten vervielfachen sich dabei. Man liest mit mehreren Schichten seiner Person und bringt sie, vermittelt durch den Text, untereinander in Kontakt.

WOLFGANG PREISENDANZ: *Reflexive Komik*

Zu den generalisierbaren Perspektiven der Vorlage Rainer Warnings (p. 356) gehört die Ablösung eines rituellen durch ein reflexives Lachen, dargelegt an jener von Molière zu Marivaux führenden Wandlung der Komödienform und Komödienfunktion, die auch Lessing im 29. Stück der *Hamburgischen Dramaturgie* anzeigt, wenn er statuiert, die Komödie wolle *durch Lachen bessern; aber nicht eben durch Verlachen*: ihr wahrer Nutzen liege *im Lachen selbst*. Die Unterscheidung von Lachritual und Reflexivität des Lachens wird im Hinblick auf die Differenzqualität zweier Komödienmodelle und somit im Hinblick auf die Differenzqualität des Komischen erörtert. Mein Frage ist, ob die Erörterung des Verhältnisses von Komischem und Reflexion nicht auf eine andere, vorgelagerte Ebene zu verlegen ist. Lachen und Komik sind, trotz allen Korrelationen, als asymptotisch anzusehen; dasselbe gilt für die entsprechenden Theorien — daher ja auch seit altersher die Versuche, das Lächerliche und das Komische als unterschiedliche Referenten von Lachen gegeneinander abzusetzen. Warning hat selbst, mit Bezug auf S. K. Langer, vermerkt, daß »das in der symbolischen Vermittlung einer fiktiven Handlung provozierte Lachen anderen Gesetzen folgt als ein unvermittelt-direkt stimuliertes« (p. 349). Ich möchte dies über den Bereich der Komödie hinaus für alle erzeugte, arrangierte, veranstaltete Komik in Anspruch nehmen und folgern, daß das jedem aus der Lebenswelt bekannte und das in kommunikativer Absicht provozierte Lachritual wiederum als asymptotisch angesehen werden müßten. Bezieht man diese Position, dann gewinnt der wiederholte, meines Wissens zuletzt von Etienne Souriau vertretene Ansatz Gewicht, dem Komischen gegenüber dem Lächerlichen eine essentiell ästhetische Qualität und Funktion zuzuschreiben, es als die *structure esthétique du risible* zu definieren[1]. Das bedeutet dann, daß das Komische im Gegensatz zum nur Lächerlichen schon immer Objektivation eines reflexiven Lachens, mithin auch wenigstens virtuell Referent eines reflexiven Lachens ist. Mit Souriau: *Il y a une révision réflexive du rire par survenance du point de vue moral (...). Et il y a aussi une révision réflexive, par survenance du point de vue esthétique (...). Au minimum, l'exigence artistique du comique, c'est l'apport d'une justification quelconque (même sociale, même morale, même pragmatique) du rire.* Das Komische führt, als *structure esthétique du risible*, die *révision réflexive* deshalb mit sich, weil in ihm Provokation von Lachen und Justifikation dieses Lachens stets vermittelt sind: Justifikation, die zugleich eine Restriktion darstellt, welche ohne weiteres mit Bachtins »Reduktionsformen des Lachens« (wie Ironie, Satire, Humor, Parodie usw.) zu vereinbaren ist. Für das im angedeuteten Sinn zu definierende Komische wäre nun aber, aufgrund solcher Justifikation und Restriktion des Lachens, immer die »reflexive Vorstellung der Darstellung« (Luhmann) geltend zu machen; somit schlössen sich Lachritual und Reflexivität nicht grundsätzlich aus, und die Opposition zum rituellen Lachen, zum von Lessing verworfenen Verlachen, müßte in etwas anderem als dem reflexiven Lachen ermittelt werden.

HANS ROBERT JAUSS: *Reflexives Lachen*

Nach Rainer Warning wäre die Grundstruktur der Komödie Molières, aus der letztlich nur der *Misanthrope* herausfalle, die zur Institution erhobene gesellschaftliche Ambivalenz eines Lach-Rituals, das zwar die verdrängte *déraison* hereinhole und lachend positiviere, aber doch nur gemäß Freuds Schema vom ›Lustgewinn‹ gegenüber der ›Verdrängungsarbeit der Kultur‹. Indem das Lach-

---

[1] E. SOURIAU, *Le Risible et le Comique*, in *Journal de psychologie normale et pathologique* 41 (1948), p. 145-183.

Ritual die Störenfriede und Außenseiter der Gesellschaft treffe, führe seine Positivierung des Ausgegrenzten doch nicht zu einer reflexiven Infragestellung der gesellschaftlichen Normen, sondern diene letztlich der Selbststabilisierung dieser ›Lachgemeinde‹. Mir scheint, daß diese bestechend konsequente Neudeutung die Ambivalenz Molièrescher Komik nicht ohne bedenkenswerte Reste in die systematisierbare Ambivalenz seiner Komödie als Institution überführt. Zum einen, weil gerade die Komödie Molières einer ständigen Kritik durch gesellschaftliche und kirchliche Instanzen ausgesetzt war, die sich mit einer Stabilisierung der herrschenden Schicht nicht einfach verrechnen läßt (wenn z. B. das Lachen über den Tartuffe nurmehr den gesellschaftlichen Störenfried traf, warum kam es dann überhaupt zum Skandal?). Zum andern, weil die großen Monomanen der Bühne Molières nicht einfach zu ›komischen Helden‹ gesteigert und als solche bloße Auslöser von ›Lustgewinn‹ werden (p. 355 sq.): den Charakteren Molières fehlt die Unschuld naiver Helden, weil sie in ihrer Befangenheit den Selbstwiderspruch ihrer Natur austragen müssen, dabei — wie der Scheinheilige und der Geizhals zeigen — die Grenze der Gemeingefährlichkeit überschreiten können und letztlich für ihre Unnatur, sprich: ihre *déraison* aufkommen sollen. Zum dritten, weil das Lachen über die *déraison* nicht nur insgeheim, d. h. im Sinne unreflektierten ›Lustgewinns‹, sondern auch ausdrücklich das Ausgegrenzte positivieren kann, indem es gezielt die Reflexion des Publikums auf den — problematischen — Anlaß seines Lachens lenkt. Nicht allein im *Misanthrope*, auch im *Avare*, in *George Dandin* und in anderen Stücken wird dem Zuschauer der Grund des Lachens immer wieder entzogen und seiner Reflexion eine Richtung gegeben, die — es sei hier nur an Sosies letztes Wort im *Amphitryon* erinnert — eine herrschende Norm gesellschaftlicher Vernunft als fragwürdig enthüllt. Die komische Katharsis schließt schon in antiker Tradition, wie die Philologen wissen, die beiden Funktionen der lustvollen Abfuhr (Verlachen) und des Erkennens durch Lachen ein. Warning möchte die Positivierung des Ausgegrenzten bei Molière — und dies im Unterschied zu Marivaux — nur im Sinne Freuds, d. h. als Aufwandersparnis und Lustgewinn gelten lassen (wenn er p. 356 gegen Joachim Ritter meint, ›lachende Positivierung verhalte sich zur reflexiven umgekehrt proportional‹). Mir scheint indes, daß auch Molières Komödie der Grundambivalenz aller kathartischen ästhetischen Erfahrung unterliegt, über das Lachen die Rückwendung zu freier moralischer Reflexion ermöglichen, aus dieser Befreiung des Gemüts aber auch in die Unfreiheit einer undurchschauten Gruppenidentifikation umschlagen zu können. Nachdem wir Warning die vertiefte Einsicht in die latente Funktion des Lach-Rituals in Molières Komödie verdanken, durch die auch auf die Molière-Kritik von Rousseau, Hegel und Baudelaire neues Licht fällt, sollte nun der gegenläufige, bei Molière bereits greifbare Prozeß der Ablösung des rituellen durch ein reflexives Lachen gleichermaßen aufgezeigt werden. Dabei könnte sich klären, ob die kognitive Funktion des Lachens notwendig (wie Ritter meinte) dem Akt des Lachens selbst entspringen muß und nicht auch aus einer durch ihn ausgelösten anschließenden Reflexion hervorgehen kann.

HARALD WEINRICH: ›Konkrete‹ Negativität

Ein Stück konkreter Poesie, das etwa — wie bei G. Rühm (Abb. p. 406) — nur das Wortzeichen ›Jetzt‹ in bestimmter Position auf der Fläche benutzt, kann mit der Figur der doppelten Negation beschrieben werden. Der Autor verwendet hier ein Wortzeichen (genauer gesagt: dessen graphisches Äquivalent), das sowohl in mündlichen wie in schriftlichen Texten der Umgangssprache eine sehr hohe Frequenz hat. Ungewohnt ist jedoch, daß dieses Wortzeichen uns in der Isolierung begegnet. Für gewöhnlich ist es von einem Kontext umgeben, in dem und für den es bestimmte Determinationsaufgaben wahrzunehmen hat. Diese Determinationen sind Reduktionsleistungen und können insofern als Negationen beschrieben werden. Wenn nun ein solches Wortzeichen in der Isolation einer großen leeren Fläche steht, so wird die Erwartung einer Determinationsleistung enttäuscht. Die normale Negation des Determinationsspiels bleibt aus, wird also ihrerseits negiert.

Die konkrete Poesie lebt nun von der Annahme, daß diese doppelte Negation eine große und vielleicht grenzenlose Affirmation freisetzt. Der Leser kann nämlich jetzt das Bedeutungspotential des isolierten Wortzeichens nach Gutdünken mit fast allen Bedeutungen auffüllen, die ihm relevant erscheinen. Die Frage ist nur, ob er auch tatsächlich dazu bereit ist. Im Falle eines Stücks konkreter Poesie mit dem bloßen Wortzeichen ›Jetzt‹ bleibt der Leser beispielsweise nur noch an die Opposition ›Jetzt‹ vs. ›Nicht-Jetzt‹ gebunden, die als einzige in diesem minimalen Text bestehen geblieben ist. Der Leser hat nun die Möglichkeit, am Leitfaden dieser Opposition in einer langen Reflexion über Gegenwart und Zeitlichkeit und viele sonstige Assoziationszusammenhänge nachzusinnen und sich mit solchen Gedanken durch die ganze Welt zu bewegen. Es kann jedoch auch der Fall eintreten, daß der Leser, wenn man den Betrachter dieses Gebildes immer noch Leser nennen will, nach einer relativ kurzen Zeit dieses Spiels überdrüssig wird und seine Mitarbeit verweigert. Ich hätte Verständnis dafür. Man muß sich also wohl die Frage stellen, ob es nicht bei der konkreten Poesie eine kritische Grenze gibt, wo der Rezipient nicht mehr mitmacht und wo er das ihm von seiten des Autors zugemutete Vergnügen an der fast grenzenlosen Bedeutungsbildung verliert.

Andererseits darf nicht übersehen werden, daß die linguistische Analyse einem Gebilde der konkreten Poesie nur teilweise gerecht werden kann. Die Isolierung eines Wortzeichens an einer ausgezeichneten Stelle der sonst leeren, jedoch durch Blöcke und Linien gegliederten Fläche enthält eine bestimmte optische Information, die natürlich mit der linguistischen Information verrechnet werden muß. Da es sich nun dabei um eine Information ganz anderer Art handelt, ist diese Verrechnung möglicherweise nicht additiv, sondern multiplikativ zu verstehen. So mag denn der Leser und Betrachter doch am Ende auf seine Kosten kommen.

7. ›MASSNAHMEN GEGEN DIE GEWALT‹

MASSNAHMEN GEGEN DIE GEWALT (Bertolt Brecht)[1]

Als Herr Keuner, der Denkende, sich in einem Saale vor vielen gegen die Gewalt aussprach, merkte er, wie die Leute vor ihm zurückwichen und weggingen. Er blickte sich um und sah hinter sich stehen — die Gewalt.
»Was sagtest du?« fragte ihn die Gewalt.
»Ich sprach mich für die Gewalt aus«, antwortete Herr Keuner.
Als Herr Keuner weggegangen war, fragten ihn seine Schüler nach seinem Rückgrat. Herr Keuner antwortete: »Ich habe kein Rückgrat zum Zerschlagen. Gerade ich muß länger leben als die Gewalt.«
Und Herr Keuner erzählte folgende Geschichte:
In die Wohnung des Herrn Egge, der gelernt hatte, nein zu sagen, kam eines Tages in der Zeit der Illegalität ein Agent, der zeigte einen Schein vor, welcher ausgestellt war im Namen derer, die die Stadt beherrschten, und auf dem stand, daß ihm gehören solle jede Wohnung, in die er seinen Fuß setzte; ebenso sollte ihm auch jedes Essen gehören, das er verlange; ebenso sollte ihm auch jeder Mann dienen, den er sähe.
Der Agent setzte sich in einen Stuhl, verlangte Essen, wusch sich, legte sich nieder und fragte mit dem Gesicht zur Wand vor dem Einschlafen: »Willst du mir dienen?«
Herr Egge deckte ihn mit einer Decke zu, vertrieb die Fliegen, bewachte seinen Schlaf, und wie an diesem Tage gehorchte er ihm sieben Jahre lang. Aber was immer er für ihn tat, eines zu tun hütete er sich wohl: das war, ein Wort zu sagen. Als nun die sieben Jahre herum waren und der Agent dick geworden war vom vielen Essen, Schlafen und Befehlen, starb der Agent. Da wickelte ihn Herr Egge in die verdorbene Decke, schleifte ihn aus dem Haus, wusch das Lager, tünchte die Wände, atmete auf und antwortete: »Nein.«

WOLFGANG PREISENDANZ

Es liegt eine Rahmengeschichte vor, eine Geschichte vom Herrn Keuner, worin dieser selbst eine Geschichte zum besten gibt. Rahmen- und Binnengeschichte sind einander so zugeordnet, daß letztere die Maxime illustrieren und bekräftigen soll, die Herr Keuner den nach seinem Rückgrat fragenden Schülern ent-

---

[1] Brecht, *Geschichten vom Herrn Keuner*, Gesammelte Werke 12, Frankfurt a. M. 1967, p. 375 sq.

gegenhält; sie entfaltet narrativ einen vergleichbaren Fall. Herr Keuner rechtfertigt sein die Schüler befremdendes Verhalten durch die Geschichte vom Herrn Egge. Gemeinsam ist beiden Geschichten der Vorsatz, länger leben zu müssen als die Gewalt; verschieden sind die jeweiligen Umstände und Maßnahmen; Bedeutung und Sinn dieser Verschiedenheit wären über eine semantische Analyse zu interpretieren. Wesentlich indessen ist in erster Linie, daß die Geschichte als Ganzes, als eine der *Geschichten vom Herrn Keuner*, für den Leser keine andere Funktion gewinnt als die Binnengeschichte zur Rahmengeschichte. Es handelt sich in dieser Geschichte vom Herrn Keuner, diesem negativen Jedermann, der sich übrigens auch in einer frühen Fassung des *Galilei* findet, so wenig wie in der Binnengeschichte vom Herrn Egge um eine auf das Wie und Warum eines Ereigniszusammenhangs gerichtete Erzählung. Es handelt sich vielmehr um eine Geschichte, die als Antwort auf die — freilich erst mit der Antwort aktualisierte — Frage nach Verhaltensmöglichkeiten, Verhaltensnormen zu lesen ist. Das Narrative ist dem Beispielhaften, in der Binnengeschichte auch klar dem Replikhaften untergeordnet; die Geschichte als ganze wie die Binnengeschichte wollen verstanden werden als narrativ angelegter und Praxis anregender Beitrag zum Problem der Maßnahmen gegen die Gewalt.

HARALD WEINRICH

Die Binnengeschichte des Herrn Egge enthält einen Aspekt, der in der Rahmengeschichte des Herrn Keuner nicht enthalten ist. Es heißt dort: *Aber was immer er für ihn tat, eines zu tun hütete er sich wohl: das war, ein Wort zu sagen.* Vom Ende der Geschichte her liegt die Annahme nahe, daß es eben das Wort ›nein‹ ist, das Herr Egge nicht gesagt hat. Aber offenbar hat er auch nicht ›ja‹ gesagt. Er hat dem Agenten nur gedient, das heißt er hat sich mit seinen Handlungen, nicht jedoch mit seinen Worten kompromittiert. Es sieht so aus, als ob Herr Egge die Kompromittierung durch Handlungen für weniger schwerwiegend hält als die Kompromittierung durch Worte. Das eine nimmt er äußerstenfalls hin, das andere nicht. Darin eben scheint sein ›hinhaltender Widerstand‹ zu liegen.

Allerdings: Herr Keuner verfährt in seiner Situation anders. Er nimmt auch die Kompromittierung im Wort hin, wenn es um das schiere Überleben geht, das vielleicht zukünftigen Widerstand ermöglicht.

7. Massnahmen gegen die Gewalt

Rainer Warning

Wenn man in unserer Geschichte — in Anlehnung an die Terminologie der französischen Textsemiotik — eine *histoire*-Ebene und eine *discours*-Ebene unterscheidet, kann man zunächst für die *histoire*-Ebene feststellen, daß sie aus drei Szenen besteht: 1. Herr Keuner und die Gewalt; 2. Herr Keuner und seine Schüler; 3. Herr Egge und der Agent. Diese drei Szenen laufen ab wie in einem Lehrstück:

I. Ausgangssituation: Der *Denkende* hat nein zur Gewalt gesagt und sich daraufhin verleugnen müssen.

II. Lehre: Der *Denkende* sollte die Gewalt nicht bekämpfen, sondern überleben.

III. Illustration: Herr Egge verleugnet sich zunächst und sagt erst nein, als die Gewalt tot ist.

Wir haben somit einen dialektischen Fortschritt von der falschen zur richtigen Maßnahme, die darin besteht, die Gewalt durch Überleben zu überlisten. Subjekt dieses Lernprozesses ist, wiederum wie in einem Lehrstück, der Beteiligte selbst: Herr Keuner. Herr Egge ist ein Herr Keuner, der gelernt hat, nein zu sagen, d. h. auf richtige Weise nein zu sagen, nämlich: *sich hütend, ein Wort zu sagen*, solange die Gewalt noch herrscht.

Die Gewalt durch Überleben zu überlisten, ist freilich eine höchst ambivalente Maßnahme gegen sie. Diese auf der *histoire*-Ebene implizite Ambivalenz wird auf der *discours*-Ebene expliziert. Letztere ist gekennzeichnet durch zwei Klassen von Äquivalenzrelationen, welche die Szene I und III verklammern. Deren eine könnte man als die Klasse der — im Sinne der russischen Formalisten — motivierten Äquivalenzen bezeichnen, insofern sie die ›richtige‹ Maßnahme nur zu explizieren scheint: Herr Keuner/Herr Egge; der *Denkende*/derjenige, der gelernt hat, nein zu sagen; der Saal/die Wohnung; das erzwungene Ja/das verzögerte Nein. Die zweite Klasse ist die der unmotivierten Äquivalenzen. Diese besteht aus nur einer Relation, die aber entscheidendes Gewicht gewinnt: die Gewalt/der Agent. Die Gewalt erscheint als unmotivierte Allegorie, die gerade aufgrund dieser fehlenden Motivation ihren Namen ›erfüllt‹. Insgeheim unerfüllt bleibt die Relation hingegen auf der Seite des Agenten, der in deutlich signalisierter ›Bloßlegung‹ des Verfahrens präsentiert wird: der holprige *stilus grandiloquus*, in dem er vorgestellt wird, sein Einschlafen mit dem Gesicht zur Wand (welcher Agent tut das schon?), vor allem aber die magischen sieben Jahre des Märchens. Gleich zweimal ist von ihnen die Rede, das zweite Mal mit überdeutlichem Ironiesignal: *als nun die sieben Jahre herum waren und der Agent dick geworden war vom vielen Essen, Schlafen und Befehlen, starb der Agent.* Nur scheinbar wird hier, wie das in manchen Stücken der Fall ist, die Gewalt bereits stilistisch in ihrer geheimen Ohnmacht gerichtet. Herr Keuner nämlich ist es, der diese Geschichte erzählt, und der weiß, daß man mit der Gewalt, die plötzlich *hinter* einem steht, sei es als Allegorie oder als Gestapo, nicht so leicht fertig wird wie mit jenem Trottel von Agenten, der sich, mit dem Schein in der Hand, sichtbar *vor* Herrn Egge präsentiert. Herr Keuner wurde überfallen, er mußte sofort antworten, Herr Egge konnte sich sieben Jahre Zeit lassen, dann war die Gewalt tot, und wenn er nicht gestorben ist, lebt er vielleicht noch heute. Was Herrn Egges Überleben möglich macht, ist nicht sein Denken, nicht das, was er *gelernt hatte*, sondern ein märchenhaftes Wunder. Die Geschichte vom Herrn Egge verwandelt unterderhand die List der Vernunft in die List des Märchens, gibt ihr »mythologisches Gepräge« (Blumenberg).

Nur um diesen Preis stimmt die Lehre, die Herr Keuner seinen Schülern erteilt. Vielleicht ist es kein Zufall, daß es nicht heißt *Herr Keuner erzählte ihnen folgende Geschichte*, sondern *Herr Keuner erzählte folgende Geschichte*, und daß auch An- und Abführungszeichen fehlen. Das ›Beispiel‹ des Herrn Egge wird vom Lehrer-Schüler-Dialog abgelöst, an die Stelle der Schüler tritt der implizierte Leser, für den das Nein, das die *histoire* abschließt, vom *discours* bereits ›überholt‹ ist, als es ausgesprochen wird. Nein zu sagen kann das Leben kosten, nicht nein zu sagen, ohne Rückgrat die Gewalt zu überleben, ist keine Maßnahme gegen sie, sondern Ausflucht des *Denkenden*, der die Gewalt nur in der Fiktion zu negieren vermag, in der märchenhaften Geschichte Herrn Keuners von Herrn Egge.

Das Wort *Gerade ich muß länger leben als die Gewalt* der Szene II ist somit das geheime Zentrum der Äquivalenzrelationen zwischen Szene I und III. *Denken* heißt für Herrn Keuner *verändern* (so in der Geschichte *Menschenkenntnis*). Die Gewalt hat diese Maxime erschüttert. Das zwänge ihn zu einer Maßnahme gegen sie. Er tut so, als gäbe es einen dritten Weg, aber er weiß, daß dieser eine Ausflucht ist. Der *discours* expliziert somit die Ambivalenz der ›richtigen‹ Maßnahme als Kasus: als Kasus des *Denkenden* angesichts der Gewalt. Herr Keuner kann den Fall nicht lösen und gibt ihn an den Leser weiter.

MARIANNE KESTING

Die Handlung, die der Brecht-Text lehren möchte, hat sehr seltsame Vorstufen in Brechts Werk und erscheint erst später, nämlich in der finnischen Emigration, als *Maßnahme gegen die Gewalt*.

Es gibt ein Brecht-Gedicht aus den zwanziger Jahren, das nicht in die Ausgabe seiner *Gesammelten Werke* (Frankfurt 1967) aufgenommen wurde, sich

7. Massnahmen gegen die Gewalt

aber in der ersten Brecht-Ausgabe (*Gedichte* II, p. 171, Frankfurt/Main 1960) findet. Es lautet:

> Und er verglich nicht jene mit
> Anderen
> Und auch nicht sich mit einem
> Andern, sondern
> Schickte sich an, bedroht, sich rasch zu
> Verwandeln in
> Unbedrohbaren Staub. Und
> Alles
> Was noch geschah, vollzog er wie
> Ausgemachtes, als erfülle er
> Einen Vertrag. Und ausgelöscht
> Waren
> Ihm im Innern die Wünsche
> Jegliche Bewegung
> Untersagte er sich streng
> Sein Inneres schrumpfte
> Ein und verschwand, wie ein
> Leeres Blatt entging er allem
> Außer der Beschreibung.

Als eine weitere Darstellung solcher Selbstauslöschung oder Selbstverleugnung vor einer Bedrohung bringt Brecht im *Badener Lehrstück vom Einverständnis* folgende Parabel (7. Bild):

Als der Denkende in einen großen Sturm kam, saß er in einem großen Fahrzeug und nahm viel Platz ein. Das erste war, daß er aus seinem Fahrzeug stieg, das zweite war, daß er seinen Rock ablegte, das dritte war, daß er sich auf den Boden legte. So überwand er den Sturm in seiner kleinsten Größe.

Die unbestimmte Drohung im Gedicht und die Drohung des Sturms im *Badener Lehrstück* verwandelten sich für Brecht in der Emigration in eine konkrete politische Bedrohung, und zwar von mehreren Seiten her: Zwischen dem mehr und mehr von Hitler-Truppen besetzten Deutschland und dem Stalinschen Moskau nach den Schauprozessen (das er nicht mehr als Fluchtpunkt erwog), gab es für ihn nur die Möglichkeit, nach Amerika auszureisen und der dortigen Gewalt des Kapitals einige Jahre zu dienen, um endlich, nachdem der »Sturm« sich verloren hatte, »nein« zu sagen.

Die Taktik der Selbstauslöschung, die er also schon früher unter dem Druck einer allgemeinen gesellschaftlichen Bedrohung erwogen hatte, wird in der *Maßnahme gegen die Gewalt* umgewandelt in die Aktion des selbstverleugnenden Dienens.

RICHARD E. PALMER

Ich möchte dieser rätselhaften und faszinierenden Geschichte Brechts eine Analogie aus der amerikanischen Literatur hinzufügen. Die erzählte Situation erinnert nämlich an einen Abschnitt zu Beginn des *Invisible Man* von Ralph Ellison. Der Erzähler, ein Schwarzer, erinnert an den Tod seines Großvaters, der ein Sklave gewesen war und dann freigelassen wurde, nur um durch gesellschaftlichen Druck weiter in seiner begrenzten Existenz festgehalten zu werden. Auf dem Sterbebett überraschte er seine ganze Familie mit einer eindringlichen Ermahnung:

Son, after I'm gone I want you to keep up the good fight. I never told you, but our life is a war and I have been a traitor all my born days, a spy in the enemy's country ever since I give up my gun back in the Reconstruction. Live with your head in the lion's mouth. I want you to overcome 'em with yeses, undermine 'em with grins, agree 'em to death and destruction, let 'em swoller you till they vomit or bust wide open.

Die Familie war entsetzt, und die Kinder wurden aus dem Zimmer geschickt. Seine letzten Worte, die er in grimmigem Flüstern hervorstieß, waren: *Learn it to the younguns!* Der Erzähler bemerkt zu der Wirkung dieser Worte seines sterbenden Großvaters:

Grandfather had been a quiet old man who never made any trouble, yet on his deathbed he called himself a traitor and a spy, and he had spoken of his meekness as a dangerous activity...

Die deutliche Parallele des schwarzen Mannes, der sich der herrschenden Gewalt fügt, umfaßt als weiteren Aspekt auch den festen Willen, daß seine Kinder niemals den Verlust der Freiheit vergessen sollen. Der schwarze Mann kann sich der Gewalt soweit beugen, daß er kaum noch als er selber zu erkennen ist. Dabei kann er jedoch gerade diese Unsichtbarkeit dazu benutzen, die Unterdrückung zu überleben und dabei zu beobachten, wie sie am Übermaß ihrer eigenen Korruption stirbt. Offenbar gibt es so starke Formen der Unterdrückung, daß Widerstand zwecklos ist, aber eine Art innerer Widerstand kann die Tage der Unterdrückung überdauern und überleben. Wie in einem anderen Stück von Brecht, *Die Maßnahme*, wird hier wohl angedeutet, daß die Antwort auf übermächtige Unterdrückung nicht ein offener, rascher und aus dem unmittelbaren Erleben heraus geführter direkter Angriff sein kann; vielmehr muß man lernen zu warten, den Geist unter Kontrolle zu halten, um dann zuzuschlagen, wenn es Erfolg verspricht.

Natürlich zeigt sich das Genie Brechts in der Mehrdeutigkeit. So kann man die *Maßnahme* auch als ein Stück interpretieren, das eine opportunistische Philosophie kritisiert, eine Philosophie, die wartet, bis das Böse an seinem eigenen Ausmaß stirbt, bevor sie die rechte Gelegenheit findet, die Massen zur Revolte anzustacheln. In seinem Buch *Invisible Man* scheint Ellison sagen zu wollen, daß der schwarze Mann die Ungerechtigkeit überleben muß, um die Oberhand zu gewinnen. Der Roman endet nämlich mit einem blutigen, aber vergeblichen Aufruhr, den der Erzähler überlebt, indem er sich in den Untergrund zurückzieht. Demgegenüber führt ›Ras der Zerstörer‹, der rasende Revolutionär, den Pöbel beim Niederbrennen der eigenen Häuser an. Wirkungslose und selbstzerstörerische Reaktionen sind nicht die Antwort auf Unterdrückung. Man muß lernen, abzuwarten und seine Negation zu bewahren.

Wolfgang Hübener

Zur Diskussion dieser Parabel von der Vergeblichkeit, nein zu sagen, scheint mir das alte Problem der Unmöglichkeit des *facta infecta facere* einen nicht unwesentlichen Gesichtspunkt hinzuzufügen. Die ältere Theologie erörtert dieses Problem gerne am Beispiel der *virgo intacta*. Ist die Jungfräulichkeit erst einmal verloren, so ist selbst die göttliche Allmacht außerstande, das Unglück ungeschehen zu machen. Was könnte es ihr noch nützen, wenn sie im nachhinein ihre Wangen schminkte, aufatmete und ›nein‹ sagte? Herr Egge hat dem Agenten der Gewalt unter beharrlichem Willensvorbehalt sieben Jahre lang faktisch gedient. Das aufgeschobene ›nein‹ als Ausdruck seiner konstanten Dienstunwilligkeit ist zugleich der völlig unwirksame Versuch der Annullierung seines faktischen Dienstes. Wer zeigt weniger Rückgrat: Herr Keuner, der eine Rede im Angesicht der Gewalt durch die konträre Gegenrede verleugnet, oder Herr Egge, der, nachdem die Situation für ihn gefahrlos geworden ist, einer siebenjährigen falschen Praxis ein ohnmächtiges, nunmehr an niemand anders als ihn selbst adressiertes und insofern privatistisches ›nein‹ entgegensetzt?

Harald Weinrich

In einem linguistischen Aufsatz habe ich vor einigen Jahren diese Parabel benutzt, um die textlinguistische Funktion des bestimmten und unbestimmten Artikels in der deutschen Sprache zu demonstrieren[1]. Ich habe also zunächst, wenn ich das kurz referieren darf, die Artikel gezählt und bei der Auszählung die Feststellung machen können, daß der bestimmte Artikel in diesem Text die dreifache Frequenz des unbestimmten Artikels hat. Ich habe dann weiterhin

---

[1] H. Weinrich, *Textlinguistik: Zur Syntax des Artikels in der deutschen Sprache*, in *Jahrbuch für Internationale Germanistik* 1 (1969), p. 61-74.

beobachtet, welche Substantive mit dem bestimmten Artikel und welche mit dem unbestimmten Artikel stehen. Dabei hat sich herausgestellt, daß diejenigen Substantive, die von einem unbestimmten Artikel begleitet sind, im spezifischen Sinnzusammenhang dieses Textes ein besonderes Gewicht haben. So signalisiert der erste unbestimmte Artikel, der mit einem Substantiv zu dem makro-syntaktischen Adverb »eines Tages« zusammengebunden ist, den Anfang der erzählten Handlung. Und der letzte unbestimmte Artikel des Textes bezeichnet zum erstenmal die ›Pointe‹, um derentwillen die Geschichte überhaupt erst erzählt wird: »ein Wort«, negiert, das ist offenbar das Nein, das zu sagen oder nicht zu sagen in Brechts Parabel gelehrt wird. Zwischen diesen beiden Artikel-Signalen liegen die anderen unbestimmten Artikel, die vor den Wörtern Agent (Ersterwähnung), Schein, Stuhl, Decke (Ersterwähnung) und Jahre (Ersterwähnung) wichtige Markierungen des Textes bezeichnen. Aus diesen wenigen Wörtern könnte man den Text, wäre er verstümmelt, eher rekonstruieren als aus den vielen Wörtern, die von dem bestimmten Artikel begleitet sind.

Nach diesen linguistischen Demonstrationen an Bertolt Brechts Parabel habe ich mich im weiteren Argumentationsgang meines Aufsatzes wieder der Grammatik im engeren Sinne des Wortes zugewandt. Von Brecht, von der Gewalt und von Maßnahmen gegen die Gewalt war nicht weiter die Rede.

Diesen Aufsatz habe ich im Jahre 1968 geschrieben. Im Jahre 1969 erschien er im Druck. Im gleichen Jahr erhielt ich einen anonymen Brief. Er enthielt unter der Überschrift *Maßnahmen gegen Professor Weinrich* eine parodistische Adaptation der Brecht-Parabel an die politische Situation der Universitäten in den Jahren 1968/69. Wer ist nun hier Herr Egge? Wer Herr Keuner? Und wer die Gewalt?

Wolfgang Preisendanz

Was kann die Geschichte wirklich meinen? Entweder soll man sich daran ein Exempel nehmen; das hieße, daß der Autor in Form einer Doppelgeschichte ein an Herrn Keuner bzw. Herrn Egge exemplifiziertes Verhalten gegenüber der (politischen) Gewalt als exemplarisches initiieren will. Die Geschichte wäre dann als plane Anweisung zu lesen, wie sich der Machtlose zur Gewalt zu verhalten habe: widerstehe nicht weiter, es sei denn innerlich und mit der Maxime, um der Zukunft willen überleben zu müssen; füge bzw. salviere dich notfalls in deinem exponierten Verhalten, aber kompromittiere dich nicht radikal, bis in den Grund. Der Unterschied zwischen dem sicherlich eher im ›Überbau‹ anzusiedelnden Herrn Keuner und dem wohl eher der ›Basis‹ zuzuordnenden Herrn Egge wäre dann der, daß sich letzterer um des Überlebens willen äußerlich fügt, ohne sich durch das Wort kompromittieren zu müssen, während der »Denkende« (und Lehrende) sich tiefer kompromittiert, indem ihm gegenüber der Gewalt die Verkehrung der Negation in Pseudoaffirmation, die Tarnung der Rede gegen die Gewalt als Argumentation für die Gewalt nicht erspart bleibt. So etwa wäre die Geschichte aufzufassen (und gegebenenfalls zu beherzigen), wenn es sich um ein Exempel handelte.

Anders aber, wenn sie nicht als Exempel, das auf Nachahmung zielt, genommen werden sollte, sondern als Kasus, der dem Leser »das Wägen, aber nicht das Resultat des Wägens« auferlegt, der den Leser zum Richter, nicht zum Schüler macht[1]. Die Rechtfertigung des Herrn Keuner vor seinen irritierten Schülern wäre dann eine problematische, möglicherweise sogar fatal apologetische, die in verschiedene Richtungen weiterbefragt und problematisiert werden könnte, müßte: Wer sagt denn, daß solche Gewalt von selber stirbt? Ist denn ihr Ableben ein quasi naturgesetzlicher Vorgang? Welches Gewicht, welche Bedeutung kommt dem bloß retrospektiven Nein des Herrn Egge zu? Und ebenso wie die Geschichte des Herrn Keuner für seine Schüler die Hinterfragbarkeit, Problematik enthielte, schlösse die Geschichte, der Kasus von Herrn Keuner das Gebot des Wägens für den Leser ein. Kurzum: statt als Verhaltensanweisung oder Handlungsorientierung wäre die Geschichte als Reflexionsmedium aufzufassen.

Und nun glaube ich nicht, daß die Entscheidung über den Exempel- oder Kasuscharakter aus dem Text oder durch Berücksichtigung irgendwelcher objektiver Kontexte (Ensemble der Keuner-Geschichten, ihre Entstehungsgeschichte, sonstige Texte Brechts mit dem Thema von Maßnahmen gegen die Gewalt, Brechts Vorliebe für dialektische Didaxe usf.) gewonnen werden kann. Instanz für diese Entscheidung ist allein die Neigung des Lesers, die Fälle Keuner und Egge entweder als notwendige, vernünftige, nachahmenswerte Maxime hinzunehmen oder sie als zunächst plausible, dann aber doch recht zweifelhafte, irritierende Verhaltensmuster zu bedenken. Kein Zweifel doch, daß jeder Leser, der ab 1945 die Versicherungen innerlichen Widerstands und verhohlenen Neinsagens, besser Neindenkens erlebt hat, an die Opportunität denken muß, sich bei solchem Widerstand auf diese Geschichte zu berufen. Kein Zweifel auch, daß jeder Leser seit 1945 die Konsequenzen des Verhaltens eines Herrn Keuner wie eines Herrn Egge an der Geschichte der 1933 etablierten und 1945 eben nicht verstorbenen, sondern gewaltsam liquidierten Gewalt überprüfen wird. Und kein Zweifel schließlich, daß jeder auf solche Bezüge geratende Leser die hier — sei es als Exempel oder als Beispiel — vorgestellten Maßnahmen gegen die Gewalt in ihrer bedenklichen Verschränkung von Plausibilität und Fatalität nicht

---

[1] Der Begriff Kasus nach A. JOLLES, *Einfache Formen*, Darmstadt ²1958, p. 191.

als definitive Maxime, sondern als — vielleicht aporetischen — Kasus nehmen wird.

Diese Keuner-Geschichte handelt von den Grenzen, die der Negation der Gewalt durch die Unzumutbarkeit, Unangemessenheit, Sinnlosigkeit des Märtyrertums gezogen sein könnten, sie handelt mithin von dem für Maßnahmen gegen die Gewalt Maßgeblichen und Unmaßgeblichen: ein Problem, das Karl Jaspers nach 1945 am Kontrast von Giordano Brunos unerläßlichem Bekennertum und von Galileis statthaftem Sich-Salvieren erörtert hat: Bruno mußte für die Wahrheit seiner Überzeugung rücksichtslos, ›existentiell‹ eintreten, Galilei konnte den unabwendbaren Durchbruch der Richtigkeit seiner Erkenntnisse und Entdeckungen der Zeit anheimstellen. Projiziert man Jaspers' (hier sehr grobschlächtig angedeutete) Argumentation auf Brechts Text, so verstärkt sich für den Leser sein Kasus-Charakter durch das Problem, inwieweit Herr Keuner als der »Denkende« (und Lehrende) sich auf den Fall des Herrn Egge berufen kann und darf. Zum unabweislichen Kasus-Charakter der Geschichte gehört dann noch die Frage, wie ähnlich oder wie unterschiedlich die Fälle des Herrn Keuner und des Herrn Egge gelagert sind. Alles in allem: nur eine Lektüre, für die sich dieser Text in einer provokativen Fraglichkeit hält, kann ihn vor dem Gericht bewahren, dem er als handlungsorientierender verfallen müßte.

Dieter Wellershoff

Diese Geschichte ist sicher zweideutig. Man kann sie lesen als einen klugen Ratschlag, wie man sich unter den Bedingungen einer Gewaltherrschaft verhalten muß, um sie zu überleben. Heroismus im falschen Augenblick ist dumm und unrealistisch, sagt die Geschichte, die bessere Taktik ist innerlich unbeugsames, zähes Warten. Genausogut kann man aber auch sagen, es handle sich hier um eine Anleitung zum Ducken.

Es kommt eben darauf an, wer die Geschichte erzählt. Brecht war durch seine Emigration politisch hinreichend ausgewiesen. Er konnte für Geduld und Realismus sprechen, konnte es sogar für die in Deutschland zum Schweigen verurteilten kritischen Minderheiten tun, ohne den Vorwurf fürchten zu müssen, daß das eine Rechtfertigung feigen Mitläufertums sei. Aber wäre jemand 1945 mit dieser Geschichte vor einem Entnazifizierungsausschuß erschienen, sie wäre mit Recht als eine windige Erklärung abgewiesen worden. Das nachträgliche Nein des Herrn Egge haben ja viele Deutsche gesprochen und es ist ihnen geantwortet worden, daß das jetzt zu spät und zu billig sei.

Wahrscheinlich hat Brecht auch diese zweite Interpretationsmöglichkeit gesehen und in seiner Geschichte angelegt. Dafür spricht der ironische Titel *Maß-*

7. Massnahmen gegen die Gewalt

nahmen gegen die Gewalt. Um Maßnahmen handelt es sich ja in keinem Fall, sondern, ob man nun von zähem Warten oder von feigem Ducken sprechen will, um das Unterlassen von Maßnahmen. Das ist der Irritationspunkt, der den Leser festhält und in das Problem der doppelten Lesbarkeit und damit in die eigene Unentschiedenheit, aber auch in die Widersprüche der Situation hineinzieht. Es handelt sich demnach nicht um eine positiv belehrende Geschichte, sondern um eine problematisierende. Dem Leser wird kein Rat gegeben, sondern ein Widerspruch vorgeführt, freilich so, daß die zweite Lesart unausgesprochen im Hintergrund bleibt.

Im übrigen ist es schon ein sekundäres, ein historisches Interesse, zu fragen, was Brecht gemeint hat. Man müßte dann den ganzen Kontext seines Werkes hinzuziehen, zum Beispiel prüfen, wie er im *Galilei* das Thema behandelt hat. Nimmt man die Geschichte für sich, dann zeigt sie diese irritierende Doppeldeutigkeit, die es verhindert, daß man sie ideologisch wegordnen kann.

Aber ich will noch kurz hinweisen auf eine besondere Struktureigenschaft. In der Geschichte gibt es eine zweite Geschichte. Herr Keuner erzählt, um sein Verhalten zu erläutern, von Herrn Egge. Diese Staffelung wäre nicht unbedingt nötig, wenn es darum ginge, eine einfache, unmittelbar gemeinte Belehrung zu geben. Durch diese Verweisung kommt nämlich eine zusätzliche Unsicherheit in die Geschichte. Ist denn Herr Egge ein verläßlicher Zeuge? Jemand, auf den man sich berufen sollte? Ist dieses Sich-Berufen auf andere überhaupt ein Beweismittel oder nur eine faule Ausflucht? Jeder hat schließlich irgendeinen Herrn Egge im Hintergrund, wenn er die Verantwortung für sein eigenes Verhalten loswerden will. Kritisiert die Geschichte nicht gerade diesen billigen Rechtfertigungsversuch?

Diese Interpretation hängt davon ab, ob einem Herrn Egges Verhalten fragwürdig erscheint. Wenn man sein nachträgliches Nein für zu billig hält, dann ist er ein schlechter Zeuge, und Herr Keuner kann sich nicht auf ihn stützen und ist rückwirkend gerade durch seinen falschen Rechtfertigungsgrund problematisiert. Dann könnte man die Geschichte durch einen weiteren Erzähler noch einmal wenden und anders zu Ende bringen: »Kaum hatte Herr Egge sein Nein gesprochen, klingelte es, und vor seiner Tür stand ein anderer Agent und zeigte ihm seinen Schein vor.«

BIBLIOGRAPHIE DER NEUEREN LITERATUR ZUR NEGATIVITÄT

Th. W. Adorno, *Ästhetische Theorie*, Frankfurt 1970 (Gesammelte Schriften 7).
Th. W. Adorno, *Negative Dialektik*, 2. Aufl., Frankfurt 1970
A. J. Ayer, *Negation*, in The Journal of Philosophy 49 (1952), 797-815; auch in Id., *Philosophical Essays*, London 1954, ²1963, p. 36-63
G. Bachelard, *La philosophie du non. Essai d'une philosophie du nouvel esprit scientifique* (1940), Paris ³1962
O. Behaghel, *Die Verneinung in der deutschen Sprache*, in Wissenschaftliche Beihefte zur Zeitschrift des Allgemeinen Deutschen Sprachvereins, Reihe 5, Hefte 38-40 (1918) p. 222-252
G. Buchdahl, *The Problem of Negation*, in Philosophy and Phenomenological Research 22 (1961) p. 163-178
E. Buyssens, *Negative contexts*, in English Studies 40 (1959) p. 163-169
R. Carnap, *Überwindung der Metaphysik durch logische Analyse der Sprache*, in Erkenntnis 2 (1931) p. 219-241
R. L. Cartwright, *Negative Existentials*, in The Journal of Philosophy 57 (1960), p. 629-639, auch in Ch. E. Caton (ed.): *Philosophy and Ordinary Language*, Urbana 1963, p. 55-56
J. Cohen, *Théorie de la figure*, in Communications 16 (1970) p. 3-25
R. Fabrizio / E. Karas / R. Menmuir (eds.), *The rhetoric of No*, New York 1970
G. Frege, *Die Verneinung. Eine logische Untersuchung* (1919), in Id., *Logische Untersuchungen*, ed. G. Patzig, Göttingen 1966, p. 54-71
S. Freud, *Die Verneinung*, Gesammelte Werke Bd. 14, London 1948, Neudruck 1955, p. 11-15
G. Frey, *Sprache — Ausdruck des Bewußtseins*, Stuttgart 1965
H. Friedrich, *Die Struktur der modernen Lyrik*, Neue erweiterte Ausgabe, Reinbek 1967 (rowohlts deutsche enzyklopädie 25, 26, 26 a)
D. Gaatone, *Etude descriptive du système de la négation en français contemporain*, Genf 1971 (Publications romanes et françaises, 114)
H.-G. Gadamer, *Wahrheit und Methode*, Tübingen 1960
W. Gerber, *Note on Ayer's conception of negation*, in The Journal of Philosophy 50 (1953) p. 556-558.
J. Habermas / N. Luhmann, *Theorie der Gesellschaft oder Sozialtechnologie — Was leistet die Systemforschung?*, Frankfurt 1971 (Theorie-Diskussion)
M. Heidegger, *Was ist Metaphysik?* (1929), 5. Aufl. Frankfurt 1949
M. Heidegger, *Identität und Differenz*, Pfullingen ²1957
K. E. Heidolph, *Zur Bedeutung negativer Sätze*, in M. Bierwisch / K. E. Heidolph (eds.): *Progress in Linguistics*, Den Haag 1970
F. H. Heinemann, *The Meaning of Negation*, in Proceedings of the Aristotelian Society 44 (1943/44), p. 127-152
K. Heinrich, *Versuch über die Schwierigkeit nein zu sagen*, Frankfurt 1964
W. Iser, *Die Appellstruktur der Texte. Unbestimmtheit als Wirkungsbedingung literarischer Prosa*, Konstanz 1970 (Konstanzer Universitätsreden 28)
R. A. Jackendoff, *An interpretative theory of negation*, in Foundations of Language 5 (1969) p. 218-241
R. S. Jackendoff, *On some questionable arguments about quantifiers and negation*, in Language 47 (1971) p. 282-297
H. R. Jauß, *Kleine Apologie der ästhetischen Erfahrung. Mit kunstgeschichtlichen Bemerkungen von Max Imdahl*, Konstanz 1972 (Konstanzer Universitätsreden)
H. R. Jauß (ed.), *Die nicht mehr schönen Künste. Grenzphänomene des Ästhetischen*, München 1968 (Poetik und Hermeneutik 3)
P. Jesperson, *Negation in English and other languages*, Kopenhagen 1917

B. Juhos, *Der „positive" und der „negative" Aussagengebrauch*, in *Studium Generale* 9 (1956) p. 78-85

J. J. Katz, *Analyticity and contradiction in natural languages*, in J. Fodor / J. Katz (eds.): *The structure of language. Readings in the philosophy of language*, Englewood Cliffs 1964, p. 519 bis 543

B. B. Kedrow: *Das Gesetz 'Negation der Negation'*, in W. PFOH / H. SCHULZE (eds.), *Philosophie und Gesellschaft. Beiträge zum Studium der marxistischen Philosophie*, Berlin 1958, p. 117-140

E. S. Klima, *Negation in English*, in J. A. Fodor / J. J. Katz (eds.): *The structure of Language. Readings in the philosophy of language*, Englewood Cliffs 1964, p. 264-323

A. Kraak: *Negatieve zinnen. Een methodologische en grammatische analyse*, Hilversum 1966

J. Kristeva, *Poésie et négativité*, in *L'homme* 8 (1968) 36-63; auch in Ead., *Recherches pour une sémanalyse*, Paris 1969, p. 246-277

A. Kulenkampff, *Antinomie und Dialektik. Zur Funktion des Widerspruchs in der Philosophie*, Stuttgart 1970

W. Laboo, *Negative attraction and negative concord in English grammar*, in *Language* 48 (1972) p. 773-818

M. Lazerowitz, *Negative terms*, in *Analysis* 12 (1951/52) p. 51-66, auch in M. MacDonald (ed.): *Philosophy and Analysis*, Oxford 1954, p. 70-87

E. Locker, *Der sprachliche Ausdruck der Negation*, in *Rendiconti, Classe di Lettere 88*, Mailand 1955, 1-26

N. Luhmann, *Reflexive Mechanismen*, in *Soziale Welt* 17 (1966) p. 1-23, auch in Id., *Soziologische Aufklärung*, Köln-Opladen ³1972, p. 92-112

V. Lutz, *Observations sur les affirmations, les négations et les réponses évasives dans la conversation du 20e siècle*, Zürich 1953

J. D. Mabbot / G. Ryle / H. H. Price, *Symposium Negation in Knowledge, Experience, and Realism*, in *Proceedings of the Aristotelian Society*, Supplementary Volume 9 (1929, Neudruck 1964), p. 67-111

G. Mainberger, *Glaubensformeln in der Philosophie? Die mythologische Funktion des Bejahens und Verneinens*, in *Linguistica Biblica* 27 / 28 (1973) p. 14-24

H. Marcuse, *Über den affirmativen Charakter der Kultur*, in *Zeitschrift für Sozialforschung* 6 (1937) 54-94, auch in Id., *Kultur und Gesellschaft*, Frankfurt 1965, p. 56-101

H. Mayer, *Sprechen und Verstummen der Dichter*, in Id., *Das Geschehen und das Schweigen. Aspekte der Literatur*, Frankfurt 1969, (edition suhrkamp 342)

A. T. Ormond, *The Negative in Logic*, in *The Psychological Review* 4 (1897) p. 231-245

B. H. Partee, *Negation, conjunction, and quantifiers: Syntax vs. Semantics*, in *Foundations of Language* 6 (1970) p. 153-165

K. R. Popper, *Logik der Forschung* (1935), 4. Aufl., Tübingen 1971

A. Prior, Artikel *Negation*, in *The Encyclopedia of Philosophy*, New York 1967, Bd. 5, p. 458 bis 463

P. Ricœur, *Négativité et affirmation originaire*, in Id., *Aspects de la dialectique, Recherches de Philosophie II*, Paris 1956

J.-P. Sartre, *L'Etre et le Néant*, Paris 1943

F. de Saussure, *Cours de linguistique générale*, ed. BALLY / SECHEHAYE / RIEDLINGER, Paris 1915

F. Schalk, *'Positif' als Modewort*, in *Romanische Forschungen* 71 (1959) p. 138-159; auch in Id., *Exempla Romanica*, Frankfurt 1966, p. 96-118

F. W. Schmidt, *Zum Begriff der Negativität bei Schelling und Hegel*, Stuttgart 1971

G. Scholem, *Schöpfung aus Nichts und Selbstverschränkung Gottes*, in Id., *Über einige Grundfragen des Judentums*, Frankfurt 1970, p. 53-89

H. Seiler, *Negation, den Begriff des Prädikats betonend*, in *Studia Linguistica* 6 (1952) p. 82/83

R. A. Spitz, *Nein und Ja. Die Ursprünge der menschlichen Kommunikation*, Stuttgart 1959; englisch: *No and Yes. On the genesis of human communication*, New York 1957

G. Stickel, *Untersuchungen zur Negation im heutigen Deutsch*, Braunschweig 1970 (Schriften zur Linguistik 1)
G. Stickel, *‚Ja' und ‚Nein' als Kontroll- und Korrektursignale*, in *Linguistische Berichte* 17 (1972) p. 12-17
K. Steinbuch, *Plädoyer für positives Wissen und Können*, in *Studium generale* 24 (1971) p. 552 bis 566
P. Szondi, *Brechts Jasager und Neinsager*, in Id., *Lektüren und Lektionen*, ed. J. Bollack, Frankfurt 1973, p. 125-133
R. Taylor, *Negative things*, in *The Journal of Philosophy* 49 (1952) p. 433-449
E. Thoms, *Being, negation, and logic*, Oxford 1962
F. Tomberg, *Politische Ästhetik*, Darmstadt 1973
E. Tugendhat, *Die sprachanalytische Kritik der Ontologie*, in H. G. Gadamer (ed.): *Das Problem der Sprache*, München 1967, p. 483-493
E. Tugendhat, *Das Sein und das Nichts*, in *Durchblicke, Festschrift für Martin Heidegger zum 80. Geburtstag*, Frankfurt 1970, p. 132-161
A. P. Ushenko, *Negative Prehension*, in *The Journal of Philosophy* 34 (1937) p. 263-267
A. Virieux-Reymond, *A propos de la nature de la négation en logique*, in *Revue de Théologie et de Philosophie* 28 (1940) p. 134-136
P. Vogelsberger, *Hauptprobleme der Negation in der logischen Untersuchung der Gegenwart*, Diss. Leipzig 1937
P. C. Wason, *The processing of positive and negative information*, in *Quarterly Journal of Experimental Psychology* 11 (1959) p. 92-107
P. C. Wason, *Response to affirmative and negative binary statements*, in *British Journal of Psychology* 52 (1961), p. 133-142
H. Weinrich, *Drei Thesen von der Heiterkeit der Kunst*, in *arcadia*, 3 (1968) p. 121-132; auch in Id., *Literatur für Leser*, Stuttgart 1971, p. 12-22 (Sprache und Literatur 68)
Physico-Mathematicae, Bd. 22, Nr. 4, Helsinki 1959, p. 1-30
W. Weiß, *Die Verneinung mit un-. Ein Beitrag zur Wortverneinung*, in *Muttersprache* 70 (1960) p. 335-343
W. Weiß, *Die Negation in der Rede und im Bannkreis des satzkonstituierenden Verbs*, in *Wirkendes Wort* 11 (1961) p. 65-74
W. Weiß, *Die Negation zwischen Satzbezug und Verselbständigung. Die Negation im deutschen Satz II*, in *Wirkendes Wort* 11 (1961) p. 129-140
H. A. Wolfson, *The meaning of Ex Nihilo in the Churchfathers, Arabic and Hebrew philosophy, and St. Thomas*, in *Mediaeval Studies in honor of Jeremiah Danis Ford*, 1948, p. 355-360
G. H. von Wright, *On the Logic of Negation*, in *Societas Scientiarum Fennica, Commentationes*
K. E. Zimmer, *Affixal negation in English and other languages*, New York 1964, (Suppl. zu *Word*, Monograph 5)

SACHREGISTER

Absprechung 106, 108, 112, 114, 116-120, 127
Abwesende, das 532
Affirmation 34, 53, 56, 58 sq., 61, 107, 118, 123 sq., 136 sqq., 187-190, 265-268, 275, 281, 285, 301, 312, 314 sq., 332, 339, 352, 440, 443, 455 sqq., 470, 475 sq., 485, 501, 514, 554
Aisthesis 277 sq., 285, 289, 293 sq., 300 sq.
Als-ob 519, 521, 536
Analytik 187, 190, 191-196
Analytische Philosophie 178, 184 sq., 192
Anamnesis 294 sq.
Andere, das 109 sq., 139, 168, 203, 205, 479, 484, 489
Angst 224 sqq.
Annahme 31-37
Anschließbarkeit 420
Anti-Held 542
Antiroman 332, 537
Antizipation 173 sq.
An-und-für-sich-Sein 489
Anweisung 404, 445
Apophantik 108, 112 sq., 130, 133
apophatisch 110 sq., 118, 137
Appell 240, 243, 536
Arbor Porphyriana 49
Architektur 287 sq., 391 sq.
Arier 103
ästhetische Einstellung 543-546
ästhetische Erfahrung 268 sq., 271 sq., 274 sq., 277-280, 282, 284-287, 289, 291 sq., 294 sqq., 300-304, 306 sq., 312, 314, 321 sq., 325, 330, 332, 336 sqq.
Ästhetizität 301 sq., 304, 318, 425
Assertion 464
Asymmetrie 65, 71 sqq., 77, 451 sq.
Aufmerksamkeit 467, 537
Aura 297, 318
ausgeschlossener Dritter 62, 198 sq., 440
Ausgrenzung 345, 347 sq., 354, 356, 358-362
Aussage 235 sqq., 239, 241 sq.

Barbar 70, 83, 89
Beamter 189
Bedeutungsfeld 41 sqq., 45, 47 sq.
Befehl 35-38, 444
Begegnung 167 sqq.
Begrenzung 500 sq.

Beispielsätze 437, 438 sqq.
Bekehrung 486 sq.
Beraubung 112, 114, 148, 203
Bewunderung 307 sq., 317, 321, 325, 332 sq.
Bewußtsein 512-518
Bibel 535 sqq.
Bildung 76, 80, 157 sq., 160-166, 168 sqq., 170, 172, 174
Binarismus 48, 66, 211 sq., 355, 462, 504 sq., 536 sq.
Bürger 90, 94, 98 sq., 273, 327, 365

Christ 80-92

Deformation 531 sqq., 538
Dekalog 440-444, 452, 510
Depression 222 sq., 233
Determination 499-502, 554
Dialektik 117, 175-178, 184 sqq., 188, 191, 193-197, 207 sq., 218, 264, 390, 476, 488, 492, 496 sqq., 508, 559
Dialog 27, 30, 49, 243-246
Differenz 39 sqq., 43-46, 50, 512
Diskontinuität 155 sq., 158, 161, 163 sqq., 167-170, 174 sqq., 486 sqq., 491 sq., 495 sq.,
Diskurs 198, 246, 251 sq., 361, 426, 485, 503
Dissens 131 sqq., 135
Distanz 269, 275 sq., 286, 297 sqq., 301 sqq., 305, 309, 325, 488, 512 sq., 525, 546 sq., 549 sqq.
doppelte Negation 124, 136-140, 214 sq., 448, 481, 483, 485, 554
Droge 370, 372 sqq., 383 sq.

Entlastung 226, 276, 286, 317, 329, 496, 511, 529
Enttäuschung 173, 174 sq., 208 sq., 214, 253, 258 sq.
Erfahrung 220 sq., 223, 230, 278, 318, 492, 529
Erinnerung 296 sq., 299, 300, 320, 322, 324
Erwartung 37 sq., 54 sqq., 58 sqq., 63, 69 sq., 72, 80, 83, 168, 173 sq., 209, 230 sq., 243, 253, 256, 258 sq., 347, 420, 446, 464, 466 sq., 490, 492, 511, 526
Erziehung 166 sq.
Exemplarische, das 311-314, 336 sq.

Farbe 397 sq., 400, 402, 452

Feind 99, 103 sq.
Fiktion 226, 235-242, 244-250, 252 sq., 255 sq., 259, 262, 518-530, 532 sqq., 550
Frage 22 sq., 33 sqq., 37 sq., 343, 455
Freiheit 157, 161, 163 sq., 220 sq., 226, 288, 302 sqq., 337
Freiheit zu verneinen 458 sq.
Funktion 341-344, 352, 364
Furcht 307, 326

Gebot 440, 442-445
Gegenbegriff 66-70
Gegensatz 58, 503
Gegenwortpaar 59 sq., 63, 440, 451, 505
Generalisierung 205 sqq., 209 sq., 213-216, 343, 347 sq., 447, 461, 471, 504, 509
Genießen 272-277, 285, 301, 308, 316 sq,. 330
Gewalt 557-567
Glück 193 sq., 271, 285 sq., 300, 364, 511, 513 sqq., 518
Gruppe 65-68, 70

Handlungsplan 35 sq., 38
Heide 73, 76, 78-85, 87-90
Held 269, 301, 304 sqq., 308, 314 sq., 321-326, 328, 330-335, 355, 542 sq., 548, 553
hermeneutische Erfahrung 169 sq., 176
Horizont 173 sq., 203, 240, 486, 492 sqq., 508 sqq., 532
Horizontwandel 266 sq., 274, 314, 338
Identifikation 239, 245, 249 sq., 268 sq., 274, 276 sq., 281 sq., 299, 302-307, 309-314, 543-551
Imaginäre, das 303, 305 sqq., 311, 316, 320, 335
Imperativ 52, 54, 442 sq.
Imperium Romanum 85 sq.
Innovation 167, 267, 294, 314, 339, 391, 396 sq., 493 sqq.
Instruktion 51 sq., 54, 60, 453-457, 463 sq., 528
Interesse 264, 437, 459, 467, 547
interesseloses Wohlgefallen 275, 335
Ironie 189, 316, 328, 331-335, 496 sq., 559

Jude 80, 84, 87 sq., 96, 103

Kasus 565 sq.
Katharsis 269 sq., 277 sq., 285, 300, 307, 329 sq., 348 sq., 356
kausal 161 sq.
Klassik 266 sq.

Kode 46, 51, 56, 60
Kohärenz 206 sqq.
Komik 346-356, 358 sq., 361 sq., 364, 551 sq.
Kommunikationsmodell 238 sq., 243-247
kommunikative Funktion 30, 33, 36, 266, 269 sq., 304, 313, 338
kommunikatives Handeln 220, 268
kommunikatives Handlungsspiel 402-405, 417, 453 sqq., 528, 547
Kommunikationssteuerung 56, 445, 452
Komödie 342, 345-354, 356-360, 364
Komplexität 25, 29, 40, 42, 44, 49-52, 61, 201 sq., 204 sq., 213, 217, 219 sq., 226, 244, 344, 417, 447, 456, 460, 464 sq., 471, 503-510
König 91, 96-100
konkrete Dichtung 236, 393-397, 399-405, 415, 417, 419 sq., 425, 548, 554 sq.
konkretes Sehen 418 sq.
Konstitution 395, 400-405, 409 sqq., 415, 417 sqq., 447, 549
Kontext 419 sq., 425 sq., 469, 554
Kontingenz 469, 472, 508
Kontrast 27 sqq., 33, 36, 42, 347, 451
Korrektur 33, 35 sq., 175, 207 sq., 448
Kreatur 500 sq.
Krieg 72, 78, 86
künstliches Paradies 377 sqq., 387
Kunstsprache 50, 56, 62

Labyrinth 376, 380-385, 391, 538 sq., 542
Lachen 346-349, 353-356, 359 sq., 362, 364 sqq., 551-554
Lächerliche, das 330, 345, 347
Leerstelle 241, 252, 259, 262, 466, 524
Lernen 165, 172, 175, 208 sq., 214, 315
Lüge 239, 279, 298, 307, 438, 523

Marivaudage 358-362, 365
Menschheit 67, 81, 84, 92-97, 99 sq., 102 sq.
Merkmal 44-48, 171
metakommunikativ 37, 52, 56
Metasprache 56, 452 sqq.
Mimesis 279 sqq., 288 sq., 293 sqq., 305, 313, 396, 519
Mitleid 306, 317, 325 sq., 329
Möglichkeit 215 sqq., 220, 224 sq., 348, 520

Nachfolge Christi 308 sq., 313, 317, 326
Narrativität 247-255, 415
Naturschöne, das 271, 283
Negation der Negation 136, 447, 477, 511
Negationselement 17-30, 32 sq., 35, 38

Sachregister

Negationsträger 17-23, 26, 29 sq., 35, 37
negative Dialektik 195 sq.
negative Theologie 194
Negativität 477 sq., 489
Negierbarkeit 251, 460 sq., 473 sq.
Nichts, das 105 sq, 108-113, 123, 130, 136, 141-153, 481 sq., 500, 503
Nichtsein 141 sp., 148, 150, 479, 499 sq.
Norm 59 sq., 63, 210, 214, 263 sq., 304 sqq., 314 sqq., 325, 327 sqq., 334, 336, 338 sq., 345, 347 sqq., 401, 445, 461, 467
Not 512 sqq., 518
Null-Kontext 405, 410, 419
Null-Morphem 53 sq.
Nullzeichen 456 sq.

Objektsprache 453 sqq.
Opposition 43-46, 53, 58, 136, 250 sqq., 254 sq., 452, 534, 554

Paradigma 52 sq., 57 sq., 60, 62, 452
Perfektion 469, 472 sqq.
Performation 447 sqq., 535 sq.
Personalpronomina 51 sq., 56 sq.
Phantasiearchitektur 367 sq., 370 sq., 373, 375, 377 sq., 384, 388, 390 sqq., 537 sq.
Phonem 43 sqq.
Poiesis 277 sq., 285 sqq., 301
Positive, das 107, 113, 127, 129 sq., 140, 192 sq., 196, 201 sq., 266
positive Philosophie 179-183, 185, 190-195
positiver Held 328
Positivierung 352, 354 sqq., 358, 361, 363 sq., 366
Positivierung des Negativen 331, 344, 348, 355
Positivismus 496 sq., 505
Positivismusstreit 177 sq., 197
Potentialität 415, 474, 513
Prägnanz 544 sqq.
Pragmatik 420, 437, 439, 441, 449, 457, 466, 519
Präsupposition 439 sq., 455
Probehandeln 220, 226, 287, 530
Prozeßästhetik 417, 549

Qualität 156 sq., 218

Reduktion 44, 50 sq., 61 sq., 74, 205, 209, 219, 240, 394, 398, 401 sq., 410, 439, 464 sq., 471, 506, 509 sq., 554
Reflexion 479, 485, 490, 492, 546
Reflexivität 205 sq., 208, 213 sqq., 343, 348, 447 sqq., 453 sq., 504

Revolution 156 sqq,. 161-164, 196, 323, 486, 490
Rezeption 263, 266 sqq., 274, 315
Rolle 317-320

Sachlage 236 sqq., 240 sq., 246 sqq., 252, 258 sqq.
Sachverhalt 31 sqq., 35, 49, 122, 135, 236 sqq., 240 sqq., 248, 258 sqq., 520-524, 527, 536
Schema 521-524, 526, 531, 533
Schöpfung 148 sqq., 163, 216
Selektion 202, 204 sq., 208, 210, 220, 361, 471, 503 sqq., 508, 522
Selektivität 213, 364
Sem 47 sqq.
Signal 463 sqq., 525 sq.
Sinn 169 sqq., 174, 201 sq., 204, 206, 209, 213, 215, 217, 220, 242, 259, 268, 270, 465 sq., 470 sq., 503 sq., 506, 509, 511
Situation 55 sq.
Skala 41, 58, 60 sq.
Sklaven 72 sq.
Spiel 317-321, 344
Sprechakt 448 sq.
Sprechhandlung 444 sqq., 525 sq., 536
Sprechsituation 18, 30, 33, 37
Sprung 155-159, 161, 163 sqq., 168, 436, 487-491, 493 sqq.
Statuslehre 437 sqq.
Steuerung 463-467, 495
Streit 177 sqq., 194 sq., 197 sq.
Struktur 341-344, 364
Subsystem 47, 51, 57 sq., 60, 62
Sympathie 317, 325-328
System 39 sqq., 43-46, 50, 203, 205, 209 sq., 212-215, 217, 220, 341 sq., 345, 445, 504 sq., 508 sq., 511, 533

Teichoskopie 496 sq.
Temporalisierung 70, 81, 85, 92
Textlinguistik 52, 404, 563
Thema 461, 509 sq.
Tiefenstruktur 20 sq., 24 sq., 46, 241
Transformation 21 sq.
Traum 367 sq., 371-376, 378, 380 sq.

Übergang 488 sq.
Überleben 559, 563 sq.
Übermensch 92, 100-103
Unbestimmtheit 203, 205 sq., 214, 240, 284, 302, 389, 418, 471, 502, 507, 536
Unendlichkeit 131, 490, 500, 502
Unmensch 92 sq., 99, 101 sqq.

Urteil 115 sqq., 121, 126, 130-135, 483, 485
Utopie 265, 458

Veränderung 129, 160, 225 sq., 267
Verbot 36, 38, 218, 220, 440, 442—445
Verfremdung 290, 294, 332
Vergnügen 302, 306 sq., 320, 325
Vernichtung 457, 459 sq.
Verschiedenheit 46, 49, 109
visuelle Poesie 404 sq., 409 sq., 415, 420
Vorinformation 54 sqq., 170, 173, 260

Vorstellung 530-533

Wahrheit 461 sq., 514-517, 529
Wahrnehmung 219, 221, 530 sq.
Wert 39-44, 212
Widerspruch 23, 26 sqq., 49, 108, 117 sq., 127, 137, 174, 457, 481, 490, 501, 562, 567
Widerstand 558, 563, 565

Zweigliedriges Paradigma 451, 455, 457, 462
Zwei-Personen-Lehre 90, 93, 98, 102

PERSONENREGISTER

Abarbanel, D. J. 442
Abrams, M. H. 371
Adorno, Th. W. 167, 177, 179, 185, 193 Anm., 196 Anm., 247, 264 sq., 267-273, 283, 298, 301 sq., 336, 388-391, 541
Aegidius Romanus 137
Alexander 75 sq.
Ambrosius 90, 311
Angelus Silesius 468
Anouilh, J. 468
Anselm von Canterbury 474 sq.
Apuleius 130
Aristoteles 49, 72 sqq., 74, 77, 84, 106, 108, 110-121, 127, 129 sq., 133, 135, 145, 147 sq., 162, 285, 287, 301, 304 sq., 307, 310, 316, 329, 470, 472, 474, 479, 499, 502, 519 sq.
Augustinus 65, 78, 84, 85 sqq., 90, 94, 104, 278, 281, 310 sq., 321
Aureoli, P. 115 sq., 137, 501 sq.
Austin, J. L. 44, 446 sq., 535

Baader, F. 477, 500 sq.
Bachtin, U. 354 sq., 552
Badt, K. 288, 292 sq., 320
Baldwin, J. M. 202 sqq.
Balzac, H. de 387
Barbey d'Aurevilly, J.-A. 370
Barthes, R. 341, 354 Anm., 370, 535
Baudelaire, Ch. 291, 297, 331 Anm., 333 sq., 367, 370-375, 377 sq., 383 sq., 386, 388 sqq., 542, 553
Baumgarten, A. G. 284, 289
Baumgärtner, K. 43 Anm.
Beaumarchais 357
Beckett, S. 273, 296, 298, 332, 369, 384 sqq., 390, 440, 510, 541, 546
Beda 148
Bellutus, B. 118, 126, 131 sqq.
Benjamin, W. 297 sq., 333 Anm., 380, 390, 392
Benveniste, E. 243 sq., Anm.
Bergmann, J. 134 sq.
Bergson, H. 242 Anm., 347, 353
Blanckenburg 313, 330
Bloch, E. 221
Blumenberg, H. 276 sq., 279, 284, 288 Anm., 463
Boethius 155
Böhme, J. 150

Bollnow, O. F. 165-168, 486
Booth, W. C. 534
Borges, J. L. 375 sqq., 542
Bossuet 281, 330
Boulainvilliers 74
Bourdalou 281
Brecht, B. 257 sq., 274, 290, 332 sq., 546, 557, 560 sqq., 564, 566 sq.
Bremond 341
Brentano, F. 475
Browning, E. 370
Bruno, G. 566
Buber, M. 167
Buck, G. 313 sq., 486 sq., 490 sq., 493 sq., 507
Bühler, K. 244
Burckhard, J. 72, 75, 187
Burleigh, W. 121, 137
Burrough, W. S. 370
Butcher, S. H. 305
Butor, M. 384, 387

Campos, A. de 399
Campos, H. de 399
Canonicus, J. 126
Carleton, Th. C. 500 sq.
Carnap, R. 141, 144
Carrega, U. 433
Cervantes, M. de 526, 536
Cézanne, P. 288 sq., 292 sq.
Chomsky, N. 21 Anm., 47
Chrysipp 77
Cicero 75, 78 sq., 93, 99, 280, 468
Coleridge, S. T. 238, 367 sq., 370 sq., 374-377, 379, 381 sqq., 385, 391, 538
Collingwood, R. G. 342, 505
Comenius 313, 539 sq.
Comte, A. 180 sq., 183 sq., 190
Corneille 307, 326
Crabbe, G. 370
Curtius, E. R. 295, 297

Dante 266, 323
Deloffre, F. 358, 363
Descartes, R. 134, 322, 500
Diderot, D. 254-257, 269, 326, 365 sq., 537
Diogenes Laertius 75
Doesburg, Th. van 397 sq.
Dostojewski, F. M. 102, 521
Dumas, A. 327 sq., 370

Duns Scotus 107, 119, 122, 124, 137

Eckhart, Meister 124, 136, 150
Eco, U. 363, 463
Ellison R. 378, 563
Engels, Fr. 207, 476
Enzensberger, Chr. 388
Epiktet 78, 130
Erikson, E. H. 232
Euripides 72
Eusebius 85

Fecht, J. G. 154 sq., 161, 185 sq., 374, 493
Fiedler, K. 289-292
Flaubert, G. 258 sq., 289, 296, 327 sq., 383 sq.
Fodor, J. A. 48 sq.
Fontenelle 363
Fourier 370, 390
Fränkel, H. 144
Frege, G. 206, 236, 260
Freud, S. 260, 276 sq., 350 sqq., 356, 375, 522, 552 sq.
Frey, G. 59 Anm.
Friedrich d. Gr. 98
Friedrich, H. 312, 393, 401
Frye, N. 315, 342, 350 sq., 356
Fuchs, E. 467
Furnival, J. 422 Abb. 7a

Gadamer, H. G. 175 sq., 274, 283, 300, 315 Anm., 342, 492
Galilei, G. 566
Gassendi, P. 374
Gautier, Th. 370, 384
Gebauer, G. 43 Anm.
Gehlen, A. 219, 504, 509
Geiger, M. 276 sq., 335
Gerson, J. 121 sq.
Glinz, H. 42
Goethe 101 sq., 273 sqq., 497, 521
Gomringer, E. 394, 399
Gorgias 108 sqq.
Gradmann, E. 368
Gappmayr, H. 394, 414 Abb. 5, 428 Abb. 11, 429 Abb. 12
Grass, G. 153
Gregor VII. 89 sqq.
Gregor v. Rimini 120 sq.
Greimas, A. J. 506, 535 sq.
Guibert von Nogent 88

Habermas, J. 197, 208, 352, 356, 361, 365, 485, 503 sq.

Hamann, R. 289
Handke, P. 221 sq., 425
Hartmann, N. 155
Hegel, G. W. 138-142, 145, 147, 155-168, 175 sq., 179, 181 sq., 184 sq., 187, 190, 207, 271 Anm., 277, 359, 475-485, 487-493, 497, 499 sq., 500, 508, 517 sq., 553
Heidegger, M. 106, 141-153, 166, 283
Heine, H. 521
Heidolph, K. E. 26 Anm.
Heißenbüttel, H. 394, 412 Abb. 3
Herbart, J. F. 160, 314
Herder, G. 96, 101, 272
Herodot 71
Hiršal, J. 416
Hobbes, Th. 374, 507
Hoffmann, E. T. A. 257
Hölderlin, Fr. 466, 518
Horwarth, J. B. 131
Hübener, W. 147, 152, 469, 485, 491 sq.
Huet 313
Hugo, V. 333, 384
Humboldt, W. v. 160
Hurtadus de Mendoza, P. 126
Husserl, E. 54, 134, 170-175, 237, 486, 492, 512
Huxley, A. 370, 538

Ignatius v. Antiochien 87
Imdahl, M. 273, 289, 291, 415, 541
Ingarden, R. Anm. 240
Innozenz III. 89
Ipsen, G. 41
Iser, W. 238 Anm., 240 Anm., 536

Jackendoff, R. S. 25 Anm.
Jacobi, Fr. H. 161, 499 sq.
Jakobson, R. 43, 45, 53, 243, 535
Jaspers, K. 166, 168, 566
Jauß, H. R. 444, 510, 542 sqq., 546-549
Johannes a Sancto Thoma 131 sqq., 138
Joyce, J. 384
Judd, D. 398 sq.
Juhos, B. 236 sq.

Kafka, F. 256 sq.
Kandinsky, W. 494
Kant 93 sqq., 112, 118, 155, 157-164, 175, 184 sq., 193, 195, 264, 275, 282, 284, 287, 313 sq., 335-338, 475, 486, 490, 493
Katz, J. J. 48 sq.
Keats, J. 370
Keller, L. G. 383 sq., 386, 521

Kesting, M. 537
Kierkegaard, S. 161, 164, 188, 191, 193, 278, 470, 488, 517 sq.
Kleist, H. von 260 sqq.
Klopstock, J. G. 272
Klossowski, P. 369
Kommerell, M. 307, 316, 329
Koselleck, R. 451 sq.
Krauss, W. 330
Krolow, K. 394, 401
Kudszus, H. 54

La Bruyère 353
Lakoff, G. P. 25 Anm.
La Motte 358
Langer, S. K. 349 sq., 352
Lausberg, H. 465
Léautaud, P. 370
Leibniz, G. W. 106, 151, 158-161, 164, 487 sq., 488, 500 sq.
Leonardo da Vinci 286 sq., 289 sqq.
Les Rées, F. 116 sq., 127
Lessing, G. E. 93, 161, 269, 301, 307, 326, 551 sq.
Lévi-Strauss, C. 45 sq., 238, 534, 537
Lewy, J. 395
Litt, Th. 168
Lope de Vega 266
Lorenz, K. 497
Lowes, J. L. 376, 391
Ludwig XV. 98
Ludwig XVI. 99
Luhmann, N. 59 sq., 146, 152, 219 sq., 341 sqq., 346 sqq., 352 Anm., 355, 361, 364, 447, 470 sq., 474, 485, 503-511, 552
Lukács, G. 274, 387
Luther, M. 80, 99

Maeterlinck, M. 382
Maimonides 149, 442
Mallarmé, St. 289, 291, 382, 384, 387, 389
Marc Aurel 78 Anm.
Marcuse, H. 285 sq., 438
Marin, L. 536
Marivaux 341 sq., 357-362, 364 sqq., 551, 553
Marquard, O. 152, 485, 496 sq.
Marx, K. 102, 179, 185, 187 sq., 207, 497, 508
Mastrius de Meldula, B. 106 sq., 118, 122, 124, 126 sq., 130-133, 138 sq.
Mayronis de, F. 118, 121
Mead, G. H. 308, 318
Meier, Chr. 460

Menander 352
Merleau-Ponty, M. 531 sq.
Merton, K. 352
Meyer, R. M. 41, 43 Anm.
Michaux, H. 370
Mickel, E. J. 371
Minkowski, E. 222
Mittelstrass, J. 286 sq., 363
Molière 266, 281 sq., 326, 330 sq., 341, 345 sq., 348 sq., 352-355, 357 sq., 366, 551 sqq.
Mon, F. 394
Mondrian, P. 397 sq., 494
More, H. 137
Muchnic, H. 381
Müller, A. 478 sq.
Murger, H. 370
Musset, A. de 370, 384

Nadeau, M. 385
Napoleon 101
Nerval, G. de 370
Neuschäfer, H. J. 327
Newman, B. 273, 541
Nicolson, H. 74
Nietzsche, F. 102, 150, 186
Nikolaus von Kues 123
Nodier, J. Ch. E. 370, 384

Ockham 120, 125 sqq.
Odoewskij, V. 539
Olliers, C. 335, 542 sq.
Orwell, G. 61 Anm.
Origines 84
Oud, J. J. P. 397

Panofsky, E. 280
Parmenides 108-112, 141-147, 150, 152, 211
Parson, T. 341, 346
Pascal, B. 193, 363
Pasternak, B. 233
Paulus 80-83
Perrault 540
Petrus Hispanus 106
Philiponos 119
Pignatari, D. 399
Pirandello, L. 332, 542
Piranesi, G. B. 367-370, 381 sq., 384, 388, 539
Platon 71-74, 109, 117, 123, 130, 143, 148, 294 sq., 305, 307, 484, 486, 517 sq.
Plessner, H. 346 sq., 355 sq., 360
Plotin 148

Plutarch 77
Poe, E. A. 370-373, 377-383, 387 sqq., 391 sq., 538, 542
Pollock, J. 273
Popper, K. R. 174 sq., 177 Anm.
Porzig, W. 42
Posner, R. 303
Pottier, B. 47 sqq.
Pourchot, E. 132 sq.
Preisendanz, W. 349, 360, 522 sqq.
Proklos 112, 127, 136
Propp, V. 341, 535 sq.
Proust, M. 295, 297-300
Prudentius 85

Quincey, Th. de 367 sq., 370 sqq., 374 sq., 381 sq., 384, 538

Racine 266, 287, 326, 330
Ranson, J. C. 303
Reinach, A. 134 sq.
Reinhardt, K. 146
Riegel, A. 289
Riesmann, D. 495
Rilke, R. M. 293, 295
Ritter, J. 331, 347 sqq., 353, 356, 359, 553 sq.
Robbe-Grillet, A. 296 sq., 384 sq., 541
Rodin, A. 531 sq.
Rousseau, J. J. 97, 278, 281, 308, 326, 331, 337, 370, 377, 506 sq., 518, 553
Rühm, G. 397 Abb. 1, 406 Abb. 2a, 408, 427 Abb. 10, 554
Rühmkopf, P. 394, 401
Russell, B. 484
Ruvius, A. 115

Sallust 468
Sarraute, N. 387, 542
Sartre, J.-P. 263, 275, 388, 520 sq., 525, 530 sq.
Saussure, F. de 39-43, 45, 49, 53, 62
Schalk, F. 191 Anm.
Scheler, M. 321 sq.
Schelling, Fr. W. 122 sq., 150 sqq., 180 sqq., 184 sq., 190, 374, 477, 480, 488
Schiller 247, 302, 329 sq., 351, 497
Schleiermacher, A. 160
Schmidt, A. 381
Schmidt, S. J. 235, 301 sqq., 303, 382, 441
Schmitt, C. 104
Scholem, G. 149, 452
Schubart, Ch. F. D. 99
Schütz, A. 509

Scotus Eriugena 150
Scribe, E. 357
Searle, J. R. 445 sq.
Segal, E. 327
Seiler, H. 57
Seneca 78 Anm.
Sévigné, Mme de 239
Sextus Empiricus 130
Shakespeare 266, 350, 352, 497
Shelley, P. B. 370
Sigwart, Ch. 133 sqq., 475
Simon, C. 227, 232 sq., 467
Skinner, B. F. 32
Šklovskij, V. 219, 221, 231, 290, 293
Sokrates 187
Sophokles 261
Spence, C. W. 43 Anm.
Spinoza 134, 477, 499, 500-503
Spitz, R. 213
Stahl, D. 115, 120
Starobinski, J. 305, 334 Anm.
Stella, F. 398 sq.
Stickel, G. 53, 437 sq., 440, 448, 451, 454
Stierle, K.-H. 519 sqq., 525 sq., 534, 537
Suarez 106, 117, 122-125, 131, 138 sq.
Sue, E. 370
Souriau, E. 552

Taubes, J. 452
Tennyson, A. 382
Tertullian 79, 83
Thomas von Aquin 88, 107, 113, 119, 124 sq., 136, 138, 149, 209, 472 sq.
Thompson, F. 370
Thompson, J. 370
Thukydides 74
Todorov, T. 341
Tolstoi, L. 221, 223, 233, 290, 293, 521, 536
Trier, J. 41, 43
Troeltsch, E. 75
Trombeta, A. 114 sq., 125
Trubetzkoy, N. S. 43 sqq.
Tugendhat, E. 141-144, 146 sq., 152, 482

Ulbrichs, T. 430 Abb. 13
d'Urfé, H. 319 sq.

Valentian 90
Valéry, P. 215, 284, 286-292, 460
Vivas, E. 303
Vogt-Göknil, U. 369
Voltaire 357, 468, 540

Walker, O. 116, 131
Warning, R. 309, 331, 551 sqq.
Weinreich, U. 48 sq., 56
Weinrich, H. 18, 34, 198, 239, 345, 355, 395, 440, 447 sq., 451-456, 462-466, 505 sq.
Weisgerber, L. 42
Weiss, W. 17 Anm.
Wellershoff, D. 530
Werner, J. 101
Wiclif, J. 125
Wilbur, R. 381
William von Malmesbury 88

Windelband, W. 134, 475
Wittgenstein, L. 42 sq., 235 sqq., 409, 438, 519
Wolff, Chr. 112, 158, 161
Wölfflin, H. 289
Wotjak, G. 49 Anm.
Wunderlich, D. 30 Anm.

Yourcenar, M. 368 sq.

Zenon 38
Zola, E. 291

POETIK UND HERMENEUTIK

»Von einem Gremium von Gelehrten, zu denen einige der besten Köpfe gehören, die man in der Philologie aufzuweisen hat.« FAZ

1. **Hans Robert Jauß, Hrsg.: Nachahmung und Illusion**
   Kolloquium Gießen Juni 1973. 2. Auflage. Gr. 8°. 252 S. Ln. DM 32,—

2. **Wolfgang Iser, Hrsg.: Immanente Ästhetik — Ästhetische Reflexion**
   Lyrik als Paradigma der Moderne. Kolloquium Köln 1974. Gr. 8°. 543 S. und 6 Kunstdrucktafeln, Ln. DM 54,—

3. **Hans Robert Jauß, Hrsg.: Die nicht mehr schönen Künste**
   Grenzphänomene des Ästhetischen. Gr. 8°. 735 S. u. 13 Abb. auf Kunstdruck, Ln. DM 66,—; kart. DM 42,—

4. **Manfred Fuhrmann, Hrsg.: Terror und Spiel**
   Probleme der Mythenrezeption. Gr. 8°. 732 S. und 3 Abb. auf Kunstdruck, Ln. DM 66,—; kart. DM 42,—

5. **Reinhard Koselleck/Wolf-Dieter Stempel, Hrsg.: Geschichte — Ereignis und Erzählung**
   Gr. 8°. 581 S. und 3 Abb. auf Kunstdruck, Ln. mit farbigem Schutzumschlag DM 58,—; kart. DM 63,—

Weitere Pressestimmen:

»Das Buch bietet viel, und kein Leser historisch-philologischer Disziplin kann sich der noch offenen Diskussion seiner Themen entziehen. Er sollte mit Lust in die Arena steigen.« (Germanistik)

»Für das aktuelle Thema der Vermischung von Spiel und Nichtspiel, ursprünglichem Spiel und Miniaturkrieg, findet der Leser Erhellendes. Ein Buch liegt vor, das über diese Fragestellung weit hinausgeht und wohl noch lange Anlaß zum Nachdenken geben wird, eine wissenschaftliche Diskussion in klassischer Form.« (Prof. Dr. Harry Pross im Hessischen Rundfunk)

WILHELM FINK VERLAG MÜNCHEN

Poetik und Hermeneutik-Autoren in UTB

Wolfgang Iser: Der implizite Leser (163)
Kommunikationsformen des Romans von Bunyan bis Beckett. 420 S. DM 9,80
ISBN 3-7705-0793-2
Eine Geschichte des Romans der letzten drei Jahrhunderte, die vom »Verbraucher« her gesehen wird und damit die Forderungen nach einer Literaturgeschichte des Lesers zu erfüllen sucht.

Wolfgang Preisendanz: Heinrich Heine (206)
Werkstrukturen und Epochenbezüge. 130 S. DM 5,80
ISBN 3-7705-0888-2
Eine exemplarische Anleitung zu textnaher Heine-Lektüre. Behandelte Themen: Heines Dichtertum — Dichtung und Publizistik — Die Berichte aus Paris 1840–1843 ›Lutezia‹ — Die Gedichte aus der Matratzengruft.

Siegfried J. Schmidt: Texttheorie (202)
Probleme einer Linguistik der sprachlichen Kommunikation. 184 S. DM 9,80
ISBN 3-7705-0937-4
Schmidt entwirft die Grundlagen einer Texttheorie, diskutiert von dieser Basis her Teilfragen wie Theorie der Sprechakte, Präsuppositionstheorie, Referenztheorie, Semantik, Textkohärenz, Textanalyse, Text-Tiefenstruktur, kommunikative Handlungsspiele ... usw.

Karlheinz Stierle: Text als Handlung (423)
Zur systematischen Literaturwissenschaft. Ca. 280 S. ca. DM 16,80
ISBN 3-7705-1056-9
Systematische Literaturwissenschaft meint hier das Verhältnis von Literatur und Linguistik, vor allem Textlinguistik als Voraussetzung einer Sprachhandlungstheorie. Behandelte Themen: Pragmatik und Poetik narrativer Texte — Geschichtliche Texte — Komik der Handlung und Sprachhandlung — Semiotik der Konnotation — Metapher — Semiotik als Kulturwissenschaft.

Jurij Striedter, Hrsg.: Russischer Formalismus (40)
Texte zur allgemeinen Literaturtheorie und zur Theorie der Prosa. 2. Aufl. Zus. ca. 350 S. DM 12,80
ISBN 3-7705-0626-X
»Ein Arbeits- und Studienbuch ersten Ranges. Ich kann dieses Buch nicht genug rühmen, denn wissenschaftliche Präzision verbindet sich mit der energischen Entschlossenheit, allein das Wesentliche abzudrucken. Striedters einleitende Abhandlung macht allen schrecklichen Vereinfachungen den Garaus. Das Bedeutsamste liegt aber darin, daß er das literarische Streitgespräch mit dem soziologischen Methodenstreit der 60er Jahre verbindet.« Peter Demetz in »Die Zeit«

Rainer Warning: Rezeptionsästhetik (303)
Theorie und Praxis. 504 S. DM 19,80
ISBN 3-7705-1053-4
Mit Beiträgen, größtenteils deutschen Erstveröffentlichungen und Originalartikeln, von Stanley Fish, Hans-Georg Gadamer, Roman Ingarden, Hans Robert Jauß, Michael Riffaterre, Felix V. Vodička und Rainer Warning.

Auslieferung: F. A. Brockhaus, Stuttgart

Theorie und Geschichte der Literatur und der schönen Künste
Texte und Abhandlungen
Herausgegeben von Max Imdahl, Wolfgang Iser, Hans Robert Jauß, Wolfgang Preisendanz, Jurij Striedter

1. Wolfgang Preisendanz: Humor als dichterische Einbildungskraft (vergriffen)

2. Charles Perrault: Parallèle des Anciens et des Modernes (vergriffen)
   Die einleitende Abhandlung von H. R. Jauß und M. Imdahl ist noch gesondert erhältlich: 81 S. kart. DM 16,80

3. Alexander Gerard: An Essay on Genius
   Zus. 515 S. Ln. DM 60,—

4. Rainer Warning: Illusion und Wirklichkeit in „Tristram Shandy" und „Jacques le Fataliste"
   123 S. Ln. DM 22,80

5. Karlheinz Stierle: Dunkelheit und Form in Nervals „Chimères"
   123 S. Ln. DM 22,80

6. Jurij Striedter/Wolf-Dieter Stempel, Hrsg.: Texte der russischen Formalisten
   Bd. I: Texte zur allgemeinen Literaturtheorie und zur Theorie der Prosa.
   Zus. 584 S. Ln. DM 54,—; kart. DM 42,—
   Bd. II: Texte zur Theorie der poetischen Sprache und der Lyrik.
   Zus. 503 S. Ln. DM 44,—; kart. DM 32,—

7. Heinz Buddemeier: Panorama, Diorama und Photographie
   352 S. (davon 4 Kunstdrucktafeln), Ln. DM 54,—

8. Hans-Jörg Neuschäfer: Boccaccio und der Beginn der Novelle
   145 S. Ln. DM 28,—

9. Werner Kraus: Fontenelle und die Aufklärung
   299 S. Ln. DM 54,—

10. Manfred Smuda: Becketts Prosa als Metasprache
    93 S. Ln. DM 19,—

11. George Turnbull: A Treatise on Ancient Painting
    2°. Zus. 248 S. Ln. DM 88,—

12. Heinz-Dieter Weber: Friedrich Schlegels „Transzendentalpoesie"
    247 S. kart. DM 36,—

14. Ju. M. Lotman: Vorlesungen zur strukturalen Poetik
    220 S. Ln. DM 32,—; kart. DM 19,—

15. Karl Wilhelm Ferdinand Solger: Erwin
    Zus. 624 S. Ln. DM 76,—

16. Konrad Fiedler: Schriften zur Kunst
    In 2 Bänden. Zus. 1084 S. Ln. DM 135,—

17. Ludwig Giesz: Phänomenologie des Kitsches
    103 S. Ln. DM 19,—; kart. DM 11,50

18. Gerd Birkner: Heilsgewißheit und Literatur
    184 S. Ln. DM 42,—

WILHELM FINK VERLAG MÜNCHEN

19. Karl Richter: Literatur und Literaturwissenschaft
    238 S. Ln. DM 46,—; kart. DM 32,—

20. Walter Kambartel: Symmetrie und Schönheit
    179 S. Ln. DM 44,—

21. Fritz Nies: Gattungspoetik und Publikumsstruktur
    336 S. u. 4 Kunstdrucktafeln, Ln. DM 54,—

22. Herbert Dieckmann: Studien zur europäischen Aufklärung
    492 S. Ln. DM 58,—; kart. DM 36,—

23. Daniel Webb: Ästhetische Schriften
    Zus. 608 S. Ln. DM 78,—

24. Klaus-Dieter Seemann: Die altrussische Wallfahrtsliteratur
    Ca. 424 S. kart. ca. DM 98,—

25. Jurij N. Tynjanov: Das Problem der Verssprache
    Ca. 156 S. kart. ca. DM 19,80

26. Emil Utitz: Grundlegung der allgemeinen Kunstwissenschaft
    Zus. 838 S. mit 24 Abb., Ln. DM 112,—

27. Moritz Geiger: Ästhetische Schriften
    Ca. 500 S. kart. ca. DM 78,—

28. Hans Ulrich Gumbrecht: Funktionswandel und Rezeption
    227 S. Ln. DM 54,—

30. Jürgen Schlaeger: Imitatio und Realisation
    144 S. kart. DM 38,—

31. Wolfgang Iser: Der implizite Leser
    420 S. Ln. DM 44,—

32. Umberto Eco: Einführung in die Semiotik
    474 S. und 4 Kunstdrucktafeln, Ln. DM 54,—

33. Alfred Adler: Epische Spekulanten
    Versuch einer synchronen Geschichte des altfranzösischen Epos.
    Vorwort von Hans Robert Jauß
    207 S. kart. DM 36,—

34. Felix Vodička: Die Entwicklung der Struktur
    Ca. 320 S. kart. ca. DM 36,—

35. Rainer Warning: Funktion und Struktur
    272 S. Ln. DM 48,—; kart. DM 36,—

36. Miroslav Červenka: Der Bedeutungsaufbau des literarischen Werkes
    Ca. 240 S. kart. ca. DM 36,—

37. Reinhart Herzog: Die Bibelepik der lateinischen Spätantike
    Ca. 248 S. kart. ca. DM 38,— (in Vorbereitung)

38. Heinz Jatho: Bildsemantik und Helldunkel
    122 S. mit 24 Kunstdrucktafeln, kart. ca. DM 28,—

WILHELM FINK VERLAG MÜNCHEN

UTB

Uni-Taschenbücher GmbH
Stuttgart

- **81./82.** Jochen Vogt, Hrsg.: Der Kriminalroman
  Zur Theorie und Geschichte einer Gattung.
  2 Bde. mit zus. 595 S. je DM 12,80. ISBN 3-7705-0625-1/0629-4 (Fink)
- **103.** Jurij M. Lotman: Die Struktur literarischer Texte
  Übersetzt von Rolf-Dietrich Keil. 430 S. DM 12,80. ISBN 3-7705-0631-6 (Fink)
- **104.** E. D. Hirsch, jr.: Prinzipien der Interpretation
  Übersetzt von Adelaide A. Späth. 333 S. DM 16,80. ISBN 3-7705-0632-4 (Fink)
- **105.** Umberto Eco: Einführung in die Semiotik
  Autorisierte deutsche Ausgabe von Jürgen Trabant. 474 Seiten und 4 Tafeln, DM 19,80.
  ISBN 3-7705-0633-2 (Fink)
- **106.** Dieter Breuer: Einführung in die pragmatische Texttheorie
  248 S. DM 16,80. ISBN 3-7705-0634-0 (Fink)
- **128.** J. Dubois / F. Edeline / J. M. Klinkenberg / P. Minguet / F. Pire / H. Trinon:
  Allgemeine Rhetorik
  344 S. mit mehreren Tabellen im Text, DM 19,80. ISBN 3-7705-0643-X (Fink)
- **132.** Eike Barmeyer, Hrsg.: Science Fiction
  Theorie und Geschichte. 383 S. DM 16,80. ISBN 3-7705-0642-1
- **133.** Klaus W. Hempfer: Gattungstheorie
  312 S. DM 19,80. ISBN 3-7705-0644-8 (Fink)
- **135.** Franz Norbert Mennemeier: Modernes Deutsches Drama
  Kritiken und Charakteristiken Bd. I: 1910–1933
  375 S. DM 19,80. ISBN 3-7705-0636-7 (Fink)
- **425.** Franz Norbert Mennemeier: Modernes Deutsches Drama
  Bd. II: 1933—1973.
  416 S. DM 19,80. ISBN 3-7705-1216-2 (Fink)
- **136.** Leo. D. Trotzki: Literaturtheorie und Literaturkritik
  188 S. DM 15,80. ISBN 3-7705-0637-5 (Fink)
- **205.** Dietrich Harth, Hrsg.: Propädeutik der Literaturwissenschaft
  Mit Beiträgen von U. Frieß, D. Harth, W. Kamlah, R. Lahme, K.-H. Stahl,
  G. Ter-Nedden, Ch. Thiel
  283 S. DM 12,80. ISBN 3-7705-0933-1 (Fink)
- **252.** Hans-Georg Kemper: Angewandte Germanistik
  Materialien zu einer kasuistischen Didaktik.
  427 S. DM 14,80. ISBN 3-7705-0936-8 (Fink)
- **302.** Helmut Schanze: Medienkunde für Literaturwissenschaftler
  Einführung und Bibliographie. 116 S. DM 9,80. ISBN 3-7705-1059-3 (Fink)
- **305.** Jürgen Link: Literaturwissenschaftliche Grundbegriffe
  Eine programmierte Einführung auf strukturalistischer Basis
  369 S. DM 19,80. ISBN 3-7705-1045-3 (Fink)
- **363.** Günther Mahal: Naturalismus
  (Deutsche Literatur im 20. Jahrhundert, Bd. 1). 260 S. DM 16,80
  ISBN 3-7705-1173-5 (Fink)
- **366.** Rolf Kloepfer: Poetik und Linguistik
  194 S. DM 14,80. ISBN 3-7705-1175-1 (Fink)
- **426.** Gerhard Pasternack: Theoriebildung in der Literaturwissenschaft
  Zur Theorie des Interpretationspluralismus. Information und Synthese. Ca. 368 S.
  DM 19,80. ISBN 3-7705-1218-9 (Fink)

Auslieferung: F. A. Brockhaus, Stuttgart

Walter Müller-Seidel, Hrsg.: Historizität in Sprach- und Literaturwissenschaft
In Verbindung mit Hans Fromm und Karl Richter. Tagungsprogramm der deutschen Hochschulgermanisten Stuttgart 1972 (Vorträge und Diskussionen). Gr. 8°. 685 S. Ln. mit Schutzumschlag DM 78,–; kart. DM 48,–

Die Themen der Vorträge: Die Krise des historischen Bewußtseins und die Funktionskrise in den geschichtlichen Wissenschaften – Die Problematik des geschichtlichen Denkens in der Gegenwart. Von Dilthey zum französischen Strukturalismus – Probleme der Hochschuldidaktik – Einleitung zur Diskussion über die Fachgeschichte bzw. die Reformprobleme der Germanistik – Das Interesse am Leser – Zur Eröffnung einer Arbeitsstelle für Geschichte der Germanistik – Wissenschaftsgeschichte und Forschungsplanung – Diachronie des Ablauts. Möglichkeiten und Grenzen einer generativen Phonologie – Historische und systematische Erklärungen in der Transformationsgrammatik – Zum sprachgeschichtlichen Erkenntniswert moderner Lauttheorie – Hemmungen in einem kybernetischen Modell der literarischen Rezeption. Das Problem der Diskontinuität in der Literaturgeschichte – Thesen zur Rezeptionsgeschichtsschreibung. Die Rezeption des Nibelungenlieds im 19. Jh. – Überlieferung und Rezeption der mhd. Lyriker im Spätmittelalter und in der frühen Neuzeit – Zur Kritik der Rezeptionsästhetik – Literaturgeschichte jenseits der antihistorischen Experimente – Epoche als Arbeitsbegriff der Literaturgeschichte – Die Vergangenheit der Gegenwartsliteratur – Literatur als Teil des Klassenkampfes – Dialektische Literaturwissenschaft – Aspekte einer Literaturgeschichte als Sozialgeschichte – Literarische Struktur und politisch-sozialer Kontext – Lyrik des 18. Jh. vor der Schwelle zur Autonomie-Ästhetik – Romantische Lyrik am Übergang von der Autonomie- zur Zweckästhetik – Autonomes Gedicht und politische Verkündigung im Spätwerk Stefan Georges – Das Verhältnis von Soziolinguistik und Systemlinguistik – Die soziale Verteilung von Dialekt und Einheitssprache – Kriterien zur Erarbeitung soziosemantischer Hypothesen – Sprachwandel, Individuum und Gesellschaft – Ahistorischer Strukturalismus: Ein Mißverständnis – Probleme der Wirkungsgeschichte unter besonderer Berücksichtigung marxistischer Literaturtheorien – Goethes »Werther«: Ein rezeptionsästhetisches Modell – Aspekte der Rezeption des »Werther« im Frankreich des 18. Jh. – Rezeption: empirisch – Literatur im politischen Kontext – Zu Heinrich Manns Romanen der 20er Jahre – Apropos Neue Sachlichkeit – Über das geschichtliche Selbstverständnis des deutschen Humanismus – Barocker Stoizismus und Theorie der Tragödie – Lessing und die heroische Tradition – Zur Historizität des Autonomiebegriffs – Ideologiekritische Aspekte zum Autonomiebegriff am Beispiel Schillers – Die relative Autonomie der Literatur.

Mit seinen 40 Beiträgen leistet der Band eine umfassende Dokumentation der Situation, Reformpläne und Zukunftsaussichten des Faches Germanistik. Die Themen der zehn Sektionen lauten: Lautstruktur und Geschichte – Rezeption und Geschichte I u. II – Literaturgeschichte als Problem – Literaturgeschichte und Sozialwissenschaft – Lyrik, Gesellschaft und Geschichte – Soziolinguistik und Systemlinguistik – Literarische Epochen: Die Weimarer Republik – Tradition und Rezeption der Antike – Zur Autonomie der Literatur.

Marianne Kesting: Entdeckung und Destruktion
Zur Strukturumwandlung der Künste. 344 S. Ln. DM 32,–; kart. DM 19,–
»Ein grundgescheites Buch.«   Frankfurter Neue Presse

WILHELM FINK VERLAG MÜNCHEN

Internationale Bibliothek für Allgemeine Linguistik

Herausgegeben von Eugenio Coseriu

1. **Wolf-Dieter Stempel, Hrsg: Beiträge zur Textlinguistik**
   302 S. Ln. DM 42,—
2. **Eugenio Coseriu: Sprachtheorie und Allgemeine Sprachwissenschaft**
   Fünf Studien. Übersetzt von Uwe Petersen. 294 S. kart. DM 36,—
3. **Eugenio Coseriu: Synchronie, Diachronie und Geschichte**
   Das Problem des Sprachwandels. Aus dem Russischen übersetzt von Helga Sohre. 250 S. Ln. DM 36,—; kart. DM 19,80
4. **Herbert Ernst Brekle: Generative Satzsemantik und transformationelle Syntax im System der englischen Nominalkomposition**
   2., erweiterte Auflage. Ca. 236 S. kart. ca. DM 24,—
5. **Walter A. Koch: Zur Taxologie des Englischen**
   434 S. und zahlreiche Abb. und Übersichten auf Falttafeln, Ln. DM 88,—
6. **Jürgen Trabant: Zur Semiologie des literarischen Kunstwerks**
   Glossematik und Literaturtheorie.
   298 S. mit zahlreichen Schemata im Text, Ln. DM 44,—
7. **Horst Geckeler: Zur Wortfelddiskussion**
   Untersuchungen zur Gliederung des Wortfeldes „alt — jung — neu" im heutigen Französisch. 566 S. Ln. DM 88,—
10. **Christian Rohrer: Funktionelle Sprachwissenschaft und transformationelle Grammatik**
    Die Verwandlung von Sätzen und Satzteilen im Französischen.
    264 S. mit zahlreichen Schemata im Text, kart. DM 32,—
11. **Eugene A. Nida: Exploring Semantic Structures**
    211 S. kart. DM 36,—
12. **Sebastian Šaumjan: Strukturale Linguistik**
    Hrsg., übersetzt sowie mit einem Vor- und einem Nachwort von W. Girke und H. Jachnow. Mit einem Schriftenverzeichnis des Verfassers.
    512 S. Ln. DM 54,—; kart. DM 42,—
13. **Roman Jakobson: Form und Sinn**
    Sprachwissenschaftliche Betrachtungen. Übersetzt von Gabriele Stein.
    177 S. kart. DM 28,—
14. **Marga Reis: Lauttheorie und Lautgeschichte**
    Untersuchungen am Beispiel der Dehnungs- und Kürzungsvorgänge im Deutschen.
    366 S. kart. DM 68,—
15. **André Martinet: Studies in Functional Syntax — Études de syntaxe fonctionelle**
    275 S. kart. DM 48,—
16. **Jerzy Kurlowicz: Esquisses linguistiques I**
    Deuxième édition. Zus. 299 S. kart. DM 48,—
17. **Leonhard Lipka: Semantic Structure and Word-Formation**
    Verb-particle Constructions in Contemporary English. 251 S. kart. DM 36,—
18. **Hans Marchard: Studies in Syntax and Word-Formation**
    Selected Articles. On the Occasion of his 65th Birthday. Edited by Dieter Kastovsky.
    439 S. Ln. DM 98,—

WILHELM FINK VERLAG MÜNCHEN

19. Hans Helmut Christmann: Idealistische Philologie und moderne Sprachwissenschaft
   157 S kart. DM 19,80

20. Nicol W. Spence: Essays in Linguistics
   With a Foreword and 5 Postscripts. Ca. 176 S kart. ca. DM 28,—

21. Joe Larochette: Le langage et la réalité I
   Problèmes de linguistique générale et de linguistique romane.
   194 S. kart. DM 36,—

24. Francisco Rodriguez Adrados: Sprache und Bedeutung
   Übersetzt von Wilfried Böhringer. Ca. 384 S. Ln. ca. 68,—

25. Louis Hjelmslev: La Catégorie des Cas
   Zweite, verbesserte und mit den Korrekturen des Autors versehene Aufl. der Ausgabe Kopenhagen 1935—37. Zus. 286 S. kart. DM 42,—

26. Vittore Pisani: Die Etymologie
   Aus dem Italienischen übersetzt von Irene Riemer. 192 S. kart. DM 28,—

28. Jiri Krámsky: The Phoneme
   Introduction to the history and theories of a concept. 242 S. Ln. mit farbigem Schutzumschlag DM 36,—; kart. DM 24,—

29. Leiv Flydal: Langue et style
   Essais choisis. Mit einigen Übersetzungen von Kamilla Flydal und einem Vorwort von Eugenio Coseriu. Ca. 200 S. kart. ca. DM 36,—

30. Paul Diderichsen: Ganzheit und Struktur
   Mit einem Vorwort von Eli Fischer-Jörgensen. Ca. 320 S. kart. ca. DM 48,—

31. Eli Fischer-Jörgensen: 25 Years' Phonological Comments
   272 S. kart. DM 48,—

33. Paul Diderichsen: Rasmus Rask und die grammatische Tradition
   Eine Studie über den Wendepunkt in der Sprachwissenschaftsgeschichte.
   Ca. 256 S. kart. ca. DM 48,—

34. Henri Vernay: Essai sur l'organisation de l'espace par divers systèmes linguistiques
   Contribution à une linguistique de la traduction.
   216 S. mit zahlreichen Tabellen, kart. DM 48,—

35. A. W. de Groot: Die Hierarchie im System der Sprache
   Werkauswahl mit einer Einleitung und Bibliographie, hrsg. von G. F. Bos. Deutsche Übersetzung der niederländischen Texte von O. Reichmann. Ca. 304 S. kart. ca. DM 48,—

36. Winfried Busse: Klasse — Transitivität — Valenz
   Transitive Klassen des Verbs im Französischen. Avec un résumé en français.
   273 S. kart. DM 36,—

37. Jerzy Kurlowicz: Esquisses linguistiques II
   Ca. 480 S. kart. ca. DM 78,—

38. Bertil Malmberg: Einführung in die Phonetik als Wissenschaft
   Übersetzt von Herbert Bartholmes.
   Ca. 280 S. Ln. mit farbigem Schutzumschlag ca. DM 38,—; kart. ca. DM 24,—

WILHELM FINK VERLAG MÜNCHEN

KRITISCHE INFORMATION

1. **Max Black: Sprache**
   Eine Einführung in die Linguistik. Übersetzt und kommentiert von Herbert E. Breckle.
   246 S. DM 16,80

3. **Vladimir Karbusicky: Widerspiegelungstheorie und Strukturalismus**
   Zur Entstehungsgeschichte und Kritik der marxistisch-leninistischen Ästhetik.
   130 S. DM 12,80

4. **Wolfgang U. Dressler / Siegfried J. Schmidt, Hrsg.: Textlinguistik**
   Eine kommentierte Bibliographie. 210 S. DM 9,80

5. **Dietrich Krusche: Kafka und Kafka-Deutung**
   172 S. DM 16,80

6. **Theodor Verweyen: Eine Theorie der Parodie**
   Am Beispiel Peter Rühmkorfs. 137 S. DM 12,80

7. **Peter Haida: Komödie um 1900**
   199 S. DM 19,80

9. **Ernst L. Offermanns: Arthur Schnitzler**
   Das Komödienwerk als Kritik des Impressionismus. 244 S. DM 28,—

10. **Wolfgang Beilenhoff, Hrsg.: Poetik des Films**
    Deutsche Erstausgabe der filmtheoretischen Texte der russischen Formalisten.
    162 S. DM 16,80

11. **Siegfried J. Schmidt, Hrsg.: Pragmatik I**
    Interdisziplinäre Beiträge zur Erforschung der sprachlichen Kommunikation.
    211 S. DM 24,—

12. **Herbert Kaiser: Materialien zur Theorie der Literaturdidaktik**
    Quellen- und Arbeitstexte mit einer kommentierenden Einleitung. 361 S. DM 19,80

13. **Günter Waldmann: Theorie und Didaktik der Trivialliteratur**
    Modellanalysen — Didaktikdiskussion — literarische Wertung. 196 S. DM 12,80

14. **Wolfgang Huber: Assembler**
    Eine Einführung in die Assemblersprache. 500 S. DM 28,—

15. **Peter von Moos: Mittelalterforschung und Ideologiekritik**
    Der Gelehrtenstreit um Héloise. 138 S. DM 19,80

16. **Theo Elm: Siegfried Lenz — „Deutschstunde"**
    143 S. DM 12,80

17. **Hajo Kurzenberger: Horváths Volksstücke**
    179 S. DM 16,80

18. **Dmitrij Tschižewskij: Russische Geistesgeschichte**
    2., erw. Aufl. 1974. 359 S. DM 28,—

WILHELM FINK VERLAG MÜNCHEN

19. Lewis White Beck: Kants „Kritik der praktischen Vernunft"
   Ein systematischer Kommentar. Aus dem Englischen übersetzt von K.-H. Ilting.
   352 S. DM 28,–

20. Georg Heike, Hrsg.: Phonetik und Phonologie
   Ein Reader. Mit Kommentaren und Anmerkungen zur Entwicklung der Phonologiediskussion. 231 S. DM 28,–

21. Hubert Schleichert, Hrsg.: Logischer Empirismus — Der Wiener Kreis
   Ausgewählte Texte mit einer Einleitung. 227 S. DM 19,80

22. Peter von Rüden, Hrsg.: Das Fernsehspiel
   Möglichkeiten und Grenzen. 202 S. DM 16,80

23. Wolfgang Girke / Helmut Jachnow, Hrsg.: Sprache und Gesellschaft in der Sowjetunion
   31 Dokumente aus dem Russischen — ins Deutsche übersetzt und kritisch eingeleitet.
   352 S. DM 36,–

24. Jürgen Link: Die Struktur des literarischen Symbols
   Theoretische Beiträge am Beispiel der späten Lyrik Brechts. 136 S. Ca. DM 19,80

25. Siegfried J. Schmidt, Hrsg.: Pragmatik II
   Zur Grundlegung einer expliziten Pragmatik. Ca. 240 S. Ca. DM 28,–

26. Thomas Cramer / Horst Wenzel, Hrsg.: Literaturwissenschaft und Literaturgeschichte
   Ein Lesebuch zur Fachgeschichte der Germanistik. 510 S. DM 28,–

27. Reinhold Wolff, Hrsg. Psychoanalytische Literaturkritik
   Ein Reader mit kommentierender Einleitung. 473 S. Ca. DM 28,–

28. Frieder Busch / Renate Schmidt von Bardeleben, Hrsg.: Amerikanische Erzählliteratur 1950–1970
   260 S. DM 19,80

29. Peter Hinst: Logische Propädeutik
   Eine Einführung in die deduktive Methode und logische Sprachanalyse. 469 S. DM 28,–

30. Jürgen Landwehr: Text und Fiktion
   Zu einigen literaturwissenschaftlichen und kommunikationstheoretischen Grundbegriffen.
   244 S. DM 24,–

31. Erich Straßner, Hrsg.: Nachrichten
   Entwicklungen, Analysen, Erfahrungen. Ca. 288 S. Ca. DM 19,80

32. Achim Eschbach: Zeichen — Text — Bedeutung
   Bibliographie zu Theorie und Praxis der Semiotik. Zus. 540 S. DM 36,–

33. Georg Klaus: Rationalität — Integration — Information
   Entwicklungsgesetze der Wissenschaft in unserer Zeit. 304 S. DM 28,–

34. Peter Nusser, Hrsg.: Anzeigenwerbung
   Ein Reader mit kommentierender Einleitung. Ca. 280 S. Ca. DM 19,80

35. Eckard König: Theorie der Erziehungswissenschaft
   Bd. I: Wissenschaftstheoretische Richtungen der Pädagogik. 225 S. DM 16,80
   Band II und III in Vorbereitung

WILHELM FINK VERLAG MÜNCHEN

Humanistische Bibliothek

Abhandlungen — Texte — Skripten
Herausgegeben von Ernesto Grassi
Redaktion: Eckhard Keßler
Reihe II: Texte

1. **Karl Müllner, Hrsg.: Reden und Briefe italienischer Humanisten**
   Nachdruck der Ausgabe Wien 1899. Mit einer Einleitung, analytischer Inhaltsübersicht, Bibliographie und Indices von Barbara Gerl. Zus. 398 S. Ln. DM 94,—
2. **Lorenzo Mehus: Historia litteraria Florentina**
   Ambrosii Traversarii vita in qua historia litteraria Florentina deducta est. Nachdruck der Ausgabe Florenz 1759. Mit einer Einleitung, analytischer Inhaltsübersicht und Bibliographie von Eckhard Keßler. 2°. Zus. 504 S. Ln. DM 208,—
3. **Stephan Hoest: Reden und Briefe**
   Quellen zur Geschichte der Scholastik und des Humanismus im 15. Jahrhundert. Textkritische Ausgabe mit einer deutschen Übersetzung, einer Einleitung, analytischer Inhaltsübersicht, Bibliographie und Indices von Frank Baron. 253 S. kart. DM 66,—
4. **Eckhard Keßler, Hrsg.: Theoretiker humanistischer Geschichtsschreibung im 16. Jahrhundert**
   Mit einer Einleitung, analytischen Inhaltsübersichten, Bibliographie und Indices. Zus. 490 S. Ln. DM 54,—
6. **Francesco de' Vieri: Lezzioni d'Amore**
   Textkritische Ausgabe mit einer Einleitung, Bibliographie, genealogischer Tafel, Handschriftenfaksimiles und Indices von John Colaneri. 188 S. kart. DM 36,—
7. **Walther Ludwig, Hrsg.: Joannis Harmonii Marsi Comoedia Stephanium**
   Zweisprachige Ausgabe mit einer Einleitung, Indices und Bibliographie. 189 S. kart. DM 32,—
8. **Ludwig Braun, Hrsg.: Thomae Medii Fabella Epirota**
   Zweisprachige Ausgabe mit einer Einleitung, Indices und Bibliographie. 148 S. kart. DM 24,—
9. **Walther Ludwig, Maristella de Panizza Lorch, Hrsg.: Zilioli Ferrariensis Comediola Michaelida**
   372 S. kart. DM 78,—
10. **Marguerite d'Angoulême, Reine de Navarre: Le Miror de l'Ame Pécheresse**
    Edition critique avec une introduction et des notes par Joseph L. Allaire. 105 S. kart. DM 16,80
11. **Sperone Speroni: Dialogo delle lingue**
    Zweisprachige Ausgabe mit einer Einleitung, Indices und Bibliographie von Helene Harth. 140 S. kart. DM 24,—
13. **Gianfrancesco Pico della Mirandola: De imaginatione**
    Zweisprachige Ausgabe mit einer Einleitung, Indices und Bibliographie von Werner Raith. Ca. 128 S. kart. ca. DM 19,80
17. **Albertino Mussato: Eccerinis / Antonio Loschi: Achilles**
    Lateinisch und Englisch. Hrsg. und übersetzt von Jospeh R. Berrigan. 190 S. kart. DM 28,—
18. **Francesco Petrarcha: De remediis utriusque fortunae**
    Zweisprachige Ausgabe in Auswahl, hrsg. und übersetzt von Rudolf Schottlaender. 330 S. kart. DM 68,—
19. **George Wilde: Eumorphus sive Cupido Adultus**
    A Latin Academic Comedy of the 17th Century. Edited from British Museum Add. MS. 14 047 with an Introduction, Translation, and Notes by Heinz J. Vienken. 364 S. kart. DM 48,—
20. **Domenico Silvestri: The Latin Poetry**
    Edited by Richard C. Jensen. 192 S. kart. DM 28,—
21. **Joachim Vadianus: De poetica et carminis ratione**
    Kritische Ausgabe mit deutscher Übersetzung und Kommentar von Peter Schäfer. 3 Bde. Zus. 852 S. kart. je ca. DM 48,—
22. **Die Fabula Penia des Rinucius Aretinus**
    Herausgegeben, eingeleitet und kommentiert von Walther Ludwig. 55 S. kart. DM 14,80

WILHELM FINK VERLAG MÜNCHEN